铁路科技图书出版基金资助出版

高铁经济学导论

国家铁路局《高铁经济学导论》编写组

中 国 铁 道 出 版 社

2018年·北 京

内 容 简 介

本书共3篇17章。第一篇“绪论”，阐述高铁经济学的创建意义、内涵特征、研究框架以及高速铁路发展进程和新时代高铁发展理念；第二篇“研究范畴”，阐释高铁政治经济、高铁国民经济、高铁社会经济、高铁生态经济、高铁地理经济、高铁区域经济、高铁产业经济、高铁劳动经济、高铁数量经济、高铁运输经济、高铁旅游经济等11个高铁经济的构成要因和高铁与这11个经济之间的内在关系及其影响机理；第三篇“高铁效应评价”，论述高铁效应评价体系及其相应评价指标。

本书可作为高等院校相关学科的基础教材使用，也可供从事高铁经济学管理、科研、教学等领域的专业人员阅读参考。

图书在版编目(CIP)数据

高铁经济学导论/国家铁路局《高铁经济学导论》编写组编著.—北京：中国铁道出版社，2018.8
ISBN 978-7-113-24842-0

Ⅰ.①高… Ⅱ.①国… Ⅲ.①高速铁路-铁路运输发展-研究-中国②中国经济-经济发展-研究 Ⅳ.①F532.3②F124

中国版本图书馆CIP数据核字(2018)第180323号

书　　名：高铁经济学导论
作　　者：国家铁路局《高铁经济学导论》编写组

责任编辑：杨　哲　刘　钢　秦绪涛　　**编辑部电话**：010-51873657
封面设计：郑春鹏
责任校对：苗　丹
责任印制：高春晓

出版发行：中国铁道出版社(100054，北京市西城区右安门西街8号)
网　　址：http://www.tdpress.com
印　　刷：北京柏力行彩印有限公司
版　　次：2018年8月第1版　2018年8月第1次印刷
开　　本：787 mm×1 092 mm　1/16　印张：27　字数：503千
书　　号：ISBN 978-7-113-24842-0
定　　价：78.00元

前言

生产力是推动社会进步最活跃、最革命的要素，科学技术和教育是构成生产力的重要因素，生产力与生产关系是马克思主义的重要内容。解放和发展生产力是社会主义的本质要求，是中国共产党人接力探索、着力解决的重大问题。党的十八大以来，以习近平同志为核心的党中央坚持和发展马克思主义政治经济学，丰富和发展中国特色社会主义政治经济学，在实践中形成了习近平新时代中国特色社会主义经济思想。

高速铁路是先进生产力的典型代表。在习近平新时代中国特色社会主义经济思想指引下，中国高铁砥砺前行、励精图治，实现了从探索到突破、从制造到创造、从追赶到领跑的飞跃，总体技术水平迈入世界先进行列，成为引领世界铁路发展的重要力量和服务国家战略、服务经济社会发展、服务人民美好生活需要的国之重器。

时代引领未来，使命呼唤担当。党的十九大做出了中国特色社会主义进入了新时代、中国社会主要矛盾已经转化为人民日益增长的美好生活需要和不平衡不充分的发展之间的矛盾等重大政治论断，提出了“瞄准世界科技前沿，强化基础研究，实现前瞻性基础研究、引领性原创成果重大突破”的战略部署。为贯彻落实习近平新时代中国特色社会主义思想，服务建设中国特色社会主义现代化强国，国家铁路局紧紧围绕党中央关于新时代中国特色社会主义发展的战略安排，准确把握中国铁路发展所处的历史方位和主要矛盾，提出实现铁路综合实力和国际影响力世界领先，建设以路网发达、装备先进、安全可靠、标准领先、服务优质、效益良好、管理科学、高度融合、人才充沛、人民至上为核心内涵的交通强国铁路篇。

高铁经济已成为一种新的经济形态，亟待新的经济理论及相应的学科体系作为支撑指引。按照习近平总书记关于“厚实学科基础，培育新兴交叉学科生长点”“加强学科建设，重点开展自由探索的基础研究”“加快一流大学和一流学科建设，实现高等教育内涵式发展”“下大气力组建交叉学科群和强有力的科技攻关团队，加强学科之间协同创新，加强对原创性、系统性、引领性研究的支持”的要求，国家铁路局面向世界科技前沿、面向经济主战场、面向国家重大需求，在新时代的新起点提出研究高铁经济学、创建高铁经济学学科势在必行。

作为经济学发展的新领域、新方向，高铁经济学主要着眼于研究高铁在各个发展阶段上的各种经济活动和各种相应的经济关系及其运行、发展规律。中国四通八达的高铁网络和日益凸显的高铁效应为高铁经济的研究和高铁经济学学科的创建提供了独特的条件和难得的机遇。《高铁经济学导论》的编写坚持以习近平新时代中国特色社会主义经济思想为指导，坚持党对经济工作的集中统一领导，立足统筹推进“五位一体”总体布局和协调推进“四个全面”战略布局，注重把马克思主义政治经济学基本原理与中国社会主要矛盾变化及新时代中国高铁发展具体实践相结合，突出以人民为中心的发展思想，以推动高铁经济高质量发展为目标，以引导高铁经济学学科创建为方向，历经四个阶段：一是总体设计阶段，研究提出创建高铁经济学学科的设想和《高铁经济学导论》内容框架；二是资料收集阶段，通过各种方式搜集与高铁经济相关的著作 500 多册、论文报告 6 000 多篇；三是集中编写阶段，组成编写组聚力编写，数易其稿；四是论证完善阶段，采取多种方式，邀请业内外知名专家学者对书稿研提意见，修改完善定稿。

《高铁经济学导论》共 3 篇 17 章。第一篇“绪论”分 3 章，重点阐述高铁经济学的创建意义、内涵特征及研究框架，高速铁路发展进程和新时代高铁发展理念；第二篇“研究范畴”分 11 章，分别对高铁政治经济、高铁国民经济、高铁社会经济、高铁生态经济、高铁地理经济、高铁区域经济、高铁产业经济、高铁劳动经济、高铁数量经济、高铁运输经济、高铁旅游经济共 11 个高铁经济的构成要因和高铁与这 11 个高铁经济之间的内在关系及其影响机理进行详细阐释；第三篇“高铁效应评价”分 3 章，在简要概述社会各界广为热议的高铁效应和概念性阐述高铁效应评价理论的基础上，着重从点、线、面、体四个维度对高铁效应评价体系及其相应指标进行深度论述。全书坚持历史与未来、宏观与微观、理论与实践、规范与实证、定性与定量相结合，力求体现高铁经济学的原创性、独特性、前沿性、实践性、综合性、交叉性、集成性、系统性、引领性、拓展性等学科特征，坚持从哲学层面摸索内在规律、从理论层面研究机理方法、从实践层面探究效应影响，着力构建高铁经济学学科“时代导向＋研究范畴＋效应评价”的框架体系，矢志推动建立反映时代特征、体现中国特色、具有世界高度的高铁经济学学科。

高铁经济学内容丰富、博大精深。高铁经济学的研究、高铁经济学学科的创建是铁路全行业的共同使命。《高铁经济学导论》谨为高铁经济学的研究和高铁经济学学科的创建提供基本思路、基本脉络、基本框架，诸多深层次、根本性的问题需要各方激发动能、共同探索、合力攻坚。本书编写中，吸收借鉴了许多专家学者的研究成果和有关文献资料，并得到了国家铁路局有关部门的悉心指导，北京交通大学、北京联合大学给予了大力支持，提出了许多宝贵意见。在此，谨向所有关心、支持、帮助本书编写和出版的人士表示衷心感谢！由于我们水平有限，书中的观点难免有一定的局限性，书中的内容难免有不尽完善之处，诚请大家批评指正。希望本书及后续编发的高铁经济学系列丛书能进一步丰富高铁经济学研究和高铁经济学学科创建的理论与实践，能为高等院校师生和从事、关心高铁建设发展的人员提供有价值的参考。

《高铁经济学导论》由国家铁路局总体构思、系统设计，定稿于 2018 年 5 月 3 日。恰逢纪念马克思诞辰 200 周年前夕，谨以此书向这位全世界无产阶级和劳动人民的革命导师、马克思主义的主要创始人、马克思主义政党的缔造者和国际共产主义的开创者、近代以来最伟大的思想家致敬！

国家铁路局《高铁经济学导论》编写组

2018 年 5 月 5 日

目 录

第一篇　绪　论

高铁经济学是研究高铁在各个发展阶段的各种经济活动和各种相应的经济关系及其运行、发展规律的学科。高铁经济学伴随高铁的建设发展而产生创立，紧随高铁的建设发展而丰富完善。本篇共 3 章，首先，从高铁经济学产生的背景意义、内涵特征、研究框架三个方面，对高铁经济学进行概念性描述；其次，概述世界高速铁路和中国高速铁路的发展进程；最后，从创新、协调、绿色、开放、共享五个方面，提出新时代高铁发展理念。

第一章　高铁经济学概述

本章的主要内容包括高铁经济学产生的背景意义、高铁经济学内涵特征、高铁经济学研究框架等。通过对高铁经济学进行定义，提出高铁经济学的主要特征、研究原则、研究对象。

第一节　高铁经济学产生的背景意义

一、创建高铁经济学是践行习近平新时代中国特色社会主义思想的行业之举

党的十八大以来，以习近平同志为核心的党中央统筹推进“五位一体”总体布局，协调推进“四个全面”战略布局，适应把握引领经济发展新常态，坚定不移贯彻新发展理念，深入推进供给侧结构性改革，推动经济工作取得历史性成就、发生历史性变革，在实践中形成了习近平新时代中国特色社会主义经济思想，为新时代做好经济工作提供了根本遵循和行动指南。铁路是国民经济大动脉、关键基础设施和重大民生工程，高铁对经济社会的影响尤为明显。高铁建设，既是稳增长、调结构的重要抓手，也是增加有效投资、扩大消费的重要举措，有利于推动新旧动能转换，促进经济结构调整，保持经济平稳增长。高铁成网，使得资本、技术、人力等生产要素以及消费群体、消费资料等消费要素在高铁沿线站点实现资源优化配置和聚集发展，有效带动区域经济、国土资源开发、产业转型升级和新型城镇化建设等经济业态协同发展。高铁运输，适应了人民群众对美好生活的新需求，提高了人民群众的出行效率和质量，增强了人民群众的获得感、幸福感、安全感。高铁构建了中国经济发展新版图。高铁经济已成为一种新的经济形态，展现出强大生机活力。党的十九大提出了“瞄准世界科技前沿，强化基础研究，实现前瞻性基础研究、引领性原创成果重大突破”“加快一流大学和一流学科建设，实现高等教育内涵式发展”的战略部署。创建高铁经济学，立足中国高铁建设发展实际，综合运用马克思主义政治经济学、中国特色社会主义政治经济学等的理论、观点和方法，深入系统研究阐释高铁经济领域系列问题，指引推动高铁经济高质量发展，更好服务经济社会发展和人民美好生活需要，是在思想上政治上行动上同以习近平为核心的党中央保持高度一致、贯彻落实习近平新时代中国特色社会主义经济思想的具体行动，是新时代铁路全行业的共同使命。

二、创建高铁经济学是服务国家战略建设现代化经济体系的时代之须

党的十八大以来，以习近平同志为核心的党中央围绕国家改革发展需要、应对全球形势深刻变化、统筹国内国际两个大局，推进实施京津冀协同发展、长江经济带发展等国家战略和西部开发、东北振兴、中部崛起、东部率先区域发展总体战略，推进落实“一带一路”倡议，提出设立雄安新区这一千年大计、国家大事，以国家战略实施助力经济社会发展，取得辉煌成就。党的十九大根据新时代新目标提出了“坚定实施科教兴国战略、人才强国战略、创新驱动发展战略、乡村振兴战略、区域协调发展战略、可持续发展战略、军民融合发展战略”“积极促进‘一带一路’国际合作”“建设现代化经济体系”等系列战略部署。经济发展，交通先行。高速铁路作为现代化交通工具，是国之重器，在国家战略实施和经济建设中发挥着重要助推剂和催化剂作用。创建高铁经济学，围绕国家战略实施和现代化经济体系建设开展高铁经济相关研究工作，推动高铁建设发展，能够为创新性国家建设提供支撑，推进基础性原创性研究，完善国家创新体系，强化战略科技力量，推动建立以企业为主体、市场为导向、产学研深度融合的技术创新体系，促进科技成果转化；能够为乡村振兴和区域协调发展提供动能，促进革命老区、民族地区、边疆地区、贫困地区加快发展，推进西部大开发形成新格局，加快东北等老工业基地振兴，推动中部地区崛起，实现东部地区优化发展，疏解北京非首都功能，推动京津冀协同发展和雄安新区建设，支持资源型地区经济转型发展；能够为推动形成全面开放新格局提供方案，推进“一带一路”铁路设施联通，促进铁路国际产能合作，加快中国铁路“走出去”。

三、创建高铁经济学是完善现代综合交通运输体系建设交通强国的紧要之需

党的十九大作出了建设交通强国的战略部署，赋予交通运输行业新时代新的使命。交通运输是国民经济基础性、先导性、战略性产业，是重要的服务性行业。当前，中国交通运输发展总体适应经济社会发展要求，正处于支撑全面建成小康社会的攻坚期、优化网络布局的关键期、提质增效升级的转型期，将进入现代化建设新阶段。加快完善现代综合交通运输体系，促进各种运输方式协同发展，全面提升综合运输能力、效率和服务水平，更好发挥交通运输的支撑引领作用，是中国交通运输发展的重点和方向。铁路是综合交通运输的骨干和主要运输方式之一，建设铁路强国是建设交通强国的题中应有之义，是建设交通强国的铁路篇。作为中国铁路发展代表的高铁，以其安全舒适、快捷高效、节能环保等特点在综合交通运输体系中发挥着越来越重要的作用，是建设交通强国的主力军。解决综合交通运输体系发展相对滞后、交通运输网络体系尚不健全、交通运输结构不尽合理、各种运输方式比较优势和组合效能发挥不够、资源

综合利用率相对较低、综合效益还不显著等问题，高铁是重要选择和积极推动因素。加强高铁规划布局，加快高铁路网建设，强化高铁安全保障，深化高铁理论研究，推动高铁技术创新，促进高铁效应发挥，引领各种运输方式平衡协调高效发展，是十分重要且紧迫的课题。创建高铁经济学，推动构建和完善现代综合交通运输体系，是贯彻落实党中央战略部署，适应把握引领经济发展新常态，推进供给侧结构性改革的客观要求，有利于推动国家重大战略实施，为全面建成小康社会提供支撑；有利于优化运输结构、扩充运输能力，构筑配套衔接、功能更健全、结构更合理、运作更科学的综合交通运输网络；有利于促进各种运输方式分工合作、优势互补，发挥比较优势，形成整体优势，推进在更广范围、更高层次、更大程度上的融合发展。

四、创建高铁经济学是推动高铁持续健康高质量发展的长远之计

长期以来，中国铁路通过艰辛努力、艰苦奋斗、自力更生、创新发展，在高速、高原、重载、既有线提速改造等方面取得重大成就，跻身世界先进行列，路网规模稳居世界第二，高铁里程遥居世界第一，成为推动世界铁路发展的重要力量。特别是党的十八大以来，铁路工作取得历史性成就，发生历史性变革。体制改革实现重大突破，铁路政企分开改革迈出重大步伐，行业政府监管体系初步建立，行政职能转变和简政放权成效明显；设施网络建设快速推进，"四纵四横"高铁基本建成，路网规模不断扩大，结构日趋完善，质量大幅提升；运输服务品质显著改善，铁路运输服务多样性、舒适性和便捷性增强，人民群众获得感明显提升；科技创新能力明显提高，工程建设、装备制造取得一系列科技创新成果，核心竞争力不断增强；铁路法律法规和技术标准体系日益完善，规划引领作用进一步显现，《铁路安全管理条例》《高速铁路设计规范》《铁路"十三五"发展规划》等发布实施；铁路"走出去"全面开花，国际竞争力影响力显著提高。当前，国内外形势正在发生深刻复杂变化，经济社会发展要求不断提高，中国铁路发展机遇与挑战并存。铁路发展中路网结构不完善、区域发展不平衡、有效供给和运行效率不高、现代物流及多式联运发展中铁路骨干作用发挥不充分、综合交通枢纽发展不足、铁路债务风险压力增大等不平衡不充分的问题亟待解决。高铁是近年来中国铁路发展的典型代表，引领着中国铁路的发展方向，解决当前铁路发展诸多问题的关键是推动高铁更高质量、更有效率、更快速度、更可持续发展。创建高铁经济学，厚植中国高铁发展优势，应对高铁发展面临的机遇挑战，培育高铁发展新动能，是铁路应对发展环境变化、把握发展自主权、提高核心竞争力的必然选择，是加快转变发展方式、破解发展深层次根本性问题的必然选择，是优化运输结构、促进均衡发展、提高有效供给和运输质量的必然选择，对在新的历史条件下推进铁路事业持续健康发展意义重大。

五、创建高铁经济学是探究高铁经济效应构筑高铁科学发展的理论之基

2004年《中长期铁路网规划》实施以来，特别党的十八大以来，中国展开了一场波澜壮阔的高铁建设，呈现出一幅史诗般的巨幅画卷，初步建成以高铁为骨架、以城际铁路为补充的快速客运网络。中国高铁实现了从探索到突破、从制造到创造、从追赶到领跑的崛起，形成了核心技术体系、成套建造体系、产业制造体系、运维服务体系和人才支撑体系五大优势，建立了完整的高铁技术标准体系，积累了丰富的建设、运营和管理经验，打造了中国高铁品牌，产生了巨大的社会经济效益和国际影响，成为推动经济社会发展的强力引擎、中国外交的靓丽名片。高铁大大提升了中国的综合国力和国际竞争力，显著增强了民族自信心和自豪感，奠定了"走出去"的坚实基础，为实现民族复兴的"中国梦"提供了强大支撑。与此同时，高铁发展仍有许多重大问题亟待研究解决，特别是在高铁经济领域，目前世界范围内围绕高铁经济相关的诸如高铁究竟产生哪些效应、如何衡量评估和转化运用这些效应等一系列问题还没有得到研究解决，高铁经济理论体系和高铁经济学学科体系尚未建立。国外由于没有建成相对完备的高铁网络，高铁效应没有得到突出显现，围绕高铁经济的研究还不多。国内虽然在高铁规划建设、网络规模、运营管理等方面为高铁经济研究提供了独特的条件，并开展了一些研究工作，但是对高铁经济研究领域、学科组成、理论体系等的原创性研究还不够深入系统，还没有占领经济理论研究和经济理论发展的前沿，还不能很好应用高铁经济相关理论引领高铁的创新发展、指导和服务高铁建设发展实践，高铁经济领域相关专业人才相对短缺，人才培养的目标方向还不明确、体系还未成型。创建高铁经济学，有利于衡量高铁建设发展效应，揭示高铁建设发展规律，引导高铁建设发展方向；有利于填补学科空白，弥补研究盲点，丰富经济学学科组成，拓展经济学理论体系；有利于加强人才教育培养，构建规模宏大、结构合理、素质优良的高铁经济专业人才队伍；有利于抢占高铁经济研究高地、引领高铁经济学科发展，进一步提升中国高铁在世界范围内的竞争力、话语权和影响力，为高铁建设发展提供强大理论、人才、技术支撑。

第二节　高铁经济学内涵特征

一、高铁经济学内涵定义

经济一词有多种含义。一是指经济活动，包含物质资料的生产活动以及与其相适应的分配、交换、消费活动，统称经济活动。二是指经济关系，即与一定社会生产力相适应的社会生产关系的总和，也就是社会经济制度。三是指行业经济或各行业经济的总和，如工业经济、农业经济，有时指一个国家国民经济各行业的总和。四是指生产等

一切经济活动的节约，如行业和企业以较少的能耗和成本取得较高的收益和效益，家庭和个人以较少的支出来满足生活上的需要等。

经济有广义和狭义之分，广义的经济是指社会生产关系的总和；狭义的经济是指社会物质生产和再生产的活动。高铁经济学研究中的“经济”主要是指广义的经济。

高铁经济学是研究高铁在各个发展阶段上的各种经济活动和各种相应的经济关系及其运行、发展规律的学科。

经济学门类包括“理论经济学”和“应用经济学”两个一级学科。高铁经济学是创设于“应用经济学”所属的二级学科。

二、高铁经济学主要特征

1. 原创性

世界范围内尚未建立“高铁经济学”这一专门学科。在经济学门类一级学科“应用经济学”内创设二级学科“高铁经济学”，开辟了经济学研究的新领域，丰富了经济学学科组成、拓展了经济学理论体系，对培养新型经济学科人才、推动加快建设创新型国家意义重大。

2. 独特性

高铁经济学之所以能原创于中国、独有于中国，关键源于中国高铁在规划建设、运营管理等方面独特的优势及其与之相关的研究动能、研究动力世界上其他的国家尚不具备，根本在于中国特色社会主义制度的优越性为中国高铁经济学的创建创造了得天独厚的条件。

3. 前沿性

高铁经济学瞄准世界科技和高铁发展前沿，集力基础研究，实现前瞻性基础研究、引领性原创成果重大突破，同时瞄准经济理论研究和经济理论发展前沿，聚焦高铁经济相关的趋势性、颠覆性重大问题，为建设科技强国、交通强国提供有力支撑。

4. 实践性

高铁经济学不是书斋里的学问，是实践的理论，是伴随高铁的建设发展而产生，是在实践中萌发和形成的、在实践中丰富和发展的。高铁经济学的研究理论源于实践、立足实践，高铁经济学的探索成果指导实践、服务实践。

5. 综合性

高铁经济学是一门涉及多个产业、多个行业、多个领域的复合型学科。高铁经济学与第二产业、第三产业直接相关，与多个行业、多个领域、多个因素紧密相连，是一门综合性很强的学科。

6. 交叉性

高铁经济学是由哲学、政治学、社会学、数学、地理学、理论经济学、应用经济学、系统科学、交通运输工程、管理科学与工程、工商管理等自然科学和社会科学、软科学与硬科学交叉融合的新兴学科。

7. 集成性

高铁经济学将高铁建设发展与经济理论研究有机融合在一起，将多产业、多行业、多领域、多学科与高铁和高铁经济相关的诸多元素通过创新方式综合、整合、集合在一起，博采众长、集大成于一体，创造出新的动能和功效。

8. 系统性

高铁经济学是由高铁经济相关的若干要素构成的具有内在规律和特定功能的有机整体，本身自成一体。高铁经济学是一个内容丰富、博大精深的系统，由若干个子系统组成，每个子系统之间既相互独立，又相互联系。

9. 引领性

高铁经济学以创新为第一动力，致力发挥原创的先发优势，从哲学层面摸索内在规律、从理论层面研究机理方法、从实践层面探究效应影响，着力构建"时代导向＋研究范畴＋效应评价"的框架体系，对驱动高铁的创新发展和未来高铁相关学科的建立具有引领作用。

10. 拓展性

高铁经济学的建立发展不是一蹴而就的，更不是一成不变的。随着高铁建设发展的不断推进和高铁经济理论研究的不断深入，高铁经济学的研究领域、研究范畴将不断拓展扩宽，新的研究方向、学科分支将随之诞生，高铁经济学学科体系将不断丰富完善。

第三节　高铁经济学研究框架

一、高铁经济学研究原则

研究高铁经济学，离不开马克思主义的指导。马克思主义政治经济学、马克思主义哲学是研究高铁经济学的基本方法和理论支撑。做好高铁经济学研究工作，要坚持以下几个原则。

1. 历史与未来相结合

不忘历史才能开辟未来，善于继承才能善于创新。要从历史与未来相结合的高度，坚持辩证唯物主义和历史唯物主义，要在历史与未来的内在联系中，紧密结合新的时代条件和实践要求，推进理论创新。中国铁路从过去的低速列车发展到现在350 km/h的"复兴号"动车组列车，正是经历了认真总结历史经验教训，从"引进、消化、吸收、再创新"到现在的中国标准国际化，使中国高铁技术装备达到了"领跑世界"

的先进水平。因此，研究高铁经济学，要采取学习借鉴的态度，进行认真总结，积极吸纳历史成就；要坚持历史与未来相结合的原则，善于把高铁发展历程和高铁未来建设有机统一起来、紧密结合起来，在继承中发展，在发展中继承，努力实现高铁经济的创造性转化、创新性发展，占领制高点、把握话语权、体现引领性。

2. 宏观与微观相结合

对高铁经济问题进行系统分析，在范围上可分为两个层面，即宏观分析和微观分析。宏观分析就是从全社会，或从高铁总体来分析高铁经济问题。例如，从总体上研究高铁与经济的关系，高铁在国民经济中的地位和作用，社会发展对高铁需求的变化，人民日益增长的美好生活需要对高铁需求的变化等，都属于宏观层次研究的问题。微观分析是研究高铁经济的某一个具体问题，如以特定的某个高铁车站分析高铁车站的运营管理问题，或者以高铁装备企业为研究对象分析高铁装备制造企业的研发投入与产出问题等等。宏观分析与微观分析的对象是一致的，只是两者研究的范围与角度有所不同。宏观分析侧重于系统和泛指，微观分析强调于局部和特指。研究高铁经济问题应把宏观分析与微观分析紧密结合，这样才能深入研究和准确把握高铁经济活动的规律性。

3. 理论与实践相结合

理论联系实际是马克思主义普遍真理同中国革命和建设具体实践相结合的重要成果之一。实践是理论的基础，理论对实践有反作用，理论和实践是相辅相成的，实践只有在科学理论的指导下才能达到改造客观世界的目的，理论只有同实践相结合才能得到检验和发展并变为物质力量。理论所反映的是事物的本质和规律，是事物的共性；而客观事物是千差万别的，有着生动的、丰富的个性，是共性和个性的统一。因此，必须坚持理论与实践相结合的原则，运用基础理论知识，对具体情况进行具体分析，把理论和具体事物有机地结合起来，做到理论和实践的具体统一。研究高铁经济学，是在马克思主义政治经济学基本原理和习近平新时代中国特色社会主义经济思想的指导下，坚持科学理论与中国高铁具体实践相结合，做到理论联系实际，从而更好地推动高铁经济高质量发展。

4. 规范与实证相结合

应用规范方法主要是从给定的前提中逻辑推理出结果，这种基于前提和假设的逻辑推导研究方法是必要的。但为了更好地研究高铁经济学，仅仅通过规范方法还不够，需要通过实证方法来进一步深化印证。实证方法要求弄清现在的实际状况“是什么”，对客观存在的事实及其内在的联系如实地加以描述和说明；没有描述和分析，不弄清现实状况“是什么”，对客观存在的事实和关系就没有准确的把握和清晰的认识。通过建设高铁和运营高铁“有无”和“前后”变化进行对比分析，用事实说话，更好地研究高铁对国民经济和社会发展带来的变化，从而更好地促进高铁发展。因此，在研究高铁经济学的过程中，在重视规范方法的同时要更加重视实证方法，更广泛地应用实证方法，实现两种方法的有机统一。

5. 定性与定量相结合

任何经济现象都有质和量两个方面，都是质和量的统一。因此，研究高铁经济学既要研究经济现象的本质，进行定性分析；又要研究经济现象的数量，进行定量分析。定性分析是定量分析的前提和基础，没有正确的定性分析，定量分析就会有偏差；定量分析为定性分析提供支撑和依据，使定性分析更加科学准确，深化对事物和现象本质的认识。定量分析是用数学方法研究数量关系、数量变化，以分析事物和现象的发展趋势和规律性。应用实证方法必然要求加强对数量的分析，仅仅应用逻辑演绎方法还不够，需要更多地应用数量统计的归纳方法。高铁经济学的规律更多是源于统计分析，很大程度上表现为数量关系的变化。高铁经济的正确结论应该是对经济现象和数量关系的准确概括。因此，在研究高铁经济问题过程中，既要应用定性分析方法，又要应用定量分析方法，把定性分析与定量分析很好地结合起来，准确把握高铁经济发展的本质和规律。

6. 国内与国外经验相结合

20 世纪 60 年代至 80 年代最先发展高铁的日本、法国、德国、意大利等国，积累了大量的成功经验。从 20 世纪 90 年代至今，中国高铁发展从无到有、从弱到强，从“跟跑”到“并跑”再到“领跑”，实现了从“技术引进”到“中国制造”再到“中国创造”的跨越，建立了具有自主知识产权和世界先进水平的高铁技术体系，走出了一条具有中国特色的高铁自主创新之路，创造出“中国高铁模式”。高铁经济学需要将国内与国外成功经验相结合，在进行总结分析后确定高铁与经济社会、空间结构、产业布局等等之间的关系，形成高铁发展模式，从而进一步指导高铁的发展。

二、高铁经济学研究对象

高铁经济学既是一门以经济学基本理论为基础的应用科学，又是一门融多学科于一体的综合性交叉科学，研究对象涉及多个行业、多个领域，研究范畴十分广泛。

1. 高铁政治经济

高铁政治经济是运用系统工程的理论与方法，对高铁的未来发展战略和规划进行顶层设计，主要研究高铁发展与政策法规和改革发展的相互关系等等的影响，为高铁可持续发展提供制度保障和政策环境，重点涵盖政策法规、改革发展、国际影响等方面。

2. 高铁国民经济

高铁国民经济是运用宏观经济学与微观经济学理论和方法，主要研究高铁发展与国民经济发展的关系，涉及高铁与国民经济发展、高铁固定资产投资、高铁与消费、高铁与对外经济等方面。

3. 高铁社会经济

高铁社会经济是运用经济学和社会学的理论和方法，研究高铁经济与社会发展的关系，深入剖析高铁对社会发展和进步的促进和带动作用的影响机理、要因等，涵盖高铁公共服务、高铁与人口流动、高铁与社会稳定、高铁与城镇化、高铁与脱贫攻坚、高铁与综合运输等方面。

4. 高铁生态经济

高铁生态经济是运用经济学和环境科学与工程的理论和方法，主要研究高铁发展与自然资源、生态环境之间的关系，高铁工程项目建设和高铁运营与资源节约集约、生态环境保护等方面的关系。涵盖生态经济、高铁生态经济特性、高铁生态环境影响、高铁生态环境保护等方面。

5. 高铁地理经济

高铁地理经济是运用经济学、地理学和地理经济学的理论与方法，研究高铁发展与国土空间开发、区位经济活动、资源配置利用等方面关系，剖析高铁发展对地理经济形成的影响机理、要因、作用等。涵盖高铁与国土空间开发、空间经济走廊、城市空间布局等方面。

6. 高铁区域经济

高铁区域经济是运用宏观经济学和微观经济学的理论和方法，主要研究高铁与区域经济发展的关系，剖析高铁发展对区域经济发展的促进和带动作用机理、要因。涵盖高铁与区域经济发展、高铁经济带、高铁与城市群发展、高铁与城市发展等方面。

7. 高铁产业经济

高铁产业经济以高铁产业为研究对象，运用产业经济学理论与方法，主要研究高铁产业内部各企业之间相互作用关系的规律、高铁产业自身的发展规律、高铁产业与相关产业之间互动联系的规律，以及高铁产业在空间区域中的分布规律等。高铁产业经济的研究范围涉及高铁与产业组织、产业结构、产业布局、产业政策的关系，涵盖高铁自身产业、拉动产业、衍生产业等方面。

8. 高铁劳动经济

高铁劳动经济是运用宏观经济学、微观经济学以及劳动经济学的理论与方法，研究高铁全产业链劳动关系及其发展规律，也是研究劳动生产要素投入的经济效益以及与此相关的劳动经济问题的经济学科。涵盖高铁劳动力市场、高铁劳动就业、高铁收入分配等方面。

9. 高铁数量经济

高铁数量经济是在计量经济学、最优化理论方法与投入产出分析以及控制论、系统论、信息论在高铁经济管理应用的基础上，利用数学方法和计算技术研究高铁经济数量关系及其变化规律。涵盖高铁规划项目决策分析、运营绩效评估、运营外部性效益分析、项目后评价等方面。

10. 高铁运输经济

高铁运输经济是运用运输经济理论与方法，研究旅客和货物通过高铁进行位置转移的经济问题，包括以快捷安全的特性满足旅客和货主的运输服务需求。涵盖运输市场供求、运输成本及运输价格、运输服务质量、运输政策等方面。

11. 高铁旅游经济

高铁旅游经济是运用经济学与旅游经济学的理论与方法，研究高铁发展对旅游流及旅游产业的影响，并根据高铁与旅游融合发展的关系，打造“高铁旅游”品牌以满足游客的服务需要。涵盖高铁旅游经济发展、高铁旅游可达性、高铁区域旅游合作、高铁旅游产业结构、高铁旅游服务产品等方面。

第二章　高速铁路发展进程

1814 年英国发明世界第一台蒸汽机车,并于 1825 年修建了世界上第一条铁路,标志着近代铁路运输业的开端。铁路以其迅速、便利、经济等优点深受人们的重视,世界主要国家相继修建铁路,铁路在较短的时间内得到了较快的发展,垄断陆地运输长达一个世纪。铁路的快速发展,带动了世界钢铁、建材及机械制造业的迅猛发展,为人类社会从工业化初期迈入重工业化阶段奠定了坚实基础。第二次世界大战以后,随着公路与航空的强势崛起,铁路成了夕阳产业。进入 20 世纪 70 年代,由于能源危机、环境恶化、交通安全等问题的困扰,人们开始重新审视铁路的价值。特别是高速铁路诞生以后以其具备的一系列技术经济等综合优势,适应了现代经济社会发展的需要,赢得了政府和公众的支持和欢迎。

本章的主要内容包括高速铁路概述、世界高速铁路发展概况、中国高速铁路发展概述等,主要阐述高铁的发展起源、发展过程、发展成就及发展趋势。通过系统梳理世界主要国家高速铁路发展历程和中国高速铁路发展实际情况,提出中国高铁未来发展方向。

第一节　高速铁路概述

一、高速铁路定义

高速铁路是一个具有国际性和时代性的概念,是一个集先进适用的铁路技术、全面高效的运营管理方式、市场营销和资金筹措在内的复杂系统工程,是铁路现代化水平的集中体现,也是现代交通运输发展的重要方向和领域。

1970 年 5 月,日本在第 71 号法律《全国新干线铁路整备法》中设定:列车在主要区间以 200 km/h 以上速度运行的干线铁路称高速铁路。这是世界上第一个以国家法律条文的形式给高速铁路下的定义。

国际铁路联盟(UIC)对高速铁路的定义是:新建线路在 250 km/h 以上,既有线改造最高运行速度至少应达到 200 km/h 的线路。

中国 2013 年 2 月起施行的《铁路主要技术政策》规定:高速铁路为新建设计开行 250 km/h(含预留)及以上动车组列车,初期运营速度不小于 200 km/h 的客运专线铁路。

本书高速铁路指：设计开行速度 250 km/h 以上（含预留），并且初期运营速度 200 km/h 以上的铁路。

与其他交通方式相比，高速铁路具有运送能力大、运输速度快、安全正点、受气候影响小、便捷舒适、环境污染小、能源消耗低、土地占用少、社会效益良好等技术经济优势。

二、高速铁路时空观

时间和空间是经济社会活动存在的基本形式，对时间和空间的利用程度和构建水平直接影响着社会发展和经济效率。

时空观、时空框架至关重要，因为任何社会实践与互动的发生都是需要在一定时空框架中实现的。现实中，时间与空间是很难分开的。哲学上，时间是宇宙事件发生顺序的度量，空间则是运动的表现形式，时间和空间相互依存，见证着事物的演化秩序，时间和空间并不是简单的二维模型，而是动态的。空间是既定的，时间是流动的。目前主流经济学家很少单独使用时间分析，通常使用时空分析这个概念，将时间和空间一并进行考察分析。

新古典经济学对时间空间进行度量刻画，如图 2-1 所示，将时间尺度进行了细致划分，在短期、长期的基础上加入即期、中期等界定，对空间划分时，在微观、宏观概念上加入中观、现场等划分，这种划分框架融合了多位经济学家的思想观点，为经济学研究提供了可靠的时间背景，但时空背景仍需要进一步完善。

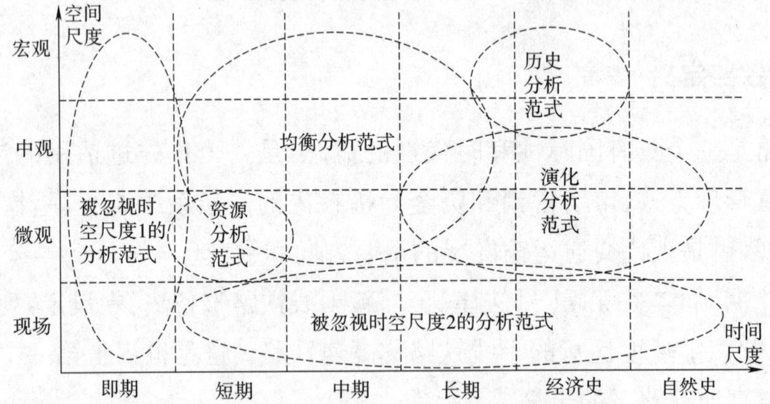

图 2-1　各时间范式在经济分析中的适用尺度①

对于研究人类的活动，英国著名社会学家安东尼·吉登斯认为时间和空间都是不可或缺的，人类活动受到一定的时间框架以及特定空间的制约限制。以往使用如日历

① 荣朝和. 关于经济学时间概念及经济时空分析框架的思考[J]. 北京交通大学学报（社会科学版），2016

进行计时,使用如地图进行定位,这些尺度衡量只与自然有关,如今随着科技的发展,尤其是交通和通信条件的改善,时间和空间不再是单纯的自然概念,科技拉近了人与人之间的距离,这里的距离不再是单纯的地理上的距离。

吉登斯认为时间有三个维度:首先是即期性,如果行为发生在起点与终点之间这段时间,则称之为即期;其次,人的个体生命具有有限性,每个人的寿命都是有一定限度的;最后,个人行为作为社会活动组成部分具有例行性,即活动具有重复性。从这三个维度来分析人类活动,任何经济活动的时间背景都可以表现在这三个维度中,是三重时间的综合体现。

在空间分析上,吉登斯使用了地点、场所等概念。吉登斯所说的地点,可以理解为地理位置,就是单纯的物质空间,任何活动的发生都是离不开地理位置这个载体的。吉登斯所说的场所是人类进行经济活动时的活动地点与其周围环境的组合。

关于对人类交流从处在共同场所到如今的走向虚拟到场,吉登斯给出的分析解释与时间地理学的十分相似。Harvey 和 Macnab 论述的人类交流模式演进,主要分为四种演进模式(见表 2-1):人类同步物理到场、同步虚拟到场、异步物理到场和异步虚拟到场。

根据时间是否一致、空间是否一致,可分为四种情况:A 面对面直接交流,时间和空间都一致;B 只要求时间一致,空间不一致,即所谓的隔空交流;C 和 D 间接交流,时间不一致且空间也可能不一致。

表 2-1 人类交流的时空要求与限制①

项目		交流的空间要求与限制	
		同地	异地
要求与限制交流的时间	同步	A 同步物理到场:面对面谈话,会议交流	B 同步虚拟到场:电话、手机、电话会议
	异步	C 异步物理到场:留言板、留言电话	D 异步虚拟到场:信件、印刷品、电报互联网邮件、短信微信、异地播放录像

吉登斯认为时空分离是指由于信息化迅速发展,特别是远程通信的迅猛发展,使得人类活动对时间和空间一致的要求逐渐降低,人们的交流互动不再要求双方面对面。

从时空观的角度分析研究交通运输对经济资源的时空配置,可以看出,在空间距离相等的条件下,高铁使得点对点之间位移所需的时间大幅缩短,空间的可达性明显提高。

---

① Harvey A S, Macnab P A. Who's Up? Global Interpersonal Temporal Accessibility[C]//Information, Place, and Cyberspace. Berlin Heidelberg: Springer. 2000

第二节 世界高速铁路发展概述

速度是铁路运输现代化的重要标志之一。根据国际铁路联盟发布的有关信息，截至2016年底，中国、西班牙、日本、法国、德国、意大利、韩国、土耳其、美国、中国台湾、波兰、比利时、瑞士、荷兰、英国、奥地利等16个国家和地区建成并运营高速铁路。其中，速度200 km/h及以上的高铁运营里程为36 579.7 km，速度250 km/h及以上的高速铁路运营里程为29 641.7 km。具体各国(地区)统计情况见表2-2。

表2-2 世界各国(地区)高速铁路运营里程统计表(截至2016年底)

序号	国家(地区)	运营中的高速铁路(km)			
		$v \geqslant 200$ km/h	$v \geqslant 250$ km/h	$v \geqslant 300$ km/h	$v \geqslant 350$ km/h
1	中国	23 554	18 336	10 407	8 430
2	西班牙	2 871	2 431	1 851	0
3	日本	2 734	2 464	858	0
4	法国	2 142	2 142	1 723	0
5	德国	1 451	1 136	396	0
6	意大利	962.6	962.6	667.6	0
7	韩国	659.1	659.1	659.1	0
8	土耳其	632	632	0	0
9	美国	362	0	0	0
10	中国台湾	354	345	345	0
11	波兰	224	0	0	0
12	比利时	209	209	173	0
13	瑞士	144	92	0	0
14	荷兰	120	120	120	0
15	英国	113	113	113	0
16	奥地利	48	0	0	0
合　计		36 579.7	29 641.7	17 312.7	8 430

一、世界高速铁路发展历程

自1964年日本建成世界上第一条高速铁路的短短50多年，一度被人们认为“夕阳产业”的铁路重新焕发了生机活力，显示了强大的生命力。归纳起来，世界高速铁路的发展历程可以划分为四个阶段。

(一)第一阶段:20世纪60年代至80年代末

1959年4月5日，世界第一条真正意义上的高速铁路东海道新干线在日本破土动工，1964 年 3 月全线完成铺轨，同年 7 月竣工，10 月 1 日正式通车，它的建成通车标志着世界高速铁路新纪元的到来。此后，日本又修建了山阳、上越和东北新干线。同时，法国、德国、意大利也开始修建高速铁路。法国修建了 TGV 东南线、TGV 大西洋线；德国开始修建汉诺威至维尔茨堡线、曼海姆至斯图加特线；意大利开始修建罗马至佛罗伦萨线。由于采用了新技术，这一时期的铁路竞争力增强，铁路旅客运输在运输市场中所占的份额有所回升，经济效益开始好转；解决了运输能力紧张问题，推动了沿线地区经济的均衡发展，促进了相关产业的建设；节约了能源，降低了对环境的污染。第一阶段建成的高速铁路新线见表 2-3。

表 2-3　第一阶段建成的高速铁路新线

国家(地区)	新线名称	建设时期	线路长度(km)
日本	东海道新干线	1959—1964	515
	山阳新干线	1967—1975	554
	上越新干线	1971—1982	270
法国	TGV 东南线	1976—1983	419
	TGV 大西洋线	1985—1990	291
总计	5		2 049

(二)第二阶段:20 世纪 80 年代末至 90 年代中期

20 世纪 80 年代末至 90 年代中期，受日本、法国等国家高速铁路建设取得的巨大成就影响，世界各国对高速铁路投入了极大的关注和研究并付诸实践，涉及国家主要有法国、德国、意大利、西班牙、比利时、荷兰、瑞典、英国等欧洲大部分发达国家。1991 年，瑞典开通了 X2000 摆式列车。1992 年，西班牙引进法、德两国的技术建成了长 471 km 的马德里至塞维利亚高速铁路。1994 年，英吉利海峡隧道把法国与英国连接在一起，开创了第一条高速铁路国际连接线。1997 年，从巴黎开出的"欧洲之星"又将法国、比利时、荷兰和德国连在一起。欧洲国家大规模修建本国和跨国高速铁路，逐步形成了欧洲高速铁路网络。这一时期，日本、法国、德国及意大利对发展和完善高速铁路网进行了周密和详尽的规划，对原有高速铁路网进行了大规模扩建改造。如德国 1991 年 4 月批准了联邦铁路公司改建、新建铁路计划，其中包括 4 项高速铁路新建项目；法国 1992 年公布了全国高速铁路网的规划，20 年内新建高速铁路总里程 4 700 km。从这一时期的高速铁路建设情况可以看出，已建成高速铁路的国家进入了高速路网规划和建设的年代。高速铁路的建设已经不仅仅是铁路部门提高企业内部效益的需要，也是国家能源、环境、交通政策的需要，更是地区之间相互联系的政治需求。第二阶段建成的高速铁路新线见表 2-4。

表 2-4　第二阶段建成的高速铁路新线

国家(地区)	运营范围	建设时期	线路长度(km)
西班牙	马德里—塞维利亚	1987—1992	471
法国	TGV 北方线	1990—1994	346
	TGV 东南延伸线	1992—1994	121
	TGV 路网连接线	1994—1996	104
日本	北陆新干线(高崎—长野)	1989—1997	117
	东北新干线	1971—1991	465
比利时	布鲁塞尔—里尔	1989—1998	88
德国	汉诺威—维尔茨堡	1973—1991	338
	曼海姆—斯图加特	1976—1991	109
	柏林—汉诺威	1992—1998	189
意大利	罗马—佛罗伦萨	1970—1992	248
总计	11		2 596

(三)第三阶段:20 世纪 90 年代中期至 2002 年

自 20 世纪 90 年代中期以来,韩国、中国台湾、英国等国家和地区先后开始了高速铁路新线的建设。这一阶段涉及亚洲、北美洲、大洋洲及整个欧洲,形成了交通领域中铁路的一场复兴运动。为了配合欧洲高速铁路网的建设,欧洲东部和中部的捷克、匈牙利、波兰、奥地利、希腊、罗马尼亚等国家都开始进行干线铁路改造,以实现全面提速。对高速铁路开展前期研究工作的国家有土耳其、中国、美国、加拿大、印度等。与前两阶段相比,参与第三阶段高速铁路建设国家的特征主要体现在以下几个方面:修建高速铁路得到了各国政府的大力支持,一般都有修建高速铁路的全国规划;虽然建设高速铁路所需的资金巨大,但节约能源、减少土地使用面积、降低环境污染、提高交通安全等方面的社会效益显著;欧洲国家将建设高速铁路列为一项政治任务,呼吁在建设中携手打破边界的束缚,以促进地区之间的交往和平衡发展;高速铁路建设资金从国家公益投资转向多种投融资方式,建设高速铁路出现了多种融资渠道的局面;高速铁路的技术创新正在向相关领域辐射和发展。第三阶段建成的高速铁路新线见表 2-5。

表 2-5　第三阶段建成的高速铁路新线

国家(地区)	运营范围	建设时期	线路长度(km)
法国	地中海线	1995—2001	259
德国	科隆—迪伦	1995—2002	204
	科隆—法兰克福	1997—2002	184
英国	海峡隧道连接线(一期)	1998—2003	69
西班牙	马德里—莱里达	1998—2003	519

续上表

国家(地区)	运营范围	建设时期	线路长度(km)
日本	九州新干线(八代—鹿儿岛)	1998—2003	127
	东北新干线(盛冈—八户)	1998—2002	97
韩国	首尔—东大邱—釜山	1992—2003	412
中国台湾	台北—高雄	1997—2003	345
总计	9		2 216

(四)第四阶段:2003 年至今

中国 2004 年 1 月公布了《中长期铁路网规划》,提出建设客运专线 1.2 万 km 以上,客车速度目标值达到 200 km/h 及以上的目标。中国开始并实现了从无到有、从弱到强、从探索到突破、从制造到创造、从追赶到领跑的崛起,也带动了如印度尼西亚、泰国、马来西亚、印度、俄罗斯、土耳其等一些国家高铁建设热情。

2008 年 11 月中国原铁道部公布了《中长期铁路网规划(2008 年调整)》,客运专线及城际铁路建设目标由 1.2 万 km 调整为 1.6 万 km 以上。

2016 年 7 月,国家发展和改革委员会、交通运输部、中国铁路总公司联合发布《中长期铁路网规划》(2016)提出到 2020 年高速铁路网规模达 3 万 km,到 2025 年高速铁路网规模达到 3.8 万 km 左右。伴随着世界铁路发展进程,中国高铁创造了令人瞩目的辉煌成就,拥有了最完整的高铁技术体系(核心技术体系、成套建造体系、产业制造体系、运维服务体系、人才支撑体系),总体技术水平已迈入世界先进行列,成为引领世界铁路发展的重要力量。

中国高铁快速发展,特别是党的十八大以来,在"一带一路"倡议下,中国铁路建设、装备、运输等企业发挥优势、积极开拓国际市场,出口产品实现从中低端到高端的升级,出口市场实现从亚非拉到欧美的飞跃,出口形式实现从产品出口到产品、资本、技术、服务等多种形式的混合出口。如土耳其安伊高铁、俄罗斯莫斯科—喀山高铁、印度尼西亚雅万高铁、中泰铁路等一批国际合作项目,"中国方案"造福着世界人民的便捷出行。

这一阶段,世界各国加大科技创新力度,加速高速磁浮、超高速管道等关键技术领域研究。2007 年德国航天中心开展研制试验速度 600 km/h 的下一代高速列车重大课题研究。日本 2014 年 12 月东京至名古屋磁悬浮铁路开工建设(最高设计速度 505 km/h,载人试验速度达到 603 km/h),计划 2027 年开通运营。韩国 2012 年 5 月推出的 HEMU-430X 高速列车(速度 430 km/h),至今已完成超过 50 万 km 试验运行,正在加速工程应用。美国超级高铁最高目标速度 1 200 km/h。2016 年 5 月美国创业公司 Hyperloop one 的超级高铁推进系统首次户外测试成功。2017 年 7 月在内华达完成了推进系统的第二阶段测试,最高时速达 320 km。

中国积极建设国家高速列车技术创新中心,开展先进轨道交通重点专项攻关,其中《“十三五”国家科技创新规划》提出突破时速 400 km 及以上高速列车关键技术、研究时速 600 km 级高速磁浮关键技术。

2011 年 12 月 25 日,时速 500 km“更高速度试验列车”下线。

2014 年 5 月 16 日,中国首条具有自主知识产权的中低速磁浮交通线路——长沙磁浮工程开工,2016 年 5 月 6 日开通试运营,该线路也是世界上最长的中低速磁浮运营线。

西南交通大学牵引动力国家重点实验室搭建了全球第一个真空管道超高速磁悬浮列车环形实验线平台。载重 1 t 时,列车能稳定地悬浮地面 20 mm 以上,以 50 km/h 的速度行驶。这项技术可将列车理论速度提高到 1 000 km/h 以上。

二、世界主要国家高速铁路发展概述

(一)日本高速铁路

以东海道新干线为典型代表的日本高速铁路起步最早。早在 1946 年,日本就开始酝酿修建高速铁路,但第二次世界大战后迫于百废待兴,无力顾及。20 世纪 50 年代中叶,日本国民经济在复苏后得到高速发展,工商和流通业尤其发达的京滨、中京、阪神地区成了带动整个日本经济发展的火车头。而连接这些地区的东海道铁路线虽只占日本铁路总长的 3%,却承担全国客运总量的 24%和货运总量的 23%,且运输量的年增长率超过全国平均水平,运输能力面临着全面饱和。为了全面改进连接这三大工商业地带及周围地区的东海道铁路运输通道、提高铁路运输能力,促进经济发展,实现富国目标,在 1957 年成立了由专家学者组成的“日本国有铁路干线调查会”,专门从事关于新建新干线和发展铁路运输经济的工作。1958 年,由其提出的东海道新干线建设构想被内阁会议批准。国铁总裁十河信二与总工程师岛秀雄力排众议,确定了修建标准轨新线的方案,并于 1959 年 4 月破土动工。经过 5 年多时间的建设,1964 年 10 月 1 日,当第 18 届夏季奥运会的火炬在日本东京点燃之时,世界铁路运营史上的第一条高速铁路诞生了,“光”号列车以 210 km/h 的最高速度行驶在日本东海道新干线上。这条专门用于客运的电气化、标准轨距的双线铁路,代表了当时世界一流的高速铁路技术水平,标志着世界高速铁路由试验阶段跨入了商业运营阶段。东海道新干线全长 515.4 km,东京—新大阪的运行时间从 6 h 30 min 缩短到 3 h 10 min,票价比飞机便宜,吸引了大量客流,迫使东京—名古屋的飞机航班停运,这在世界上是首例。

继东海道新干线之后,日本又陆续建成了山阳新干线、东北新干线、上越新干线、北陆新干线、九州新干线、秋田新干线、山形新干线(注:秋田、山形新干线是迷你新干线,而不是高铁)。截至 2016 年底,日本新干线全部营业里程达 3 009.5 km,各运营线路概况见表2-6。

表2-6　日本新干线各运营线路概况

新干线名称	运营范围	里程(km)	开始运营时间	最高速度(km/h)
东海道	东京—新大阪	515.4	1964	270
山阳	新大阪—冈山	161	1972	270
	冈山—博多	393	1975	300
东北及延伸	盛冈—大宫	465	盛冈—东京 1982 上野—大宫 1985 东京—上野 1991	300
	盛冈—八户	97	2002	260
	八户—青森	82	2010	260
上越	大宫—新潟	269.5	1982	240
山形	福岛—新庄	148.6	福岛—山形 1992 山形—新庄 1999	130
秋田	盛冈—秋田	127.3	1997	130
九州	新八代—博多	256.8	新八代—鹿儿岛中央 2003 博多—鹿儿岛中央 2011	260
北陆	高崎—金泽	345	高崎—长野 1997 长野—金泽 2015	260
北海道	新青森—新函馆	148.9	2016	260

新干线列车采用动力分散的运行方式，由新干线总工程师带领科研团队自行研发。动力分散将列车的动力分散到各节车厢，以每节车厢的车轴作为驱动，易于加、减速和在大坡度线路上的平稳行驶，降低了噪声和振动，大大提高了旅行舒适性。同时由于降低了对轨面的压力，既降低了建设成本，又提高了经济效益。

日本新干线值得借鉴的方面主要有：一是日本新干线全部是新建的高速铁路（小型新干线除外），仅开行单一速度的高速旅客列车，与既有线走向分开（既有线为窄轨，其客货列车不能上线运行），白天行车、夜间维修，采用模式化的运行模式，各时段列车开行密度和出发时间按一定规律铺画，开行密度大，且由于日本人口稠密，动车组选型侧重于长编组动车组列车，新干线通道通过能力较高。二是新干线的车站设置最大可能地考虑到方便旅客集结、疏散和换乘，一般中间站均与既有线车站共站而设，使旅客在两线之间方便换乘。自东海道新干线开通半个世纪以来，不仅带动了日本土木建筑、原材料、机械制造等相关产业的发展，更重要的是促进了人员流动，加速和扩大了信息、知识和技术的传播，带动了地方经济的发展，产生了巨大的社会效益与经济效益，并在一定程度上促进了日本国民的生活模式和城市发展模式转变。如京滨、中京和阪神城市群因东海道新干线的通车大大缩短了时空距离，相互之间形成了4 h内到达的经济圈，极大地促进了人员、资本、技术、信息的流动。此外，新干线在世界上也有较大影响，其自身成为日本的名片，在开通运营的前几年，外国游客赴日本旅游必去体验，对其他国家发展高速铁路起到了示范促进作用。

（二）法国高速铁路

法国高速铁路称为 TGV（法文 train *à* grande vitesse 的缩写），是由阿尔斯通公司和法国国家铁路公司设计建造并由后者负责运营的高速铁路系统。在日本建成东海道新干线之后，法国就开始从更高起点研究开发高速铁路，并将目标确定为研制一种高性能、高速度并面向大众的新型列车，建设一条高质量的铁路新线，向旅客提供一种安全舒适快速的出行方式，来解决铁路运输饱和问题并获得显著的经济效益。基于此考虑，1971 年法国政府批准了修建 TGV 东南线，1976 年 10 月正式开工，1981 年南段投入运营，1983 年 9 月全线通车。TGV 东南线全长 419 km，其中新建高速铁路 390 km，最高运行速度为 270 km/h，将巴黎至里昂的旅行时间由原来的 3 h 50 min 缩短到 2 h，客运量迅速增长，经济效益良好。此后，法国又陆续建成了大西洋线、北方线（北欧线）、东南延伸线、巴黎地铁联络线、地中海高速线、东部线、法西高铁线（法国境内 24 km）、莱茵河—罗纳河第一期工程等。其中，巴黎地铁联络线建成后，北方线、东南线和大西洋线可绕过巴黎联结成为一个高速铁路网系统。经过 40 多年的发展，截至 2016 年底，法国高铁的运营总里程已达到 2 142 km，形成了较完整的高铁运输网络。其中 TGV 速度 250 km/h 及以上高速铁路线路运营概况见表 2-7。

表 2-7　法国 TGV 速度 250 km/h 及以上高速铁路线路运营概况

TGV 名称	运营范围	里程(km)	开始运营时间	速度(km/h)
东南线	巴黎—里昂	419	1981(南段)/1983(北段)	270
大西洋线	巴黎—勒芒/图尔	291	1989(西部支线)/1990(西南部支线)	300
北方(北欧)线	巴黎—里尔/加来	346	1993	300
东南延伸线	里昂—瓦朗斯	121	1994	300
巴黎地铁联络线	环巴黎	104	1994(南北部分)/1996(西部)	300
地中海线	瓦朗斯—马赛/蒙彼利埃	259	2001	320
东部线	巴黎—斯特拉斯堡	438	2007(一期)/2016(二期)	320
法西高铁	佩皮尼昂—菲格拉斯	24	2011	300
莱茵河—罗纳河第一期工程	第戎—米卢斯	140	2011	320

法国铁路一直以追求高速度而著名。据统计，从 1890 年到 1990 年的一百年间，世界铁路共创造了 17 次铁路行车最高纪录，其中有 9 次是由法国铁路创造和保持的。自 TGV 修建通车以来，法国一直保持在世界高速铁路的发展前沿，尤其对速度目标值的追求和研究独具特色并且水平遥遥领先。TGV 高速列车于 1981 年在东南线部分线路上试验速度达到 380 km/h，打破了传统铁路运行速度的概念。2007 年 4 月法国

TGV3"V150"列车在巴黎东南部的一段经特殊加固的铁路线上，创下了 574.8 km/h 的新纪录，更令世界瞩目。

法国高速铁路取得的成功可以归纳为以下几个方面：一是在修建高速新线时，考察了建设新线的必要性，确认该线建成后有足够的运量，并能缓解既有线运能饱和的矛盾；二是实现了高速安全运行，缩短了旅行时间，提高了与航空和公路运输的竞争力；三是设计出一套开行密度高、灵活多变的列车运营方案。法国 TGV 高速铁路系统运输组织模式采用"纯高速""下线"两种模式。"纯高速"方案指在新建的高速铁路上只运行 TGV 高速列车，列车开行密度大，通道能力较高。"下线"模式，指由于新线与既有线兼容，与全国路网联结，TGV 高速列车在高速线上行驶一段后驶入既有线，在普速铁路上以 160 km/h～200 km/h 的速度继续运行，这是法国 TGV 运输组织模式的主要特点。采用这种"下线运行"的模式，延长了 TGV 高速列车的运行距离，拓展了其通达范围，从而减少旅客换乘次数，扩大了客流吸引范围。

(三)德国高速铁路

德国高速铁路称为 ICE(Intercity-Express)，即"城际高速铁路"。德国是世界上较早研究高速铁路技术的国家，其高铁技术储备不亚于法国。但后因大力发展高速公路，形成了较为完善的高速公路网。直到 20 世纪 80 年代中期，原联邦德国政府才认识到以往交通政策的失误，为了扩大货运能力，改善运输质量，消除运输瓶颈区间，同时由于欧洲共同体统一市场的形成，欧洲国家之间的联系越来越密切，为了适应这一国际形势，1982 年 5 月 13 日，德国铁路成立董事会，决定修建高速铁路，并于同年 7 月动工。8 月，德国铁路又投资 1 200 万马克，试制 ICE 试验型城际快车，建立从列车、接触网、牵引供电、安全系统、线路、道床、检测系统等各个环节都相互关联和匹配的整体系统工程。1991 年 6 月 2 日，速度为 280 km/h 的第一代 ICE 正式投入运行，行驶在汉诺威至维尔茨堡高速线上。经过 30 多年的发展，德国已建成由改造的旧线(最高速度 200 km/h)和新建的高速线(最高速度 250～280 km/h，300 km/h 及以上)混合组成的高速铁路网。截至 2016 年底，德国建成的高速铁路线路已达 1 451 km。其中已经开通运营的速度 250 km/h 以上的客运专线主要有 7 条(科隆至迪伦线为既有线提速线)，具体见表 2-8。

表 2-8　德国 ICE 速度 250 km/h 及以上高速铁路主要运营线路概况

ICE 名称	运营范围	里程(km)	开始运营时间	速度(km/h)
H-WUE 线	汉诺威—维尔茨堡	338	1991	280
MA-S 线	曼海姆—斯图加特	109	1991	280
H-B 线	汉诺威—柏林	189	1998	250
K-D 线	科隆—迪伦	42	2002	250

续上表

ICE名称	运营范围	里程(km)	开始运营时间	速度(km/h)
K-F线	科隆—法兰克福	184	2002	300
N-Y线	纽伦堡—英戈尔施塔特	89	2006	300
A-L线	埃尔福特—莱比锡	123	2015	300

作为一向注重节能环保的国家,原联邦德国工业界与铁路合作研制的德国ICE继承了这一理念,以不污染环境、快捷迅速为其突出优点。乘坐ICE列车,1～2 h即可到达德国多数大城市及瑞士、奥地利、比利时、法国、荷兰和丹麦等国家。此外,德国于1998年开发出引入可倾式技术的电动摇摆式列车,提高了列车弯道运行速度和稳定性。

除了先进技术,德国高速铁路值得其他国家借鉴的地方可以体现在以下几个方面:第一,制定"21路网"计划,并细分为以3年、5年等长远战略规划及中短期计划相结合的合理布局的路网系统,进而使得高速铁路得以迅速发展。第二,德国高速铁路系统采用新建与改造结合(改造比重大),新旧线联运,高快结合(开行IC/ICE等不同等级列车),客货混跑的模式。在高速铁路的客流组织上,尽管旅客换乘条件很好,但仍致力于创造更多的直达条件,采取了大量ICE列车和IC列车下高速线的办法。高速线上既要运行ICE列车,也要运行货物列车。基本上是白天运行旅客列车,夜间运行货物列车,其中快运货物列车最高时速160 km,一般货物列车最高时速120 km。第三,实行节拍式运输,即按固定相等的运行间隔运行,在新建和改建线路上,每小时单向开行最高时速达250 km的ICE列车1列,若干列最高时速200 km的IC列车。在一些运量小的区段采用2h的节拍运输。

(四)西班牙高速铁路

20世纪80年代中期,西班牙加入欧洲联盟。欧洲联盟高速铁路网的建设和发展规划要求欧共体成员国间相互协调、统一标准,采用现代的铁路技术来改造和加强本国铁路,使各成员国形成有机的整体,为建立欧洲统一大市场创造必要条件。鉴于此,西班牙从国家经济发展实际需要出发,引进法国、德国技术,重新调整了国家交通运输发展政策,于1992年4月16日塞维利亚世界博览会开幕当天建成并开通了马德里—塞维利亚间全长471 km的首条高速铁路。随后,西班牙又建成马德里—巴塞罗那、马德里—托莱多等高速铁路。截至2016年底,西班牙高速铁路运营总里程达到2 871 km,其中速度250 km/h及以上的高速铁路主要运营概况见表2-9。

表2-9 西班牙速度250 km/h及以上高速铁路主要运营线路概况

线路名称	运营范围	里程(km)	开始运营时间	速度(km/h)
M-S线	马德里—塞维利亚	471	1992	270
M-L线	马德里—莱里达	519	2003	300

续上表

线路名称	运营范围	里程(km)	开始运营时间	速度(km/h)
M-T线	马德里—托莱多	21	2005	250
K-A线	科尔多瓦—安特克拉	100	2006	300
L-T线	莱里达—塔拉戈纳	82	2006	300
M-S-B线	马德里—塞戈维亚—巴利亚多利德	184	2007	300
A-M线	安特克拉—马拉加	55	2007	300
T-B线	塔拉戈纳—巴塞罗那	88	2008	300
M-B/A线	马德里—巴伦西亚/阿尔巴塞特	432	2010	300
F-P线	菲格拉斯—佩皮尼昂(西班牙段)	20	2011	300
A-S线	奥伦塞—圣地亚哥	88	2011	250
B-F线	巴塞罗那—菲格拉斯	132	2013	300
A-A线	阿尔巴塞特—阿利坎特	239	2013	300

西班牙高速铁路线上开行的AVE型动车组是通过国际招标,采用引进消化法国高速列车先进技术,并逐步过渡到由本国生产的方式制造的。除了AVE高速列车外,由于山多、线路多弯道,西班牙还专门研发了由机车牵引的速度160～200 km/h的中、高速Talgo摆式车体列车,以适应与既有线共线运行。

西班牙既有铁路网主要采用宽轨标准,部分采用窄轨,而高速铁路采用标准轨。不同轨距,采用不同速度、不同类型的列车,为全世界提供了根据本国国情,借鉴国外经验,依靠自己的力量在短时间内优质、高效建成高速铁路的范例。

(五)意大利高速铁路

意大利是欧洲最早建设高速铁路的国家之一,早在1964年就选定把米兰—博洛尼亚—佛罗伦萨—罗马—那不勒斯南北高速干线,都灵—米兰—威尼斯东西大干线作为意大利高速铁路的“T”字形骨架,再加上从米兰—热那亚的一条高速支线,全部高速路网总长约1 200 km。1970年开工修建南北高速干线中的罗马—佛罗伦萨段,全长254 km。由于种种原因,一直到1992年才全部完工正式通车。第一条高速铁路建成后,意大利没有立即继续高速铁路的修建,而是密切观察该段高速铁路的性能,总结经验,待高速铁路的优越性变得十分明显时,才于1994年正式开始高速铁路网工程建设,到2012年底,意大利“T”形高速铁路网基本完工。截至2016年底,意大利高速铁路运营里程达到962.6 km,其中速度250 km/h及以上的高速铁路主要运营线路概况见表2-10。

表2-10 意大利速度250 km/h及以上高速铁路主要运营线路概况

线路名称	运营范围	里程(km)	开始运营时间	速度(km/h)
南北高速干线	罗马—佛罗伦萨	248	1992	250
	罗马—那不勒斯	220	2005	300
	博洛尼亚—佛罗伦萨	77	2007	300

续上表

线路名称	运营范围	里程(km)	开始运营时间	速度(km/h)
南北高速干线	米兰—博洛尼亚	182	2009	300
	那不勒斯—萨勒诺	47	2010	250
东西高速干线	米兰—都灵	149	2009	300
	特雷维格里奥—布雷西亚(米兰—威尼斯线)	39.6	2011	300

意大利是一个多山区的国家，历史悠久，人口密度高，环境保护的紧迫性高，工业发达但布局偏于北部，处于欧洲交通的枢纽地位，这种国情决定了意大利高速铁路定位在大部分为山区、丘陵地形，总体技术特点为：一是因隧道、高架桥与桥梁在整个线路长度中占很大比例，所以，高速铁路标准考虑了山区的条件；二是充分利用既有线网络，在高速线上每隔 50 km 左右就有一段联络线与既有线相连，使高速铁路网与既有线铁路网能紧密联系，既能实现高度集中控制，又能最大限度地发挥高速铁路与既有线各自的优势；三是通过修建大量的隧道、特别是大量的人工防噪声隧道来保护历史文化遗产；四是开发和使用适合本国国情的摆式列车，使得既有线大面积提速。目前意大利高速铁路采用的是最新型的 ETR500 高速列车，称之为“意大利欧洲之星”。而且意大利的摆式列车技术也是世界上最成熟的摆式列车技术之一，在欧洲乃至世界各地得到了较大范围的推广应用。

第三节　中国高速铁路发展概述

到 20 世纪末期，随着高速铁路的优势逐渐为人们所认同，全球性的高速铁路网建设时期已经到来。铁路作为中国交通运输的骨干，在国民经济发展中起着重要作用。改革开放以来，国民经济持续高速发展对铁路运输的巨大需求常常得不到满足，不仅使得铁路长期成为“瓶颈”产业，而且严重阻碍了国民经济的发展，如何摆脱困境迫在眉睫。从 20 世纪 90 年代开始，中国铁路通过大力推进原始创新、集成创新、引进消化吸收再创新等，用短短十多年的时间走出了一条具有中国特色的高铁发展之路，成为世界上高铁规模最大、发展速度最快的国家。中国高速铁路技术装备创造的速度纪录成就见表 2-11。

表 2-11　中国高速铁路速度纪录表(200 km/h 以上部分)①

时　间	动车组类型	试验速度(km/h)	试验路线
1998 年 08 月	X2000 新时速摆式电力动车组	200.0	广深铁路
1999 年 09 月	DDJ1“大白鲨”电力动车组	223.0	广深铁路

① 应夏晖，陈锦生. 高速铁路基本知识[M]. 北京：中国铁道出版社，2015.

续上表

时　间	动车组类型	试验速度(km/h)	试验路线
2000 年 10 月	DJJ1“蓝箭”电力动车组	235.6	广深铁路
2001 年 11 月	DJF2“先锋”电力动车组	249.6	广深铁路
2002 年 09 月	DJF2“先锋”电力动车组	292.8	秦沈客运专线
2002 年 11 月	DJJ2“中华之星”电力动车组	321.5	秦沈客运专线
2008 年 04 月	CRH2C“和谐号”电力动车组	370.0	京津城际铁路
2010 年 02 月	CRH2C“和谐号”电力动车组	394.2	郑西客运专线
2009 年 12 月	CRH3C“和谐号”电力动车组(重联)	394.2	武广客运专线
2008 年 06 月	CRH3C“和谐号”电力动车组	394.3	京津城际铁路
2010 年 09 月	CRH380A“和谐号”电力动车组	416.6	沪杭客运专线
2010 年 12 月	CRH380BL“和谐号”电力动车组	457.0	京沪客运专线
2010 年 12 月	CRH380AL“和谐号”电力动车组	486.1	京沪客运专线
2011 年 01 月	CRH380BL“和谐号”电力动车组	487.3	京沪客运专线

注:2016 年 7 月,中国标准动车组在郑徐客运专线会车试验速度 420.0 km/h。

一、中国高速铁路发展历程

从 20 世纪 90 年代开始,中国高速铁路发展经历了从无到有、从弱到强,从“跟跑”到“并跑”再到“领跑”的过程,实现了从“技术引进”到“中国制造”再到“中国创造”的飞速赶超,成功开辟了一条具有中国特色的高速铁路自主创新之路。归纳起来,中国高速铁路发展历程可以分为三个阶段。

(一)研究论证试验阶段:1990 年至 2002 年

中华人民共和国成立后,尤其是改革开放以来,中国铁路取得了长足进步,为经济建设做出了重要贡献。但与其他行业相比,铁路发展相对滞后,各大铁路干线运输能力长期超负荷运行,“一票难求”“一车难求”的现象曾经十分突出,铁路成为制约经济社会发展的“瓶颈”。例如 20 世纪 80 年代,东部沿海经济起飞,京沪铁路客货运量猛增,各区段能力利用率均达到 100%,严重制约了沿线地区经济的发展。有专家提出修一条专用的快速客运通道,把客运和货运分开,以彻底缓解京沪铁路的压力,这正是京沪高铁设想的雏形。当时的国家经委也向中央提出建议,修建一条京沪高速铁路。为此,国务院有关部门和专家学者做了大量前期工作。

1990 年,原铁道部向国务院报送《关于“八五”期间开展高速铁路技术攻关的报告》。1992 年初,邓小平南方谈话以后,建设京沪高速铁路的呼声高涨。原铁道部向国务院报送《关于尽快修建高速铁路的建议报告》后,旋即又提出了《北京至上海旅客列车专用高速铁路研究的初步设想》。1993 年,原国家科学技术委员会、国家计划委员会、国家经济贸易委员会、国家经济体制改革委员会和铁道部(四委一部)组织 100

多位专家开展了京沪高速铁路的前期研究，编写了《京沪高速铁路重大技术经济问题前期研究报告》，并向国务院上报《关于报送建设京沪高速铁路建议的请示》。1994年5月，国务院总理办公会议听取了有关京沪高速铁路建设的汇报。6月，中央财经领导小组会议上，原则同意原铁道部关于修建京沪高速铁路开展预可行性研究的建议。接着，原铁道部组织力量深入开展勘测设计工作，并对机车车辆、通信信号、线路桥梁、运输组织等开展专题研究。经过有关单位数百名专家和工程技术人员的努力，1996年5月完成预可研报告，并上报国务院。1996年9月，国务院总理办公会议再次讨论了京沪高速铁路建设问题。1997年3月，原铁道部将《北京至上海高速铁路项目建议书》上报原国家计划委员会。中国国际工程咨询公司开展了评估，评估意见是：建设京沪高速铁路十分必要，建设方案可行，建议尽早立项。与此同时，许多专家学者通过召开研讨会、发表文章等多种形式呼吁京沪高速铁路上马。1998年初，中央把京沪高速铁路列入工作重点之一，原铁道部进一步加速了建设准备工作。

在论证京沪高速铁路建设必要性和可行性的过程中，关于是修建磁悬浮还是轮轨式铁路又进行了论证和比较，最后决定种块“试验田”来检验，让事实说话，这就是秦沈客运专线和上海磁悬浮列车示范线的建设初衷。

1999年8月16日，全长404 km的秦沈客运专线（秦皇岛—沈阳）全面开工建设，2003年10月12日正式开通运营。秦沈客运专线在中国铁路的发展历史上具有里程碑式的意义。

2001年3月1日，上海磁悬浮列车示范运营线工程在上海市浦东新区正式开工，2002年12月31日开通，2003年1月4日正式开始商业运营。上海磁悬浮示范营业线西起上海地铁二号线龙阳路站，东至浦东国际机场航站楼，正线全长约30 km，速度430 km/h，7 min即可跑完全程。

在此期间，由于国家拨给铁路的建设投资年均只有100亿元左右，高铁建设全面展开显然不切实际，面对中国旅客列车平均速度仅48 km/h、铁路市场份额持续下滑的态势，唯一可行的方案就是实施既有铁路技术改造。1990年，原铁道部决定将长度约150 km的广深线作为试点进行提速改造，最高速度从100 km/h提高到160 km/h（其中设有长26 km、速度为200 km/h的试验段）。1994年广深线开通后，运行时间从原来的2 h 48 min缩短至1 h 12 min。广深线作为中国第一条提速铁路（或称准高速铁路），所研发的新技术（大功率机车、新型客车、动车组及可动心道岔等）、制定的新标准和规范，为日后铁路大提速奠定了基础。此后，1997年1月，在北京环行铁道试验线进行了高速试验，列车速度达到212.6 km/h，中国铁路首次实现“高速”突破（按当时标准）。其后，在郑武线又创造出240 km/h的新纪录。从1997年4月1日开始，1998年10月1日、2000年10月21日、2001年10月21日、2004年4月18日，铁路陆续实施了5次大面积提速，这些试验对于检验和改进中国铁路的基础设施及机车车辆,发挥了重要作用。

此外,为了适应社会便捷运输的需要,各铁路局分别与机车车辆企业合作,先后研制、生产了多种型号的电力动车组,如"春城""蓝箭""中原之星"和"长白山号"等,以及专门为秦沈客运专线研制的"先锋号"和"中华之星"高速动车组。这些国产动车组集中了当时国内优秀科研力量,在转向架设计、铝合金车体的采用、空气动力学试验、牵引与制动及列车网络系统等方面都取得了开创性的成果。当初参加国产动车组研发的人才,后来都成为高铁技术研发的专家骨干。

(二)起步阶段:2003 年至 2012 年

2003 年中国政府下决心上马京沪高速铁路,再次对轮轨技术和磁悬浮技术进行科学比选。5 月下旬,原铁道部高速铁路办公室完成了《京沪高速铁路磁悬浮与轮轨方案比较报告》,8 月 28 日、8 月 29 日专家组分别登乘运行在秦沈客运专线的"中华之星"动车组和上海磁悬浮列车,并于 9 月 1 日至 9 月 5 日在北京举行论证会。与会 24 位专家,16 人赞成轮轨、4 人赞成磁悬浮、4 人弃权。2003 年后,轮轨和磁悬浮的技术路线之争结束,"轮轨技术"成为公认的选择。

2004 年 1 月,国务院常务会议讨论并原则通过了中国历史上第一个《中长期铁路网规划》,提出了建设超过 1.2 万 km"四纵四横"快速客运专线网的目标,客车速度目标值达到 200 km/h 及以上,把中国高铁梦及灿烂远景展示在世人面前。2017 年 4 月 18 日,铁路实施了第六次大面积提速,为中国高铁时代的到来做好了技术理论和生产实践的准备。2008 年 8 月 1 日,中国第一条具有自主知识产权、运营速度世界最快的高速铁路—京津城际铁路开通运营,标志着中国在高速铁路技术上进入了先进行列。2008 年 10 月 31 日,《中长期铁路网规划(2008 年调整)》方案经国家批准后颁布实施,新调整的方案,在维持 2004 年原"四纵四横"基础骨架不变的基础上,增加了一批客运专线建设项目,城际客运系统将由环渤海、长三角、珠三角地区扩展到其他经济发达和人口稠密地区;将 2020 年客运专线规划目标由 1.2 万 km 调整为 1.6 万 km,其中时速 250 km 的线路有 5000 km,时速 350 km 的线路有 8000 km,并与既有线提速改造工程相衔接。至 2012 年底,中国高铁里程达 0.94 万 km,居世界第一位。建成的典型高速铁路包括:2010 年 2 月 6 日开通的在中国中西部湿陷性黄土区建设的首条高速铁路郑西高速铁路;2010 年 12 月 30 日开通的最靠近赤道的海南东环高速铁路;2011 年 6 月 30 日开通的世界一次建成里程最长、标准最高的京沪高速铁路;2012 年 12 月 1 日开通的世界首条在高寒地区修建的哈大高速铁路;2012 年 12 月 26 日全线开通的跨越温带、亚热带等多个气候带,穿越长江、黄河、山区、平原等多种地理环境,世界上运营里程最长的京广高速铁路。

在加快高速铁路建设的同时,2004 年 4 月,国务院下发《研究铁路机车车辆装备有关问题的会议纪要》,原铁道部会同国家发展和改革委员会联合下发《时速 200 km 及以上动车组技术引进与国产化实施方案》,明确了高速铁路动车组采用"引进、消化、吸收、再创新"的技术路线和"以全面转让技术为前提,以引进核心和关键技术为重点,以国内企业为主体,以国产化为最终目的"的行动方案。经过三年多的努力,中国动车组装备制造企业聚力引进加拿大庞巴迪、日本川崎重工、法国阿尔斯通和德国西门子四家世界最先进的高速动车组制造技术,成功搭建了 200 km/h 和 300 km/h 两个速度等级的高速列车技术平台;统筹各方资源,组织国内轨道交通相关部门,开展引进技术的消化、吸收再创新,以掌握高速动车组的九大核心技术和十大主要配套技术。这一过程为中国高速铁路创新发展注入了新动力,极大地推动了中国高速铁路基础理论和关键技术研究的全面进步,大幅度提升了中国高速铁路技术装备水平,并在迅速升级高铁技术的同时,将相关技术加速渗透到整个中国高铁产业链中。

2007 年 4 月 18 日,全国铁路第六次提速完成,提速后具备速度 200 km/h 能力的既有线路和国产"和谐号"动车组同时写进了中国铁路发展史。同年 12 月 22 日,中国首列国产化速度 300 km/h 及以上的"和谐号"动车组列车下线,并相继研制出了速度 200～350 km/h 的 CRH2 型系列动车组、世界首创的长大编组卧铺动车组。2008 年 2 月,科学技术部、原铁道部共同签署《中国高速列车自主创新联合行动计划》,提出要在消化吸收国外先进技术的基础上,建立并完善具有自主知识产权、国际竞争力强的速度 350 km/h 及以上中国高速铁路技术产权。2010 年 8 月,CRH380A 型新一代高速动车组问世。2011 年 12 月 25 日,500 km/h"更高速度试验列车"下线标志着中国高速列车前瞻性研究取得了阶段性重大成果,对完善中国高速列车技术体系、推动世界高速列车技术发展有着重要的意义。

(三)高速发展阶段:2013 年至今

党的十八大以来的五年,中国铁路新线投产里程近 3 万 km,其中高铁投产 1.6 万 km,铁路建设投资规模达 4 万亿元,无论是投产规模还是投资规模,均达到历史最高位。截至 2017 年底,中国高速铁路营业里程 2.5 万 km 以上,占世界高铁近 70%,"四纵四横"骨干高铁网建成,拥有世界上规模最大的快速铁路运输网络。

2013 年 7 月 1 日宁杭高铁、杭甬高铁开通,构筑了长三角高速铁路主骨架,形成了以上海、杭州、南京、宁波为中心的长三角地区 1～2 h 交通圈;2013 年 12 月 1 日津秦高铁开通,与哈大、京沪、京广高铁一起构建了联结东北、华北、华东、华南和广大中部地区的高速客运网络,为推动京津冀地区一体化发展乃至环渤海地区加速崛起奠定了先行基础;2014 年 12 月 26 日贵广高铁全线贯通,翻越西南地区地质极其复杂的崇山峻岭,238 座隧道、504 座桥梁首尾相连,将西南山区和珠三角连为一体,铺就出西南省区最便捷的出海大通道;2014 年 12 月 26 日兰新高铁开通,途经广袤无垠的西北边陲,穿越自然环境恶劣、最大风速高达 60 m/s 的风区、戈壁荒漠，塞外边关从此融入高铁版图；2015 年 6 月 28 日合肥至福州高速铁路全线通车，途经中国七大自然风景区，被誉为“风景最美的高铁”；2016 年 12 月 28 日上海至昆明高速铁路全线通车，是中国东西向线路里程最长、经过省份最多的高速铁路；2017 年 7 月 9 日宝鸡至兰州高速铁路全线通车，标志着西北地区全面融入全国高速铁路网；2017 年 12 月 6 日西安至成都高速铁路全线通车，穿越秦岭山脉，秦巴山区一步迈入了高铁时代。

中国高铁在建成了一批具有世界领先水平的标志性线路工程的同时，坚持与时俱进，坚持力学与美学、技术与艺术的结合，建设了与各种交通方式无缝衔接的昆明南、贵州北、成都东等具有中国特色先进完善的现代化综合客运枢纽，为旅客提供了方便快捷的进出通道和温馨舒适的候车环境，为加快贫困地区脱贫致富、促进区域经济协调发展、助力经济社会迈向高质量发展阶段构建了钢铁脊梁。

中国高铁坚持集成创新、引进消化吸收再创新和完全自主创新相结合的创新路线，实现了“弯道超车”，高铁装备总体技术水平在较短的时间内走在了世界先进行列，建立了最完整的高速铁路技术标准体系。装备制造业强强携手，建造了技术先进的装备制造、维修基地，搭建了专业一流的研发平台，形成了完整的装备制造产业链，打造出具有自主知识产权、产品序列齐全的动车组谱系。2015 年 6 月，具有完全自主知识产权、达世界先进水平的中国首列标准动车组正式下线，标志着中国高速铁路创新正式跨入“中国标准”时代。2017 年 6 月 25 日，中国标准动车组正式命名为“复兴号”，6 月 26 日在京沪高铁两端的北京南站和上海虹桥站正式双向首发。“复兴号”的开行不仅引领着含金量更高的“中国智造”，更开启了中国高铁创新发展的新征程。

高铁时代深刻影响着社会变革，快捷舒适、安全正点的公交化运营更好满足旅客多样化、个性化、便利化服务需要。铁路部门采取电话、互联网等多样方便的购退票方式，推出网上选座、网上订餐等多样化服务，以及配套智能化服务设施设备，提高了旅客出行的便利性，满足了旅客多样化出行需求，让旅途成为一种快乐享受。高铁动车组等高端装备制造业的快速发展强劲拉动了上下游相关产业链的全面升级，综合经济竞争力的提升为高铁途经城市迎来了发展新机遇，区域经济的协同发展依托高铁释放出了全新的活力。

二、中国高速铁路发展方向

中国高速铁路以“创新、协调、绿色、开放、共享”新时代五大发展理念为导向，构建现代综合交通运输体系，继续加快高速铁路网建设，提升铁路供给体系整体质量；以科技为引领，推进高铁信息化智能化现代化建设；贯彻落实创新驱动发展战略，引领高铁装备制造升级；以高速铁路为依托，培育壮大高铁经济，促进站城深度融合；全面提升运输能力和服务品质，增强市场竞争力和国际影响力。

（一）加快高速铁路网建设，提升铁路供给体系整体质量

“十三五”时期综合交通运输体系建设仍处于重要战略机遇期，进入基础设施“大建设”与综合运输“大服务”并举并重的发展阶段，发挥铁路运输尤其是高速铁路运能大、速度快、能耗低等技术特点和比较优势，推动不同运输方式由“自我发展”向“竞合发展”转变。

加强高速铁路基础设施规划建设。为满足快速增长的客运需求，优化拓展区域发展空间，在“四纵四横”高速铁路网的基础上，增加客流支撑、标准适宜、发展需要的高速铁路，部分利用时速 200 km 的铁路，形成以“八纵八横”主通道为骨架、区域连接线衔接、城际铁路补充的高速铁路网，实现省会城市高速铁路通达、区际之间高效便捷相连。

通过构建高速铁路主通道、拓展区域铁路连接线、发展城际客运铁路，建成现代的高速铁路网，连接主要城市群，基本连接省会城市和其他 50 万人口以上大中城市，形成以特大城市为中心覆盖全国、以省会城市为支点覆盖周边的高速铁路网。实现相邻大中城市间 1～4 h 交通圈，城市群内 0.5～2 h 交通圈。提供安全可靠、优质高效、舒适便捷的旅客运输服务。

优化完善高速铁路网络布局。高速铁路规划建设应以强化综合运输体系功能为导向，考虑与其他运输方式的协调关系，实现在完善的交通运输体系之下持续发展，这样才能在满足资源和环境承载要求的同时适应交通运输的需要，促进交通资源的综合利用。一方面要优化通道内运输组织网络，有序推进各种运输方式节点体系建设，促进区域间、干支间、城乡间运输网络无缝衔接。另一方面要以客运“零距离换乘”为目标，建立综合运输枢纽统一规划、一体设计、同步建设、同期运营、系统管理的联动工作机制，完善集疏运体系，强化综合运输枢纽对各种运输线网的集约组织和优化配置功能。

（二）以科技为引领，推进高铁信息化智能化现代化建设

推进高铁信息化智能化现代化建设，就是要建立全面、高效的高铁信息网络，构建科学合理的信息系统架构，建成先进的信息化基础设施，信息技术与高铁业务深度融合，建立功能完善的应用系统，显著提高应用质量和效率，实现涵盖高铁在内的铁路系统互联互通，信息资源高度共享；建成较为完备的信息化保障体系，健全完善运行维护机制；与综合交通运输系统实现全网联动，进一步提高协同应用程度，在保障畅通运行方面取得显著实效，在推进综合运输体系建设、发展现代物流、实现低碳绿色交通方面取得重大进展，规范市场秩序、强化安全应急、社会公众服务和决策支持能力全面提升，信息化总体水平迈上新台阶，为现代交通运输业发展提供坚强支撑与保障。

建立集成共享、安全可靠的数据处理平台，实现云资源共享，建成满足铁路需求的绿色云数据中心，建成覆盖全国高铁的高速信息网络，实现高铁及铁路车站信息化。建成大数据服务平台，规范铁路行业基础数据，健全公用基础编码体系，整合铁路内部运输组织、客货服务、经营管理、安全管理、建设管理等数据，实现铁路信息资源的共享共用。逐步实现铁路(包括高铁)与公路、水路、航空等其他运输方式，以及气象、地震、环境等相关行业部门之间的互联互通、信息交换和信息共享。挖掘数据价值，增强信息服务能力，提升决策分析质量，促进多种运输方式联动和业务协同，为综合交通运输体系动态信息交换共享提供数据支撑，支持综合运输体系建设。

建设铁路信息接报、监测预警、风险评估、辅助决策、信息发布、资源管理、统计分析等一体的监管平台，推进政府监管到位、协调联动、响应迅速、处置有效，加强高铁行业内外安全监管信息的交换共享，形成政府监管、企业自律、社会监督的信用管理和服务体系。

建立一体化、网络化、智能化的安全监测平台，充分利用物联网技术、北斗导航技术以及地理信息技术对高铁运输设备和相关自然环境进行动态监测、监控和预警，实现检测监测信息的综合利用，提升安全保障能力。优化高铁安全监测系统性能，完善动车组运行安全监控综合系统，推进安全监管系统升级改造，积极应用物联网技术，提升移动设备和固定设施的安全监管能力，提升安全监测领域的分析、预警、自愈、防范能力和智能感知水平，实现对列车及设备故障等安全问题的全面监测，建立集监测、控制和管理于一体的网络智能安全监管平台和信息传输系统。推进高铁安全监测综合系统建设，积极推动北斗卫星导航等相关技术在地质灾害预防、恶劣气象预警等方面应用，建立铁路自然灾害及异物侵袭监测系统，完善对自然灾害、突发事故的全面监测预警。

建立良好的包含高铁在内的铁路信息化智能化人才引进和培养机制，重点加强高端、紧缺人才的引进和复合型人才的培养。

(三)创新驱动发展，引领高铁装备制造升级

轨道交通装备是构建安全、高效、环保的现代交通运输体系的重要基础。贯彻落实创新驱动发展战略，以创新作为高铁装备引领发展的第一动力，加强科技研发和自主创新，提高智能、绿色、高端装备比例，持续提升高铁装备现代化水平，进一步增强产业核心竞争力，推动高铁加快迈向全球价值链高端，巩固和提高在国际竞争中的优势地位。

发展高速、智能、绿色装备，推进机车车辆装备升级。研制新一代 600 km/h 的高速磁悬浮列车，搭建悬浮导向、车载供电等关键技术研发试验调试平台。结合路网建设和运输需求，扩大动车组上线运行范围，推进智能动车组研发。建设国家高速列车

技术创新中心，加快推进具有自主知识产权的系列化“复兴号”中国标准动车组研制及应用。

加快发展先进列车控制系统，着力强化监控检测保障能力。加快通信信号装备升级改造，推进通信信号装备小型化、一体化和铁路下一代移动通信技术研究，优化完善通信基础网。加强系统集成和自主创新，提高列车控制系统核心技术水平和运营安全保障能力，逐步推广应用具有自主知识产权的高速铁路列车运行控制系统。进一步健全完善高速铁路检测、监测和修理技术装备体系，提高检测养护机械装备水平，全面提升基础保障能力。构建覆盖全路主要干线基于卫星定位的测量控制网络，进一步完善高速铁路路基沉降及轨道变形监测系统。

构建新型技术装备研发试验检测平台。建设轨道交通研发平台，围绕智能车间、智能工厂建设，重点研制机车车辆、列车控制系统、高速道岔等智能制造系统及装备，形成人机一体、集约高效的新型制造模式。建设高铁关键系统及部件试验检测平台，提升高铁车辆、列车控制系统、信号系统试验检测能力，满足新技术、新产品试验检测及认证需要。建设城市轨道车辆及关键系统试验检测平台，提高多品种、多制式装备试验检测能力，形成行业技术服务体系，满足新产品开发及认证需要。

（四）“以人民为中心”，提升高铁服务品质，构建便捷舒适的旅客运输系统

服务是铁路运输行业的出发点和落脚点，突出便民、利民、惠民服务理念，不断拓展服务内涵，创新运输服务模式、改善公众出行体验，满足多样化、高品质的运输需求，打造服务优势，创建服务品牌，努力实现服务品质与服务能力同步提升，运营效益和比较优势同步增强。

提高旅客运输能力。发挥高速铁路运输网络准点高效、快速通达、覆盖面广的优势，优化组织和调度，深度挖掘客运潜力，提升网络客运能力。创新服务理念和服务模式，加大客运产品开发，形成高速动车、城际列车、普速客车、市域（郊）列车等层次多样、能力协同、适应需求的客运系列产品，提升客运服务均等化、便捷化、多样化服务水平，提高铁路有效供给能力和质量，更好满足公众出行需求。推进跨运输方式的客运联程系统建设，鼓励开展空铁、公铁等联程运输服务，统筹运输方式间运力、班次对接。

顺应“互联网＋”新趋势，提升客运综合服务水平。推广普及电子客票、联网售票、实名制购票，推动实现旅客出行一次购票、无缝衔接、全程服务。提高旅客列车正点率，提升动车服务品质，为旅客提供更好的出行体验。完善动静态引导系统、图形标志及广播、视频监控等站车设施设备，提高信息服务能力。推动“互联网＋”与综合运输服务融合发展，适应移动互联网时代“指尖消费”需求，以整合资源、开放共享为重点，推动实现智慧运输服务“一点通”、公众出行支付“一卡通”、公共信息服务“一网通”等建设。

进一步推进站车服务智能化发展。目前新建的高速铁路车站已经向服务智能化发展,比如自动售票系统、自动验票检票系统等智能服务系统的投入使用,已经实现车站部分服务功能的智能化。但随着科技的进步,独立的智能化系统并不是发展方向,未来的高速铁路必定会使票务系统、旅客服务系统、市场营销系统、安全防灾系统、列车服务系统等各个独立的智能系统通过互联形成综合的车站与列车智能化服务系统,在旅客出行前、进站、候车、乘车、换乘、出站等各环节提供全方位的智能服务。

(五)着力打造以高铁车站为中心的客运枢纽,促进站城深度融合

按照“零距离”换乘要求,同站规划建设以铁路客站重点是高铁车站为中心、与其他交通方式有机衔接的综合交通体,特大城市要强化铁路客运枢纽、机场、城市轨道交通的便捷联接。同步强化客运枢纽场站设施,完善动车段(所)、客运机车车辆以及维修设施,完善客运枢纽(高铁车站)快件集散等快捷货物服务功能设施。

以高速铁路通道为依托,引领支撑沿线城镇、产业、人口等合理布局,促进区域密切交流合作和资源优化配置,加速产业梯度转移和经济转型升级,培育壮大高铁与经济深度融合发展的高铁经济新业态。以高铁站区综合开发为载体,发展站区经济,引导和推动站区现代物流、商贸金融、电子商务、旅游餐饮等关联产业聚集和规模发展,努力形成品牌效应和规模效益。

(六)服务国家重大战略,为中国高铁“走出去”贡献中国智慧和中国方案

2016 年 11 月 1 日国际铁路联盟发布的全球高铁发展状况报告显示,预计 2030 年,全球铁路规划新建高铁里程 4 万 km 以上。高速铁路在世界范围的蓬勃发展为中国高铁“走出去”带来了难得的发展机遇,但同时,中国高铁走出去面临国际竞争、知识产权、中国高铁标准国际知名度和认可度等问题。中国高铁要抓住机遇,迎接挑战,更好地发挥铁路产业的技术、成本优势,服务全球铁路市场。

明确目标市场,提高竞争合力。世界铁路未来市场很大,但面对复杂多变的国际市场环境和德国、法国、日本等强有力的竞争对手,要想在激烈的国际市场竞争中取得一席之地,需要超前谋划,结合不同国家、地区的经济发展、产业体系、法律法规、政治文化、社会环境等因素对市场需求进行深入细致分析,确定真正有效市场。并针对目标市场加大前期研究的力度和投入,准确把握不同国家、地区铁路市场的特点和需求,细分铁路“走出去”的重点区域和业务领域。同时要合理配置规划设计、工程建设、装备制造等产业资源,整合国内企业资源,形成合力,提高整个产业的国际竞争力,实现中国高铁真正高端领域“走出去”。

创新商业模式,加强风险防控。综合考虑不同国家的市场需求、项目特征、政治环境等因素,按照一国一策的思路,灵活运用 BT、BOT、PPP、EPC、EPC+F 等运作方式,积极探索工程、资源、金融、服务等跨领域商业模式的组合,有效规避和降低资金风险,

实现利益最大化。同时根据国际安全和经济秩序给高铁“走出去”带来的政治、经济等多重风险，建立健全风险评估和防控机制，定期发布重大国别风险评估，及时警示和通报有关国家重大风险，预先防范，妥善应对，为高铁“走出去”创造良好环境。

推进中国高铁标准国际化，提升中国铁路标准国际影响力。中国高铁实施“走出去”，最重要的是输出技术标准，唯有如此，才能掌握主动权，才能充分发挥工程技术优势和利用装备制造业产能。一是要跟踪国际铁路标准发展动态，积极参与ISO/TC269、IEC/TC9、UIC等国际标准化组织战略、标准、规范制定和修改，提高标准制定的话语权。开展中外标准研究对比分析，积极转化适合中国国情的国际标准。二是加快中国铁路标准外文版翻译出版工作，结合海外工程承包、重大装备设备出口和对外援建等，多层面、多方式宣传和推荐中国标准，扩大中国高铁标准的影响力，提高中国高铁标准的国际知名度和认可度。三是针对中国高铁“走出去”最为敏感的知识产权问题，要继续开发技术性能更优、被国际社会广泛认可的高铁的新技术、新工艺和新产品。同时，要健全知识产权管理体系，提升知识产权保护水平。

加快培养复合型人才，弥补人员短板。国际化人才短缺是中国高铁“走出去”的瓶颈制约，要加快“走出去”步伐，亟需做好人才培养、储备工作。一方面要加快培养熟悉铁路业务，懂得工程承包，同时掌握商务、法律、金融等领域知识并具备跨文化交流能力的复合型人才。另一方面，要整合国内教学资源和科研平台，构建支撑高铁“走出去”的人才培养培训体系，搭建持续推进高铁“走出去”的人才“蓄水池”。同时，要充分了解项目合作国家的项目管理水平(管理方式、管理人员数量等)，充分利用当地人力资源，利用各种合作形式，为项目合作国培养培训铁路技术和管理人才，为运营阶段创造良好的社会人际环境，同时也为铁路长期合作打下人脉基础和人才基础。

第三章　新时代高铁发展理念

党的十八大以来的五年，是党和国家发展进程中极不平凡的五年。面对世界经济复苏乏力、局部冲突和动荡频发、全球性问题加剧的外部环境，面对中国经济发展进入新常态等一系列深刻变化，坚持稳中求进工作总基调，迎难而上，开拓进取，取得了改革开放和社会主义现代化建设的历史性成就。经过长期努力，中国特色社会主义进入了新时代，这是中国发展新的历史方位。

从发展目标来看，中国铁路进入由“铁路大国”迈向“铁路强国”的新时代。近年来，中国铁路发展取得巨大成就，路网规模、运输效率、服务质量等诸多领域已经位居世界前列，尤其是高铁的快速发展，推动中国铁路总体技术水平由长期的“跟跑”向“领跑”的历史性跨越，中国高铁成为国家发展亮丽名片和国之重器，也为世界贡献中国智慧和中国方案。

从发展作用来看，中国铁路进入由“适应发展”迈向“当好先行”的新时代。铁路与经济社会发展关系由过去的严重瓶颈制约进入基本缓解，再转入现在基本适应。进入新时代，铁路成为经济社会发展的先行官，为创造美好旅途新时空、增添经济发展新动能、拓展区域发展新空间、建设美丽中国新家园、壮大高铁经济新业态、建设现代化经济新体系作出新的更大贡献，为实施乡村振兴战略、区域协调发展战略、可持续发展战略、“一带一路”倡议等国家重大发展战略更好发挥支撑引领作用。

从发展阶段来看，中国铁路进入由“高速度增长”转向“高质量发展”的新时代。中国经济已由高速增长阶段转向高质量发展阶段，必须牢牢把握高质量发展要求，坚持质量第一、效益优先，深化运输供给侧结构性改革，推动运输产品由低端、低效供给向高质量、中高端供给的转变，着力推动铁路建设发展质量、运输服务质量和产品供给质量变革，生产组织效率、投入产出效率及资本运营效率变革，内生发展动力、创新驱动力和市场经营动力变革，促进铁路由传统运输生产企业向现代运输经营企业转型升级。

从满足需求来看，中国铁路进入由“被动服务”转向“主动服务”的新时代。随着人民生活水平的不断提高，对美好生活的向往更加强烈，对美好出行的渴望更加期盼，服务需求呈现出多样化、多层次、多方面、多领域和便捷化、个性化、品质化、智慧化的特征，不断追求“人畅其行、货畅其流”。

本章的主要内容包括高铁创新发展、高铁协调发展、高铁绿色发展、高铁开放发展、高铁共享发展等(图3-1)。新时代的高铁发展必须坚持以人民为中心的发展思想，将"人民铁路为人民"作为一切工作的出发点和落脚点，牢牢把握人民日益增长的美好生活需要和不平衡不充分的发展之间的矛盾变化，一切为了人民，一切依靠人民，坚定不移贯彻创新、协调、绿色、开放、共享的发展理念，为实现"两个一百年"奋斗目标和中华民族伟大复兴的中国梦奠定坚实基础。

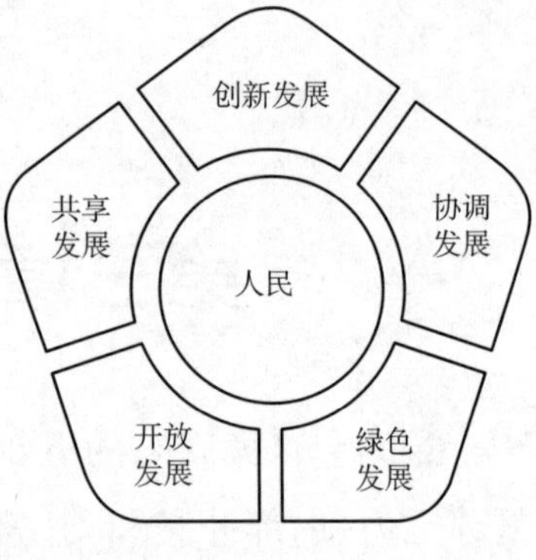

图 3-1　新时代高铁发展理念

第一节　高铁创新发展

马列主义和中国传统哲学给予了创新更丰富、更深刻的实践内涵，不同于资本主义的经济价值创新，创新发展是社会价值的全面创新；不限于科学技术的创新，创新发展是多种机制的集成创新。在中国，创新被定义为"创造新的社会价值的(各类)活动"。该定义有三个基本要素：首先，价值必须是新创造出来的，并非原来已有的价值。其次，新创造的价值主要是具有正外部性的社会价值，而非私有价值。最后，创新所代表的是社会各类活动创新，不仅仅是技术本身，还应包含创新过程中资金的投入，技术产权的保护，相关新技术的研发以及推广应用等活动。创新是引领发展的第一动力，必须把创新摆在国家发展的核心位置，不断推进理论创新、制度创新、科技创新等各个方面创新，让创新发展贯穿一切工作始终。坚持创新发展，是发展新的生产力，建立与之相适应的新型生产关系，构建新的发展体制，加快形成有利于创新发展的市场环境、产权制度、投融资体制、分配制度、用人机制，不断创新和完善宏观调控方式，进一步推动国家治理体系和治理能力现代化。

一、高铁创新发展特征

随着全球经济一体化的不断发展，世界各地迅速形成了许多城市密集区和城市群，政治、经济和文化愈加频繁的交流，对交通网络化和现代化提出更高的需求，运行速度快、载客量大、乘坐便捷的高铁异军突起。2008 年 8 月 1 日，最高运行时速达 350 km 的京津城际铁路正式运营通车，这是中国第一条具有完全自主知识产权、世界一流水平的高速铁路，为中国和世界高铁建设起到了示范作用，同时也为高铁后续发展积累了宝贵经验。随后，2009 年 12 月 26 日开通运营的武广高铁不仅创造了时速 350 km 隧道内会车、两列重联条件下双弓受流等一系列世界新纪录，也是世界上一次建成里程最长、工程类型最复杂的高速铁路，展现了中国已经具备了建设工程类型齐全、大规模、长距离世界一流的高速铁路的能力。而后，京沪高铁投入运营，中国开始进入高铁经济时代。

高铁创新发展由技术创新、平台创新、系统创新和运营模式创新组成：

在技术创新方面，中国通过汲取境外引进高铁技术的经验和教训，形成了一条与众不同的“以我为主、博采众长、融合提炼、自成一家”的技术创新路线。中国对国外的高铁技术进行全面引进并消化吸收后，实现集成创新，成功完成了世界上最先进的高铁动车组技术平台的搭建，实现相关设备与技术的大规模出口。为了尽快实现先进技术的国产化，中国将引进的国外技术与国内企业联合设计生产作为基本技术路线。

在平台创新方面，可以支持持续自我提升的轨道交通装备产品设计开发平台的建立，使得在高端产品上的自主设计开发成为可能，在企业层面使得经营范围内的产品达到技术同进、资源共享。

在系统创新方面，形成了集设计开发流程、管理模式和组织体系于一体的专业化管理系统，并且该系统能够实现各环节的统一指挥和职责分明，有效适应产品项目设计和技术的要求。

在运营模式创新方面，实现了运营模式的多样化，比如总包模式，即由一个总承包商先承包高铁站的所有商业，然后再分包；分业态分批次公开招租模式，即根据市场情况及时的调整价格；BOT 运营模式，自主定价、提供个性化服务及增加多元经营收入；此外，互联网在高铁运营模式创新发展中也发挥了重要作用。

目前，中国已经形成了高铁完备先进的技术标准体系，具有完全自主知识产权、达到世界先进水平的“复兴号”高速动车组是中国高铁创新发展的成功典范。中国高铁的工程建造、列车控制、牵引供电、运营管理、风险防控、系统集成等各个技术领域，均达到世界领先水平。依靠科技创新，进一步提高了中国高铁国际地位，增强了中国高铁核心竞争力。

高铁创新发展框架如图 3-2 所示。

二、高铁创新发展主要内容

（一）强化科技创新实力

科技创新能力，是一个企业竞争的核心能力，更是一个国家参与国际竞争、全球竞争的核心能力。在科技创新领域，中国要不断强化并同时提高基础创新、原始创新、集成创新、引进消化吸收再创新和协同创新这五大能力，促进各类创新资源高效配置和综合集成，把全社会智慧和力量凝集到创新发展上来。技术引进是基础，自主创新是关键。技术引进的目的是实现自主创新，实现高铁的创新发展不能仅仅满足于技术引进，仅依靠技术引进的创新不是可持续创新发展的方式。技术引进要想成功，必须在消化吸收的同时进行自主创新，把自主创新作为全行业坚持的最大方针，坚持在学习基础上实现全行业自主创新。

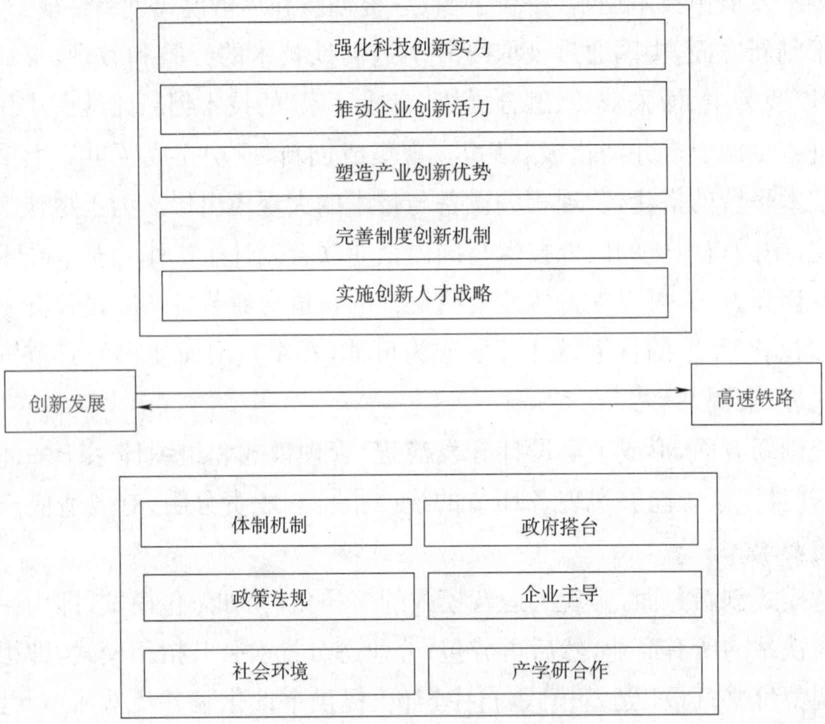

图 3-2　高铁创新发展框架

实现高铁创新发展要完善产学研合作技术创新机制。高铁发展涉及的范围和技术很广，是一项复杂的创新系统工程。实现高铁创新发展需要打破部门与部门、行业与行业之间的界限，充分发挥政府、企业和高校的能动性及积极性，建立产学研合作机制，在合作中充分利用各主体的优势，最终实现高铁创新发展。

提高中国的科技创新能力，要发挥好基地创新、技术创新、市场创新、品牌创新、文化创新的综合动力。基地创新是进行基础性、引领性、外部性研究的重要平台，加快在高铁产业创新领域建设一批国家实验室。技术创新要根植于已有的高铁产业基础优势，升级打造世界级的创新优势。市场优势是充分发挥国际国内两个市场，以规模效应降低科技创新成本，以成本优势推动市场创新的扩张。品牌优势是检验创新最直接的标准，要成为创新型国家，离不开一流创新企业的核心技术和自主品牌，鼓励创新企业不断成长，不断追赶、不断超越，打造中国的世界级高铁品牌。文化创新是全社会提倡创新精神、鼓励创新意识、发挥创新效益。

（二）推动企业创新活力

"企业强则国家强"，没有企业的创新就没有国家创新。中国要成为创新型国家，离不开创新型企业的不断成长。建设以企业为主体、市场为导向、产学研相结合的技术创新体系，使企业成为研究开发投入的主体、技术创新活动的主体、创新成果应用的主体。增强高铁企业的创新活力，提高创新能力。自主创新是高铁创新的主要模式和路径，企业可以在自主创新理念的指引下，从技术维度和市场维度进行颠覆性创新探索，制定企业战略，以期实现自主创新。颠覆性创新是指从新的立场和角度出发，探索创新发展路径。营造有利于原始创新、集成创新、引进消化吸收再创新的政策环境和社会氛围。

结合市场需求，加快企业管理创新、经营创新。在高铁客运服务方面，全国主要省会之间(3 000 km以内)开行时速350 km卧铺动车组，实现主要省会城市之间夕发朝至，提高高铁运输服务能力和服务质量，创造新市场，全新空间布局；通过改造升级既有大功率机车及25T客车，开行时速160 km动力集中动车组，缓解省会城市普速客运站到发能力紧张局面，提高客站服务能力；为了满足不同需求的城际、市郊等支线铁路，开行灵活编组动车组，市场化运作、公交化运行，更好地满足旅客运输的服务需求。在货运服务方面，通过改造现有高铁餐吧车，提供快运货仓容积30 m^3，满足小件快递和运输需求，实现冷链物流功能；通过开行时速250/350 km整列货运动车组，提高高铁货物运输水平，同时促进军民融合，为军事运输创造条件。

(三)塑造产业创新优势

产业创新是实现引领型发展的关键。塑造产业新优势，不仅要加快新领域的技术创新和应用，更要升级传统优势、构建新体系、拓展新空间，推动产业整体迈向中高端水平。在技术升级上，加快高铁产业领域新产品、新材料、新技术、新工艺的研制开发；在产业升级上，主动适应经济发展新常态，大力培育新产品、新业态、新模式，以高铁为平台，打造新的经济增长点、增长极；在构建新体系上，落实《中国制造2025》，坚持创新驱动、智能转型、强化基础、绿色发展，加快从制造大国转向制造强国，推动中国高铁装备走向世界。

(四)完善制度创新机制

实现高铁的创新发展离不开政府的主导。高铁创新发展应坚持以企业为主体、以政府为主导的集成创新模式，实现企业与政府的高效合作。政府可以通过需求鼓励政策的颁布与实施对高铁发展做出前瞻性规划，并通过供给保障政策促进技术引进的开展与能力提升，消除技术引进中的风险，同时政府的组织管理有利于集合分散的资源并促进产学研一体的发展机制建设。实现高铁创新发展要完善产学研合作技术创新机制。高铁发展涉及的范围和技术很广，是一项复杂的创新系统工程。实现高铁创新发展需要打破部门与部门、行业与行业之间的界限，充分发挥政府，企业和高校的能动性和积极性，建立产学研合作机制，在合作中充分利用各主体的优势，最终实现高铁创新发展。继续深化高铁科技体制改革，引导构建产业技术创新联盟，建立多元化的全社会创新投入机制，建立健全高铁知识产权保护体系。

（五）实施创新人才战略

把发现人才、引进人才、培养人才、使用人才放在创新战略的最优先位置，实施教育优先发展战略，提高高铁专业人才培养力度，实施人才强国战略，培养高铁创新型人才，统筹推进企业经营管理人才、专业技术人才、高技能人才的队伍建设。培养一批具有世界领先水平的学科带头人，建设一批高铁科技重大学术和智库研究中心，满足高铁发展需要。

第二节　高铁协调发展

中国是世界人口规模超级大国，庞大的人口基数、辽阔的地域面积和巨大的经济规模决定了中国经济社会发展面临的诸多矛盾和挑战，解决这些矛盾和挑战的出路不在于“非此即彼”，而在于统筹协调均衡发展。坚持协调发展，必须牢牢把握中国特色社会主义事业总体布局，正确处理发展中的重大关系，这是社会主义制度在发展方面的最大优越性的具体体现。

认识和统筹协调发展中的重大关系，应坚持改革发展稳定协调、城乡协调、区域协调、中央地方协调、经济社会协调、经济文化协调、经济国防协调、国际国内协调、个人集体国家协调，不断增强发展关联性、互动性、正外部性及整体性，实现协调共同发展。

一、高铁协调发展特征

高铁协调发展，即妥善处理高铁发展中的重要关系，着力形成平衡发展结构，是对中国现存的铁路发展不平衡问题的一种正面回应，意在协调各种关系和比例以解决铁路发展的不平衡问题。高铁协调发展具有全新的时代内涵，具体体现在高铁与区域协调发展、城乡协调发展、精神文明协调发展、国防建设协调发展、各种交通方式协调发展，重点解决中国铁路发展存在的不平衡、不充分问题。当前中国铁路长期存在的运能紧张状况基本缓解，主要干线的瓶颈制约基本消除，整体服务水平得到明显提升，基本适应经济社会发展需要和满足人民群众出行需求，但与人民日益增长的美好生活对铁路需要相比，还存在发展不平衡不充分的问题。发展不平衡主要表现在运输结构不平衡、铁路货运市场份额下降过快，设施网络布局尚不完善、网络结构不够协调，服务水平参差不齐、新旧产品、业态及模式间发展不平衡。发展不充分主要表现在区域性运能还不足，有效产品供给不充分，运输服务质量有待提升，货物及时送达效率不高，与其他方式衔接融合不紧密，绿色运输优势发挥不充分，与现代信息技术深度融合不充分,"铁路＋"新业态拓展不够,盘活存量还有不少潜力空间等。

高铁协调发展框架如图 3-3 所示。

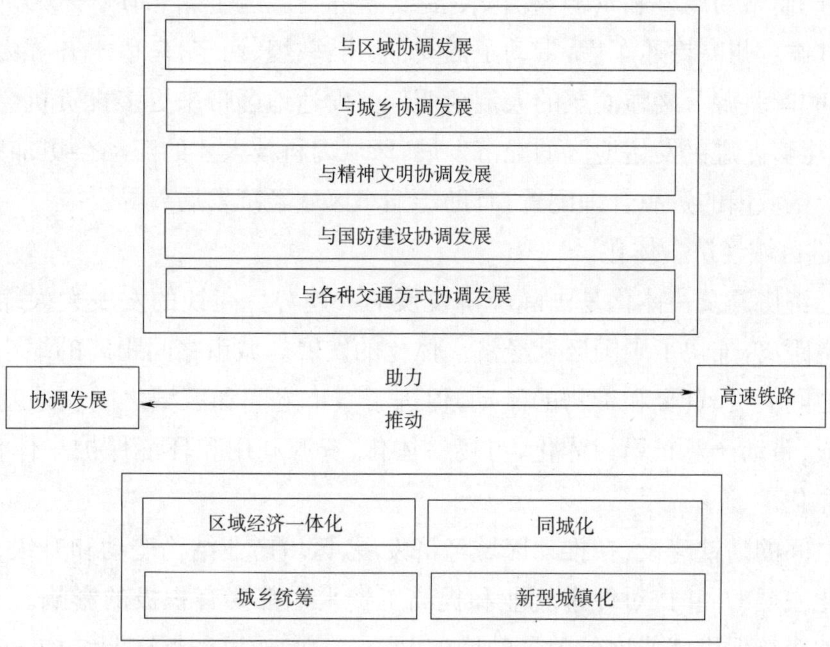

图 3-3　高铁协调发展框架

二、高铁协调发展主要内容

(一)与区域协调发展

充分发挥高铁作用,支撑"一带一路"、京津冀协同发展、长江经济带等重大国家战略,加大力度支持革命老区、民族地区、边疆地区、贫困地区加快发展,强化举措推进西部大开发形成新格局,深化改革加快东北老工业基地振兴,发挥优势推动中部地区崛起,创新引领率先实现东部地区优化发展,建立更加有效的区域协调发展新机制,促进东中西东北地区协调发展。在建设"两横三纵"城市群格局中,充分发挥高铁优势,加快各类要素在区域间的流动,激发经济活力,以陆桥通道、沿长江通道为两条横轴,以沿海、京哈京广、包昆通道为三条纵轴,以国家优化开发和重点开发的城市化地区为主要支撑,以轴线上其他城市化地区为重要组成的城市化战略格局。以发展高铁为契机,全面支持主体功能区建设,加快人口和产业以地区环境承载能力为基础进行重新调整分布,实现人口、经济、资源环境的空间均衡发展。

1. 促进高铁沿线经济发展

地区经济发展与交通便利程度息息相关,高铁发展缩小了城市间的距离,改变了几大经济圈各地各自为政的问题,加强了沿线经济沟通联系,促进了沿线经济发展。

以郑徐高铁为例，郑徐高铁的开通把郑州、商丘和徐州，甚至整个东中部地区紧密联系在一起，在有效发挥“同城效应”的同时，能够及时调动沿线地区人流、物流、资金流、信息流，促进产业布局调整和资源整合，使沿线经济发展迈上新台阶。2017 年 7 月，陕西宝鸡至甘肃兰州高铁通车后，带动了西安、兰州、敦煌、西宁、乌鲁木齐等为目的地的“西北游”和“丝路游”，接踵而至的人流为西部欠发达地区带来更多投资机会。高铁建成后，不仅能够促进欠发达地区的经济发展，区域内科技人才的流动会更加频繁，这能够促进整个区域内的资源合理配置，有助于缩小区域经济发展差异。

2. 促进区域经济一体化

区域经济协调及一体化是国际经济发展的大趋势。高铁的发展大大缩小了各地之间的时空距离，加快了中国区域经济一体化的发展。城市之间距离的缩小同时也加快了城市之间人员、资金和货物的流动，促进了城市之间和区域之间交通基础设施一体化的形成，带动产业布局一体化、市场一体化、资源利用和环境保护一体化，促进区域经济一体化。

区域之间的高铁建设，在推动区域经济发展、区域产业结构变动和升级、区域工业化和城镇化发展的同时，对促进就业和提高工资水平都会有积极的影响。一方面，高铁建设能够直接促进就业岗位数量的增加；另一方面，通过调整产业结构、拉动区域经济增长等方式也可以间接促进就业岗位的增加。

3. 促进同城化发展

在社会经济研究中，时空关系和时空结构应是其中的重点关注内容，但在以往的研究中，经济学对时间的研究大多忽视了空间基础，同时对空间的研究也忽视了时间因素，缺少基于统一的经济时空观的分析。高铁在促进时空经济发展的过程中起到重要作用，加密的高铁运输网络，大大地缩短了各区域间和城乡间的时空距离，使城市间经济发展，人文交流的“同城效应”凸显。如今高铁网络发展迅速，高铁交通圈的建设打造了扬子江城市群和南京大都市圈，从时空距离上为一体化提供了可能。高铁生活圈、工作圈或旅游圈的形成，都立足于人们时空观念的改变。高铁缩短了城际的时空距离，迎来了一个新经济时代。

(二)与城乡协调发展

农业是国民经济的基础，农业农村农民问题是关系国计民生的根本性问题。没有农业农村的现代化，就没有国家的现代化。农业强不强、农村美不美、农民富不富，决定着亿万农民的获得感和幸福感，决定着中国全面小康社会的成色和社会主义现代化的质量。“三农问题”始终关系到中国改革开放和现代化建设的全局。因此，高铁发展应全面融入乡村振兴战略和精准脱贫攻坚战，促进城乡公共资源均衡配置和基本公共服务均等化，为实现第一个百年奋斗目标提供支撑和保障。

1. 区位优势进一步凸显

地处城市之间的县城和乡村，原本由于交通不便，发展滞缓，信息闭塞。由于高铁过境，特别是一些三四线城市铁路不断开工建设，将提高与城市间的通达性，形成跨省区的“高铁经济圈”，县域的区位优势、地缘优势将更加突出，对加快与周边地区互联互通，推动区域合作，把潜在的区位优势转变为现实的竞争优势，具有积极的推动作用。

2. 产业结构转型升级步伐持续加快

高铁时代的到来，加强了高铁经济带沿线地区的密切联系，使县乡更紧密地融入都市圈和城市带两大经济板块之中成为可能，这极大地推动县域现代农业、生态工业以及文化旅游、住宿餐饮、休闲娱乐、商贸物流等服务业的快速发展，为发展外向型经济及房地产、新能源、新材料、信息技术、先进装备制造等战略性新兴产业插上翅膀，对于加快县域产业结构转型升级，进一步壮大县域经济实力具有重要的战略意义。

3. 文化旅游产业迎来黄金发展期

“高铁时代”带来城市之间时空距离的压缩、区域上的往来便利，使乡村与诸多城市实现“朝发午至”“朝发夕至”，“高铁游”应运而生，“周末游”“两日游”等短期旅游业务受到游客欢迎，对于农村开拓旅游客源市场，增强旅游市场竞争力，拉动文化旅游产业发展是一次重大机遇。由此带来的大量客流和强大消费能力，加速了城市商圈的形成，弥补周边县市文化旅游产业融合联动发展的短板。

4. 新型城镇化实现融合联动

随着高铁效应的持续释放，县乡的投资成本、商务成本和交易成本不断降低，对人才、信息、资金、技术等优势资源的集聚力大大提升，城市的辐射力和带动力进一步提升。县城作为城市高铁的节点之一，积极融入区域经济合作，实现与沿线城市优势互补、联动发展、信息共通、资源共享，潜力十分巨大。同时，新型城镇化的提速统筹城乡建设，吸纳县内外大量农村剩余劳动力就业，增加农民收入，缩小城乡差距，拉动消费需求，形成良性互动，极大地带动城乡一体化发展。

5. 承接产业转移潜力不断释放

众多“高铁新区”的建设和基础设施日趋完善，承载发展能力进一步增强，便捷的交通条件，完善的园区设施，良好的服务环境，必然吸引各类产业要素加速向园区转移，促进资本集聚和财富倍增。县域成为承接发达地区产业转移的优势地带，发展潜力不断释放。

(三)与精神文明协调发展

中国正处于全面建成小康社会决胜阶段，在增强以经济科技为核心的国家硬实力同时，还要注重提升以精神文明建设引领的国家软实力，不断增强发展整体性。建设社会主义精神文明是建设中国特色社会主义的重要战略任务，只有物质文明和精神文明都搞好，国家物质力量和精神力量都增强，全国各族人民物质生活和精神生活都改善，中国特色社会主义事业才能顺利向前推进。近年来，随着人民群众物质和精神文化水平的不断提高，旅客需要更高的服务标准、规范和服务行为。铁路部门通过采取丰富多彩的“高铁＋民俗”活动等形式，将服务理念向社会和广大旅客进行传播，让民众感受铁路特色和地方文化底蕴，并从中宣传和倡导文明出行主题。因此，通过将民族特色与文明出行结合起来，让旅客在活动中自觉遵守文明行为，自觉倡导文明出行，共同打造文明出行之路。

（四）与国防建设协调发展

高铁可以促进经济建设和国防建设的资源互补，推动两大建设协调发展。建立开放系统，促进军民要素的深度融合，向军地协同研发、军民共建共用等模式发展。在统筹国家发展和国家安全角度，高铁可以提高资源在经济和国防两大领域配置效率，在资源要素的跨领域配置方面具有重大战略意义。

（五）与各种交通方式协调发展

交通运输业是国民经济的基础产业，其发达程度是衡量一个国家现代化的主要标志之一。铁路、公路、水路、航空和管道五种运输方式既相互独立，又相互依存；既相互协作，又相互竞争。在加快发展高铁的同时，应充分发挥各种交通方式的技术经济特点和比较优势，满足经济社会发展对交通运输的需求。

1. 与既有铁路形成客货分流

高铁开通后，既有线货运能力得到极大的释放，主要干线逐步实现客货分运，从根本上解决了既有线货运能力紧张的状况，优化了运输组织，全面提高了货运效率。同时，既有线货运能力的释放，为创新货运产品、提升货运服务品质奠定了基础，大型集装箱、重载运输、双层货运列车的开行，对降低社会物流成本具有重要意义。

2. 与公路形成互补关系

充分发挥高铁准时快速成网的优势，以及公路方便、快捷、“门到门”的特点，开展公铁联运，统筹铁路和公路运输方式间运力、班次对接，提升网络客运能力，更好满足旅客出行需求。就城市之间而言，高铁网络仅连接了大城市和部分中小城市，对于其他未通达高铁的城市，发挥城际大巴的作用扩大高铁的服务范围。就城市自身，无论是处于城市中心还是城市边缘的高铁客站，实现城市轨道交通、城市地面公交、出租车等与高铁站“零换乘接驳”，满足旅客便利化服务出行需求。

3. 与民航形成竞合关系

近年来，随着中国高铁逐渐成网，民航与高铁形成了竞争与合作关系。在短途航线方面，高铁对民航客流分流现象十分明显，发挥市场对资源配置的基础性作用，促进民航运输业持续健康发展，通过进一步完善民航国内航空旅客运输价格政策，对部分与高铁等主要交通方式形成竞争的短途航线（600 km 及以下），且由两家（含）以上航空公司共同经营的国内航线，旅客运输票价由实行政府指导价改为市场调节价。航空公司能够灵活应用价格手段，确保了旅客运输量和价格基本保持稳定增长。在中长途航线方面，民航运输充分发挥比较优势，与高铁动车组形成差异化竞争。

在竞争的同时，高铁与民航也展开了广泛的交流与合作。首先，随着时速 350 km 卧铺动车组夜间上线运营，2 000～3 000 km 全国主要城市之间实现夕发朝至，可以吸引原先乘坐飞机的旅客转乘高铁，使得民航部门可利用释放后的航线资源投向更多的国际航线，开展更多的国际航空运输业务。其次，高铁和民航合力打造“空铁联运”运输体系，实现共赢发展。在硬件和软件上加强建设，对于既有机场则应充分利用地铁、公交、机场大巴实现机场与高铁客站的无缝衔接；在软件方面，依托运输服务实现“空铁联运”，积极发展联运信息服务和联运票务服务，协调高铁班次与机场航班时间，尽可能实现旅客一票联程。再次，以沟通合作、携手共促发展为愿景，高铁、民航互学互鉴，在服务质量、安全管理、应急处置等方面交流借鉴，共同提升运输服务品质、风险管控水平和突发事件应对能力。

安全是高铁的生命线。高铁安全不仅仅是铁路的行业安全，而且已经上升为公共安全和国家安全。确保高铁安全、确保人民群众生命财产安全，是铁路行业义不容辞的首要责任，是维护党和人民利益的责任担当，是高铁建设发展必须坚守的底线和不可逾越的红线。必须牢固树立安全发展理念，准确把握高铁安全规律，建立健全最严格的高铁安全责任体系，增强高铁安全系统思维，加强高铁安全源头治理，深化高铁安全责任追究，加强高铁安全监管队伍建设，依靠严密的责任体系、严格的法治措施、有效的体制机制、有力的基础保障和完善的系统治理，切实增强高铁安全防范治理能力，全面提升高铁安全管理水平，确保高铁安全持续稳定。

第三节　高铁绿色发展

联合国开发计划署新提出的“绿色 GDP”将经济、社会、人力、自然资本以及环境污染等指标纳入核算，实现经济和环境统筹发展。绿色发展是中国新发展理念的基础性问题，是中国经济社会发展最重要的约束性条件，是指导中国生态文明建设的核心理念，是实现中国永续发展的必要条件。

从政治建设角度看，生态文明是政治建设可持续发展的基础，绿色发展是高层次的发展。绿色发展的推进对党和国家的执政能力提出了更高水平的要求，促进了国家治理能力的改善。

从经济发展角度看，绿色发展是创新动机引导的发展。生态文明建设通过大力发展技术创新、管理创新和文化创新，不断拓展绿色发展空间，累积绿色资产，实现中国经济从量变到质变、从要素驱动到创新动机引导的新阶段。

从文化价值角度看，绿色发展是和谐积极的发展。绿色文化包括绿色的生活方式和消费文化，是绿色世界观、价值观、道德观和法治观的体现，是绿色发展的核心精神。

从社会发展角度看，绿色发展是保障人民福祉的发展，是人民对美好生活追求的重要体现。从人民对绿色产品的需求出发，遵循普惠人民的民生福祉理念，有利于广大人民群众身心健康和全面发展。

绿色发展旨在实现人与自然和谐共生，绿色发展的核心问题是正确处理人与自然的关系。人类社会发展必然要以经济发展为基础，经济发展必然涉及对自然资源的开发利用。推进绿色发展，应防止人与自然之间出现恶性循环，促进人与自然之间形成良性循环，从而实现人与自然和谐共生；推进绿色发展需要增强绿色发展能力，既要树立绿色发展理念，又要增强绿色发展能力；推进绿色发展需要形成绿色发展战略，绿色发展战略是具有系统性、综合性、关联性、复杂性的发展战略，需要合理的战略规划作为指导、可靠的金融机制作为手段、持续的财税政策作为支撑。

一、高铁绿色发展特征

中国人口基数大、人均资源少、自然环境脆弱的基本国情，决定了交通行业走可持续发展道路，而高铁具有能耗低、污染小、排放少、土地省等明显环保优势，因此，建设资源节约型和环境友好型社会必须大力发展高铁。高铁绿色发展不仅涵盖高铁线路基础设施建设的绿色发展，还可有效减少沿线水土流失，改善生态环境，同时为铁路运营提供安全有益的绿色屏障和舒适良好的运营环境。

截至 2018 年 3 月，中国已经成为世界上高铁发展最快、运营里程最长、在建规模最大、建造技术最全、集成能力最强、运行速度最快、运营效率最高的国家，在全球绿色交通新浪潮中，中国高铁将带领世界高铁承载交通绿色革新的使命。

2017 年底，中国铁路线路绿化运营里程已达 4.62 万 km。同时，随着铁路线路绿化运营里程的不断增长，沿线防护林带得到不断贯通，林带厚度逐渐增强，防护林带"连起来、厚起来、茂起来、美起来"的目标得以持续推进，为旅客营造了"车在林中行，人在画中游"的良好出行环境。

为更好响应"绿水青山就是金山银山"的号召，铁路部门从自身设备更新改造着手，对铁路机车车辆等实施小技改、小革新，达到更好的节能、减排目的。当前，高速列车已经全面采用再生制动技术，包括电气化铁路推行直供馈电技术和电力机车推进交直交技术，该项技术可以使旅客的乘坐感受不受影响的情况下铁路生产的用电消耗量大大降低。同时，在新型动车组上全面采用集便设施统一收集处理客车废弃物，实现高铁“零”排放。

高铁绿色发展框架如图 3-4 所示。

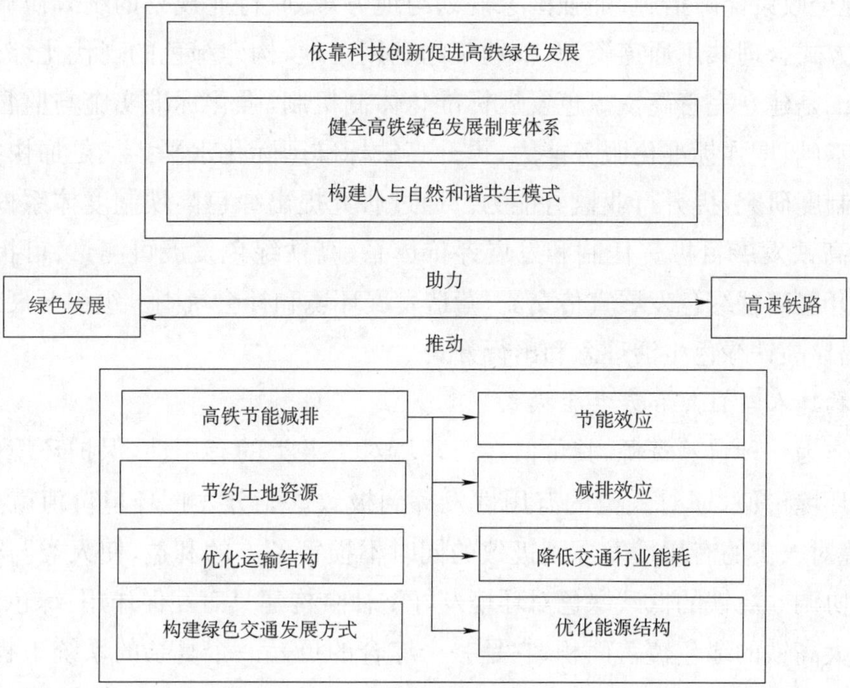

图 3-4　高铁绿色发展框架

二、高铁绿色发展主要内容

(一)依靠科技创新促进高铁绿色发展

为了实现“可持续发展战略”,在绿色发展理念的推动下,高铁作为最环保的交通方式之一,受到世界各国的高度重视。从高铁线路建设到高铁开通运营,绿色发展是高铁发展的永恒主题。“逢山开路、遇河架桥”,高铁已经成为一道独特的靓丽风景。近年来,中国制造业不断掌握核心技术实现自主创新,从低端逐步向高端转型升级,科技创新实力不断提升,自主创新能力强、产业升级效果好的企业得到政府的扶持和发展,高铁的系统技术也得以不断发展创新,绿色环保节能优势不断凸显。例如,原中国南车专心研究动车组的核心技术,在西方长期垄断被誉为动车组的“机芯”的牵引电传动系统技术的情况下,率先开始研究交流电传动系统集成技术,在大量研发试验基础上成功实现了国产化,使中国成为掌握动车组“机芯”技术的少数国家之一。“中国芯”的成功研制,提升了大功率电力机车的国产化率。未来,通过科技创新中国将研发更节能、更环保、噪声更小的动车组,高铁也将变得更舒适更快捷。

(二)健全高铁绿色发展制度体系

一是强化顶层设计,发挥规划引领作用。科学制定高铁绿色发展的节能减排指标,建立健全政策保障措施,加强国家规划与地方规划、行业规划的统筹协调和衔接,各种运输方式合理共用通道资源,节约集约利用土地,构建绿色的现代化综合交通运输体系。二是建立完善高铁绿色发展标准化体制机制,强化标准实施与监督,夯实标准化技术基础,增强标准化服务能力,提升高铁标准国际化水平。三是加快推进高铁绿色发展制度研究,提升行业监管能力。通过研究提出绿色高铁制度体系框架,建立健全绿色高铁发展目标责任制和发展评价体系,高铁绿色发展可测量、可报告、可核查。四是开展高铁绿色发展宣传交流,营造发展环境和社会氛围。组织开展经验和技术交流,倡导高铁绿色生活理念和出行方式。

(三)构建人与自然和谐共生模式

环境作为一种自然资源,其价值在于环境对于人类的有用性,保护环境的目的是充分发挥环境价值,即对人类的有用性发挥到极致。充分发挥环境价值就要以人为本,将环境对人类的有用性发挥到极致的同时不损害各方的利益,使人类与自然相互适应相互协调。高铁的低碳绿色对环境友好型社会构建具有互促作用,绿色发展不单单是指扩大高铁的绿色覆盖面积,它是一个综合的更是一个复杂的系统工程,是以节约能源为根本出发点,以环境价值为评判标准,以达成人与自然和谐共生的环境友好模式为目标,从而推动绿色交通大力发展高铁。

绿色发展是当前中国可持续发展的重要议题,其内容渗透到社会各个领域,由于交通运输具有消耗能源、排放污染气体及噪声污染等特点,因此交通运输成为绿色发展的重点领域。首先,交通系统的高能源耗费使交通成为绿色发展的关注重点,据相关研究表明,目前世界交通系统能源消耗占全球能源消耗的30%左右,中国交通系统能源消耗约占全国能源消耗的1/8左右,并还处于不断上升阶段。其次,除了能源消费总量,交通行业的能源消费结构也值得重点关注,众所周知,交通工具大多以燃烧各类成品油为主,消耗了中国能源总量的几乎全部汽油、60%左右的柴油和80%成左右的煤油,能源结构过于依赖不可再生资源。可见交通行业的能耗情况直接影响和决定了整个社会的绿色发展,鉴于交通运输业的快速发展形势,构建低碳绿色交通成为中国绿色发展的重要突破口。

高铁采用"以电代油"技术即靠电力牵引和再生制动,能源消耗量大幅减小,降低了对稀少昂贵的石油资源的依赖,是发展低碳经济首选的交通工具。除了高铁列车能耗较小,高铁车站也实现了新能源的利用,降低了能源消耗。高铁车站通过玻璃穹顶,利用自然光照明、采用太阳能光伏发电技术、热电冷三联供和污水源热泵技术,实现能源的梯级利用,大量减少碳排放。高铁的噪声防护措施使高铁相比普速列车噪声污染更低。高速列车全部安装了真空式集便装置，实现了污物、污水集中收集和垃圾“零”排放。此外，中国高铁本身对土地占用小于其他交通工具，大量采用“以桥代路”的设计方案又减少了对沿线城镇的切割，突出了节省土地的优势，建设高速绿色铁路对于满足客运需求和实现社会—生态—经济大系统的可持续、良性循环、平衡和稳定发展具有举足轻重的战略意义。

第四节 高铁开放发展

开放发展本质是统筹国际国内两个大局，注重的是解决发展内外联动问题。开放发展的核心是“共赢发展”，其内涵是和平发展、开放发展、合作发展、互利发展。坚持在和平共处五项原则的基础上，同所有国家友好合作，求同存异，平等互信，对话协商，扩大共识。坚持在平等互利的原则基础上，同所有国家发展经贸关系，中国与世界各国已经成为利益、命运和发展的共同体，共同构建一个和平、和谐、绿色的世界。

开放发展是中国迈向繁荣富强的必由之路，是积极融入全球经济的明智选择。要秉承开放发展新理念，积极承担国际责任和义务，推进“一带一路”建设，加快实施“走出去”战略。同时，也要对内开放，营造公平均衡开放的内部环境，推动中国与世界的合作共赢。

随着中国高铁的快速发展，中国铁路国际影响力和竞争力显著提升，引起世界广泛关注和高度评价，成为引领世界铁路发展的重要力量，成为中国对外交流合作和“一带一路”倡议的重要领域，想与中国开展合作的“朋友圈”越来越大。既要加强与国际和地区铁路交流合作，不断扩大中国“朋友圈”，让其更多了解、分享中国铁路发展经验和成果，又要发挥自身优势，形成整体合力，在服务“一带一路”建设和适应中国全方位开放新格局中推动铁路走出去，加快培育国际竞争新优势，拓展国际合作新空间，带动中国铁路设计、建造、技术、装备、管理和标准等全方位输出。在中国日益走进世界舞台中央、不断为人类作出更大贡献的新时代，意味着中国铁路要放眼全球，为世界铁路发展提供中国方案和中国智慧。

一、高铁开放发展特征

高铁开放发展，从主要配置国内资源转变为同时配置国内国际两种资源，从主要开发利用国内市场转变为同时配置国内国际两个市场，推动高铁技术标准国际化进程，促进高铁国际产能合作，加大高铁“走出去”的力度，充分运用中国综合国力和国际影响力，积极拓展中国高铁在世界范围内的发展空间，不断提高自身发展潜力，不断增强中国高铁国际竞争力。以发展高铁为契机，扩大文化交流，加快推进“一带一路”建设,积极主动参与全球经济事务和政治事务治理,更加主动提出"中国建议""中国方案",使之成为"世界方案"的一部分,为人类文化、文明更具多样性作出重大、独特的"中国贡献"。

高铁开放发展框架如图 3-5 所示。

图 3-5 高铁开放发展框架图

二、高铁开放发展主要内容

高铁向世界展示了中国高端装备制造业的发展水平,成为中国经济进军全球的国家名片,促进了中国与沿线国家贸易畅通、资金融通,实现了各国经济共同发展。同时,高铁促进了国际文化融合、人力资源流动,成为中国与外国文化交流的重要载体。此外,高铁建设带动经济增长,展现了中国形象,提升了国际影响力。

(一)推动高铁技术标准国际化

近年来,随着高铁的快速发展,中国已经拥有了最完整的高铁技术体系,形成了五大优势,掌握了系统集成、列车控制、牵引供电、弓网关系、制动技术、轮轨关系、桥隧技术、无砟轨道等核心技术,具备了在各种复杂地质、地形及气候环境下修建高铁的成套技术,建成了高铁动车组主机、系统和部件生产基地,搭建了世界规模最大的产业制造平台,构建了先进的、系统的高铁安全运营运维服务体系,搭建了专业一流的研发平台,培养和锻炼了一支技术精湛、素质过硬、专业齐全、拼搏奉献的人才队伍。此外,中国高铁形成了工程建造技术、高速动车组技术、列车运行控制技术、牵引供电技术、运营管理技术、安全监控技术、系统集成技术等成套标准体系，中国高铁总体技术水平已经迈入世界先进行列，已经成为引领世界铁路发展的重要力量。

为加快推动中国高铁“走出去”，稳步推进中国高铁机车车辆、工务工程、通信信号、牵引供电、运营服务等专业的产品及工程建设标准外文翻译工作，结合海外工程承包、重大装备设备出口和对外援建等，多层次、多方式宣传和推介中国高铁标准，充分发挥标准技术语言的作用，充分反映国家利益和技术要求，加快铁路标准向国际标准转化，积极推广应用中国高铁标准，提升国际影响力和竞争力，在推进“一带一路”倡议，带动中国高铁产品、技术、装备、服务“走出去”等方面发挥更大作用，让越来越多的国家分享中国高铁发展的成果。

今后，铁路部门应积极参与国际标准化组织（ISO）、国际电工委员会（IEC）、国际铁路联盟（UIC）相关活动，鼓励、支持、推动中国高铁专家和机构担任国际标准化技术机构职务和承担秘书处工作，进一步提升中国高铁对国际标准化活动的贡献度和影响力，协调、指导铁路行业力量积极主持和参与高铁国际标准制修订工作，推动中国高铁优势、特色技术纳入国际标准，争取在国际标准化组织中的话语权。

（二）促进高铁国际产能合作

国际产能合作是指一个国家发展建设过程中，根据需要引入其他国家有竞争力的装备和生产线、先进技术、管理经验等，充分发挥各方比较优势，推动基础设施共建与产业结构升级相结合，提升工业化和现代化水平。目前，发展中国家特别是“一带一路”沿线国家城镇化进程不断加快，对基础设施和装备制造的需求较大，需要通过改善设施来拉动投资、促进增长，开展国际产能合作，就是要把力量汇聚在一起，发挥各自比较优势，形成新的生产力。

依托中国高铁技术优势，从铁路机车、客车、货车、动车组到地铁车辆、有轨电车，从单纯产品输出向产品、资本、技术全方位输出，实现了从低端产品向高端产品提升的历史性转变。中国铁路装备产品出口市场从亚非到欧美，实现了 6 大洲的全覆盖。据统计，中国铁路机车车辆出口由 2001 年近 8 000 万美元增长到 2016 年的近 200 亿美元，年均增速高于同期的全国外贸出口增速水平。

（三）助推“一带一路”经济走廊建设

国家发展和改革委员会、外交部、商务部联合发布的《推动共建丝绸之路经济带和 21 世纪海上丝绸之路的愿景与行动》提出的“政策沟通、设施联通、贸易畅通、资金融通、民心相通”的“五通”建议，是“一带一路”倡议的核心内容。基础设施互联互通是“一带一路”倡议的优先领域，是各项合作的重要基础和支撑。加强基础设施互联互通，符合“一带一路”沿线国家的共同利益，对于支持沿线国家经济社会发展和造福沿线各国人民都具有重要意义。加快铁路基础设施建设，为“一带一路”搭建合作的桥梁和纽带。

经济走廊建设是“一带一路”倡议的重要内容，作为“一带一路”的主要支点，六大经济走廊包括中蒙俄、新亚欧大陆桥、中国－中亚－西亚、中国－中南半岛、中巴和孟中印缅经济走廊。高铁对助力六大经济走廊建设具有重要意义。第一，积极推动世界各国的交通基础设施建设，实现协作发展；第二，优化整合亚欧大陆的资源禀赋和优势产能，激发亚欧大陆新的经济活力和市场潜力，实现互利共赢共同发展；第三，通过以点带面、从线到片的联动发展，形成亚欧物流新格局，构建亚欧命运共同体。

高铁“走出去”是在“一带一路”倡议的基础上发展对外贸易的重要手段。道路的畅通是沟通区际之间最重要的桥梁，高铁走出去是促使所经区域“道路联通”与“贸易畅通”的重要依托。高铁的畅通不仅能够激活中国内陆经济的发展，同时也有助于沿线地区的经贸交流，促进相关区域的资源有效配置。高铁走进的“一带一路”沿线国家，大多处于亟待发展的新兴经济体，他们共同的特点是处于经济发展水平相对落后的区域，经济发展的态势大多呈现粗放型的经济增长模式，但是这些区域也都是自然资源相对集中的区域。高铁“走出去”一方面可以缓解当地基础设施不完善的弊端，另一方面可以促使地区之间优势资源互换，达到资源的最优化配置。

（四）扩大高铁文化对外交流

中国高铁发展日新月异，在践行开放发展，推进“一带一路”倡议的同时，也促进了国际的文化交流，使“文化无国界”落地生根。文明交流互鉴，是推动人类文明进步和世界和平发展的重要动力。“一带一路”不仅拉动了沿线国家的经济发展，也促进了中外文化交流与合作，搭建了智库交流平台。“一带一路”本身是最好的中国文化体现，而高铁将作为承载者，把中国优秀文化带给世界，把外国优秀文化引进中国，讲好中国故事，谱写世界篇章。

如今，中国高铁日益重视海外市场的拓展，并不断增加合作国家、合作项目，使“一带一路”沿线国家的交通出行更加便利，这将为各国学者提供更多的访华交流机会，鼓励将更多的沿线国家的文学和影视作品翻译介绍到中国来，同样也将更多中国文学影视作品和文化产品介绍给沿线各国人民。

中国高铁“走出去”，为世界打开了展示中国文化的一扇窗，让世人在认知中国博大精深的古老黄河文明和华夏文明基础上，领略当下中国的现代工业文明。中国高铁“走出去”，也将促进世界文化和科技融合。无论是线路、桥梁，还是站车功能和造型设计理念，甚至车厢地板和座椅面料图案等，都融合了各国各地区的文化元素，蕴含着文化的新观念和新元素，体现多姿多彩的文化特色。高铁延伸其中的“一带一路”，虽然在宗教信仰上涵盖佛教、道教、伊斯兰教、东正教和基督教等多种宗教，在文明形态上涵盖黄河文明、恒河文明、尼罗河文明、两河文明和地中海文明等多种文明，但这些文化体系在漫长的历史交往中早已不断交流融合，各文明中包含很多相通的价值观。高铁的开通运营和不断延伸，推动沿线国家在共同价值观的基础上，充分尊重各国各地区各民族文化的差异性，形成彼此尊重、交融、互相学习的“朋友圈”与“文化圈”，为构建 21 世纪人类命运共同体作出独特贡献。

高铁是连接沿线各国的重要纽带，必将促进沿线各国的繁荣发展。同时，伴随高铁“走出去”倡议的推进，“和平合作、开放包容、互学互鉴、互利共赢”的丝绸之路精神将得以薪火相传。随着高铁贯穿亚、欧、非大陆，活跃的东亚经济圈、发达的欧洲经济圈以及发展潜力巨大的广大腹地国家将更紧密相连。原来相对封闭、缺乏交流的各国地域文化，通过高铁互补交融，衍生出新的内涵。可以说，高铁不仅拓展了人们的出行和交往半径，也促进了异域文化间的交互融合，推动了世界文化大繁荣大发展。

第五节 高铁共享发展

让广大人民群众共享改革发展成果，是社会主义的本质要求，是社会主义制度优越性的集中体现，是中国共产党坚持全心全意为人民服务根本宗旨的重要体现。共享发展就是坚定不移走共同富裕道路，促进人的全面发展，做到发展为了人民，发展依靠人民，发展成果由人民共享，不断增强人民的获得感、幸福感、安全感。

共享发展的基本目标是区域发展差距持续缩小；城乡居民收入差距持续缩小，家庭财产普遍增加，人民过上更加富足的生活；城乡、区域之间居民公共服务均等化水平、主要社会发展指标差距继续缩小，乡村和欠发达地区人口的人力资本水平和发展能力明显提高；不断促进乡村人口向城镇转移，不发达地区人口向发达地区流动，使他们既能够分享城镇、发达地区的发展成果，又能获得相应的公共服务；建立公平合理的再分配制度，既鼓励人们创造财富，又避免贫富两极分化，建成更高水平、更加富裕、更加发达的小康社会。

一、高铁共享发展特征

首先，“以人民为中心”的共享发展理念与铁路部门始终践行的“人民铁路为人民”的宗旨具有高度一致性。高铁具有经济性和公益性双重属性，共享发展理念“以人民为中心”的核心立场有助于保障高铁在平衡经济效益和社会福利的过程中获得可持续发展。其次，高铁促进区域共享融合发展。共享发展理念指明了一条解决中国区域间发展不平衡问题的有效路径，即以共享发展理念为指导，进一步构建“八纵八横”跨区域高铁网络，发挥高铁在不同区域间高效地调配人力和物力的作用，推动区域协调发展。第三，落实共享发展理念，有助于推进困难地区脱贫攻坚工程。解决中国区域性贫困问题，实现共享发展，首要任务是加强贫困区域与外部经济的联系，而解决这些问题的前提是贫困地区必须与外界有着方便迅捷的联系途径。

高铁作为重要的公共交通基础设施，具有很大的外部性特征，其正外部性对共享发展的影响主要包括以下几方面：

一是加强基础设施建设。当前通过建设跨越东中西部经济区域、连接南北方经济圈的“八纵八横”铁路网，有助于实现真正意义上的统一的全国市场并建立现代市场经济运行的基础。

二是带动地区经济发展。高铁的建设和运营有助于增强核心大城市的辐射能力，改善地区投资环境，为中小城市吸引外部投资、提升产业层次、共享区域经济协同发展的溢出效应提供机遇。

三是加强区域间公共服务的均等化。高铁沿线区域由于交通便利性提高以及城市平均市场潜力增加，使得资源配置效率提高，缩小了沿线地区经济发展水平和收入的差距。

四是推动精准扶贫。高铁的建设带动了西部地区的农村以及一些革命老区、民族地区、边疆地区、贫困地区的城市基础设施与公共服务设施建设，增加了人民群众共享发展成果的途径。

因此，高铁对促进国土开发，带动精准脱贫，在发展中保障和改善民生，促进人口均衡发展，激发就业创业活力，实现共同富裕具有重要意义。

高铁共享发展框架如图 3-6 所示。

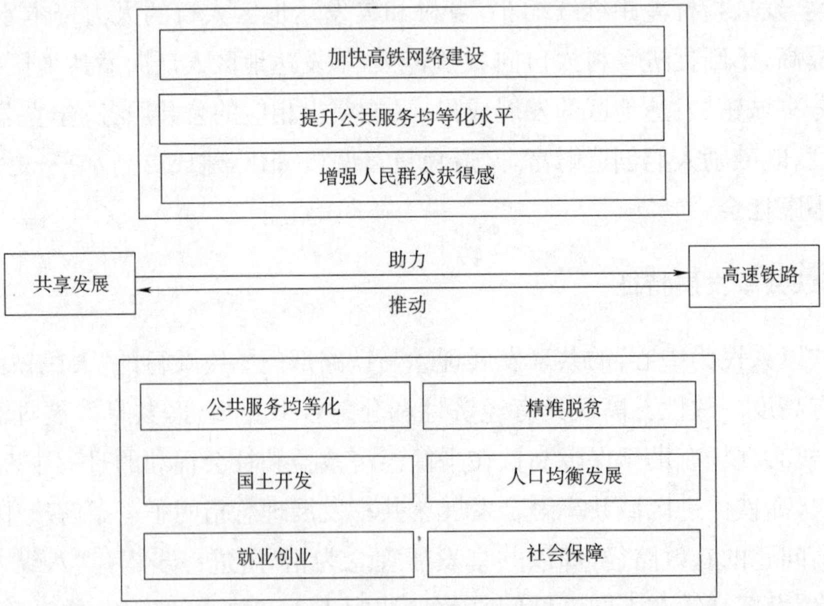

图 3-6　高铁共享发展框架图

二、高铁共享发展主要内容

(一)加快高铁网络建设

高铁坚持共享发展理念,充分发挥高铁在服务经济社会发展方面的基础性作用,让广大人民群众和全体高铁职工均充分享有高铁的改革发展成果,为全面建成小康社会贡献力量。应建立系统完备、科学规范、运行有效的高铁管理和评价体系,鼓励、支持、引导社会资本参与高铁建设,提高高铁的共建能力和共享水平。

加快铁路建设,进一步完善路网结构,将高铁建设与改善民生紧密结合,推动区域和城乡协调发展。高铁建设应以规划为指导,基于共享发展理念,在各区域之间形成若干条便捷、高效的通道,同时落实"稳中求进,进中提质"的要求,进一步提升发展质量和效益,促进高铁建设持续健康发展。贯彻落实国家中长期铁路网"八纵八横"规划,对高铁建设的必要性、可行性进行分析,谨慎选线。一方面着力形成连接省会城市、重要城市群和其他大中城市的跨区域高铁,另一方面构建以省会城市为中心覆盖周边地级城市的省内"公交化"高铁系统,形成以省会城市为支点覆盖周边、以特大城市为核心辐射全国的高铁网。

加快铁路网建设,特别是加快中西部等经济欠发达地区的高铁网络建设,中西部地区尽快补齐高铁短板,将高铁建设与推进基本公共服务的均等化紧密结合,让更多人民群众共享铁路发展成果。推进高铁建设与运营服务的均等化,是铁路部门践行共享发展理念的重要使命。在加快高铁发展的同时,贫困地区加开普速列车,扶贫力度得到进一步增强。2017 年,全路开行 81 对公益性"慢列车",覆盖 21 个省区 35 个少数民族地区。"十三五"时期中国扶贫开发工作进入冲刺阶段,加快推进连接贫困地区的国家铁路网建设。

(二)提升公共服务均等化水平

随着社会保障体系建设和劳动力市场发育,中国在基本公共服务均等化和缩小收入差距方面的政策努力已经取得明显效果。只有加强公共产品和服务供给,从培育贫困地区和贫困群众的发展能力、促进发展机会均等化、完善发展的基础设施等环节入手,才能使全体人民共同迈入全面小康社会。在公共服务供给领域,政府既要承担责任,也要有所为有所不为,即坚持普惠性、保基本、均等化、可持续方向,确保基本公共服务供给;同时创新公共服务提供方式,广泛吸引社会资本参与,增强一般公共产品和服务的共建能力,增加供给数量、丰富供给类型、提高供给质量和效率。

高铁发展必须依靠高铁沿线经济的快速发展,首先是城市规划的先行,使沿线经济能够依靠高铁形成绿色环保的高速经济增长带;其次是地域文化的破局,立足于高铁全线共建的视域,使上下游城市均可从高铁运行中共享红利;再者是基础设施的配套,既有站点、路网和城市交通的通达性为建设高铁提供了基础,特别是信息化网络通路的建设促使高铁沿线互相促进,更加优化合理地进行资源配置。

(三)增强人民群众获得感

高铁的根本属性是服务。作为大众化交通工具与国家重要基础设施,保障经济的健康运行与提供良好的公共服务是其根本任务。高铁发展坚持"以人民为中心"的发展思想,遵循"人民铁路为人民"的服务宗旨,发展为了人民、发展依靠人民、发展成果由人民共享,增强人民获得感、幸福感、安全感,以贯彻落实共享发展理念,切实提升铁路服务水平,以满足人民群众的客货运输需求。

在高铁运输服务层面,就是要在高铁产品和服务的供给方面始终贯彻"以人民为中心"的思想,主要可以从如下三个方面展开:一是从经济效益方面,依据不同需求群体的乘车频率、收入水平等特征,采取灵活的票价调整机制和合理的高铁餐品价格,满足旅客多层次、多样性的出行需求;从社会效益方面,充分利用高铁站点的地理位置优势和站区高铁媒体的广告平台,积极拓宽融资渠道,吸纳社会资本投资,以降低政府对高铁补亏的财政补贴压力。二是拓展业务范围,发展高铁快运等新业态,提高铁路货运周转量的市场份额,有助于大幅度降低物流成本,提高交通资源乃至国民经济整体的资源配置效率。三是针对市场需求调整列车运行图,实行高峰运行图,有助于挖掘运能潜力,优化高铁列车运行结构和区段,压缩列车运行时刻,为旅客和货主提供更多的车次选择、更合理的时间安排、更高水平的服务。

在旅客餐饮方面,中国铁路总公司于2017年4月25日发布消息称,将融合"互联网+"模式,构建一个面向公众明码标价的高铁餐饮信息共享平台。同时,铁路部门持续改进"高铁外卖"的技术准备,开发了网络点餐、站车配送等供应服务。自2017年7月17日始,全国已有27个高铁站纳入供餐试点,主要包括上海、天津、广州、南京等省会及计划单列市所在地高铁客运站,乘坐G、D字头动车组列车出行的旅客,可通过12306网站、手机APP等方式预订餐食。网络订餐服务满足了旅客多样化、个性化服务需求,提升了出行品质,增强了人民获得感、幸福感。

在信息服务方面,高铁建设极大地缩短了空间距离的时间感知,推动了企业间的积极交流和产业链的有效延伸。借助信息网络,企业间能快速分享技术变革和产品创新信息,有助于区域间建立一致协调且基于信息化的长效合作机制和标准体系,强化信息化基础设施建设与合作,最终实现跨区信息共享。与各种运输方式信息资源共享,推进旅客联程运输。此外,高铁网上选座,进一步方便了旅客出行。

第二篇　研究范畴

从宏观、微观两个层面着眼，高铁经济学研究范畴分为高铁政治经济、高铁国民经济、高铁社会经济、高铁生态经济、高铁地理经济、高铁区域经济、高铁产业经济、高铁劳动经济、高铁数量经济、高铁运输经济、高铁旅游经济等 11 个方面。本篇共 11 章，着重对应研究论述这 11 个高铁经济的构成要因以及高铁与这 11 个经济之间的内在关系及其影响机理。

第四章　高铁政治经济

“高铁政治经济”主要着眼于研究高铁政治经济的构成要因和高铁与政治经济的内在关系及其影响机理。本章研究的主要内容包括高铁政策法规、高铁与改革发展、高铁国际影响等。要进行顶层设计，完善高铁政策法规环境，激发高铁发展活力动力，促进高铁与军民融合发展，推动铁路“走出去”扩大高铁国际影响，保障高铁持续健康发展。

第一节　高铁政策法规

凯恩斯以来的西方宏观经济理论认为，单纯依靠市场机制的调节，无法实现充分就业的国民收入均衡，强调国家干预经济。宏观经济政策是政府有意识、有计划地运用政策工具，调节和控制宏观经济的运行，以达到相关的政策目标。

从高铁发展历程可以看出，高铁在不同时期的发展反映了当时国家的政策导向，国家有关高铁发展的一系列政策法规也集中体现了高铁的发展战略。即便是在市场经济发达的国家，铁路也是政府重点支持的产业。对于大多数发展中国家，财力有限、资金短缺是经济发展的主要障碍。这就需要制定相关产业政策，调控经济运行，将交通运输的发展置于特定国情和社会福利最大化的背景中予以考虑，将政府主导与市场机制在铁路发展中充分结合，一方面加速推进铁路改革，开放和培育市场，规范秩序、制定规则；另一方面为铁路建设提供有力的政策和资金支持，以长期、稳定的交通运输政策指导交通运输业的发展，优先发展对国民经济发展作用重大、社会效益显著、资源节约型和环境友好型的交通方式，提高综合运输能力。

中国高铁在有序推进过程中，发挥了社会主义集中力量办大事的政治制度优势，发挥了行业主管部门和各级地方政府协调推进的建设管理体制优势，发挥了中国铁路和技术装备的自主创新科技优势，发挥了铁路行业技术、专业、人才优势和路网统一高效管理的机制优势。高铁发展取得如今的成就，源于党中央和国务院对铁路发展高度重视，国家有关部委、各级地方政府和广大人民群众对于铁路发展的大力支持，以及国民经济和社会发展规划、有关区域行业发展规划以及中长期铁路网规划提供的科学指导。

一、国外高铁发展政策法规

(一)政府宏观协调

经济发展离不开政府与市场的双重作用,政府负有全面、综合考虑国家平衡发展的责任。由于铁路建设的主要目标是取得良好的社会效益,促进经济社会的可持续发展,并依靠降低运输成本增强工业企业的产品竞争力,政府在推动与扶持铁路发展中责任重大,由政府出资支持铁路发展理所当然,如跨地区和欠发达地区的铁路建设能够扩大劳动力市场,增加就业等。法国专门设置部级协调机构(DIACT),其职责是为制定国家发展政策做准备工作,通常要请各专业学者,包括地理学家、经济学家、社会学家等参与预测、规划研究,并与地区议员、公众共同讨论未来发展。

大多数发达国家政府尤其重视铁路旅客运输,相继出台了多方面的政策法规支持铁路和铁路客运。欧盟委员会在《欧洲面向2010年运输政策白皮书》中建议改革现行的运输税费标准,使外部成本内部化。首先,对商业用户(尤其是公路运输部门)的燃油税进行调整;其次,对基础设施使用收费政策进行调整,其目的是鼓励使用者选用对环境影响较小的交通运输方式,并使得收益能够用来投资于环保型基础设施建设。

法国1995年就设立陆路运输和内河水运投资基金,2001年这一基金编入预算,基金形成是由公路特许经营者每公里增缴0.69分(欧元)的"土地规划税"税款,用于基础设施建设,其一半以上用于铁路。1997年法国铁路改革前,对高铁建设投资的补贴比例为4%~30%。改革后,中央、地方等公共部门的投资比例加大,在1999年公布的铁路10年投资规划中,计划总投资为1200亿法郎,其中公共部门投资500亿法郎,占41.7%。日本铁路民营化后,公益性铁路建设项目的投资主要由中央和地方政府承担,在新干线项目中,中央政府投资约占2/3,地方政府约占1/3。2001~2010年投资规划中,英国政府用于铁路建设和现代化改造的投资为160亿英镑,占政府对铁路总投资的55.2%。

(二)投融资政策法律化

将运输投融资政策法律化,保障投融资来源也是发达国家的普遍做法。不少国家以立法形式将运输政策的目标、调整对象,甚至主要运输工程及其资金来源等内容固定下来。德国于1993年通过了"联邦铁路线路扩建法",规定了国家投资联邦铁路的新线建设和改扩建费用,"德国铁路公司组建法""短途公共旅客运输地方法""乡镇交通投资法"等法律分别对联邦政府处理投资欠账、交通投资总额、各州分摊比例等作出明确规定。美国针对不同时期市场的变化,以立法途径对某种运输方式提供多少资金、资金来源和具体资助办法等予以规定。例如,TEA-21法令规定了1998~2003年用于地面运输的最低资金限额。

瑞士铁路基础设施项目的建设资金一半以上来自对公路运输的收费，这一融资办法已经写入联邦宪法中的专门条款(第196款)。该条款对既有铁路的现代化改造和跨越阿尔卑斯山的铁路新线建设计划的融资作了规定，这一计划在20年内共需190亿欧元，其中从瑞士公路网上行驶的重载货物卡车所收取的费用占总投资的一半，从第三国公路承运人支付的通过瑞士的中转费，占投资的20%，从石油税收中得到的部分占投资的25%。

(三)补贴政策及税收优惠

由于铁路运输具有准公共性特点，经常被用作实现国家政治、社会和经济政策的工具，因此，对铁路运营进行补贴是国外铁路较为普遍的做法。一般针对三方面进行补贴：铁路承担的社会必需运输；地区铁路运输；国土开发性、公益性铁路运输。一定情况下，国家也对由于存在不同运输方式的不公平竞争对铁路造成的损失进行部分补偿。同样，由于铁路运输具备公共服务的特点，政府也对铁路企业实行特殊的税收优惠政策。

在补贴政策方面，德国短途旅客运输(运距在50 km以内)占德国铁路客运量的一半以上，主要承担城区、市郊公益性客运服务，但长期收不抵支。根据《短途公共旅客运输地方化法》，1996年德国铁路公司的短途旅客运输实行了地方化，运输任务的规划、订购和财政由地方负责，联邦政府从燃油税收中提取地方化专项基金，支持各州的铁路短途旅客运输。美国政府将各铁路公司面临窘境的客运业务收归国有，成立了全国铁路客运公司(Amtrack)，以维持城间客运。按照美国联邦法律，政府对Amtrack运营服务有一定额度的财政补贴。有些州政府不愿关闭亏损严重线路的客运业务，也会给Amtrack一些财政补贴。英国政府补贴主要针对客运。2001～2010年投资规划中，英国政府用于客运的补贴为120多亿英镑，占政府对铁路总投资的42.4%。1991～1999年，法国政府及其他公共团体对铁路运营的援助占总营业收入的比例在14.5%～18.5%之间。

在税收优惠方面，日本铁路纳税税种包括国税和地方税两种。国税包括法人税、登记执照税、印花税、车辆重量税等。地方税包括道府县民税、事业税、不动产税等。其中法人税占的比例较大，但7家铁路公司上缴的法人税占营业收入的比重较小。2000年本岛3家铁路公司法人税占营业收入的比重约4%，其他4家公司都不高于0.1%，其中JR四国铁路公司甚至没有法人税。法国对铁路实行了部分优惠税率，一般增值税税率为20.6%，但旅客运输增值税税率为7%。法国铁路税费水平基本保持在其营业收入的3%～4.5%之间，税费额与营业收入的增长基本同步。英国铁路企业按税法规定需要纳税，但目前实际税收费用为零。20世纪80年代后，为了促进铁路面向市场，美国铁路放松管制，某些确属国家需要的不盈利线路采取免税政策；鼓励把不盈利的支线出售,以补贴主要线路的经营。

二、国内高铁发展政策法规

根据凯恩斯宏观经济学理论,资本主义国家也强调政府干预对经济、产业发展的积极作用,而国家调控是社会主义经济的本质特征和内在要求,是社会主义市场经济的突出优势。中国高铁发展充分利用后发优势,吸收借鉴发达国家产业发展的经验教训,学习运用比较先进的生产技术和科技成果,制定出适合本国特点的合理政策法规体系和战略规划,以实现国家有计划的引导、组织和干预。

(一)政策法规

1. 政府宏观政策、产业发展引导方面

铁路是国家重要的基础设施和民生工程,是资源节约型、环境友好型运输方式。国家一直高度重视交通基础设施建设特别是铁路的建设发展,从国家宏观政策协调、产业结构引导发展方面给予大力支持。

2004 年国务院下发的《关于投资体制改革的决定》(国发〔2004〕20 号)要求,教育、科技、能源、交通等重点领域必须编制发展建设规划。文件指出,综合运用经济的、法律的和必要的行政手段,对全社会投资进行以间接调控方式为主的有效调控。国务院有关部门要依据国民经济和社会发展中长期规划,编制重要领域的发展建设规划,包括必要的专项发展建设规划,明确发展的指导思想、战略目标、总体布局和主要建设项目等。按照规定程序批准的发展建设规划是投资决策的重要依据。2004 年 1 月,国务院审议通过了中国铁路史上第一个《中长期铁路网规划》。之后国家"十一五""十二五""十三五"国民发展纲要以及行业发展规划都提出了"加快铁路发展"的要求。

在国务院指导下,国家发展和改革委员会制定发布的《产业结构调整指导目录》一直将交通基础设施建设特别是铁路建设作为鼓励类项目,从产业政策发展方面给予大力支持和引导。2004 年《中长期铁路网规划》的发布和实施,铁路尤其是高铁的建设里程、投资规模、发展速度得到极大增长,铁路进入跨越式发展阶段。

2013 年 7 月 24 日国务院第 18 次常务会议审议通过《铁路安全管理条例》,为高铁建设发展保驾护航。《铁路安全管理条例》进一步充实了保障高铁安全的规定:一是根据高铁建设对工程地质条件的严格要求,规定对高铁建设实行工程地质勘查监理制度,以保证工程地质勘查质量;二是为确保高铁运行安全和沿线社会公众人身安全,经研究论证明确了高铁线路安全保护区的范围,并要求设计开行时速 120 km 以上列车的铁路实行全封闭管理;三是针对地下水开采造成的地面沉降危及高铁运行安全的突出问题,明确规定高铁线路两侧各 200 m 范围内禁止抽取地下水,在此范围外的地面沉降区域,抽取地下水危及高铁安全的,应当设置地下水禁止开采区或者限制开采区。

2. 铁路投融资体制改革方面

铁路基础设施关系着最广大人民的切身利益。在计划经济时代，铁路建设及投资基本由政府主导，并未完全向市场开放，这与铁路的社会属性密切相关。随着国家改革开放的不断深入，市场经济的逐步确立，在适当范围放开铁路投资及建设市场是与时俱进的。2004 年，国务院下发《关于投资体制改革的决定》(国发〔2004〕20 号)，文件要求“放宽社会资本的投资领域，允许社会资本进入法律法规未禁入的基础设施、公用事业及其他行业和领域。逐步理顺公共产品价格，通过注入资本金、贷款贴息、税收优惠等措施，鼓励和引导社会资本以独资、合资、合作、联营、项目融资等方式，参与经营性的公益事业、基础设施项目建设”。在政策的引导下，地方铁路、企业专用线等小型项目在融资、建设方面得到了更多社会资金的参与和支持。对路网性的国家主要干线铁路、区域干线，虽然在政策上适度放宽了限制，但建设和投资仍基本以原铁道部为主，仍未打破国有的行业壁垒。

2013 年 3 月，根据国务院机构改革和职能转变方案，实行铁路政企分开。将中华人民共和国铁道部拟定铁路发展规划和政策的行政职责划入交通运输部；组建国家铁路局，由交通运输部管理，承担铁道部的其他行政职责；组建中国铁路总公司承担铁道部的企业职责；不再保留铁道部。2013 年 3 月 14 日，《国务院关于组建中国铁路总公司有关问题的批复》(国函〔2013〕47 号)正式下发。2013 年 3 月 17 日，中国铁路总公司正式挂牌成立。中国铁路总公司以铁路客货运输服务为主业，实行多元化经营。建立铁路公益性运输补贴机制“对于铁路承担的学生、伤残军人、涉农物资等公益性运输任务，以及青藏线、南疆线等有关公益性铁路的经营亏损，研究建立铁路公益性运输补贴机制，研究采取财政补贴等方式，对铁路公益性运输亏损给予适当补偿”。

2013 年 8 月 9 日《国务院关于改革铁路投融资体制加快推进铁路建设的意见》(国发〔2013〕33 号)对改革铁路投融资体制进一步提出了要求。文件主要从“推进铁路投融资体制改革，多方式多渠道筹集建设资金；不断完善铁路运价机制，稳步理顺铁路价格关系；建立铁路公益性、政策性运输补贴的制度安排，为社会资本进入铁路创造条件；加大力度盘活铁路用地资源，鼓励土地综合开发利用。强化企业经营管理，努力提高资产收益水平；加快项目前期工作，形成铁路建设合力”等六个方面对加快铁路投融资体制改革、加快铁路发展建设提出了要求。推进铁路投融资体制改革，多方式多渠道筹集建设资金方面提出“完善铁路发展规划，全面开放铁路建设市场，对新建铁路实行分类投资建设。向地方政府和社会资本放开城际铁路、市域(郊)铁路、资源开发性铁路和支线铁路的所有权、经营权，鼓励社会资本投资建设铁路。研究设立铁路发展基金，以中央财政性资金为引导，吸引社会法人投入。铁路发展基金主要投资国家规定的项目，社会法人不直接参与铁路建设、经营，但保证其获取稳定合理回报。继续发行政府支持的铁路建设债券，并创新铁路债券发行品种和方式”。

2014年国务院《国务院关于铁路发展基金设立方案的批复》（国函〔2014〕52号）批复了铁路发展基金设立方案。2014年6月25日，国家发展和改革委员会、财政部、交通运输部联合下发了《铁路发展基金管理办法》，管理办法对基金的设立和运作提出了具体要求，对股东、基金公司、投资管理、收益分配、退出机制进行了明确。铁路发展基金的设立，进一步加快和完善了现代市场体系，加快了转变政府职能的要求，充分考虑了铁路行业特点和发展实际，发挥了市场配置资源的决定性作用，发挥政府的积极引导和监督管理作用。

为落实《国务院关于改革铁路投融资体制加快推进铁路建设的意见》（国发〔2013〕33号），实施铁路用地及站场毗邻区域土地综合开发利用政策，支持铁路建设，国务院办公厅下发《关于支持铁路建设实施土地综合开发的意见》（国办发〔2014〕37号），“支持铁路建设与新型城镇化相结合。按照新型城镇化要求，在保障铁路运输功能和运营安全的前提下，坚持‘多式衔接、立体开发、功能融合、节约集约’的原则，对铁路站场及毗邻地区特定范围内的土地实施综合开发利用”。实施铁路用地及站场毗邻区域土地综合开发利用，是加快铁路投融资体制改革和铁路建设的重要举措，是促进新型城镇化发展和节约集约用地的有力抓手。

2016年7月5日，中共中央、国务院《关于深化投融资体制改革的意见》（中发〔2016〕18号），要求“加快推进铁路、石油、天然气、电力、电信、医疗、教育、城市公用事业等领域改革，规范并完善政府和社会资本合作、特许经营管理，鼓励社会资本参与”。

3. 铁路审批权限下放方面

交通基础设施工程审批流程是随着国家经济社会发展变化而变化的。

为规范项目建设市场秩序，发挥国家宏观调控作用，2007年11月17日，国务院办公厅下发《关于加强和规范新开工项目管理的通知》（国办发〔2007〕64号），要求“实行审批制的政府投资项目，项目单位应首先向发展改革等项目审批部门报送项目建议书，依据项目建议书批复文件分别向城乡规划、国土资源和环境保护部门申请办理规划选址、用地预审和环境影响评价审批手续。完成相关手续后，项目单位根据项目论证情况向发展改革等项目审批部门报送可行性研究报告，并附规划选址、用地预审和环评审批文件。项目单位依据可行性研究报告批复文件向城乡规划部门申请办理规划许可手续，向国土资源部门申请办理正式用地手续”。原铁道部根据国办发〔2007〕64号，下发了《关于进一步明确铁路基本建设项目审批管理程序的通知》（铁计〔2011〕102号），“为科学有序推进铁路建设，项目审批应坚持建设规划指导、满足发展需求、突出提高效益、依法合规办理的要求，对铁路基本建设项目审批管理程序作出规定”。

铁路基础设施项目审批周期长，如环评、土地预审、节能审查等等前置条件审批周期长，有些项目的审批时间长达几年，直接推高了项目的时间成本。党的十八大以来，国家大力推进放管服改革，大力减少行政审批事项，铁路的审批权限进一步下放。

2015 年 5 月，国家发展和改革委员会印发《关于调整铁路建设项目审批程序的通知》，要求"对国家中长期铁路网规划和国务院批准的区域、专项规划明确规划建设的铁路项目，不再审批项目建议书，直接审批可行性研究报告"。同时，项目环境影响报告批复也不再作为项目可研审批的前置条件，只需在项目开工前完成审批即可。这大大简化了铁路项目可研审批流程，缩短了项目审批时间，降低了项目推进的时间成本和机会成本。

2016 年 12 月 12 日，国务院《关于发布政府核准的投资项目目录(2016 年本)的通知》(国发〔2016〕72 号)进一步提出"新建(含增建)铁路：列入国家批准的相关规划中的项目，中国铁路总公司为主出资的由其自行决定并报国务院投资主管部门备案，其他企业投资的由省级政府核准；地方城际铁路项目由省级政府按照国家批准的相关规划核准，并报国务院投资主管部门备案；其余项目由省级政府核准"。

2017 年 1 月 25 日，国家发展和改革委员会《关于进一步下放政府投资交通项目审批权的通知》(发改基础〔2017〕189 号)。"列入国家批准的相关规划中非跨省的新建(含增建双线)普通铁路项目，中国铁路总公司投资为主的由中国铁路总公司自行决定，地方和社会投资为主的由省级政府审批可行性研究报告，均通过投资项目在线审批监管平台报国务院投资主管部门备案"。

下放项目审批权限的同时，国家将进一步强化规划引领和约束作用，提高"管"的有效性；提升行政服务质量和水平，增强"服"的主动性。加快实现从微观转向宏观、从审批转向监管、从项目安排转向制度供给，更好适应把握引领经济发展新常态。

4. 高铁建设技术标准体系方面

2003 年 10 月，原铁道部发布《新建时速 200 km 客货共线铁路设计暂行规定》(铁建设函〔2003〕439 号)。《规定》适用于新建客货列车共线运行、旅客列车设计行车速度 200 km/h、货物列车设计行车速度 120 km/h 铁路的设计。规定统一新建时速 200 km 客货共线铁路工程设计技术标准，使铁路工程设计符合安全适用、技术先进、经济合理的要求。

2005 年 4 月 25 日，原铁道部发布《新建时速 200 km 客货共线铁路设计暂行规定》(铁建设函〔2005〕285 号)对相关规范、标准进行了修订。2012 年 1 月 7 日，以铁建设〔2012〕3 号又进行了局部修订。

2005 年，原铁道部发布《新建时速 200～250 km 客运专线铁路设计暂行规定》(铁建设〔2005〕140 号)，2007 年原铁道部进行了修订，发布《新建时速 300～350 km 客运专线铁路设计暂行规定》(铁建设〔2007〕47 号)，是初期探索版。其中的新建时速

250 km 客运专线铁路、新建时速 300～350 km 客运专线铁路，都属于后来明确规定的中国高铁范围，其规范属于高铁设计规范。

2009 年，中国发布了《高速铁路设计规范(试行)》(TB 10621—2009)。总结了中国高铁设计、建设的经验，规范了中国高铁的建设，意义巨大。它统一冠名高铁规范，综合了几种时速客运专线的多年建设经验，标志着高铁探索，在一致性要求方面，初步成熟。

2013 年铁路实行政企分开改革，新组建的国家铁路局按照“三定”规定，承担组织拟订铁路技术标准，完善技术标准体系的职责。

2014 年 12 月 22 日，国家铁路局正式发布《高速铁路设计规范》(TB 10621—2014)，这是中国也是世界第一部系统完整、内容全面的高铁设计规范，为中国高铁发展以及高铁走出去提供系统规范的成套建设标准支撑。《高速铁路设计规范》(2014)是在系统总结中国时速 250～350 km 高铁建设、运营实践经验，全面修订《高速铁路设计规范(试行)》(2009)的基础上发布的。它的发布，标志着成熟、先进、具有中国特色的高铁技术体系已经形成，将为中国高铁发展以及高铁“走出去”提供系统规范的成套建设标准支撑。《高速铁路设计规范》(2014)出炉的背后，离不开中国近十年来高铁建设高速发展提供的技术支撑。尤其以 2013 年底中国高铁运营里程正式突破 1 万 km 为标志性节点，中国成为世界上高铁投产运营里程最长、在建规模最大的国家。《高速铁路设计规范》(2014)贯彻落实安全优先原则，首次明确了高铁线路仅运行动车组列车，在路基、桥梁、隧道、无砟轨道、站场、客站、牵引供电、通信信号等专业分别强化了安全保障功能设计；突出强调了“以人为本”、方便、快捷、舒适等提高服务品质的设计要求；重点体现了高铁建设全寿命周期的节地、节能、节水、节材和保护环境的“四节一保”绿色建设理念；注重结合中国国情、经济社会发展水平、运输需求和环境条件等因素，合理优化速度匹配、设备配套和各专业主要设计参数，优化了复杂路网条件下的高铁运营调度系统设计、高密度大客流的客运服务系统设计，使技术标准更符合系统性、先进性、成熟性及经济合理性要求。《高速铁路设计规范》(2014)集成了近 20 个专业领域的技术要求，形成了速度范围为 250～350 km/h，涵盖不同速度等级、不同速度列车共线运行、适应不同自然环境(冻土、黄土等)的高铁设计标准，是高铁建设最基本、最重要的行业技术标准。

5. 高铁技术装备产品创新方面

2004 年 4 月，国务院召开专题会议，研究推进铁路机车车辆装备现代化，确定了“引进先进技术、联合设计生产、打造中国品牌”的总体方针，明确了推进铁路技术装备现代化的方向、方法和目标，形成了《会议纪要》(国阅〔2004〕58 号)，力争在较短的时间内，使中国机车车辆生产能力达到世界先进水平。

为了提升铁路企业自主创新和持续创新能力，2008 年原铁道部与科技部联合制定并积极推进《中国高速列车自主创新联合行动计划》，把高速列车技术创新作为建设创新型国家的一项重大战略，在国家科技支撑计划中，安排专门资金予以支持。

2012 年科技部出台的《高速列车科技十二五专项规划》中也明确提出了要发展“基于永磁电机的新兴牵引传动技术、标准和装备体系”以及“适应并引领世界高速列车牵引传动模式的技术和装备战略转型”，通过国家、企业等各方努力，目前在该领域已经逐渐赶上了国外先进水平。此外，在国家层面也开展前瞻性、技术性、理论性研究，为具有战略意义的高铁装备产业未来的发展做好技术储备，因此设立了“时速 500 km 条件下的高速列车基础力学问题研究”国家“973 计划”项目，研发出 CIT 500 更高速度试验列车，通过该项目和该型车的试验，旨在对轨道交通的轮轨、流固、弓网等三大基础关系，对关键系统可靠性，以及对新材料新技术进行研究。

高铁技术瞄准世界高铁最先进技术，按照“先进、成熟、经济、适用、可靠”的技术方针，通过原始创新、集成创新和引进消化吸收再创新，取得了一系列重大技术创新成果，系统掌握了集设计施工、装备制造、列车控制、系统集成、运营管理于一体的高铁成套技术，形成了具有自主知识产权和世界先进水平的高铁技术体系。

6. 地方政策配套方面

由于高铁极大激活了沿线地区经济发展的区位优势，成为拉动沿线经济带、经济圈、经济区快速发展的引擎，许多地方政府也纷纷出台文件支持高铁建设。特别是 2013 年铁路实现政企分开后，国务院于当年 8 月发布了《关于改革铁路投融资体制加快推进铁路建设的意见》(国发〔2013〕33 号)，明确提出要“全面开放铁路建设市场，对新建铁路实行分类投资建设。向地方政府和社会资本放开城际铁路、市域(郊)铁路、资源开发性铁路和支线铁路的所有权、经营权，鼓励社会资本投资建设铁路”，激发了地方政府修建铁路的积极性。同时，在《国务院关于组建中国铁路总公司有关问题的批复》(国函〔2013〕47 号)中明确，中国铁路总公司组建后，继续享有国家对原铁道部的税收优惠政策，国务院及有关部门、地方政府对铁路实行的原有优惠政策继续执行。

地方政府首先开展了铁路车站周边用地的综合开发利用工作。广东、湖北、福建、四川、安徽等地方政府为推动本地区铁路或轨道交通发展，出台了有关推动铁路沿线和车站周边用地的综合开发利用、矿产资源特许经营权等一系列政策文件。

广东省政府于 2012 年 1 月出台了《关于完善珠三角城际轨道交通沿线土地综合开发机制的意见》，提出按照珠三角区域一体化发展的要求，采取 TOD 开发模式推进土地综合开发，支持珠三角城际轨道交通项目沿线土地综合开发，明确了红线内和红线外的开发主体、开发规模和收益管理。通过对站点周边进行综合开发规划，并获得相关收益，对城际轨道运营可能出现的亏损进行补偿。

湖北省人民政府颁发了《湖北省人民政府关于加强武汉城市圈城际铁路沿线土地综合开发的意见》(鄂政发〔2013〕26 号)文件,对于红线内土地提出:"在确保铁路设施功能需求和运营安全的前提下,提倡立体空间开发。"对于红线外土地提出:"城际铁路各站场周边一定范围内可开发的土地可作为开发备选用地,各地可以站场为中心、半径 1 000 m 左右范围确定开发备选用地"。

福建省出台了《关于改革铁路投融资体制加快铁路建设发展八条措施的通知》,鼓励铁路沿线土地综合开发利用,包括火车站用地,铁路沿线用地的地上、地下空间都将纳入市场化开发的范畴。福建省国土资源厅每年安排不少于 3000 亩土地指标,专项用于铁路沿线土地开发。开发收益由省铁路投资有限责任公司和地方政府按一定比例分成,全额用于铁路建设。

安徽省由履行安徽省铁路政府出资人代表的安徽省铁路投资有限责任公司启动沿线土地开发为建设铁路筹资。

四川省同意新成立的川南城际铁路公司优先享有按照土地利用规划和城市规划对铁路车站和线路周边用地的综合开发权、矿产资源特许经营权等。

三、国内高铁发展战略规划

铁路发展规划是铁路建设发展的主要依据,改革开放以来,特别是"八五"以后,国家着眼于促进经济社会发展,加大了对铁路发展的战略规划研究,指引着中国高铁发展的方向。

1. 研究论证时期

改革开放以后,与快速发展的公路、民航等交通运输方式相比,铁路发展相对滞后,运输能力严重不适应社会需求,京沪、京广等主要干线能力全面饱和,成为制约国民经济发展的瓶颈。为提升铁路干线运输能力,原铁道部以运能矛盾最突出的京沪铁路通道为突破口,组织路内外单位和相关部门开展了京沪铁路通道扩能方案研究,提出建设高铁的设想。

1990 年 3 月,原铁道部依据国家《中长期科技发展纲要》,向国务院上报了《关于"八五"期间开展高速铁路技术攻关的报告》,1991 年 5 月,原铁道部下达了《关于开展京沪高速铁路可行性研究有关问题的通知》,由部内有关设计单位开始对修建京沪高铁的可行性进行研究。这是最早的有关开展高铁研究的政府文件。1992 年,原铁道部颁布《铁路今后十年和"八五"科技发展纲要》,提出研究开发高速客运技术和建设时速 200 km 以上高铁,标志着发展高铁被提到重要日程。

1993 年,由当时的国家科学技术委员会、国家计划委员会、国家经济贸易委员会、国家经济贸易委员会和铁道部共同组织开展了京沪高铁前期工作研究,完成了《京沪高速铁路重大技术经济问题前期研究报告》。1994 年 3 月，“四委一部”联合向国务院上报了《关于报送建设京沪高速铁路建设的请示》。1994 年 11 月，根据国务院领导的指示精神，原铁道部部署了关于开展京沪高铁预可行性研究的工作。

1996 年 3 月，《国民经济和社会发展“九五”计划和 2010 年远景目标纲要》发布，其中明确：“下个世纪前十年，集中力量建设一批对国民经济和社会发展具有全局性、关键性作用的工程……着手建设京沪高铁，形成大客运量的现代化运输通道。”原铁道部于当年向国务院上报了《关于京沪高速铁路预可行性研究情况报告》，1997 年 3 月将《北京至上海高速铁路项目建议书》上报国家计委。经过一系列的研究论证，至此，有关建设高铁的构想得到实质性落实。

2. 探索实践时期

2004 年 1 月通过的《中长期铁路网规划》，促使中国铁路驶入快速发展的轨道，铁路发展迎来了黄金机遇期，大规模铁路建设全面展开。这一规划指导全国铁路第六次大面积提速成功实施，推动京津城际铁路开通运营，更为后来京沪高铁的建设实施奠定了政策基础。之后的国家“十一五”规划纲要、有关区域和行业发展规划以及《综合交通网中长期发展规划》均提出了“加快发展铁路”的要求。

国家发展和改革委员会于 2007 年启动了对原中长期铁路网规划的规模和布局进行调整的研究，并于 2008 年 11 月正式发布了《中长期铁路网规划》调整方案。调整方案确定，到 2020 年全国铁路营业里程达到 12 万 km 以上，其中客运专线及城际铁路 1.6 万 km 以上。此后，环渤海、长三角、珠三角及中原、武汉、长株潭等城市群城际轨道交通网规划也相继获得批复。快速客运网、区际干线网以及西部铁路等共同形成层次分明、功能完善的铁路运输网络。这些有关高铁发展的顶层设计，保证了铁路网的规划同国家发展战略以及综合交通运输的协调统一，保证了规划编制实施过程中的社会参与度和衔接。为实施新调整的规划方案，铁路相继开工建设了一批重大高铁项目，推动中国高铁建设进入快速发展的新阶段。

2010 年 10 月中共中央关于制定“十二五”规划的建议中确定“基本建成国家快速铁路网，发展高速铁路”，明确了今后五年铁路发展的任务目标。2011 年 3 月公布的《中华人民共和国国民经济和社会发展第十二个五年规划纲要》中明确：“按照适度超前原则，统筹各种运输方式发展，基本建成国家快速铁路网和高速公路网，初步形成网络设施配套衔接、技术装备先进适用、运输服务安全高效的综合交通运输体系。”“加快铁路客运专线、区际干线、煤运通道建设，发展高铁，形成快速客运网，强化重载货运网。”“适应城市群发展需要，以轨道交通和高速公路为骨干，以国省干线公路为补充，推进城市群内多层次城际快速交通网络建设。建成京津冀、长江三角洲、珠江三角洲三大城市群城际交通网络，推进重点开发区域城市群的城际干线建设。”适度超前的理念使得高铁发展的路径越来越清晰：高铁是解决大规模人员流动的安全、快捷、经济、环保、可靠的交通方式。

3. 引领发展时期

党的十八大以来，铁路行业贯彻落实中央决策部署，统筹推进"五位一体"总体布局、协调推进"四个全面"战略布局，圆满完成铁路"十二五"发展规划任务目标，高铁建设取得了历史性成就。"四纵四横"骨干网基本形成，中西部铁路网骨架加快形成，路网规模不断扩大，路网质量大幅提升，综合客运枢纽同步完善，铁路运输服务水平不断改善，铁路科技创新能力显著提升，高铁总体技术水平跻身世界先进行列。

"十三五"时期是决胜全面建成小康社会的关键时期，是深化改革、加快转变经济发展方式的攻坚时期，也是提高铁路发展质量和效益的创新驱动时期，高铁发展进入新的发展时期。党的十九大对铁路建设发展提出了新的要求，铁路规划和建设发展要贯彻落实"一带一路"倡议、京津冀协同发展、长江经济带发展等战略要求，推进新型城镇化和军民融合发展，继续推进以中西部地区为重点的铁路建设，打好扶贫攻坚战，缩小地区发展差距，推动更大范围更高水平更深层次国际、区域合作。

2016 年 5 月中共中央、国务院发布《国家创新驱动发展战略纲要》文件，2016 年 7 月国家发布了新版《中长期铁路网规划》(发改基础〔2016〕1536 号)。《中长期铁路网规划》(2016)分析了铁路发展的总体形势，在"四纵四横"高铁网的基础上，提出了形成以"八纵八横"主通道为骨架、区域连接线衔接、城际铁路补充的高铁网，实现省会城市高铁通达、区际之间高效便捷相连的发展目标。未来高铁发展，已具备实现由大向强发展的内在条件和外在要求，将继续为解决人民日益增长的美好生活需要和不平衡不充分的发展之间的矛盾贡献力量，继续以改革创新办法推动高铁建设，深化铁路投融资体制改革，创新市场化融资方式，鼓励引导社会资本投入，拓宽融资渠道，激发市场活力，采取综合措施，不断提升高铁可持续发展能力。

2017 年 2 月 3 日，国务院印发《"十三五"现代综合交通运输体系发展规划》，根据《中华人民共和国国民经济和社会发展第十三个五年规划纲要》，并与"一带一路"倡议、京津冀协同发展、长江经济带发展等规划相衔接。规划提出到 2020 年，基本建成安全、便捷、高效、绿色的现代综合交通运输体系，部分地区和领域率先基本实现交通运输现代化。高铁覆盖 80%以上的城区常住人口 100 万以上的城市，铁路、高速公路、民航运输机场基本覆盖城区常住人口 20 万以上的城市。

2017 年 11 月 20 日，为贯彻落实《国民经济和社会发展第十三个五年规划纲要》《"十三五"现代综合交通运输体系发展规划》和《中长期铁路网规划》及铁路改革发展的要求，加强铁路基础设施网络建设，发挥铁路骨干优势作用，提升铁路运输服务品质，提高铁路发展质量和效益，国家发展和改革委员会、国家铁路局等联合发布《铁路

“十三五”发展规划》，为十三五时期铁路建设发展指明了方向，发挥了规划引领作用。

高铁规划服务雄安新区建设方面。2017 年 4 月 1 日，中共中央、国务院决定设立国家级新区——雄安新区，对于集中疏解北京非首都功能，探索人口经济密集地区优化开发新模式，调整优化京津冀城市布局和空间结构，培育创新驱动发展新引擎，具有重大现实意义和深远历史意义。根据 2018 年 4 月 21 日发布的《河北雄安新区规划纲要》，雄安新区将建设“四纵两横”高铁网。“四纵”为京广高铁、京港台高铁京雄－雄商段、京雄－石雄城际、新区至北京新机场快线。“两横”为津保铁路、津雄城际－京昆高铁忻雄段，实现新区高效融入“轨道上的京津冀”，20 min 到北京新机场，30 min 到北京、天津，60 min 到石家庄。建设“两主两辅”综合交通枢纽。“两主”为雄安高铁站、城际站，高铁站枢纽布局在昝岗组团，依托国家高铁网，便捷联系全国；城际站枢纽布局在启动区，站城一体，实现与京津冀核心城市直连直通。“两辅”为白洋淀站、白沟站，依托既有线路，服务新区北部外围组团，兼顾货运物流。

城际铁路服务城市群发展方面。近年来，根据区域经济社会发展需要，为促进城市群协调发展，国家陆续批复了珠三角、长三角、成渝、中原、关中、山东半岛、粤东等城市群城际铁路发展规划。城际铁路对完善高铁网络、促进区域协同发展、完善交通运输体系具有重要的作用。

高铁规划服务军民融合发展方面。为了加强国防交通建设，促进交通领域军民融合发展，保障国防活动顺利进行，《中华人民共和国国防交通法》由中华人民共和国第十二届全国人民代表大会常务委员会第二十二次会议于 2016 年 9 月 3 日通过，自 2017 年 1 月 1 日起施行。《国防交通法》是专门规范国防交通活动的基本法律，适用于道路、水路、航空、管道、邮政等领域的建设、管理和资源使用活动。在交通领域贯彻军民融合战略思想，是起草国防交通法最为重要的一个指导思想。这部法律从政策原则到体制机制、组织程序、技术措施等，通篇都贯彻了军民融合思想，在法律层面实现了交通领域全要素、多系统、全过程的军民深度融合。在大政方针上，明确规定国家坚持军民融合发展战略，统筹经济建设和国防建设，推进交通领域军民融合深度发展，提高国防交通平时服务、急时应急、战时应战的能力。在规划中，规定要兼顾国防和经济社会发展需要，国防交通建设规划纳入县级以上人民政府的国民经济和社会发展规划。在交通工程设施建设和民用运载工具建造中要贯彻国防要求，增加国防功能修建的项目应当与交通主体工程(装备)同步设计、同步建设、同步验收，国防交通工程设施在满足国防需要的前提下，应当为经济活动提供便利。在国防运输方面，规定县级以上人民政府交通主管部门会同军队有关交通运输部门按照统一计划组织，地方政府和相关企事业单位应当为国防运输提供相关保障。国家以大中型运输企业为主要依托，组织建设战略投送支援力量。在国防交通保障方面，从方案制定到组织实施，由政府有关部门和有关军事机关及相关企事业单位共同进行。国防交通储备物资既用于国防,也可用于抢险救灾等突发事件等。

第二节　高铁与改革发展

一、经济发展催生高铁发展

运输发展理论认为,运输化是工业化的重要特征之一,也是伴随工业化而发生的一种经济过程。在运输化过程中,人与货物空间位移的规模由于近代和现代运输工具的使用而急剧扩大,交通运输成为经济增长所依赖的最主要的基础产业、基础结构和环境条件。

改革开放以来,中国实现了30多年的经济高速增长,年均增速达到9%以上,国内生产总值稳居世界第二,对世界经济增长贡献率超过30%。1979～2012年中国经济年均增长9.9%,其中1993～1997年中国经济年均增长率为11%居世界首位,近年来保持在6.7%～6.9%区间,中高速增长态势明显;2013～2016年高新技术产业、战略性新兴产业增速保持在10%以上,产业结构向中高端迈进速度加快;从经济发展的动力看,创业创新、网络经济、数字经济、分享经济等加快发展,新动能接续崛起。目前,为了突破产能过剩、资源环境约束、劳动力成本上升等瓶颈制约,实现更高质量、更有效率、更加公平、更可持续的发展,中国经济由高速增长阶段转向高质量发展阶段,为实现富强民主文明和谐美丽的社会主义现代化强国奠定坚实基础。

中国铁路是世界运输效率最高的铁路系统之一。2008年底,第一批新建的高铁中秦沈客运专线、合宁客运专线、京津城际铁路等开通运营,总里程超过600 km,同年中国铁路营业里程为79 687 km,每天开行图定客货列车数量分别是1 425.5对和16 656对,每天有近3 000列旅客列车、3万多列货物列车、1.4万台机车、50多万辆车辆和180列动车组在铁路线上运行,平均每天运送400多万名旅客和900多万t货物。全年共运送旅客14.6亿人次、货物33亿t,铁路运输密度达到4 139万吨公里/公里,是世界各国铁路平均值的数倍。即便如此,中国铁路仍然不能满足需要,与国民经济发展形势相比,铁路的建设和发展相对滞后,运输生产力不适应经济社会发展的矛盾突出,长期以来一直是国民经济发展的瓶颈。随着全面建设小康社会的推进,以及铁路连续几次大面积提速效益的显现,客运增长呈现出运量大、运距长、客流密集和需求多样化的明显特征。

铁路运力紧张的根本原因是长期以来铁路建设投入不足、欠账过多。改革开放以来铁路建设投资占GDP的比重平均为0.58%,其中1990年占比最低,不足0.1%,2008年、2009年占比也仅为1.1%和1.8%。铁路投资占交通运输业的比重由1980

年的52%下降到2005年的11.2%，2006～2009年占比有所回升，最高也只有24%，且增幅远低于交通行业投资增长。铁路运输长期投入偏低，导致路网总量规模不足、结构失衡、装备落后、运能紧张问题十分突出，市场份额逐年下降。客货周转量占比从1978年的62.7%和72.8%，下降到了2010年的29.4%和16.8%（水运不含远洋）。从大宗物资运输来看，1999年全国煤炭产量10.45亿t，铁路煤炭运量6.5亿t，产运系数0.62，2007年产运系数下降到0.60；1999年钢铁产运系数0.42，2007年产运系数下降到0.21。当时正因为铁路发展滞后，铁路运输能力严重不适应社会需求，导致煤炭、矿石等初级产品通过公路运输，大量消耗石油能源，不仅增加了社会运输成本，还加重了环境污染。铁路作为工业化发展的重要基础，大能力、低成本、节能环保的比较优势未能充分发挥，不合理的交通运输结构造成中国物流成本曾高于发达国家2～3倍，社会经济发展为此付出了巨大代价。

为解决中国铁路长期存在的瓶颈制约，必须发展一种能力大、速度快、能够有效连接区域之间的高效率运输方式。仅靠建设普速铁路，已难以适应大密度、快速度的运输效率要求和旅客对舒适、便捷的运输质量需求。特别是在人口密集、城镇密集、经济发达地区，只有修建高铁，形成大能力、高效率的快速客运网，才能从根本上解决客运能力问题，同时释放普速铁路货运能力，从更高层次上满足经济发展对铁路客货运输的需求。

铁路是国家发展的一种经济力量，对经济发展和社会进步起着巨大推动作用。世界铁路发展史证明，高铁是经济社会发展的必然趋势，它在某种程度上代表了一个国家的综合国力。作为世界第二大经济体的中国，必须要有与之相适应的高铁网络体系。对于高铁，国民有需求，经济发展有需求，市场有需求，铁路的深层发展有需求。中国大力发展高铁和高铁经济，具有国情选择的必然性，同时，高铁的快速发展又拉动了沿线城市群区域经济的发展，加快了中国城市化和工业化的进程，使城乡经济与区域经济的发展产生“共振效应”，有力支撑了民富国强的国家战略。

从世界铁路历史发展分析。进入20世纪70年代以后，由于能源危机、环境恶化、交通安全等问题的困扰，人们重新认识到铁路的价值。特别是高铁以其速度快、运能大、能耗低、污染轻等一系列的技术优势，适应了现代社会经济发展的新需求。1964年10月，日本在东海道新干线东京至大阪高铁以210 km/h运行，法国在1981年修建第一条高铁（TGV东南线），高铁显示出旺盛的生命力。由于它具有明显的经济效益和社会效益，所以欧洲、北美洲和亚洲等许多国家和地区纷纷兴建、改建或规划修建高铁。截止到2016年底，全世界高铁运营里程超过3.6万km，这些线路分布在16个国家和地区。可以说，发展高铁已是当今世界铁路发展的共同趋势。

中国高铁从20世纪80年代开始至今，经历了从“跟跑”到“并跑”再到“领跑”的过程，实现了从“技术引进”到“中国制造”再到“中国创造”的跨越式赶超，成功开辟了一条具有中国特色的高铁自主创新之路。2008 年 8 月 1 日，中国第一条具有自主知识产权、运营速度世界最快的高铁——京津城际铁路开通运营，标志着中国在高铁技术上进入了先进行列。2017 年 12 月 28 日，石家庄至济南高铁全线通车，标志着“四纵四横”高铁主骨架全面建成。截至 2017 年底，全国铁路营业里程达到 12.7 万 km，高铁总里程达到 2.5 万 km 左右，是世界其他国家高铁运营里程总和的 2 倍多。中国成为全球高铁系统技术最全、集成能力最强、运营里程最长、运行速度最高、在建规模最大的国家。

高铁作为国家重要基础设施和世界先进的轨道交通方式，科技含量高、建设投资大，是跨行业、跨专业、跨领域的重大系统工程，是综合国力的集中体现。中国高铁技术创新之所以能够在短时间内取得重大突破，高铁建设和运营规模之所以能够迅速跃居世界首位，其中很重要的原因，就是经过改革开放四十年的快速发展，中国综合国力显著增强，科研开发、工业制造、工程建设等方面有了巨大进步，而且资金、物资、人才等方面也有丰富储备，为高铁技术创新和快速发展奠定了坚实的物质基础。

二、改革创新助推高铁发展

2016 年，中共中央、国务院发布《国家创新驱动发展战略纲要》，提出中国科技创新“三步走”战略目标，就是到 2020 年进入创新型国家行列，到 2030 年进入创新型国家前列，到新中国成立 100 年成为世界科技创新强国。党的十九大开启了全面建设社会主义现代化国家新征程，“两个一百年”宏伟目标呼唤科技创新，高质量发展要求高水平的科技供给，国际竞争新形势需要科技发挥顶梁柱作用。科技创新作为推动高质量发展的根本动力，对经济社会发展发挥支撑引领作用，对中国高铁发展也起到巨大的推动作用。

高铁是一个集先进的各项铁路技术、运营管理、市场营销和资金筹措于一体的复杂系统工程。它包含了如基础设施、机车车辆、信号系统、维护维修、运营规则、车站、经营、市场等诸多方面的技术与管理。如何依靠改革创新将技术与管理有机融合，并发挥最佳效益是个很大的挑战。

（一）铁路改革及管理创新

中华人民共和国成立以来中国铁路建设管理经历了一系列的变革与创新。为适应大规模高铁建设的需要，铁路建设系统通过创新建设管理的体制和机制、手段和方法，不断提高建设管理的效率和质量，在大规模、高标准的高铁建设中发挥了突出作用。经过多年铁路建设实践，中国高铁建设组织管理体系、规章制度体系、技术标准体系日臻完善，建设管理能力和水平明显提升，驾驭铁路建设的经验日益丰富。

1. 体制改革实现重大突破

2013 年 3 月，根据国务院机构改革和职能转变方案，实行铁路政企分开。将中华人民共和国铁道部拟定铁路发展规划和政策的行政职责划入交通运输部；组建国家铁路局，由交通运输部管理，承担铁道部的其他行政职责；组建中国铁路总公司承担铁道部的企业职责；不再保留铁道部。2013 年 3 月 14 日，《国务院关于组建中国铁路总公司有关问题的批复》(国函〔2013〕47 号)正式下发。2013 年 3 月 17 日，中国铁路总公司正式挂牌成立。

实施政企分开改革，有利于形成政府依法管理、企业自主经营、社会广泛参与的铁路发展新格局。中国铁路总公司成为市场主体，可以落实经营自主权，促进企业内部改革，提高发展内生动力，增强铁路发展后劲，推动铁路建设和运营健康可持续发展。通过改革，明确中国铁路总公司的安全生产主体责任和国家铁路局的安全监管责任，有利于厘清企业和政府角色，有利于从体制上保障铁路运营秩序和安全。通过改革，有利于充分发挥各种交通运输方式的整体优势和组合效率。由交通运输部统筹规划铁路、公路、水路、民航发展，可以加快推进综合交通运输体系建设，推动各种运输方式协调发展和有机衔接，优化布局结构，形成真正意义上的大交通格局。通过改革，成立中国铁路总公司以后，有利于更好地适应市场竞争的需要，为老百姓提供更好的服务打下一个坚实的基础。

党的十八大以来，铁路体制机制改革深入推进。行业政府监管体系初步建立，政企分开初步实现。铁路工程质量、安全、市场监管和运输服务质量监管持续加强。职能转变和简政放权成效明显，全面清理削减原铁道部 25 项行政审批事项，全部取消非行政许可审批事项，进一步激发了市场活力。

2. 创新铁路建设发展理念

铁路建设发展理念是高铁大规模发展时期前提性、战略性的重要问题。为了高标准、高质量完成铁路建设任务，改变计划经济时期资金紧缺条件下建设铁路的旧理念，将“以人为本、系统优化、服务运输、着眼发展”作为建设新理念，充分考虑市场经济体制不断完善，社会需求多样化的新形势，全面体现国民经济和社会发展对铁路运输的新要求，适应旅客构成的新变化。

高铁的服务对象是旅客，社会越发展，旅客对服务质量的要求就越高。高铁建设必须要把人民的利益作为出发点和落脚点，把人民是否满意作为衡量标准，不断适应人的全面发展的要求，满足人们的多方面需求，坚持人性化设计，建设符合人性化要求的工程，最大限度地为旅客创造良好环境。建设高铁，实现客货分线，全面提高列车运行速度，缩短列车在途旅行时间，提高旅客出行舒适度和便捷性，就是“以人为本”的具体体现。

铁路网能力和现代化水平由多种因素决定，局部最优不等于系统最优，高铁建设必须贯彻系统论的思想，从通道和路网的整体效能出发进行综合考虑，在大干线之间、大干线与大枢纽之间、固定设备与移动设备之间实现充分匹配。

高铁建设成果最终通过运营实践来检验，建设系统必须把运营需求作为设计、施工的出发点和落脚点，确保建设有利于安全运行，有利于运营维护，有利于降低运营成本，克服建设和运营脱节问题。

高铁建设必须要有前瞻性，不仅要满足当前的运输需要，更要着眼于未来列车进一步提速、移动设备现代化、运输组织调整等方面的变化，为今后的发展留有余地。

实践证明，观念的转变是根本的转变，新的建设理念在高铁建设中起到了重要的宏观指导作用，对铁路行业自身的发展起到了积极的促进作用，在社会公众中树立起铁路新形象，为提高全社会的效益做出了贡献。

3. 改革建设管理体制

铁路建设是一项民生工程，必须始终把质量和安全放在首位，确保铁路工程和铁路运营经得起历史考验。铁路建设管理的目标是对建设项目实现全寿命期、全要素、全方位管理，组织参建各方形成整体优势，同步推进，克服同一项目上建设、设计、施工、监理单位在质量、安全、环保等体系各自为政的状况，提高管理控制水平。

为保证高铁发展的系统性和高铁网的完整性，中国铁路在实践中形成了具有中国特色的、适应大规模高铁建设需要的建设管理体制。高铁建设采用高层决策和监督、高铁合资公司组织建设、原铁道部下属铁路局履行出资人代表责任的管理模式。原铁道部依法确定建设项目的建设标准、建设规模、建设总工期和工程总投资；建设单位负责具体项目的组织实施，对具体项目的实施结果负责；原铁道部对建设单位的实施过程进行监督、考核。

一是理顺高铁建设管理体系。铁路建设项目投资和实物工作量巨大，常常跨省区，涉及众多技术领域，单一项目是一次实施，但对总体管理工作而言，具有连续性、重复性和可持续性。按照原铁道部当时行使政府监管、国有资产出资人代表和行业管理三项职能的要求，科学界定主管部门与建设单位的权责。主管部门承担建设管理主体责任，负责铁路建设规划、政策、行业法律法规、建设标准和规章的制定，合理确定建设项目的组织实施方式，加强建设市场管理、建设项目资金管理、建设过程协调、服务，建设项目组织管理等工作。原铁道部下属铁路局或铁路公司作为建设单位，在部（省）授权范围内行使职责，承担建设责任，就建设项目的质量、安全、工期、投资控制向主管部门和各投资方负责。通过管理体系的内部分工形成各负其责、分工合作、相互制衡的管理机制。

二是高铁公司普遍采用“小业主，大咨询”模式。高铁建设中，相继组建了一批客运专线和城际铁路合资铁路公司作为铁路工程建设单位。由合资铁路公司负责项目的建设管理及运营，对项目策划、资金筹措、建设实施、生产经营、债务偿还和资产保值增值全面负责。这些公司在高铁建设初期，通过公开招标，引进国外有高铁建设经验的知名公司参与中国高铁建设，借鉴先进管理标准、技术和经验，通过合同明确建设、设计、咨询、监理等各方责任，依法合规履行各自责任，对工程建设实施各有侧重的有效管理，确保高铁建设有序推进。

三是充分发挥原铁道部下属铁路局作用。原铁道部下属铁路局依法按程序将高铁合资铁路公司建设工作纳入其管理范畴，按照主管部门赋予的权责，就建设项目质量、安全、工期、投资、环保和队伍稳定等对主管部门和各投资方负责。对合资铁路建设，落实原铁道部下属铁路局作为出资人代表的监管责任。通过法定程序行使股东权利和义务，将出资人的合理主张贯彻到公司工作中，帮助公司协调建设中存在的问题，对建设工作进行监督检查。各铁路局与地方政府关系密切，在高铁建设中具有地域优势、综合资源优势和人才优势，可及时统筹协调解决征地拆迁滞后、协议签订困难、地方资金到位不及时等问题，主动争取地方政府的支持。更为重要的是，各铁路局运营经验丰富，其参与并提前介入可以统筹做好建设和后续运输经营的衔接，有效避免建设与运营的脱节，为运营打下良好基础。

4. 创新建设管理方法

一是全面推进标准化管理。自 2007 年起，高铁建设全面推行铁路建设标准化管理，提出了“以标准化管理为主线，以打造精品工程、安全工程为目标，全面落实质量、安全、工期、投资效益、环境保护、技术创新‘六位一体’管理要求”的总体思路，强调对“人、财、物、机、环”等的量化管理，将建设项目管理各岗位职责、技术要求、工作流程、操作工艺、工作方法以及管理程序等作出科学统一规定，并作为铁路建设项目管理全方位、全过程、全员参与并共同遵守的准则。标准化管理的要求已纳入工程招标文件及施工合同范本。在铁路建设管理中全面推行标准化管理，是以建设项目为依托，以建设单位为核心，铁路参建各方广泛参与、共同推进的一项系统工程。主要从管理制度标准化、人员配置标准化、现场管理标准化、过程控制标准化四个方面入手，以技术标准、管理标准和作业标准为重要内容，以机械化、工厂化、专业化、信息化作为主要支撑，四个方面的标准化工作相辅相成，管理制度标准化是前提，人员配置标准化是保障，现场管理标准化和过程控制标准化是关键，建设项目现场是各种建设要素的集合，是标准化管理的载体和重点；将工程实施过程中每个步骤和流程控制具体化、定量化形成的过程管理工作标准，落实到每个环节、每道工序、每项作业，从而形成闭环管理，以达到预期目标。

二是实施现代化管理手段。推行标准化管理，必须以现代化管理手段作支撑，机械化、工厂化、专业化、信息化是规模化、现代化生产的发展趋势。铁路项目建设中需要运用大量机械设备，以提高工效。机械化的要求就是参建单位必须按照投标承诺配置机械设备，并成龙配套，既满足需要，又不闲置浪费。随着铁路建设规模不断扩大，标准不断提高，现场作业向工厂化作业发展是趋势，桥梁、无砟轨道道板、混凝土、钢构件等，都实行工厂化生产，实施工厂化管理，要求参建单位设计先行，标准统一，分工明确，责任到人，强化工序控制，定时、定点、定量供应。专业化管理涉及所有参建单位，建设单位的核心是组织管理，设计单位的核心是技术管理，监理单位的核心是质量控制，施工单位的核心是自控能力，要求各单位组织机构按管理专业设置，专业培训适应岗位需要。建设单位同步建设项目管理信息系统，及时将建设过程中的进度、安全、质量及施工负责人等相关信息纳入信息系统，形成项目管理网络，提高动态管理水平。"四化"基础坚实，并与标准化管理的要求相结合，保证了高铁建设管理水平不断提升。

三是强化施工组织设计管理。施工组织作为高铁项目推进的"龙头"，原铁道部制定的《铁路工程施工组织设计指南》，为科学设计施工组织提供了有力指导；各建设单位主要领导亲自组织设计，提高了编制质量和权威性；原铁道部每年组织两次集中审查在建项目施工组织，依据审查结果指导建设单位切实解决征地拆迁、设计供图、方案稳定、工程措施、物资供应等关键问题。为加快建设、保证质量安全、实现投资控制，提高大规模铁路建设管理能力提供了有力保证。

5. 持续开放铁路建设市场

传统的铁路建设市场，铁路长大干线、铁路枢纽的勘察设计主要由各铁道勘察设计院承担，原铁路局设计院主要承担小型项目和更改项目，大桥、隧道、电气化、通信信号等专业设计院主要承担专业设计；铁路施工主要由中铁工、中铁建所属工程局及铁路局施工企业承担。

为了促进铁路建设健康发展，适应铁路建设需求，建立统一、开放、竞争、有序的建筑市场体系，2004 年 12 月建设部和原铁道部联合下发了《关于进一步开放铁路建设市场的通知》(建市〔2004〕234 号)，决定面向铁路外建设单位进一步开放铁路建设市场，构建多元化建设市场，包括设计、施工、监理三大领域。2006 年后铁路建设市场开放的业务范围进一步扩大。在设计、施工、监理各方面，具有甲级公路、水运和城市轨道交通设计资质和具有甲级电子通信广电设计资质的设计院，具有公路、港口与航道、水利水电、矿山、市政公用工程施工总承包特级资质的企业，以及具有甲级电力、通信工程、房屋建筑工程监理资质的企业，可分别从事普速铁路、集装箱结点站、铁路通信等设计工作，参加铁路工程总承包或施工总承包投标，从事铁路相关专业监理工作。

开放建设市场，首先是要吸引更多的符合资质要求的建设主体参与铁路建设。为此，原铁道部采取一系列措施，制定实施了全面开放铁路建设市场的办法，为广泛引进社会建设力量提供了政策依据，积极引进其他行业的施工、设计企业参与铁路建设，特别是开放了高端的设计、咨询和监理市场，在客运专线建设中引进了国外知名咨询和监理企业。建设市场开放，不断壮大了铁路建设力量，形成了一支由路内外优秀设计、施工、监理、咨询企业构成的铁路建设大军。为了培育多元化市场，铁路对“非铁”企业采取了特殊的扶持政策，以增强其竞标能力。多家非“中铁”施工企业，以及一些省市的建设单位都中标了高铁项目。

为保证高铁建设质量，从前期的设计到工程实施，都采取对外开放的市场运作方式，引入竞争机制，在设计咨询方面，聘请外方专家担任时速300～350 km客运专线项目技术总监；在广州铁路枢纽新广州站、北京南站的建设中，其建筑设计方案，从方案征集开始，就向国内外公开招标，有包括英、法、德、日、新加坡、加拿大等国在内的多家单位独立或组成联合体应征，经过几轮的审查、评选、修改、优化后确定中标单位，有效降低了工程造价，提高了整体设计质量、施工水平和工程质量。在客站设计中，更是大规模引进“非铁”设计单位。如北京南站、上海虹桥站、广州南站都是由国内设计研究院和国外设计公司联合体设计的。

6. 建立健全监管体系

(1)强化政府监管

为加强质量安全监管，首先建立健全了质量安全管理制度，并不断加以完善，以建立长效机制。原铁道部先后印发了《关于进一步加强铁路建设管理的若干意见》(铁办〔2011〕68号)等制度办法，制定实施了《铁路建设工程质量管理规定》(铁道部令第25号)和《铁路建设工程安全生产管理办法》(铁建设〔2006〕179号)等质量安全管理办法。政企分开后，国家铁路局加强监管法规和标准体系建设，初步形成了与《铁路安全管理条例》配套的规章制度体系，制定公布监管规章10件，先后印发了《关于加强铁路专用设备产品运用质量安全监管工作指导意见》(国铁设备监〔2018〕25号)、《铁路建设工程质量安全监管暂行办法》(国铁工程监〔2016〕9号)、《铁路产品质量监督抽查管理办法》(国铁科法〔2014〕33号)等文件，为铁路行业发展提供法治保障。积极推进《铁路法》和《铁路交通事故应急救援和调查处理条例》修订工作。组织对原铁道部规章及规范性文件进行全面清理，厘清行业标准与企业标准管理界面，建立完善铁路工程建设标准体系，编制发布了《高速铁路设计规范》等重要标准，铁路技术标准体系基本建立。

其次是建立健全“企业自控、社会监理、政府监督、用户评价”的质量管理机制，设计和施工企业普遍完成质量体系认证、工程质量监督机构发挥重要作用、运营部门提前介入的制度全面推广。要求各参建单位坚持“百年大计，安全第一，质量为本”的方针，始终把质量安全放在最突出、最重要、最关键的位置，抓细、抓实、抓好，做到：设计、施工无缺陷,消除质量隐患,确保未来运营安全,工程的耐久性、外观、使用功能都要达到高层次、高水准。要求建设单位对工程质量负总责,在质量管理中发挥核心作用;设计单位对勘察设计质量负全面责任,从源头上保证工程质量;施工单位对施工质量负直接责任,全面实现设计意图,保证主体结构"零缺陷";监理单位对工程质量负监控责任,必须全面落实监理规范要求,对施工过程加强监控。

(2)强化建设市场信用管理

为建立健全铁路建设市场诚信机制,完善各参建企业信用评价制度,激励企业加强管理,认真履行职责,加快推进铁路建设信用体系建设,按照《国务院办公厅关于社会信用体系建设的若干意见》及原铁道部《关于加快推进铁路信用体系建设的意见》精神,从 2005 年起逐步建立健全了施工、设计、监理企业和物资设备供应商信用评价制度。为进一步完善铁路建设市场诚信机制,激励施工企业加强管理,提高现场管理水平,保证工程质量和施工安全,2011 年修订了《铁路建设工程施工企业信用评价暂行办法》,对大中型铁路建设项目的建设单位,施工企业合同履行、工程质量、安全管理等情况,在公开、公平、公正原则下进行的综合评价,自觉接受纪检监察部门和社会监督。

(二)投融资体制创新

高铁建设资金需求巨大,高铁建设一般是以政府投资为主,如日本、法国、德国等,参见表 4-1 和表 4-2。

表 4-1 高铁建设相关数据统计①

项 目	国家(地区)	总投资(亿美元)	总收入(亿美元/10 年)	银行利率(%)	收入年均增长率(%)	国家投资(亿美元)	内部收益率(%)	资本金投入(亿美元)
东海道新干线	日本	35.32	1 850.14	5.75	4	13.28	12	13.28
山阳新干线	日本	19.52	1 073.08	5.67	3.5	12.69	6	12.69
东北新干线	日本	247.23	2 775.21	5.73	4.8	168.12	10	168.12
上越新干线	日本	151.5	2 442.18	5.72	3.1	19.70	9	130.29
TGV 大西洋线	法国	22.09	53.36	6.2	4.3	6.63	12	13.70
TGV 北方线	法国	32.36	70.04	5.8	4.8	1.29	13	14.61
TGV 罗纳—阿尔卑斯线	法国	12.06	35.76	6	3.6	0.48	11	5.08
TGV 东欧线	法国	9.19	29.12	5.72	4.6	4.41	12.2	7.04
地中海新线	法国	46.92	83.88	5.82	4.3	14.32	8	23.46
新线建设及旧线改造	德国	489.69	823.07	6.1	5.2	294.79	6.8	314.38
马德里—斯维利亚线	西班牙	35	77.96	5.73	10	17.23	13.5	26.25
罗马—那不勒斯线	意大利	164.17	323.87	6.1	1.2	65.67	5.2	73.86

① 游经元. 高速铁路融资结构因素分析模型研究[J]. 铁道经济研究,2006.

续上表

项　　目	国家（地区）	总投资（亿美元）	总收入（亿美元/10年）	银行利率（%）	收入年均增长率（%）	国家投资（亿美元）	内部收益率（%）	资本金投入（亿美元）
都林—米兰—那不勒斯线	意大利	176.53	365.71	6	3.1	52.94	7.8	75.91
台北—高雄线	中国台湾	140.87	365.73	5.56	3.5	34.51	9	42.12
首尔—釜山线	韩国	163	302.4	5.64	4.1	73.35	8.3	98.46
东北走廊线	美国	30	122.3	5.81	3.8	16.80	10	22.00

根据表 4-1 计算整理出国家（地区）在各条高铁建设中的出资比例，参见表 4-2。

表 4-2　高铁国家（地区）投资占资本金投入比重

线路名称	总投资（亿美元）	资本金投入（亿美元）	国家（地区）投资（亿美元）	资本金占总投资比重（%）	国家（地区）投资占资本金投入比重（%）
东海道新干线	35.32	13.28	13.28	37.60	100
山阳新干线	19.52	12.69	12.69	65.01	100
东北新干线	247.23	168.12	168.12	68.00	100
上越新干线	151.5	130.29	19.7	86.00	15.1
TGV 大西洋线	22.09	13.7	6.63	62.02	48.39
TGV 北方线	32.36	14.61	1.29	45.15	8.83
TGV 罗纳—阿尔卑斯线	12.06	5.08	0.48	42.12	9.45
TGV 东欧线	9.19	7.04	4.41	76.61	62.64
地中海新线	46.92	23.46	14.32	50.00	61.04
新线建设及旧线改造	489.69	314.38	294.79	64.20	93.77
马德里—斯维利亚线	35	26.25	17.23	75.00	65.64
罗马—那不勒斯线	164.17	73.86	65.67	44.99	88.91
都林—米兰—那不勒斯线	176.53	75.91	52.94	43.00	69.74
台北—高雄线	140.87	42.12	34.51	29.90	81.93
首尔—釜山线	163	98.46	73.35	60.40	74.50
东北走廊线	30	22	16.8	73.33	76.36

表 4-1 和表 4-2 说明在已建成的高铁项目中，国家（地区）投入的资本金比例大多数处在 40%～80%之间，有的达到 100%。中国高铁建设按照“政府主导，多元化投资，市场化运作”铁路投融资体制改革的总体思路，铁路行业成功吸纳了大量的地方、社会资本参与铁路建设，拓宽了投融资渠道，缓解了铁路建设资金不足。

目前高铁一般由铁路部门与地方政府合资建设。同时，大力引导战略投资者参与高铁建设，社保基金、保险资金以及中海油等国内公司、民营企业投资高铁，不仅带来了资金，也带来了先进的技术和管理。地方政府以承担征地拆迁费用入股或投资入股等形式参与铁路建设，并提供各项优惠政策，加快了铁路建设。国有企业、民营企业和外资投资力度也逐步加大，有力地加快了铁路建设。通过成立合资公司将铁路的专业优势和地方政府的资源优势有机结合，提高了工程效率和质量。建设与设计单位的密切协作，不仅提高了设计的质量，而且有利于解决建设中的难题，保障工程进度。地方政府则在环评、土地预审、征地拆迁等方面发挥积极作用，有利于加快进展、降低建设成本。随着铁路建设项目审批权限下放，由地方政府主导的城际铁路建设发展进一步加快。为此，地方政府相继成立了由地方政府控股的铁路建设及投资公司，承担省内地方铁路、城际铁路的建设管理工作，铁路建设管理主体相应发展变化。比如2014年12月30日，京津冀三省市政府及中国铁路总公司共同组建京津冀城际铁路投资有限公司。新公司初期注册资本100亿元，由京津冀三省市政府及中国铁路总公司按照3：3：3：1的比例共同出资成立。组建投资公司，由统一的投资主体统筹推进城际铁路建设。2016年8月25日，陕西省政府在整合既有铁路投融资主体基础上组建的陕西省铁路集团有限公司完成工商注册登记，10月17日授牌正式成立，构建新的铁路融资、建设、运营平台。由陕西省国资委代表省政府履行出资人职责，并授权委托省交通运输厅管理，主要负责陕西省铁路项目的规划、投融资、项目前期、建设、运营、经营开发等工作。

随着铁路建设投融资体制变化，也催生了铁路建设投融资模式发生深刻变化。

高铁PPP合作模式经典案例——新建杭州经绍兴至台州铁路。2016年12月1日，国家发展和改革委员会核准《新建杭州经绍兴至台州铁路项目申请报告》(发改基础〔2016〕2516号)。该项目由浙江省按PPP模式运作，总投资约409亿元，项目资本金约占总投资的30%，其中民营联合体占比51%，中国铁路总公司占比15%、浙江省政府占比13.6%、绍兴和台州市政府合计占比20.4%。项目合作期限34年，其中建设期4年，运营期30年。合作模式采用建设—拥有—运营—移交(BOOT)方式，由项目公司负责融资、建设、运营和维护，并拥有相关资产所有权，合作期满后无偿移交给政府方。复星集团牵头的浙商民营联合体占股51%，社会资本首次在高铁投资领域实现控股，杭绍台铁路PPP项目成功落地。城际铁路投资模式典型案例——川南城际铁路。城际铁路建设转交给地方后，筹资的责任就由地方政府负责。川南城际铁路主要有两条线，一条由内江经自贡至宜宾线，一条是内江至泸州线，根据可研报告，川南城际铁路的投资估算为290亿元左右。川南城际铁路公司注册资本为人民币5亿元，出资比例为：四川省铁投集团30%、自贡市22%、泸州市16%、内江市15%、宜宾市12%、四川路桥集团5%。

其他铁路建设投资模式也实现了突破，如资源开发性铁路的蒙华铁路通道，温州市域铁路S1线等投资模式。

（三）运营管理领域创新

中国是世界上唯一高铁成网运营的国家，运行状况比世界上任何一个高铁国家都要复杂。经过多年的研究探索和实践创新，中国全面掌握了复杂路网条件下长距离运行的高铁运营管理成套技术，建立了适应国情路情、具有世界先进水平的高铁运营管理体系。

一是高铁运输组织技术。针对中国高速列车运行里程长、客流大、密度高，且不同速度等级高速列车跨线运行的实际，全面创新高铁运输组织技术。在列车开行方式方面，是世界上首次建立起高速列车、动车组列车和城际列车三个层次且实现共线、跨线、夜间运行的高铁列车开行体系。在运行图编制方面，中国春运、暑运、节假日等时段客流量巨大且高度集中，列车运行图的编制是世界上最复杂的。在把握旅客出行规律的基础上，探索形成了在高铁成网条件下的列车运行图编制技术，实行高峰、周末和日常分号运行图，实现了在不同情况下高铁开行和客流需求的有效衔接。在调度指挥方面，从管理架构、管理技术等方面进行创新，构建了具有世界先进水平的调度指挥体系。实行高铁调度集中模式，研发了拥有自主知识产权、具有世界一流水平的运营调度管理系统，实现对运输计划、维修、牵引供电、动车组、客货调度和司乘人员等的综合管理。在应急救援方面，建立了中国铁路总公司—铁路局—运输站段三级应急救援指挥机构，健全了涵盖灾害天气、设备故障、线路障碍、运行晚点等非正常情况下的应急预案，形成了高效运转的高铁应急救援体系。

二是高铁客运服务技术。适应中国高铁客流大、密度高、阶段性客流集中的特点和旅客自助化、个性化、多样化服务需求，建立了综合旅客服务体系。采用云计算、大数据、移动互联网等先进信息技术，实行票额自动预分，实现票额智能监控和科学分配。实施车票实名制管理，构建了 12306 网站售票、手机购票、电话订票、自助售取票等多种售票渠道和方式，实现了支付方式电子化。12306 互联网售票系统已成为世界上点击量最大的系统之一，2018 年春运期间，12306 日均页面浏览量达到 556.7 亿次，最高峰时段页面浏览量达 813.4 亿次，1 h 最高点击量 59.3 亿次，平均每秒 164.8 万次。

三是高铁安全防控技术。加强设备质量源头控制，研发投用高铁设备检测维护体系、灾害监测预警系统，建立安全管理配套制度，构建形成全方位、全过程、全天候的高铁安全风险防控体系，使中国高铁具有极高的安全性。

第三节 高铁国际影响

一、高铁成为国家名片

高铁涵盖了设备出口、施工建设以及标准认定等全方位领域，所以中国高铁走向国际市场本身就是在推动中国创造走向世界。“高铁外交”标志着中国开始走向与世界第二经济体这一国际地位相匹配的经济外交道路。因此，有媒体认为，高铁外交是中国继“乒乓外交”“熊猫外交”之后，新时代中国外交的“黄金名片”。世界正在通过高铁重新认识中国，而中国则通过高铁紧密连接世界。高铁的发展得益于长期的知识积累和选择了一条适合中国国情的创新道路，这条道路就是以技术创新为基础的知识创新体系。目前，中国高铁已拥有完整的高铁创新体系，全面掌握了在各种复杂地质、地形及气候环境下修建高铁的成套技术，建成了一批具有世界领先水平的标志性工程。通过自主创新，在核心技术、成套建造、产业制造、运维服务、人才支撑五大方面已拥有较大优势，总体技术水平迈入世界先进行列，为中国“高端智造”注入了含金量。伴随中国高铁技术突飞猛进，越来越多自主研发的产品和技术凭借实力迈出国门，开始得到众多国家的青睐和信任。

2008～2010 年，随着时速 350 km 的京津城际、武广高铁、郑西高铁的开通运营，中国高铁的技术水平在国际上的影响力逐渐显现。京津城际铁路开通后仅三年，就有来自美国、英国、俄罗斯、日本、意大利、澳大利亚、印度、新加坡、泰国、波兰、南非、巴基斯坦等世界五大洲 30 多个国家的政要、国际组织领导人，世界 100 多个国家的铁路同行和经济、文化、军事等领域专家学者，累计 200 多批次上万人乘坐时速 350 km“和谐号”动车组。

当中国高铁运营里程超过 6 000 km、稳居世界第一位时，多个发达国家和地区的主流媒体持续关注中国高铁发展，多次刊登报道有关中国高铁的评论文章。2009 年，香港《文汇报》指出“中国快速铁路与高速铁路的建设运营能力，已居世界先进行列。”香港《大公报》指出“中国要由世界工厂变为世界科技装备强国，大搞高铁是目前最佳的方式。”武广高铁开通运营之际，中国高铁以 350 km 的时速引来了英国《每日邮报》“比欧洲之星更让你嫉妒”的惊叹。美国《新闻周刊》指出“中国的铁路革命堪比美国横贯大陆铁路的修建和开通，或更近于美国洲际高速公路的贯通。”“高速列车或许有助于中国各地的经济发展变得更为均衡，能帮助北京将整个国家团结起来。”“现在割裂农村和城市、东部和西部的财富、地位甚至方言上的差距可能缩小，推进北京建设‘和谐社会’的构想。”

2009 年 10 月，在中俄总理定期会晤期间，中国原铁道部与俄罗斯运输部和俄铁股份公司签署了《关于在俄罗斯联邦境内组织和发展快速及高速铁路运输谅解备忘录》，就高铁项目合作达成了共识。2009 年 11 月，在美国总统奥巴马访华期间，中美双方发表的《中美联合声明》专门提到“双方欢迎两国公共和私营机构在高速铁路基础设施建设方面进行合作”，并在 2010 年初发表的国情咨文中提到了中国在高铁方面取得的成就，并宣布拨款 80 亿美元用于修建铁路。

以中国装备技术综合实力为坚实后盾，以及中国高铁安全可靠、性价比高、建设运营经验丰富等综合优势，国家领导人在国内外多个重要外交场合，向外宾热情推介高铁，“高铁外交”应运而生，成为中国经济外交的关注点，并为中国赢得更多的机遇和朋友。2013 年欧亚之行中，国家领导人向泰国总理、中东欧十六国领导人等介绍中国高铁，2014 年在非洲、德国、英国、俄罗斯等行程中，更是多次提及高铁合作。通过“高铁外交”“中国制造”高调亮相海外，国际市场掀起“中国高铁热”。2015 年 11 月 25 日，在第四次中国－中东欧国家领导人会晤期间，中东欧 16 国领导人从苏州共同登上了开往上海的高铁列车，近百公里 20 min 车程的体验，感受中国高铁的安全、舒适，促进了国际经济交流与合作。

二、中国高铁“走出去”

从产业发展历程来看，无论是哪个行业，全球化都必不可少，产业“走出去”不仅可以带动产品的销售，还能实现国内国外两个市场的联动和全球资源的协同。为推动构建人类命运共同体，中国正在构建以“一带一路”国际合作为重点的全面开放新格局。高铁作为一种具有产业、商品承载功能的工业产品，涵盖了设备出口、施工建设以及标准认定等全方位领域，高铁“走出去”成为中国参与“一带一路”国际合作的重要领域和优先方向。加快铁路“走出去”，打造中国铁路技术、装备、标准、运输等品牌，提升国际影响力和竞争力，推动经济全球化朝着更加开放、包容、普惠、平衡、共赢的方向发展，做全球发展的贡献者。

1. 中国高铁“走出去”意义重大

高铁走出国门，是加强中国与世界各国合作与发展的战略举措，是把中国高铁的技术优势转化为塑造大国形象、提高经济效益、增强外交实力的实际行动。实施中国高铁“走出去”，对于中国经济社会的发展具有重要意义。

一是促进了国家经济发展。高铁的发展不仅对中国相关产业产生巨大的拉动效应，还使相关产业形成大规模的产能聚集。中国高铁“走出去”，能够充分利用国际社会的市场和资源，通过国际深度交流与合作以及规模经济效益的发挥，有效规避、平衡国内外项目风险，促进中国高铁及相关产业自主创新能力的全面提升，推动中国经济结构的整体升级和经济发展方式的转变，对于中国经济社会发展具有重要的推动促进作用。

二是提升了国家国际形象。高端领域具有高附加值的高铁“走出去”，将改变中国传统的低端层面的国际竞争模式，提高国际经济合作效益，重塑国际产业分工新格局，进一步提升中国参与国际经济活动的形象和能级水平。促使中国企业积极参与全球铁路的建设与发展，对于增进中国与其他国家的彼此互信，实现国际社会的互利共赢，塑造国家良好形象具有重大意义。

三是优化了出口贸易结构。长期以来中国出口商品结构呈现低级化，劳动密集型产品，特别是纺织品、服装、鞋类和玩具在国际市场上占有较大份额，而高新技术产品出口所占比重虽然逐年提高，但具有自主知识产权和核心技术的产品出口比例仍然很低。高铁“走出去”可以推动中国出口产品由低技术、低附加值向高技术含量、资本密集的高端制造产品转型，使中国出口贸易由产品贸易向技术贸易、服务贸易转型，推动中国贸易结构转型升级。

四是增强了国家话语权。加速推进中国高铁标准国际化，推动跨国高铁管理体制的建立，不仅可以提升中国在国际高铁领域的地位，也将提升中国在未来国际经济秩序中的地位。通过高铁“走出去”，中国可以向中亚、西亚、中东、北非乃至欧洲投资制造业，建立起全球生产体系；带动长期资本输出，使中国获得其他国家高铁的参股权。从长远来看，中国高铁走出去必将提高中国在世界舞台中的作用，提升中国的话语权。

五是培养了复合型人才。多年来，中国铁路企业不乏技术、外语、法律、管理等专业人才，却缺乏能融会贯通各领域技能的复合型人才，一定程度上制约了中国高铁“走出去”的脚步。通过与国外先进铁路企业面对面竞争，中国铁路企业有更多机会培养“一专多能”、适应国际化发展趋势的复合型人才，进一步增强中国复合型人才储备。

2. 中国高铁“走出去”优势明显

各国经济存在密切联系，任何一国的经济都在不同程度上是开放经济。亚当·斯密提出的绝对优势模型表明，自愿参与国际贸易的每个国家都能从国际贸易中获得利益。李嘉图的相对优势模型，是指一国在两种商品的生产上都比另一国更有效率时，在两国国内的两种商品生产上两国分别有某一种商品相对于另一种商品具有较高的生产效率，那么两国就分别在某一种商品生产上具有相对优势。相对优势是通过比较两种商品的国家间生产效率而显现的，对于生产效率高的国家优中选优，生产率低的国家是劣中选优。李嘉图的相对优势模型表明当劳动力是唯一生产要素时，生产技术水平的差异是各国在不同的商品生产上具有相对优势。资源禀赋理论认为，当生产中投入劳动力和资本等多种生产要素时，国家间要素禀赋差异将使各国在不同商品生产上具有相对优势。

高铁“走出去”是一个集成工程，是集劳动力、资本等多种生产要素，受内外部环境影响的系统工程。从系统内部看，需要铁路技术及产业链高度集成、真正国际化的企业、适应国际化的人才培养、智库与国家支持体系；从外部环境看，受政府政策、市场环境、技术环境、法律环境、金融环境、文化环境多种因素影响。所以高铁“走出去”是一个成长的过程，只有集国家之力，行业聚合，才能真正“走出去”。

中国高铁技术处于国际领先地位，已拥有相对成熟的技术和成套的装备，铁路人才储备量高，拥有在短时期内迅速建造大规模高铁网的经验，这都构成了中国高铁“走出去”的明显优势。具体体现在以下几个方面：

一是技术类型全面。中国已经成为世界上高铁发展最快、在建规模最大、系统技术最全的国家。通过引进消化吸收再创新，中国高铁融合了日本、德国、法国、加拿大等国技术，博采众长，系统掌握了高铁工程建造、高速动车组、列车控制、牵引供电、运营管理、风险防控、系统集成等关键技术，形成了一批具有自主知识产权的科技成果，具备了多种标准的生产能力，建立了成熟完善的高铁技术体系。

二是适应范围广阔。中国地域辽阔、地质地形复杂，在高铁修建及运营过程中，需要面对高寒、高原、岩溶等多种复杂环境。如京沪高铁全线穿越华北、黄淮、长江三角洲三大平原，跨越海河、黄河、淮河、长江等四大水系，沿线分布有软土、松软土、岩溶及地震区等多种复杂地质，59 处跨越既有铁路，41 处跨越高速公路，99 处跨越等级公路和城市主干道，施工环境及地质地形空前复杂，修建及运营难度巨大。多年的高铁建设经历，中国积累了应对不同地质地形与气候条件的经验，熟悉了长距离、高密度、不同速度等级列车跨线运行等不同场景。同世界上其他高铁国家相比，中国高铁能够适应世界绝大多数地区高铁的修建和运营，具有强大的国际竞争力。

三是系统集成能力强。高铁系统是复杂的巨系统，融合了多个学科、多个专业，分为多个子系统，相互之间关系错综复杂，既相互联系，又相互制约。而中国高铁采用了系统集成方法，从整体出发将系统进行分解，深入优化各子系统的技术方案、匹配关系、子系统接口关系和工序衔接，通过对设计研发、装备制造、施工安装及调试评估等各种技术和资源的整合，最终实现系统整体功能最优的技术目标和高效率、低成本的建设目标。实践证明，中国高铁具有其他国家无法比拟的系统集成优势，可以从勘察设计、工程施工、装备制造、运营管理、安全防护等各环节为其他国家提供成套系统技术和经验。

四是工期短、质量好、性价比高。中国高铁建设具有较高的性价比，通过强大的制造和建设能力使其建设成本远远低于其他国家。据世界银行 2014 年 7 月的一份关于中国高铁建设成本的报告分析，中国高铁的加权平均单位成本在时速 350 km 的项目为人民币 1.29 亿元/km，时速 250 km 的项目为人民币 0.87 亿元/km。而国际上高铁每公里造价多数在 3 亿元人民币以上。由此可见，与世界上其他拥有高铁技术的国家相比，中国高铁在造价上具有较大的优势。从 2008 年 8 月京津城际高铁开通至 2017 年 9 月底，中国高铁已累计发送旅客突破 70 亿人次，旅客发送量年均增长 35%以上，越来越多的旅客出行首选高铁，高铁运输的稳定性和舒适性得到广泛的认可。中国高铁在建造工期上也具有绝对的竞争力。中国高铁用 10 多年时间，从零发展到运营里程突破 2.5 万 km，成为世界上高铁里程最长、在建规模最大的国家，中国高铁强大的建造能力，极快的建造速度，安全稳定的运营成就，都是“走出去”的重要优势。

3. 中国高铁“走出去”成果丰硕

随着中国铁路高质量高速度发展，铁路“走出去”进入新的发展阶段，从传统低端层面的劳务输出、初级产品输出、半成品输出以及“贴牌”成品输出，向高铁(含城市轨道交通)等高端领域全面合作转变，“走出去”的步伐明显加快，取得了积极成果。据不完全统计，截至2017年3月，中国铁路“走出去”新建线路、线路改造、前期咨询、装备采购类项目269项，涉及78个国家和地区。铁路建设项目206项，涉及74个国家，其中“一带一路”沿线国家38个、106项，其他国家36个、100项。铁路重大建设项目51项，涉及36个国家，其中“一带一路”沿线国家21个、29项，其他国家15个、22项。

2014年7月25日全线建成通车的安伊高铁(土耳其首都安卡拉至第二大城市伊斯坦布尔)二期工程，是中国企业在海外组织承揽实施的第一个电气化高铁项目，对推动中国高铁“走出去”具有重要战略意义；2015年6月18日中铁二院与俄罗斯企业组成的联合体，中标并签约莫斯科—喀山高铁建设项目的工程勘察、区域规划、地界测定方案编制和设计文件编制，是真正意义上中国高铁走出国门的“第一单”，也是推进国家“一带一路”建设过程中的重要成就；2015年10月17日，中国铁路总公司在雅加达与印度尼西亚四家国有企业签署协议成立合资企业，赢得雅万(连接印尼首都雅加达和第四大城市万隆)高铁项目。雅万高铁全长150 km，最高设计速度350 km/h，计划3年建成通车，这是中国高铁第一次全系统、全要素、全产业链走出国门、走向世界；2017年11月28日，由中国铁路总公司组成的中国企业联合体承建的匈塞铁路塞尔维亚境内贝尔格莱德至旧帕佐瓦段正式开工，标志着中国企业承建的“匈塞铁路”再次取得重大进展；2017年12月21日，中泰铁路合作项目一期工程(曼谷—呵叻府，全长253 km)在泰国呵叻府举行开工仪式。这条铁路是泰国第一条标准轨高铁，设计最高速度250 km/h，将两地旅行时间由原来的5～6 h缩短至1.5 h。中泰铁路作为泛亚铁路的一部分，其建设在区域经济、国际关系方面有一定的重要意义。在装备制造方面，中国高铁产品已出口六大洲近百个国家和地区，出口产品实现从中低端到高端的升级，出口市场实现从亚非拉到欧美的飞跃，出口形式实现从产品出口到产品、资本、技术、服务等多种形式的混合出口。铁路技术装备“走出去”的成绩更加耀眼。“十二五”期间，中国中车出口产品包括机、客、货、动车组和城轨车辆，其中电动车组1 173辆、内燃动车组285辆、客车815辆、轻轨515辆、地铁5 687辆。中车四方股份公司于2013年分别中标得到萨拉门托线和麦特线405辆城际电动车组和罗卡线300辆城际电动车，总计709辆总额近10亿美元的供货合同。自2014年以来，中国中车在美国波士顿(284辆地铁)、芝加哥(846辆地铁)、洛杉矶(184辆地铁)、费城(45辆通勤客车)4大城市获得地铁和通勤客车共1 359辆的订单。2015年9月3日，在马萨诸塞州春田市举行了中车投资的制造基地奠基仪式，波士顿地铁部分车辆在这里实现本土化生产。2015 年 7 月，中国铁路装备行业第一个海外制造基地，位于马来西亚的“东盟（东南亚国家协会）制造中心”正式建成投产。该中心占地面积约 307 亩，租期 30 年，建设城轨车辆、动车组（电力、内燃）、电力机车、内燃机车总装、调试，以及架修、大修基地，将形成年制造 100 辆，及架修、大修 150 辆的生产能力。

同时，高铁“走出去”也推动国际运输服务快速发展。为促进中欧及沿线国家经贸往来，中国充分利用多双边机制，推动与沿线国家铁路、海关、检验检疫等方面合作，简化国际铁路运输过境手续，为班列开行创造有利条件。中欧班列是由中国铁路总公司组织，按照固定车次、线路、班期和全程运行时刻开行，运行于中国与欧洲以及“一带一路”沿线国家间的集装箱等铁路国际联运列车，是中国与沿线国家经贸合作的重要载体。国家编制和发布的《中欧班列建设发展规划（2016-2020 年）》，全面部署未来 5 年中欧班列建设发展任务：到 2020 年，基本形成布局合理、设施完善、运量稳定、便捷高效、安全畅通的中欧班列综合服务体系。中欧铁路运输通道基本完善，中欧班列枢纽节点基本建成，货运集聚效应初显；中欧班列年开行 5 000 列左右，回程班列运量明显提高，国际邮件业务常态化开展。开行中欧班列是落实国家“一带一路”倡议的先行官和排头兵，是“看得见，摸得到，收效快，影响大”实实在在的重要举措，是落实“政策沟通、设施联通、贸易畅通、资金融通、民心相通”五通的各国共识。中欧班列自 2011 年 3 月 19 日重庆开行第一列班列始，截至 2017 年 11 月 17 日，中欧班列已累计开行 7 000 列，覆盖欧洲 13 个国家 36 个城市。中欧班列也已成为具有国际竞争力的世界著名物流品牌和“一带一路”倡议的重要平台。

4. 技术标准国际化持续推进

近年来，中国加快推进铁路技术标准国际化工作，主持或参与了国际标准化组织（ISO）、国际电工委员会（IEC）、国际铁路联盟（UIC）的国际标准制定工作。其中参与并制定了国际标准化组织铁路应用技术委员会（ISO/TC269）的 5 项国际标准；在国际电工委员会轨道交通电气设备与系统技术委员会（IEC/TC9）中，中国主持制定 9 项、参与制定 78 项 IEC 国际标准；在国际铁路联盟（UIC），中国主持制定 20 项、参与制定 18 项 UIC 国际标准。中国成功承办 ISO/TC269 第 4 届全体大会，中国铁路专家和机构担任了机车车辆分委员会副主席职务和承担了基础设施分委员会联合秘书处工作，实现了中国铁路在国际标准化领域的又一次突破。为推动中国铁路“走出去”和促进中国标准国际化，翻译了一批高质量的中国铁路技术标准，发布了《高速铁路设计规范》等铁路标准英文版 135 项。中国铁路技术标准与国外标准的互认工作有序推进，中老铁路、印尼雅万高铁等多个海外铁路项目确定采用中国铁路技术标准。

三、国际产能和装备制造合作

中国系统掌握了集设计施工、装备制造、车辆控制、系统集成、运营管理于一体的成套高铁技术，高铁已经是中国成功实现进口替代的战略性产业，通过建设与发展拥有了先进的高铁建设能力和丰富的管理经验，带动中国高端重型战略产业发展，具备了较强的国际竞争实力。目前，中国企业已经承揽了50多个国家和地区的铁路建设项目。中国铁路国际产能合作以推动和实施周边铁路互联互通、非洲铁路重点区域网络建设及高铁项目为重点，经过对外援助、劳务输出、工程承包和装备输出，发挥中国在铁路设计、施工、装备供应、运营维护及融资等方面的综合优势，正在开展全产业链一揽子合作。中国铁路国际产能合作布局如下：

1. 开拓沿线国家铁路市场

基础设施互联互通是“一带一路”的重点，中国铁路需要加强与周边国家沟通协调，对互联互通铁路通道建设项目加快开工建设；充分利用中国与“一带一路”沿线国家合作平台，进一步开拓潜在市场，争取更多铁路合作项目。

2. 完善区域战略布局

按重要度划分铁路国际产能合作的重点区域和国家依次是：互联互通的周边国家、关系中国产能输出和国家海外利益的重点国家、需要市场开拓的欧美发达国家等。铁路国际产能合作在服务国家战略的前提下，以全球不同区域的市场需求为抓手，结合“一带一路”倡议及沿线国家轨道交通发展情况，综合双边关系、合作意愿、资源禀赋、产业配套、市场需求等因素，完成全球战略布局。

3. 推进全球化经营和本土化运作

通过组建战略联盟，完善合作机制，以利益共同体构建命运共同体，以先进入企业带动后进入企业，以重点项目带动关联企业，打造东道国可接受的、利于中国铁路企业在东道国可持续发展的工程设计、施工建设、装备制造、运营维护全产业链；通过在东道国设立工厂、购并企业等方式推动合作本土化，通过培养本土人才、适应本土文化等方式进一步加深合作，进而推进全球化经营。

第五章　高铁国民经济

“高铁国民经济”主要着眼于研究高铁国民经济的构成要因和高铁与国民经济的内在关系及其影响机理。本章研究的主要内容包括高铁与国民经济发展、高铁固定资产投资、高铁与消费、高铁与对外经济等。根据宏观经济学理论，投资、消费与净出口是促进经济增长的“三驾马车”，它们在国民经济发展过程中承担着不同的角色与任务，只有三者匹配发力经济才能实现持续性协调增长。在投资、消费、净出口三个方面，要更好地发挥高铁在转变发展方式、优化经济结构、转换增长动力中的地位和作用，促进经济由高速增长向高质量发展转变，提升发展质量和效益，加快建设现代化经济体系。

第一节　高铁与国民经济发展

国民经济是由各行各业构成的各个经济部门的总和，它的基本构成细胞就是各个企业、事业和行政单位以及居民户。从静态上看，国民经济是由一个国家或地区的各行各业的有经济利益关系的各单位构成；从动态上看，就是社会再生产的各个环节，即依次从生产开始，经过分配，到最终使用的不断循环过程。国民收入决定理论主要中心内容是有效需求原理，涉及产品市场、货币市场、劳动力市场和国际市场。根据国民收入决定理论，投资和政府支出等外生变量的变化会引起总需求曲线的变动，从而引起均衡国民收入的变动。改革开放以来，中国经济保持高速增长，国民收入快速增加，经济发展与社会进步取得巨大成就。中国经济现代化程度不断提升，社会对交通效率提出更高要求。而高铁的运行是现代经济发展的内在要求，通过压缩时空距离大大提高人们的出行效率，有利于形成空间经济聚集与联动，促进土地、资源、人力等要素的高速流动与合理配置，形成经济增长的内源动力。随着国民经济的持续发展，高铁以高效便捷、安全可靠的优势逐渐成为支撑中国交通运输业发展的关键，带动制造业、高新技术产业、服务业等发展。中国正处于工业化阶段向后工业化阶段过渡，服务业快速发展，大数据、云计算、信息技术产业发展迅速并促进传统产业加快转型升级，经济发展对要素流动提出更高要求，高铁在加快转变经济发展方式的过程中发挥重大作用。

一、高铁与经济总量

(一)高铁的总量效应

1996～2017 年中国 GDP 增长了 9.7 倍,2017 年达到 82.7 万亿元,占世界经济的比重达 15%左右,比 5 年前提高 3 个百分点以上,成为仅次于美国的世界第二大经济体。同期,中国铁路营业总里程由 1996 年的 6.49 万 km 增长至 2017 年的 12.7 万 km,增长了 1.93 倍,高铁营业里程由 2008 年的 672 km 增长至 2017 年的 2.5 万 km。中国高铁与国民经济发展情况对比如图 5-1 所示。

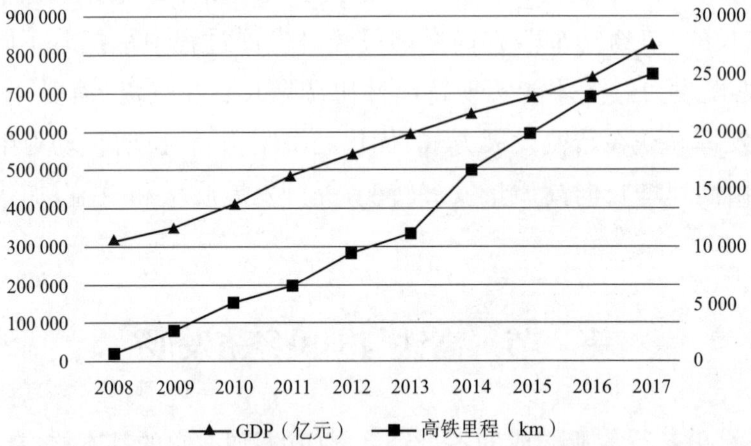

图 5-1　中国高铁里程与国民经济发展情况对比图

"要想富、先修路"。基础设施建设是直接或间接地提高产出水平和生产效率的经济活动,其基本要素包括交通运输、能源、通信、银行、教育和卫生等系统,以及井然有序的政府管理体系。交通运输作为一项基本的经济性基础设施,通过人和货物的位移、资源要素的区域优化配置与分工直接参与生产过程,从而影响整个经济系统的运行效率。从全世界范围来看,交通基础设施对国民经济的促进作用成效显著。如 20 世纪 50 至 70 年代,美国曾掀起的以公路和学校等为主要投资对象的基础设施建设高潮给美国经济注入了多重活力,对美国战后经济高速增长发挥了重要作用。

高铁作为技术含量很高的新兴产业,产业链长、对投资与需求拉动大。发展高铁,不仅可以带动沿线区域(包括城市与农村)建材、农副产品和日用品的消费增长,还拉动与高铁建设相关的冶金、机械、橡胶、电力、信息、计算机、精密仪器等上下游产业协同发展。可以说,高铁的投资、建设、运营加强了对各区域的经济辐射与带动效应,提升了铁路及相关产业的技术进步空间,促进了国民经济和社会快速发展。另外,高铁建设运营创造了大量就业机会,增加了居民收入,居民消费水平也随之提高,从而进一步带动经济增长。

(二)高铁的增长效应机制

宏观经济学经济增长理论有索洛增长模型、内生增长理论。增长理论主要研究经济增长的决定因素,如资本、劳动以及生产率的贡献度,其次考察资本积累、人口增长率和技术进步与经济增长的互动关系等。新供给主义学派指出,对于大国来说,通过持续引进物理性技术以及管理性技术,在市场要素内部循环不断加强的前提下,该国能实现经济的持续性增长,而且经济规模及经济质量会保持稳态上升趋势,其中大国市场要素的内部循环是关键。而大力发展高铁正是通过对一国人流、物流、资金流、信息流等重要因素的加速流动,进而提高该国内部市场活动及经济运行效率。高铁产业是一个技术密集型产业,全产业链技术含量高,特别是涉及旅客和货物运输安全的要求近乎严苛。同时,高铁产业又是一个劳动密集型产业,在施工建设过程中需要大量劳动力。依此来看,通过大力发展高铁,不仅可以带动一批高新技术的快速发展,还能大大增加劳动力就业总量。

1. 拉动有效需求

凯恩斯理论提出在经济大萧条有效需求不足的情况下,政府可通过增加公共工程支出的手段,来弥补市场个人消费不足缓解经济危机。铁路投资作为稳增长的重要手段第一次是在 2008 年 4 季度,在全球金融危机的影响下,当季 GDP 增长下滑至 6.6%,国务院通过了 2 万亿的铁路投资计划。2012 年 3 季度,GDP 增长再次出现快速下滑,再次启动铁路投资作为稳增长的重要手段。高铁是一个牵系众多产业的大型基础设施,涉及部门与技术繁杂,投资规模大,建设周期长且覆盖面广,具有较强发散性功能。经济学乘数理论认为,每单位外生变量的变动所带来的内生变量数字的变动情况,这种乘数总是大于 1 的。一条高铁的建设产生巨大的物资需求,对相关产业产生巨大的拉动效应。国家对铁路进行投资不仅能引起总产出的直接增加,而且会通过乘数效应扩大资本积累,带动几倍于投资额的社会总需求,进而提高国民收入,加速社会经济活动频繁程度。相关研究指出,地铁项目每投资 1 亿元,将带动 GDP 增长 2.63 亿元。根据铁道部经济规划研究院数据,铁路投资与相关产业比例为 1∶10,铁路有 40%的投资通过材料费、人工费和人员费等形式用在当地消费上。可见,铁路建设投资在稳增长、促消费方面发挥重要作用。

2. 优化资源配置

资源与要素具有逐利性,且必定通过各种机制寻求最大价值,从而实现利益最大化。资源如果得不到最大化利用必然造成浪费,实现资源的优化配置是经济增长与社会发展的本质要求,也是经济学研究的基本任务之一。市场经济条件下资源可以自由流动,为资源的高效配置提供制度环境。但好的制度环境还需要物理硬件条件的支撑,而高铁为这种市场机制提供了基础便利条件,将资源与人才更便捷地流转至最佳利用场所。中国国土面积大，资源分配不均，地区发展差异大，交通基础设施不足限制了资源优化配置，对经济增长效应及生产率的提升十分不利。此外，交通基础设施还是引导与优化国土开发布局、实施“空间”资源配置的有效方式。高铁的建设，将相对独立的各个区域有效联接起来，实现了资源对接和市场机会的共享，国土要素合理的空间配置与交融，大大提高有限国土开发利用效率与经济社会收益，优化国土开发布局，进一步培育新的经济增长带。

3. 互联互通促进区域经济融合

由于历史、区位及人才等多方面原因，中国区域发展不平衡、不充分的问题仍然存在。传统交通方式下，很多通达性不好的区域无法实现有效的物资交换与合作交流。高铁的快速通达压缩了时空距离，实现了区域快速连接，一些原来发展机会很少的地区获得了发展机遇，原来无法发掘的优势成为经济发展动力。如长三角沪宁、沪杭、宁杭高铁的建设，形成了以上海、南京、杭州为主要节点，辐射苏州、无锡、常州等城市的密集交通网络，打破了区域间硬件壁垒，区域合作体系逐渐形成，有利于发挥各城市在不同比较优势方面的特长，进一步深化区域经济的深层次融合。

(三)高铁服务区域协调发展

区域协调发展是中国经济发展重要的动力源泉，资源空间配置结构直接影响经济运行效率和区域发展公平。中国拥有十分广阔的地域，陆地与海洋面积合在一起达 1 260 万 km^2，由于要素禀赋、地理位置、历史传统等各种因素，决定了中国的区域发展是不平衡的。区域协调发展一直是中国经济增长的目标，是“十三五”规划的重要组成部分，事关全面建成小康社会目标的实现。近年来，中国经济社会发展进入新常态，经济发展由高速增长阶段转入高质量发展阶段，提出了“三大战略”“四大板块”以及雄安新区建设。

“三大战略”，包括“一带一路”、京津冀协同发展、长江经济带。具体来看，“一带一路”倡议着眼于更好利用国内国际两个市场、两种资源，是推进中国新一轮对外开放的重要抓手，将以此带动中国东中西部梯次联动并进。特别是中国西部一些地区长期以来未能形成经济增长点优势，一直处于经济及地理的边缘地带，在“一带一路”倡议的推进下，中国与周边国家实现国际互联互通，部分西部城市成为跨国辐射中心，必将迎来难得的发展机遇。“一带一路”倡议涉及沿线国家达 65 个，随着越来越多国家积极响应中国的“一带一路”倡议，并展现出强烈对接意愿，西部的经济战略地位将得到大幅提升。京津冀协同发展通过有序疏解北京非首都功能，调整经济结构和空间结构，实现三地优势互补，促进环渤海经济区发展并带动北方腹地发展。通过交通一体化、生态环境和产业发展来带动京津冀的协同发展。长江经济带的建设目标是成为中国生态文明建设的先行示范带、创新驱动带、协调发展带，实现上中下游协同发展、东中西部互动合作，推动综合立体交通走廊建设、沿江产业转移和优化升级、长江生态保护等。国家三大战略的实施，促进中国东中西部地区之间广阔的合纵连横，以点带线、由线到面，形成新的经济增长极、增长带和城市群。同时能够促进国际与国内经济发展互联互通，形成沿海、沿江、沿边全方位对外开放新局面。根据国家总体规划，"四大板块"即东部地区、中部地区、西部地区和东北地区。东部地区主要侧重于制度创新、转型发展和陆海统筹等先进体制的探索与建设；中部地区则在原有区位优势基础上更加发挥其承东启西、连接南北的枢纽功能，更加注重发挥产业连接的发展优势；西部地区则通过进一步加强基础设施建设、特别是利用"一带一路"的推动，为西南、西北的进一步开放创造更加优势的基础条件；东北老工业基地则在传统工业基础上不断深化市场化改革以实现转型升级和经济活力的提升。雄安新区将重点承接著名高校在新区设立分校、分院、研究生院，重点承接高端医疗机构设立分院和研究中心，承接银行、保险、证券等金融机构总部及分支机构，重点承接软件和信息服务、设计、创意、咨询等领域的优势企业，以及现代物流、电子商务等企业总部，重点承接新一代信息技术、生物医药和生命健康、节能环保、高端新材料等领域的央企以及创新型民营企业、高成长性科技企业。支持中关村科技园在雄安新区设立分园区。重点发展下一代通信网络、物联网、大数据、云计算、人工智能、工业互联网、网络安全等信息技术产业。

目前，"三大战略"与"四大板块"以及雄安新区建设正稳步推进，需要从全局考虑，在立足区域协调发展的基础上实现资源优势互补，在高铁建设的带动下使整体交通运输条件得到改善，进而加强纵向拓展区域国土开发布局；同时，通过区际、城际高铁通道的建设实现全国主要经济中心的密集连接，吸引高铁网络沿线客货流、资金流、信息流的迅速集聚，从而形成新的带状地域经济通道，实现国土开发新轴线的突破。"三大战略"与"四大板块"以及雄安新区建设对快速交通提出要求，同时也是交通投资的一个大好机遇。2015 年，交通运输中长期发展纲领性文件《关于以"四个全面"战略布局为统领当好经济社会发展先行官的指导意见》提出要加快建设多节点、网格状、全覆盖的综合交通网络，重点实施京津冀城际轨道建设项目，打造"轨道上的京津冀"。要继续贯彻实施区域差异化发展政策，强化统筹发展的叠加效应，推进区域优势互补、分工协作、联动发展，推动综合交通运输体系建设与区域协调发展的良性互动，率先启动一批重大项目和重大工程，建设若干复合型运输大通道和重要枢纽节点构成的国家综合运输骨干网络。

总之，高铁在国民经济发展中扮演着重要角色，通过以高铁为纽带形成的区域经济带可以实现沿线区域人流、物流、资金流和信息流的快速流通、聚集与扩散，进而推动生产要素（资本、技术、人力等）和消费要素（消费群体、消费资料等）的有效配置及高效聚集，带动高铁沿线及周边节点城市经济社会的大幅发展，对中国经济结构、产业结构、经济布局的优化产生重大作用。

二、高铁与经济结构

经济结构是一个由许多系统构成的多层次，多因素的复合体。经济结构状况是衡量国家和地区经济发展水平的重要尺度。结构合理就能充分发挥经济优势，有利于国民经济各部门的协调发展。影响经济结构形成的因素很多，最主要的是社会对最终产品的需求。经济结构调控是社会主义国家调控的重要内容，目的在于推进经济结构的优化，提高资源配置效率。

（一）高铁促进供给侧结构性改革

实施供给侧结构性改革，重点是解放和发展社会生产力，用改革的办法推进结构调整，减少无效和低端供给，扩大有效和中高端供给，增强供给结构对需求变化的适应性和灵活性，提高生产率。正确处理好供给管理与需求管理的关系，必须把供给管理与需求管理相结合，从供给和需求两端发力，但在不同条件下，是侧重供给管理还是需求管理，要视经济发展的具体情况而定。从当前中国的经济实际看，供给端的问题是矛盾的主要方面，从供给端发力推动经济发展，既有紧迫性，也有针对性。只有推动供给侧结构性改革，才能适应新常态下速度调整、结构优化和动力转换的要求，提升经济增长的质量和效益，通过发展生产创造出新的更多的需求，增强经济持续增长的动力。因此，在适度扩大总需求的同时，要着力加强供给侧结构性改革，着力提高供给体系的质量和效益，通过优化经济结构使要素实现最优配置，通过激发创新创业活力，创造新供给，培育新的经济增长点，推动社会生产力水平实现整体跃升。

经过近 40 年的高速发展，中国成为世界经济增长的主要动力源和稳定器。“十二五”期间，中国国内生产总值年平均增长 7.8%，目前正处于高速增长阶段转向高质量发展阶段。在这个经济发展阶段，必须将优化经济结构、提升经济发展质量放在改革发力点上。在保持经济总量一定增速的同时，实现经济结构的升级，坚持以供给侧结构性改革为主线，解决供给侧不平衡不充分问题。

高铁的建设运营及快速发展是交通供给侧结构性改革的典型案例。目前，高铁作为交通运输供给的重要组成部分，凭借舒适快速的特点，已成为很多商务、旅游、探亲等旅客的首选。经过多年高速发展，中国高铁规模跃居世界第一，运营里程数占世界总里程的 65%以上。更重要的是，高铁的发展还打造出了世界一流的高铁产业体系，中国高铁以技术世界领先、建设成本低、执行能力强、施工周期短等优势成为中国“走出去”的标杆产业。建设高铁成为现阶段化解过剩产能、调整经济结构、拉动内需增长、提振国民信心的重要途径。

（二）高铁促进产业结构优化

优化产业结构是新时期加快转变经济发展方式的根本出路，是加快形成新的经济发展方式的重要途径，是推进经济结构战略性调整的主要着力点。当前，产业结构优化的方向是推动战略性新兴产业、先进制造业健康发展，加快传统产业转型升级，推动服务业特别是现代服务业发展壮大，合理布局建设基础设施和基础产业。

高铁的不断发展带动了整个铁路行业的技术革新及产业升级，既增强了交通运输自身实力，也为国民经济的发展提供了强大的动力支持。高铁的建设与运营通过产业关联效应促进相关产业规模增加，第二产业及第三产业增加值快速增长。

首先，高铁对第二产业有强大的拉动效应。高铁从规划设计、建设施工、装备制造、运营维护等各个环节都聚集了多个企业，对钢铁、机床设备、电子信息设备等多个产业的发展形成强大带动作用，当这些产业获得良好发展势头后又进一步拉动其他相关产业的增长，高铁产业链蕴含着巨大的市场价值，经由高铁开始逐渐形成的巨大市场覆盖对工业产业布局与结构具有十分积极的影响，促进了第二产业的发展。中国已掌握全部高铁核心技术、核心设备的研发制造，再加上良好的产业政策、稳健的开放政策等因素，高铁已成为中国制造业转型升级的重要标志，在打造装备制造业企业新形象、增加科技输出过程中扮演了关键角色。通过高铁“走出去”开拓国际市场，高铁给相关制造企业带来很大的发展机遇，中国的装备制造业也将迎来新一轮爆炸式增长。据预计，南美、中东欧、俄语地区的轨道交通装备进入车辆更新换代高峰期，非洲地区对铁路机车、普通客车、货车的需求正在逐步增加，海外铁路建设市场、机车更新换代市场和维修服务市场均有巨大增长空间。

其次，高铁的发展对第三产业的影响十分广泛深远。高铁带动旅游业发展是其促进第三产业发展的重要体现。高铁的发展为一些旅游资源丰富、但由于交通问题无法转化为经济效应的地区带来了大量的游客，从而带动全国旅游业的快速发展，而旅游对第三产业又具有很强的拉动效应，因此通过高铁对旅游业的拉动间接地推动了第三产业的增长。另外，与传统铁路服务相比，高铁的快速通达性能够吸引并促进商贸商务、房地产、文化体育、教育科研等与人流聚集和交通速度密切相关的现代服务业的发展。比如，武广高铁的开通带动了沿线地区最大限度地利用自身区位、科技等优势发展会展、旅游、餐饮、住宿、零售等第三产业。此外，通过高铁进一步打造区位优势，通过高铁效应聚集一批优质要素资源，突破原有基础限制培育中高端服务业，使得一些沿线城市不断出现新的经济增长点、增长极。

高铁投资促进了工业与服务业总产出的增加，且服务业的增加幅度大于工业，高铁投资对服务业的促进要大于其对工业的促进，高铁投资对产业结构优化具有明显助推作用。城镇化就是服务产业不断发展的过程，城镇化越发达则服务业也越发达，高铁投资可以缩短城乡、城际距离及要素流动，促进城镇化进程，大大带动服务业的发展。

三、高铁与经济社会效益

国内外高铁运营的实际情况表明，高铁建成运营后，会对沿线地区的产业发展和城镇化进程带来深刻影响。尽管中国高铁的运营时间还比较短，但高铁效应已明显显现，对沿线产业带和城市现代服务业的培育，以及沿线地区人口流动速度提升和人口聚集，均具有重要促进作用。在中国高铁规模快速扩张的新时期，高铁的空间效应进一步显现。

随着中国经济的增长以及城镇化进程不断加快，人民生活质量不断提高，多层次多样化需求不断涌现，这一系列市场变革对旅客运输提出了更高要求，旅客运输的高速化是经济综合发展的一个新征象。从京沪、京广高铁建成运营后前三年既有线和高速线客运量的变化对比来看，高铁建成后，既有铁路线客运量没有显著变化，相反高铁线的客运量却大幅增加，其中京沪高铁线年均增长 85%，京广高铁线年均增长 50%，充分说明高铁对人口流动具有显著的诱增效应。

高铁除了满足旅客运输的高速要求、对铁路部门产生促进效应外，还通过压缩时空界限为产业结构优化提供了巨大空间，通过进一步缩短城市间的时空距离，可以很好地融合各区域资源，为沿线城市生产要素聚焦提供便利条件，通过中心城市扩散、周边城市融入等双向机制带动整个区域经济的融合与增长，从而在整体上形成较好的陆域经济空间布局形态。不仅如此，高铁的开通还大大提高了沿线城市的可通达性，对改善当地投资环境，区域扩大开放及国土资源的有效开发等都具有重要的经济社会价值。高铁建设正全力助推中国新型城镇化进程。高速、大容量、集约型、通勤化的高铁，是城市群内部城市之间联系的重要纽带，通过提高城际可达性，既缩小了城市群的空间范围，也扩大了城市群人口的流动范围。城市群城际铁路建设，将有效强化交通对城市群空间结构的支撑，推动城市群健康发展。京津城际铁路开通前，仅有 16%左右的人有两城职住分离的考虑或意愿，开通后则增至 40%左右。城际铁路改变了人们传统的生活方式，对“同城化”带来积极推动作用。依托高铁所产生的“同城效应”，实现区域资源共享，加快产业梯度转移，有效推动区域内产业优化分工，围绕构建高铁沿线产业链条，形成比较优势，促进沿线地区的产业协调互补发展。高铁具有速度优势，能够显著吸引壮大旅游、商贸、房地产、文化教育等与人流聚集和速度有直接关系的现代服务业的发展。

中国高铁的迅速发展带来了深刻的经济、社会变化，一方面降低了人们出行的时间成本，高铁出行、绿色出行成为主流，另一方面降低了物流成本，加快了区域经济一体化进程，改变了中国的经济发展方式。此外，高铁通过提高出行效率大大提高了商务效率，从时间成本节约与环保角度来看促进了社会整体效益的增加。

第二节 高铁固定资产投资

投资作为经济增长“三驾马车”之一，扩大投资规模、优化投资结构可以实现经济的持续增长。根据凯恩斯乘数原理，投资的增加会产生倍数的促进效应，即每增加一个单位的投资，在经济内生乘数机制的刺激下可以促进数倍GDP的增加，通过投资形成有效需求从而拉动经济增长。在固定资产投资方面，扩大固定资产投资规模可以弥补折旧和落后产能带来的生产能力的减少来保持再生产的循环，也可通过投资增加社会财富的创造能力，从而实现社会扩大再生产。一些公共设施、基础研究和高新技术都需要通过投资来完成，而且经济越发展越需要更多的研发投资。固定资产投资项目需要大量劳动力，其后期运行与管理也需要一定的员工，具有很强的就业拉动效应。固定资产投资可以带动部分人员收入的增加，增强他们的购买力，促进消费，提高居民生活水平。

一、高铁固定资产投资总量

高铁投资作为全社会固定资产投资的重要组成部分，发展高铁不仅可以通过投资效应拉动GDP增长，经济增长后也将促进高铁快速发展。日本、德国、法国等发达国家通过铁路建设实现了经济大发展，反过来经济增长又加大了铁路投入，形成了铁路与经济增长之间的良性互动。改革开放以来，中国铁路固定资产投资额逐年稳步上升，2003年铁路投资为529亿元，2008年为3 376亿元，2010年增长到7 075亿元；2014年至2017年，全国铁路固定资产投资额分别完成8 088亿元、8 238亿元、8 015亿元和8 010亿元。“十二五”期间，铁路建设投资实现了大规模增长，期间铁路建设投资完成3.58万亿元。详见中国铁路基本建设投资规模对比如图5-2所示。近年来高铁的大规模投资建设刺激了全社会固定资产投资规模的扩大与结构水平的提升。发展高铁经济不仅可以通过投资效应拉动GDP增长，而且满足GDP发展到一定阶段对快速交通提出的更高要求。国内外实践表明，高铁投资具有很强的产业拉动效应。高铁投资可以带动其他相关产业投资，由于高铁技术先进，其投资也将提升其他产业科技水平，从而促进其他产业技术革新和更新换代。

《铁路“十三五”发展规划》提出，到2020年全国铁路营业里程达到15万km，其中高铁3万km，基本形成布局合理、覆盖广泛、层次分明、安全高效的铁路网络。据估计，“十三五”期间，中国铁路固定资产投资规模将达3.5万亿至3.8万亿元，带动相关产业投资继续增长。根据相关资料，2014年8 000亿元的铁路固定资产投资，对应的是2014年铁路设备投资增长20%，其带动作用可见一斑。随着机车车辆购置投资在

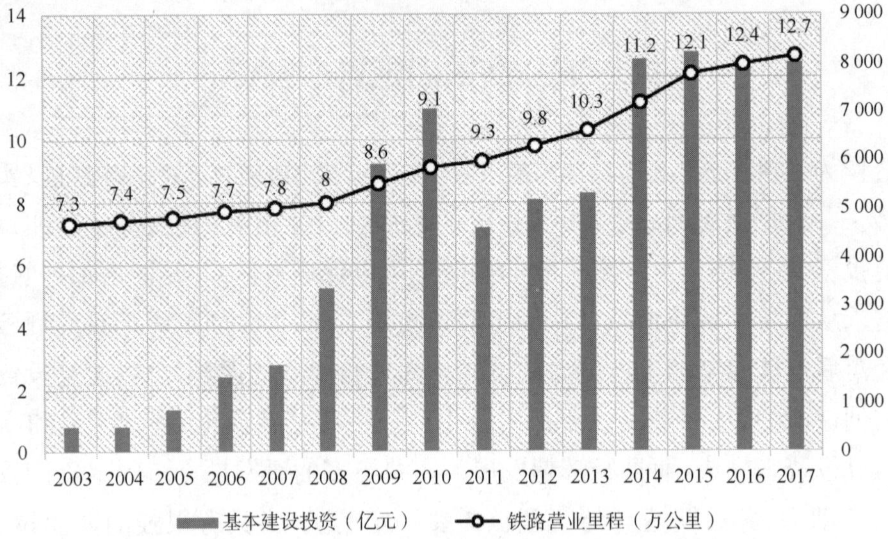

图 5-2　中国铁路基本建设投资规模统计图

铁路投资结构中占比的提升，预计“十三五”期间机车车辆购置投资占比将达 20%以上，“十三五”机车车辆投资总额较“十二五”约增加 50%。另外，目前全国动车组保有量近 3 000 标准列，于“十三五”期间进入高级检修阶段，动车保养检修市场进入成长期。且伴随着越来越多高铁线路的逐渐盈利，社会资本对高铁项目的热情上升，加之政府对高铁建设 PPP 模式的推广，“十三五”将是高铁、城际铁路等轨道交通迅猛发展的 5 年，产业链上下游显著受益，相关标的投资机会显现，铁路投资规模很可能再创新高。此外随着以高铁为标志的现代化交通体系的建设，与此相关的产业技术水平必须不断得到提高，针对技术提升的固定投资也将得到大量增加，从而提升了固定资产投资中的研发占比，增强了固定资产投资的产出效益。

二、高铁固定资产投资速度

近年来，中国铁路建设取得巨大成就，高铁事业的发展令世界瞩目，但与世界发达国家相比，中国铁路网的密度仍然偏低，路网布局还不完善，特别是中西部地区仍是铁路发展的短板。2013 年，中国铁路以约占世界铁路 7%的营业里程，承担了全世界铁路超过 25%的运输量，运输效率世界第一；中国铁路运输换算密度为 3 979.53 万吨公里/公里，相当于世界平均水平的 3.5 倍，单位车辆负荷的铁路货运周转量为其他国家的 2 倍左右，铁路运输数率已经接近极限。中国高铁运营里程人均公里数与部分国家相比仍有差距，西班牙平均 100 万人高铁拥有量是 54 km，而中国仅为 14 km。从铁路路网密度的国际对比来看，2013 年中国每万平方公里国土面积拥有铁路 107.29 km，远低于德、英、日等发达国家，甚至低于经济发展程度不如中国的印度。此外，中国还有部分城市尚未开通高铁，高峰期间客运能力不足，旅客买票难、出行难的问题仍然比较突出，高铁普遍运输服务水平有待提高。随着地区经济一体化进程的加快，中国将与周边国家和地区实现互联互通，在更高层次和更高水平上助推中国国民经济与社会发展。在此背景下，从经济发展程度对应的路网密度角度来分析，以高铁为代表的铁路投资仍然具有很大空间，高铁建设仍是中国固定资产投资领域的重要一环。高铁投资需要巨额资金，要求在高铁投融资体制、运营管理及服务水平上进行大胆尝试，突破各种不利于新时代的制度限制，才能进一步发挥出高铁在中国国民经济体系中的重要作用。因此，未来中国高铁投资规模和速度仍将保持较高的水平，带动全社会固定资产投资的增长。

由于高铁具有产业链长的特点，高铁投资对国民经济部门中多个行业具有很强的拉动效应，带动相关产业的大量投资。此外，高铁投资与出口的增加进一步推动经济增长，提高有效需求，创造利润与收入，进一步拉动相关投资的增长。据测算，在铁路基本建设投资过程中，每千亿元的铁路投资会带动 300 多万 t 钢材、2 000 多万 t 水泥需求，还会拉动数十万人的就业，大力发展高铁对化解产能过剩和缓解就业压力具有积极作用。因此，发展高铁引发的经济效应可加速经济增长和扩大收入，进一步促进固定资产投资的增速。

三、高铁固定资产投资结构

目前中国经济已由高速增长阶段转向高质量发展阶段，固定资产投资结构发生了变化，传统制造业投资放缓，高新技术和高端装备制造投资增加，可以减少重复投资、无效投资，促进产业结构升级。近几年，制造业进入转型升级阶段，技术改造的投入力度较大。2017 年 1～7 月，制造业技改投资增长 10.3%，增速高于全部制造业投资 5.5 个百分点。在制造业加快转型升级的同时，基建投资补短板的带动作用也在持续增强。生态保护与环境治理、公共设施管理投资、道路运输投资、水利管理投资均持续增长，补短板效应凸显。其中，铁路建设不仅可以有效扩大投资，而且是补短板、打造城市群的重要途径。

首先，从投资规模角度来看，在铁路机车车辆购置投资方面，2006 年到 2014 年，全国铁路机车车辆购置投资从 323.29 亿元上升到 1 465 亿元。2007 年起，中国开始增加对动车组车辆及高铁车辆的采购，为测算今后五年中国机车车辆购置投资规模，选择 2007～2014 年的数据进行测算。2007～2014 年，机车车辆购置投资占全国铁路固定资产投资的 15.71%(年平均值)，考虑到中国 2007 年后逐渐增加了动车组列车与高铁列车的采购比重，并且在今后五年这一比重会持续上升，因此据初步预测，2020 年中国机车车辆购置投资占铁路固定资产投资的比重将达 20%。“十三五”铁路固定资产投资将达 3.8 万亿元，平均每年 7 600 亿元，因此，估算 2020 年机车车辆购置投资 1 520 亿元。在围绕铁路运营过程产生的铁路维修、零部件更换及运维监测检测三大子行业方面，伴随着中国高铁与城市轨道交通的逐步成熟，存量高铁、城市轨道交通线路、车辆的逐年上升，一大批铁路车辆、轨道、零部件进入了保养检修周期，铁路后市场有望迎来爆发期。据统计，截至 2017 年底，中国铁路运营里程已达 12.7 万 km，其中高铁运营里程 2.5 万 km；铁路机车保有量 2.1 万台，铁路客车拥有量 7.3 万辆，其中动车组 2 935 标准组、23 480 辆，比上年增加 349 标准组、2 792 辆；铁路货车拥有量为 79.9 万辆。

自 2007 年第一列动车组正式交付开始，车辆维修需求已经慢慢呈现出来。由于动车技术含量高，其速度和运载力对轨道交通运输的贡献度高，维修费用明显比较高。不同车型不同级别的检修费用标准不同，级别越高单车修理的费用越高。据中国中车的合同，三、四、五级维修费用约为动车组新车成本的 5%、10%和 20%。一、二级修平均运行 1.5 天必须进行，在动车所完成；三、四、五级需要返场检修，由动车检修基地完成。以 CRH380A 型动车组为例，在全寿命周期 20 年内，约需进行 15 次高级检修，其中三级修 8 次、四级修 4 次、五级修 3 次。中国在 2010 年开启了高铁建设的高峰，2014 年动车组陆续进入三级修。新增车辆也需要定期进行一、二级维修，动车组维修市场进入稳定增长阶段。

据统计，世界主要国家的维保市场占车辆市场的比例大约为 55%，占比最高的日本为 62.1%，占比最低的印度为 41.2%。而中国的车辆维保市场占比只有 26.3%，远低于海外其他国家，未来将会有较大的提升空间。据估计，目前中国铁路运维检测市场规模为 66 亿元，维修、零部件更换市场规模约为 264 亿元。按照发达国家维护保修市场约占车辆投资的 55%计算，“十三五”期间，中国铁路后市场的市场空间将达 4 000 亿元。

其次，从投资方角度来看，铁路投资逐步向社会资本开放，并探索 PPP 合作模式。高铁建设，涉及的投资巨大，如何筹集资金并完成各种规划目标显得尤为重要。近年来中国铁路投资保持在 8 000 亿以上，但主要还是以国家投入为主，民间与外资参与比例很小，因此，为解决资金需求，可通过社会资本的介入来缓解国家资金的不足。国家还需要继续深化铁路投融资体制改革，进一步加大铁路投资开放，吸收民营资本、外商资本积极投入到铁路建设中来，以扩大铁路建设巨额资金来源。自 2013 年中国铁路市场化改革迈出重大步伐以来，国家出台了多个指导文件鼓励社会资本参与铁路投资。2015 年 7 月，国家发展和改革委员会会同财政部等五部门联合印发了《关于进一步鼓励和扩大社会资本投资建设铁路的实施意见》，明确提出全面放开铁路建设与运营市场。在多种政策利好推动下，2017 年 9 月 11 日，中国首条民营资本控投高铁——

杭绍台高铁 PPP 项目在浙江杭州签约，由民营企业复星集团牵头组建的民营联合体占 51%的股份，掌握着未来运营管理权。这一事件在中国铁路改革史上具有非常重要意义，将来还有可能迎来高铁的民营时代，也标志着关系国计民生的重要经济领域向民营资本开放的突破，在未来民营资本参与地方重大基础设施建设等方面合作创造了很好的先例。

最后，从投资区域来看，未来一段时间，中国铁路建设布局将由东部转向中西部、由内陆转向边疆、由重大干线转向中短城际铁路。截至 2017 年底，中国中西部(东北)地区铁路营业里程 9.7 万 km。随着“一带一路”倡议的不断推进，新疆作为“一带一路”倡议重要的贸易中转区成为“十三五”新增里程最快的省区之一，通过骨干铁路项目打通北、中、南通道，有利于加强周边国家铁路线的衔接，为“一带一路”相关国家或地区的深入合作创造基础条件。

第三节 高铁与消费

消费是经济增长的重要方式，是美好生活的具体体现，也是全面建成小康社会的根本要求，消费结构的提升是经济发展阶段不断演进、经济高质量发展的重要体现。中华人民共和国成立后，以前苏联社会主义工业化路线为发展方式，采用大规模投资与建设资本密集型重化工业来带动经济增长。但随着经济产业结构的升级，传统的以资本密集型拉动经济增长的方式带来老旧产能过剩、供需失衡、生态危机等重大社会问题，影响经济的可持续发展，要求中国经济由高速增长阶段转向高质量发展阶段转变。中国是拥有 13 亿多人口的大国，人们日益增长的美好生活需要蕴藏着巨大的消费能力，经济发展的最终目标还是落实到消费，通过消费可以获得多样化生活体验及高品质的享受及获得感。可以说消费对经济增长的巨大拉动作用得到世界各国认可，通过促进消费来拉动经济增长已成为新常态下中国经济增长的重要方式，而高铁无疑是拉动消费增长的重要支撑。

一、高铁与消费总量

在全球经济持续低迷及发达国家进口放缓的局面下，发展国内消费是保证经济实现中高速增长的重要前提。从本质上讲，消费是促进经济增长的根本动力，增强消费对经济发展发挥着基础性作用。目前全球经济的主要特征之一是产能相对过剩，这已成为当今世界经济运行的常态。而消费体量则构成经济增长最重要的约束条件，如果消费需求得以充分释放，则经济增长的容量与空间就越大，不容易受到有限市场的约束，因此实际供给越容易接受潜在供给水平。反之，如果消费规模不大，经济增长的内在市场约束就很大，生产可能性边界就越小于潜在供给。当实际供给趋于潜在供给时，经济增长就表现出自主性、连贯性和持续性，此时，消费拉动投资、投资创造收入、收入带来利润，当实际供给逐步接近潜在供给时，经济就会呈现出自主性增长的特征。这一过程直接表现为消费与投资的相互拉动，而高铁可以有效地促进这种循环，而且可以提高消费结构进一步拉动高技术投资，从而最终实现经济自主稳定增长。而且，高铁是促进居民自主消费的重要模式。当消费不足时，政府通常以投资拉动经济增长，而如果过度依赖政府而不是消费拉动，则有可能导致经济缺乏内在驱动力；从微观层面看，当企业的利润最大化目标通过市场得以实现时，企业也会进行投资。综合来看，消费对生产与投资具有很强的引导作用。

近年来，在中国经济增长过程中，消费贡献率不断提升。国际经验表明，当人均GDP达到5 000美元到10 000美元时，消费贡献率将快速增长，并保持一个较高位水平的稳定。目前随着经济发展及居民收入的提高，中国整体消费结构水平不断提升，人们对高品质商品与服务的需求越来越多，居民需求结构发生了明显变化。主要表现在：(1)以“住”“行”为主导的需求结构发生变化。公布数据显示，2016年全国人均住房面积40.8 m^2，城镇人均住房面积36.6 m^2，农村人均住房面积45.8 m^2。2016年每千人汽车拥有量超过200辆。根据国际经验，当经济发展达到中高收入水平，居民需求结构加快转型升级，对产品品质、质量及性能的要求明显提高，以追求高体验感的多样化、个性化的中高端需求不断释放，居民“住”和“行”需求发生显著变化。(2)服务需求在消费需求中的占比明显提高。随着经济增长及收入增加，以及受教育程度的普遍提高及人口老龄化趋势加快，中国的恩格尔系数持续下降，全国范围内基本生存性消费在总消费额中的占比逐渐下降，而旅游、度假、教育、医疗、养老、养生、娱乐等一系列服务需求快速增长，服务需求已然成为城市居民除房地产之外最大的支出项目。(3)需求结构高端化倒逼优质生产性服务供给增加。在需求高端化趋势带动下，各行业为提高竞争优势、争取更大的市场份额，不断提高全产业链价值，产业链环节创新性需要提升，对研发、设计、营销、标准、供应链管理等生产性服务提出更高要求。自2011年起，消费开始取代投资成为拉动中国经济增长“三驾马车”中的头一辆马车。2017年中国最终消费对经济增长的贡献率为58.8%，最终消费支出达到43.5万亿元，占国内生产总值的比重达到53.6%，自2012年以来已连续6年占比超过50%。社会消费品零售总额达到36.6万亿元，增长10.2%；全国居民人均消费支出为18 322元，增长7.1%。全国居民恩格尔系数(也就是居民消费支出中用于食品烟酒的支出占整个消费支出的比重)为29.3%，进入了联合国划分的20%～30%的富足区间。

在以消费为主的背景下，未来中国经济发展需要大力挖掘内需潜力，加强区域、城市之间的联系，而高铁作为一种现代化交通工具，对中国实现扩大内需具有十分重要的作用。新供给主义观点认为，对于一个大国体制，在物理性技术及管理性技术不断被引进的前提下，可以通过市场要素的内部循环实现持续性增长，并促进经济规模及运行质量稳步提升。高铁凭借速度优势加快人流、物流、资金流、信息流等流动，有效地促进生产要素流通，使区域间的生产与消费联系更加紧密，提高国内市场流通效率和经济运行质量，刺激消费需求。高铁通过增加城市空间的可达性拓展了居民消费需求空间，不仅刺激了核心城市的消费聚集，而且对沿线城市的消费具有促进作用。

随着中国经济进入高质量发展阶段，居民消费结构呈现复杂化、多样化及品质化；消费习惯也日趋个性化、独特化及体验化；消费需求贴近现代化、技术化、时尚化；运输服务倾向于舒适化、便捷化、快速化。高铁时代的到来改变城市消费特征，压缩时空距离，大幅提高了出行通达性，促进了居民旅游、购物、餐饮、住宿等方面的消费需求。

人口流动是形成和扩大消费市场的基本要素。高铁的大量开通运营，提高了城市的通达性，加速了人口流动，扩大了流动规模，优化了人口结构，带动了人口分布、城市分工、产业布局优化调整，并且通过人流经济效应带动周边城市经济发展，进而提高居民收入、扩大消费规模。

随着高铁营业里程的增加和通达性的提高，铁路运输需求得到释放，全国铁路客运量逐年增长。2006 年至 2017 年期间，全国铁路客运量增加了 2.5 倍，而同期全国旅客运输量增加 0.96 倍，说明铁路出行方式受到人们的青睐。图 5-3 统计了 2008 年至 2017 年间全国高铁客运量情况。目前中国的高铁建设已取得举世瞩目的成就：四纵四横布局的高铁网已经形成，覆盖中国 90%以上的人口。2017 年中国高速动车组保有量达到 2 700 余组，每天开行动车组 5 200 多列，运送旅客 400 多万人次，高铁动车组已累计发送旅客突破 70 亿人次。其中，全国最繁忙的京沪高铁连接着中国的政治中心和商业中心，每年载客量超过 1 亿人次。数据显示，截至 2017 年 6 月 30 日，京沪高铁累计开行列车 58 万余列，年均增长 18.6%，累计运送旅客突破 6.3 亿人次，年均增长 21.2%。随着城市通达性的提高，进一步激发了居民潜在的消费需求。沿线城市的居民可以将消费地域扩展到中心城市，从而提高沿线城市的消费水平；中心城市的居民也可以通过高铁将消费触角延伸至沿线地区，增加沿线城市特色消费。

二、高铁与消费结构

高铁是居民交通消费结构的一次优化，对居民消费结构具有较强的提升效应。通过高铁效应，与居民生活品质相关的一些文化消费得到刺激与增加。同时由于提高了中小城市的出行通达性，高铁对沿线中小城市的旅游和零售拉动较为显著。高铁对旅游的拉动主要表现在：(1)高铁的高速可达性优势，节省了旅游的时间成本，提高了旅游需求；(2)高铁运营使城市间的时间距离大为缩短，便捷的交通激发了居民的出游愿

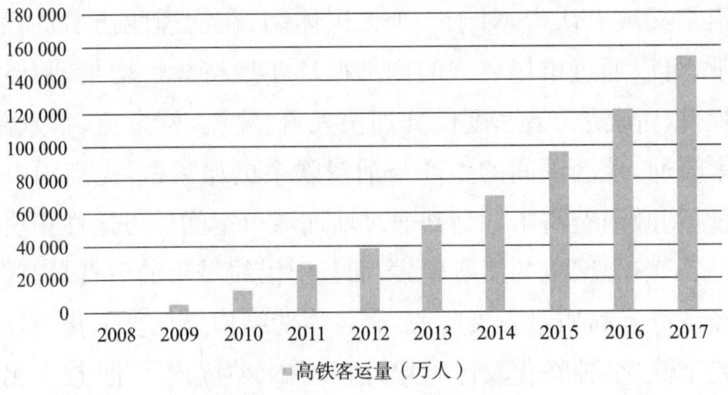

图 5-3　全国高铁客运量统计情况

望,旅游业直接受益;(3)高铁带来人员流动的增加,提高了酒店入住率和餐饮上座率,带动了整体旅游业的增长。高铁对沿线区域零售的拉动主要表现在:(1)高铁的运营带来沿线地区经济的增长及居民收入的增加,进而提高居民的消费意愿与能力;(2)高铁的开通进一步加快了城镇化进程,城市居民人口的增加进一步增加了消费的人口基数;(3)高铁还可以带动游客的购物消费,游客的购物消费是区域零售业一项重要的收入来源。

20 世纪 60～70 年代,随着日本新干线的不断开通,经济落后区域如广岛、仙台、名古屋、福冈等地的工业得到很大刺激,这些后起地区开始了快速追赶模式,新干线沿线的中小城市在餐饮及零售消费方面增速很快;日本的城镇化率也有了明显的提升,从 1965 年的 67.89%提高到了 1975 年的 75.9%,服务业人数明显增长;旅游业也获益很大,2002 年 12 月 1 日东北新干线青森方向的终点站由盛冈延长至八户,青森线的观光人数次年大幅增加近 400 万人,增幅达 9%。

京津城际铁路通车后天津零售业快速增长,2009 年天津的全社会消费品零售总额达 1 176 亿元,较 2008 年增长约 20.7%,增幅居全国第二。天津一些免费开放的景点接待游客比开通前提高了 30%,来自北京的游客占到 90%。天津各大、小剧场的观众人数也比开通前增加了 20%。旅游景区的宾馆入住率、饭店上座率也明显提高。据天津市商务委的调查显示,2008 年天津由旅游带动的消费超过 750 亿元,其中京津城际的贡献率达 35%。武广高铁的开通带动了武汉零售业和旅游业以明显超过以往年份的速度增长。据统计,在高铁通车后的首个春节黄金周,武汉市全社会商品零售额达到 84.3 亿元,同比增长 21.1%;旅游人数共计 219.28 万人次,同比增长 19.7%。显然,高铁的开通对核心城市带来了巨大的旅游和零售经济增长效应。

三、高铁与消费观念

影响消费的因素有很多,如收入水平、商品价格、利率水平、消费者偏好、收入分配状况、家庭财产状况、社会的各种制度、风俗习惯等,其中收入水平是最重要的因素。凯恩斯消费理论认为,在收入和消费的关系存在一条基本心理规律,随着收入的增加,人们的消费也会增加,但消费的增加不及收入增加的多,这种可以用平均消费倾向和边际消费倾向进行说明,提高消费倾向对国民收入的扩张具有决定性作用。其他消费理论还有美国经济学家杜森贝里的相对收入假说、莫迪斯安尼的生命周期假说和费里曼德的持久收入假说。

从全国范围来看,铁路在人们选择出行方式中发挥着越来越重要的角色,如图 5-4 所示。2006～2017 年期间,铁路客运量连续十二年占比逐年增加,保持持续增长态势。虽然目前客运仍以公路为主,但随着铁路提速及路网结构的不断优化,以及如火如荼的高铁建设,“铁路占比上升、公路占比下降”的剪刀差格局仍将在未来保持下去。

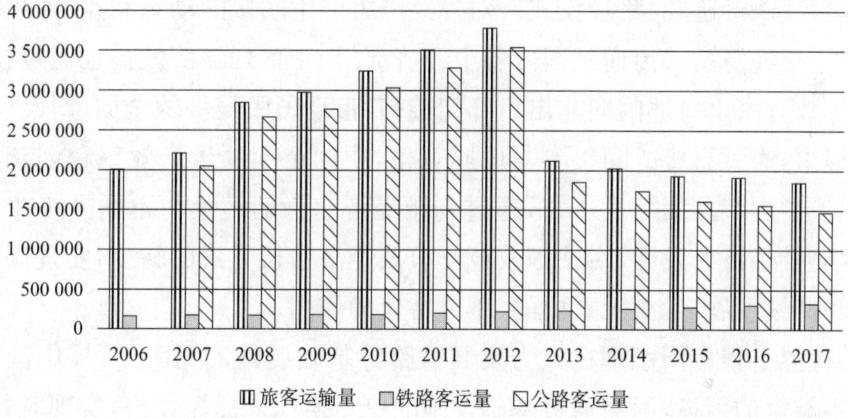

图 5-4　全国旅客运输量结构统计情况图(单位:万人)

高铁实现了绿色出行的消费理念。采用先进的科学技术,降低交通能源消耗,建设绿色通道和绿色出行方式是未来中国经济建设的关键指标,而高铁的先进技术成功降低了噪声、污染、排放等,成为一项十分环保绿色的交通工具。随着居民收入的增加和生活质量的提高,人们的消费模式正在向绿色低碳、文明健康的方向转变,高速列车利用电力牵引,不消耗宝贵的石油等不可再生资源,正好契合这一变化趋势,竞争优势明显。

另外,高铁在一年一度的春运大潮中也发挥着越来越重要的角色。2017 年春运期间,铁路客流量达 3.57 亿人次,同比增加 3 275.23 万人次,增长 10.1%,再创历史新高。快捷、舒适的高速动车组吸引了越来越多的旅客,高铁几乎承担了铁路旅客运输任务的一半。在出行成本上,高铁票价虽然比普速列车要高,但旅客可以避免乘坐普速列车时的漫长和拥挤,运输服务质量明显提升。

第四节　高铁与对外经济

对外经济是国民经济的重要组成部分，对国民经济的发展起着举足轻重的作用。对外经济与经济增长的关系一直倍受经济学家关注。李嘉图的比较利益理论，以及英国经济学家罗伯特逊“对外贸易一国经济增长的发动机”的命题，都阐述了对外经济能够促进经济增长，且作用是显著的。

改革开放以来，中国对外经济取得了飞速发展，对经济增长做出了重要贡献，2013年中国成为世界第一货物贸易大国。经过多年外向型经济发展，中国对外经济在广度、深度上均超过历史上任何时期。通过对外经济的不断深入倒逼国内经济改革已成为创造中国经济“奇迹”的路径模式。对外经济可产生间接的动态利益，通过一系列动态转换过程，把经济增长传递到国内各个经济部门，一系列经济效益也通过技术外溢、产业关联等效应由出口部门向非出口部门转移，带动国民经济的全面增长。在对外贸易发展过程中，通过直接或间接参与国际竞争，中国企业的生产效率和创新能力得到提高，增强了中国产品国际竞争力，通过刺激经济结构的转换与不断升级驱动经济增长。总之，对外经济的发展，对中国改革开放及经济增长方式的转变，实现国民经济的有效增长和持续发展，发挥了重要的、不可替代的作用。

当前，世界上很多国家都在大力发展铁路等基础设施，尤其是发展中国家面临着交通设施不健全的困境，亟需通过基础设施的更新换代来提振经济，实现脱贫致富、民生改善等社会目标，而铁路在国民经济中的关键作用使其成为这些国家优先考虑的投资方向。这为中国铁路及相关产业的发展提供了很好的外部机遇。近年来，在“一带一路”的推动下，中国高铁“走出去”步伐不断加快，包括美国、欧洲及亚非一些国家都能看到中国高铁的身影，成为新一轮中国企业国际化投资及实现国际产能合作的重要手段。

一、高铁与对外贸易

对外经济对经济增长的促进作用主要表现在出口额和进口额，即贸易总额。对外贸易的主要作用在于：一是进出口贸易是节约生产劳动、提高经济效益的可靠途径。通过对外贸易，出口国内生产条件有利、劳动耗费较少的商品；进口能够填补国内供给空缺，劳动耗费较多的产品，促使资源重新分配，从而在增加民间投资和消费的同时，获得二者所带来的差额利润，带动整体经济持续繁荣。二是进出口贸易是提高生产效率、增强国内竞争的有效手段。尽管进口产品的大量增加必然会限制国内商品的市场发展，但同时也会加强其竞争，使得国内企业不断改善经营、提高技术水平、增强创新意识，以产生更高的生产效率。同样，出口也促进了企业之间的激烈竞争。三是进出口贸易是积聚活动资金、吸收先进技术的有效方式。作为发展中国家的中国，为寻求自身更快、更好地发展，就必须积聚充足的资金及具备高素质的人才以及先进的技术、有效的管理方法、变化的市场信息等，其所带来的扩散效应能够调整和优化产业结构、商品结构及消费结构，进而缩小与发达国家的技术差距。四是进出口贸易是平衡经济发展、促进生产持续的重要保证。在市场经济条件下，供需问题经常出现。积极发展对外贸易，不仅能够及时纠正国民经济各部门的失衡，调整它们之间的比例关系，而且能够解决供不应求或供过于求的矛盾，保证社会再生产过程的顺利进行。五是进出口贸易是增加就业机会、解决三农问题的推动力量。按照国际通行的计算方法，每出口1亿美元的产品，可提供1万人的就业机会，这相应减轻了就业压力大的难题，为构建和谐社会提供了有力的保证。鉴于以上进出口贸易对经济发展所产生的作用，使得当今世界各国，无论是发达国家还是发展中国家，无论是大国还是小国，无论是资本主义国家还是社会主义国家，都把大力发展对外经济作为本国经济发展重要战略措施的根本原因。

中国是铁路大国，每年铁路客运量及货运量均占据世界前列。由于国土面积大，且地质条件多样化，为中国铁路建设技术攻关提供了丰厚土壤，这也为中国铁路走向世界提供了巨大优势。中国铁路全产业链迅速发展，在国际市场上已具备三大竞争优势：一是拥有世界上最完整的技术体系，形成了全系列装备制造平台，具有勘察设计、工程施工、装备制造、运营管理、安全防护等综合优势，在质量、造价、工期等方面具有较好的性价比；二是通过引进消化吸收再创新，较好地掌握了铁路尤其是高铁的先进技术，具备了多种标准体系的生产能力；三是积累了应对严寒、沙漠、山区、高温潮湿等复杂多样环境的铁路运营经验。这些都为中国铁路“走出去”奠定了坚实基础。

随着经济全球化步伐的不断加快，国际经贸往来日趋频繁，对交通运输服务提出了高层次的需求。拉纳德的“运输和贸易的平方法则”认为，随着运输工具速度与运输质量的不断提高，若运费减少一半，供货距离就可增大一倍，市场范围可增大四倍。因此随着贸易领域的全球化，对交通工具的速度要求与成本要求日益提高，而高铁的发展正顺应这一趋势。中国高铁出口是贸易全球化下对交通基础设施建设的必然需求。

高铁对国际贸易的直接影响体现在高铁出口，通过出口高铁软硬件扩大对外贸易及国际影响力。中国高铁制造成本优势有利于参与国际高铁项目的竞争。凭借大批量生产边际成本递减效应及产业链集中优势，中国高铁造价相当于国际高铁造价的1/2到2/3。高铁的直接出口，分为两个层次，一是轨道交通装备的出口，数额通常较大，是中国未来货物贸易的重要部分。二是铁路运行系统的出口，不仅提供机车、车辆、信号系统等设备，还包括铁路设计、建设、运营等，是货物贸易与服务贸易的结合。

经过几年的发展，中国高铁已经进入国内建设和对外出口的黄金时代。《2016 年全国高铁投资建设及展望》显示，预计到 2020 年，世界高铁总里程将超过 5 万 km，未来7 年内的新增里程将达到 3 万 km 以上，带来高铁直接投资将超过 1.1 万亿美元。目前，已有美国、俄罗斯、巴西、沙特、土耳其、波兰、泰国等几十个国家都希望中国参与其铁路项目的合作，有些项目已经开始实施。以中国为主导成立的亚洲基础设施投资银行，成为中国高铁走出去的坚实后盾。

高铁对国际贸易的间接影响体现在“中国高铁”改变了中国加工贸易出口的固有形象，正在形成中国独有的良好国际品牌，引领中国的经济贸易步入新的台阶。随着国际铁路网的建设，中国的经济、政治以及在世界上的影响力必将大大提高。

二、高铁与对外直接投资

随着中国经济发展水平的不断提高及“一带一路”倡议的持续推进，中国已从对外投资净流入国转向净输出国，通过吸收外资（FDI 外商直接投资）与对外投资并举助推国内外向型经济增长。2015 年，中国对外直接投资实现历史性突破，流量首次位列全球第二位，达到 1 456.7 亿美元。“十二五”期间，中国对外直接投资流量累计达 5 390.9 亿美元，年均增速 18.2%，是“十一五”期间的 2.4 倍。截至“十二五”期末，对外投资存量突破万亿美元大关，达 10 978.6 亿美元，排名世界第 8 位，是“十一五”期末的 3.46 倍。对外承包工程五年累计完成营业额 6 536.5 亿美元，年均增长 10.5%，是“十一五”期间的 2.2 倍。对外劳务合作五年合计派出各类劳务人员 258.2 万人，年均增长 4.0%，是“十一五”期间的 1.3 倍。随着中国经济发展水平逐渐提高，跨国并购、境外合作和基础设施建营一体化成为中国企业对外投资的重要方式。

经历了长期技术积累和大量建设运营实践，中国在高铁技术领域的综合优势后来居上。以高铁技术为核心的轨道交通装备是中国装备制造业参与国际经贸合作的热点与亮点。通过高铁“走出去”可以带动相关产业的国际产业输出，通过高铁积累的品牌优势为其他产业企业进行国际化投资合作提供名誉担保，从而进一步推动中国企业海外投资进程。

“一带一路”所经地区大多为发展中国家，拥有强大的基础设施建设需求，与中国目前快速发展的相关产业形成良好互补。未来“一带一路”国家基础设施建设投资规模大，增长速度快，投资高铁的比重稳定增长，高铁及衍生装备的市场空间很大。

第六章　高铁社会经济

“高铁社会经济”主要着眼于研究高铁社会经济的构成要因和高铁与社会经济的内在关系及其影响机理。本章研究的主要内容包括高铁公共服务、高铁与人口流动、高铁与社会稳定、高铁与城镇化、高铁与脱贫攻坚、高铁与综合运输等。高铁兼具经营性和公益性。高铁在推进基本公共服务均等化，带动人口有序流动，维护社会和谐稳定，助推精准脱贫和城镇化，完善综合交通运输体系等方面发挥着重要作用。

第一节　高铁公共服务

一、高铁公共服务内涵

20世纪中后期，发达国家在公共管理领域掀起了一场以市场化为取向，目的是推行“绩效管理”和“顾客导向的新公共管理改革”。公共服务理论经过数年的发展，形成了新公共管理理论。新公共管理理论以经济（Economy）、效率（Efficiency）和效益（Effectiveness）为价值基础，包括七大原则：服务而非掌舵；公共利益是目标而非副产品；战略的思考，民主的行动；服务于公民而不是顾客；责任并不是单一的；重视人而不只是生产率；超越企业家身份，重视公民权和公共事务。近些年来公共服务的理论发展更偏向于公平而非效率，尤其以公共服务均等化为典型代表的一系列体现公平正义的理论相继出现。

公共服务是经济学和公共行政学的重要概念，目前理论界对这一概念的界定尚未达成共识。由于各个学科关注的视角不同，对于公共服务的界定也存在着显著的差异，现有的界定方式主要有以下三种：

第一种方式，根据物品的特性来界定公共服务，公共服务即提供公共产品的服务。西方经济学以物品的消费特性来界定公共产品，按照用物品特性解释公共服务的逻辑，公共服务是提供公共产品的服务，具有消费的非竞争性和非排他性。

第二种方式，根据提供产品或者服务的主体来界定公共服务，公共服务即由政府提供的服务。根据这种界定方式，对于具有正外部性的产品，应该由政府提供。公共服务存在广义和狭义两种。广义的公共服务指的是不宜由市场提供的公共产品（如国防、教育等）；狭义的公共服务则是指由政府直接出资兴建或直接提供的基础设施和公用事业(城市公用基础设施、道路等)。有学者指出,公共服务“只有作狭义、具体和明确的界定,才能在理论和实际操作上具有实质性意义”。

第三种方式,根据服务的特性来界定公共服务,公共服务是一种大众化的、基本的、广泛的、非营利性的服务。公共服务应具有以下四个特点,第一,公共服务是大众化的服务,公共服务的供给对象不是特定少数人,而是社会中的大多数人。第二,公共服务是基本服务。公共服务需要满足人们日常生活中的基本需求(如水、电、气、交通与通信基础设施)。第三,公共服务是内容广泛的服务,公共服务不仅要提供物质产品,还要提供非物质产品等。第四,公共服务是一种非盈利的服务,公共服务应具有较低的价格,才能保证大众能够持续性地消费。

高铁公共服务是指高铁具有准公共服务的属性,消费上具有排他性和非竞争性,是由政府直接出资或者由代表政府的国有企业出资建设高铁,并为社会中的大多数人提供的一种高端运输服务,消费者在享有高铁提供的运输服务时必须付费,可以通过收费实现排除他人使用。考虑到中国区域发展的极不平衡,而高铁在促进区域协调发展方面发挥着桥梁纽带作用,结合公共服务均等化原则,在中西部偏落后区域发展高铁时,应高度重视政策扶持,尤其是在建设资金筹集、运营补贴等方面。

二、高铁公共服务属性

(一)高铁公共服务社会属性

高铁路网的建设,能够显著改善地区的通达性,正外部性显著。高铁需要承担两种重要的功能,一是高铁路网作为交通基础设施的组成部分,承担着许多社会功能,具有较强的公共属性;二是作为交通工具,高铁要为大众提供交通运输服务,更适合对运输服务质量敏感的中高端旅客的消费需求。因此,高铁的运营除了具备公共性也具备经营性。

(二)高铁公共服务经济属性

高铁在经济发展中具有从属性和引导性。区域基础设施的发展是区域政治、经济和社会发展的一种反映。从属功能主要表现在高铁建设要为区域经济发展提供支撑和服务,经济增长又可以为区域基础设施建设提供资金支持。从属功能又具备先行性和适应性特点。先行性表现为高铁建设在经济建设中的先导作用;适应性表现为高铁建设和区域社会经济需求的适应程度,适应程度有超前、协调和滞后型三种表现。引导功能是指区域高铁建设在市场竞争机制和产业关联机制的作用下通过其服务的空间不均衡性对地区社会经济结构、规模和空间布局的引导与反馈作用,是区域经济增长的主要驱动力。

高铁是构建区域发展软环境的主要因素,高铁服务网络的行业组织方式、行业间的协作方式、空间服务网络的结构方式，以及服务水平对区域经济发展具有重要影响。这种影响主要通过影响经济发展环境，最终反馈在经济生产中。不同的基础设施服务组织方式构建的区域经济发展环境存在非常大的差异。优良的高铁服务网络为区域经济发展创造良好的环境，成为经济增长的积极因素，对某些新兴行业、新生行业起“孵化”作用。

三、高铁对公共服务的影响

高铁的发展推动区域交通基础设施发展、促进区域运输能力和运输质量的提升，并为区域公共服务一体化的发展提供有力支撑。高铁对公共服务的影响主要体现在高铁路网基础设施和运输服务两个方面。

(一)高铁对交通基础设施的影响

高铁的建设，一方面促进了中国高铁运营里程的增加，另一方面也推动了区域交通基础设施的发展。高铁的建设，大大改变了沿线地区的城市空间布局、产业结构和人口流动，人口居住与就业的不一致、居住与生活配套的不平衡使得原有的交通基础设施难以满足城市发展的需要。高铁客站及以客站为中心的配套基础设施建设，已经成为城市基础设施建设的重要组成部分。

1. 高铁网络覆盖范围扩大

经过十余年的快速发展，中国已经成为世界上高铁发展最快、建设规模最大的国家，中国高铁运营里程及增速如图 6-1 所示。根据《中长期铁路网规划》(2016)，“十三五”期间，中国将完善高铁网络，形成“八纵八横”主通道，并在此基础上规划建设高铁区域连接线，进一步完善路网、扩大覆盖。到 2020 年，中国将实现高铁运营里程 3 万 km；到 2025 年，高铁运营里程 3.8 万 km 左右；到 2030 年，高铁 4.5 万 km 左右，全国铁路网将连接起省会城市和其他 50 万人口以上大中城市，基本实现内外互联互通、区际多路畅通、省会高铁连通、地市快速通达、县域基本覆盖。高铁的发展也促进了东、中、西、东北“四大板块”区域协调发展，西部地区高铁发展迅速，中西部地区交通条件显著改善。

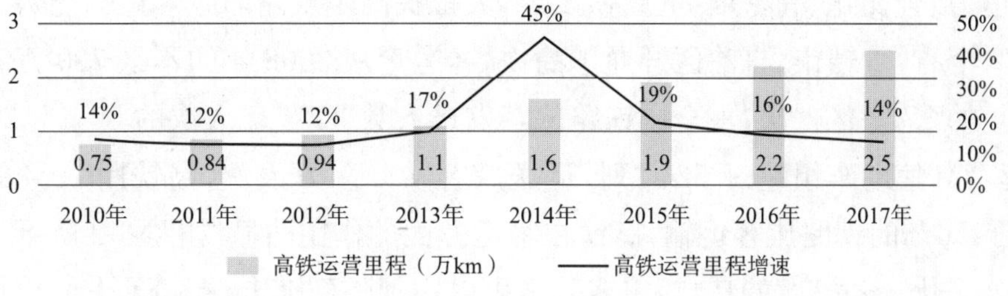

图 6-1　2010～2017 年中国高铁运营里程及增速

2. 高铁客站和其他配套基础设施不断完善

人类社会经济活动对时间效益的追求越来越强烈，对空间联系的需求随高铁网络化扩展而扩大，对基础设施体系空间连通性、服务及时性、运输方式协同性不断提出新要求。高铁的网络化发展引起以其为基础的公共服务系统的不断完善，导致所在区域空间与时间关系的转变，促进多个行业的发展，最终形成整个区域内经济活动的集聚和空间的一体化。

高铁客站不仅是铁路网的重要组成部分，还是区域综合交通体系的重要节点，是城市发展的重要载体。高铁客站通常具备“交通节点”与“城市场所”两个特点。“交通节点”主要表现为：高铁客站是大型的城市综合交通枢纽，具备轨道交通、公共汽车、私家车、自行车等各种市内交通方式，具有实现大规模客流集散和中转换乘的功能。“城市场所”主要表现为：高铁客站除了具备交通枢纽的功能，还是大型的商业综合体，具备餐饮、商业、文化、办公等城市功能。随着中国高铁的快速发展，近年来新建了一批超大规模、世界一流的高铁客站如北京南、上海虹桥、广州南、武汉等，这些现代化的高铁客站既是集各种交通方式为一体的综合交通枢纽，又是集交通、商业、商务等城市功能为一身的综合体。

高铁的建设，提高了沿线地区的交通可达性，促进了高铁客站周边地区的产业聚集和人口聚集。高铁客站建设带动了城市发展，客站周边地区的开发也带动了新的公共基础设施建设，道路、公园、给排水系统、垃圾处理系统建设进一步完善了城市的公共基础设施体系，提升了城市的公共服务水平。

（二）高铁对运输服务的影响

高铁对运输服务的影响主要体现在两个方面：一是对旅客运输服务的影响；二是对货物运输服务的影响。很长一段时期，中国铁路的运输能力难以满足地区发展的需要，尤其是在客运高峰期，客运和货运紧张现象突出。高铁的建设，实现了全国大部分重要区域和城市的网络连接，逐渐实现客货分线运输，促进了铁路整体运输能力和服务水平的提升。

1. 提升旅客运输服务质量

“大运力、公交化、高密度”的高铁发展，大幅提高了铁路的旅客运输能力。目前中国已有 29 个省、直辖市、自治区开通了高铁，客运量从 2008 年的不足 700 万人次提升至 2017 年的 17.3 亿人次，占全国铁路旅客发送人数 30.4 亿人次的 56%。2017 年每天投入运营高速动车组超过 5200 列，运送旅客 400 多万人次，高铁用 20%的营运里程，支撑了 56%的铁路旅客运输，高铁在客运方面的作用凸显，如图 6-2 所示。高铁运输具有“公交化、高密度”的特点，乘客基本可以实现随到随走，提高了人们出行的便捷性。日常投入运营的高铁动车组有 8 辆和 16 辆两种固定编组，在客流高峰期，还可以将两列8辆编组的动车组重联运行，以提高运输能力，有效解决节假日铁路客运能力紧张问题，节假日综合运输服务保障能力显著提升。

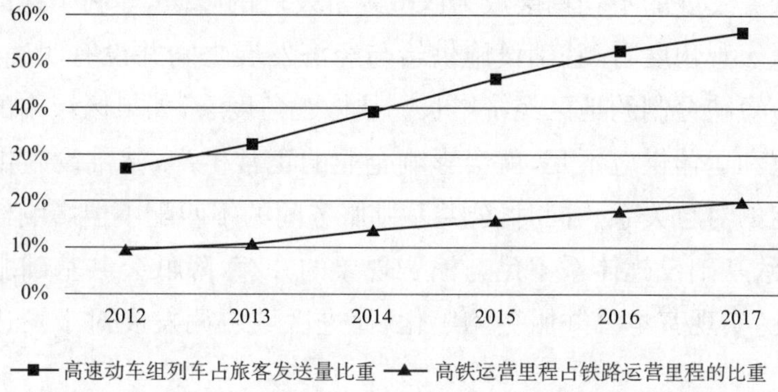

图 6-2　2012～2017年中国高速动车组列车发送旅客比重

高铁的开通运营大幅降低了旅客的旅行时间，显著提高了地区间的可达性，拉近了城市距离。中国已经形成了以重点城市（北京、上海、广州）为中心的5 h旅行圈。贵广高铁的开通，将贵阳到广州的旅行时间由21 h缩短至4 h。京广高铁武广段的开通，将武汉到广州的旅行时间由11 h缩短至3 h，根据现阶段的运输量和单位时间劳动力成本测算，武广段每年节约的社会时间成本价值可达数十亿元。在城市群内部，建设城际高铁网，构建城市群内0.5～2 h交通圈，是《中长期铁路网规划》的主要目标之一。京津城际铁路开通后，北京和天津的时空距离缩短到30 min，实现了同城化。这种"同城效应"在沪宁、广珠、长吉、昌九、沪杭、宁杭等高铁沿线也相继形成。

2. 提高货物运输服务水平

高铁修建之前，中国既有普速铁路大都实行客货共线运输，春节或寒暑假等客流高峰期货运列车一般都要让位客车，这种运输组织方式大大降低了货运能力。高铁开通后，高铁与普速铁路共同运营的主要干线逐步实现客货分流，既有普速铁路的运输能力得到了很大程度的释放，大大缓解了既有线路的运输压力，为既有线开展快捷货物运输提供了基本保障，形成了以主要干线为骨架、区域高等级线路为支撑的快速货运网络。

（三）高铁对基本公共服务均等化的影响

1. 基本公共服务均等化的含义

在《"十三五"推进公共服务均等化规划》中，将基本公共服务界定为"由政府主导、保障全体公民生存和发展基本需要、与经济社会发展水平相适应的公共服务。"基本公共服务均等化是指"全体公民都能公平可及地获得大致均等的基本公共服务，其核心是促进机会均等，重点是保障人民群众得到基本公共服务的机会，而不是简单的平均化。"中国的基本公共服务主要包含公共教育、劳动就业创业、社会保险、医疗卫生、社会服务、住房保障、公共文化体育、残疾人服务等八个领域。

2. 高铁对基本公共服务均等化的影响

公共基础服务发展的不均衡会成为区域经济发展的障碍，不利于地区经济增长和公平的实现。从宏观角度看，基础设施供给与经济发展之间并没有明确的定量关系，但基础设施供应短缺会制约地区经济增长。从微观角度看，如果区域内的企业需要的能源、通信、水电和运输供应不足，就会影响企业的正常生产，基础设施供给与企业的最终产出有一定的对应关系。同时，公共基础服务间的不匹配不但影响经济发展环境的优化，还会导致基础设施体系不足与浪费现象的并存，降低公共基础服务的经济和社会效果。因此，实现基本公共服务均等化，促进区域协调发展对于发达地区和贫困地区同样重要。

高铁的开通，缩短了城市间的时空距离，降低了沿线城市人流、物流、资金流、信息流等的流动成本，中心城市可有效发挥其辐射作用，推动城市之间的基础设施共享，实现基本公共服务均等化。高铁对于基本公共服务均等化的影响主要体现在教育、医疗、就业三个方面。

教育和医疗服务逐渐实现同城化。在教育服务方面，随着高铁的开通运营，中心城市的学校可以在沿线城市开办分校，让优质的教育资源辐射到其他地区。在医疗服务方面，不同城市的医疗机构可以通过合作促进优质医疗资源的共享。目前许多城市已经实现新农合信息平台的对接，跨省就医患者信息可实现互联共享，部分医院通过异地定点、直接联网等方式，实现了异地就医直接结算。

区域内的就业服务实现共享。高铁经济带促进了统一开放的人力资源市场体系形成，居民可以借助人力资源服务平台就近了解岗位信息，接受就业指导服务。就业服务共享可促进人力资源在高铁经济带合理配置和高效流动，逐步实现就业服务同城化，形成覆盖范围内劳动力就业、职业技能培训、技工教育、转移就业的协作机制。

第二节 高铁与人口流动

人口流动是人口在地区之间所作的各种各样短期或长期的、单向或往复、不定期或周期性的运动。根据人口流动的时间，可以把人口流动划分为：(1)长期人口流动。即离开户口登记地在1年以上，在外寄居，而户口仍留在原地。(2)暂时人口流动。指离开户口登记地1天以上、1年以下，在外寄居或停留，而户口仍在原地。(3)周期性人口流动。即有规律地定期离开户口登记地和返回户口登记地。(4)往返性人口流动。一般指早出晚归，不在外过夜的人口流动(如城市职工的上下班等)，又称为钟摆式人口流动。

高铁作为一种交通运输方式，一方面为短期的人口流动提供了更多的交通选择；另一方面由于其对优化调整城市空间布局、促进产业配套协调发展、加快城镇化进程等所发挥的巨大作用，其对长期的人口流动（即人口迁移）和因旅游业兴起带来的短期稳定的人口流动的也具有不可忽视的影响效应。

一、人口迁移理论

（一）推拉理论（Push-Pull Theory）

最初用于解释流动人口及其行为的模型来自于新古典经济学理论，这一模型建立在劳动力市场的不公平性上，因此，劳动力在不同地区所获得工资、福利存在较大的差异，这种不公平最终导致了一些人口从劳动力过剩、收入偏低的国家或地区，流入到劳动力需求旺盛、收入较高的国家或地区。

推拉理论最早可以追溯到拉文斯坦（E. G. Ravenstein），另一位人口学家 E. S. Lee 又系统总结了推拉理论。他将人口迁移因素分为四种：即迁出地因素、迁入地因素、中间阻碍因素和个人因素。

推拉理论包含着两个假设：第一，人的迁移行为是经过理性的选择，人们总是追求更好的生活条件和经济需求；第二，假设迁移者对原住地及目的地信息有某种程度的了解。

推拉理论认为迁移是由于迁出地对迁移者的生存和发展不利形成的推力或排斥力，迁入地对迁移者的生存和发展的有利因素形成的拉力或吸引力，两者形成合力造成人口迁移。也就是人们由于对客观环境的认识，加上主观的感觉和判断，最后才决定是否迁移。

根据该理论，流动人口被理解为“推动因素”与“拉动因素”交互作中的结果。其中，推动因素激励人们离开他们的出生地；而拉动因素则将这些人口吸引到某一特殊的地区。推动因素包括来自人口方面的压力、社会的贫穷等方面，而拉动因素则主要体现为经济吸引力。除去经济因素外，还有很多引发人口流动的原因，如社会、政治、文化情况，以及国家或地区的发展历史。

推拉理论本质上属于归纳而并非以抽象的理论层次演绎而成，借用力学概念虽然用来解释人口迁移的动因比较形象，但并没有提出具体的数学模型进行量化。

基于“环境效应”的流动人口研究，在分析推动与拉动因素时，跳出了经济因素范畴，充分考虑其他潜在影响因素的作用，包括：推动个体成为流动人口、离开出生地的主要因素，以及吸引这些人进入新地区的各种拉动因素。除去传统的失业、低收入等推动因素及相应的就业机会和较高收入等拉动因素外，包括政治因素、宗教因素等，均被视为推动和拉动因素。

(二)托达罗模型

托达罗模型又称三部门模型，是美国发展经济学家托达罗(Michacl P. Todro)于1970年发表的农村劳动力向城市迁移决策和就业概率劳动力流动行为模型。托达罗模型的一个基本思想是：人口迁移过程是人们对城乡预期收入差异，而不是实际收入差异作出的反应；只有当一个劳动力估计他在城市部门预期的收益高于他在农村的收入时，迁移才会发生，否则劳动力继续留在农村。因此托达罗认为，决定劳动力流动的不是实际收入水平而是以实际收入乘以就业概率的预期收入水平。

二、高铁影响人口流动的机理

高铁网络覆盖范围的不断增加，优化了区域的产业布局，加速了沿线区域的城镇化进程，改变了沿线区域生产生活模式，加快了人口流动的速度，扩大了人口流动的规模。根据人口迁移理论，高铁主要可以从以下三个方面影响人口流动。

(一)通过改变产业布局影响人口流动

高铁是联系不同城市的纽带，提高了城市间的可达性，时空压缩效应促使各种要素向交通便捷的地区流动，带来了沿线产业的聚集和扩散。在高铁沿线具有交通区位优势的大城市通常吸引更多的企业聚集，并带动人口、资本和技术的聚集，进而带动相关上下游产业的发展；拥有高铁客站的中小城市因其较低的要素成本可从大城市吸引一部分产业，形成产业扩散。产业的聚集和扩散必然带动劳动力的流动，高铁为区域间的劳动力转移提供了交通基础。

(二)通过改变城镇布局影响人口流动

高铁的建设带动高铁客站和客站周边的新城建设，推动区域的城镇化进程，加快人口的流动。城市的本质即集聚，在城镇化初期及中期阶段，集聚是城镇化最明显的特征。而交通运输促进经济集聚和扩散的内在机理是：交通运输和空间集聚活动的相互作用即经济空间集聚的向心力(需求关联效应、外部规模效应、成本关联效应)与经济空间集聚的离心力(市场挤出效应、需求分散效应、要素成本效应)的对立统一。高铁不仅为区域经济与城镇发展提供新型交通基础设施，而且通过提高区域或城镇可达性促进要素快速流动，扩大市场范围和规模，促进市场竞争，改善厂商区位，引发规模经济、集聚经济和土地增值；当具有区位优势或作为区域经济增长极的城镇发展到一定阶段和水平时，集聚效应便开始溢出，沿高铁通道与枢纽形成产业带和城镇带，促进城乡一体化发展和缩小区域差距。关于日本东海道新干线沿线城镇人口增长研究的结论表明，设置新干线车站的城镇人口增长率比未设置车站的城镇平均高22%；另有学者研究还发现东海道新干线沿线城镇的基建、工业、零售百货及物资批发等产业的增长率也比未设置车站的城镇高出了16%～34%。关于高铁对区域经济与城市发展的影响分析，国内外学者一致得出二者呈正相关的结论，这就充分说明高铁是促进区域经济增长和城市发展的一个重要因素。高铁的开通，不仅增强了区域内与区域间人员、物资、技术、信息等的流动，还诱增了新的需求和商机，扩大了资源配置与市场的范围，使不同发展状况的沿线区域和城镇都有机会获得发展。相对于没有高铁的区域，高铁沿线城市增长的机会更大，高铁以其带来的强大的资金流、信息流、物流以及人流为沿线城市经济增长提供了丰厚的要素基础，使沿线城市的经济规模和竞争力获得了整体增长。

（三）通过改变居民生产生活方式影响人口流动

高铁的开通提高了城市间的可达性，拉近了城市的时空距离，带来了同城效应，改变了沿线居民的生活方式和就业理念，扩展了人们就业地点和生活地点的选择范围，在一定程度上促进了人口的流动。资料显示，京津城际铁路开通前，能够接受职住分离的调查者仅占 16.6%，开通后增至 38.2%，这一结果表明高铁的开通让人们的生活、工作方式发生了改变，越来越多的人能够接受职住分离这种新的就业生活方式。在社会交往及文化商旅方面，高铁的开通缩短了时空距离，激发了旅游资源的开发，快旅慢游的高铁生活成为被大众普遍接受的时尚生活方式，旅游客流显现井喷式增长，促进了人口的流动。

三、高铁对人口流动的影响

（一）出行需求和人口流动频次增加

1. 出行目的多元化

高铁的运营有效降低了旅行的在途时间，将人们的生活和就业范围扩展到了高铁沿线的其他城市，人们出行的目的更加多元化，出行需求大幅增加。京津城际铁路开通后，基于各种目的的出行需求（如购物、商业、旅游、探亲等）都得到了有效增加，最明显的是商务出行和旅游出行。从商务出行角度看，高铁的运营提高了城市的可达性，降低了出行时间成本，诱发了出行需求；从旅游出行角度看，到达旅行目的地的交通状况是影响旅客出行的关键要素，高铁以其“高速化、公交化、便捷化”的特点，在旅游业的发展中发挥着重要作用。

2. 人口流动频次增加

高铁的开通缩短了地区间的时空距离，节约了人口流动的出行时间成本，有效提高了人们的出行意愿，流动人口的出行频次显著提高。高铁的运行将直接带动人口流动的增加，列车运行时间每缩短 1%，将会促使跨省人口流动增加约 0.8%。同时，高铁站点城市的流动人口密度以及密度增幅要显著高于非站点城市。以京沪通道为例，非高铁站点城市的流动人口密度 2000 年为 9.28 人/km^2，2011 年为 24.62 人/km^2，年均增幅 4.9%；高铁站点城市的流动人口密度 2000 年为 39.67 人/km^2，2011 年为

109.9 人/ km^2，年均增幅 5.3%。

(二)人口增减呈现聚集或扩散

1. 人口流动呈现差异性

高铁在人口流动中发挥“管道”作用，对于沿线站点城市的人口流动存在着差异性，导致沿线城市人口呈现集聚或者扩散。对于高铁站点城市，人口流入或人口流出增速均高于非站点城市，2000～2011 年，人口流入的高铁站点城市呈现持续的人口流入增长，年增长率约为 17.8%；人口流入的非高铁站点城市，人口流入年增长率为 15.7%；人口流出的高铁站点城市，人口流出年增长率为 24.1%；人口流出的非高铁站点城市，人口流出年增长率仅为 16.3%。

中国的人口流动具有明显的空间特点，高铁集聚效应和扩散效应的发挥主要取决于城市地位、城市规模、城市产业结构和城市基础设施等情况。形成人口集聚的城市通常具有以下特点：第一，城市是地区的主要行政中心；第二，城市交通便利；第三，城市的产业结构以第三产业为主；第四，城市内有优质的教育资源和良好的居住基础设施。反之，不具备这些特点的城市，会呈现明显的人口扩散效应，人口向沿线其他城市流动。中国城市集聚经济水平呈现明显的东部、中部、西部地带性规律，东部地区的集聚经济水平高于中部，中部地区的集聚经济水平高于西部。城市的地理位置和区域产业发展特征显著影响城市的聚集或扩散，以沪宁城际铁路为例，沪宁城际铁路开通后，上海、南京、镇江三个城市呈现人口聚集效应。上海、南京形成人口聚集的原因是二者均为行政中心城市，第三产业发展迅速，对于沿线城市的人口有较大的吸引力；镇江的聚集则是由于高铁的开通，承接了上海、苏州、常州的产业转移。苏州、无锡、常州呈现人口扩散效应，主要是由于苏州、常州的产业向沿线城市转移。

2. 未来人口流动趋势

网状的高铁将改变中国城市人口未来的分布，主要体现为：

一线城市人口溢出。目前，一线城市产业和人口过度聚集，高铁发展将促使一线城市部分产业向沿线二三线城市转移，同时推动人口向周边城市疏解，在距离中心城市“1 h 高铁圈”范围内的地区将具有竞争优势。

二线城市人口集聚。二线城市以省会城市为主，是所在区域的行政中心，省内区域发展的不平衡导致资源向省会城市集聚，形成更加完善的公共基础设施。高铁发展使距离中心城市“0.5～2 h 高铁圈”范围内的地区更具有竞争优势，将持续有效吸引人口聚集。综合考虑人口集中程度和站点重要性，成都、武汉、杭州、合肥、长沙、郑州、西安等城市人口集中度将进一步增加。

(三)带来人口重新分布效应

高铁的发展促进城市的空间格局发生变化，带来人口的重新分布效应。高铁枢纽的建成凭借其区位优势，吸引相关产业聚集，商务、房地产、办公、服务等产业大量出现，改变所在城市的空间格局。法国北方线开通后，里尔站所在的区域吸引了较高收入的人群。日本新干线沿线的人口数量、工商企业数量、财政收入等方面的增长幅度都远远高于非新干线沿线，也超过全国平均水平。新干线的运行使沿线各城市连接成经济走廊，大大缩小了城乡差距。

四、高铁与人口流动的协调发展

高铁对区域经济的影响存在显著的差异性。在高铁规划和运营中参考人口流动特征，同时针对人口流动制定有效措施，有助于促进高铁效应在整个沿线区域的发挥，促进区域经济的协调发展。在高铁与人口流动的协调发展中，应注意以下三方面：

(一)根据人口流动特点合理规划高铁线路

在高铁的规划建设中，都会将所在地区的人口作为重要考虑因素。人口相对密集的地区，会形成比较稳定的客流，未来高铁盈利的可能性会更大。人口数量是静态的人口分布指标，不能直观地反应所在地区的客流基础；而动态的人口流动则能更直观的反应高铁运营的客流基础。因此，高铁的规划设计必须考虑人口流动的特点和指向。

(二)根据人口流动规律制定产业发展规划和人口发展规划

高铁在发展过程中既存在集聚效应，也存在分散效应，对于发展优势不突出的地区，高铁的虹吸效应，会加剧地区发展的不平衡。在制定与高铁发展相适应的地区产业发展规划和人口发展规划时，应把握各地产业发展特点、人口流动规律，引导人口有序流动，降低虹吸效应可能产生的各种负面影响。

(三)加强各种运输方式的协调

高铁带来了大规模的人口流动，这就需要加强各种运输方式的协调，为人口流动提供更好的交通服务。发展旅客联程运输、客运“节点运输＋接驳运输”，支持“空铁通”“空巴通”等客运服务模式，加强高铁与民航的落地衔接，鼓励发展直通机场和高铁客站的公路接驳班线等服务形式。围绕实现客运零距离换乘，着力打造以高铁客站为主的现代化综合客运枢纽，提升人性化、便捷化服务能力。加强不同运输方式运行时刻衔接，优化枢纽接驳服务，支持依托综合客运枢纽创新运营服务模式，探索开展旅客“行李直挂”和跨方式行李联程托运等业务，规范服务行为，提升服务品质，提高综合运输体系服务质量和服务效率，促进人口流动便利化。

第三节 高铁与社会稳定

一、社会稳定内涵

(一)社会稳定的内涵及特点

社会稳定是指整个社会处于稳固、安定、和谐的状态，是经济、政治、文化等多种人类活动因素综合作用的结果，是一个历史的、综合的、动态的概念。

社会稳定具有历史性。不同历史时期，社会稳定的内容和形式也有所区别；即使在同一历史时期的不同发展阶段，社会稳定的内涵和外延也会发生新变化，呈现出新特点。社会稳定的这种历史性特点，决定了维护社会稳定，必须充分考虑社会所处的历史阶段，必须充分考虑一个国家经济、政治、历史、文化等基本国情。

社会稳定具有综合性。由于社会结构自身的复杂性，社会稳定涉及方方面面，包括政治稳定、经济稳定、社会秩序正常以及人心安定等，这些方面相互联系、相互作用、相互影响、密不可分。政治稳定是整个社会稳定的核心；经济稳定是整个社会稳定的基础；社会秩序正常是政治稳定和经济稳定的必要条件；人心安定是社会稳定的综合反映。

社会稳定具有动态性。人类社会始终处在不断发展和变化之中，没有任何矛盾和冲突的社会是不存在的。真正的社会稳定，是在不断解决社会矛盾和社会冲突，不断克服社会各种不稳定因素的基础上的稳定，是在社会发展与进步的动态平衡中实现的稳定。

(二)社会稳定的影响因素

社会环境是影响地区社会稳定的诱因。社会环境中的各物质条件、精神条件的安定秩序状态，包括生产力、生产关系、社会制度、社会意识和社会文化等各个社会组成因素之间的平衡与协调发展，是一个社会稳定状态描述的依据。一个社会稳定与否，事关一个文化的全部内容的价值体系与意义体系，社会文化内的任何系统在变迁的过程中都会反作用于整个社会的平衡。社会稳定与否的表象是人的行为，而根本诱因是环境因素。

意识因素与利益因素是影响地区社会稳定的动因。从理论上讲，社会稳定分为政治因素、经济因素、社会秩序因素、思想文化因素等，但从影响社会稳定的动因可以将意识因素与利益因素归纳为影响社会稳定的两个导向性因素，两者相互结合共同作用并决定着社会的稳定状态。通常认为，社会成员满意程度与群体意识现实状态是意识因素的考核内容，而贫富差距与社会成员生活水平也是利益因素的考核内容。就意识因素看，由于宗教信仰、历史文化的特殊性、受教育程度、经济发展水平等意识因素与物质因素呈现出多元化与多维度的特征。就利益因素看，影响社会稳定的主要原因基本与公共服务需求、公共文化需求相关。民生问题是影响社会稳定的基本因素之一，随着经济建设的推进，地区实际收入水平、消费水平、消费结构，劳动的社会条件和生产条件、社会服务的发展等方面都会有一定程度的提高，有利于社会稳定。

二、高铁影响社会稳定的机理

中国是一个多民族的国家，不同民族聚集区域不同，具有不同的历史和民族文化，思维模式和生活方式存在差异。在和谐社会的建设中，需要增进各民族的沟通和文化交流。高铁的建设，拉近了各个地区的时空距离，给各民族提供了更多交流和学习的机会，这种交流有利于减少社会矛盾，维护社会稳定。

高铁能够极大地提高沿线区域之间的空间可达性。空间可达性代表了一个地区与其他地区进行要素交流的方便程度，受到两地距离的影响，但距离对于空间可达性的影响会随着外部条件的改变发生变化，如经济发展状况、地区社会环境和交通基础设施的差异等。其中，交通基础设施的改善能显著提高两个地区的空间可达性，而地区之间空间可达性的改善，是促进区域发展的重要前提。

(一)就业增加效应

高铁的建设，提高了经济发达地区和贫困地区之间的联系和交流，吸纳了大量的劳动力就业，带动了沿线贫困地区的经济发展，缩小了贫困地区与发达地区的经济差距。兰新高铁、沪昆高铁、贵广高铁等西部地区高铁的开通，促进了当地旅游资源的开发利用，不仅带动了区域的城镇化发展，也推动了房地产、商业及其他服务行业的快速发展，提供了更多的本地就业机会，促进了社会稳定。

(二)民族融合效应

由于少数民族聚居特点和历史民俗文化、语言等原因，少数民族地区与外界沟通较少，且许多少数民族地区十分贫困。高铁建设有利于增强其他地区与少数民族地区的联系，开发少数民族地区资源，促进不同民族之间的交往和融合。同时，高铁的开通也加快沿线地区资源开发和经济发展，提高沿线居民的生活水平，对加强民族团结、稳定地区发展具有十分重要的作用。

(三)自然灾害危机化解效应

中国幅员辽阔，不同的地质条件造成自然灾害频发。自然灾害发生后，需要运送大量的救灾物资和人员，高铁快速、大规模的运输优势，是完成救灾工作的重要交通工具，也是化解危机和避免社会动荡的重要手段。

三、高铁对社会稳定的影响

(一)高铁开通前新疆的社会经济发展状况

新疆地处西北地区，幅员辽阔，高铁开通前交通极为不便，南疆部分地区距离北疆遥远，物理距离相当中部地区几个省的距离，城市可达性限制了各地区和城市之间的交流，各个地区发展环境相对封闭，区域经济发展不协调。虽然新疆的旅游资源、矿产资源十分丰富，但交通运输条件制约了旅游开发和矿产资源输出。

(二)兰新高铁开通后促进新疆经济社会发展

兰新高铁的开通，加深了新疆与经济发达地区的文化和经济交流，将新疆的发展融入到了全国经济发展中，加速了沿线城市的城市化发展进程，推动了区域经济的协调发展。

1. 提高区域的空间可达性

兰新高铁的开通运营，突破了地理距离的局限性，以较高的速度和相对较低的成本显著提高了乌鲁木齐与其他城市的空间可达性。兰新高铁将乌鲁木齐到兰州的旅行时间缩短到 8 h。城市联系日益密切，在乌鲁木齐、吐鲁番和哈密之间的旅行，有80%的乘客选择乘坐高铁。

2. 促进边疆产业发展，提高收入水平

“高铁经济”对旅游业的促进作用最为明显。新疆旅游资源丰富，长期以来，受交通条件的制约，旅游业占新疆 GDP 不足 8%。高铁的开通，从根本上改变了新疆各城市间的时空距离，形成了以乌鲁木齐为中心、辐射南北疆的铁路旅游通道，并将嘉峪关、敦煌、西宁、吐鲁番等旅游目的地与乌鲁木齐、兰州这样的交通枢纽城市联系起来，大大方便游客出行。兰新高铁开通仅一年，新疆的旅游业就取得了快速的发展，成为带动新疆发展的重要产业，旅游业增加值占 GDP 的比重超过 10%；吐鲁番市旅游及相关行业的游客接待数量较上年同期增长 16%达到 526.3 万人次，景点门票收入较上年同期增长 145.5%达到 1.18 亿元。

高铁客运枢纽和高铁新城的建设是加快新疆经济发展的另一个重要驱动力。乌鲁木齐客运中心是兰新高铁的重要客运枢纽，以高铁枢纽为中心建设的乌鲁木齐高铁新区具备客货运输中心、商务、餐饮服务等功能，提供了 23 万个就业岗位。高铁新区与周边地区的协同发展共同推动了新疆的城市化进程。

3. 促进劳动力的跨区流动

劳动力供给有限和工资收入较低地区的劳动力资源可以向劳动力供给不足和工资收入较高的地区转移，劳动力的跨区域转移有利于促进劳动力资源的优化配置，有利于地区间的协调发展，有利于缩小城乡差距和收入差距。劳动力在流动中，通过实践活动、学习和培训不断提升劳动力价值，为区域经济发展提供推动力。高铁缩短了新疆与内地城市的时空距离，增强了新疆对高层次人才的吸引力，促进了新疆特色产业不断优化升级。

4. 促进民族团结

兰新高铁的开通，改善了新疆和内地的人员交往、经济交流环境，有利于新疆少数民族与内地各民族在文化和习俗方面的交流沟通，促进民族间的和睦相处；同时，兰新高铁为实现“一带一路”沿线国家各民族的友好往来提供了强有力的支撑。

第四节 高铁与城镇化

刘易斯、费景汉等大量的专家和学者从城乡二元结构角度出发，对农村富余劳动力的转移和城乡结构的融合进行了分析，探讨了城镇化的动力机制和发展道路的城乡结构转换理论。这一理论认为发展中国家经济上存在现代部门（工业部门）与传统部门（农业部门），传统农业部门存在着大量低收入的劳动力。农业部门除了向工业部门提供扩张所需的廉价劳动力外，还为工业部门的扩张提供必需的劳动剩余。农业剩余劳动力向工业部门的转移受到消费需求和农民经济理性的制约，而且这一转化过程与发达国家明显不同，发展中国家农业产值和农业劳动力向工业部门转移是不同步的，由于技术层次和农民素质的差异，这一过程是由初级产业向高级产业逐渐转化。

一、城镇化发展状况

（一）城镇化内涵

城镇化是指随着一个国家或地区社会生产力的发展、科学技术的进步及产业结构的调整，以农业为主的传统乡村型社会逐渐向以工业（第二产业）和服务业（第三产业）等非农产业为主的现代城市型社会转变，非农产业在城镇集聚、农村人口向城镇集中的自然历史过程，是人类社会发展的客观趋势，是国家现代化的重要标志。工业社会时代，经济社会发展导致农业活动的比重逐渐下降、非农业活动的比重逐步上升，与这种经济结构的变动相适应，出现了乡村人口逐渐降低，城镇人口比重稳步上升，居民点的物质面貌和人民的生活方式逐渐向城镇性质转化和强化的过程。工业革命以来的经济社会发展史表明，一国要成功实现现代化，在工业化发展的同时，必须注重城镇化发展。

城镇化水平是衡量一个国家和一个地区社会经济发展水平的重要标志，通常以城镇化率来衡量。城镇化率是指一个地区城镇常住人口占该地区常住总人口的比例。城镇人口包括设区市的城市人口、镇区及镇政府所在地村委会（居委会）的人口、通过道路建筑物与镇区连接的村委会的人口。中国有常住人口城镇化率和户籍人口城镇化率两种，常住人口城镇化率是指一个地区城镇常住人口占该地区常住总人口的比例，户籍人口城镇化率是指按户籍人口计算的城镇化率。

（二）中国城镇化率变化情况

目前，中国城镇化与工业化、信息化和农业现代化同步发展，是现代化建设的核心内容，彼此相辅相成。工业化处于主导地位，是发展的动力；农业现代化是重要基础，是发展的根基；信息化具有后发优势，为发展注入新的活力；城镇化是载体和平台，承载工业化和信息化发展空间，带动农业现代化加快发展，发挥着不可替代的融合作用。

由于中国经济的多年持续高速增长以及国家对城镇化建设的重视，2000～2017年中国常住人口城镇化率呈快速增长的发展态势。2000年中国常住人口城镇化率为36.22%，2012年为52.57%，到2017年末达到了58.52%，年均增长1.3个百分点左右。2000～2017年中国常住人口城镇化率统计情况如图6-3所示。

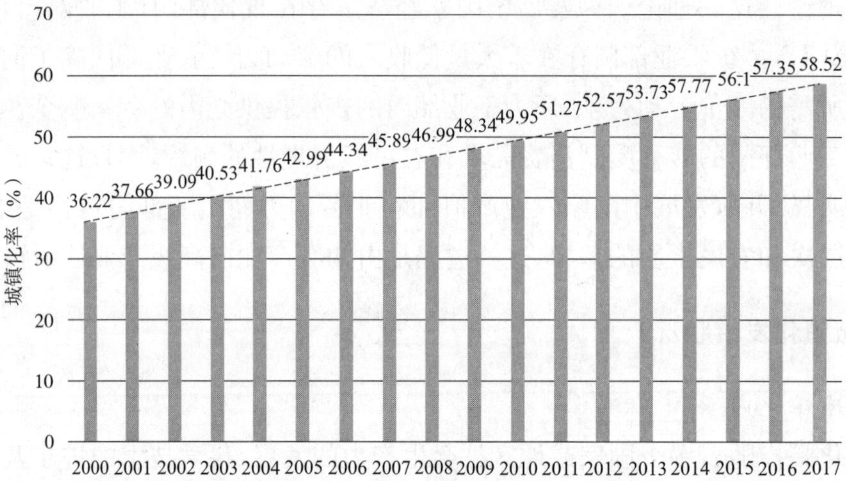

图6-3　2000～2017年中国城镇化率统计

二、城镇化发展影响因素

影响城镇化的因素是多方面的，主要包含经济发展情况、产业发展情况、收入水平、科技教育水平、基础设施情况、生态环境情况等。

1. 经济发展

根据经济学相关理论，城镇化是未来经济发展的重要动力源。一般情况下，两者呈正相关关系，也就是说，经济发展水平越高，城镇化水平就越高；城镇化水平越高就越能促进经济的发展。

2. 产业发展

产业发展能有效促进城镇化的发展进程，而城镇化发展又会进一步促进产业的发展，从中国过去20多年的经济发展来看，二者呈现出显著的双向因果关系。可见，产业结构的优化调整、发展程度需要与城镇化协调发展，实现良性互动，才能更好地发挥产业在新型城镇化发展过程中的催化作用。

3. 收入水平

对于农村居民来说，收入水平提高可以增强其在城市购房能力、促进消费等，从而有助于推动城镇化的发展；对于城镇居民来说，收入水平可以反映其生活水平，生活水平的改善可以增加消费、旅游、住房等需求，这些同样也可以促进城镇化的发展。

4. 科技教育

科技创新是经济发展的重要推动力，教育是科技创新的基础。技术创新不断改变着人们的生产方式、生活方式，而只有教育水平的提高，才能促进科技的进步和创新，对社会的贡献也越大，经济发展的水平就越高，从而促进城镇化水平的提高。

5. 基础设施

基础设施是城镇经济持续稳定发展的物质基础，经济越发展，城镇化水平越高，对基础设施建设的要求就越高；基础设施越完善，城镇布局越合理，城镇功能越完善，城镇的综合承载能力就越充足，从而城乡之间的资源流动就越顺畅，越能促进新型城镇化的发展。

6. 生态环境

生态环境是衡量一个国家或地区居民生活质量优劣的重要因素，城镇化的发展对生态环境建设有一定的促进作用，但同时生态环境建设对城镇化的发展又有反作用，尤其是当生态环境建设滞后于城镇化发展时，其瓶颈作用就会突显，从而造成社会资源的严重浪费。

高铁是城镇重要的基础设施，对经济发展、产业发展、收入水平、科技教育、生态环境等都产生了巨大的影响，从而也很大程度影响着城镇化。

三、高铁创新城镇化发展模式

（一）高铁与城镇化的相互关系

中国发布了很多有关城镇化和高铁的规划与政策。2014 年 3 月发布的《国家新型城镇化规划（2014—2020 年）》，按照走中国特色新型城镇化道路、全面提高城镇化质量的新要求，明确未来城镇化的发展路径、主要目标和战略任务，统筹相关领域制度和政策创新，是指导全国城镇化健康发展的宏观性、战略性、基础性规划。

2015 年 11 月发布的《城镇化地区综合交通网规划》，围绕国家新型城镇化发展要求，构建城镇化地区以综合运输大通道为主骨架、重点建设城镇化地区城际铁路网，鼓励采取开放式、立体化方式建设铁路、公路、机场、城市交通于一体的综合交通枢纽，高效衔接大中小城市和小城镇的结构优化、层次多样、快速便捷交通运输网络，提升一体化运输服务质量和水平，有效支撑和引导城镇化发展。至 2020 年，京津冀、长江三角洲、珠江三角洲三大城市群基本建成城际交通网络，相邻核心城市之间、核心城市与周边节点城市之间实现 1h 通达，其余城镇化地区初步形成城际交通网络骨架，大部分核心城市之间、核心城市与周边节点城市之间实现 1～2 h 通达，城际铁路运营里程达到 3.6 万 km（其中新建城际铁路约 8 000 km），覆盖 98% 的节点城市和近 60% 的县

(市)。展望 2030 年,基本建成城镇化地区城际交通网络,核心城市之间、核心城市与周边节点城市之间实现 1 h 通达。

2017 年 11 月印发的《铁路"十三五"发展规划》,以习近平新时代中国特色社会主义思想为指导,紧紧围绕统筹推进"五位一体"总体布局和协调推进"四个全面"战略布局,牢固树立和贯彻落实创新、协调、绿色、开放、共享的发展理念,以构建现代综合交通运输体系为导向,加强铁路基础设施网络建设,发挥骨干优势作用,提升运输服务品质,增强国际竞争能力,为决胜全面建成小康社会提供有力支撑。到 2020 年,全国铁路营业里程达到 15 万 km,其中高铁 3 万 km,复线率和电气化率分别达到 60%和 70%左右,基本形成布局合理、覆盖广泛、层次分明、安全高效的铁路网络,在建成"四纵四横"主骨架的基础上,高铁扩展成网。全国铁路网基本覆盖城区常住人口 20 万以上城市,高铁网覆盖 80%以上的大城市。实现北京至大部分省会城市之间 2～8 h 通达,相邻大中城市 1～4 h 快速联系,主要城市群内 0.5～2 h 便捷通勤。

2018 年 4 月印发的《关于推进高铁站周边区域合理开发建设的指导意见》,要求各地按照高质量发展要求,遵循城镇化发展规律,因地制宜、规范有序推进高铁车站周边区域开发建设,不断提升高铁车站周边的设施服务、产业发展、人口集聚、政策配套等支撑能力,促进高铁沿线城镇空间合理布局和城市空间结构优化,推动高铁建设与城市发展良性互动、有机协调。高铁车站周边开发建设要突出产城融合、站城一体,与城市建成区合理分工,统筹生产、生活、生态空间布局,在城市功能布局、综合交通运输体系建设、基础设施共建共享等方面同步规划、协调推进,避免高铁沿线产业布局同质化和单一房地产功能开发。大城市高铁车站周边可研究有序发展高端服务业、商贸物流、商务会展等产业功能,中、小城市高铁车站应合理布局周边产业,稳妥发展商业零售、酒店、餐饮等产业功能。

党的十八大以来,城镇化改革已赋予"扩大内需的战略性作用"的意义,中国正处于重要战略机遇期,市场空间大,内需潜力大,城镇化不仅可扩大投资,而且能促进消费,对扩大内需具有重要推动作用。中国城镇化道路是稳步发展特大城市和大城市,积极发展中小城市,有重点的发展小城镇,这样才能使大中小城市和小城镇协调发展。其核心是发展中小城市,让中小城市成为中国经济发展的重要源泉。高铁的建设运营正好为中小城市发展起到关键的纽带和推动作用。高铁的建设不仅要在大中城市扩大规模,体现城镇化发展的适应性,更要在交通体系不发达的中小城市发展壮大,发挥城镇化发展的先导性。在满足更多人出行需求的同时,加快地区之间的资源相互流动,把城市与乡镇紧密联系起来,促进城乡协调发展,推进城镇化建设。尤其是高铁带动车站周边产业和人口集聚,形成新城镇,催生共享单车、快递等新业态,促进农业人口的就业,腾出农村土地推进新型农业现代化,进而解决"三农"问题。

由此可见，高铁能够极大地压缩时空距离，城镇化发展需要高铁作为有力的基础设施支撑，而高铁的建设和运营进一步推动城镇化发展，优化城镇空间结构布局，国家发布的上述有关政策更是有利于高铁与城镇化的良性互动发展。

（二）高铁对城镇化发展的创新模式

城镇空间组织形态是伴随城镇化进程而逐步演变的，从早期的独立分散结构—单中心结构—多中心结构—区域（城镇）空间一体化的网络结构，从一个阶段到另一个阶段的转折，都意味着交通方式的变革。高铁的出现，标志着交通运输方式的又一次技术创新与进步，其建设与发展直接或间接地影响着区域（城镇）空间形态。高铁建成运营后，空间可达性提升，经济交往不再受制于地理空间与地域界限，人流、物流、信息流、资本流、技术流等要素加速流动，资源在更大的空间优化配置，高可达性的城镇由于成本节约和效益增长进一步强化集聚效应，区域产业结构与布局随之出现变化，区域人口分布与空间结构也因此发生重构，形成良性互动；当集聚到一定规模产生集聚不经济又会向外扩展，城镇多中心结构逐步形成，人口分布、城镇空间扩张方向也发生改变。

结合高铁与城镇化的相互关系及相关政策，高铁对城镇化发展的创新模式在于：

1. 枢纽引导

枢纽引导也就是点的引导，高铁客站建设要与城市规划、城市建设有机结合，并发展形成枢纽，利用枢纽的极化效应和便利的换乘进行高效的土地利用及高密度开发成为高铁新城或高铁新区。

高铁发展促进综合交通枢纽建设，有利于与城镇其他交通方式的协调，集约化利用土地，建设紧凑布局、功能符合的新城区及产业区，实现科学合理的城镇空间布局。

2. 走廊引导

走廊引导也就是线的引导，高铁建设引起交通走廊两侧用地布局调整，利用走廊及其节点引导空间集聚发展，形成多核空间结构（轴心功能组团）或是城市带，建立同城化的工作生活方式。

高铁发展增强城镇与外围、城镇之间的可达性与空间经济联系，促进沿线城镇分工协作及区域合作，加快城镇化进程、重塑城镇体系。

3. 路网引导

路网引导就是面的引导，以高铁为主导对其他交通方式进行系统组织，使城镇综合交通运输体系网络化，打造“小时”快速交通经济圈，引导人口、产业在更大区域范围内重新配置，完善区域城镇体系，逐渐缩小区域差异，使整个空间结构呈均衡网络化，大中小城镇融合为有机整体，形成合理的分工与等级结构的都市圈或城市群。

高铁发展促进城镇以交通枢纽为节点、沿交通干线走廊轴向发展，形成“串珠状”

“集群化”和“网络型”的城镇空间形态与格局，有利于形成具有“同城效应”的区域城镇空间结构一体化，引导大城市都市区层面的产业、人口、服务功能向外围分散，培育新兴城镇。

四、高铁带动城镇化发展的表现形式

由于高铁具有高速度、大运量、舒适便捷等技术经济特点，在没有增加出行时间的前提下增加了出行距离，使城镇内部与外部的空间经济联系发生变化人口与产业的转移推动大城市空间结构的外向拓展与延伸，增强端点城市与沿线及周边城市相互间的空间联系和相互作用，并通过高铁提高城市的可达性、催化中心城市的集聚与扩散效应等，形成大中小城市、小城镇和新型农村社区协调发展的城市群以及网络型城镇空间结构。高铁带动城镇化发展的表现形式主要有以下三种：

（一）加快人口城镇化

人口城镇化是人口向城镇集中或乡村地区转变为城镇地区，从而变乡村人口为城镇人口，使城镇人口比重不断上升的过程。高铁建设在不同层次、不同方面对常住人口城镇化起到推动作用，主要表现在，高铁建成后区域联系更加紧密，整体经济水平的提升加快了第三产业发展，小城镇企业集聚，高铁新城及高铁客站周边地区二、三产业快速发展，吸引了大量劳动力就业，加快人口城镇化。

高铁的建成运营加强中心城市对周边地区辐射作用，使其与区域中小城市和城镇经济联系更为紧密，整个区域经济得到提升，经济的发展创造更多工作岗位，吸引更多的人员就业，促进农村人口向城镇人口转化。高铁客站周边地区原本可能只是城市的一个郊区或者一个小镇，但高铁的开通改善了交通条件，加上发展产业的用地空间，吸引各类经济开发实体，形成货物集散中心、物流配送中心、新兴工农业生产制造基地、产业园区、旅游休闲服务中心等，创造新的工作岗位，吸收更多的农村剩余劳动力，推动人口城镇化。如表 6-1 所示，京沪高铁通车后，其沿线地区城镇化率提高幅度最高甚至达到了 92.12%，远高于全国 14.34%的水平，这说明高铁能够带来巨大的人口“聚集”效应，大大加快了人口城镇化。

表 6-1　京沪高铁开通前后沿线城市城镇化对比①

城　市	2008 年城镇化率(%)	2013 年城镇化率(%)	提高幅度(%)
沧州	30.26	45.18	49.31
廊坊	29.38	51.4	74.95
德州	28.46	47.74	67.74

① 数据来源：上述地市相关年度统计年鉴。

续上表

城　市	2008 年城镇化率(%)	2013 年城镇化率(%)	提高幅度(%)
泰安	28.71	53.76	87.25
枣庄	32.44	51	57.21
徐州	35.55	68.3	92.12
镇江	44.84	46.47	3.64
常州	49.54	66.2	33.63
无锡	70.04	72	2.80

(二)推动地域城镇化

高铁与其他交通方式改变了城市的区位格局及资源配置,使得城市的功能结构与发展环境发生变化,推动沿线地区城镇开发和建设,从而导致原有城镇进一步延伸、新的城镇快速兴起,最终形成新的城市增长点。比如,济南围绕高铁站规划“西客站枢纽新城”,以文化、会展、交易、总部经济为主,发展现代服务业,打造成“齐鲁新门户、泉城新商埠、城市新中心”,进一步提升了济南“山东半岛城市群”中心城市地位。泰安则围绕高铁站规划 4 km^2 的高铁车站新区组团作为主城区的重要组成部分,以公共建筑和居住建筑为主,规划采用组团式布局,逐步建设交通功能突出、配套服务完善的新城区。

高铁的发展使得沿线城镇成为高铁经济带的一部分,凭借巨大的交通运输优势,促使中心城市与卫星城市合理布局,优化区域城镇体系布局。京沪高铁开通后,极大地压缩了北京、天津、济南、南京、上海等中心大城市与周边小城镇的时空距离,使得周边小城镇的建设向更高要求更完善设施的方向发展,从而逐步成为卫星城市。一般卫星城市 1 h 内能到达中心大城市,交通便捷,适宜居住,有利于吸引中心大城市的人流,缓解人口压力和产业集中的压力。比如京津城际、京沪高铁促进了沿天津城市发展主轴的城市带状延伸发展,从北京南城向东南延伸、天津中心城区向西北和东南延伸,串联武清区、天津中心城区、津南区、滨海新区,形成城镇密集、经济实力强大的发展轴。

(三)促进产业城镇化

高铁的开通,与沿线城市轨道交通、地面公交、高速公路等组成一个完善的综合交通系统,给出行、到达和换乘提供更加便利的条件,为沿线城市带来良好的可达性和大量客流。尤其是依托高铁车站推进周边区域的开发建设,有利于城市空间有效拓展和内部结构整合优化,有利于调整完善产业布局,促进交通、产业、城镇融合发展。从实践来看,部分高铁车站周边区域已经成为城市最具人气和活力、发展最快的地区。围绕高铁车站布局而兴起的各类服务业的快速发展,特别是旅游业及配套的餐饮住宿业,其自身规模化发展需求,一方面创造了大量的工作岗位,另一方面促进了相关产业集聚，尤其是第三产业的发展，加速了由产业发展所引发的城镇化进程。事实上，这种创造出来的服务业工作岗位，由于准入门槛较低、竞争相对激烈，大多吸引的是收入较低的农民，因而城镇化效率较高。

以枣庄为例，京沪高铁建成通车后，枣庄原本相对偏远的地理劣势成为接南纳北的独特区位优势，客商投资带来技术、资金、人才、信息等资源，为枣庄经济发展、产业结构优化提供契机；枣庄借助历史文化和自然景观发展旅游业的同时，带动了商贸、餐饮、住宿等第三产业发展。

第五节　高铁与脱贫攻坚

党的十八大以来，中国脱贫攻坚取得显著成绩。2013 年至 2017 年五年间，每年农村贫困人口减少都超过 1 000 万人，累计脱贫 6 800 多万人；贫困发生率从 2012 年底的 10.2%降到 2017 年底的 3.1%，下降了 7.1%；贫困地区农村居民收入增幅高于全国平均水平，贫困群众生活水平明显提高，贫困地区面貌明显改善。高铁作为国民经济发展的重要交通基础设施，对于推动地区间的交通基础设施完善、减少地区贫困发挥着重要的作用。

一、交通基础设施对脱贫的影响机理

在贫困地区，交通基础设施和交通服务的发展有力地促进当地经济增长。交通基础对于地区收入水平的影响机制主要体现为两种效应：一种是增长效应，即通过增加贫困人口就业、降低成本和提高生产率，直接增加贫困人口实际收入；另一种是“涓滴效应”，即通过交通基础设施的改善促进当地消费或就业，从而增加贫困人口的收入。很多研究表明交通基础设施可以提高经济效率，降低交易成本，从而促进地区经济增长。交通基础设施投资对于贫困的影响主要表现为增长效应和涓滴效应两个方面。

（一）增长效应

交通基础设施的建设，将对社会的总产出产生影响。交通有利于降低制造业生产成本和要素投入，地理位置、交通基础设施和通信便利程度都可以推动地区的经济发展，但其中交通这一变量的推动力最强。美国交通基础设施对总产出的产出弹性要高于欧洲，道路对经济增长的贡献高于其他交通方式。交通基础设施对于收入增长的作用主要有以下两个方面：

1. 降低经营成本

交通基础设施投入运行后，将会降低企业的成本。首先，交通网络的密集程度越高，运输成本越低，从而导致原材料获取价格的降低。其次，交通基础设施的改善将提

高运输服务的可靠性,降低企业的经营风险。在现代生产中,原材料的持续供给是企业顺利运行的重要前提。在贫困地区,由于交通运输设施的缺乏,可能会产生原材料供给中断的风险,陆地运输尤其是铁路运输中断的可能性一般小于水运,因此,建立可靠的陆地交通基础设施将提高运输服务的可靠性,降低企业的运营风险,保证企业正常的生产。第三,交通条件的改善会降低获得高水平劳动力的成本。对于贫困地区而言,高水平劳动力和技术工人的供给往往存在不足,便利的交通条件是吸引高水平的劳动力的重要条件,劳动力的供给增加有利于降低劳动力的成本。产品和服务成本的降低,会提高贫困人口的实际收入和购买能力。

2. 增加就业岗位

一方面,交通基础设施建设过程中,会提供更多的工作岗位(包括征地创造的永久性农民安置和工程建设本身创造的临时性工作岗位),从而增加农村劳动力的就业机会和收入。

另一方面,交通基础设施运营过程中,会带动区域的产业结构调整和产业升级。高铁的发展,会大力推动旅游和相关服务业的发展,优化当地产业结构,为贫困地区的劳动力提供更多的工作岗位,贫困人口的收入会呈现上升趋势,同时收入来源和结构将更加多样化。

交通基础设施条件是投资者进行投资决策的重要因素,因此,交通基础设施的改善不仅可以给当地企业带来更高的收益,而且有利于吸引投资。世界各国的经验表明,良好的交通基础设施比税收减免政策更有益于吸引投资,投资的增加将创造更多的就业机会。

(二)涓滴效应

交通基础设施的运营刺激了区域经济增长,可以通过涓滴效应对贫困地区脱贫起到间接作用。涓滴效应指在经济发展的过程中并不给予贫困阶层、弱势群体或贫困地区以特别的优待,而是由优先发展起来的阶层、群体或地区通过消费或就业等途径来惠及前者。涓滴效应具有两方面的含义:一是涓滴效应并非是政府对贫困阶层、弱势群体或贫困地区的转移支付;二是涓滴效应是市场经济规律的一种,客观存在并自发运行。

涓滴效应是在经济增长和贫困问题讨论的过程中体现的,涓滴效应理论也是在这一过程中被不断总结和提炼的。由涓滴效应的定义可知,涓滴效应要求经济中存在富裕阶层和贫困阶层,并且要求劳动力市场是自由的,否则涓滴过程就不存在。必须强调的是,贫富差距的扩大会带来收入差别的扩大,但不会影响涓滴效应的存在,这是因为每一个富人所持股的企业都可能雇佣穷人,只要穷人可以为企业带来利润即可。但会出现富人越来越富,穷人越来越穷的"马太效应",让人产生负向涓滴效应的错觉,当然这也从侧面反映了劳动要素报酬比资本要素报酬和土地要素报酬明显要低的基本事实。这就要求劳动力市场如实反映劳动力商品的市场价格,相应地国家也应该控制资本要素和土地要素报酬的GDP占比。所以,构建以完备劳动力市场为核心的市场经济体制是中国当前释放涓滴效应的制度保障。根据经济发展经验,城镇人口的贫困程度要远低于农村人口,这是因为城镇市场化程度较高,人口有融入市场的便捷条件,涓滴效应自然而然地解决了大部分的城镇贫困。涓滴效应与市场化程度之间是正向对应关系。经济增长是减少贫困最关键的要素,从中国目前发展的实际来看,脱贫攻坚已经发展到关键性的阶段,贫困人口主要集中在市场化程度较低的边远山区,因此涓滴效应改善贫困的效果相对有限。

二、高铁对贫困地区的影响

交通发展滞后,是贫困地区的一个共同特点,由于缺乏同其他地区的沟通和交流,这些地区的自然资源和产品难以输出,无法在全国市场中与其他地区进行正常的产品交换和流通。中国高铁向贫困地区延伸,高铁网络的覆盖加强贫困地区与外部的经济联系,促进该地区融入整体的国民经济发展,产生积极的经济效应和社会效应。贫困地区即使未通达高铁,也能间接受惠于周边地区的高铁,这是因为高铁可以释放既有铁路运输能力能够开行更多的普速列车,改善贫困地区运输条件,带动人口流动和农产品输出。

(一)高铁建设改善贫困地区交通可达性

交通运输在脱贫攻坚中具有基础性和先导性作用。“十二五”期间,铁路部门完成了对中西部地区的铁路基建投资 1.94 万亿元,新线投产 2.22 万 km,其中高铁 1.05 万 km,这大大加强了中西部与东部地区的联系,改善了中西部贫困地区的生产生活状况和投资环境,不断提升招商引资的吸引力和对外影响力,推动中西部贫困山区的经济和社会发展。“十三五”期间,要补齐贫困地区交通运输发展“短板”,确保到2020年全面建成贫困地区“外通内联、通村畅乡、班车到村、安全便捷”的交通运输网络,为贫困地区与全国同步全面建成小康社会提供强有力的交通运输保障。铁路部门也应该在帮助中西部贫困地区建成互通性好、通达体系完善的交通路网的过程中发挥重要作用。

(二)高铁发展降低农业生产、运输成本及劳动力转移成本

交通基础设施的发展会降低贫困地区农业产品的生产成本、运输成本和劳动力转移成本。基础设施的可获得性能显著促进贫困劳动力向其他地区迁移,同时,交通基础设施可获得性更差的西部贫困地区劳动力迁移受基础设施可获得性的影响更大。高铁、高速公路、乡村道路等交通基础设施网络的建设既缩短了市场距离,又缩减了物

流成本和市场分割程度，使得交易效率迅速提高、交易成本随之下降。

(三)高铁发展增加农村劳动力非农就业收入

高铁从初期的建设到后期的运营全程都在为百姓创造鲜活的“流动血液”。首先，高铁建设初期，围绕高铁建设带来的连锁效应，应运而生的企业和产业链创造了无数的就业岗位，让百姓特别是贫困群众“足不出户”便有了稳定的工作，更有了稳定的收入来源。高铁建设及其相关行业的发展创造了更多的非农就业机会，尤其是为那些来自农村的低技能转移劳动力，而这正是一条直接增加贫困农户收入的有效途径。高铁开通后，交通的便捷助力更多百姓走上外出打工致富的道路。

(四)高铁发展促进贫困地区产业结构调整和旅游业发展

高铁的便捷引进了多方优质的经济资源，带来了大批的游客，对于加快贫困地区产业优化和升级、提升经济发展水平具有重要的意义。旅游产业的快速发展是“高铁扶贫”最直观的显现，广西境内的高铁运营不久就为广西带来了巨大的经济红利。统计资料显示，2014、2015年，广西分别接待国内外游客2.9亿、3.4亿人次，同比分别增长17.4%、17.8%；全区旅游总人数、旅游总收入等指标增幅均高于全国旅游行业平均增速，高于全区其他行业经济增速。

(五)高铁发展促进贫困地区土地流转

贫困地区高铁的建设与运营为当地创造了更多的工作岗位，加快了城镇化进程，也为从农业、农村转移出来的农民创造了土地流转的空间。一方面，转移就业的农民可以将自己的农业用地通过转包、转让、入股、合作、租赁、互换等方式出让经营权，向专业大户、合作农场和农业园区流转，发展农业规模经营；另一方面，集体建设用地可通过土地使用权的合作、入股、联营、转换等方式进行流转，向城镇和工业园区集中。这种土地流转，无论是农用地还是集体建设用地，产生的规模化效应将有效缓解因“三农问题”引起的贫困。

三、高铁促进精准扶贫的主要措施

精准扶贫就是针对不同贫困区域环境、不同贫困农户状况，运用科学有效程序对扶贫对象实施精确识别、精确帮扶、精确管理的治贫方式。交通在脱贫攻坚和小康社会建设中处于基础性和先导性的地位。在交通的精准扶贫中，需要精确识别贫困区域，精确帮扶贫困需求。目前看中国高铁在精准扶贫的实践中，不断探索新的模式，帮助贫困地区人口实现脱贫致富。

(一)“高铁无轨站”的精准扶贫模式

高铁无轨站，是在没有高铁经过的地方开设具有“购票、取票、候车”功能的专门站点，通过整合当地交通资源，根据高铁站动车运行时刻开行点对点专线大巴与就近高铁火车站无缝相连，将客流引入高铁，实现让边远地区群众也能快捷出行的功能。尽管中国高铁运营里程已经突破 2.5 万 km，但很多地方由于高铁暂时还覆盖不到，通往外界的交通渠道受到极大制约，给人们生活造成许多不便的同时也阻碍了地方经济的发展，鉴于这些原因，这些地方往往也是重点扶贫区。“高铁无轨站”通过利用“高铁＋大巴”的有机结合，有效扩展了现有高铁线路的辐射半径，有利于充分释放已有高铁路网的运能，实现高铁资源最大化利用。进而实现人流、物流的快速流通，有效增强当地招商引资和旅游产业的吸引力，助力地区加速实现脱贫致富。

（二）“高铁＋旅游＋扶贫”的精准扶贫模式

在国家“精准扶贫”的大背景下，铁路部门依托其强大的铁路资源优势结合贫困地区的旅游资源优势提出“高铁＋旅游＋扶贫”的精准扶贫新模式，将铁路资源优势转化为贫困地区旅游宣传优势，扩大品牌宣传，助力脱贫攻坚。一直以来，铁路部门在实现“精准扶贫”全面建成小康社会的攻坚之路上，通过运力倾斜、运价优惠等有效手段，为促进贫困地区经济发展和扶贫开发提供着精准、可靠的运力支撑。

四、高铁支持精准脱贫

高铁在贵州省榕江县的扶贫脱贫作用特别明显。

榕江县位于黔东南南部，都柳江中上游，全县总面积 3 316 km^2，2017 年总人口 37.2 万，苗、侗、水、瑶等少数民族占总人口的 80％以上。榕江县历史悠久，文化多彩，是苗侗祖源文化集散地，全国文化先进县和中国侗族语音标准音所在地。榕江县旅游资源丰富，是贵州旅游优先发展区，全县拥有 1 项世界级、9 项国家级非物质文化遗产和 4 个中国民间文化艺术之乡、16 个中国传统村落，取景于榕江县的《相约未知地带——贵州篇》在法国播出后，引起很大轰动；榕江县气候宜人，生态良好，是国家重点生态功能区、贵州十大林业县和重点林区之一。榕江也是贵州重要的农产品生产地，农产品种类丰富，优质产品品种繁多。

榕江县交通基础设施较为落后，长期以来严重制约了地区经济社会的发展，导致榕江县成为贵州省 50 个贫困地区县、14 个深度贫困县、滇黔桂石漠化片区集中连片特殊困难地区县和红色革命老区县之一，也是国家新阶段扶贫开发重点县和深度贫困县之一。

党中央高度重视榕江县的脱贫工作，针对贫困的根源，从制约经济社会发展的根本原因入手，精准施策，大力强化交通基础设施的建设，其中最有成效的举措即是贵广高铁的建设。贵广高铁于 2014 年底建成通车后，榕江县的高铁运营里程达到了 47 km，超过高速公路 42.5 km 的长度，交通基础设施的改善，为经济发展尤其是旅游业的发展和脱贫攻坚战的实施提供了坚实的基础。

2016 年和 2017 年榕江县旅游总人次分别达到 142.48 万人次和 203.36 万人次，年均递增速度均超过 40%，大大高于贵广高铁通车前年均递增 10%～20%的水平。同时高铁的建设对榕江县的城乡居民脱贫也发挥了重要作用，2014 年全县共有 160 个贫困村，贫困人口 105 400 人，贫困发生率 31.5%，到 2017 年底，15 个贫困村出列，贫困人口下降为 63 557 人，降幅 39.7%，贫困发生率下降到 19.0%（表 6-2）。可见，交通基础设施的建设，尤其是高铁的建设对贫困地区扶贫脱贫的效果十分显著。

表 6-2　2010～2017 年榕江县旅游业发展及贫困人口统计

年　份	旅游总人次（万人次）	旅游总收入（亿元）	贫困村（个）	贫困人口（人）	贫困发生率（%）
2010 年	36.53	2.28			
2011 年	45.51	2.84			
2012 年	50.12	3.13			
2013 年	62.08	3.92			
2014 年	80.08	4.88	160	105 400	31.50
2015 年	100.08	6.05	160	81 400	24.33
2016 年	142.48	9.14	159	75 772	22.65
2017 年	203.36	13.17	145	63 557	19.00

作为榕江县定点扶贫的对口单位，国家铁路局高度重视扶贫脱贫工作。为实现党中央制定的第一个百年目标，国家铁路局制定了《国家铁路局贯彻实施“十三五”脱贫攻坚规划工作方案》和《国家铁路局定点扶贫榕江县工作规划（2017—2020 年）》，大大加强了铁路行业对贫困地区的扶贫脱贫力度。国家铁路局把对榕江县的帮扶，作为自身贯彻执行中央战略部署的重要举措。2017 年 2 月和 2018 年 2 月，国家铁路局主要领导先后带队赴榕江县调研，以强化地方铁路建设为切入点及重点，共商榕江县扶贫大计；积极推进兴永郴赣铁路的前期研究工作，协调落实了一大批惠民项目；同时从局机关抽调了领导干部赴榕江县挂职，充实榕江县干部队伍，共同推动定点帮扶各项措施的落实，进一步加快了榕江县脱贫的速度。

第六节　高铁与综合运输

一、综合运输体系内涵

综合运输体系是社会经济和交通运输业发展到一定阶段的产物，可以概括为：体现国家经济社会发展战略，充分发挥各种运输方式（铁路、公路、水路、航空和管道）比较优势，一体化组合协调发展，形成布局合理、结构优化、系统完善的有效满足客货运输需求的安全、便捷、高效的交通运输有机整体。它有三个层面的目标和要求：第一个层面是体系的构建和发展要与国家经济社会发展的战略方向相一致，对国家经济社会发展战略的有效贯彻实施提供有力的支持和保障，有效满足经济社会发展需要和客货运输需求；第二层面是要根据各种运输方式的现代技术经济特征和社会对资源消耗、建造成本、运行成本的可承担能力等约束条件，充分发挥各种运输方式的优势，按照功能组合、优势互补、结构优化、技术先进、合理竞争、资源节约的原则进行网络化布局、组合协调发展；第三层面是要建设完善的综合运输服务系统，各种运输方式一体化紧密衔接，确保安全、便捷、高效。综合运输体系，不是运输方式各自发展简单的叠加，而是一个政府引导构建形成的有明确目标的有机组合整体。

二、高铁在综合运输体系中的地位作用

铁路是大能力的陆上交通工具，在中国综合运输体系中具有不可替代的主导作用，具有连接东西、沟通南北、辐射全国，运量大、运距长、辐射广等特点。

中国高铁的发展，有利于促进区域交通基础设施的完善，为广大居民提供更加便捷舒适的基本公共服务，从总体上提高中国综合运输服务的能力；有利于带动区域内部和区域间的人员流动，从而进一步提高经济资源配置效率；有利于促进社会稳定，减少地区贫困，优化综合运输体系结构，提升运输整体服务效率和水平。

高铁在构建综合运输体系中的作用主要表现在：一是有助于促进区域交通运输与之紧密的衔接配合，形成完善的区域快速网络和运输服务系统；二是有助于构建以高铁客运枢纽为中心、配套设施紧密衔接的良好的城市集疏运体系；三是有助于建立不同运输方式的信息共享制度与平台，形成联网售票、联程客票的营销模式；四是高铁的网络化规模发展，有助于释放既有铁路货运能力，缓解铁路运输紧张状况；五是有助于深化铁路体制改革，促进铁路运输企业成为真正的市场经营主体，实现有序竞争，创新营销策略和运输组织模式，推动与其他运输方式的组合运输、“一站式”的全程运输服务。

三、高铁促进综合运输结构优化

建设高铁是构建资源节约型、环境友好型交通发展模式的需要。目前国家部分重点资源性战略物资运输依靠其他运输方式，既增加了社会运输成本，对石油等能源的消耗也大幅增加。铁路运输方式在占地、节能、环保等方面具有突出优势，加强铁路在资源性物资和中长距离运输的骨干地位以及旅客运输的比较优势，对于实现综合交通科学发展、和谐发展意义重大。

中国高铁建成运营并逐渐成网，使高铁越来越被广泛接受，与居民的出行方式、生活方式相融合，给人们的出行提供了一种选择，带来了现代交通运输方式的多样化。

因此，在新的交通时代，应该加强高铁与公路、航空的联运，整合资源，优化结构，实现各种交通运输方式的优势互补，提高交通运输系统的效率，努力构建资源节约、环境友好、交通顺畅、经济发展的和谐局面。

(一)高铁与高速公路、航空运输相互竞争

高铁与公路运输相比，一是运送能力大；二是速度快，时速 300～350 km，旅行速度是高速公路的 3 倍，时速 200～250 km，旅行速度约为高速公路的 2 倍；三是舒适性好，以及与城市交通衔接比公路便捷；四是较好的性价比，时速 300～350 km，票价为 0.42～0.48 元/人公里，时速 200～250 km，票价为 0.295～0.34 元/人公里。高铁与航空运输相比，受天气等自然因素的影响小，时间的可控性较强，也更加安全。

在沿线的短途和中长距离运输上，高铁对公路客运量和小汽车交通形成强劲吸引转移，在中长以上距离运输上，对航空客流形成了不同程度的分流。运行时间小于 4 h，高铁占据着大于 50%的市场份额，而且距离越短，高铁的市场份额就愈大；高铁运行超过 4 h，高铁的市场份额小于 50%，而且随着距离的加大高铁的市场份额逐渐减少。1 000 km(根据高铁 250 km/h 的速度换算 4 h 的里程)是高铁与航空市场竞争份额优势的临界距离，1 000 km 以下的客运市场，高铁占据优势。因此，在 1 000 km 以内的运输市场上，高铁是航空运输最具替代性和竞争性的运输方式。

以往乘坐公路长途汽车、飞机或自驾车旅行的客流，现在纷纷改乘高铁。尤其是在高铁 4 h 行程范围内，与其平行的城际间公路客运大巴和航空公司客流下降幅度较大，不得不缩减班次、降低票价，甚至导致许多城市点对点公路客运班次、班线的停运以及城市间航班的停飞。

(二)高铁与高速公路、航空运输相互合作

过去由于铁路发展慢、能力短缺，无法满足旅客货主需求，许多本该由铁路承担的运量，不得不通过其他运输方式完成，耗费了大量的高成本运输资源，并造成严重的道路拥堵、环境污染以及交通事故等危害。高铁的“冲击”，实际上是对不合理的交通运输结构的“校正”，促使各种运输方式“回归”科学合理的市场定位，发挥各自比较优势，形成更有利于节约资源、保护环境的现代综合交通运输体系。因此，各地把高铁的开通作为优化运输资源配置、调整运输结构的难得机遇，加快实施新的交通发展战略。温福和福厦高铁开通后，由于地面交通速度提高，机场吸引区变大，铁路沿线成为机场腹地，给机场带来了新的运量，福建境内的福州、厦门、泉州机场旅客吞吐量明显增加。公路客运网向农村乡镇、旅游景区等纵深地区扩展，在增加公路客流的同时，也为铁路集疏客流提供了有力的支持。

在高铁与公路、航空的竞合关系中，无论公路、民航还是铁路运输企业，都立足于改革创新，采取了许多积极有效的应对措施。一是降低票价，吸引客流。高铁沿线公路客运票价普遍下降，石太客专开通后，太原—石家庄以及太原—北京的公路客运票价下降了22%～38%。武广高铁开通后，为吸引更多的客流，南航还在武汉、长沙、广州三地开通了“空中快线”，最低票价仅390元。二是改善服务，提高质量。铁路部门专门聘请了民航、运校等专业教师，从服务礼仪到应急处置，强化培训高铁列车乘务人员。沪宁高铁开通后，为更好满足沿线各地群众要求，铁路部门在一个多月时间里先后三次调整列车开行方案。河南省在全省积极推进“中原绿色客运新干线”工程，引导企业加快更新燃气车辆，降低运营成本；对省内农村客运实施“一县一网一公司”的改造，提高企业的集约化经营水平。

（三）高铁客站成为无缝衔接的综合枢纽

高铁沿线大城市主要客站多点布局、深入城市中心，实现多站到发、便捷换乘，最大限度方便旅客出行；在功能设计上普遍采用了多种运输方式立体交叉、无缝衔接的现代综合交通枢纽模式，充分利用地下、地面及地上空间，发挥交通枢纽的综合效益，将城市公交、地铁、出租及公路客运等其他交通设施与高铁客站融为一体，为旅客提供零换乘服务，极大带动了城市综合交通体系建设。部分中间站设置在考虑便利旅客出行的同时，结合城市空间布局、规划发展的需要，为减少大规模拆迁，一般选择在既有城区周边已规划的新城区新建车站。京沪高铁全线21个车站，主要客站均引入城市中心，大部分中间站距离市中心7 km以内，并且与城市新区发展规划相衔接。上海虹桥综合交通枢纽集高铁、航空、城际、地铁、公交等设施于一体，铁路车站（包括站房、站台、股道和咽喉区）占地664亩，带动了虹桥商务区核心区26 km^2、拓展区80多km^2土地开发。广州南站采用全高架设置，充分利用桥下土地空间，与城市交通紧密衔接，形成立体多层、集约用地的综合交通设施。围绕高铁客站建设，各地方政府加大对相关道路、地铁及站场设施投资，积极推进公、铁、航联运，极大提升了城市综合交通服务功能。

第七章　高铁生态经济

"高铁生态经济"主要着眼于研究高铁生态经济的构成要因和高铁与生态经济的内在关系及其影响机理。本章研究的主要内容包括生态经济、高铁生态经济特性、高铁生态环境影响、高铁生态环境保护等。要牢固树立"绿水青山就是金山银山"的发展理念,坚定走生产发展、生活富裕、生态良好的文明发展道路,加强生态环境保护工作,降低高铁对生态环境的影响,促进高铁与生态环境可持续发展,加快建设资源节约型、环境友好型社会,推动形成人与自然和谐发展现代化建设新格局,建设美丽中国,为全球生态安全作出新贡献。

第一节　生态经济

一、生态经济内涵

(一)生态环境的概念

生态环境是指影响人类生存与发展的水资源、土地资源、生物资源以及气候资源数量与质量的总称,是关系到社会和经济持续发展的复合生态系统,它包含大气、水、土地、矿藏、森林、草原、动植物、水生生物、名胜古迹、风景游览区、自然保护区、生活居住区等。生态环境不仅包括自然要素及其组合,还包括人类与自然要素之间长期共处形成的各种生态关系及其组合。构成生态环境的基本要素有:光、热、土、气、动植物,以及这些自然要素与人类长期共处所形成的各种依存关系。

生态环境问题是指人类为其自身生存和发展,在利用和改造自然的过程中,对自然环境破坏和污染所产生的危害人类生存的各种负反馈效应。

(二)生态环境的功能

生态环境与人类密切相关,其主要功能表现在两个方面:一方面,生态环境是人类生存与发展的终极物质来源,构成生态环境的各种要素是人类生活与生产的物质基础;另一方面,生态环境承受着人类活动产生的废弃物和各种作用的结果。

总之,良好的生态环境是人类发展最主要的前提,同时也是人类赖以生存、社会得以安定的基本条件。

(三)生态环境的经济特性

生态环境是一种特殊的资产,构成生态环境的各种自然要素,无论是天然的自然要素（第一自然要素），还是经过人类劳动投入的自然要素（第二自然要素），都可以为人类社会带来巨额的收益，即提供生命支持系统以维持人类的生存与发展。

生态环境作为资产为人类提供服务的数量和质量取决于人类自身的行为及其影响。生态环境向人类的经济系统（包括生产和消费）提供原材料和能源，供生产过程加工和使用，并由消费者消费，而经济系统中产生的废物又返回生态环境。在整个过程中，如果人类过度使用生态环境资产，盲目破坏生态环境，或过度向生态环境返回废物而不图治理，生态环境就会遭受破坏而减少服务的数量，降低服务质量。

生态环境资产还是一种公共物品，具有非排他性和非竞争性，每个人都能轻易获得和享用，都希望享用已有的生态环境质量，让他人去保护生态环境、治理生态环境。作为个体的理智选择以及个人的短期利益，会尽量多地占用公共资源；而作为群体的理智选择以及整体的长期利益，应维持资源的再生，整治国土、植树造林、建设草场、治理污染，保护生态平衡，实现生态环境资源可持续利用。

（四）生态经济及其主要内容

生态经济是指在生态系统承载能力范围内，运用生态经济学原理和系统工程方法改变生产和消费方式，挖掘一切可以利用的资源潜力，发展一些经济发达、生态高效的产业，建设体制合理、社会和谐的文化以及生态健康、景观适宜的环境。生态经济是实现经济腾飞与环境保护、物质文明与精神文明、自然生态与人类生态的高度统一和可持续发展的经济。生态经济是"社会—经济—自然"复合生态系统，既包括物质代谢关系，能量转换关系及信息反馈关系，又包括结构、功能和过程的关系，具有生产、生活、供给、接纳、控制和缓冲功能。生态经济基本理论包括社会经济发展同自然资源和生态环境的关系，人类的生存、发展条件与生态需求，生态价值理论，生态经济效益，生态经济协同发展等。

生态经济学研究生态系统和经济系统的复合系统的结构、功能及其运动规律，是从自然和社会的双重角度来观察和研究客观世界，是生态学和经济学融合而成的一门交叉学科。从经济学和生态学的结合上，围绕着人类经济活动与自然生态之间相互作用的关系，研究生态经济结构、功能、规律、平衡、生产力及生态经济效益，生态经济的宏观管理和数学模型等内容。研究方法包括：一是价值方法，即在价值之间建立联系，在效用和功能之间建立联系（环境和资源经济学常用的一些外部效用的内部化手段，如排污权交易、意愿调查法、影子价格等）；二是系统方法，即应用生态模型、空间模型和经济模型，把生态系统的效用和功能的评价联系到各个子系统（如系统动力学、熵值理论分析、系统能量评价、地理信息系统模型）；三是情景分析法，即管理政策替代、内生参数、系统外部事件和过程的综合考虑，期望的情景模拟是基于系统未来满意的状态，映射或预测的情景模拟是基于对目前状态的自由延伸；四是社会评价方法，既能评价经济价值，也能评价多维系统（建立绿色国民账户、投入产出分析等，可持续发展指标体系，生态系统的服务评价，能值评价方法，生态占用）。

二、生态环境保护的重要意义

生态环境保护就是在发展过程中遵循自然规律，按照生态经济法则，将经济可持续性和环境的永续性相结合，对于贯彻生态文明理念、改善民生福祉、逆转资源约束趋势，最终实现人与社会和谐共生具有深刻的实践意义。

1. 全面长远发展的战略选择

20世纪发达国家实行“先污染后治理”“边污染边治理”政策，实现了经济的短暂高速发展。中国要想立足当前兼顾长远，就应该着眼于全面长远发展，走出一条具有中国特色的绿色发展长久之路。发达国家和中国的无数实践表明，环境不是经济发展的副产品或阻碍，而是前提和基础。绿色发展理念，就是要对环境进行全面衡量，在满足人民物质需求的基础上缓解人与自然紧张关系，提升人民幸福感，是符合中国国情和发展现状的战略选择结果。

2. 公平统一的核心准则

生态环境保护要求人们在寻求经济发展和社会发展的同时也保护好美丽的家园，主动与大自然的运行秩序相协调。绿色发展是以节约资源、改善自然环境和促进人与自然和谐共生的原则为基础，改善人、自然、社会三者之间的不协调关系，实现代内公平与代际公平的统一。

3. 生态现代化建设的必由之路

传统的工业发展模式以企业家个人利益最大化为目标，以牺牲环境为代价，造成生态恶化、资源紧缺、环境污染等问题。短期的繁荣威胁了经济的可持续发展，人类必须在深刻反省后，大力实施生态现代化这一生态共生性、亲和性的发展模式，坚持和谐共生的价值取向，通过稳定、健康、可持续的生态来加速现代化进程。

三、国家对生态文明建设的要求

面对资源约束趋紧、环境污染严重、生态系统退化的严峻形势，必须树立尊重自然、顺应自然、保护自然的生态文明理念，把生态文明建设放在突出地位，融入经济建设、政治建设、文化建设、社会建设各方面和全过程，既要创造更多物质财富和精神财富以满足人民日益增长的美好生活需要，也要提供更多优质生态产品以满足人民日益增长的优美生态环境需要，努力建设美丽中国，实现中华民族永续发展。生态文明建设通过大力发展技术创新、管理创新和文化创新，不断拓展绿色发展空间，累积绿色资产，推进循环发展、低碳发展，实现中国经济从量变到质变、从要素驱动到创新动机引导的新阶段。

生态文明建设是关系中华民族永续发展的根本大计。生态兴则文明兴,生态衰则文明衰。党的十八大以来,中国加快推进生态文明顶层设计和制度体系建设,加强法治建设,建立并实施中央环境保护督察制度,大力推动绿色发展,深入实施大气、水、土壤污染防治三大行动计划,率先发布《中国落实 2030 年可持续发展议程国别方案》,实施《国家应对气候变化规划(2014—2020 年)》。绿色发展是构建高质量现代化经济体系的必然要求,是解决污染问题的根本之策。未来要加快构建生态文明体系,加快建立健全以生态价值观念为准则的生态文化体系,以产业生态化和生态产业化为主体的生态经济体系,以改善生态环境质量为核心的目标责任体系,以治理体系和治理能力现代化为保障的生态文明制度体系,以生态系统良性循环和环境风险有效防控为重点的生态安全体系;要通过加快构建生态文明体系,确保到 2035 年,生态环境质量实现根本好转,美丽中国目标基本实现;到 21 世纪中叶,物质文明、政治文明、精神文明、社会文明、生态文明全面提升,绿色发展方式和生活方式全面形成,人与自然和谐共生,生态环境领域国家治理体系和治理能力现代化全面实现,建成美丽中国。

第二节　高铁生态经济特性

高铁具有运送能力大、运输速度快、安全正点、受气候影响小、便捷舒适、环境污染小、能源消耗低、土地占用少、社会效益良好等技术经济特征。2017 年 9 月 28 日至 10 月 8 日为期 11 天的国庆中秋假期全国铁路多项运输指标创历史新高,全国铁路发送旅客 1.33 亿人次,同比增长 11.5%,其中,国庆首日全国铁路发送旅客 1502.4 万人次,创铁路单日旅客发送量历史新高。不断挑战旅客发送量新高的中国铁路得益于中国高铁的发展壮大,不断提升的服务、不断加快的速度、不断增加的对外载客量,特别是京广高铁、沪昆高铁、哈大高铁、兰新高铁等旅游商务线路给人们的生活出行带来了极大方便。除了快速、准时、安全,高铁的低碳环保也使其成为人们便捷出行的最佳绿色交通选择。高铁运营还能极大释放既有铁路运输能力,如京津冀万吨列车由唐山丰润西站发车,开行区间为曹妃甸西到滦平东站,全程 289 km,每天开行 20 对列车,以前曹妃甸港运往附近企业的矿石、煤炭等物资 99%靠公路重载汽车,转为铁路运输后可以大幅降低污染排放量。

高铁与其他交通方式相比,更具有生态经济特性,更加绿色环保,主要体现在以下几个方面:

一、节约集约用地

高铁在节约集约用地方面优势非常明显。

首先，铁路本身所需的基础设施占地面积要远小于其他交通工具。与公路相比，在运送同等数量旅客的情况下，高铁所需的占地面积仅为公路所需占地面积的1/4。而1条复线铁路的占地面积仅为同等运输能力的16车道公路的1/8。例如，法国TGV高铁的路基宽度为14 m左右，仅是4车道高速公路即28 m的1/2，6车道即35 m的1/3。与航空相比，铁路的土地节约优势体现在基础设施的占地面积要更小，高铁站的面积通常为机场的1/2～2/3左右。

其次，高铁线路的建设大多采取"以桥代路"的方式，有效减少了高铁线路对沿线城镇的切割，保护生态环境的同时更节省了土地。每公里铁路路基的占地面积约为70亩，而每公里铁路桥梁占用土地约为27亩，桥梁的占地面积要远小于路基的占地面积，极大地节省了土地。例如京津城际铁路大量采用"以桥代路"的方式，桥梁长度占线路总长度的86%，共节约用地约4 590亩左右。京沪高铁全线按照"宜桥则桥、宜路则路"的设计原则，在有条件、可实施地段优先采用桥梁方案，全线1 318 km中桥梁比重达到80.4%，比采用路基方式大大减少了土地占用；创新节地技术，优化桥梁占地标准，全线桥下占地宽度由21 m减少到18 m，节地措施效果显著。多种方式并举使得京沪高铁最终全线永久用地6.5万亩，与按照原有方式建设相比节约用地3万亩。

二、节约能源

随着世界经济的快速发展，石油成为主导世界的能源。但是石油属于不可再生能源，随着石油资源的消耗和匮乏，调整能源消费结构、降低对石油的依赖度成为经济可持续发展的重中之重。在供给侧改革和节能减排的政策下，中国将改革重点放在能耗降低上，并取得了初步的成就。2009～2014年的6年里，中国单位GDP能耗降幅保持扩大趋势（如图7-1所示）。这其中，大力发展高铁发挥了重要作用。

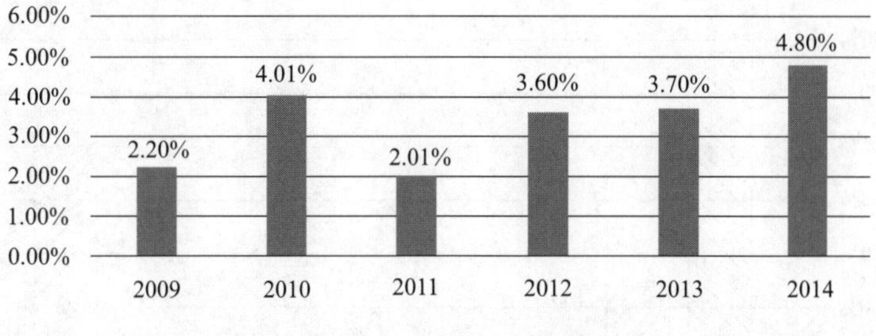

图7-1 单位GDP能耗降幅情况

高铁是各国根据本国的人口分布、地形特点、资源环境分布、经济发展布局等具体国情，适应人们需求而产生并不断推广的一种运用高科技的高效客运工具。不同于汽车、飞机等普通交通工具通过燃烧石油产生动力，高铁完全采用电力牵引，不消耗稀少且昂贵的石油等不可再生能源，与其他高度依赖石油能源的交通运输方式相比，有很强的节能环保效应和可持续发展优势。

如表 7-1 所示，日本新干线的运营情况显示，每人公里的能源消耗，汽车与飞机分别是高铁的 4.7 倍和 5.2 倍，可见高铁节能效果非常明显。

表 7-1　东京-大阪间交通方式能耗比较

交通方式	新干线	汽车	飞机
能源消耗(千卡/人公里)	136	631	714
比率	100	464	525

2013 年京沪通道完成百人公里运输周转量的标准煤消耗量中，京沪高铁需要消耗 0.542kg；京沪高速公路需要消耗 2.773kg，即使是公路运输中燃油效率最高的 50 座柴油大客车，也需要消耗 1.165kg；民航运输在燃油效率不断提高的情况下，需要消耗 3.957kg。完成相同周转量情况下，京沪高铁相对高速公路和民航运输，减少了能源消耗，起到了节能效果。将 2013 年京沪通道内京沪高铁、京沪高速公路和京沪航线的总客运周转量和总能耗量(见表 7-2)比例化后(如图 7-2 所示)，可以看出，京沪高铁承担了超过 67%的客运周转量，而仅消耗 24%的能源。从能耗总量角度分析，京沪高铁是京沪通道内相对更加节能的运输方式，且单位周转量的消耗标准煤总量远低于其他运输方式。

表 7-2　2013 年京沪通道不同运输方式总周转量及总能耗量

对　　象	京沪高铁	京沪高速公路	京沪航线
总周转量(亿人公里)	450.58	68.74	147.18
消耗标准煤总量(10 000 t)	24.4	19.06	58.24
单位周转量消耗标准煤总量(10 000 t/亿人公里)	0.054	0.277	0.396

(注：高铁耗电采用牵引电量，公路周转量采用江苏段数据折算全线得到)

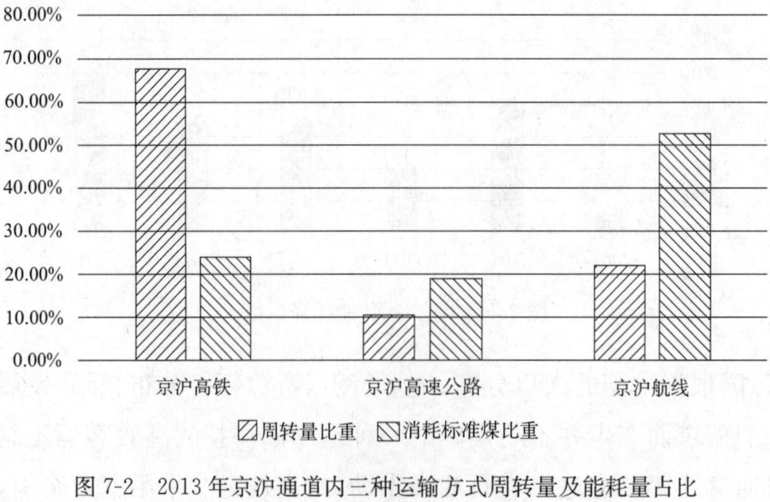

图 7-2　2013 年京沪通道内三种运输方式周转量及能耗量占比

三、低碳减排

随着全球变暖等环境问题的加剧，碳排放成为全球最为关心的环保问题之一，而高铁在低碳排放方面相较于其他交通运输方式具有明显的优势。

根据国家发展和改革委员会公布的《中国应对气候变化的政策与行动 2015 年度报告》数据统计，可以得出图 7-3 所反映的中国单位 GDP 二氧化碳排放量情况。中国单位 GDP 二氧化碳排放量在“十二五”规划期间一直处于稳定下降状态，说明中国对减少碳排放的重视和经济绿色发展的规划，而中国的高铁发展无疑助力国家在减少碳排放上更进一步。2030 年要想达到单位国内生产总值二氧化碳排放量比 2005 年下降 60%～65%的目标，大力发展高铁、发挥高铁低排放的环保优势是必由之路。

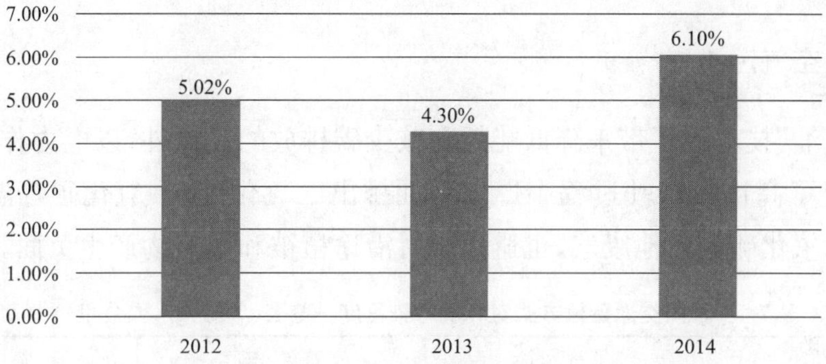

图 7-3　中国单位 GDP 二氧化碳排放同比降幅

高铁采用电力牵引，运行过程中几乎没有二氧化碳排放，但所需电能主要来源为火力发电，在燃煤发电过程中产生一定量的二氧化碳。2013 年京沪高铁完成百人公里运输需要消耗 4.41 kW・h 的电量，产生的二氧化碳排放量为 2.56 kg；京沪高速公路全车型百人公里运输需要消耗 1.52 L 汽油及 0.91 L 柴油，产生的二氧化碳排放量为 6.0 kg；京沪航线完成百人公里运输需要消耗 2.69 kg 航油，产生的二氧化碳排放量为 8.29 kg。完成相同周转量情况下，京沪高铁相对于京沪高速公路和京沪航线，产生更少的碳排放量，起到了降碳的实际作用。2013 年京沪通道内京沪高铁、京沪高速公路和京沪航线的总客运周转量和总碳排放量（见表 7-3）比例化后（如图 7-4 所示），可以看出，京沪高铁承担了超过 67%的客运周转量，制造 41%的碳排放，是唯一实现排放比重小于运量比重的运输方式，且单位周转量的碳排放量远低于其他运输方式。

表 7-3　2013 年京沪通道不同运输方式总周转量及碳排放量

对　象	京沪高铁	京沪高速公路	京沪航线
总周转量（亿人公里）	450.58	68.74	147.18
总碳排放量（10 000 t）	115.35	41.24	122.01
单位周转量的碳排放量（10 000 t/亿人公里）	0.256	0.600	0.829

（注：高铁耗电采用牵引电量，公路周转量采用江苏段数据折算全线得到）

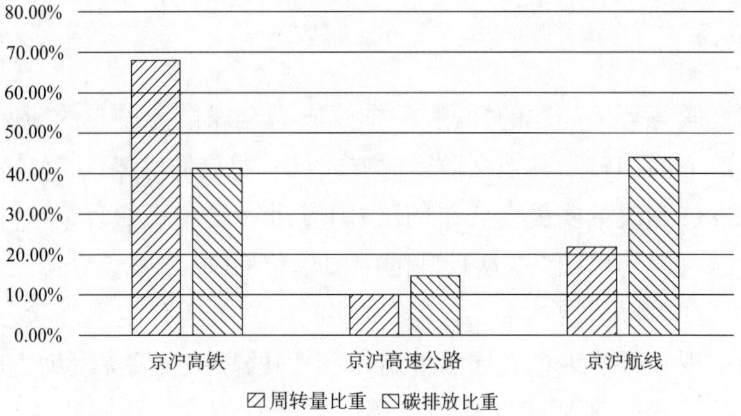

图 7-4　2013 年京沪通道内三种方式周转量及碳排放量占比

四、减少空气污染

“以电代油”技术除了带来降低能耗和减少碳排放的优点外，以电力作为动力电气化运行，避免了高铁在行驶过程中燃烧石油排出二氧化碳、一氧化碳等温室气体、粉尘、煤烟和二氧化硫等其他废气，也避免了对沿途植被和建筑物产生负面影响。

表 7-4　不同交通运输方式对环境污染程度一览表(单位：g/(人公里))①

排放物质	道路运输	航空运输	高铁运输
CO	1.26	0.51	0.003
NO_x	0.25	0.7	0.1
CO_2	111	158	28
SO_2	0.03	0.05	0.01

从表 7-4 可以看出高铁运输在环境污染物的排放量上要显著低于道路运输和航空运输。特别是二氧化碳和一氧化碳这两项温室气体的排放远小于其他交通方式，充分体现了高铁在减少空气污染方面的优势。

五、降低噪声污染

随着人们生活水平的改善，噪声污染已成为困扰人们提升生活质量的重要问题之一，而交通工具带来的噪声污染是重中之重。目前世界各国从噪声源头到传播途径到声波屏障等方面都采取了改进措施，意图减少交通工具带来的污染和电磁波对人体的伤害。高铁采取了高标准的噪声环保防护措施，即使在高于普速铁路两倍速度运行的情况下，仍能达到甚至高于普速铁路的噪声控制标准。

① 乔英忍. 世界铁路综览[M]. 北京：中国铁道出版社，2001.

高铁采用了众多保障措施来进一步降低列车运行时产生的振动和噪声污染，如声屏障、无砟轨道等。以CRH380A型为例，当和谐号以300 km/h的速度运行时其噪声为65 dB，相比其他交通工具，这个数值是比较低的。波音747-300起飞时在跑道中心延长线上距起飞滑跑开始点650 m处测量的噪声约为87.7 dB；小汽车在高速公路上以120 km/h的速度行驶时的噪声为76 dB。

第三节　高铁生态环境影响

高铁的快速发展，对缓解区域客货运输矛盾、加快区域经济发展速度、促进地区间的沟通与交流有着极为重要的作用。高铁虽然是一种绿色的交通方式，但在整个生命周期对生态环境会产生一系列的影响，不同时期影响的类型与特征也有所不同。高铁属于跨地区跨流域的线形工程，从项目上马到竣工投产，对环境的影响和破坏是不可避免的，在建设期间主要表现为对生态环境的破坏，以及对声学环境、水环境、大气环境等的影响；在运营期间主要表现为动车运行所产生的噪声、振动、电磁干扰以及为运输生产配套的有关站、段的生产、生活设施排放的三废等对周围环境的影响和污染。

一、高铁建设对生态环境的影响

高铁建设项目横贯东西、交错南北，短则百十公里，长则上千公里，具有点多、线长、面广的特点，涉及站场工程、路基工程、桥涵工程、隧道工程、弃土(渣)场、取土场、砂石料点、施工便道、施工营地、施工场地等。高铁建设对生态环境的影响和破坏范围取决于线路所穿越生态系统的环境现状和生态特点，但都呈现条带状，影响范围一般为300～500 m，若线路跨越一条大河，或者穿过一块沙漠，那么影响范围就远远超过300～500 m。如果高铁沿线地区生态系统单一，那么它对生态环境影响的项目内容也就比较简单；如果高铁穿过多个大小不同的生态系统，而且环境条件复杂，那么它对生态环境影响的项目内容就相对较多，主要表现为对土地资源利用的影响，对野生动物的影响，对生态、敏感地区的影响(包括湿地、自然保护区、风景名胜区、重点文物保护单位、脆弱生态环境等)，对水土流失的影响，对景观的影响，以及由此产生的次生灾害问题。具体表现主要在于：由于线路、站场建设占用大量土地，改变线路两侧及站场周围地区原有生态系统(农业、森林、草原、湿地、荒漠等)；施工过程中原地表植被和地形、地貌被破坏或改变，切割生境，影响野生动物的迁徙及栖息；雨季由于地表裸露，土壤被侵蚀而引发局部地区水土流失；某些主体工程如隧道开挖大量出渣的弃置，以及由于涌水而使地表水资源漏失；桥梁施工使河水浊度增加，影响行洪等。

(一)对土地资源利用的影响

土地资源是最主要的自然资源，它不仅是物质主产不可替代的生产资料，也是人类生存必需的物质条件。

根据《新建铁路工程项目建设用地指标》(建标〔2008〕232 号),新建客运专线铁路综合建设用地应符合表 7-5 的规定。高铁建设除了线路、客站等基础设施占地较多外,为修建高铁而设置的大型临时设施、临时房屋和取弃土场等也占用大量的土地。施工过程中机械碾压、施工人员践踏等又会带来青苗损失。若不积极采取措施,会使这些土地长期被废弃。

表 7-5 新建客运专线铁路综合建设用地指标(hm²/km)

牵引种类		电力		
地形类型		平原	丘陵	山区
设计速度(km/h)	300<v≤350	5.2473	6.7718	7.2086
	200<v≤250	5.9153	8.4452	8.6478

高铁建设对土地资源利用造成的影响主要有两种形式。一是工程本身占用土地资源,根本上改变了土地利用的格局,例如高铁建设永久性占用沿线耕地,这些被永久占用的土地将丧失原有的土地利用功能和生态功能,永远失去土地生产力,并减少了沿线地区可利用的耕地面积,对当地农业生产的影响是不可逆的。二是高铁运营改善了区域的社会经济环境,带来人口迁移、集中,经济的发展,从而改变高铁站点及其周边地区的土地利用方式,导致当地生态系统结构包括景观格局发生变化。

(二)对水土流失的影响

高铁建设项目水土流失是在区域自然地理因素即水土流失类型区的支配和制约下,由于各种自然因素包括气候、地质、土壤、植被等的潜在影响,以及高铁建设活动的诱发、引发、触发作用而产生的一种特殊的水土流失类型。它既具有水土流失的共性,也具有自身的特性。高铁建设项目是线形项目,对地面的扰动也是多种多样,因此施工过程中对水土资源和土地资源的破坏是多方面的。

高铁建设由于开挖坡面、高削低填、采石取土、架桥铺轨、便道修建、机械碾压等,破坏了高铁沿线原有的地貌和植被,扰动了地表土结构,对土地资源的破坏不仅仅是表层土壤,往往破坏至深层土壤,深者可达几十米,使土壤抗侵蚀能力降低,山坡失稳,土壤侵蚀加剧,加上开挖隧道、剥离岩土、弃土、弃渣,导致水土流失。高铁建设水土流失主要表现在以下几方面:高铁路堑开挖和路堤填筑等形成的人工边坡,增大了原地形地貌的坡度,改变了岩土(地表)结构,降低了植被覆盖率,导致土体抗蚀指数降低,土体保水能力减弱,防护措施不当的边坡受降水冲刷易产生一定量的水土流失(淤积在路基两侧的排水沟中,可能危害到农作物生长);施工过程中隧道洞口开挖、取土场取土、山坡上随意取料导致地表植被破坏,丧失了对土壤的保护作用,引起土层结构松动,破坏了自然状况下的土体稳定平衡和土壤结构,减弱了表土抗蚀能力,尤其是表面土壤层和风化层剥取以及当地树木、草皮及有机质含量较高的土壤层全部破坏而造成水土流失；为工程排渣而设置的弃土场，必然占压和破坏一定范围内的林草植被而减弱该地区涵水蓄水能力，如果弃土场位置选择不恰当、防护措施不得力，或者扰动后的裸露地表因没有熟土而使植被很长时间难以恢复，失去了原有地表的抗水蚀和风蚀的能力，也极易造成水土流失；高铁路基和客站的建设，可能局部改变地表径流的流速、流量、流向、通路等条件，从而诱发沿线地区的水土流失；高铁桥涵的建设，可能减小河流、沟渠的过水断面，从而改变其水文特征，造成冲刷加剧，增加水土流失。

（三）对湿地的影响

湿地是世界上生产力最高的环境之一，无数的动植物种依靠湿地提供的水和初级生产力而生存。湿地广泛分布于世界各地，拥有众多野生动植物资源，养育着高度集中的鸟类、哺乳类、爬行类、两栖类、鱼类和无脊椎物种，也是植物遗传物质的重要储存地。很多珍稀水禽的繁殖和迁徙离不开湿地，因此湿地被称为“鸟类的乐园”。湿地是地球上一种重要的、独特的、多功能的生态系统，它在全球生态平衡中扮演着极其重要的角色，具有重要的净化水源、调节气候、排洪、蓄洪功能，有着“地球之肾”的美名。

高铁建设对各类湿地生态系统的影响，主要在于占用湿地面积、污染湿地环境、造成湿地的生态系统失去平衡、破坏湿地的生物多样性（包括缩小湿地的动物生存空间、减少湿地的植物数量）。

（四）对脆弱生态环境的影响

造成环境脆弱的原因很多，一方面是自然因素，包括风蚀、水蚀、溶蚀、干旱、干湿波动、排水不畅等，受全球地区性环境变迁影响，目前人类能力条件还不能完全改变；另一方面是人为因素，人类活动对环境的影响越来越显著，生态环境向改善和脆弱加剧两个方向发展。中国脆弱生态环境主要有北方半干旱—半湿润区、西北半干旱区、华北平原区、南方丘陵地区、西南山地区、西南石灰岩山地区、青藏高原区等七大类。

脆弱生态环境中，动植物群落结构稳定性差，动植物种群类型少，且存在易引起自然灾害的潜在因素。高铁建设势必影响沿线的生态环境，尤其是脆弱生态环境，破坏后恢复难度较大。高铁对脆弱生态环境的影响在于，高铁线路及路基占用的永久用地以及取、弃土场等临时工程占用的临时用地对地表植被的破坏，使脆弱的生态环境在较长的时间内很难恢复，而且由于区域的自然环境（如降水、土壤等）条件限制，即使人工修复也难以保证短时间内恢复。

（五）对野生动物的影响

动物的觅食行为、生殖行为、社会行为、生境选择、领域行为、社群、捕食、资源竞争等许多行为都与环境有着密切的相关性，高铁建设难免破坏和污染动物生境，对野生动物造成影响，影响范围与动物的栖息地大小、分布、觅食和迁徙特性、种群结构与分布、珍稀程度等多种因素相关。

一方面，高铁线路对动物领域造成分割，使动物生活所需要的大面积领域被分割成小区域，破坏了动物的自然栖息、生长和繁殖、活动场所，使动物原本连续的大种群被分隔为相互隔离的数量波动大、灭绝率高的小种群，严重影响种群的自然消长规律，导致种群数量下降甚至局部灭绝；另一方面，高铁建设产生的噪声，对动物的生活习性产生一定的影响，使一贯生活在安静环境中的动物因噪声干扰而烦躁不安，甚至对动物的产卵、产仔造成一定的影响，引起野生动物暂时的、局部的迁移。同时，施工过程产生的废水废气等也对动物的食物质量、觅食途径、生境的适应性等造成影响，使动物无法正常生活、栖息。

（六）对自然保护区的影响

自然资源和生态环境是人类赖以生存和发展的基本条件，建设自然保护区是保护自然资源和生态环境的一项重要措施，已成为衡量一个国家进步和文明的标准之一。自然保护区可分为生态系统、野生生物、自然遗迹三个类别，按保护级别划分为国家级、省级、市级和县级，按保护对象和目的可分为以保护完整的综合自然生态系统为目的的自然保护区、以保护某些珍贵动物资源为主的自然保护区、以保护珍稀动植物及特有植被类型为目的的自然保护区、以保护自然风景为主的自然保护区如国家公园、以保护特有的地质剖面及特殊地貌类型为主的自然保护区、以保护沿海自然环境及自然资源为主要目的的自然保护区等六种类型。自然保护区内部大多划分成核心区、缓冲区和实验区三个部分，核心区是保护区内未经或很少经人为干扰或是虽遭受破坏但有希望逐步恢复成自然生态系统的地区，缓冲区是指环绕核心区的周围地区，实验区是位于缓冲区周围的多用途地区。

在高铁建设过程中，由于受地形地质条件、曲线半径、爬坡能力等限制因素影响，高铁较其他运输方式更难以绕避大面积的自然保护区等敏感区域。高铁在穿越生态系统类自然保护区实验区时，因自然保护区一般严禁设置取、弃土场等临时用地，对自然植被的影响主要表现在路基、桥梁等永久用地对自然植被的破坏以及施工便道对自然植被的碾压，导致植被生产力和碳储量减少，影响保护区自然体系的稳定状况和生态完整性；路堑的开挖和路堤的填筑等动用大量土石方，容易造成水土流失，破坏生态环境；临时房屋、施工场地、便道等对土地的占用、碾压，会引起土地裸露，导致生态环境恶化，对周边地区产生较大影响。高铁对野生生物类自然保护区的影响主要表现在直接破坏地表，破坏野生生物生存环境，惊扰野生动物，导致野生生物量减少，最终可能使该区域内整个生态系统受到影响。高铁建设对自然遗迹类自然保护区的影响表现在破坏自然遗迹原生状态，改变自然遗迹保存形状；施工期挖方、填方可能破坏地下文物；施工机械振动对地下文物产生潜在的危害；高铁建设对遗址风貌也会产生一定的破坏。

（七）对景观的影响

高铁建设对沿线景观造成的影响主要体现在以下几方面：一是取弃土场、砂石料场设置不合理，不仅在施工期影响景观且难以消除，导致长久性地影响景观的美感与和谐，而且施工完毕后，如果这些场地恢复措施不得力，这些区域和周边环境会呈现明显的不协调，给人一种“疮疤”的感觉；二是施工便道设置只考虑施工方便就可能分割自然景观，造成景观断裂，施工机械偏离便道随意行驶留下车辙痕迹导致地表植被退化、枯死，造成视觉污染；三是无序设置施工营地和场地直接加剧景观影响，并扩大对沿线地表面积的破坏，增加恢复的难度，使景观的自然性与和谐性失去平衡；四是施工人员的生活垃圾、生活废水随意乱丢乱倒，造成施工人员活动范围内油污满地、垃圾遍布、植被退化死亡，导致视觉上的污染。

（八）次生地质灾害的产生

高铁建设由于加载、卸载、排水、堵漏等多种作用形式对沿线生态环境产生扰动，导致区域地层或山体失稳、植被覆盖率降低、风化作用加强、水土流失加剧等后果。当扰动强度超过环境的承载力时，造成环境的破坏，进而可能产生次生灾害。由此导致的滑坡、崩塌、泥石流、地下突水等地质灾害，严重破坏生态环境，同时这种次生灾害也损坏高铁线路。一般来说，山区高铁较平原高铁易于发生次生地质灾害，线路越长、通过地区地质环境越复杂的高铁带来次生地质灾害的影响和破坏程度越大。

（九）对声环境的影响

噪声是一类引起人们烦躁或音量过强而危害人体健康的声音。凡是妨碍到人们正常休息、学习和工作的声音，以及对人们要听的声音产生干扰的声音，都属于噪声。一般人在日常生活中都可能暴露在各种不同程度的噪声中，是引起听力丧失的常见原因，同时噪声还会影响心脏血管的健康、睡眠的品质，甚至胎儿的发育。

高铁施工期噪声声源主要来源于各种施工机械设备及运输车辆等，如路基施工中使用的振动碾压设备、强夯设备，桥梁施工中使用的打桩设备，隧道施工中由于爆破使用的空压设备、钻爆设备等均会产生一定的噪声污染。而施工中的设备、材料和土石方等运输需动用大量运输车辆，这些运输车辆尤其是载重汽车产生的噪声较高，对高铁沿线城镇及乡村等诸多敏感点产生较大干扰。干扰主要集中在施工准备、路基土石方施工及房屋建筑施工阶段，开山放炮以及推土机、挖掘机、装载机等施工机械产生的噪声，都对周围环境产生一定的影响。

（十）对水环境的影响

高铁建设影响水环境的主要因素包括砂石料冲洗废水、混凝土养护废水、机械和车辆冲洗废水、施工人员生活污水等。砂石料冲洗废水、混凝土养护废水、机械和车辆冲洗废水的主要污染因子是 SS、COD_{cr}、BOD_5、石油污染等。包括粪便污水、厨房污水和洗浴废水等在内的生活污水主要污染因子为 COD、NH_3-N、SS 和 TP，其中以粪便污水中的污染物数量最高。

高铁建设对水环境的影响主要是对地表水和地下水的影响：高铁项目建设期间施工队伍的生活污水、施工机械的油料遗弃、施工机械和运输工具产生的清洗废水、不良机械及自设油库的油类泄露、水中墩台修建时的泥浆等都会对地面径流、附近河流、水源、农田等水质造成很大影响，高铁桥梁施工时遗漏的化学品、油污、固体污物洒落水体将直接对水体产生污染。高铁建设（如开挖、爆破和钻孔等）影响施工区域地下水的质量和数量，改变地下水资源埋藏和运动的条件，破坏正常的自然规律；水文扰动导致水流和数量的变化，进而影响高铁线路附近甚至距离较远地区的动植物；地下水发育地区修建隧道引起地下水流向发生变化，隧道涌水有可能使原地下水位下降，造成地表径流枯竭，水塘、地下泉水干枯，植被死亡，影响当地居民生产、生活用水。

（十一）对大气环境的影响

高铁建设施工期间，各种施工机械和运输车辆排放的尾气，前期工程大量拆迁工作的扬尘，土建工程中所需散粒体材料水泥、砂子、石灰等在运输过程中的洒落，施工弃土在外运过程中的洒落，各种油品的泄露等都对施工现场及周围环境产生一定的大气污染，产生的主要大气污染物为 CO、NO_X、SO_2 和粉尘，其中最为严重的是粉尘污染，能导致大气环境中 TSP 指标升高，影响植物的光合作用及正常生长，造成局部区域植被坏死和农作物减产，大量粉尘飘落在建筑物和树木枝叶上也影响周围环境卫生及沿线景观。另外，高铁建设过程中使用的某些建筑材料也是大气污染的因素，如人造木板释放出的甲醛，人造矿物纤维、表面涂料、地板黏结剂、高分子聚合物离解出来的单体等。

此外，高铁建设产生大量的建筑固体废物，对环境有一定的潜在影响，如路基土石方施工中挖出来的大量不符合路基填筑要求的弃土，隧道施工中开挖出的大量弃渣，废弃桥梁、拆除房屋产生的建筑垃圾等，不仅占用土地、破坏植被，特定地区会影响景观，而且还是泥石流的物质源，在沿河、越岭隧道弃渣困难地段有侵占河床、影响行洪的可能，隧道围岩放射性异常的弃渣对周围环境造成“辐射”污染。另外，高铁施工需要密集的劳动力，容易产生大量的生活垃圾，如不合理控制和处理，就会造成很大的白色污染。而厨房垃圾及其他有机物类，若不加处置会滋生蚊虫和老鼠，极易传播疾病。

二、高铁运营对生态环境的影响

高铁运营期间一切环境污染均源于动车与站段，它们沿高铁形成一定范围的带状污染，主要表现为动车运行产生的噪声、振动、电磁辐射，动车旅客排放的粪便、生活垃圾，为高铁运输服务配套的有关站段生产、生活设施产生的废气、污水、工业垃圾等对周围环境的影响和污染。

（一）对声环境的影响

高铁噪声具有受众面广、声能量高的特点，噪声值随动车运行速度提高而增加，已日渐成为人们关注的重点。同时，随着高铁的发展以及城市现代化建设的推进，越来越多的高铁线路穿过城郊及人口密集区域，动车运行噪声对线路两侧居住区、学校、医院等需要安静环境的设施产生干扰，影响人们生活、学习、工作等。高铁运营过程中影响声环境的噪声源有动车本身以及站、段、所的固定设备等，产生的噪声可分为流动噪声和固定噪声两种类型。动车运行噪声是流动噪声，主要包括动车鸣笛噪声，动车轮轨运行、制动噪声，空气动力噪声，具有线长、面广、间歇性的特点，对高铁沿线居民聚集区和高铁穿越城市的市区都会产生明显的干扰。动车的维护维修产生大量的固定噪声，不仅对站场内部产生干扰，也会超越站场边界对站场周围环境造成干扰。

高铁噪声和其他交通噪声一样，不仅对动物的繁衍和栖息产生不利影响，还对人体的心理和生理健康构成危害。其中，对人体的心理影响主要表现为主观烦恼，包括注意力、记忆力、思维能力及睡眠的干扰，而生理影响包括造成听力系统、心血管系统及神经内分泌系统等功能衰竭或障碍，甚至引发病变。

（二）对振动环境的影响

高铁引起的环境振动问题作为一种新型的环境公害，其影响范围正在逐步扩大。高铁振动主要是动车在运行过程中与轮轨相互作用产生的机械振动，经由空气及大地介质传播。通过空气传播的振动即表现为动车噪声引起的轨道结构振动；通过道床、路基传播到大地中的部分则以振动的形式表现出来，对周围环境产生各种影响，影响程度与车速、地质状况等有关。高铁振动主要表现为对沿线居民身体健康、建筑安全、一些精密设备的影响。

高铁振动对人体健康的影响包括生理和心理上的，其影响范围涉及人的血液循环系统、呼吸系统、消化系统、神经系统以及听觉、视觉、人体平衡等许多方面。当振动比较强烈时，会造成呼吸加快、血压改变、心跳加快等；在消化系统方面则会导致胃肠蠕动增加、胃下垂、胃液分泌和消化能力下降等；在神经系统方面则会造成失眠、交感神经兴奋、腱反射减退或手指颤动等；人长期处于振动环境中，会由于接触不同频率的振动而受到不同程度的伤害。由于高铁振动的长期存在和反复作用，会使建筑结构的强度降低，从而出现裂缝或者引起建筑结构变形，使墙壁龟裂、墙皮剥落、地基变形或下沉，最终影响建筑物的安全和正常使用。高铁振动可使精密仪器由于受到外部振动干扰引起设备本身不平衡、不同心、松动等，甚至使设备某些零件变形、断裂、精度下降，从而导致设备失灵或精度下降，降低精密仪器的使用寿命。

（三）对水环境的影响

高铁运营期间排放的污水按大类分为工业污水与生活污水。工业污水包括动车段、动车运用所产生的含油污水，目前污水的处理率和达标率较低，各站段排水的重复利用率不高，水资源浪费比较严重。此外，高铁对水体的污染还包括站段、铁路职工生活区、沿线旅客的生活污水，生活污水中含有大量的碳水化合物和具有氮、磷、硫等营养元素的有机物，还包括洗涤剂和许多病原菌，在进入天然水体后，会造成水中溶解氧的大量消耗及促进水体富营养化，尤其在雨水的冲刷下流入高铁线路两边的河沟和农田，造成沿线附近水体的污染；同时还可能造成病原菌和病毒通过水的媒介使疾病蔓延。

（四）对电磁环境的影响

电磁污染已被公认为是排在大气污染、水质污染、噪声污染之后的第四大公害。联合国人类环境大会将电磁辐射列入必须控制的主要污染物之一。据国外资料显示，电磁辐射已成为当今危害人类健康的致病源之一。电磁辐射是电磁能量以电磁波的形式通过空间传播的现象，它的传播速度为光速。电磁辐射可按其波长、频率排列成若干频率段，形成电磁波谱。频率越高，该辐射的量子能量越大，其生物学作用也越强。电磁辐射是由电磁发射引起的，因此所有的电器都会产生电磁辐射。高铁的电磁污染主要来源于变电所、接触网系统、动车段以及一般性故障，主要表现为对高铁沿线重要无线电设施及居民身体健康等方面的影响。

第四节　高铁生态环境保护

高铁建设过程中会破坏周围生态环境以及动车运行也会产生大气污染、水污染、固体废弃物污染、噪声污染、电磁辐射等。对于高铁对环境造成的污染，要运用生态价值理论，考虑生态经济效益和生态经济协同发展，一是从设计源头上贯彻环保理念；二是革新高铁绿色发展技术来减少甚至避免污染。在设计源头上贯彻环保理念方面，需要国家和政府从战略高度做好顶层设计，同时需要把设计和施工单位资源消耗、环境保护等纳入考虑范围。在革新高铁绿色发展技术方面，政府应当鼓励高铁相关单位将科技创新应用到绿色技术发展上，加快绿色技术的研发和推广，实现新能源和新技术的利用，减少能源消耗和污染物的排放，降低空气污染和噪声污染，为中国实现自主绿色发展提供坚实的技术支撑。

一、发展规划对生态环境保护的要求

中国有关发展规划对生态环境保护都提出具体要求，交通建设更是特别注重生态

环境保护。

2010 年年底中国印发的《全国主体功能区规划》提出，优化开发区域和重点开发区域必须保护好区域内的基本农田等农业空间，保护好森林、草原、水面、湿地等生态空间；限制开发区域要保障国家农产品供给安全和生态系统稳定；对禁止开发区域，要依法实施强制性保护。各类开发建设活动都要严格贯彻尽量不占或少占耕地的原则，确需占用耕地的，要在依法报批用地前，补充数量相等、质量相同的耕地。把保护水面、湿地、林地和草地放到与保护耕地同等重要位置。在水资源严重短缺、生态脆弱、生态系统重要、环境容量小、地震和地质灾害等自然灾害危险性大的地区，要严格控制工业化城镇化开发，适度控制其他开发活动，缓解开发活动对自然生态的压力。各类开发活动都要充分考虑水文地质、工程地质和环境地质等地下要素，充分考虑地下矿产的赋存规律和特点。交通、输电等基础设施建设要尽量避免对重要自然景观和生态系统的分割，从严控制穿越禁止开发区域。交通建设要尽可能利用现有基础扩能改造，必须新建的也要尽可能利用既有交通走廊。跨江(河、湖、海)的公路、铁路应尽可能共用桥位。

2018 年 4 月公布的《河北雄安新区规划纲要》提出，要坚持把绿色作为高质量发展的普遍形态，充分体现生态文明建设要求，坚持生态优先、绿色发展，贯彻绿水青山就是金山银山的理念，划定生态保护红线、永久基本农田和城镇开发边界，合理确定新区建设规模，完善生态功能，统筹绿色廊道和景观建设，构建集约紧凑发展的生态城市布局，创造优良人居环境，实现人与自然和谐共生。加强各类规划空间控制线的充分衔接，统筹土地利用、环境保护、文物保护、防洪抗震等专项规划，实现多规合一。做好白洋淀生态环境保护，加强生态环境建设，开展环境综合治理。交通干线两侧建设多条绿色生态廊道，发挥护蓝、增绿、通风、降尘等作用。

《铁路“十三五”发展规划》以及《中长期铁路网规划》(2016)都积极推动铁路绿色发展，按照生态文明建设要求，将生态环保理念贯穿铁路规划、建设、运营和养护全过程，节约集约利用资源，加大技术性、结构性及管理性节能减排力度。坚持科学布局，按照“保护优先、避让为主”的选线原则，合理设计项目线路走向和场站选址，尽量利用既有交通廊道，避开基本农田保护区，避绕自然保护区、风景名胜区、水源保护区、人口密集的居民区等环境敏感区以及水土流失重点预防区和治理区，严格执行“三同时”制度，加强环境监理工作，做好水土保持和生态环境恢复工作。坚持源头控制，做到土地复垦与项目建设统一规划；保护耕地，优先利用存量用地，高效实施土地综合开发利用；铁路建设尽量共用交通廊道，适当提高桥隧比例。

二、高铁设计规范对生态环境保护的要求

从高铁的设计规范看，原颁布的《新建铁路时速 200～250 km 客运专线设计暂行

规定》和《新建铁路时速 300～350 km 客运专线设计暂行规定》，对高铁环保设计给予了很大重视。新颁布的《高速铁路设计规范》(TB 10621—2014)，明确要求高铁设计应认真执行国家节能、节水、节材等有关政策，因地制宜地利用太阳能、风能、地热能等可再生能源，提高能源、资源的利用效率，减少污染。坚持统筹规划，在满足运输生产和安全防护的基础上，节约集约用地，少占耕地。综合选线要遵循环保选线原则，需绕避自然保护区、风景名胜区、饮用水源保护区、国家重点文物保护单位等环境敏感区；必须经过环境敏感区时，需符合有关法律、法规规定，并采取适宜的减缓不利影响的工程措施；通过城市或居民集中地区时，需采用适宜的速度目标值或减振措施，满足国家环境保护标准和要求。路基边坡采用绿色植物与工程相结合的防护措施，并兼顾美观与环保、水保等要求。要考虑既有公路、铁路等交通走廊的影响，充分利用既有交通走廊，减少夹心地、集约节约建设用地。明确了生态保护要以植被与生境恢复、重要野生动物栖息地和迁徙通道保护以及水土保持为重点，规定了声屏障、垃圾转运设施等设计内容。

设计阶段，高铁选线尽量少占农田，禁止在基本农田保护区内设置临时用地；尽量避让主要环境敏感点，如自然保护区、湿地等；全线土石方合理调配，弃方尽量利用，减少取土和弃土量；集中取土和弃土；严禁在自然保护区核心区、缓冲区内设置取土场和弃土场；避免在不良地质地区和易引发不良地质问题的地区设置取土场；江河、湖泊和水库不得作为弃土场；在野生动物主要迁徙通道上设置野生动物辅助通道，其桥梁高度和引桥长度应满足动物迁徙的要求；防止阻隔水流确保地表径流畅通。

从铁路噪声、振动限值看，2008 年 10 月 1 日开始实施的国家标准《声环境质量标准》(GB 3096—2008)、《铁路边界噪声限值及其测量方法》(GB 12525—1990)修改方案(环境保护部公告 2008 年第 38 号)，对 2011 年 1 月 1 日起新建的铁路干线，给出了铁路两侧区域边界噪声限值，对 4b 类环境功能区而言，昼间环境噪声等效声级限值为 70 dB，夜间环境噪声等效声级限值为 60 dB。1989 年 7 月 1 日开始实施的国家标准《城市区域环境振动标准》(GB 10070—1988)，规定城市区域“铁路干线两侧”昼、夜铅垂向 Z 振级标准值均为 80 dB。

在铁路客站环保方面，《铁路旅客车站建筑设计规范》(GB 50226—2007)要求：车站广场绿化率不宜小于 10%，绿化与景观设计应按功能和环境要求布置；自然采光和自然通风应为设计候车区(室)首选光源、风源。高铁车站建设中融入了“低碳、绿色、科技、环保”等建设理念，以先进的理念、技术、工艺以及材料打造了北京南站、新长沙站、太原南站等一批绿色高铁客站。如北京南站设计了超大面积的玻璃穹顶，在各层地面还做了透光处理，充分利用了自然光照明；采用了热电冷三联供和污水源热泵技术，可以实现能源的梯级利用，该系统产生的年发电量，能满足站房 49%的用电负荷；

采用了太阳能光伏发电技术，充分利用了太阳能；站台敷设有吸声材料。

铁路建设水土保持方面，按照现行标准《开发建设项目水土流失防治标准》（GB 50434—2008），对不同防护治理要求的水土流失区域，在扰动土地整治率、水土流失总治理度、土壤流失控制比、拦渣率、林草植被恢复率、林草覆盖率等方面，提出不同的防治标注，见表 7-6。

表 7-6　开发建设项目水土流失防治标准

分级 / 分类 / 时段	一级标准		二级标准		三级标准	
	施工期	试运行期	施工期	试运行期	施工期	试运行期
扰动土地整治率（%）	*	95	*	95	*	90
水土流失总治理度（%）	*	95	*	87	*	80
土壤流失控制比	0.7	0.8	0.5	0.7	0.4	0.4
拦渣率（%）	95	95	90	95	85	90
林草植被恢复率（%）	*	97	*	95	*	90
林草覆盖率（%）	*	25	*	20	*	15

“*”表示指标值应根据批准的水土保持方案措施实施进度，通过动态监测获得，并作为竣工验收的依据之一。

三、高铁生态环境保护的对策

（一）高铁建设生态环保的一般措施

高铁建设施工过程中应贯彻“保护优先、预防为主”的对策，对永久占用基本农田的用地，根据当地的条件采取改造低产田为高产田或者异地造田，对农田较为珍贵的地区尽量利用取弃土场平整渣顶，覆盖原表土进行造田，减缓高铁占用农田的影响；取弃土场的设置应采取集中取土的原则，取弃土场的位置原则上应在线路两侧 200m 以外设置，以保护沿线的自然景观，严禁直接从线路路基两侧取土的做法；合理科学地规划和设计施工便道、施工场地及生活营地，严格规定行车路线和便道宽度，限制人为活动范围，尽量减少施工过程对地表植被的影响破坏；隧道弃渣合理调配，尽量用于路基和站场填方，减少隧道弃渣场的数量；凡因工程建设造成地貌植被破坏新增的裸露土地，均应整修后进行植树种草，结合水土保持工程进行绿化美化，恢复和建设生态环境；对取、弃土（石、渣等）形成的不稳定边坡，应采取植物护坡（草皮、造林护坡）、工程护坡、综合护坡（主要采取格状框内植草皮护坡）；对于不能复耕、还耕及开发农副业的取弃土场、砂石料点、施工便道、施工营地和场地等应作景色处理，采用当地相应的草种或草皮进行人工植被恢复，使受损的视觉环境尽快修复；生活垃圾和建筑垃圾集中收集、集中处理，不得随意抛撒；污水集中处理，废水尽量利用。

在路基两侧和站场铁路征地范围内可绿化地段进行植树、植草，既可截流、固土、护坡，又可防止坡面风蚀，对稳定铁路基础工程和改善沿线生态环境有良好功效。对因桥梁墩台阻水而造成河堤冲刷的河道，需对桥梁上、下游堤岸用浆砌片石进行防护。隧道开挖后，采用浆砌片石骨架内满铺草皮等方法对仰坡及时防护，洞顶设浆砌片石截水天沟。

根据不同地段分布的野生动物种类、生活习性、当地的地形、地貌等因素，应将通道设置在野生动物迁徙、饮水、采食所经过的路线，对于高山山地类动物和习惯于到高处张望后通过的动物，应尽可能选择从上方通过的通道形式；对于草地动物和习惯于在平缓地区活动的动物，应尽可能选择桥梁下方通过的通道形式；在动物种群成分比较复杂的区段，应设置路基上方和下方均可通过的复合型通道。尽可能利用路基工程的一些有利条件，充分利用可用的铁路工程的桥梁、隧道和路基缓坡等设施。野生动物通道以远离站场为佳，一般要求通道位置应远离站场 3～5 km 以外。在野生动物繁殖季节，加强对施工人员保护野生动物的宣传教育，施工营地应远离野生动物生活区，加快施工速度，缩短施工周期，必要时野生动物迁徙期间停止施工，以保证顺利迁徙。

结合京沪高铁沿线的环境特点和环境问题，京沪高铁公司制定了“环保污染控制有效，土地资源节约利用，工程绿化完善美观，节能、节材和水保措施落实到位，努力建成一流的资源节约型、环境友好型高速铁路”的环保节能目标。在此目标指导下进一步建立健全管理机制，构建了由公司统一组织、各指挥部分段管理、工程监理单位日常监理、设计单位技术支持、施工单位具体落实、环境监控单位定期监控的施工期环保管理体系。形成了多层次、全方位、全过程，以及生态保护和污染防治全面涵盖的环境管理与控制机制。然后实行了严格管理制度、强化过程控制、推行样板引路等措施。这种系统化、规范化的管理方式，对于提升环保工作整体水平发挥了显著作用。

(二)路基工程及取、弃土(渣)场水土保持技术

为防止高铁建设项目造成水土流失破坏生态环境，结合项目所在地区自然条件，应修筑拦渣、护坡、土地整治、防洪、防泥石流等工程和绿化措施。结合地方水利建设，集中设置取土点，以方便地方改造为库、塘，在取土坑设计时，应尽量减小开挖深度及开挖坡度，做到既便于施工，又利于水土保持，并对开挖深度的边坡做好修整，及时夯实。为防止水土流失，在取土坑靠路基一侧，应结合护坡道绿化种植草皮，另一侧可结合环境状况种植根系发达的乔木，以加强涵水固土能力。

京沪高铁沿线分布着水土流失保护区、重点治理区等敏感和易发区域。为了减轻工程建设产生的水土流失影响，减少对自然资源和生态环境的破坏，结合工程类型采取了很多防治措施和水土保持技术。措施方面主要有：线路尽量利用地形、地貌与周围环境协调配合，少占耕地、少拆迁；取土场、采石场位置的选择尽量远离居民区、敏感景观目标；临时施工场地四周围挡，定期洒水、种植树木，减少污染、美化环境；施工结

束后及时复耕和恢复原有地貌、植被，强化土地复垦贯彻节约土地技术政策，尾工阶段加大土地恢复力度，严格按照复垦方案抓好临时用地土地复垦或植被恢复工作等。

采用的技术主要是工程防护技术、植被恢复技术和临时防护技术。工程防护技术主要包括：路基路堑边坡防护（如浆砌片石护坡、挂网喷射混凝土护坡、混凝土骨架护坡、干砌石护坡、挡墙等）、桥涵防护（如桥台锥体防护、涵洞翼墙挡护等）、隧道洞口及边仰坡防护、站场道路硬化防护、取土场浆砌片石挡护、弃土渣场挡土墙防护、施工便道整治防护、施工场地清理复垦等。植物恢复技术主要包括：路基路堑边坡三维立体网植草、喷播植草、取弃土场坡面植草防护、临时场地植草恢复等。临时防护技术主要包括：表土剥离集中堆放、草袋挡土墙防护、覆盖草垫、桥梁出渣临时挡护、泥浆沉淀等。

对于主体工程主要是依据路基边坡和隧道洞口仰坡高度、地质条件，采取植物防护、骨架护坡＋植物防护、锚杆框架梁＋植物防护、浆砌片石防护及挡土墙等措施，桥头锥坡实施浆砌片石防护。对于临时工程，取土场依地势在其周边设置排水措施，取土后采取平整地表、种草绿化措施，原地表为耕地的采取复垦措施，弃土场一般选择在低洼处，先挡后弃，并进行植物防护，施工结束后，进行场地清理和土地恢复。

（三）采用“以桥代路”等多种措施减少生态环境分隔

京沪高铁通过大量采取桥梁结构、优化设计方案和采取多种缓解措施，有效减少了对生态环境的分隔，将对自然环境和人文环境的影响尽量减到最小。

减少自然环境分隔主要表现在保持了线路两侧的连通性，减少了对自然河流、动植物的人为阻隔，使其能保持原有的自然变迁过程和生物生活习性。工程沿线所经地区交通便利，铁路作为带状工程，线路路基具有一定的屏障性。京沪高铁采用“以桥代路”方式，全线设置桥梁 288 座，线路 80.4％为桥梁，长度达到 1 059.7 km；线路跨越的鲁中南、皖东和苏南丘陵地区以路基工程为主，这些路段也充分考虑了涵洞的设置。桥梁孔跨设置充分考虑了排洪和交通因素，最大限度地保持了沿线既有排洪、灌溉和交通通道的畅通，维持了铁路两侧生物基因的交流条件，避免了铁路线路对生态板块的破坏、对生态系统的分隔，减少了生境破碎，不会对现有野生动物、家禽家畜的通行及其生存环境构成威胁。

减少人文环境分隔一方面体现在京沪高铁大比例采用桥梁结构有效减少了在沿线城镇密集区域对城镇结构的分隔，降低了线路对城市规划布局的影响，既方便沿线居民的出行，又能达到相对较好的景观效果。在车站附近、城市交通密集地带，绝大部分路段以桥梁形式通过，采用全立交设计，与之交叉的既有及规划道路均设置了立交通道，保持原有的城市道路交通通道，最大限度地减少工程对沿线地区形成空间阻隔，满足沿线居民生活、生产、运输等各方面的通行需要。

另一方面对于沿线的风景名胜和文物古迹采取了很多保护措施。京沪高铁在线路选线时，确保在沿线主要经济区域设置车站的前提下，尽量绕避了沿线环境敏感区。难以绕避的，对线路方案进行了充分优化，尽量从景区的外围保护地带穿过，减少工程对景区的切割。涉及生态保护区的工程施工，均制定了针对性的施工环保方案，严格控制施工行为，强化施工后景观恢复，将施工对施工生态敏感区的影响降到最低。例如，蚌埠龙子湖省级风景名胜区范围，除 3.05 km 线路穿越锥子山景区外围保护地带，2.8 km 线路穿越了西芦山—东芦山景区的二级风景恢复区外，其余线路均从其发展控制区和外围保护地带穿过。镇江南山省级风景名胜区范围，仅 1.6 km 线路穿越丽水桃村景区三级保护区。南京牛首堂市级风景区范围，线路从景区北部边缘地带的韩府山西侧以隧道形式通过。文物保护方面，对于沿线分布的文化遗址，工程采取绕避、原地保护和发掘保护措施，有效地保护了邻近线路的文物古迹。例如，通过线路方案比选，线路绕避了安徽凤阳明皇陵遗址和江苏常州寺墩遗址等文物古迹。明皇陵遗址绕避方案比原方案长 1.3 km，工程投资增加约 2 亿元；寺墩遗址绕避方案也增加了线路长度，加大了工程拆迁数量，增加工程投资近 1 亿元。对于沿线无法绕避的文物古迹，采取了工程措施进行原地保护，如线路穿越的天津、河北和江苏境内京杭大运河遗址、山东齐长城遗址、安徽大店运河遗址等，工程全部采取了大跨度桥梁形式跨越。对于工程占地范围内 151 处各类地下文物遗址，按照文物保护要求，进行了发掘保护，其中包括规模相对较大的南京郭家山坑商周时期古文化遗址。

（四）跨越河流水系的防洪工程措施

京沪高铁全线桥涵防洪按照百年一遇的标准进行设计。在桥涵设计中，先期进行详细的水文调查和地形测绘，并充分收集历史资料，经过分析、计算、比较，然后确定桥涵的选址、跨度、孔径，既考虑到桥涵对河道行洪排泄、上下游河堤河岸的影响，又使河流能够充分满足通航要求。工程设计中结合地方水利规划发展要求，设置了相应的排灌桥涵，保证了既有排灌系统的畅通，对不可避免占压、影响的排灌沟渠全部进行改移改建，全线共改移沟渠 24.18 km，保证了农田灌溉、排洪设施不受影响。

（五）施工期水环境保护措施

京沪高铁连接环渤海和长三角两大经济区，线路穿越海河、黄河、长江和太湖等大型水系，沿线湖泊、水系发达，工程建设过程中需要对地表水体进行保护。为减少施工活动对水体污染，工程跨越的Ⅲ类以上水体成为施工期的重点保护对象。

京沪高铁全线桥墩数量达 3 万多个，其中跨越水体的桥墩近千个，涉水桩基施工的泥浆数量达 7 万 m^3。施工中，钻孔泥浆采用泥浆船外运处置，实现了泥浆的零排放。对于临时工程污水处理，全线 48 个制梁场、16 个制板厂、138 处拌和站全部设置了生产废水处理设施。在建设过程中，还设有移动式垃圾收集装置，定期将垃圾、污水外运处理,禁止随意排放。

京沪高铁项目施工过程中一个典型的水环境保护案例是阳澄湖施工保护。阳澄湖是江苏省重要的淡水湖泊和饮用水源地,京沪高铁在湖区内以特大桥形式穿越,施工中不仅要保证湖体水域的通畅,而且还要避免181个水中桥墩施工对湖内生态环境和水质的扰动影响,因此,跨阳澄湖段大桥工程成为京沪高铁全线的施工难点和环保重点。为了最大限度地减轻施工影响,工程技术人员针对湖区施工技术开展了专项研究,采用了"双排桩筑坝围堰分段施工技术",先在水中打入两排木桩(或钢板桩、钢管桩),在中间填筑较硬的湖底黏性土,形成隔断水体的坚固围堰,然后再抽掉围堰内的水,改水上作业为陆地作业,从而有效控制了施工机械设备的油污染和泥浆污染。围堰内施工产生的生产污水和少量生活污水,进行"三级沉淀"后循环使用或引出湖外,在岸上集中处理。在围堰施工前,先在围堰两侧距坝体外侧各60 m的位置修筑一道木桩彩条布(或防水土工布)围挡,围挡底部用碎石网兜绑扎固定,形成阻止浑水的"安全过渡带",有效减轻了湖水扰动对水生生物的影响。通过采取这种技术,阳澄湖区段施工控制在围堰内,有效避免了施工活动对湖体水质的影响,周边水质土壤均实现"零污染",70种水产生长态势良好。

(六)沿线土地整合和环境治理绿化工程

京沪高铁的建设为沿线城市和区域发展带来了新的契机,有效推动城市改造,促进土地规划扩张和经济格局调整,加快了城市生态文明建设和绿色可持续发展。为了使"高铁经济"的功能效应得到更好的发挥,京沪高铁沿线地方政府还投入大量资金进行基础设施改造和综合配套建设,促进高铁开通后带动城市形成新的经济增长极,促进周边资源的增值和土地开发。经过规划和整合,在高铁开通后,沿线土地增值、商业产业集聚的速度加快,特别是高铁车站所在地区往往会迅速成为商业开发的热门地区,地价、房价快速增长,远远超过附近区域的平均价格涨幅,形成了大量的"高铁新城""高铁新区"。

京沪高铁在建设过程中对自身建筑进行了一些景观设计,同步实施桥下植被绿化、边坡绿色防护等措施,既有效防止了水土流失,又绿化美化了沿线环境。作为带有"绿色"标签的交通基础设施,京沪高铁也带动了一大批沿线城市的环境治理工程。很多地方政府将线路本地段的绿化和景观工程与城市改造、美化工程结合起来,对铁路两侧进行环境综合整治,推动沿线防护绿化体系的建立以及相关土地的整合,打造景观靓丽、环境友好的都市形象。

其中比较典型的代表是江苏段,在江苏省政府的强力支持和统一引导下,在上海铁路局、京沪高铁公司的共同配合下,沿线城市政府对铁路两侧进行了系统的环境整治和绿化工作,在"统一规划、分类实施、突出重点、营造特点"的工作思路指导下,通过

“拆、整、绿、清、遮、管”等措施，全面提升沿线城乡环境面貌、城市功能品质和居民生活质量，促进了绿色铁路走廊的建设。整治过程中，各市主要根据自身的环境特点和地域风貌因地制宜、因情制宜，制定了相应的工作方案，使得沿线城乡环境有了明显改善，促进了绿化、美观、文化的融合，彰显了生态、经济、景观效应。

（七）动车运行噪声与振动的控制技术

京沪高铁沿线分布着大量城市建成区，对铁路噪声振动的期望值和控制目标非常高。为了尽量降低高铁运行时产生的噪声振动影响，减少对居民的生活干扰，主要采用以下具体减振降噪措施。

1. CRH380 型高速动车组采用了当时最先进的噪声源控制技术，如低阻力流线型车头、高气密强度和气密性车体、车头长度增加且平顺化等，在减少气动阻力、改善车头区域空气动力噪声方面效果明显。同时还改进了受电弓导流罩、空调机组导流罩等结构，使其外表面呈流线型。

2. 针对板式无砟轨道，在钢轨与轨道板间的扣件系统设置橡胶垫板，路基区段在基床表层直接浇筑 30 cm 厚的支承层；桥梁区段轨道板通过“两布一膜”与梁面分开，有效阻止振动传播，同时跨度 32 m、单孔重量达 900 t 级的简支箱梁具有足够的抗共振性能。

3. 动车高速运行通过隧道时，形成的微气压波会引起强烈的爆破声，为解决这个难题，京沪高铁在正线隧道采用有效净空面积不小于 100 m^2 的断面结构及斜切帽檐式洞门和喇叭口式洞门型式，同时在需要噪声防护的隧道洞口设置缓冲结构，有效降低了微气压波产生的次生环境影响，同时也提高了车厢内部的舒适度。

4. 高架车站虽然节约了大量土地资源，但动车组快速通过时，容易产生结构共振、二次结构噪声等影响候车环境的不利因素。研究人员从振动噪声源、传播途径和混响声三个方面控制，研究确定了高铁典型高架车站结构减振降噪综合技术方案，其中振动噪声源控制技术主要包括：站房采用桥—站分离式结构，站房与轨道、梁部、正线桥墩及基础完全脱开，正线、到发线桥梁梁部均采用简支箱梁，提高梁部竖向和横向刚度以及梁部自振频率。传播途径控制技术主要针对空气声和结构声的传播途径加以控制，包括：临近正线站台采用屏蔽门技术，站台廊道口加设维护结构并在廊道围护结构设置吸声吊顶，设置轨道吸声板，加强屋面隔声处理等。混响声控制技术主要包括：增设吸声吊顶，高架候车厅顶部及底板吊顶、地下通廊吊顶、无站台柱雨篷吊顶采用吸声材料降低混响声的影响，站台挡墙外贴吸声材料等。

5. 京沪高铁大量采用较为成熟的金属插板式声屏障降噪技术，实现阻隔和吸收高速动车组运行产生的刺耳噪声的目的。此类声屏障通常为直立式结构，由铝合金复合吸声单元板组合而成，内置吸声材料，其吸声性与高铁声场频谱特征相吻合，同时声屏障的结构设计和材料选取也满足了列车风引起的脉动力要求。声屏障设置的长度、高度与线路敷设方式、环境保护要求密切相关。

6. 在噪声控制设计原则上，对于距离线路外轨中心线 80 m 以内的集中噪声敏感建筑物优先考虑声屏障。在距离京沪高铁线路较近、声屏障降噪无法满足要求的特殊区段，采取结合工程建设和城镇规划对部分敏感建筑物进行搬迁和功能置换的办法。对于零星分布或不适于采取声屏障措施但对噪声监测结果超标的敏感建筑，采取安装隔声窗的降噪措施。

通过采取相关措施和组织研发人员进行技术攻关，从动车组、线路到站房，均有效降低了京沪高铁的噪声影响，提高了旅客的舒适度，达到了减振降噪的目标。京沪高铁设置的声屏障和风屏障对于沿线声环境质量的改善发挥着重要的作用。对于沿线实施声屏障后功能区噪声仍达不到标准的敏感建筑物，设计上补充实施约 6 万 m^2 的隔声窗。环保拆迁方面，沿线 30 m 范围内的噪声敏感建筑物按要求纳入拆迁范围或改变使用功能。

（八）动车组和站所污染集中处理和排放技术

以往铁路线路的环境污染主要受到一些垃圾开放式处理的影响，为了改善线路环境卫生，京沪高铁采用了更加先进的污水处理和垃圾处理装置，施行了更加环保的垃圾处理方案。京沪高铁开行的全封闭高速动车组，每一节车厢都配置了先进的真空集便系统，将运行过程中产生的污水集中贮存起来，固体废物也集中处理，不外排，减少了对沿途环境的影响。另外，动车组设备选用时考虑了节能环保要求，对用水量较大的设备自配水处理及回收装置，如动车组外皮清洗设备、动车组滤网滤筒清洗设备等。

京沪高铁沿线 3 个动车运用所、4 个枢纽车站站场设置了地面真空卸污系统，主要采用固定式真空卸污机组，抽出动车中贮存的污水，然后经污水处理设施处理后排入附近市政污水管网；充分利用城市热源集中供暖，没有集中供热条件时按照当地政府要求，采用清洁能源或污染防治措施，确保污染物达标排放。车站方面，沿线德州东站、曲阜东站、宿州东站、定远站采取了人工湿地处理工艺，其余 19 个车站污水均采取经化粪池处理后纳入市政管网。其中一些车站也采用了多种技术结合的方式，如德州东、曲阜东等车站采用化粪池＋人工湿地处理，济南动车所采用化粪池＋厌氧生物滤池处理，南京南动车所采用化粪池＋序列间歇式活性污泥法(SBR)处理。这些措施不仅使得线路、站点的环境变好，也增强了广大铁路职工和乘客的社会责任感和环保意识。

第八章　高铁地理经济

“高铁地理经济”主要着眼于研究高铁地理经济的构成要因和高铁与地理经济的内在关系及其影响机理。本章研究的主要内容包括高铁与国土空间开发、高铁与空间经济走廊、高铁与城市空间布局等。要发挥高铁在优化国土空间开发、构建高铁经济走廊、完善城市发展空间布局等方面的地位和作用，进一步优化中国经济发展空间格局。

第一节　高铁与国土空间开发

地理经济学是经济学一个新的重要领域，发展了空间经济学的计量方法，运用农业区位论、工业区位伦、中心地学说等区位理论以及增长极、点轴等其他相关理论来分析经济活动的集聚和空间过程，解释经济活动跨空间分布的问题。国土空间开发是地理经济学的一个重要研究内容。

交通基础设施的建设是引导国土开发方向、优化国土开发格局、进行“空间”资源配置的有效手段之一。高铁能够显著提高沿线地区的空间可达性，改善区域投资环境，为沿线地区经济发展和生产要素集聚创造条件，进而在国土空间上形成通道经济布局形态，有利于区域的扩大开放与国土资源的合理开发。加快高铁建设，不但可以促进国土要素在空间上合理配置和交流，提高国土开发效率和效益，而且可以改变国土开发条件和环境，培育新的开发区域和经济增长极。

一、国土空间开发

国土空间是指国家主权与主权权利管辖下的地域空间，是国民生存的场所和环境，包括陆地、陆上水域、内水、领海、领空等。中国国土空间辽阔，但适宜开发的面积并不宽裕，人均面积就更少。中国约 60％的国土空间为山地和高原且空气稀薄。适宜城市化开发的国土面积狭小，决定了中国城市化可供选择的地域空间极为有限。如何协调城市化的加速发展带来的城市空间需求压力与有限的国土资源之间的矛盾，保障社会经济的健康和可持续发展，创造宜居的城市环境，是迫切需要解决的问题。这就需要强化国土空间规划宏观调控的职能，在促进国土均衡发展的同时，通过合理的城市化空间格局来追求效率；需要合理清晰的城市化战略格局以及相应的农业化战略格局和生态安全战略格局的规划。

《全国主体功能区规划》是中国第一个国土空间开发规划，是战略性、基础性、约束性的规划。实施主体功能区规划，推进主体功能区建设，是中国国土空间开发思路和开发模式的重大转变，是国家区域调控理念和调控方式的重大创新，对推动科学发展、加快转变经济发展方式具有重要意义。

《全国主体功能区规划》要求根据不同区域的资源环境承载能力、现有开发密度和发展潜力，统筹谋划未来人口分布、经济布局、国土利用和城镇化格局，将国土空间划分为优化开发、重点开发、限制开发和禁止开发四类，确定主体功能定位，明确开发方向，控制开发强度，规范开发秩序，完善开发政策，逐步形成人口、经济、资源环境相协调的国土空间开发格局。要树立新的开发理念，调整开发内容，创新开发方式，提高开发效率，推进区域协调发展，缩小地区间基本公共服务和人民生活水平的差距，以及基础设施之间的差距，建设中华民族美好家园。优化开发区域和重点开发区域作为城市化地区，主体功能是提供工业品和服务产品，集聚人口和经济，也要提供一定数量的农产品和生态产品；限制开发区域作为农产品主产区和重点生态功能区，主体功能是提供农产品和生态产品，但也允许适度开发能源和矿产资源，允许发展那些不影响主体功能定位、当地资源环境可承载的产业，允许进行必要的城镇建设；对禁止开发区域，要依法实施强制性保护；政府从履行职能的角度，对各类主体功能区都要提供公共服务和加强社会管理。

国土空间开发要从占用土地的外延扩张为主，转向调整优化空间结构为主，适度扩大交通设施空间，重点扩大城市群内的轨道交通空间。交通基础设施的建设规模、布局、密度等，要与各主体功能区的人口、经济规模和产业结构相协调，宜密则密，宜疏则疏。加强综合运输体系建设，提高铁路、公路、水运、空运等多种运输方式之间的中转和衔接能力。优化开发区域要优化交通、能源、水利、通信、环保、防灾等基础设施的布局和建设，提高基础设施的区域一体化和同城化程度。重点开发区域要统筹规划建设交通、能源、水利、通信、环保、防灾等基础设施，构建完善、高效、区域一体、城乡统筹的基础设施网络。限制开发区域要以县城为重点推进城镇建设和非农产业发展，加强县城和乡镇公共服务设施建设，完善小城镇公共服务和居住功能。禁止开发区域的交通、通信、电网等基础设施要慎重建设，能避则避，必须穿越的，要符合自然保护区规划，并进行保护区影响专题评价，新建公路、铁路和其他基础设施不得穿越自然保护区核心区，尽量避免穿越缓冲区。

2018 年 4 月公布的《河北雄安新区规划纲要》，也坚持生态优先、绿色发展，统筹生产、生活、生态三大空间，构建蓝绿交织、和谐自然的国土空间格局，逐步形成城乡统筹、功能完善的组团式城乡空间结构，布局疏密有度、水城共融的城市空间。科学确定新区开发边界、人口规模、用地规模和开发强度，形成规模适度、空间有序、用地节约集约的城乡发展新格局。要按照网络化布局、智能化管理、一体化服务要求，坚持公交优先，综合布局各类城市交通设施，实现多种交通方式的顺畅换乘和无缝衔接，打造便捷、安全、绿色、智能交通体系。

二、高铁与生产力布局

生产力布局是指国民经济各种要素，生产的各个环节与再生产之间的地理分布和组合。生产力的总体布局是扩大再生产的起点，在经济发展的过程中发挥了不可磨灭的作用。在市场经济条件下，生产力布局要求充分利用区位条件和区域优势，优化生产要素的配置与组合，实现经济效益最大化以及高效、可持续的区域经济发展。增长极模式、点轴模式和网络模式主要构成了区域生产力布局的三种形式。

（一）增长极模式

增长极模式是研究区域生产力扩散的最基本模式，这一理论最早由法国经济学家普劳克斯提出，并将增长极划分为产业增长极和空间增长极。从空间层面上看，增长极通常是一个产业优势融合突出、区位条件明显突出、具有优越的投资环境和巨大发展前景的即将迅速发展、崛起的地区。在发展某一地区，尤其是计划经济活动相对集中的地区，如物质技术基础较强、生产要素较为集中的城市，计划中的经济增长极将带动经济增长。由此带来的高速增长及乘数作用会辐射到周边地区，并最终促进区域协调发展。

区域生产力增长方式的增长极是分层次的。同一地区的增长依据其集聚、辐射功能和经济实力可以划分成若干增长极。城市规模和高新技术产业开发区的布局往往决定了这些增长极的水平。在成渝经济区，成都电子、军工、食品、轻工业较为发达，重庆汽车、摩托车、装备业较为发达，由于成渝高铁可实现两小时互通，空间范围内，双城变一城，增长极相互融合、由融资关系带动相关第三产业的发展，乘数倍的增长使得这种增长辐射周边地区，最终带动整个区域经济的全面均衡发展。

（二）点轴模式

点轴模式是增长极模式的延伸。点轴开发理论（点轴理论）由中国著名地理学家陆大道先生提出。工业通常集中在某几个方面的增长极，而且工业要素随着经济的进一步发展逐步增加，经济要素之间要满足交通运输等基础设施建设，形成经济轴线布局。点轴布局模式的点主要指的是自身极具增长潜力的城镇或本身就具有区位优势的地区。经济轴的水平主要取决于其在区域经济中的范围和影响力；作为主要经济轴心或作为经济轴心的影响范围广泛，其次才是次要经济轴心。发展中地区或发达地区适宜采用点轴模型，然而随着经济的发展，网络布局模式必然取代点轴模式。

(三)网络布局模式

网络布局模式相比其他两种模式,是生产力布局的高级模式。某一地区增长极之间的经济联系,以及经济轴之间的经济技术轴,构成了区域生产力模型中的网络,形成点、线、面三者的统一。随着区域经济整体实力的增强,工业化和城镇化的推进,技术扩散,便会有新的经济增长极形成,进而产生新的点轴模式。新旧点轴不断扩散和经纬交织,形成经济网络体系,也形成了生产力网络布局模式。这一模式主要适用于经济技术比较发达的地区。

经济发展是一个不断变化的动态过程。由于不同发展阶段各地区发展的基础条件不同,区域生产力布局不可能完全一致。高铁客站的选址和高铁对区域交通的影响将大大有利于区位优势的提升,增强区域的吸引力。同时,劳动力、资本这些生产要素的趋利性也把这些生产要素推向效益最大的地方。虽然人口和就业流量因地区而异,但这仅仅是高铁可能对人们就业流向的影响因素而并非唯一决定因素,人们在选择就业或定居时还会受到区域经济发展状况、个人喜好等一系列因素的影响。因此,高铁对生产力的影响,要考虑人口流动、就业情况和其他物质要素如制造企业、资本流动和技术流动等。

资源的合理配置和生产率的提高得益于生产要素之间的自由流动,但是不同地区之间生产要素的流动所带来的影响也是不同的,既有正面影响,也有负面影响。修建高铁,城市的劳动力、科学技术、人力资本、信息、金融资金等生产要素将随之加速流向高铁途经城市,规模较大、服务业发展相对发达的城市在这一方面更为明显,而对于相对落后的地区,经济的发展可能会产生消极影响,也就是高铁带来负溢出效应。

从催化视角看,新的经济活动将被高铁站点所吸引,高铁联网将推动经济增长。催化经常发生在经济欠发达或处于发展过渡阶段的城市,决策者希望通过连接高速网络来刺激该地区的经济潜力,并且争取获得更全面和更密切的连接。在经济发达地区,经常发现需要建设新的基础设施来适应经济增长的需求,以确保城市的可达性符合该地区的经济增长。高铁发展极大地推动了中国城市圈结构的重构,促进了不同地区不同规模的融合,实现区域一体化发展。

三、高铁与国土空间通达度

霍伊特于 1939 年创立了扇形理论。他把市中心的通达性称为基本通达性,把沿辐射状交通主干线所增加的通达性称为附加通达性。用来计算和衡量通达性的指标有很多种,通常选取旅行成本和区位吸引力来作为评价通达性的指标,因此计算通达性时也往往从这两方面入手。时间成本、费用成本、机会成本和旅行的舒适度、安全性通常被用来作为旅行成本的考虑因素。

评价一个地区通达度最重要的指标，就是平均旅行时间指标，其指标是一个评价节点到各经济中心的时间测度，主要取决于评价节点的空间位置，也取决于经济中心和连接节点的交通设施质量。

在所有其他条件相等的情况下，如果新企业地处高铁设站区域等经济信息中心的日交通辐射范围内，将能够获得更大的劳动力和其他行业市场，提升劳动生产率。这种联系是集聚经济的重要因素，是企业和个人从经济活动群聚中获取的效益。提高一个地方的经济潜力可以通过以下两个渠道来实现：其一为提高经济活动水平，其二为综合考虑旅行时间和成本更容易到达。因此，如果高铁的建设（或其他类似交通改善项目的投放）可以减少地区之间的旅行阻力，这将增加沿线城市的“经济潜力”。因此高铁客站的合理选址对于居民和商业发展至关重要，涉及高铁运力和城市规划建设的多方面融合。

高铁的快速通达性，大大缩短了城市间的出行时间，空间距离的概念逐渐淡化，时间成本逐渐取代了空间距离，进而影响该地区空间结构的重构。大阪新干线站区有着非常优越的地理位置，作为当地的交通枢纽连接着 JR 线、阪神线、阪急线、地铁线，更是演变成为当地的经济中心。地理位置的优越性可以从其路网结构看出，有来自三家地铁公司的共计八条线路可以到达神户、京都、关西国际机场等人流密集地带，日均承载量达到 80 万人次以上，成为日本关西地区最大的铁路枢纽。便捷的交通条件也吸引了大量人流的聚集，例如梅田站附近大型商业办公楼、购物中心和休闲娱乐场所，这些随着高铁而产生的商业项目大都分布于车站附近，二者相互促进，酒店、商场、写字楼等既因为高铁的便捷而发展又可以为高铁招来人流。另外，高铁还带动了当地房地产业的发展。

长三角城市群拥有广阔的经济腹地，国土面积占地 21.17 万 km^2，包括 20 余个城市（表 8-1），形成了集最高密度铁路干线、发达公路网络、现代化港口和机场集群的三维综合交通网络，是中国参与国际竞争的重要平台和经济社会发展的重要引擎，是长江经济带的引领开发区，也是中国城镇化进程最好的地区之一，在中国现代化建设和全方位开放格局中具有举足轻重的战略地位。

表 8-1　长三角城市群涵盖的城市

<table>
<tr><th>序号</th><th>省　级</th><th colspan="5">地　市　级</th></tr>
<tr><td>1</td><td>上　海</td><td colspan="5"></td></tr>
<tr><td rowspan="2">2</td><td rowspan="2">江苏省</td><td>南京</td><td>常州</td><td>无锡</td><td>苏州</td><td>南通</td></tr>
<tr><td>扬州</td><td>盐城</td><td>镇江</td><td>泰州</td><td></td></tr>
<tr><td rowspan="2">3</td><td rowspan="2">浙江省</td><td>杭州</td><td>嘉兴</td><td>宁波</td><td>舟山</td><td></td></tr>
<tr><td>绍兴</td><td>湖州</td><td>金华</td><td>台州</td><td></td></tr>
</table>

续上表

序号	省级	地市级				
4	安徽省	合肥	马鞍山	芜湖	铜陵	
		池州	宣城	安庆	滁州	

注：根据《长江三角洲城市群发展规划》(发改规划〔2016〕1176号)整理得出。

高铁在长三角城市群发挥着重要引导作用，如没有直达普速列车通过的湖州、台州等城市开通了高铁，极大地推动了经济发展。表8-2汇总了从北京、上海出发乘坐高铁到达长三角城市群中某一城市的用时，与普速列车相比大大缩短了出行时间。

表8-2 北京和上海到达长三角城市列车运行时间

发到站	高铁	普通列车
北京—上海	4 h 18 min	19 h 25 min
北京—南京	3 h 13 min	15 h 9 min
北京—无锡	5 h 12 min	17 h 25 min
北京—常州	4 h 4 min	无
北京—苏州	4 h 9 min	17 h 56 min
北京—南通	无	13 h 58 min
北京—盐城	无	11 h 56 min
北京—扬州	无	10 h 13 min
北京—镇江	4 h 32 min	无
北京—泰州	无	13 h 39 min
北京—杭州	4 h 18 min	21 h 18 min
北京—宁波	6 h 5 min	无
北京—嘉兴	6 h 10 min	14 h 55 min
北京—湖州	5 h 21 min	无
北京—绍兴	6 h 14 min	无
北京—金华	7 h 1 min	23 h 52 min
北京—台州	8 h 7 min	无
北京—合肥	3 h 35 min	14 h 24 min
北京—芜湖	无	17 h 4 min
北京—马鞍山	无	16 h 9 min
北京—铜陵	5 h 25 min	无
北京—安庆	6 h 9 min	18 h 8 min
北京—滁州	4 h 5 min	14 h 22 min
北京—池州	6 h 8 min	无
上海—南京	59 min	4 h 45 min
上海—无锡	28 min	1 h 19 min
上海—常州	47 min	3 h 51 min

续上表

发到站	高　铁	普通列车
上海—苏州	23 min	1 h 39 min
上海—镇江	1 h	3 h 22 min
上海—杭州	52 min	3 h 1 min
上海—宁波	1 h 48 min	4 h 51 min
上海—嘉兴	27 min	1 h 13 min
上海—湖州	2 h 4 min	无
上海—绍兴	1 h 14 min	2 h 44 min
上海—金华	1 h 32 min	5 h 46 min
上海—台州	2 h 48 min	无
上海—合肥	2 h 13 min	7 h 36 min
上海—芜湖	2 h 24 min	6 h 42 min
上海—马鞍山	2 h 4 min	5 h 4 min
上海—铜陵	3 h 17 min	7 h 42 min
上海—安庆	4 h	无
上海—滁州	1 h 35 min	6 h 22 min
上海—池州	3 h 9 min	8 h 28 min

注:根据铁路客户服务中心 2018 年 4 月 10 日运行图调整后查询整理得出。

另外,高铁客站的资源配置,也直接影响一个地区的可达性水平。对于一个城市而言,使用现有的(或升级的)火车站还是新建高铁客站需要全面论证,升级旧火车站涉及既有线路升级、拆迁等一系列问题,而新建高铁客站通常位于城外,如果配套换乘设施无法跟上,城市交通不便,将会影响城市对外交通通达性,降低客流量,减弱城市吸引力。

总而言之,高铁通过改变国土空间的通达度,带动产业、资源、人口和其他要素禀赋在高铁沿线的集聚或扩散,优化空间经济结构和产业结构,推动经济地理要素的配置与均衡发展。

第二节　高铁与空间经济走廊

一、空间经济走廊形成机理

(一)经济走廊的内涵

走廊是用来比喻连接两个地区间的长形地带。从经济学角度讲,走廊是经济要素在一定区域范围不断聚集或扩散的一种特殊空间形态。经济走廊即是由交通运输沿线将两个或多个地区的经济活动和产业分布连接起来的经济带。经济带是一个区域经济学概念,是以若干交通运输线路为轴线,将沿线的经济区连接起来形成带状。在这一带状区域内，一些经济态势良好的大中型城市得以互联互通，这些中心城市也发挥经济联动功能，带动影响范围内不同级次的地区产业间的合作发展。经济走廊的作用在于合理利用交通干线和关键枢纽，将相关要素禀赋在不同区域间有效配置，进而使沿线各地区经济协同发展。

（二）空间经济走廊的形成机理

空间经济是指在一定的地域空间范围内生产资料和生产关系存在且呈现一定规律分布，表现在各个要素部门、生产主体之间相辅相成的促进与制约关系。结合经济走廊的一般特性，空间经济走廊可以定义为空间经济依托若干纵横交错的综合交通线路及其资源禀赋空间分布而形成的呈走廊式延伸和辐射的经济带的初期阶段。

空间经济将区域结构中的点纵向连成线、横向辐射成带即形成了空间经济带或空间经济走廊，而这些点是指地区间经济实体在区位上聚集或分散排列形成的点状分布状态。一般地，农业及其加工业、制造业、服务业等产业部门的组织在空间上以相应的工业点、商业点、服务网点等呈现出来，这些点在空间结构的规律分布可以引起人口集聚和社会活动规模集中的效应，人类社会经济活动的频繁发生也促进了产业的规模发展。随着社会生产力的发展，区域空间结构中的点愈加密集，产生辐射效应和延伸效应，最后呈线状分布结构。沿线经济活动之间的互联互通则需要依托运输干线和通信线路等来实现人流、物流和信息流，这些基础设施形成的环境优势将沿线产业联系在一起，形成空间经济走廊。

二、高铁对空间经济走廊的影响

（一）高铁对经济的影响效应

1. 高铁建设促使客运快速增长

一直以来，中国高铁发展以减轻出行压力为目的，一方面缩短空间位移完成的时间，有效地提高旅客的时间效用；另一方面也因其高舒适度、高安全性等满足了旅行者的需求。数据显示高铁自发展以来在一定距离内旅客发送量呈现快速递增趋势。如日本东海道新干线投入运营后其客运发展水平得到了快速提升，旅客发送量基本与GDP同步增长，为国家宏观经济的增长做出了较大贡献。中国高铁运行效率高、运输能力大，满足了大量的旅客出行需求，高铁旅客发送量快速增长，高于同期GDP增长水平。2017年，高铁旅客发送量17.13亿人次，比上年14.43亿人次增长了18.7%；2017年全国GDP为82.7万亿，比上年增长6.7%。

2. 高铁改变了客运市场结构

高铁的技术优势大大增强了铁路与其他运输方式的竞争能力，中长距离的客运吸引力甚至超过了航空。高铁的兴起使得交通运输市场的需求结构发生很大变化。高铁出现之前，受经济社会发展、人民收入水平和需求多样化等因素的影响，旅客运输市场的四大交通方式的运输量基本保持稳定增长。高铁快速发展以来，以其高速、舒适、安全的优势吸引了很大一部分中长途客流。据统计，高铁的发展对公路、航空等交通方式的客流量造成了一定冲击，使得客运市场中各种运输方式占比有所改变，这也刺激了各种交通方式不断优化自身客运服务质量，提高市场竞争力，进而推动整个运输市场的良性发展。

3. 高铁的区位空间溢出效应

高铁建设不仅可能拉大地区差距，在发展的初期甚至会使地区发展出现两极分化现象。由于集聚经济和路径依赖效应的存在，依据增长极理论、极化效应理论可知，高铁的建设会进一步增强处于中心地带的城市发展优势，周边的地区发展因此会被削弱，从而进一步拉大地区差距和两极分化。然而，当区域经济发展到一定程度时，竞争也会愈加激烈，区域中心城市将面临新的挑战，例如随之而来的高房价、高地价等土地增值问题和人口承载力问题，而此时周边的城镇也已经初步具备了对接产业转移的条件，涓滴效应会开始占主导地位。高铁的发展通过涓滴效应，逐渐为中部地区的人口和经济提供支撑，优化区域的分工配置、促进整个区域的均衡发展，缩小地域差异。整个过程可以表述为一个梯度推移的过程。梯度推移理论指的是经济技术发展在世界范围内或者单一国家的范围内是不均衡的，从而形成了技术梯度，并由技术梯度产生了空间推移。由于高铁的客观存在，其先进技术导致经济要素在时空上高度集聚，产生极化效应，当空间集聚到一定程度，周边低密度地区逐步开始承接涓滴效应，促进整个国土空间在经济要素上的均衡发展，缩小地域差异。表现为高铁技术带来的经济梯度，通过涓滴效应，逐步呈现出梯度转移的现象。

(二)高铁建设对空间经济走廊发展的影响

城市的发展史表明，一个地区经济的发展速度与其交通通达程度和开放度有着密切联系。高铁的开通运营不仅方便了旅客出行，还产生了高铁经济的正外部性，带动沿线区域经济带的辐射效应和延伸效应，为沿线区域经济的发展提供了新引擎。

1. 高铁对沿线城市可达性的影响

高铁的开通提高了远距离运输的时效性，加快了要素资源流动和信息交换，提高了区域可达性。一方面是人员可达性，对于没有建立高铁站的地区，人们往往只能选择公路、普速铁路甚至水路等交通方式，时间效用比使用高铁低很多。例如，1964 年日本东京—大阪的高铁线路开通后，总出行时间相较传统铁路缩短了 38.46%。另一方面是要素的加速流动，以高铁站为交通枢纽的发达城市可以将其资源禀赋流动到欠发达地区，从而带动该地区相关产业的发展，促进区域均衡发展。

2. 高铁对资源要素配置的影响

经济基础雄厚、客流量大、城际交流密切是高铁站点选择的重要衡量指标。高铁的建设带来了这些区域经济扩散效应，加快周边地区的经济发展。同时也存在虹吸效应造成的要素集聚，进一步加剧了中心城市与周边不发达城市的贫富差距。对日本新干线的研究表明高铁线路网络对人口分布与相关产业经济的关系在空间上的影响不是分散配置而是出现了集聚。因此高铁的建设对空间经济走廊影响是复杂的。

3. 高铁对走廊沿线产业结构的影响

高铁对走廊沿线产业结构的影响很大(表 8-3)。首先，在产业结构升级方面，高铁快速发展不仅加大了中国交通基础设施建设领域投资，也带动了高新技术产业和高端装备制造业的发展，因此高铁的建设使得中国制造业的特点从劳动力密集型转变到技术引领型，对于技术型人才的引进和培养在一定程度上产生了一种创新潮，极大地带动了产业结构的优化升级。其次，区域产业结构中三次产业的占比有所变化，主要表现为第二、第三产业占比的变化：用于研发高铁动车组及其配件的技术密集型制造业与直接为旅客提供服务的相关设备制造业占比相对提升；高铁的运营直接或间接地加速了沿线城市旅游业、房地产业、金融投资业、餐饮业等多种服务业的集中分布，为增加国民生产总值做出了很大贡献。

表 8-3　部分国家高铁对走廊沿线产业结构影响效果①

高铁线路		发展效果	资料来源
人口			
日本	—	高铁沿线有站点的地区的人口增长要比非高铁沿线没有站点的地区高，但是仅仅是边际性的增长	天野等人 (Amano et al,1990)
	东海道新干线	有新干线站点的城市的人口增长率要比没有站点的高出 22%	广田(Hirota,1984)
	—	有一个或多个新干线站点的六个县中，有三个县的平均人口增长率要高于平均，其余 3 省要低于平均水平，甚至出现下降。 在岩手县——高铁沿线人口下降的一个地区，沿着高铁沿线的县城人口是增长的，其余的大部分地区人口是下降的。 在日本 104 个“日常生活区域”中，新干线沿线有 57.58%的区域人口是增长的，而没有新干线车站的则只有 22.54%的区域人口是增长的	中村等人 (Nakamura et al,1989)
	东北新干线	靠近高铁车站的城市，人口增长率为 32%，在同一地区但是远离车站的区域没有发现人口增长	奥博迈耶等人 (Obermauer et al,2000) 普雷斯顿等人 (Preston et al 2008)
西班牙	马德里—塞维利亚	与高速公路廊道相比，连接高铁车站的地区与未连接高铁车站的地区之间差异较大。在高铁廊道内，雷阿尔城成功地吸引了来自省内和省外的住房投资。但是，普尔托努(Puertollano)城，同样位于高铁沿线，与雷阿尔城相邻却显示出了一个完全不同的发展模式。雷阿尔城所展现出的人口和经济活力的聚集被认为是以牺牲普尔托努城为基础的	加门迪亚等人 (Garmendia et al,2008;2011)

① 段进. 高铁时代的空间规划[M]. 南京：东南大学出版社，2016.

续上表

高铁线路		发展效果	资料来源
人口			
英国	英格兰东南线	阿什福德是连接至高铁沿线的一个城市，在20世纪90年代其人口增长率要比整个英格兰东南区域高出11%	普雷斯顿等人(Preston et al 2008)
英国	联合王国城际铁路125/225线	距离伦敦1 h之内，无论是高铁沿线和铁路沿线的城镇都展现出了巨大的增长，与此同时伦敦的人口却在不断减少。2 h之内，非高铁、普速铁路沿线的城镇(除三个城镇外)有明显的增长，但是增长比率较低。然而通高铁的城镇人口却反而先降或者缓慢性地以较低于全国平均水平的速率增长(除两个城镇之外)。超过2 h以外的城镇除一个城镇以外(该城镇行政区划进行过调整)，人口全部下降	陈柴琳等人(Chia-Lin et al,2010)
就业与劳动力市场			
日本	东北新干线	有新干线车站的城市在零售、建筑以及批发等行业内的就业增长率要比没有新干线车站的城市高出16%～34%	广田(Hirota,1984)
日本	东北新干线	有新干线车站的城市就业增长率要比没有新干线的车站高出26%(有新干线车站为1.8%，没有新干线车站为1.3%)	天野等人(Amano et al,1990)
日本	—	在零售业的就业增长上，只有高铁车站的城市有0.4%的增长率，只有高速公路的城市有1.2%的增长率，两者都有的为2.8%的增长率，两者都没有则下降了3.6%。在信息产业部门，有高铁车站和高速公路的就业率增长了22%，而只有高速公路的只增长了7%	中村等人(Nakamura et al,1989)
日本	—	不管是中间站点的城市还是终点站，在餐饮业和住宿业都有巨大的增长	布鲁奇(Brotchie,1991) 广田(Hirota,1984)
日本	—	对零售业等部门影响较小，且随着距离车站的距离越大影响越小	冈部(Okabe,1980)
英国	英格兰东南线	阿什福德的就业率要比整个英格兰东南地区高6%	普雷斯顿等人(Preston et al 2008)
英国	联合王国城际铁路125/225线	在距离伦敦1 h以内的城镇中，无论是通高铁的还是不通高铁的，除了剑桥都比平均就业率高。在1～2 h之间以及超过2 h的城镇中，除了一个城市以外，其活力均要比平均水平增长的更为缓慢。除此以外，有高铁和没有高铁的城镇服务业的增长率、知识经济相关行业的增长率中，1 h以内的高铁城镇要表现出强烈的优势	陈柴琳等人(Chia-Lin et al,2010)
法国	亚特兰大线(1989年)	由于法国高铁的开通，那些由于昂贵的交通成本先前不能在巴黎工作的人们，现在有机会到巴黎工作。因此巴黎就业率的增长得益于TGV产生的劳动力市场的扩大。与此相反，勒芒等城市却经历了一个消极影响	奈弗(Nyfer,1997)、里特维尔等人(Rietveld et al,2001)
经济活力/旅游业			
日本	三阳新干线	高铁沿线的三个县(广岛、山口、福冈)分别增长了7.9%、1.3%、11.8%。一些新干线沿线的城市由于高速列车并不停靠导致观光人数大幅减少。尾道市在1964年有1764000名游客，新干线开通后，在1975年这一数值降低至1 605 000人	冈部(Okabe,1980)
日本	三阳新干线	旅游观光业的发展混合了高铁站点的效益。中间停靠站点的城市的过夜人数并没有上升到很大程度，这归结于当日往返旅游人数的增加	冈部(Okabe,1980)

续上表

高铁线路		发展效果	资料来源
经济活力/旅游业			
法国	巴黎—里昂线（1983 年）	经历过两个相反的改变：过夜旅行越来越少，但是利用高铁旅行人数逐步增加，冬季旅行的人数也没有发生过任何变化	博纳富斯（Bonnafous，1987）
	亚特兰大线（1989 年）	促进了旅游业的繁荣，尤其是商务观光业。在勒芒，旅馆数量增加但是旅游天数却在减少。 会议和交流以前通常只有区域层面，现扩大至法国全国甚至国际层面。高铁廊道的建设加速了已处于困境中的旅馆业的衰落	马森等人（Masson et al，2009）
	巴黎—马赛线	整个法国东南区域由于高铁开通以后，其短期旅行（扩大至周末往返）以及特殊人群（青年、专家学者以及国际旅行者）的旅行人数大幅增加	
经济活力/商务服务业			
日本	—	新干线对城市功能有着很大的影响：加强或弱化了城市的管理、金融以及控制功能。一般趋势上，东海道新干线加强了东京和大阪的影响力，特别是东京，变得越来越强，然而名古屋作为“中间地带的城市”得到了削弱	卡马达（Kamada，1980）
		以总部功能和金融功能为例，名古屋、京都、大阪以及神户在区域中的地位得到了下降，同时东京这些功能的聚集度得到了增强	散吉（Sanuki，1980）
法国	巴黎—里昂线	TGV 东南线的商务旅行增加了 56%，服务业出行的比例增加了 112%	派德拉（Pieda，1991）
		没有证据显示巴黎—里昂高铁线路的开通导致了企业从里昂搬至巴黎，但是出现了以巴黎为基地的企业总部，由于高铁的连接搬迁至阿尔卑斯地区。高铁站点在上游办公企业的区位选择上扮演了重要的作用，但是这个因素并不是决定性的	博纳富斯（Bonnafous，1987） 桑德斯（Sands，1993） 里特维尔等人（Rietveld et al，2001）
		法国 TGV 引发了企业区位选择在那些有高铁车站的城市，比如里昂，其在与周边类似城市的竞争中能够吸引更多的企业	奈弗（Nyfer，1997）、里特维尔等人（Rietveld et al，2001）
西班牙	马德里—巴塞罗那	高铁开通后，萨拉戈萨在 2008 年成功举办了国际博览会，并于 2014 年举办了国际福罗拉丽亚节展示会	丽纳等人（Urena et al，2009）
	联合王国城际铁路 125/225 线	一般而言，与伦敦通过高铁相连的城镇在私人服务业上要比公共服务业的吸引力高很多，但是随着距离伦敦市交通时间的增加，其吸引力在逐步降低	陈柴琳等人（Chia-Lin et al，2010）
德国	法兰克福—克隆线	沿线连接至高铁的两个小城市蒙塔鲍尔和林堡，其经济增长要比其他地区年均高出 2.7%，且这种增长是持续性的增长。这两个城市的经济增长主要归结于高铁的建设	阿尔弗尔特等人（Ahlfeldt et al，2010）
经济活力/批发和零售业			
日本	三阳新干线	新干线在零售业和批发业方面没有产生积极的影响，虽然一些设新干线车站的城市的零售业和批发业得到了增长，但是只有两个城市在 1975 年开通后其增长率超过 10%	桑德斯（Sands，1993）
英国	英格兰东南线	阿什福德在住宿、零售商店等不动产价格下降的速率要低于其他地区	普雷斯顿等人（Preston et al，2008）

(三)高铁对中国城市经济格局的影响

1. 高铁对中国城市经济格局的总体影响

中国城市间的相互作用体现出明显的东部、中部与西部地带性规律。东部地区的城市在对外联系和城市间经济联系强度这两个方面明显高于中部地区,更是远高于西部地区;"廊道效应"也相应地伴随着城市间相互作用而产生,即高铁沿线城市对外联系程度相对较高,城际之间经济联系增强,在京津冀、长三角、珠三角等地区尤为明显。高铁的发展不单单加强了东中部、中西部、东西部城市间的相互联系,更促进了东部、中部与西部一体化的融合发展。

交通网、交通流和地域通常被称为研究交通现象的三个基本要素,人们关注人和物质的移动、交通网状结构等。高铁对城市和区域空间的影响也表现在这三个层面上,最为直接的影响是引起可达性的变化,然后是个体消费者和生产者的位置偏好间接受到区域条件变化(例如区域的通达程度和时空距离等)的影响,导致人力资本、金融资本、信息、科学技术等生产要素发生变化。

高铁站点所在城市及其中心大城市相比外围区域的可达性提高更多,获益也会同步增加更多。研究表明,建成高铁后所带来的城市可达性的转变在空间上的分布是不均衡的。高铁沿线城市可达性大大提升,带来相应就业与投资的集聚,从而形成一定的极化与辐射效应。

中国城镇化水平从 1980 年的 19.4%快速提升到 2017 年的 58.52%,年均增长 1.03 个百分点。近年来,中国重大基础设施的建设特别是高铁的建设促进了人口的聚集和城镇化发展,城镇化发展也带来了空间的聚集效应,对中国城市经济格局产生极大的影响。京沪高铁通车后,其沿线地区城镇化率提升较快。比如廊坊、德州、泰安、徐州城镇化增长幅度由 2008 年到 2013 年都超过了 60%以上。

2. 实证分析

由于城市经济增长本身还受到已有经济基础、资本投入、劳动力流动、技术创新等因素的影响,需要在排除这些因素的影响后,才能区分出高铁对城市经济增长的影响。国际经验表明,高铁对城市经济增长的影响与城市的类型或属性也有关,譬如城市的规模、城市的经济区位等,需要考虑不同类型的城市的经济增长受高铁建设的影响是否存在差异。因此,需要重点验证高铁对不同规模的城市经济增长的影响和高铁对沿线城市影响的空间衰减效应情况等两个问题。

按照 C-D 生产函数,在控制资本累计投入、研发投入、劳动力变化、经济结构和人口密度的基础上,将高铁作为基础设施的重要投入要素,引入到城市经济增长模型(模型 1:基准模型):

$$\Delta GDP_i = \gamma + \delta_1 HSR_i + \delta_2 INV_i + \delta_3 RD_i + \delta_4 \Delta LABOR_i + \delta_5 STRU_{i0} + \delta_6 PDEN_{i0} + \delta_7 ROAD_{i0} + \varepsilon_i \quad (8\text{-}1)$$

其中,被解释变量ΔGDP_i是i城市GDP的增长量,反映i城市经济增长。解释变量首先包括HSR_i和$ROAD_{i0}$,即i城市的高铁和公路条件,作为基础设施的投入降低与外部的交易成本,从而促进经济增长;INV_i:i城市研究时期内的实物资本投入;RD_i:i城市研究时期内的研发投入,是企业技术进步与创新的动力源;$\Delta LABOR_i$:i城市劳动力投入增长量;$STRU_{i0}$:i城市初始的经济结构,用第三产业比重表示;$PDEN_{i0}$:i城市初始的人口密度,反映人口的集聚程度。δ_2至δ_7为变量的拟合系数,将通过本书的模型求得;ε_i为误差项。实际上,在这些变量中人口密度和劳动力投入都能体现城市人口规模对经济增长的作用。

模型2(规模效应模型)将高铁和城市初始经济规模的交互项纳入城市经济增长模型。若交互项的作用显著为正,说明高铁将促进产业向规模较大的城市集聚;若显著为负,则说明高铁促进产业向中小城市扩散:

$$\Delta GDP_i=\gamma+\delta_1 HSR_i+\delta_2 INV_i+\delta_3 RD_i+\delta_4 \Delta LABOR_i+\delta_5 STRU_{i0}+\delta_6 PDEN_{i0}+\delta_7 ROAD_{i0}+\delta_8 GDP_{i0}+\delta_9 HSR_i\times GDP_{i0}+\varepsilon_i \tag{8-2}$$

其中,GDP_{i0}是i城市初始的GDP,反映i城市初始时期的经济规模。

模型3(区位效应模型)将高铁和城市区位(到区域中心城市的距离)的交互项纳入城市经济增长模型:

$$\Delta GDP_i=\gamma+\delta_1 HSR_i+\delta_2 INV_i+\delta_3 RD_i+\delta_4 \Delta LABOR_i+\delta_5 STRU_{i0}+\delta_6 PDEN_{i0}+\delta_7 ROAD_{i0}+\delta_8 DIS_i+\delta_9 8HSR_i\times DIS_i+\varepsilon_i \tag{8-3}$$

其中,DIS_i是i城市到最近的区域中心城市的距离。

所用的高铁数据为2012年底中国已开通的动车组列车(D字头列车)、高铁列车(G字头列车)和城际列车(C字头列车)站点所在城市。由于中国高铁大规模建成通车是从2008年开始,高铁对经济增长的影响可能具有滞后效应。本实证案例从2010年起考察城市经济增长情况,以此构建三种高铁情形(2012年底无高铁、2010～2012年开通高铁、2010年底之前开通高铁)进行对比分析。其他经济社会数据均来自于2010～2012年的《中国区域经济统计年鉴》和《中国城市统计年鉴》。研究中删除了新疆、青海、宁夏、西藏、海南等边远地区的城市样本,剔除缺失数据后的样本城市为233个。

此外,反映城市区位的指标为每个城市到北京、上海、广州这三个区域中心城市的直线距离,由ArcGIS软件计算得出。此时剔除了北京、上海、广州三个城市自身,样本量为230个。为了检验高铁对区域中心城市空间溢出效应的作用范围,可以将该距离进行离散化处理分为不同级别,而非将连续变量直接纳入模型。具体分为八类,第一类是到区域中心城市150 km以内;第八类是到区域中心城市750 km以上,因为750 km正好是世界银行研究认为高铁相对航空具有优势的范围,对中国来说约是高铁 3h 车程；而第二类到第六类是按 100 km 间隔点进行划分(表 8-4)。

表 8-4　高铁对经济格局影响模型变量基本信息

变　量	定　义	均　值	标准差
ΔGDP	2012 年与 2010 年相比 GDP 的增长量(亿元)	514.52	616.07
HSR	高速铁路		
HSR2011-2012	1：2011～2012 年开通高铁，反映研究时段的变化值；0：其他	0.37	0.48
HSR2010	1：2010 年底前就开通了高铁；0：其他	0.06	0.24
DIS			
DIS2	1：到区域中心城市的距离在 150～250 km；0：其他	0.07	0.26
DIS3	1：到区域中心城市的距离在 250～350 km；0：其他	0.12	0.32
DIS4	1：到区域中心城市的距离在 350～450 km；0：其他	0.13	0.34
DIS5	1：到区域中心城市的距离在 450～550 km；0：其他	0.16	0.36
DIS6	1：到区域中心城市的距离在 550～650 km；0：其他	0.12	0.33
DIS7	1：到区域中心城市的距离在 650～750 km；0：其他	0.08	0.27
DIS8	1：到区域中心城市的距离在 750 km 以上；0：其他	0.24	0.43
GDP	2010 年的 GDP(亿元)	1611.76	2125.13
ROAD	2010 年的等级公路里程(千 km)	10.57	6.96
INV	2010～2012 年的全社会人均固定资产投资(万元/人)	7.21	4.08
RD	2010～2012 年的人均研发经费支出(元/人)	274.01	384.80
ΔLABOR	2012 年相比 2010 年总劳动力投入增长量，本研究使用国有单位、私营企业和个体从业人员之和计算总劳动力(千万人)	3.97	20.12
STRU	2010 年第三产业增加值总 GDP 的比例	35.42	8.25
PDEN	2010 年的市域范围内常住人口密度(万人/km^2)	51.73	56.23

注：DIS 表示到区域中心城市的距离在 0～150 km，设为参照组。

表 8-5 根据城市是否开通了高铁站点比较了他们的经济增长。可以看到，2010 年至 2012 年这 233 个城市的 GDP 平均增长 514.52 亿元。其中，一直没有通高铁的 133 个城市的经济增长量最小，平均每个城市的 GDP 只增加 311.07 亿元。2011～2012 年间开通高铁的 14 个城市，GDP 平均增加 463.51 亿元。而 2010 年底之前就开通高铁的城市这两年 GDP 平均增加了 837.46 亿元。从该数据来看，越早开通高铁的城市，经济增长幅度越大，符合我们的预期。由于城市经济增长还受到其他因素的影响，因此采用计量模型控制其他因素的影响后检验高铁建设对城市经济增长的影响。

表 8-5　不同城市的经济增长

	均　值	标准差	数　量
2012 年底之前没有开通 HSR 的城市	311.07	202.52	133
2011～2012 年开通 HSR 的城市	463.51	253.61	14
2010 年底之前开通 HSR 的城市	837.46	889.78	86
合　计	514.52	616.07	233

表 8-6 显示基准模型(模型 1)的估计结果,结果表明模型整体显著,自变量能够预测因变量 67.4%的变动。在控制资本投资、劳动力投入、人口集聚等因素后,2010 年之前开通高铁对经济增长有显著的正向影响,与没有开通高铁的城市相比,这些城市的 GDP 增长量要高出 148.654 亿元。尽管与其他因素相比,HSR2010 的标准化系数较小,但能够证实高铁效应的存在。结果还显示 2011 年和 2012 年两年间开通高铁对经济增长的作用不显著,可能是因为高铁的促进作用有一定的时间滞后性。

表 8-6 高铁对城市经济增长影响的基准模型估计结果

变 量	系数	t 值	显著性	标准化系数
HSR2011-2012	−49.569	−0.48		−0.019
HSR2010	148.654	2.72	***	0.117
ROAD	17.281	4.85	***	0.195
INV	34.209	5.04	***	0.227
RD	0.440	4.25	***	0.275
Δ*LABOR*	4.899	3.42	***	0.160
STRU	12.811	3.85	***	0.172
PDEN	2.709	4.53	***	0.247
常数项	−700.521	−5.41	***	
Prob > *F*	0.000			
R2	0.674			

注:*** 表示系数在 0.001 水平上显著。

模型的控制变量也有统计显著的影响。每增加 1 000 km 的等级公路里程会带动经济增长 17.281 亿元;人均增加 1 万元的全社会固定资产投资带动 GDP 增长 34.209 亿元;人均增加 1 元的研发投入将带动经济增长 0.440 亿元;劳动力投入每增加 1 千万人,带动经济增长 4.899 亿元;三产比例每增加 1%,带动经济增长 12.811 亿元。

表 8-7 为纳入高铁和初始 GDP 的交互项的规模效应模型的估计结果,用以检验高铁对不同规模的城市经济增长的作用。由于 2011～2012 年间高铁建设作用不显著,此处仅比较 2010 年底前有高铁和没有高铁的城市。结果表明该模型统计显著,能够预测因变量 81.0%的变动。

表 8-7 高铁对不同经济规模城市经济增长影响的模型估计结果

变 量	系数	t 值	显著性	标准化系数
HSR2010	−9.097	−0.16		−0.008
ROAD	4.897	1.47		0.059
INV	24.856	4.44	***	0.160
RD	0.228	2.39	**	0.128
Δ*LABOR*	−1.915	−1.56		−0.073

续上表

变　量	系数	t值	显著性	标准化系数
STRU	3.838	1.46		−0.012
PDEN	0.585	1.17		0.050
GDP	0.214	5.76	* * *	0.768
HSR2010×GDP	0.060	1.74	*	0.223
常数项	−111.348	−1.02		
Prob > *F*	0.000			
R2	0.810			

注：* 系数在 0.1 水平上显著；* * 系数在 0.01 水平上显著；* * * 系数在 0.001 水平上显著。

模型结果显示，HSR2010×GDP 的影响在 0.1 水平上显著，表明经济规模越大的城市，早期开通的高铁对其经济增长的作用越大，系数为 0.060。此时，模型 1 中统计显著的变量 HSR2010 变为不显著，且系数变为负。这说明，在早期开通高铁的沿线城市中，经济规模越大的城市，经济增长幅度越大，而经济规模越小的城市，经济增长幅度可能为负，但负面影响不显著。模型结果表明，规模效应显著为正，初始 GDP 每增加 1 亿元，带动 GDP 在 2011～2012 年增长 0.214 亿元，并且其标准化系数远大于其他变量，说明初始经济规模对后期经济增长有极大影响。GDP 的规模效应在开通高铁之后变得更大，也就是说，高铁促进初始经济规模很大的城市实现更大的经济增长幅度。但是，在加入 GDP 变量后，原先的部分控制变量变得统计不显著。

以上是基于 2010 年至 2012 年的城市经济统计数据，采用计量经济模型方法，就高铁对城市经济增长的作用进行的实证检验。主要结论可归纳如下：

(1)高铁通过增强沿线城市的产业、资本和劳动力的流动性，促进了城市经济增长。然而 2011～2012 年间开通的高铁对城市经济增长的作用不显著，说明高铁对城市经济增长的促进作用有一定的时滞，越早开通高铁的城市，对城市经济增长的促进作用越明显。

(2)高铁对不同规模城市的经济增长的影响存在明显差异。初始经济规模对城市经济增长的作用由于高铁开通可以得到更加充分的显现，初始经济规模更大的城市随着高铁的开通可以实现更高的经济增长幅度。

第三节　高铁与城市空间布局

一、高铁与城市空间演变

与传统铁路和城市轨道交通对城市空间的影响不同，高铁高速度、高密度的特性，必然会加快其对中心城市资源要素聚集的速度，从而极大加强中心城市的影响力和竞争力，辐射出强大的口岸、枢纽、人才储备以及管理创新功能。高铁对城市发展空间的影响主要如图 8-1 所示，由于区域层面的分析已经在前两节详细阐述，且将在“高铁区域经济”一章进一步深入分析，本节主要从城市层面和站点周边地区分析高铁对城市发展空间的影响。

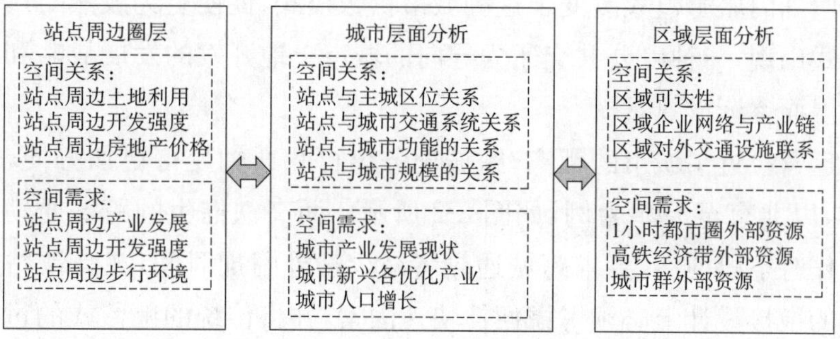

图 8-1 高铁对城市发展空间的相互影响体系

从理论分析角度出发，高铁作为城际和区域间交通方式的一种，显然会给交通结构带来巨大的变化。但是，其影响绝非仅限于广域的区域交通运输范畴。更具体而言，其对城市内部的空间结构以及社会经济体都会带来重大影响。目前高铁的建设，特别是大型高铁综合交通枢纽的建设，已成为推动所在城市空间结构调整、产业转型升级的重要因素。基于城市发展的阶段性特征，高铁主要起到城市空间发展的催化触媒作用。从 1975 年到 1988 年日本主要城市的人口变化统计结果来看，有新干线站点的城市人口增长明显高于其他城市。高铁的发展能够满足商务相关需求、区域内一线城市与其周边城镇之间的日常通勤需求、旅游休闲需求等，因此高铁主要直接服务于交通运输业，商业和金融业，休闲娱乐业和旅游业。高铁直接服务的这些产业，正是城市化的主要动力，而这些产业还能间接辐射带动其他相关辅助产业的发展。因此，高铁在城市发展空间布局的变化中扮演着至关重要的角色，这个角色主要体现在以下三个方面：

1. 集聚带来新的增长

时空压缩引起城市空间相对位置的变化，特别是高铁通行后，部分城市间的通勤时间已经缩短至一小时内，区域同城化效应带来了特定城市之间的互补关系。而城市之间的互补和联系，促使高铁及其辅助建设体系的发展完善，以及这些地区高铁站点区域城市功能的多样化集聚。

2. 站点设置导致城市空间系统突变

由于中国城市化的快速发展，大量的经济技术开发区和新城镇位于主城的边缘，而且受城市中心空间开发的限制，规划设计中的大部分高铁站点将位于主城边缘，这就为主城边缘的发展提供了良好机会。高铁新区（新城）在城市经济发展中起着重要的作用，如果规划管理不善，也会出现部分高铁站区的公共设施匮乏，环境质量差，甚至滋生空城化的问题。

3. 形成以公共交通为导向的城市土地开发模式

大多数城市在快速城市化的进程中都经历了一个自由蔓延式的发展过程。高铁建设和新型门到门旅游模式改变了这种城市扩张模式，促使更为成熟与多样化的城市土地开发模式出现，一种以公共交通为导向的城市土地开发的发展战略和空间形态正随着高铁发展而逐渐成熟。

高铁的运营拉近了城市的距离，跨城商务出行和通勤变得更加方便，使得职住分离成为现实，以北京至天津为例，如图 8-2 所示。而高铁催生的跨城通勤者需要更长的时间为共作时空段使用，要求跨城通勤者减少途外附加时间，在高铁站点与所在城市交通路网的衔接设计上必须考虑便捷快速因素，并将传统的停留式的过站方式改进为直接刷卡通过式的无缝衔接换乘方式。

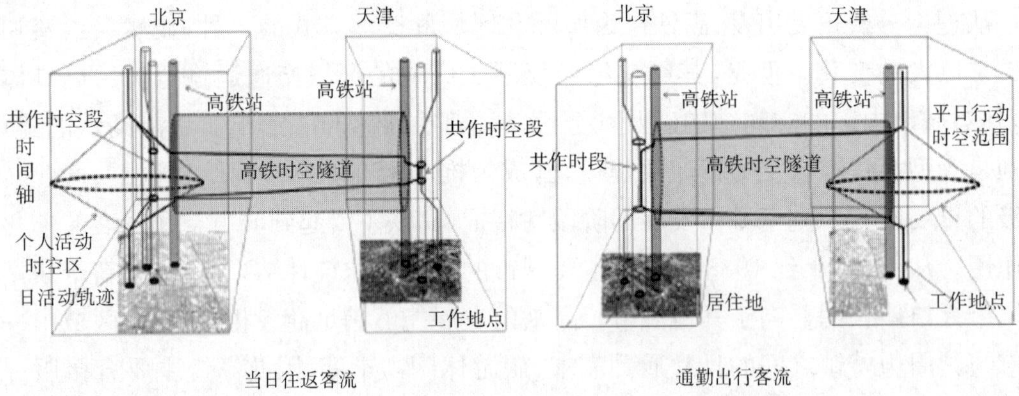

图 8-2　高铁提供的跨城出行模型(以北京至天津为例)

基于冯·杜能模型中的土地竞租模型和土地利用曲线，不同的城市功能区按照其自身对交通可达性的需求，以及自身的承受能力，分别在距离高铁车站不同的位置上以集聚的形式进行区位选择。三级发展区域模型能够较好的说明高铁站区的圈层式发展与开发模式，如图 8-3 所示，该模型主要由内至外，将高铁站区划分为了三大圈层：第一圈层也被称为核心地区，主要集中着高容积率和高密度的商务办公功能设施，表现为城市复合体的开发模式，城市复合体的典型案例如地下为城轨、地铁站点，地面为公共交通与路面交通，人行天桥与步道以及高铁站点设计在第二层，而地上 3 层至顶层均为商场、宾馆、办公用地、影院、美食广场、立体公园、天台绿地广场等商业性、景观性的辅助设施，既保障了换乘等交通枢纽功能又集聚了最有经济价值的高产值商贸活动。站点周围的第二圈层为高铁的辐射影响地区，主要是进一步发展商务办公及其他配套功能，如旅游、会议、居住、文化创意、IT 等其他相关产业，其建筑密度和容积率可能略低于核心区。高铁的向心力和辐射效应在第三圈层逐渐平缓，功能区可能涵盖的产业范围更加广泛，通常受当地原有发展基础和产业集群效应的影响，呈现出多样的发展方向与态势。

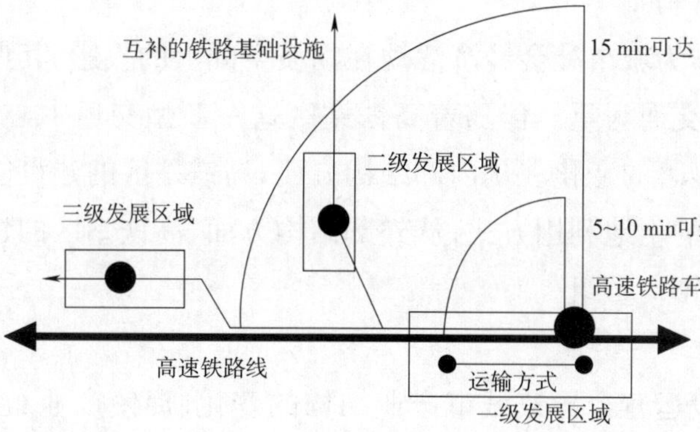

图 8-3　三级发展区域理论模型

交通设施对车站周边地区影响的实证研究主要集中在车站周边地区交通运输系统对土地利用和房地产价格的影响上，分析周边地区因为高铁站点的设置所造成的土地利用和房地产价格变化，主要考虑住房的规模与质量、到其他交通设施的距离、到市中心的距离、公共服务设施完备程度、居住社区的特点和居住人口特征，以及高铁交通设施对周边社区的社会影响等。研究表明，不同的要素会随着其与高铁站点的距离不同而发生变化。

高铁的市场需求取决于城市的经济实力，经济实力强的城市高铁旅行需求很高，高铁的停靠频率也会相应提高，这将带来更多的资源与要素的流动。与此同时，高铁沿线小城市的停靠频率通常较低，使得高铁为小城市带来资源和机遇相对较少。法国TGV沿线小城市的实证分析也表明了高铁停靠率低或者配套设施发展不完善的城市往往难以从高铁线和场站设置中获得积极的城市发展，反而被周边更有发展潜力的城市“吸走”了重要的要素而减少发展机会。因此，对于单个城市来说，不但需要争取更多的停靠频率，提升高铁的服务水平，更需要有效整合城市服务业与站点功能，才能达到良性发展的目的。高铁站点虽然能够吸引客流与其他资源要素“到达”设站城市，然而真正能够吸引人们“驻留”的是当地良好的城市配套功能、服务水平与发展环境。

总之，高铁建设是城市体系发展的催化剂，其催化作用促进了城市发展和空间布局优化，主要体现在空间结构调整和经济发展转型上。在城市体系改造和转型升级过程中，高铁并不是一个充分条件，原有的城市体系、基础设施、劳动力素质、发展环境和政策等相关配套条件同样至关重要。对于高铁建设带来的协调城市空间发展，不同的区位应该因地制宜，根据不同的发展条件采取相应的发展方式。

二、高铁对城市空间结构的影响

(一)城市空间结构

城市空间结构作为城市社会经济活动在物质空间上的投影，其形成与演变受到许多因素的影响，尤以交通为重。伴随着高铁站区这一新型交通中心的大规模建设，城市空间结构发生了显著的变化。从内部结构方面，高铁站区的建设能影响城市的功能分区，从而改变城市的土地利用方式；从外部结构方面，高铁站区的建设能加强城市间联系，促进城市空间结构重组。

1. 内部结构

高铁的规划建设运营会导致城市产业结构的变化、促使产业布局的调整，从而从城市功能分区和土地利用方式两方面影响城市的发展。

(1)影响城市功能分区

高铁会使往返于不同城市间的旅客在高铁站集聚，形成大量的客流。大量的客流需要餐饮、住宿、购物等第三产业发展的支持，因此会创造大量的就业机会，引起大批第三产业从业者向高铁站附近聚集。以公共交通为导向的城市发展(Transit Oriented Development，TOD)模式已被视为缓解交通拥挤和城市无序蔓延、降低城市能源消耗、促进城市可持续发展的规划理念。根据 TOD 理论，高铁站能够从两方面影响核心区域规划布局：

①“零换乘”：指的是“使用建筑手段从空间上将各种交通站点立体地连接起来，使人们对各种交通工具的换乘可以便捷的选择，从而增加综合交通体系的运行效率，为整个区域带来更大的综合效益”。由于高铁站核心区域汇集了各种交通方式，实现“零换乘”能有效提高运输效率，降低旅客时间成本。

②“24 小时活力”：简单来说是指激励城市功能的交叉，一方面可以保证更多的人使用公共空间；另一方面可以鼓励每一个人逗留更长的时间。高铁站核心区域的立体化的布局模式充分利用了城市空间，在满足人们各种活动需求的同时为该地区带来更多的人流，起到了增强地区活力、带动地区经济增长的作用。

(2)改变土地利用方式

高铁发展对土地利用的影响主要体现在以下方面。

①影响土地利用类型。随着高铁的建设，高铁站区附近地区的土地利用方式也逐渐发生变化。与其他交通方式相比，高铁的通达性水平更高，因此城市居民更倾向于居住在邻近城市的地区，通过高铁往返，这将导致居住区与工业区相脱离。居住地沿交通路线呈带状分布，工业区则远离城市。高铁对居住用地的强大吸引力与对工业用

地强大的排斥力形成鲜明对比，这与高铁强大的运载能力密不可分。高铁的便利性吸引了居民在其沿线选择住处，而居住地的人口增加，使沿线地价上涨，增加工业成本，因此绝大多数工业用地都选择了远离城市轨道交通沿线。

②影响土地开发强度。许多从事城市建设研究的学者已经证实了城市轨道交通对土地开发强度的作用。城市轨道交通作为现代城市非常重要的公共交通方式，其内聚力强的特点会改变土地开发强度。土地利用强度常用容积率来表示，现有研究表明，距离轨道交通站点越近，土地开发强度越大。由于轨道交通能够极大改善站点地区的可达性，因此在较大的轨道交通站点处，其周边地区借助轨道交通强大的内聚力孕育形成了城市新的经济增长点，大量商业、房地产业、建筑业等人员向该地区集中，造成了该地区土地的高强度开发。

2. 外部结构

城市不是一个封闭的系统，它与所在区域存在联系。高铁的建设提高了城市的通达性和吸引力，加强了非中心城市与中心城市或发达城市的联系，提升了其交通区位，而交通区位是影响城市区位优势最为重要的因素。由此高铁的建设会对城市的区域空间结构产生以下几个方面的影响。

(1)强化城市间联系

高铁建设加强了高铁沿线城市与中心城市间的联系，改变了沿线城市在区域空间结构中的地位。高铁建设使得原来与中心城市距离较远、联系较弱的城市与中心城市的联系更加紧密，增强了其对外开放程度，与中心城市的关系由水平变为垂直，沿线城市在区域空间结构中的等级也逐渐提高。

(2)促进城市空间结构重组

高铁枢纽的建设使得大量商务活动以及对时间敏感的产业开始围绕高铁枢纽聚集，这使得高铁枢纽附近的人流、信息流和资金流交换频率逐渐增加，高铁枢纽地区具有发展成为城市综合性门户的潜力。这就使得商务、信息、金融等高端服务业聚集于城市门户，而生活性服务业聚集于传统中心，整个城市的空间结构呈现出一种“双核心”的特点。

此外，高铁的建设有效缩短了各站点城市间的时空距离，使得乘客对衔接时间更加敏感。例如：京津城际的开通使两城市间只需 0.5 h 便可到达，相比于仅仅 0.5 h 的旅行时间，从高铁站到目的地的时间反而会相对增加，由于现在城市正在朝着规模过大过散的方向发展，这段时间有时甚至可能长达 2 h。使得更加迫切需要建设与高铁枢纽衔接的轨道交通网络。因此，随着高铁的开通，日本、法国等国家已经开始了城市空间内部结构的重新组织，城市轨道网络与高铁枢纽的衔接，使城市逐渐建立了新的“轴—辐”(Hub-and-Spoke)式交通结构，沿着与高铁枢纽相连的城市轨道站点形成了新的节点中心，进一步促进了“中心节点与门户节点”的双核心结构向城市门户、传统商业中心、行政中心、文化中心等多中心城市结构发展。

(二)确定高铁站点

高铁站对城市空间的影响，根据其站点选取的不同位置关系，大致可以分为三类：

第一类选址是站点位于主要城市地区之中，也就是位于旧中心区或者商业区的边缘地带等商业投资的热点地区，如荷兰的鹿特丹中央车站、法国的里尔高铁站、英国伦敦的国王十字车站和西班牙的马德里站等。这一类站点的选取与设置属于强强联合型，往往进一步加强了原有城市中心的极化效应。然而由于中国城市人口密度较大、交通压力过大、城镇征地拆迁和城市发展阶段较为初期等特征，国内高铁的选址很少采取第一种类型的方式。

第二类选址属于城市新中心型，典型代表有位于大阪的新大阪站等。高铁站点的选址位于与老城区相邻但不分隔的地区，通过站点开发引导新城市副中心的发展，这些次级城市中心虽然没有与老城中心区重合，但由于选址于相邻地块，其土地和空间发展与旧城区并没有完全分开。

第三类选址属于飞地式或者卫星城式，区位选择较前两种类型距离旧城区更远，往往要跳开主城区，规划建设一个新的边缘城市，如日本的新横滨站、法国的新阿维尼翁站、荷兰的阿姆斯特丹南站等。中国城市以南京为例，南京 2009 年前郊县制造业产值约占全市总产值的 30.84%，然而绝大多数人口主要居住在原有主城区。选址于南京主城区与江宁市交界处的高铁站点建成后，逐步推进产业经济与江宁区域的一体化进程，该高铁站点附近已经逐渐形成南京三大城市级中心之一，引导了整个城市空间结构的重组与产业升级。

中国城市高铁站点选址基本上距离城市中心 4～12 km 的区间范围内，如图 8-4 所示，尤其是特大城市，由于其人口、环境、交通、地价等方面压力过大，新建高铁站点往往不在城市中心，且与城市中心相距甚远。另一方面考虑到大城市城市化水平较高，中心城区面积过大，集聚效应往往处于转化集聚不经济的临界点。为了合理平衡空间结构布局，同时也加强城市内部的联系，其高铁站点的选址一般均位于城市中心的内部边缘。目前除北京和上海两个国际化大都市外，主要省会城市中心地区平均面积约为 400～800 km^2，其他中小城市的中心区范围，由于一般为长远空间发展保留空间，均占地面积有限。因此高铁的选址，参照上述第三种类型的思路，往往位于远离建成中心区的边缘或更加偏远的郊区，并预留给该地区未来的发展用地。采取第三种类型的选址方式，同时需要加强连接主城区的高速公路、轻轨、地铁或其他高速衔接的交通体系建设，这样才能真正辅助主城区与高铁站点实现齐头并进的共同发展。

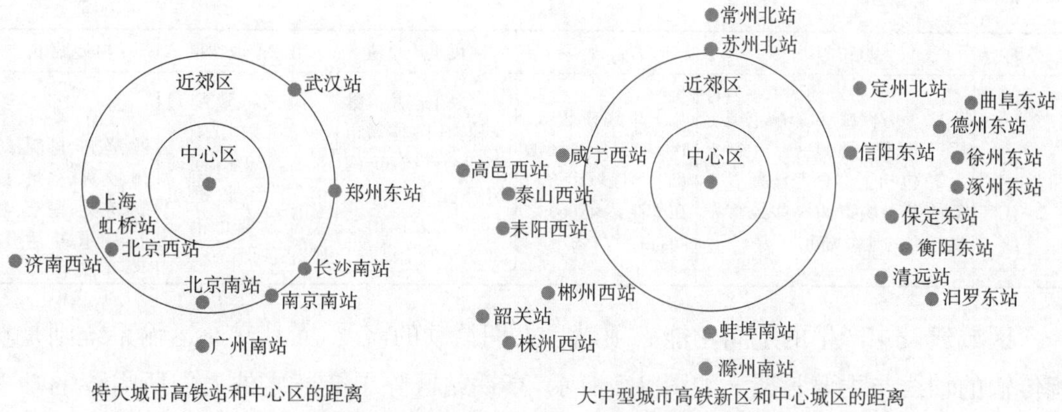

图 8-4 高铁站选址与中心城区的位置关系

第二种与第三种高铁的选址方式对城市规划提出了更高的要求，但同时也能够促进城市空间结构转型升级，推动城市边缘区的空间发展、产业升级、经济集聚和功能区建设。通过城市道路网络和公共服务设施等基础设施网络的整合，建设新的城市节点和中心区域，并最终促进单中心、摊大饼式的简单城市体系向多中心组团复合式的城市结构体系发展。由于中国大部分城市目前采用后两种选址方案，在规划和发展的过程中要保持理性期望，结合短期和长期发展规划，注意与周边原有产业、经济、文化、自然以及社会环境融为一体形成集聚效应，与原有城市中心有机结合避免重复建设并形成高效合作。

城市结构决定着高铁站区的区位选择和功能定位，内部因素主要有所在城市的产业发展基础、产业布局、区位条件，而外部因素需要考虑车站规模、综合交通体系建设基础、站点周边交通网密度和质量等因素的影响。高铁站点根据城市规模可以大致分为三类空间格局，具体结构对比见表 8-8，在第Ⅱ、Ⅲ类站点模式中，高铁站点区域通常远离城市中心区域。

表 8-8 形成三种类型站区的城市结构对比①

类别	城市等级	人口规模	国民生产总值	第三产业比例	典型城市
Ⅰ类站区	1. 国际性都市，其影响范围很广； 2. 根据典型城市分析，此类城市行政等级一般为直辖市以上	人口规模属于城市区域中的巨型城市；除香港外，两座内地城市人口均超过千万	国民生产总值数额接近或超过 1 万亿人民币	第三产业比例超过 50%，（香港达到 87.9%）	香港、北京、上海
Ⅱ类站区	1. 区域性城市，影响范围较大，可以有效影响周边地区； 2. 包括部分经济实力强的直辖市、省会城市、计划单列市和城市层级较高的城市	人口规模大；12 座二类站区城市中 8 座城市人口超过了 500 万，占 66.6%	国民生产总值数额大，12 座城市中 11 座城市的 GDP 超过 2000 亿人民币，占 91.6%	第三产业比例一般，12 座城市中 9 座城市处于 40～50%之间，占 75%	广州、深圳、天津、大连、沈阳、杭州、重庆、青岛、成都、西安、武汉、南京

① 鲁德豹. 高铁新城规划设计策略研究——以郑万高铁新城设计为例[D]. 合肥：合肥工业大学. 2016.

续上表

类别	城市等级	人口规模	国民生产总值	第三产业比例	典型城市
Ⅲ类站区	1. 地方性城市，影响范围有限，只局限在本地区； 2. 包括了部分经济发展一般的省会城市和一些经济发展较强的地级城市	人口规模较大；14 座二类站区城市中 8 座城市人口在 200～300 万之间，占 57.2%	国民生产总值数额较大，14 座城市中 8 座城市的 GDP 在 1 000～2 000 亿人民币之间	第三产业超过 50% 的城市有 7 座，占 50%，同时第二产业超过 50% 的城市有 6 座，占 42.8%	济南、厦门、宁波、苏州、昆明、郑州、无锡、福州、长春、东莞、南宁、太原、哈尔滨、兰州

区域建设中产生的空间功能必须满足人们活动的需要，而其交通运输系统则是功能传输的轴线与主要骨架。如图 8-5 所示，高铁站区除了交通之外人们所需要的功能也能够通过高铁高效率的传输与辐射，从而打破过去由于传统障碍物所造成的阻隔。由此也催生了多样化和同质空间功能之间存在的一定竞争关系，区域成功的关键问题将落在如何有机组合区域可达性的现有优势。

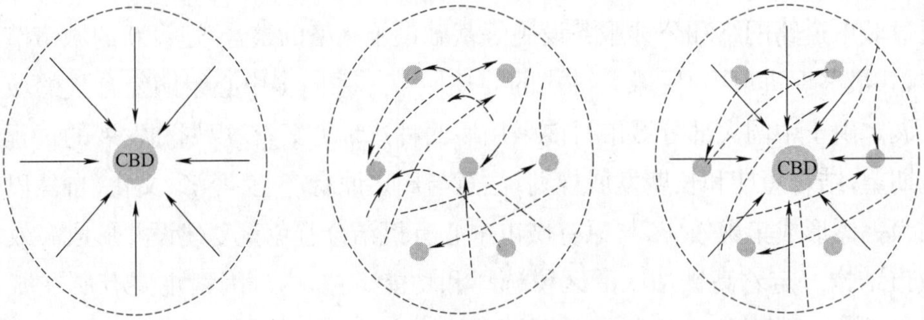

图 8-5　城市空间结构与交通流

（三）形成高铁枢纽

1. 高铁枢纽的作用

高铁运输效益与城市发展的双赢关键在于高铁与城市空间发展的时空协调，两者之间的协同作用包括选址、组织功能和空间方向的平衡发展，尤其是站点的设置需要与城市空间结构布局做到协同配合。因此，高铁作为进入现有城市体系的重要基础设施，需要与整个城市甚至区域的经济社会协调发展。建设城市高铁枢纽的作用主要体现在以下两个方面：

（1）展示城市形象的窗口

从旅客的角度出发，对一座城市的感受，首先源于其对铁路沿线的环境，尤其是铁路客站附近的第一印象，其次才是对整个城市的人文社会环境的感受。而越来越被人们出行旅游所青睐的高铁，高铁客站成为城市的重要门户窗口，也是未来大规模城市建设和转型的重点发展地区，其形象已肩负着高铁与城际枢纽地区的审美与文化展示功能。因此各大城市的高铁站点具有现代综合交通枢纽与大型商业区、景观轴线、生态公园等各种形象展示功能。

(2)城市社会经济文化交流与发展的节点

高铁便捷的交通方式与城市公共活动的功能相辅相成,相得益彰。现代高铁站点的高可达性与高集散功能使得其站区以及周边地区不再只有单一的交通枢纽功能,而集合了交通、商住、娱乐、会展、信息服务、文化交流、生态展示等多种新型城市综合功能于一体,并逐渐发展成为新型社会文化经济交流功能区。该功能区以综合交通枢纽为核心对外逐渐呈圈层模式扩散辐射,并综合了多种新型城市功能。

新城市主义的"TOD"模式,也就是以公共交通为导向的开发模式,其规划原则包括对枢纽站点区域内的高密度开发、多功能复合体的建设以及完善步行友好公共用地。因此,高铁站点的设计适宜采用以公共交通为导向的 TOD 模式。高铁与城市公共交通系统的无缝衔接同样重要,高铁客站要建设成多种交通方式于一体的综合交通枢纽,为城市各个区域提供更快捷高效的可达性,满足服务需求,提高服务水平,从而进一步促进城市社会经济文化的繁荣发展。

高铁站点规划设计时应考虑预留可能高强度利用土地的有效用地,避免未来的重复建设,减少对大规模工程投资的不必要浪费,同时也实现城市土地利用价值的最大化。规划过程中,还应根据不同区域与高铁站点的空间距离,确定其相应的功能定位与开发强度。

例如,南特是法国的第七大城市,位于距巴黎 380 km 的法国西北海岸线上。1989 年,TGV 开通后巴黎至南特的旅行时间只需 2 h,缩短了时空距离,成为连接两个城市最便捷的交通方式。从空间定位的角度来看,南特和巴黎两个城市更为紧密的联系也对商家的区位选择、扩张与搬迁计划产生了深远的影响,由于相对低廉的租金和便捷的交通,许多公司纷纷从巴黎总部搬迁到南特。南特市还专门制定相关优惠政策为高铁站点附近的公司提供政策支持,大力吸引各大企业进驻南特,引导产业集聚,促进城市功能分区升级发展。主要优惠政策包括:一是为搬迁到南特站周边地区的公司提供选址和规划方面的优惠措施;二是在高铁站附近专门设置产业孵化园区,为园区内的企业减免约 25%的办公租金,并提供全面的配套辅助设施。

南特 TGV 车站大楼形态呈现代时尚的帆船风格,寓意高铁连接至大西洋。由于 TGV 在高科技和商业上的成功也对南特产生了渗透效应,TGV 南特公司开始积极投资,帮助更多的企业在南特扎根。其站点的直接影响是提高城市的可达性,降低差旅成本,提高生产力,并形成选址的集聚效应。由于城市空间位置的变化,与大城市的联系日益增多,更进一步吸引了高校、科技园等城市功能区的出现,间接推动了文教产业的发展,从而有力的反哺并促进了新兴产业的发展。

2. 高铁枢纽的发展

普速铁路站间距短，其传播模式主要是线性的。由于与普速铁路在平均速度、车站设置、发车频率上存在差异，高铁呈现出与普速铁路不太相同的传播方式，具有更强的集聚效应。虽然大型的普速铁路节点仍然是该区域的核心，但是累积效应相对较为零散，强度有限。而高铁设站区间相对较长，少量的高质量站点使其客流集聚程度强，集中向心性非常明显（图 8-6）。因此高铁站点对城市空间布局的影响也与普速铁路站点不同，通过高效的城际间交通使得整个城市的辐射范围增大，区域同城化进一步改变了城市间的时空距离，这使得各大高铁沿线城市紧密相连。从城市内来说，来自节点城市的物质和非物质流动将使不同城市的发展分化更为显著，而这种对于沿途的非高铁站点城市的分散最终将导致以节点城市为中心的向心集聚。

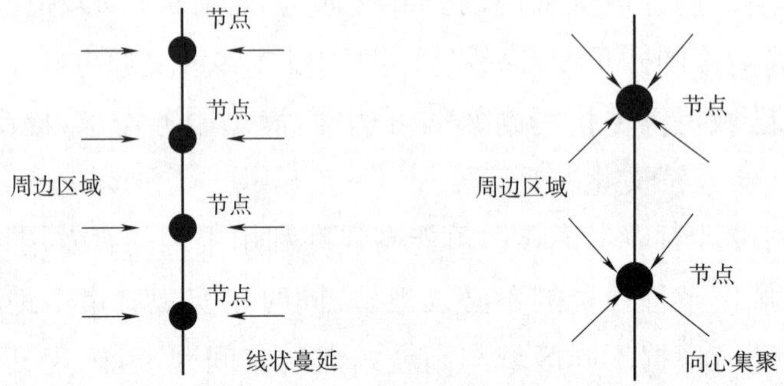

图 8-6　普速铁路的线状蔓延与高铁的向心集聚

高铁站的集聚效应使得站点区域成为天然的复合型枢纽。随着社会的不断进步，城市之间以及城市与周边地区之间的短期与长期交流持续加强，增强人们在时空上的定向流动，从而产生了城市的客运、货运以及由此衍生的其他需求。高铁枢纽是城市内外客流、物流以及信息流的交通节点，具有引导城市交通需求的作用，是促进城市发展变化的重要动力。

高铁枢纽带来时空人力资源的向心性流动，对城市发展起着至关重要的作用，同时无序和带有潮汐特性的旅游需求也给城市交通带来了巨大的压力。高铁枢纽的基本功能是各种运输方式的转换中心，铁路与城市公共交通、地铁、轻轨、城轨等其他交通方式的天然联系，使其周边地区成为城市交通与人口最密集的地区。集聚必然带来相应的产业与经济效应，其交通枢纽的功能不但需要与各种交通方式的无缝整合，更需要为其高密度人群活动提供相应的公共服务和商业活动支持。因此，需要围绕高铁枢纽，发展综合交通体系，强化公共服务、产业集聚、经济文化交流、生态旅游等支撑功能。

发挥高铁枢纽对城市发展的催化触媒作用，借助高铁站点城市规划的契机，将站点周边圈层发展为城市级别的商务商业中心区，并综合发展商贸、会展、酒店、休闲旅游、文化创意等功能，并通过综合交通体系的完善，有机连接城市中心区和其他辅助商务商业中心。高铁枢纽的辐射效应在其扩展功能的基础上进行完善，逐渐形成新的衍生功能，集聚城市高端服务业等产业，从而促进所在城市的转型升级，与周边区域功能协调发展，形成以枢纽功能为主的重要城市副中心或城市级中心，如图 8-7 所示。

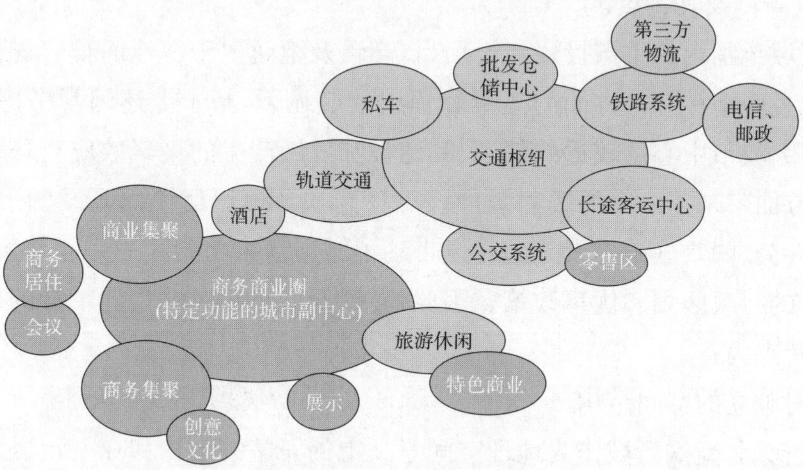

图 8-7　高铁客站新区扩展功能与完善功能

客流大量积聚在高铁枢纽，对站区的城市功能要求加强，使该区域的城市空间变化分为两种方式，包括既有城市空间区域的扩大与升级以及各种新型城市职能在区域中逐渐集聚并发展为新的城市空间。总之，高铁枢纽强化了城市的整体结构，推动城市空间的进一步良性发展。

由于高铁枢纽的触媒与集聚效应，如图 8-8 所示，城市与区域空间随即开始围绕着关键节点进行布置，客流、物流与信息流将更密集流向节点地区。该节点地区由于其显著的集聚效应，从而催生了城市多功能复合区域的发展与演化。

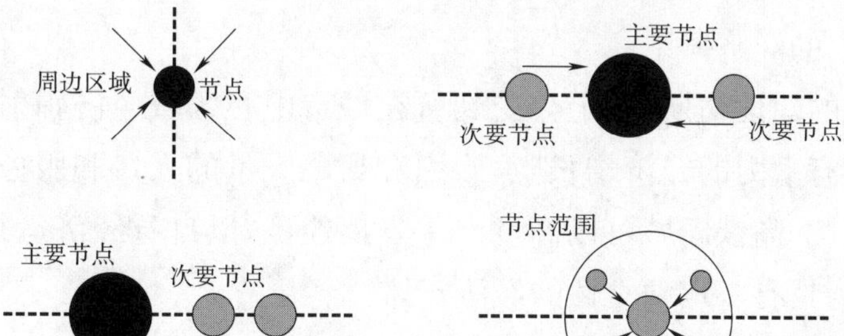

图 8-8　集聚发生的不同形式

综合交通体系布局合理的高铁枢纽带来交通便利的高可达性和便捷性，减少可能造成的交通堵塞和延误，并与周边地区新兴工业区的发展方向相协调，从而推动所在城市的产业合理布局和转型升级，其区域同城化效应也为不同地区消除经济发展不平衡提供解决途径。在一定区域范围内，城市空间沿着高铁的方向发展，客流、物流、信息流等的双向流动，进一步促使高铁沿线城市空间向城市群扩张发展。

（四）打造高铁新城

1. 高铁新城及其特点

作为区域范围内的重点投资建设项目，高铁及枢纽由于占地面积广、投资金额大、建设周期长且经济社会等方面的集聚和辐射效应显著，基于上述因素考虑，高铁新区选址于距离大城市中心区较远的郊区，其建设和发展产生的集聚效应对环境、经济、文化、社会等方面带来了一定的辐射效应。支持高铁及枢纽建设而开发的一系列居住、娱乐、商务办公、购物旅游等设施的建设带动了城市新兴功能区的兴起与发展，从而享有相对独立的行政区划和优惠政策。因此，高铁新城是相对独立性较强的新型高铁新区，其主要特点为：

(1)相对独立的空间结构

在建设初期，高铁新城作为地理空间意义上的完整的结构和在一定区域内与城市中心区共同发展，其最主要的功能是客流疏散。因此，高铁新城在道路交通、功能组织、空间布局等方面必须与城市各功能区紧密连接。在原有产业基础上发展起来的新兴产业逐渐主导高铁新城，相对独立的高铁新城的不断发展完善了城市功能区，并扩大其所在城市的整体结构。高铁新城多形成于郊区或城乡结合部，距离主城区有一定距离，这样才能保证在发展中后期其结构的相对完整性。

(2)独立的行政区域规划

据统计，中国现阶段高铁车站的选址主要集中在城市建成区范围之外。因此，高铁新城的区域规划需要从选址到建设和管理都分开处理，需要进行有针对性的规划，独立的政策管理运作模式也是高铁新城能够顺利发展的基本保障。

(3)相对独立的经济体系

在高铁新城的建设初期，必定会受到所在城市中心区域经济辐射效应的影响，但其自身作为相当有潜力的经济增长点，吸引和聚集大量的人口和服务业，并带动其他产业的发展。因此，高铁新城可以高度自主发展经济，以自身经济运行来实现相应的发展目标，并成为具有一定独立性的经济实体。

(4)相对独立的社会功能

虽然高铁新城主要功能是客运集散与服务，但其相对独立的空间结构以及人流的集聚效应注定会带动周边的居住、旅游、购物、商务办公等产业发展以及解决附近居民就业问题。随着高铁新城人口、产业、经济的集聚效应不断扩展，其城市空间结构日趋成熟，城区的功能也进一步完善。此时新城已经形成具有完善功能的独立城区，与城市中心城区之间的社会流动会逐渐减少,而高铁新城的社会结构也将逐步趋于稳定,从而成为一个自我平衡的社会实体。

2. 高铁新城发展模式

目前高铁新城发展模式可以大致分为三类:

一是半独立式的地理空间发展模式。半独立式的地理空间发展模式适用于高铁新城选址虽然在城市边缘,但距离中心城区仍然不远,且当地已有一定产业发展基础。由于此时新城本身有一定的基础,区位条件又良好,其发展的初始阶段既能够大量依托中心城市的带动效应,又由于其本身的辐射效应,拉动区域人口产业布局在与中心城区线状带上的均匀分布,从而有效的缓解中心城区住房、就业、环保与交通压力。需要注意的是半独立模式中高铁新城的建设受到市区的限制,不仅在功能和位置上需要依托中心城区,未来产业发展的可塑性也会受到一定影响。

二是独立式的空间发展模式。采用独立式的高铁新城依托于离市区较远的高铁站区,但仍然需要有相应的工业产业基础支持、扶持政策等,应该有相对独立完整的管理权限,可以与原中心城市齐头并进。典型特征城市是无锡市的锡东新城,它依托于所承担的科教与公共服务以及休闲旅游等功能,形成了机械电子、高纺、生物、文化创意、生物医药以及 IT 等高精尖产业的布局,具有独立城市的完整功能,从而与旧城互补形成了双城式的空间格局。同时,凭借其独特的地理优势,可以实现与无锡、江阴、常熟、张家港的互联互通,并实现了与上海以及其他大都市的快速通达,成为长三角城市群的重要枢纽之一。

三是卫星城式的空间发展模式。卫星城往往位于大都市远郊区,其区位通常远离中心城市,又能保证基本的交通便利,一般通过农田或绿化带与中心城市分开。卫星城已经从单一城市的空间区划中分离出来,面向周边多个城市区域提供住宅与服务,减轻人口和就业压力,并能够有效地缓解大城市的过度扩张。特大城市的辐射或大城市人口和产业的引进或转移直接带来卫星城的兴起和发展。卫星城虽然具有一定的独立性,但其功能明显地隶属于中心城区,主要是协助中心城市发挥行政、经济、文化、生活的功能。

以广州高铁新城为例,位于广州番禺区的广州南站,北距广州市中心 18 km,西至佛山老城 18 km,东距万博中心、广州大学城 17.8 km,南距广州新城 20 km,距离各中心均在 10~20 km 范围圈之内,具有得天独厚的区位优势,形成了以广州南站为中心的交通圈(图 8-9)。

广州南站远离广州市中心城区,然而其站区的发展将对广州城市空间的演化发展产生深远的影响,广州南站及周边地区未来将发展成为广州的“卫星城”之一(图 8-10)。为了满足珠江三角洲和广州地区大规模客流发展的需要,加强广州作为区域中心城市

图 8-9　广州南站和高铁新城位置

地位，设立了卫星城式的高铁新区，并进一步形成了高铁新城，整合以市桥为代表的周边地区资源，形成东西向的发展轴线，促进区域整体人流、物流、资金流与信息流的互联互通，成为广州地区新的增长点，对推动番禺地区的整体统筹发展以及实施“西联”“南拓”战略具有现实意义。广州高铁新城城市职能包括商住、物流与工业，通过永久性的绿化带与中心城区隔离，既美化生态环境又保持发展的独立性，是区域间合作的发展新模式。

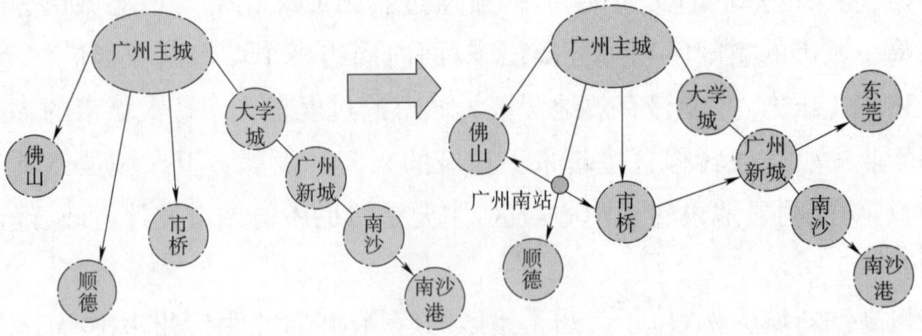

图 8-10　广州市空间扩展方式的变化示意图①

中国高铁的快速发展，对高铁新城的建设产生积极的影响。由于中国高铁车站周边区域整体开发建设仍处于起步阶段，各方面对高铁建设和城镇化融合发展研究还不

① 广州铁路新客站地区规划。

深入，个别地方高铁车站周边开发建设不同程度地存在初期规模过大、功能定位偏高、发展模式较单一、综合配套不完善等问题，对人口和产业吸引力不够，持续健康发展的基础不够牢固，潜藏着一定的社会经济风险。因此，要坚持新发展理念，按照高质量发展要求，深化供给侧结构性改革，加强规划统筹和衔接，严控金融和地方政府债务风险，遵循城镇化发展规律，因地制宜、规范有序推进高铁车站周边区域开发建设，不断提升设施服务、产业发展、人口集聚、政策配套等支撑能力，促进高铁沿线城镇空间合理布局和城市空间结构优化，推动高铁建设与城市发展良性互动、有机协调；要严格依据城市总体规划、土地利用总体规划、综合交通规划等编制高铁车站周边开发建设规划，合理确定开发规模和边界，优化车站选址方案及车站周边区域空间结构、人口产业分布；要结合城市功能区划、区位优势、财力可能、人口资源环境条件等发展实际，根据规划确定开发目标、建设任务，兼顾当前和长远，合理把握建设节奏和时序，量力而行、循序渐进、有序发展；要完善基础设施及公共服务设施配套，促进产城融合、宜居宜业，避免高铁沿线产业布局同质化和单一房地产功能开发；强化政策支持保障，充分调动企业和社会资本的积极性，推进项目共建、资源共享，提升开发建设质量水平和效益，防范各种隐患、风险和损失。

第九章　高铁区域经济

“高铁区域经济”主要着眼于研究高铁区域经济的构成要因和高铁与区域经济的内在关系及其影响机理。本章研究的主要内容包括高铁与区域经济发展、高铁经济带、高铁与城市群发展、高铁与城市发展等。从宏观、中观、微观三个维度看，高铁区域经济主要表现为：宏观上，高铁会对沿线地区的生产要素如劳动力的流动配置进行优化引导，以致对地区经济总量带来趋势性影响；中观上，高铁在推动地区经济总量上升的同时也会带来地区产业结构的优化，进而可以进一步优化配置生产资源；微观上，高铁在带给沿线区域经济发展的同时，也使沿线地区间合作机会大大增加，形成高铁经济带，高铁的建设优化了地区土地使用模式和效率，促进了地区经济社会发展。

第一节　高铁与区域经济发展

区域作为一个科学概念，源于以人地关系的区域差异为研究对象的地理科学。20世纪50年代以来区域和城市经济配置日益成为各国政府促进资源合理配置，加快经济社会发展的主要任务之一。

中国经济经过多年快速发展，已由高速增长阶段转向高质量发展阶段。高质量发展是常态，也是经济发展规律的必然要求。随着经济社会的不断发展，交通运输对区域及城市资源的配置作用日益彰显，成为区域与城市经济社会发展的强力引擎。

一、高铁对促进经济发展新旧动能转换的作用

（一）经济发展新旧动能转换的内涵

目前，中国正在形成以“新技术、新产业、新业态、新模式”为核心的经济发展新动能，加快培育新动能、改造提升传统动能是促进经济转型升级的重要途径。在产业方面，新动能主要体现为服务业对经济的促进作用增强，新产业、新业态迅速成长，传统产业升级；在需求方面，主要表现为消费对经济的拉动作用逐步增强，实现消费结构升级；此外，还表现为新经济增长空间的扩大。因此，新动能是指依靠改革开放、体制创新、技术创新促进经济结构调整和产业结构优化升级，旧动能指靠大量人力资源、投资、中低端产品出口、房地产投资、其他自然资源投入以及改革推动的经济发展方式。

综上，新动能是在需求侧以提升消费能力、在供给侧以“新技术、新产业、新业态、

新模式"为核心的经济增长方式，而旧动能则是高投入、高消耗、高污染、低产出、低质量、低效益的经济增长方式，旧动能通过产业结构调整、产业转型升级、产业承接可转换为新动能。

（二）高铁对区域经济发展新动能的作用

根据经济发展新动能的含义，高铁对经济发展新动能的影响主要包括以下五个方面。

1. 助力区域提升消费能力

首先，高铁以客运为主，其运营促使消费者在高铁客站周边聚集，带动消费增长。其次，高铁枢纽能够大幅提高旅客流动性，区域旅游以及走出去、请进来的消费者增多，促进住宿与餐饮行业发展。最后，高铁开通改变人们的时空观念、生存空间和生活方式，不仅带来高速体验，而且随着高铁"同城效应"的逐渐显现，"双城生活""候鸟群体"逐渐兴起。异地置业成为现实，人们可以工作在北京、上海等一线城市，生活在临近的廊坊、天津、苏州、常州等周边城市，节省上百万置房费用。节约的费用用来提高生活品质，促进消费，并推动消费结构升级。

2. 助力区域发展"新技术"

高铁是促进知识和信息快速流动的重要空间载体，而知识和信息流动将促进区域技术进步。一方面，高铁通过增强交通可达性加速经济资源的开发利用，使生产要素在更大空间范围得到优化配置，使其发挥潜能；另一方面，促进人力资源频繁流动。作为知识和信息的载体，人力资源在城市间的频繁流动强化了城市间知识与技术的溢出效应，最终推动技术进步。

3. 助力区域发展"新产业"

高铁开通使得各区域之间知识和技术溢出更加明显，促进区域创新和新技术研发，为新产业（尤其是高新技术产业）发展提供支持；高铁带来的生产要素空间优化重组，又为新产业的发展提供保障。高铁对高新技术产业的影响在大中城市尤其显著，如高铁拉近了长沙与珠三角地区的经济联系，完善了长沙基础设施，为长沙高新技术产业发展营造了良好的投资环境和氛围。

4. 助力区域发展"新业态"

《中长期铁路网规划》(2016)明确提出要培育壮大高铁与经济深度融合发展的高铁经济新业态，这是中国首次提出"高铁经济新业态"概念。高铁开通大大压缩了时空距离，使沿线区域资源配置得以优化，为新业态发展提供良好基础。随着高铁开通，旅游业受到的影响最为明显，自助游、深度游将逐渐替代传统跟团游，迫使传统的旅游经济向多元融合型旅游经济转变，同时也激发了许多新的旅游业态模式。

5. 助力区域发展"新模式"

高铁网络大幅度加速了人员跨区域流动与产业跨地区融合，从而带动发展模式升级。一方面，产业资本沿高铁向生存成本较低、生存环境较优的地区转移，要求企业和政府转变发展模式。从企业看，高铁时空压缩效应促使越来越多企业将总部、研发中心、营销中心设于中心城市，将生产部门迁至周边地区，借助高铁构建总部与生产部门、研发中心与制造中心的高速通道，促进各部门功能整合，实现降成本提效率的发展新模式；从政府看，高铁开通带来的资本、产业的转移，必然造成劳动人口转移，削减房地产行业需求，由注重“城市开发”向注重“产业升级”转变。另一方面，高铁使区域之间联系更加紧密，从而加快区域合作模式的升级。如上海及其周边的杭州、宁波、苏州、无锡、常州等城市正在形成以上海知识型服务业体系，杭州现代商务休闲与文化创意产业体系，宁波现代物流商贸和电子商务体系，以及苏州、无锡、常州等区域特色新型制造业体系为核心的区域协同发展新模式。

（三）高铁对区域经济改造旧动能的作用

高铁促进了沿线地区行政区划界限的无形化，使不同地区可自由共享资源优势，推动区域产业结构调整与转型升级，并推动产业由发达地区向欠发达地区梯度转移，推动旧动能转变为新动能。

1. 助力区域产业结构调整

高铁促进沿线产业发展，改善沿线产业布局。高铁建设的原材料采购需求极大促进了第二产业发展。高铁沿线城市之间技术与资本等生产要素的快速流动，为第二、三产业发展做出贡献，形成聚集效应。由于高铁主要以客运为主，加上第二、三产业的互动性和政府财政与政策的支持，以商贸、金融、房地产、零售、旅游、生产性服务业等为代表的第三产业的发展受高铁的影响远远大于第一产业和第二产业受到的影响，有利于区域内各城市产业结构转型升级，也为区域发展提供了新动力。对于工业发达地区，如京沪高铁对沿线地区第三产业就业人数的影响最大，促进了沿线就业结构的升级。对于工业不发达地区，高铁的产业结构调整效应更加突出。高铁开通将大幅度改善不发达地区的投资环境和生产力布局，从而促进产业结构调整。贵州和云南作为资源及旅游大省，贵广高铁和沪昆高铁开通后，打破了地理环境的制约，增强了与外界的沟通和交流，为第三产业快速发展带来新机遇的同时，也加快承接东南沿海地区的产业转移。

2. 助力区域产业转型升级

高铁开通能够迅速整合与优化配置资金、信息、技术、人力资源等生产要素，提高沿线地区产业自主创新和协同创新能力，促进区域产业从粗放型向集约型转变。首先，中国高铁装备制造业具有技术含量高、位于价值链高端、处于产业链核心部位等优势。近年来，具备了自主研发 350 km/h、380 km/h 甚至更高速度的动车组成套和支撑配套技术，构建了具有世界领先水平的高铁技术体系和制造平台，大幅度提升了铁路系统的创新和技术水平。高铁建设具有基础设施投资拉动效应，带动了整个铁路制造业的快速进步，推动其由低端向高端、由劳动密集型向技术密集型、由引进向输出转变。其次，高铁还通过促进区域产业间协同创新拉动传统产业转型升级，并推动与之相关的上下游产业技术链研发创新，成为装备制造业与基础建设行业等重要产业转型升级的动力源泉。最后，中心城市随着高铁网络的完善，区位优势进一步显现，旅游、会展、金融、房地产、商贸、物流、娱乐、教育等诸多行业有更多的发展机遇。

3. 助力区域承接产业转移

随着高铁网络的建成，区域分工协作变得更加紧密，不同产业的梯度转移得以实现，并促使欠发达地区承接发达地区产业，引进发达地区的先进技术和管理经验，实现区域产业从劳动密集型向技术密集型转变。如东南沿海高铁有利于沿海地区产业向江西省有效转移，促进沿线地区优势特色农业发展，改善绿色食品、新能源以及航空等优势制造业生产力布局，并推动旅游、金融、物流等现代服务业集聚发展。渝万高铁改善了万州与重庆主城通勤条件，郑万和渝西等高铁建成后也将使万州与重要经济圈和城市群的时空距离大幅缩短，万州国家级经济技术开发区这一发展平台，以及万州良好的工业基础使其具备承接产业转移的优势，促进万州成为承接沿江沿海产业转移的重点基地。安徽省在高铁开通后能够更好更快承接京津冀、长三角及珠三角等发达区域的产业转移，充分发挥要素成本、产业链及市场优势，进一步释放本地人口红利，实现产业调整与转型升级。

二、高铁对区域经济发展的影响机理

高铁作为一种快速、高效的运输方式，对区域经济发展具有明显的促进作用，可以使不同地理位置上的经济活动与经济资源能够得到更好地流动和互补。可以说，高铁不仅极大促进了区域经济总量增长，也大大提高了区域经济发展质量。

(一)高铁对区域经济发展的积极影响

高铁对区域经济发展的积极影响主要体现在两方面：一是直接影响，包括带来直接经济效益、降低空间交易成本、加快生产要素流动、形成时空压缩效应等；二是间接影响，包括高铁对促进区域间经济分工和专业化、促进区域间经济收敛、实现外部规模经济和范围经济、提高区域对外开放水平等方面的影响。

1. 直接影响

高铁对区域经济发展的直接促进作用是高铁经济投资价值的直接体现。

(1)带来直接经济效益

首先，拉动直接投资。京沪高铁带动了沿线基础设施建设规模和建设水平的提升。为了配合京沪高铁需要，对电力、车站等一系列基础设施进行了改造，为经济发展提供更好地支撑。其次,带动直接就业。一是高铁建设本身促进新增就业;二是高铁建设需要大量材料和机械设备,刺激生产,从而带动就业;三是高铁运营与维护需要大量劳动力。最后,推动相关产业发展。与高铁建设维护相关的产业都可以从中获益,如建材业、采掘业、机器零部件制造业等。另外,高铁的建设带动了电子、信息等一大批相关高新技术产业发展。

(2)降低空间交易成本

高铁压缩了两地间的时空距离,并使区域间的人流与物流得以高效流动,进而使不同地区间客流通勤成本、物流运输成本等大幅度降低。一是高铁降低客流通勤成本。通勤成本主要包括交通工具的花费、旅行与候车时间花费的成本及在旅途中产生的效用成本(如旅途不适感、列车延迟造成的影响等)。表 9-1 中列出了曲阜到天津的 4 种不同交通方式的通勤成本,可以看出高铁费用最高,时间最短。随着人们生活水平的日益提升,旅客对交通工具的舒适性与快捷性有了更高的要求。因此,综合来看高铁仍然具有优势。二是高铁降低两地间运输成本。目前,高铁货运主要为快递业务。高铁不仅可以实现客货分线缓解货运压力,而且还将铁路与公路、水路、航空等多种运输方式相衔接,实现无缝对接,降低全社会物流成本。

表 9-1　曲阜到天津四种交通方式的通勤成本①

交通方式	距离(km)	车内		在曲阜		在天津		门到门加总	
		费用(元)	时间(min)	费用(元)	时间(min)	费用(元)	时间(min)	费用(元)	时间(min)
小汽车	448	194	384	3	15	0	30	200	474
长途巴士	448	132	420	0	10	5	45	142	530
普通列车	448	75	408	5	30	5	45	95	558
高速列车	448	199	120	3	23	5	45	215	256

(3)加快生产要素流动

一方面高铁开通加速了人力资本的流动。高铁网络凭借其高效、快速的特点成为区域内和区域间快速畅通的要素通道,使其所覆盖区域人力资本的流动性、便捷性和可获得性得到大幅度提升。而人力资本的高速流动往往伴随着技术与资金等生产要素的快速流动和扩散,从而优化区域内生产要素配置与布局。另一方面高铁开通加速了信息流动。从企业层面看,高铁开通大幅度缩短区域内与区域间的时空距离,使企业间得以频繁交流,在产品创新和技术革新方面共享信息,缩小差距。同时,高铁开通促进区域合作的层级延伸,为信息化标准体系统筹协调、信息化基础设施建设奠定基础,建立区域信息化长效合作机制。

① 钱志鸿,陈亮,郝秋江. 高铁重塑中国区域发展版图[J]. 经济体制改革,2016(3).

(4)形成时空压缩效应

传统经济学假设生产要素的流动和运输是零成本,但事实上由于铁路、公路、水路和航空等交通基础设施都具有一定的排他性和竞争性,生产要素运输不可能没有成本。集安全、快速等优势于一体的高铁网络,大大降低了要素运输成本和时间成本,提高了运输能力,改善了交通区位条件,形成了时空压缩效应。高铁在提高交通网络体系现代化和网络化的同时,大幅度缩减了区域内人们的通勤时间及商务活动出行时间。如高铁对以下五个典型城市的平均出行时间节约率均达30%以上,其中武汉最大时间节约率达90%(表9-2)。城市之间经济活动相互间联系也更加紧密,使中心城市对外辐射能力和影响能力不断增强,区域经济腹地得以扩大,时空压缩效应更加凸显。如京沪高铁连接了京津冀、山东半岛和长三角等经济板块,形成了东部交通运输快速通道,"同城效应"逐渐显现,促进了沿线城市互动互融。

表9-2 高铁通车后五个典型城市空间通达性变化对比①

城市	北京	上海	广州	武汉	沈阳
平均时间节约率(%)	30.9	39.2	30.4	31.9	35.1
最大时间节约率(%)	84	79.4	76.2	90	89.3

2. 间接影响

除了上述直接影响,高铁网络也具有很多经济附加价值,这些经济附加值也间接推动了区域经济发展。

(1)促进区域间分工和专业化

高铁大幅度压缩了地区间时空距离,降低了协作成本,使其经济往来更加密切,由此促进地区间分工与协作。在时间快速、运量充足、运价低廉的发展环境中,不同等级城市的比较优势将会逐渐凸显,从而使得城市间分工在更大范围内展开,促使三、四线城市参与到一、二线城市在产业、产品、产品内层面展开的分工协作体系中,促进区域经济协调发展。高铁开通带来的专业化分工可以提高区域整体生产技能水平和生产效率,提升区域竞争力。如长株潭城际铁路促进长沙、株洲、湘潭三市建立分工合作体系,长沙市形成了以电子信息、生物医药、食品加工、机械制造、新产业为主的产业体系,株洲形成了以轨道交通装备制造、有色金属、化学原料及化学制品、非金属矿物制品为主的产业体系,湘潭形成了以钢铁、机电及机械制造、化学原料及精细化工为主的产业体系。这种分工合作体系能够充分发挥各个城市的比较优势,实现规模经济效益最大化。雄安新区规划建设的目标是:建设绿色生态宜居新城区、创新驱动发展引领区、协调发展示范区、开放发展先行区,努力打造贯彻落实新发展理念的创新发展示范

① 周洛仪.高速铁路建设的区域经济效应研究[D].重庆:重庆交通大学,2016.

区。其重点任务是建设绿色智慧新城、打造优美生态环境、发展高端高新产业、提供优质公共服务、构建快捷高效交通网、推进体制机制改革、扩大全方位对外开放等。雄安新区将建设“四纵两横”区域高铁网络，这对于调整区域经济结构，优化产业布局，促进区域经济协调发展具有重要意义。

(2)促进区域间经济收敛

高铁在空间上将先发地区和后发地区、发达地区和欠发达地区连接起来，为先发拉动后发、先进带动后进奠定基础。且这种连接不止于简单的行政连接，而是包括经济手段、市场手段、基础设施等较高层次的连接，这种区域之间的连接有利于欠发达地区的发展，有助于区域之间实现均衡发展。

(3)实现外部规模经济和范围经济

高铁开通使得中间和最终产品在区域间流通时遇到的阻力大幅度降低，高铁网络拓宽了能够保障产业链各环节间紧密联系的空间界限，促进形成更大地理范围内的分工协作体系。由于产业发展所需的原材料、生产要素、服务等资源流动及空间配置具有逐利性，良好区位条件会吸引这些资源在高铁沿线集聚。同时，各产业链中的企业及更多的经济活动也在高铁沿线集聚，从而实现外部规模经济和范围经济。而规模经济和范围经济的实现，又促使城市间经济联系更加紧密，推动城市群协同发展。

(4)提高区域对外开放水平

高铁的开通极大缩短了全国各大经济腹地间的时空距离，进一步加强各区域间联系与合作，提高高铁所在区域的地位，在更大范围、更高层次参与区域分工，有利于其对外招商引资和对外开放。如渝万高铁为万州融入“一带一路”和“长江经济带”带来机遇，使得万州向东经由郑万高铁、渝西高铁，接入陇海铁路，由连云港融入海上丝绸之路，形成万州东向入海的国际性物流大通道；向西由达万高铁、渝西高铁接入渝新欧铁路，畅通至中亚、西亚、欧洲，融入丝绸之路经济带；再者连接渝昆高铁，由云南瑞丽出境，经缅甸进入印度洋，融入海上丝绸之路；此外，高铁的快速发展，也将进一步强化万州与西南、中原和华北等地区的联系合作。

3. 成功案例——湖南借高铁机遇实现了新发展

2009 年 12 月 26 日，武广高铁正式开通运营。湖南凭借独特地理优势积极承接广州、武汉等大城市的产业转移。开通前两年，承接近 3 000 个产业转移项目，包括广汽菲亚特、比亚迪等名优项目，这些项目带动了湖南汽车、电子信息以及航空航天等新兴产业的高速发展。而且，产业转移还呈现出由低端向高端、由粗放向集约、由配套向总装转变的良好态势。由此可见：第一，高铁沿线的中小城市承接中心城市的产业转移，是其迅速崛起的捷径；第二，产业配套的成熟程度、比较优势的发挥程度，直接决定着高铁正效应的发挥,需要对当地基础设施、产业布局进行整合,为积极承接产业转移创造条件;第三,优良的发展环境加快生产要素的流动,税收、工商、财政、人力等政策环境对成功承接产业转移十分重要。

(二)高铁对区域经济发展的挑战

高铁的开通除了对区域经济发展产生积极影响外,也会给区域经济发展带来一些挑战。一是虹吸效应。高铁使得沿线生产要素加速流动,但也会促使生产要素向投资环境、政策环境更好的地区集聚,而经济发展的边缘区会面临资金、人才、信息、技术等生产要素和企业流失的困境,这就是高铁的虹吸效应。二是过道效应。高铁的快捷可能会导致生产要素仅在高铁沿线经过,但并未在沿线停留,对沿线地区经济发展的促进作用不大。三是替代效应。在空间上,高铁与航空、高速公路等其他运输方式存在一定的替代性;在时间上,高铁形成的时空压缩效应会颠覆时空结构,大幅度降低各种资源在高铁站点和其他区域的停留时间。四是错配效应。高铁是一种新型的交通基础设施,而原先城市总体布局、产业规划中均较少考虑高铁所带来的影响,这可能会导致不匹配现象。如高铁开通对万州市空间容纳能力、综合交通衔接能力、基础设施承载能力以及相应的配套服务体系等带来严峻考验,直接影响万州开放程度以及承接产业、吸纳人口和消费的能力。五是冲击效应。高铁与其他运输方式会形成竞争,在一定程度上对它们造成冲击,并对依赖这些传统交通方式的区域造成影响。六是同质化效应。高铁开通会促进沿线区域间的资源共享,但也可能会使地区难以保持原有独特的发展机遇和比较优势,削弱区位差异,且一时难以形成新发展合力,出现同质化竞争甚至恶性竞争。

高铁既会带动一些区域崛起,也会使某些区域衰落。如日本新干线开通后,东京的发展更加迅猛,名古屋等城市也加速兴起,而有些城市、地方则快速没落,陷入边缘化的窘境,其人力、资本等要素更多地涌向了东京等中心城市。武广高铁开通后,“过道效应”在株洲开始显现。再如,京沪高铁由于其扩大了北京、上海等中心城市高端服务业(如金融业)的辐射半径,虹吸效应引发济南、徐州、南京等区域中心城市的高端服务业向北京、上海等中心城市转移。高铁沿线的一些城市、区域之所以衰落,虽然高铁的虹吸效应、过道效应在其中起一定作用,但其自身也存在问题,主要表现为:第一,城市发展的战略定位不明确,没有充分体现自己的特色,导致在与中心城市、发达城市的竞争中,未能发挥当地的比较优势,产业的替代性强而互补性弱,使当地的人才、技术、资金等资源流向回报较高的中心城市、发达地区;第二,改善发展环境的改革创新力度不够,没有打造出政策洼地、服务高地、投资宝地,不足以吸引外地商户前来投资;第三,当地产业未能与同类城市、区域的产业错位发展,产业的同质化、重复建设现象严重,导致与沿线同类城市、区域间的激烈竞争,最终两败俱伤。

第二节　高铁经济带

一、高铁经济带内涵和基本特征

交通经济带是以城镇为中心，以交通干线或综合运输通道为发展主轴，以轴上或其吸引范围内的大中城市为依托，以发达产业特别是二、三产业为主体，逐步形成的城市和产业高度发达的带状经济区域。交通经济带包含着一种或者多种形式的运输方式，具有复合型和综合性的特点。如轨道交通经济带和铁路经济带。

城市轨道交通经济带是指在城市轨道交通车站及沿线的一定范围内（一般路段为100 m，重点路段为500 m），通过有效开发周边地区的一切资源，带动沿线地区的房地产和土地的大幅度升值及其他产业的发展，促进了沿线地区的经济繁荣，进而吸引大量的居民居住和出行，大量的人流进一步带动了沿线商贸的发展，形成了相互影响、相互发展、相互推动以及相互受益的经济发展区域。

铁路经济带是以铁路运输通道为发展主轴，以轴上或其紧密吸引区域内（50～80 km）联系密切的城镇或城镇群为主要依托的不同等级的发展中心及其经济活动共同组成的带状区域经济系统。

（一）高铁经济带内涵

高铁经济带是在经济发达、人口密集、要素流动需求巨大的区域内，以高铁线路为中心，以线状综合运输通道（普速铁路、高速公路、航空和水路等）以及配套线状基础设施（供水、电力、能源和邮电通信等）为发展主轴，联结两个以上终端大城市，以轴上和受其影响、联系紧密的城镇或城镇群为主要依托，由不同等级的发展中心和相互联系的产业结构、技术结构、经济活动共同组成的带状区域经济系统。高铁经济带是铁路经济带的高级形态，伴随着高铁的大规模建设和快速发展，其定义在不断完善和发展。

（二）高铁经济带基本特征

1. 高铁经济带是具有耗散结构的空间经济系统

耗散结构是指由于自身的非平衡性，在与外界持续交换物质能量过程中产生自组织现象，从而实现从无序向有序、从较低水平有序向高级有序过渡的有序结构。高铁经济带是一个开放系统，产业、人口、城镇、信息等都是该非平衡系统的构成要素，这些系统构成要素之间以及与外界的不断交换间构成了它的稳态。高铁经济带在区域产业链的前向和后向联系中，不断带动区域系统的整合演化，并且实现结构从无序向有序的转换。

2. 高铁经济带是具有生命周期的社会经济有机体

高铁经济带是运输活动与区域经济在时空中逐渐相互影响的结果，在这个过程中，人口、产业、文化等通过交通运输活动实现集聚和扩散，因而高铁经济带内部城际结构、产业类型、腹地范围等也随之出现相应的变化，并且表现出雏形、膨胀、成熟、消融等特征。

3. 高铁经济带是高级形态的经济带

在经济发展的不同阶段中，由于某一阶段交通运输严重滞后于经济的发展，使其遭受"瓶颈"限制，出现经济增长缓慢、交通不畅的局面。此时高铁的出现可以通过其强大的技术经济优势，在大幅提高沿线区域可达性的前提下，加速各种资源要素的流动，从而催生依托先进交通工具的经济带。然而，只有在高铁完善成网后，其对全国性的战略作用才能体现出来。目前来看，只是影响到高铁沿线区域的经济发展，并且起到的是一种冲击作用。在经济社会进一步发展后，高铁将同其他的交通方式共同构建一个主次分明、有序畅通的经济带。

除此之外，高铁经济带还具有五个特性：

(1)综合性。高铁经济带既是一个以高铁线路为中心且包括沿线地区其他交通运输方式的综合交通运输通道，又是一个包容了沿线地区不同基础设施，不同层次的城镇，相互联系又各具特色的产业结构、技术结构和经济活动的综合经济系统。

(2)开放性。与普速铁路和其他交通运输方式相比，高铁速度更快、效率更高，大大加快了区域内外的人流、物流、信息流、资金流的流动，使地区可达性进一步增强，市场范围进一步扩大，区域开放性进一步提高。

(3)网络性。从形式上看，高铁经济带是带状结构，但从内容上看，高铁经济带是点状集聚、线状延伸、面状辐射的网络型结构。高铁经济带的经济系统是按照自然资源禀赋、劳动区域分工和产业链关系形成的相互联系又各具特色的产业结构、技术结构和经济活动。

(4)融合性。高铁的发展极大地缩短了时空距离，有效增强了核心城市和中心城市的集聚与辐射功能。快捷的流动可以推动市场逐渐打破区域的行政隔离，使地区间的分工协作关系更加密切，推进各地产业合理布局，加速区域一体化进程。同时，日益紧密的经济社会活动也会形成"同城效应"，提升区域内、地区间的融合程度。

(5)高科技性。高铁经济带的核心是高铁，高铁是科技创新的产物。250～300 km/h甚至更快的速度、大量的高架桥和隧道、高级的电力接触网和信号控制系统等，大量先进的科技有效保证了高铁运营的安全性、舒适性和环保性。

二、高铁经济带的形成机理

高铁作为新型的交通运输方式，对区域经济社会的发展起到巨大的推动作用，在完善综合交通运输体系、促进高铁沿线经济协调发展和打造高铁新型休闲旅游带等方面具有重要意义。

(一)完善综合交通运输体系

1. 构建互联互通的城乡综合交通网络

目前很多城市的高铁站在初期规划时,受其运行速度、建设标准和老城区发展空间等因素的制约,存在着客流集疏难的问题,导致乘客来往高铁站非常困难,主要是地铁、公交等运输方式没有很好地与高铁客站相互衔接配套,还未形成一体化的城乡综合交通网络。因此,高铁沿线城市要以高铁站为中心,加大推进城市交通综合枢纽建设力度,使铁路、公路、航空、水运等多种运输方式与高铁进行无缝衔接。同时,要合理配置城乡之间的公交路线,加快建设连接高铁、港口、机场以及旅游景点的公交线路,构成以高铁客站为主要交通枢纽的城乡综合运输网络,方便城乡居民乘坐高铁出行。此外,对于未来的高铁规划建设来说,应该将高铁站从人满为患的老城区移至新城区,以高铁建设带动城市发展,以独立功能区的组合型城市规划思想替代原有的老城摊大饼的传统规划,进而建设关注人性、集聚人气、塑造人文的高铁新城。

2. 构建互联互通的跨区域综合交通运输体系

以高铁为重要纽带,积极推动高铁线路与相邻经济圈内的城际轨道交通网连接,进而构建跨区域的综合交通运输网络,促进基础设施的互联互通,加快信息、人才以及技术的流动,提高跨区域的合作水平,以基础设施一体化来进一步提升跨区域的经济协调发展能力。利用高铁建设来进一步缩短城市之间的相对距离,使资源流动不再受制于空间与时间的约束,加快技术、人才、信息和知识的跨区域流通,使这些资源能够在更大的空间上进行优化配置,提高资源的使用效率,高铁带来的人流、物流、信息流、资金流对沿线区域的拉动作用将越来越大。

(二)促进高铁沿线经济的协调发展

1. 构建多层次高铁枢纽经济圈

以高铁客站为中心,推进高铁客站周边区域的综合开发和利用,打造并培育多层次的高铁经济圈,增强区域协同创新能力,从而发挥高铁客站的枢纽作用和经济带通道作用。经济圈主要包括核心圈、中间圈和外层圈三层。首先是核心圈,主要以人为核心,围绕人的需求和特点来规划,满足人们的出行、生活和工作需求,包括餐饮住宿、中介服务、房地产开发、旅游服务、会议会展、文化体育产业、金融业、商业服务、电子信息和计算机软件业等。其次是中间圈,包括发展新产业以及进一步完善原有产业体系,主要推进快递物流集聚区等服务集聚区的建设。最后是外层圈,指的是一小时范围内的经济圈,主要是加快推动以若干城市为核心的跨区域高铁经济带合作试验区发展,探索以高铁客站为核心的产城融合发展模式,通过高铁枢纽经济圈建设,逐步形成城市新区或城市副中心。

2. 优化高铁沿线产业布局

高铁沿线的产业布局遵循从核心圈到中间圈再到外层圈、从大型高铁客站到小型高铁客站的顺序进行产业布局和分工。一是要强化龙头产业的带动作用，主要是大力发展金融服务、科技研发、健康养生、商贸物流、商务会展和生态旅游等现代服务业，以及大数据、“互联网＋”等新兴产业，加强人口、资金和产业集聚，并打造制造业的发展高地，在整合制造业链条的同时促进差异化发展，通过产业之间的相互促进来推动高铁经济带的共同发展，实现整体产业的优化升级，促进高铁经济带周边区域的协调发展。二是构建跨区域的物流产业带，主要是加快推进高铁沿线的重要物流通道、储运设施和信息化平台建设，完善高铁和沿线其他经济带综合交通运输的互联互通网络，科学合理规划布局整体物流网络和物流园区，构建快速度、低成本和高效率的物流体系，进而形成连接各方的现代物流产业带。三是打造产业梯度转移基地，主要是依托沿线城市的现有产业发展平台，利用园区共建等多种模式在具备条件的城市重点建设一批产业梯度转移基地，在此基础上重点发展装备制造、电子信息、绿色食品加工、新型建筑建材和特色轻工等产业，进而有效提升区域产业发展水平。

三、高铁催生新的“交通经济带”

交通经济带是发达地区向欠发达地区产业转移的结果，因此新的“交通经济带”在连接发达和欠发达地区的高铁沿线及周边地区形成的可能性较大。

武广高铁于 2009 年 12 月 26 日通车，经过广州、清远、韶关、郴州、衡阳、株洲、长沙、岳阳、咸宁、武汉等城市。乘坐高铁从广州到达武汉仅需 3 h 左右，清远、韶关、郴州等地都被纳入 1 h 经济圈之中。以武汉和广州 2 个超大城市为端点，以武汉、长沙、佛山、广州 4 个城市为主体，贯穿 3 个省(湖北、湖南、广东)，连接 3 个城市群(武汉城市圈、长株潭城市群、珠三角城市群)和 9 个地级市(咸宁、岳阳、株洲、湘潭、衡阳、郴州、韶关、清远、佛山)以及众多节点城镇，形成一条沟通南北的中枢经济纽带，即沿线形成以武广沿线综合交通运输通道为发展主轴，以轴上及其吸引域内的大中城市为依托，通过沿线经济部门的技术联系和生产协作，由资源、人口、产业、城镇、信息、客货流量等集聚而形成交通经济带——带状的空间地域综合体。

此外，珠三角地区正在向后工业化发展。近十年来，广东的产业结构发生了巨大的变化。一方面，广东的产业在向高附加值的行业发展，另一方面大量的劳动密集型企业仍然存在，这使得珠三角地区的土地、人力等资源变得更加稀缺，在一定程度上阻碍了产业升级，2010 年初爆发的民工荒进一步凸显了劳动力紧缺的状况。在这样的情况下，广东省提出了“腾笼换鸟”的经济发展战略，即将劳动力密集型为主的低端加工制造企业从珠江三角洲转移至广东的东西两翼及北部山区，同时使高素质的劳动力向以发展先进制造业、现代服务业、高新技术产业为主的珠江三角洲地区转移。因此，高铁催生了广东省东、西两翼新的交通经济带。各地纷纷出台政策支持珠三角的产业转移，如清远建设佛山产业转移工业园、民族工业园等产业转移园，长沙制定了“武广新城”战略规划，咸宁市也专门开辟了“广东工业园区”。

第三节　高铁与城市群发展

随着高铁的快速发展，城市群与高铁相互促进、共同发展，高铁对于促进城市群协同发展，提升整体发展水平，优化城市产业分工等方面意义重大。

一、城市与城市群的产生和发展

（一）城市群的产生

自18世纪60年代工业革命以来，社会生产力得到了极大发展，城市也开始得到了迅速发展。18世纪的城市大多是以沿海或沿江形成的“码头城市”或“港口城市”，随着城市化现象开始大规模出现，城市得到了进一步快速发展，并且逐渐在空间上呈现出城市区域化的特点。特别是在二战结束以后，各国尤其是发达国家开始出现地理上高度密集、经济上密切联系、具有一定数量规模的城市集聚区（Urban Agglomeration），联合国统计手册中将之定义为“由适当的城市或城镇与其郊区边缘地带或紧邻的外部地区组成（的区域）”。国内的诸多概念均与城市集聚区这个概念有着一定的关系，如城市群、城市经济带、都市连绵区、（大）都市区、都市圈、城镇群体、城镇密集区、城市联盟等。其中，城市群是一个总体概念，而城市经济带、都市连绵区、（大）都市区等不过是从不同的功能范围、都市结构以及发展时序对城市群的另一种表达方式。

目前，城市群是在特定的地域范围内具有相当数量的不同性质、类型和等级规模的城市共同构成的城市“集合体”，它依托一定的自然环境条件，以一个或两个特大城市作为地区经济的核心，借助于现代化的交通工具和综合运输网络的通达性以及高度发达的信息网络，发生与发展着城市个体之间的内在联系。

一般来说，一个城市群内往往有若干个核心城市作为支撑。一个城市之所以被称为核心城市，是因为该城市在经济与社会发展水平上远远超越城市群内的其他城市，具体表现在城市人口以及交通等基础设施方面。

（二）城市群的发展

截至2017年上半年，中国已形成长江三角洲城市群、珠江三角洲城市群、京津冀城市群、中原城市群、长江中游城市群、成渝城市群、哈长城市群、辽中南城市群、山东半岛城市群、海峡西岸城市群、北部湾城市群、关中城市群等共12个国家级城市群。其中长江中游城市群、哈长城市群、成渝城市群、长江三角洲城市群、中原城市群、北部湾城市群6个城市群先后得到了国务院的批复，这6个城市群的战略定位和包含的城市情况见表9-3。

表9-3 得到批复的城市群基本情况①

城市群	战略定位	包含城市
长江中游城市群	中国经济新增长极，中西部新型城镇化先行区，内陆开放合作示范区，"两型"社会建设引领区	武汉、黄石、鄂州、黄冈、孝感、咸宁、仙桃、潜江、天门、襄阳、宜昌、荆州、荆门、长沙、株洲、湘潭、岳阳、益阳、常德、衡阳、娄底、南昌、九江、景德镇、鹰潭、新余、宜春、萍乡、上饶、抚州、吉安
哈长城市群	东北老工业基地振兴发展重要增长极，北方开放重要门户，老工业基地体制机制创新先行区，绿色生态城市群	哈尔滨、大庆、齐齐哈尔、绥化、牡丹江、长春、吉林、四平、辽源、松原、延边
成渝城市群	全国重要的现代产业基地，西部创新驱动先导区，内陆开放型经济战略高地，统筹城乡发展示范区，美丽中国的先行区	成都、重庆、自贡、泸州、德阳、绵阳、遂宁、内江、乐山、南充、眉山、宜宾、广安、达州、雅安、资阳
长江三角洲城市群	最具经济活力的资源配置中心，具有全球影响力的科技创新高地，全球重要的现代服务业和先进制造业中心，亚太地区重要国际门户，全国新一轮改革开放排头兵，美丽中国建设示范区	上海、南京、无锡、常州、苏州、南通、盐城、扬州、镇江、泰州、杭州、宁波、嘉兴、湖州、绍兴、金华、舟山、台州、合肥、芜湖、马鞍山、铜陵、安庆、滁州、池州、宣城
中原城市群	中国经济发展新增长极，全国重要的先进制造业和现代服务业基地，中西部地区创新创业先行区，内陆地区双向开放新高地，绿色生态发展示范区	郑州、洛阳、开封、南阳、安阳、商丘、新乡、平顶山、许昌、焦作、周口、信阳、驻马店、鹤壁、濮阳、漯河、三门峡、济源、长治、晋城、运城、聊城、菏泽、宿州、淮北、阜阳、蚌埠、亳州、邢台、邯郸
北部湾城市群	面向东盟国际大通道的重要枢纽，"三南"开放发展新的战略支点，21世纪海上丝绸之路与丝绸之路经济带有机衔接的重要门户，全国重要绿色产业基地，陆海统筹发展示范区	南宁、北海、钦州、防城港、玉林、崇左、湛江、茂名、阳江、海口、儋州、东方、澄迈、临高、昌江

二、高铁对城市群发展的影响

随着高铁的快速发展和普及，城市群在规模、空间布局及与其他城市群之间的联系等方面得到了进一步的发展。

（一）对城市群规模的影响

在高铁的连通下，城市群的规模得以进一步扩大。一般来说，城市之间的距离可以用两种方式进行衡量：第一种是用城市实际的位置所确定的空间距离；第二种是用从某一城市到另一城市的交通时间来计算的时间距离。高铁的开通使得城市之间的

① 根据《长江中游城市群发展规划》《哈长城市群发展规划》《成渝城市群发展规划》《长江三角洲城市群发展规划》《中原城市群发展规划》和《北部湾城市群发展规划》整理。

时间距离大大降低，也由此扩大了核心城市的辐射范围，在这种情况下，一些原本位于城市群外围的城市也因高铁的通达而逐渐纳入到该城市群的范围内，城市群规模由此得以扩张。以长三角城市群为例，“十二五”规划安徽合肥并不在长三角城市群的范围内，后随着合肥、安庆到南京都修通了高铁，城市之间的时间距离大大缩短，因此，“十三五”规划合肥以及一些高铁沿线的城市如芜湖、池州等也被纳入到了长三角城市群范围内，长三角城市群的规模较之以往得到了扩张。

（二）对城市群空间布局的影响

高铁的建设和发展影响着城市群内各城市之间的关系，进而影响着城市群的空间布局。城市群的空间布局体现为城市群内各城市间的空间引力、空间袭夺和空间紧凑度等三个方面。

城市间的空间引力指的是城市间的空间相互作用。具体说来，高铁的运营大大缩短了城市群内各城市之间的时间距离，使城市间的相互联系更为紧密、相互影响更为深刻、相互依赖更为明显，城市间的空间引力因此变大，这有效加强了城市群的凝聚力，从而有利于城市群进一步发展。

城市间的空间袭夺即城市之间市场边界的变动情况。高铁的开通和发展会对不同等级的城市产生不同的影响。一般来说，等级较高的城市，其市场边界会随着高铁的开通而在一定程度上得以扩张，而等级较低的城市则相反，其市场边界会相应缩小，这就说明低等级城市的一些市场会被高等级的城市袭夺。进一步来说，城市的规模越小、经济越落后，被高等级城市袭夺的市场规模就会越大。因此，高铁的开通一方面可以有效扩大高等级城市的市场范围，拓展其市场空间，另一方面也增加了低等级城市的市场被高等级城市袭夺的风险。

城市群的空间紧凑度是指在城市群形成与发育过程中，所体现出来的城市（城镇）、产业、资源、资金、交通、技术、人才等物质实体按照一定的经济技术联系在空间上的集中程度。随着高铁的建设和发展，一方面城市之间的空间引力增强、联系更加紧密，另一方面交通节点及沿线附近区域对人口、资金、基础设施等资源的吸引力也会增强，由此该地区的居住密度会逐渐上升、土地利用更加有效。因此，城市群的空间紧凑度会随着高铁的发展而日益增大。

（三）对城市群之间关系的影响

高铁的发展不仅使城市之间的时间距离大大缩短，也使城市群之间更为紧密。沿着京沪高铁或者京广高铁线路很容易从一个城市群到达另一个城市群。高铁使城市群之间的联系加强，城市群的边界日渐模糊，有利于构建全国尺度上的城市网络。

全国尺度上的城市网络是城市群发展的高级形态，在这种城市网络中，构成节点的不再是单个城市，而是城市群，高铁则将这些节点逐一连接起来。在高铁的连接下，城市群之间的时间距离较之前而言得以大大缩短，产业、资源、资金、技术、人才等资源流动更为频繁，城市网络的构建变得更加容易。

(四)案例分析——长三角城市群

高铁影响了长三角城市群的空间结构重构。基于分形研究，高铁加强了城市之间的通达性，同时使核心城市上海的集中度得到进一步提高，核心城市的辐射作用增强。基于社会网络分析，高铁建成后，尤其是沪宁、沪杭高铁的通车极大加强了长三角城市群的经济联系，城市群空间结构产生了一些变化：长三角城市群的整体网络密度迅速提高，各城市之间的经济联系得到了加强；各个城市的点出度和点入度都在不断上升，城市间资源、信息和人才等流动加快；网络中心势有缓慢下降的趋势，点入度中心势呈稳定中有所波动的趋势，长三角城市群各经济联系之间存在不对称和不均衡的现象；接近中心度在逐年提高，中间中心度逐年下降，长三角城市群中心城市的核心地位有下降的趋势。

高铁影响了长三角城市群的城市经济联系格局。高铁极大地削弱了区域间的距离摩擦，通过实现时间收敛，释放更多生产与消费能力，扩张沿线城市的产品、服务与劳动力市场，加快产业由大都市区向中小城市及周边扩散和再布局，扩大上海、南京、杭州等都市圈的范围与影响力，并加快沪宁、沪杭甬等高铁经济带的形成与发展，最终实现地区整体高效发展。此外，高铁对城市经济联系的影响具有明显的区域差异：在经济发展较好的地区，大城市周边的小城市可能会受到大城市扩散效应的影响而加快发展；但在经济发展水平较低的地区，中心城市仍处于集聚发展的阶段，其周边的中小城市则可能会受到中心地区的排挤。

高铁影响了长三角城市群的区域空间结构。从传统意义上讲，长三角地区是一个典型的等级型空间结构：以上海为核心，南京和杭州为次级中心，苏州、无锡、宁波、常州等若干地级市为下一级中心。伴随着高铁的建成，一方面高铁将长三角区域内的核心城市(上海、南京、杭州和宁波)紧密相连，另一方面核心城市与周边一小时圈层内的城市相互合作，最终将会围绕上海、南京、杭州和宁波四大核心城市形成四大都市圈。也就是说，长三角城市群的空间结构正在从“一主两副”向“多都市圈复合”型转变。

三、高铁对城市群内产业发展及居民生活的影响

(一)高铁对城市群内产业发展的影响

高铁的建设会对城市群内产业发展产生影响，主要体现在细化产业分工、加强产业合作以及促进产业转移三个方面。一是细化产业分工：高铁促使城市群内各城市按照自身的比较优势进行资源配置，从而细化产业分工，形成多层次的产业发展格局。二是加强产业合作：高铁可以加强城市群内产业结构相似、优势产业相同的城市间进

行合作，形成产业联盟，以加强城市群整体的产业竞争力。三是促进产业转移：高铁的建设促使大量客运分流，为既有铁路腾出货运能力，由此加强了城市群内非核心城市（或小城市）与核心城市（或大城市）在产业上的联系。

高铁建成之后，城市之间时间距离缩短，产业在城市群内分布的区位差异性随之降低，沿线非核心城市的区位优势得以凸显，而且非核心城市的劳动力、土地等资源相对核心城市而言更为丰富和廉价，因此非核心城市对某些产业的吸引力也会随之增强，产业会逐渐在城市群内的不同地区进行转移，形成新的产业布局。

（二）高铁对城市群内居民生活的影响

随着中国高铁的快速发展，人们的生活半径得以拓展，进而催生出新的生活方式和生活理念。

1. 改变人口分布

交通的发展会对人口分布产生影响。相关研究表明，在欧洲的城市群边缘地区，可达性的改善可以吸引更多人口从大城市核心区外迁到城市群边缘地区，使人口在城市群内更均衡地进行分布，这就是均衡效应。然而，与国际城市群发展相反，随着高铁的开通，中国的部分城市群则呈现了另一种效应——极化效应，即随着城市通达性的提高，要素向城市群内核心城市集中的趋势更加明显。如在京津冀城市群中，随着高铁的发展，北京、天津两地成为人口增加最多的地区。

另外，由于交通便利的缘故，人口会逐渐在高铁沿线地区进行集中，而人口的增加必然会带动相关服务业的发展，也推动完善当地基础设施和土地的开发利用。基础设施的完善和土地的开发利用又会反过来增强高铁沿线地区的吸引力，进一步加速人口集聚。

2. 转变消费方式

高铁开通后，沿线城市之间的时间距离大大缩短，拓展了居民活动空间，扩大了居民的消费范围，使得居民进入相邻城市消费，逐渐突破城市消费界限。

高铁扩大了人们生活需求的范围，提高了城际之间的出行频率，除了正常的商务出行之外，更是吸引了更多年轻人跨城消费、娱乐等。以京津冀城市群为例，京津城际开通之后，北京的居民会选择去天津休闲，天津的居民也会选择到北京购物，京、津两地居民相互之间的活动日趋频繁，并逐步日常化。高铁的建设有利于推动城市群由经济一体化向经济社会一体化的转变。

3. 推动职住分离

居民生活出行心理的时空范围基本在 1 h 以内，也就是说，在理想情况下，居民从居住地到工作地所花费的时间最好不要超过 1 h，从而形成 1 h 通勤圈。高铁的开通使居民在 1 h 之内能够到达更远地方，因此 1 h 通勤圈的空间范围也得以扩大。在这种情况下,居民在选择住所时不局限于距离工作地点较近的地方,而综合考虑交通、房价和居住环境等因素。

具体来说,相对于城市群内核心的城市而言,其周边非核心城市的房价相对便宜、人均居住面积相对较大、交通拥挤程度相对较低,因此部分在核心城市工作的居民逐渐开始在周边非核心城市居住,形成了跨地区通勤。比如,珠江三角洲城市群内,在深圳工作而居住在东莞、中山、惠州等城市;京津冀城市群内,在北京工作而居住在天津或河北。

4. 促进技术扩散

高铁的建设促使城市群核心城市与非核心城市的联系趋于紧密,人员、文化、产业等的交流日益频繁,从而加速知识、文化和技术扩散。一方面,随着多条城际铁路和高铁的建成,使得核心城市与越来越多的非核心城市尤其是相对落后的城市相连,大都市的思想观念、先进文化和技术会逐渐向周边进行扩散;另一方面,伴随着产业转移,越来越多的高技术人才也会随之转移到产业承接地,提高该地区的科学技术水平。

第四节 高铁与城市发展

高铁运营带来的时空压缩效应,极大地提高了城市间的可达性和便捷性,加快了沿线城市经济发展。主要体现在优化了城市空间布局、带动了城市扩容提质、拓展了城市发展空间、实现了城市平衡发展、提升了城市综合竞争力等方面。

一、高铁对城市发展的影响

高铁对城市发展的影响主要体现为提升可达性和促进城市经济发展两个方面。

(一)提升可达性

高铁的发展提升了人的移动速度,缩短了运输过程中的时间损耗,从而最大限度地提升可达性。可达性是交通系统的主要产品,它决定了一个地区相对于另一个地区的区位优势。因此,高铁在提升交通可达性的同时也为城市发展带来新的交通区位优势。可达性的提升也有利于加强城市间的相互联系,促进城市发展模式的转变。

1. 提升城市交通区位优势

交通区位就是交通位置,具体是指某地由于其所处交通位置而带来的优点或缺点。通常可以从交通的地理因素、社会经济因素和科技因素三方面来衡量一个城市交通区位的优越性。交通的地理因素是指一个城市在区域交通网络中的节点位置是否优越。高铁的建设将途经城市连接起来,从时间和空间上缩短了城市间的距离,从而提高了途经站点所在城市在整个交通运输网络中的重要性。交通的社会经济因素是指一个城市所具有的交通运输方式对整个城市运行带来的优势。高铁的建设优化了城市的交通结构,使不同的交通运输方式之间相互协作,优化城市交通网络体系。交通的科技因素是指交通运输的效率、成本和服务质量。与其他运输方式相比,高铁具有速度快、运量大、准时、安全、舒适、环保等优点,因此高铁会大大提高交通运输服务的效率和质量。

2. 转变城市发展模式

城市发展模式主要有紧凑型模式和松散型模式两种。紧凑型模式以欧盟为代表,是指在十分有限的城市空间中容纳大量的产业和人口,节约城市建设用地,提高土地配置效率,因此这种发展模式也叫集约化发展模式。松散型模式以美国为代表,这种模式人口密度偏低,消耗能源较多,其扩散式发展特征会严重污染城市环境。因此集约式的城市发展模式更有利于实现城市的可持续发展,是中国充分借鉴的城市发展模式。

高铁客站作为城市综合体,已经成为城市新的增长极。而这一地区往往是一个城市中功能最为多样化、经济活动最为频繁、人口密度最大、土地集约利用度最高的地区。一方面,高铁客站是一个城市的交通枢纽中心,周边的城市街道成为新的商业或商务发展轴,生活消费活动要远远大于机动车的交通出行,具有良好的环境条件,是一个城市集约式发展最为显著的地区。另一方面,高铁客站由于对城市其他地区具有很大的吸引力,成为城市的重点开发地段和经济发展重心,抑制了城市向外围无序蔓延的现象,节约了土地资源,最终从整体上促进整个城市向紧凑型城市发展模式转变。

(二)促进城市经济发展

高铁使城市间联系日趋紧密,促使超大城市对周边城市的辐射带动作用逐渐加强,各大城市间的同城化效应逐渐显现。

1. 促进超大城市对周边城市的辐射作用

与一般核心城市相比,北京、上海等超大城市对周边城市的辐射作用要更大一些。以天津市的武清区为例,由 2008 年的日均列车 8 对增加到 2017 年的 23 对,日均旅客发送量由最初的近 500 人增加到 1 万余人。高铁的开通激活了武清的经济发展,GDP 增长率如图 9-1 所示,成为继滨海新区之后天津市经济发展的又一个增长极。高铁不仅带动了站点周边地区的社会经济发展,也使武清区从京津双城之间获得了更多的中介机会,催生了诸多的经济活动与功能,休闲娱乐、旅游、商务、学术会议、物流、房地产等发展迅速。

2. 促进大城市间的“同城化效应”

同城化效应是指由于高铁所带来的城市间时空距离缩短与经济联系加强。同城化可分为娱乐消费同城化、通勤就业同城化和产业分工协作化三个层次。同城化通过改变行为主体的休闲活动和通勤就业而改变其交通行为,同城化通过改变地区内的产业分工而改变其区位行为。京津城际与长三角高铁的实证研究表明,中国大城市间的文化娱乐同城化趋势比较明显,通勤就业同城化逐渐显现,而产业分工协作化尚不明显。比如,京津城际的开通使京津娱乐消费同城化发展迅速,在旅游与文化方面,博物馆、纪念馆中由京来津的团体观众占 90%,比高铁开通前增加了 30%;京津间通勤就业同城化趋势逐渐显现,两市的产业分工协作化正在发展中。同样,长三角高铁开通使杭州、苏州的文化娱乐休闲消费地的地位得到提升,同时长三角部分城市之间也开始初步呈现出产业协作化效应,高铁的建设对加强区域产业间的分工合作的作用将越来越明显,从而达到促进同城化的目的。

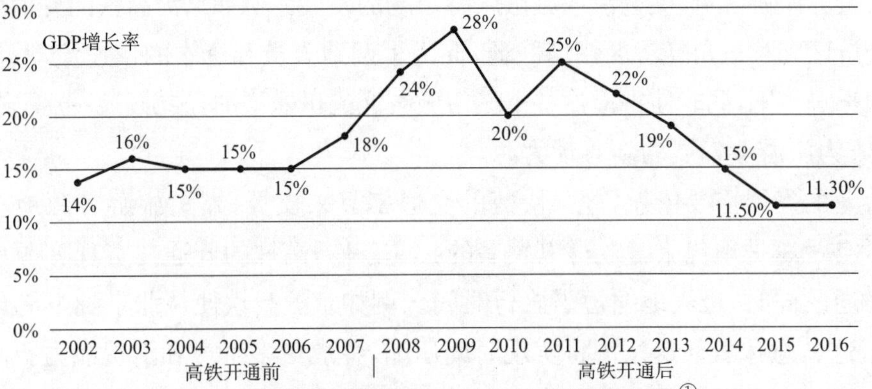

图 9-1 高铁开通前后天津市武清区经济增长对比①

二、高铁对城市综合竞争力的影响

城市综合竞争力是指一个城市在一定区域范围内集散生产要素、提供产品和服务的能力,是一个城市经济与社会各要素全面协调发展的综合体现。高铁能够改善城市交通基础设施质量,促进城市间经济要素的高效流动,提升城市产业和空间的组织效率。中国社会科学院对外发布《中国城市竞争力报告》显示,通高铁城市与不通高铁城市相比,综合经济竞争力高出 71.15%;可持续竞争力高出 56.91%。高铁对城市综合竞争力的影响主要体现在促进城市产业发展和改善社会环境。

(一)高铁对城市产业发展的影响

高铁促进了相邻城市协同发展,促进沿线城市旅游业的发展,其时空压缩效应也对发展现代物流业具有一定的促进作用。

1. 促进相邻城市协同发展

建设高铁有利于破除行政壁垒,促进相邻城市协同发展。例如粤东的经济核心地

① 《天津市武清区国民经济与社会发展统计公报》(2002~2016 年)。

区潮汕平原，在汕头、潮州和揭阳三市的中间位置建设高铁站，推动了三市整合为具有更强竞争力的核心都市圈，有效缓和了区域内的竞争，促进不同城市间均衡发展。

2. 促进城市旅游业发展

高铁的发展使得城市间的时空距离大大缩短，便利了人们的出行，促使沿线旅游业迅速发展，便利的交通条件成为旅游业发展的新兴动力源。

(1)促进沿线地区旅游经济发展

高铁的建设及开通，使得沿线城市的旅游业迅速发展。一方面，高铁的高速稳定和准时等特点促进了相邻城市的一体化、同城化；另一方面，由于高铁整体的舒适性和便捷性优于航空，使高铁沿途形成新的高铁休闲圈和高铁旅游圈。同时，高铁为沿途城市带来大量的旅游客流，促进沿途城市旅游市场的发展。例如京沪高铁的开通使中国的环渤海经济区和长三角经济区快速联通，促进了两地人员和资本的快速流动，扩大两个经济区的影响范围，同时使得沿途各个城市旅游客流迅速增加，旅游资源也得到开发。

(2)成为旅游业发展的新兴动力源

旅游业的发展需要依靠方便、快捷的交通工具来支撑，缩短旅游客源地与目的地之间的时空距离是现代旅游业得以发展的必要条件，高铁的开通在实现客源地与目的地之间联通的同时，极大地缩短了旅行时间。例如京沪高铁使从北京到上海最短只需约 4.5 h，这就意味着往返京沪将实现时间压缩，释放更多生产和消费能力。高铁巨大的时空压缩效应增强了城市可达性，同时促进了沿线城市旅游业的迅速发展。

3. 促进城市现代物流发展

由于以往中国铁路运输实行的是客货共线运输的方式，货物列车和旅客列车速度的差异使共线运输矛盾难以协调，货物列车在行驶过程中避让旅客列车，使货物列车的货运速度和货运运能受到严重影响。高铁开通后，客货运输分线进行，避免了共线运输时出现的情况，极大地释放了既有线货运能力的同时，促进物流的快速流通，降低了全社会物流成本。同时，高铁运输具有低碳、节能、环保的特点，是一种绿色的交通运输方式。虽然目前高铁运输以客运为主，但随着高铁技术不断发展，高铁快递、快运也会逐渐发展起来。

此外，中国高铁建设引发了大城市发展的极化效应，这种极化效应首先反映在旅游业上。高铁网络将重构中国旅游空间格局，北京、上海、广州和武汉这些大城市将进一步成为超级旅游城市。武广高铁扩大了区域旅游发展的差距，使武汉等核心区域的极化作用明显，不利于区域均衡性发展。而在高级商品的服务范围上，高铁会扩大上海珠宝首饰等贵重实物商品的服务范围，形成奢侈品买卖中心。由于旅游业和高级服务业这类第三产业易受可达性的影响，因此对于拥有完善、高品质服务业的大城市来说，高铁建设对引发第三产业的空间极化更加明显。

(二)高铁对城市发展环境的影响

高铁的建设还会对城市的发展环境产生影响,主要体现在完善城市的基础设施建设、加速旧城区改造进程和推动城市中心的多元化发展等方面。

1. 完善城市基础设施

日本横滨高铁站建成之初,平均每天客流量只有1万人,车站周边地区也未得到有效开发。但高铁站建成约15年后,客流量增加了近两倍,周边的新区也开始逐渐形成,连接新站与城市中心的地铁逐渐开始运行,高铁对其他基础设施建设的促进作用逐渐显现。如果高铁站希望发展成城市发展中极具活力的地区,就必须注意与城市经济形成互动,提高交通可达性和通达性。因此,在高铁站建设的发展初期相关部门就应该大力推进交通、市政等基础设施建设,完善公共服务平台等配套设施,加强枢纽站周边地区与城市的关系,以期能更好地与城市经济活动产生互动,进而推动城市经济快速发展。

2. 加快城市旧城区改造

对于把高铁站设置在中心城区的城市来说,由于原有城市中心地区各类功能和设施已经相对饱和,因此面临开发动力不足、地位不断弱化的困境。此时,高铁枢纽站的建设在汇聚人流和信息流的过程中,通过提高基础服务设施水平、推动高强度高密度的开发来实现城市旧城区功能的转换,带动周边地区新一轮的发展,这也是城市的一种"再城市化"过程。例如法国南特TGV高铁站位于城市中心地区,其西南方以前是工业区,住宅和少量办公建筑混杂在一起,高铁站建成以后,面向市区和区域提供商业服务功能,并鼓励对未充分开发地区重新进行开发建设,降低进驻企业的发展成本,加强土地使用强度,倡导土地混合使用。最终结果是工业区变为以商业办公、居住功能为主的区域,由于其提供的现代化设施和环境,使得本地区具有卓越的区位条件,进而重新焕发生机。

3. 推动城市中心多元化发展

随着城市化进程的推进和城市空间的拓展,大城市面临着人口高度密集、地价上涨和基础设施短缺等一系列问题,给城市中心带来了巨大的压力,这使得城市逐渐由单中心向多中心发展。高铁站的建设通过诱发周边地区生产要素的累积、加强与中心城市的联系,实现促进城市多中心化发展的作用,同时也为设站城市提供了新的发展动力。此外,高铁站通过其自身高效、快速的特点,提升资源流动的效率,疏解中心压力的职能,并在城市更大范围内实现分工协作,共同构筑城市的多功能、多层次体系。以日本东京为例,19世纪50年代,随着经济的高速增长,以东京铁路车站为中心的城市都心[①]得以快速发展,形成了高度集中的中央商务区。与此同时,都心地价高涨、城

---

① 都心指都市或都会区的中心部分,与中文中的市中心或CBD意思相近。

市功能单中心高度聚集，由此引发通勤时间长、中心区交通恶化等问题。因此，1968年第二次东京区域规划提出将生活、教育、研究等机构设施向郊区疏散，沿山手线建设新宿、涩谷、池袋等三个副都心来分散中心区高密度压力，引导城市由单中心结构向多中心结构转变。这三个副都心无一例外都位于重要的铁路客运交通枢纽上，凭借其便利的集散条件和强大的集聚能力迅速培育出功能各有侧重、互为补充的城市副中心。

第十章　高铁产业经济

"高铁产业经济"主要着眼于研究高铁产业经济的构成要因和高铁与产业经济的内在关系及其影响机理。本章研究的主要内容包括高铁与产业组织、高铁与产业结构、高铁与产业布局、高铁产业政策等。研究高铁自身产业、拉动产业、衍生产业的发展规律。分析高铁对产业组织、产业结构、产业布局的影响，发挥高铁在完善产业体系、促进产业升级、培育产业集群、加快产业融合发展等方面的地位和作用。

第一节　高铁与产业组织

一、产业组织理论和可竞争市场理论

(一)产业组织理论

产业经济学是研究微观经济行为主体参与市场交易与组织的一门应用型经济学学科。产业组织理论(Industrial Organization Theory)源于美国，作为一种理论体系产生于19世纪30年代，经过近百年的发展逐步形成较为完整的体系。在实践中，对产业经济发展和政策实践意义深远。产业组织理论主要的观点如下：

1."市场结构—市场行为—市场绩效"范式(Structure-Conduct-Performance Model，简称SCP范式)。即"市场结构决定企业的市场行为，企业行为产生市场绩效"，是哈佛学派的核心观点。按照这一范式，行业集中度高、有把控资源能力的企业总是倾向于通过提高价格、设置障碍或进入壁垒来获得垄断利润，造成低效率的资源配置。因此，若试图获取理想的市场绩效，首要任务是改善不合理的市场结构，通过政府对产业中组织或企业的行为进行干预，限制垄断力量，保持市场充分竞争。

2. 产业组织理论芝加哥学派。20世纪70年代后迅速发展的芝加哥学派，反对哈佛学派的单向"结构—行为—绩效"的因果关系，主张三者之间的双向互动关系。在公共政策层面，芝加哥学派反对政府对产业组织实施干预，对市场行为持自由放任主义观点。

3. 新产业组织理论SCP范式的修正。20世纪70年代起，新产业组织理论萌芽兴起，重点研究企业的市场行为，寻求产业组织理论与新古典微观经济学的有机结合。对于企业行为特别重视，将市场初始条件及企业行为看作外生变量，市场结构被看作

内生变量,彼此之间不存在相互的关系。

4. 新制度经济学"后 SCP 流派"。新制度经济学是从制度角度研究经济问题的流派,重点研究产业组织内部之前从未被学术界涉及的领域,包含"企业黑箱内部的产权结构、组织结构的变化来分析企业行为,以及它们对市场绩效的影响"。该学派为研究企业行为提供了全新的理论视角,对产业组织理论的深化具有重要意义。

(二)可竞争市场理论

可竞争市场理论突破传统新古典经济学完全竞争模型中小企业的假设前提,通过引入大企业(规模经济)来研究现实的市场机制功效。企业规模大小并不影响市场竞争效率,培育潜在的竞争环境,才有可能使大型国有企业与市场竞争相容。借鉴可竞争市场模型,中国大型国有企业改革关键在于降低沉淀成本,便利进入和退出条件,提高可竞争程度,从而通过连续的创造性破坏过程剔除那些无效率的国有企业。因此,可竞争市场理论可以为中国铁路改革发展提供参考借鉴。

可竞争市场理论强调的是市场潜在竞争者的作用,由于市场存在潜在的竞争者,因此迫使市场在位者提高效率,并确保产品价格不会大幅偏离产品的成本,从而使市场处于一种长期的完全竞争下供求均衡状态。铁路产业的垄断地位很大程度上是计划经济时代的产物,随着经济社会快速发展,科技不断进步,市场需求发生变化,公路运输、水路运输和航空运输等其他运输方式也快速发展,铁路运输具有了一定的可替代性,其垄断地位正在逐步下降。高铁运营企业也积极参与竞争,通过制定合理的票价和提高运输服务质量,与民航和高速公路形成新的竞合关系。

二、高铁产业组织模式

2008 年以来,中国高铁产业一直处于蓬勃发展时期,当前的发展阶段和外部环境决定了政府需要对该产业进行规制,进而形成了目前具有明显行政垄断的市场结构。这种垄断结构不是由市场力量自发形成,而是由行政力量决定,因此中国高铁产业的市场结构属于外生变量,基本不受市场行为和市场绩效的影响。

(一)高铁产业市场结构分析

市场结构是指规定构成市场的卖者之间、买者之间、买者集团与卖者集团之间等诸多关系的因素及其特征。因此,市场结构包括买方市场结构和卖方市场结构,但是在研究特定产业的市场结构时,一般研究的是卖方市场结构。决定市场结构的关键因素有:集中度、产品差别化、进入壁垒等。对于高铁产业而言,由于市场主体所提供的服务区别不大、产品差别化现象不明显,因而主要从新企业的进入壁垒对中国铁路产业进行市场结构分析。

进入壁垒从新企业进入市场的难易程度来反映市场关系,分析某一产业的在位企业与潜在进入企业间的关系，反映市场潜在的、未来的竞争程度，会对市场结构产生直接影响。综合分析高铁产业的集中度与进入壁垒，能够大致反映出其市场结构特征。

结合产业组织理论与高铁产业的特征，中国高铁产业市场进入壁垒主要体现在经济性进入壁垒和政策性进入壁垒两个方面。

1. 经济性进入壁垒

(1)规模经济壁垒。作为基础性产业，高铁产业具有明显的规模收益递增规律，并且存在最小经济规模。对于产业内已有的高铁经营主体，只有其经营管理的高铁达到最小经济规模才能获利。因此，已有的高铁经营主体会不断扩张，增加其营业里程，以形成更大更广的高铁网，从而获得规模经济效益。对于新进入的高铁经营主体，当其刚进入该产业，市场占有率较低，无法达到经济规模，这使得其生产成本高于产业内已有的高铁经营主体，导致其获利能力和竞争力较低，进而有被迫退出的风险。

(2)必要资本量壁垒。新企业要进入某一产业市场，则必须首先投入一定的资本。高铁产业属于资本密集型产业，投资规模巨大，并且资本回收期长。新企业若要进入高铁产业，则必须具有雄厚的资金基础，不仅需要必要的资金量，还需要进入该产业后能够持续性运营的资金。因此高铁产业的必要资本量很大，潜在进入者筹资难度大，市场进入壁垒高。

(3)资产专用性壁垒。“资产专用性”指资产在没有价值损失的前提下能够被不同使用者投资于不同场合的能力。资产专用性越强，则资源在不同业务或产业的转移成本越高，资源的流动性、通用性越差；反之，则资源的转移成本越低、流动性和通用性越高。由于高铁依附于土地而建设，其建设成本高昂且不可移动，建成的高铁需要长期为通行者和社会提供服务，任何部门或单位都不能擅自对其进行用途更改或其他变动。由此可见，高铁产业的资产专用性非常强，这使得高铁经营主体一旦进入该产业就必须承担巨大的沉没成本。沉没成本越大，企业持续性经营越难，这为民营资本、外资及其他社会资本进入高铁产业构成了经济性进入壁垒。

2. 政策性进入壁垒

(1)行政性壁垒。由于中国高铁具有准公共物品属性，在一定程度上承担着服务全体人民的职责，因此国家需要对高铁产业进行管制，保障健康可持续发展。中国高铁产业一直处于政府严格的行业准入管制之下，虽然鼓励其他经济主体的介入，行业规制部门却往往在特定范围内培育和扶持部分经营主体，一定程度上构成了高铁产业的行政性壁垒。

(2)政策法律壁垒。政策法律壁垒是阻碍新企业进入高铁产业市场的主要壁垒之一。基于高铁产业的社会公共性及其对国家经济发展、维护社会稳定的作用，国家制定了一系列相关法律法规或制度，对高铁的各个环节进行管制。这一系列的法律法规在很大程度上阻碍了新企业进入市场,新企业必须经过政府部门的行政许可才能进入市场。相较于其他产业而言,高铁产业由于其公共基础设施的属性而具有很高的政策法律壁垒。

(二)高铁产业市场行为分析

市场行为是企业在市场上为赢得更大利润和更高市场占有率而按市场要求调整其行动的行为。企业采取的市场行为是由市场结构的状况和特征所制约的,通常包括以控制或影响价格为目的的价格行为、以增强自身竞争力为目的的非价格行为、以规模和产权关系的变动为特征的组织调整行为等三方面。

1. 高铁企业的价格行为

长期以来,中国铁路运输实行政府定价,票价形式相对单一,难以反映市场供求关系并根据市场需求进行灵活调整,使得铁路运输企业在运输市场竞争中往往处于被动地位。初期,尽管高铁某些线路的运价实践中实行了折扣策略,但仅限于特定时期的少数线路、少数车次的高等级席别,折扣幅度小且范围有限。2013 年 3 月,中国铁路实行政企分开后,中国铁路总公司作为企业经营主体自主性增强。2015 年 12 月,国家发展和改革委员会发布《关于改革完善高铁动车组旅客票价政策的通知》,自 2016 年 1 月 1 日起,中央管理企业全资及控股铁路上开行的设计时速 200 km 以上的高铁动车组列车一等、二等座旅客票价由铁路运输企业依据价格法律法规自主制定,商务座、特等座、动卧等票价,以及社会资本控股新建铁路客运专线旅客票价继续实行市场调节,由铁路运输企业根据市场供求和竞争状况等因素自主制定。因此,中国铁路总公司具有了较高的高铁动车组票价制定自主权。

2. 高铁企业的非价格行为

高铁企业的非价格行为是指其通过非价格手段来提高企业经营效益、增加企业利润的行为,主要包括以下三种:提高运营效率;提高服务水平以增强竞争力;对高铁沿线资源进行经营开发。

3. 高铁产业市场结构与企业行为的关系

对于普通企业而言,企业行为基本只有市场行为,而市场结构决定市场行为,有什么样的市场结构就会有相应的市场行为;对于高铁企业而言,企业行为不仅仅有市场行为还有非市场行为,此时企业行为的影响因素不仅有市场结构,还有政府规制和其他外部环境等。

(1)市场结构对高铁企业行为的影响

目前,中国高铁产业的市场结构属于具有行政性垄断特征的市场结构,该市场结构对企业行为的影响主要体现为行政垄断对高铁企业行为的影响。行政垄断性的市场结构下,高铁企业的价格行为一定程度上受限于政府相关部门。

(2)政府规制对高铁企业行为的影响

对高铁企业而言,政府规制对其行为的影响主要有两方面:

①政府某些微观层面的规制会对高铁企业行为产生直接影响。比如,政府的价格规制,直接影响着高铁企业的价格行为;政府对企业行为方面的直接规制,要求企业必须在一定范围内从事活动,或者禁止企业从事某些行为,均直接影响着高铁企业的行为。

②政府宏观方面的规制会通过影响产业结构对高铁企业行为产生间接影响。此类规制主要指进入规制,政府通过严格限制市场准入条件控制高铁产业内的在位企业数量,使高铁产业有着现在的垄断结构,而垄断的市场结构又会影响企业行为。

(3)外部环境对高铁企业行为的影响

高铁企业处于社会大环境中,其行为必定会受到外部环境的影响。外部环境既包括宏观环境,如政治环境、经济环境、法律环境、地域环境,也包括产业环境等。这些外部环境的变化与不同会对高铁的行为产生一定影响。

(三)高铁产业市场结构与企业行为的关系分析

市场结构并不是影响高铁企业行为的单一因素,并且市场结构对企业行为的影响主要体现在市场行为方面,其对非市场行为的影响较小。另外,高铁产业的市场结构影响企业行为,但企业行为却不能反向影响市场结构。这由高铁产业特殊的公共基础设施属性和区域性属性所决定,其市场结构的形成主要受政府行政力量的影响和控制,而不是市场自发形成的垄断结构,因此高铁产业市场结构与企业行为之间是单向的影响关系。

(四)高铁产业市场绩效分析

在产业组织理论中,市场绩效是市场关系或资源配置合理与否的最终成果标志,评估市场绩效的指标主要有资源配置效率、技术进步、生产的相对效率、X非效率等,常用的是资源配置效率和生产的相对效率。资源配置效率主要由利润率测定;生产的相对效率是从已有生产能力利用情况和规模经济两个角度来分析特定产业内资源的利用效率。

由于高铁产业具有基础设施的特殊属性,高铁企业并不应单纯以利润最大化为目标,还要考虑社会效益,因此仅用利润相关指标来衡量高铁产业绩效会存在一定的不适用性和偏差。评价分析时先从高铁经营主体的角度分析,进而从整个产业的角度进行总结归纳,依据相对效率来评估高铁产业的绩效,有助于高铁经营主体了解自身的绩效水平。

当前,中国高铁产业的市场结构具有行政垄断、区域分割、高集中度、高进入壁垒等特征。这些结构特征共同影响着高铁企业的行为,而各个企业行为的改变将会反映在高铁产业的绩效上。

高铁产业的壁垒(包括经济性壁垒和政策性壁垒)对市场绩效的影响体现在两方面:一方面,政策性壁垒严格限制了其他主体进入高铁产业市场参与竞争,使得高铁企业在自己独有的区域内和业务范围内很少有竞争对手;另一方面,经济性壁垒如资产专用性壁垒等,使得高铁企业的退出行为受到很大影响。高集中度的市场结构为高铁产业可能带来高利润率,但是高利润率水平并不能代表整个产业的绩效水平高。

实际上,高铁产业市场结构对企业行为和绩效产生的影响,并不是由单个市场结构因素孤立产生,而是各个市场结构因素交互影响、共同作用的结果。市场结构的各个因素共同影响着高铁企业的行为(主要影响市场行为,对非市场行为影响较小),这种影响进一步反映在整个产业的市场绩效上。综上所述,在中国高铁产业目前所处的发展阶段,其市场结构、企业行为与市场绩效之间整体比较符合传统 SCP 范式下的单向递推关系:对于收费还贷型企业而言,市场结构、企业行为与市场绩效之间是明显的单向递推关系;对于收费经营型企业而言,除了上述单向影响关系外,市场绩效会反向影响企业行为、但不影响市场结构。

第二节　高铁与产业结构

一、产业结构理论

(一)产业结构概念及分类

产业结构是指国民经济中各个产业、部门以及产业部门内部的内在生产联系和数量构成比例,即一个国家所拥有的劳动力、固定资产和各种其他资源在产业部门之间的分配以及作为其结果的各产业产值的比重构成。由于各种因素的制约和影响,各生产部门在经济增长速度、经济总量占比以及对经济发展的推动作用等方面都存在较大的差异。因此,在经济发展的不同阶段和时间节点,产业结构比例关系是不同的,国民经济的产业结构都不尽相同。

产业结构的分类方法主要包括:1. 两大部类分类法。指生产资料和生活资料(消费资料)两大部类。2. 农业、轻工业、重工业分类法。3. 农业、工业、建筑业、运输业、商业服务业五大部门分类法。4. 三次产业分类法。5. 劳动密集型、资金密集型和技术密集型产业分类法。其中最常用的分类方法为三次产业分类法,即按照生产所处的阶段和生产活动的发展历史将产业结构划分为第一产业、第二产业和第三产业。

(二)产业结构变动的影响因素

1. 需求结构变化

需求结构变化是影响产业结构变动的直接因素。第一,产业结构的变化受中间需求和最终需求比例的影响，即中间需求和最终需求间比例的变化将会引起产业结构变化。因此，可以通过改变需求结构和规模优化产业结构。第二，产业结构也受到个人消费结构的影响，而个人消费结构又因人均收入水平不同而存在差异。当人均收入水平较低时，人们更倾向于选择满足最基本的生活保障，推动农业和轻工业快速发展。反之，当人们收入水平达到中等及以上，人们开始追求非必需品，将带动资本和技术密集型产业的快速发展。第三，消费和投资的比例关系也将引起产业结构的变动。第四，投资结构的变化也将引起产业结构的变动。不同产业的投资比例差异将导致生产能力和产业扩张程度的不同，进而造成产业结构变动。

2. 供给结构变化

首先，生产要素的供给情况和相对价格水平将会导致产业结构的差异。例如，劳动力的供给将会影响产业结构，当其他条件不变时，一个产业部门拥有的劳动力越多，该产业部门将发展得越快；当其他条件可变时，产业部门的变换和更替的条件是劳动力在产业间充分转移。其次，产业结构的变动还取决于技术创新和技术结构变动。在产业内部，技术结构是资源组合方式的体现，在产业之间，技术结构代表了各种技术和资源的转换关系。产业结构变革是技术创新作为变革的先导，技术结构的变革以产业升级和改造为目标。

（三）高铁发展与产业结构的关系

高铁的建设运营可拉动内需、增加就业、促进产业结构升级，并带动高铁运输装备的创新，以及机械、冶金、建筑、电力、合成材料等相关产业发展。高铁由于技术扩散建立了现代化综合科学基础上的新型客运铁路系统，带动了新材料和信息产业的研发，并大大促进了相关产业的技术进步和产品升级。高铁通过提升区域通达性带动了大量的人流、物流、资金流、信息流向高铁沿线地区聚集，为产业结构优化升级提供了丰富的生产要素资源（图 10-1）。

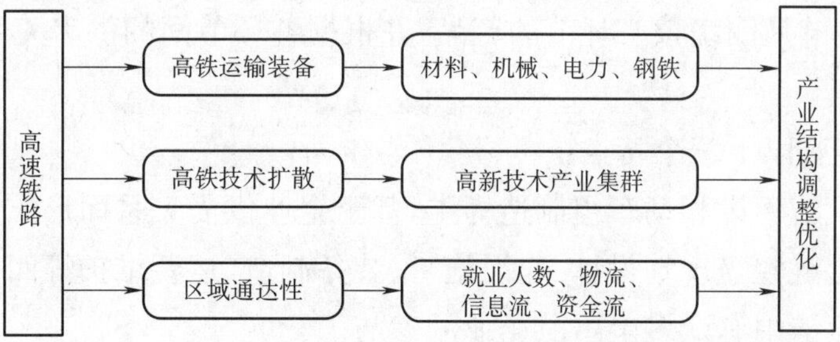

图 10-1　高铁对产业结构的作用机理[①]

① 林晓言. 高速铁路与经济社会发展新格局[M]. 北京：社会科学文献出版社，2015.

二、高铁产业链

由于高铁产业链涉及的产品种类较多,使高铁产业具有长产业链条的特点。高铁产业与相关的行业间存在着诸多联系,相互之间的供求关系共同促进了高铁产业链的形成,由此可见高铁产业能够带动多个相关产业的发展。从高铁产业链的角度出发,对高铁产业链的核心内涵、环节构成、核心企业以及产业链结构进行分析。

(一)高铁产业的行业构成分析

高铁产业链主要由规划设计、建设施工、装备制造、运营维护四个环节构成,各个环节之间相互联系、相互影响,同时每个环节又涉及不同的行业,高铁产业的各环节和涉及的相关产业主要包括:

1. 规划设计环节:研究高铁建设的必要性和可行性,并进行工程项目初步设计、施工图设计工作,主要涉及工程咨询业。

2. 建设施工环节:从建设工程来看,主要涉及路基、桥梁、隧道施工以及轨道铺设和电气设备安装等。在建设过程中涉及的产业主要包括建筑业、钢铁产业等。

3. 装备制造环节:包括高铁车辆制造以及信号设备和相关零配件的生产等。涉及的产业主要是轨道交通设备制造业,新材料制造业和新能源业等。

4. 运营维护环节:包括客货运输和设备维修养护业务,涉及信息系统、通信系统、安检系统,相关产业包括电子信息产业、精密仪器制造业、通信设施制造业等。

总体上看,高铁产业链涉及的产品种类较多并且该产业链与多个产业之间存在着联系。作为一个特殊的产业,高铁在自身发展的同时还带动了相关产业的发展,对加快转变经济发展方式,优化产业结构具有重要意义。

(二)高铁产业链内涵

任何一个部门的生产都离不开其相关部门提供的中间品,同时生产的产品也将提供给其他产业消耗,这些产业部门之间形成了较为密切的投入产出关系,进而形成一条产业链。产业链是围绕核心环节的产品,并根据各环节间的供需关系而构成链条式结构。

高铁产业链有以下三个特点:

1. 以基础设施建设和动车组制造为主,基于企业供需关系而形成产业链;

2. 高铁产业链涵盖规划设计、建设施工、装备制造、运营维护等四个环节;

3. 高铁产业链中有众多上下游企业的参与。

因此,高铁产业链涉及建筑业、钢铁业、新材料、新能源、信息化、商务服务等相关产业,并由工程勘测、施工、检测、运营及相关产品生产等环节组成。

(三)高铁产业链结构及相关产业

高铁产业链涉及冶金、机械、电力、信息、计算机等多个领域,该产业链的建设周期长、技术标准高，投资规模大。高铁产业链是以高铁建设为中心包含多环节的产业链，从最终产品出发分为采购、生产、销售和售后等环节；从高铁产业出发可分为上游、中游和下游 3 个环节，如图 10-2 所示。其中研发设计、车辆订单处理、原辅材料采购是链条的上游主要环节，工程建设、机车制造、工程和产品检测属于链条的中游主要环节，旅客运输和运营服务属于链条下游的主要环节。

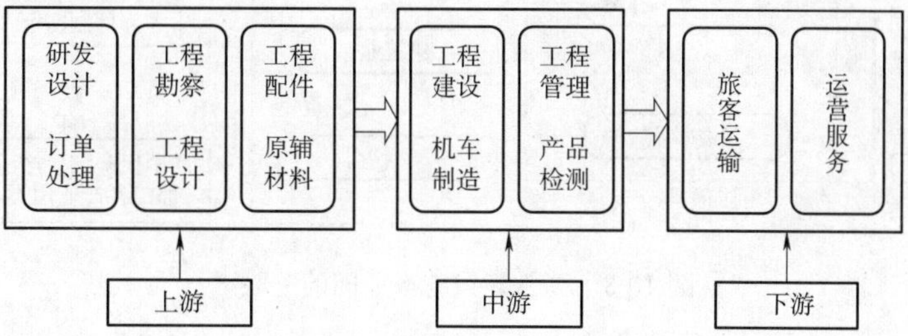

图 10-2　高铁产业链结构[①]

高铁产业与建筑、钢铁、工程咨询等多个行业之间存在很强的关联性；高铁产业涉及的相关产品类型多，技术含量高，与高铁产业相关的上下游企业数量多，因此，与国民经济中大多数产业存在着供求关系，且各产业间彼此关联、互相影响。

三、高铁产业与相关产业关联分析

（一）产业关联理论

产业关联效应指的是一个产业的生产、产值、技术等方面的变化引起它的前向关联关系和后向关联关系对其他产业部门产生直接或间接的影响，从而可以分为前向关联效应和后向关联效应。

1. 前向关联效应，指移入产业的活动能通过降低下游产业的成本进而带动下游产业的发展，或者从客观上造成产业间结构失衡，使其某些瓶颈问题的解决有利可图，从而为新的工业活动的崛起打下基础，为更大范围的经济活动创造可能性。前向关联效应是作用于具有前向关联作用的产业并产生推动作用，是通过本产业的直接或间接需求作用于前向关联产业影响本产业效益的一种过程。

2. 后向关联效应，即移入产业的发展会对各种要素产生新的投入要求，进一步刺激相关投入品产业的发展。主要作用于具有后向关联作用的产业，是某产业对后向关联产业产生的需求，通过后向关联产业提供需求直接或间接作用于本产业的一种过程。

高铁前向关联作用是高铁的直接投资引起的，通过各企业生产的零部件组装成中间产成品、高铁动车组，带动相关制造业及建筑业集聚。相关产业的后向关联效应则

---

① 李亚春. 高铁产业的行业关联效应研究[D]. 昆明：云南大学，2016.

是高铁的间接投资需求带动的，通过间接需求量带动原材料加工业及零部件制造业的间接集聚。高铁建设与产业间的联系如图 10-3 所示。

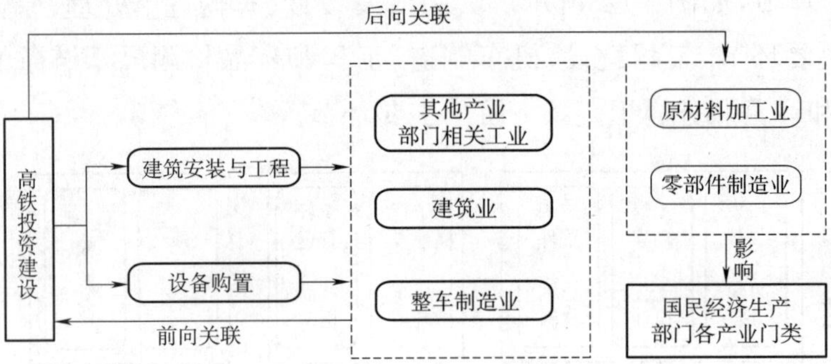

图 10-3　高铁建设与产业间的关联①

(二)高铁产业与相关产业的前向关联

高铁产业的前向关联作用是指高铁的建设对于第二产业的需求量巨大，在高铁建设期，需要进行大量轨道铺设，路基、桥梁、隧道、车站施工，机车设备及高铁运营有关设备的购置。这一阶段是沿线产业处于投资需求的高峰期，通过对需求量较大的钢铁、水泥和建筑材料的生产利用，提升沿线产业的经济效益，带动相关产业的集聚发展。对高铁的生产建设造成影响的产业具体包括工业和建筑业，以及包含机车、车辆设备、通号设备、列车运行控制系统等相关设施的制造业。

通过分析高铁产业与相关产业的关系可以看出，高铁产业的前向关联产业主要包括为铁路运输和城市轨道交通设备、保险、资本市场服务、生态保护和环境治理、金属制品、机械和设备修理服务。高铁产业与相关产业之间有着不同强度的前向关联关系；高铁产业的产品，对绝大部分的产业来说都是必需的生产投入，高铁产业的发展，对各个产业有着不同的推动作用，且对其前向关联链条上的少数产业有显著推动作用。

(三)高铁产业与相关产业的后向关联

高铁产业的后向关联作用是指高铁的建设需求在拉动相关产业的产品生产时促使相关产业的直接需求量提高，进而带动生产相关产业产品原材料产业的集聚式发展。如生产动车组需要的原材料钢铁、维护高铁的正常运营所耗费的零件耗材等。高速列车动车组由 4 万多个零部件组成，独立构成的子系统就有 140 多套，这些设备每年的维修需求巨大，这些维修需求是高铁装备制造业的后向关联作用。

以 2012 年各行业的投入与消耗关系为例，基于对高铁产业与相关产业的后向关联分析，高铁产业的主要后向关联产业为货币金融和其他金融服务、铁路运输和城市

① 李亚春. 高铁产业的行业关联效应研究[D]. 昆明：云南大学，2016.

轨道交通设备、电力、热力的生产和供应、钢压延产品、电信和其他信息服务、建筑装饰和其他建筑服务、保险、商务服务；高铁产业对相关产业的带动作用，既存在直接作用也存在间接作用；高铁产业的发展，对国民经济 139 个行业的发展分别有着不同程度的带动作用。

四、高铁优化产业结构

高铁对区域经济发展的影响反映在拉动地区经济增长、优化区域产业结构和调整经济结构。经济增长是指某个地区随着经济结构、空间布局的变化而引起的产品和服务的数量增加。高铁对某一区域经济增长的激励作用可分为两种，一是催化作用，指高铁给处于低增长或经济转型期的区域带来新的经济活动，推进区域的经济增长。从高铁刺激经济方面看，更多高技术工人的引入、大量资本和劳动力的输入都为区域发展带来了新理念。生产力的提高使得第二产业中的外向型经济快速增长；服务业如旅游业和休闲产业也在一定程度上起到了正向的促进作用。无论对于当地人还是投资者来说，便利的交通条件具有较强的吸引力，向周边大城市发展。二是推动已经蓬勃发展的区域经济。在推动区域产业结构调整和经济发展方式转变方面，高铁的便捷性大大增加了人们面对面交流的机会，促进了知识创新和业务交流，促进了发展知识经济和商业服务业等第三产业，加快产业结构优化调整升级。

第三节 高铁与产业布局

一、产业布局的概念及规律

产业布局是指一个国家或地区产业各部门、各环节在地域上的动态组合分布，是国民经济各部门发展规律的具体体现。产业布局是否合理将影响该国家或地区经济优势的发挥及经济发展速度。

产业布局的模式表现出集中与分散趋势相结合的产业布局规律，主要有均质模式、极核模式、点轴模式和网络模式四种，这四种模式的先后发展是产业布局的演变规律。

1. 均质模式：在前工业阶段，由于生产力水平不高，传统的农业生产以土地和动植物为劳动对象，产业布局比较分散，地区差异不明显。

2. 极核模式：又称为增长极模式。随着近代工业出现，一些条件相对较好的发展场所逐渐成为经济活动的集聚地，随着经济发展，发展快的集聚地的经济规模明显超过其他点时，就形成区域的增长极。该模式适用于经济技术力量有限的区域。

3. 点轴(线)模式：点轴模式的发展基础是极核模式。增长极与周围的点发生联系，随着生产力快速发展，产生越来越多的物质流和信息流时，这种联系就会推动地区间各种线状基础设施的形成和发展，使产业布局由向增长核集聚为主转变为向线路集聚为主，形成点轴模式。点轴模式适用于经济发展水平较高的区域。

4. 网络模式：在点轴模式的基础上，点和轴的规模扩大，产生不同等级的点和轴线，不同等级轴线的联系促使网络的形成，满足各自的经济需求，从而形成网络模式。网络模式一般适用于经济发达地区的产业布局。

二、高铁优化区域产业布局

产业布局的优化指生产实体的空间位置最为合理，与所处环境系统协调运行，从而使产业的总体功能得到最大发挥。优化区域产业布局遵循以下几个原则：

(1)有指向性。根据产业特点以取得各自所需资源和需求选择的最优区位。

(2)发挥产业集聚效应节约基础设施的投资成本，提高资源利用效率。

(3)注重产业关联。根据区域合理布局的需要，做到前向关联产业和后向关联产业的服务和加工相衔接，使产业链达到纵向上的互补和配套，构建高效的区域产业布局结构。

(4)遵从经济效益、生态效益、社会效益的统一性原则。减少能耗和环境污染，实现区域经济的可持续性发展。除此之外，一些外生因素如国内外一些经济活动的影响和政策的贯彻落实等问题也是优化区域产业布局需要考虑的。

交通干线周边的产业布局主要以优化空间资源配置为主，划定各种用途管制区域(如优化开发区、重点开发区、限制开发区、禁止开发区等多种不同的空间类型)，并制定相应的空间使用要求，增强交通经济带产业布局对经济发展的调控与引导作用。

点轴开发理论认为，点轴系统是在极核式空间结构的基础上发展起来的。在增长极与周围点的交往中，就必然产生越来越多的商品、人员、资金、技术和信息等的运输需求。交通线路的建成，不仅有利于增长极和增长点的发展，而且改善了沿线地区经济发展的区位条件。沿线地区因此逐渐发展成区域经济活动的密集区，而交通网则成为区域发展和延伸所依托的轴线。根据产业梯度转移理论，由于资源供给或产品需求、技术进步、生产成本与附加值等条件发生变化后，高梯度地区的产业与技术会向低梯度地区扩散与转移，实现区域经济空间结构优化以及平衡发展。区域经济结构的变动源于产业结构的变动，区域产业结构的调整改变产业布局。

三、高铁对区域产业布局的影响

高铁通过其所特有的经济特性，对沿线产业发展产生直接或间接的影响，即修建时期的开发效应、开通运营后的运营效益和有一定运营时间后的波及效益。首先高铁具有交通基础设施的一般特性，即先导性和基础性，所以随着其建立的过程直接推动了土地的开发和一部分相关产业的发展，进而产生的联动性极大地影响了整个产业链；其次，由于高铁具有区别于传统运输方式的特性，所以能够以高于其他传统运输方式的效率去推动产业的聚集和产业的梯度转移；同时由于高铁的先进性，需要专业水平更高的人员来进行管理，因此对区域高新技术产业的发展也会产生极大的助力；随着高铁运营时间的持续增加，人们生活的观念和习惯也会逐步改变，对区域产业的发展产生更加深远的波及效应。

第四节　高铁与产业政策

一、部分国家高铁发展模式与政策

近年来，国内外高铁发展迅速，为各个国家的经济发展、土地规划与开发等方面带来了诸多益处。

1. 韩国

韩国高铁开始建设前，韩国首尔—釜山交通走廊的交通拥堵状况使得物流成本增加，工业竞争力下降。在投资过程中，韩国借鉴了日、德等国的经验，加大了中央政府的投资比例，为高铁发展提供了良好的经营基础和财政保证。在空间上，韩国高铁运输组织采用高速线上仅运行高速列车的方法，而高速列车也可以在与高速线相连接的现有线路上行驶。这一举措使得韩国铁路的辐射面积更广。在时间上，为了确保高铁的高效运营，将在高铁线路上开行的普速列车的发车时间大多安排在夜间，保证高铁的客流量和晚间非高峰时段仍有列车通行。

高铁开通后，铁路部门的营业收入逐年增加，取得了显著的经济效益。此外，高铁客站附近吸引了房地产商对周围土地进行开发，由于通勤时间的缩短，刺激了当地城市的短途旅游，为韩国带来了可观的经济效益。

2. 日本

日本新干线在日本的国土规划和开发方面发挥了积极的作用。第二次世界大战以后，日本面临大城市和地方中小城市发展、国际竞争力下降、人口缩减、资源与环境等一系列问题，针对这些困境，政府制定了详细的全国综合开发计划。在第二次全国综合开发计划中，政府采取了比“据点开发计划”更为有效的“新网络构想”，一方面认可了国家中枢管理功能和城市型产业在三大城市圈的集中，另一方面试图在三大城市以外的地区建立大型产业基地和旅游观光地。为此加强了新干线的建设，在线路规划上与高速公路共同构成高速交通网，力图加强整个日本列岛在地区上的分工，消除地区间的差异。在第三次全国综合开发计划中，利用在第二次全国综合开发计划中建成的高速交通网，实现人口、产业由大都市向地方分散。1971年，日本国会审议通过了《全国铁道新干线建设法》，两年后国土交通省又编制了北陆新干线等五条新干线规划。

通过合理规划，新干线有效地缓解了过密地区的聚集问题，在资源和人力配置上发挥了重要作用，带动了周边城镇的发展并满足了短途旅游的需求，促进了各地区的均衡发展。

总之，在宏观经济方面，各国发展高铁的战略稍有不同，但大体上是在扩大内需、刺激经济，使得各地区联系更加紧密，促进产业结构优化和区域均衡发展。

二、中国高铁产业政策

（一）战略性新兴产业方面

2010年，《国务院关于加快培育和发展战略性新兴产业的决定》（国发〔2010〕32号）明确提出，“十二五”加快发展高端装备制造产业的重点之一是依托客运专线和城市轨道交通等重点工程建设，大力发展轨道交通装备。

2012年，国务院正式发布《“十二五”综合交通运输体系规划》，确定建设“五纵五横”为主骨架的综合交通运输网络，“十二五”要基本建成国家快速铁路网和国家高速公路网，做到铁路运输基本覆盖大宗货物集散地和20万以上人口城市；农村公路基本覆盖乡镇和建制村；民用航空网络进一步扩大和优化；基本建成42个全国性综合交通枢纽。随着引进、吸收再创新技术路径取得重大突破，以及高铁网建设给中国区域经济发展、城市化进程加快、产业结构升级带来的革命性影响，高铁成为战略性新兴产业。

2015年《国务院关于印发〈中国制造2025〉的通知》（国发〔2015〕28号）明确提出，瞄准新一代信息技术、高端装备、新材料、生物医药等战略重点，引导社会各类资源集聚，推动优势和战略产业快速发展。其中先进轨道交通装备是重点突破领域之一。要求加快新材料、新技术和新工艺的应用，重点突破体系化安全保障、节能环保、数字化智能化网络化技术，研制先进可靠适用的产品和轻量化、模块化、谱系化产品。研发新一代绿色智能、高速重载轨道交通装备系统，围绕系统全寿命周期，向用户提供整体解决方案，建立世界领先的现代轨道交通产业体系。

（二）服务国土规划方面

为抓住高铁给站点地区带来机遇，中国沿线城市纷纷投入对站点地区开发建设，形成了站区土地开发建设的热潮。然而，近些年对高铁站地区土地开发利用的实际过程中，却存在许多问题，比如盲目地采取大规模化的建设、耕地占用、忽视发展差异、过度投资等。因此，由于不同类型的高铁站周边地区土地开发有不同的特征，要根据站点地区经济发展程度、人员流量、产业特色、地理位置等现有条件规划站点建设和布局周边地区土地功能。因此，对于不同类型的高铁站点周边地区，需要政策制定者提出侧重点不同的、促进土地更加合理、集约、节约利用的高铁产业土地规划政策。

第十一章 高铁劳动经济

“高铁劳动经济”主要着眼于研究高铁劳动经济的构成要因和高铁与劳动经济的内在关系及其影响机理。本章研究的主要内容包括高铁劳动力市场、高铁劳动就业、高铁收入分配等。研究高铁全产业链劳动关系及其发展规律、劳动生产要素投入的经济效益以及相关的劳动经济问题，发挥高铁在拓宽劳动力市场的边界，改变劳动力的供需结构，加快劳动力流动速度，在促进劳动就业、提高收入水平、缩小贫富差距等方面的作用尤为重要。

第一节 高铁劳动力市场

近年来，高铁在经济发展中扮演着重要的角色，对完善中国劳动力市场起到了重要作用。高铁劳动力市场是在劳动力市场运行经济学基础上，从劳动力供给和劳动力需求两个方面进行分析。

一、高铁劳动力市场内涵

（一）劳动力基本概念

劳动经济学理论认为，劳动力人口又被称为经济活动人口，是指处于一定年龄段内，不但拥有劳动的能力而且还具有劳动意愿的这部分人口，由就业者与失业者共同构成。某些人虽然拥有劳动能力，但是没有劳动意愿，那么这些人被排除在劳动力人口之外，属于非劳动力人口。

如图 11-1 所示，在市场经济条件下，一国的劳动力与非劳动力人口不是静态不变的。劳动力市场上各类统计人口的变动主要是由劳动力市场上的各种人员流动和身份变更引起的，可归纳为以下五种类型：

(1)某些原因导致劳动者不愿从事当前工作而离职或用人单位解聘劳动者后，这些人员便从就业状态转变为失业状态；

(2)一些人员首次进入劳动力市场从事有酬工作或某些短时间内失业很快又找到工作的劳动者，这些劳动者便从失业状态转变为就业状态；

(3)一些劳动者年龄较大，达到了退休的年龄界限，申请退休，领取养老金；

(4)当某些劳动者由就业转变为失业或被企业解聘后努力找寻工作却并无所获，

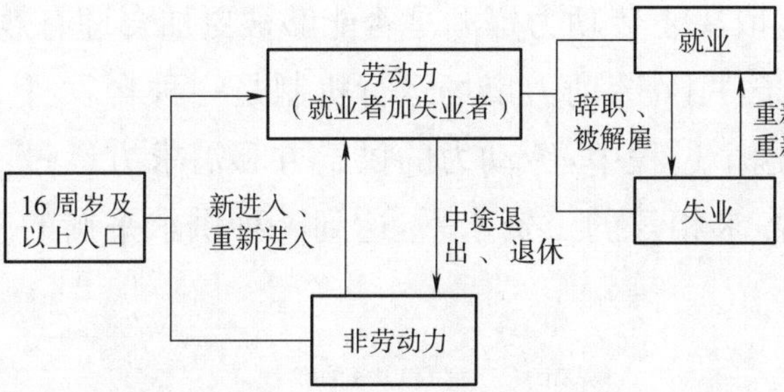

图 11-1　人口、劳动力和非劳动力分类

最终放弃了继续参与有酬劳动的想法。这些人可被归类为非劳动力而不再属于劳动力范畴；

(5)当以前从未就业或寻找过工作的人决定就业或积极寻找工作时，这类人就由非劳动力人口转变为劳动力人口。

(二)劳动力市场运行

西方劳动经济学家伊兰伯格和史密斯认为，劳动力市场是将各个劳动者与各种工作相互匹配以实现相关就业政策目标的市场。广义上的劳动力市场，是通过市场的自发作用对劳动力资源进行优化分配和自我调节的一种机制；狭义上来讲，劳动力市场是各个企业、组织和劳动者彼此讨价还价和互相选择的场所。构成劳动力市场的要素包括劳动力要素交换的场所、通过劳动力的自由交换最终所形成的劳动关系和要素价格、劳动力供给方与需求方的自动调节和互相选择的机制三个方面。

在劳动力市场中，需求方和供给方交换的劳动力具有不同于一般商品的特点：

其一，劳动力依附于劳动者而不能独立地存在。劳动力和劳动力所有者是两个完全不同但又相互联系的概念。劳动力是指人的劳动能力，在创造使用价值时人们所利用的全部体力和智力的总和。在劳动力市场上被供需双方自由交换的客体，仅是劳动力的使用权，因而关于劳动力交换的问题，实质上是指劳动力的使用权的让渡。

其二，劳动力的首次形成与重新恢复离不开人的社会劳动，这表现为劳动力的生理特征。这一特征具体表现为几个方面：首先，人类在社会中成长必然需要消费社会劳动，进而增加自身人力资本以有能力从事有酬劳动。即使在现今社会中，这一过程也是漫长的，至少需要 16 年(各国依据本国的劳动法规定的最低就业年龄，具体年限有所不同)。其次，存在于人体内的劳动力是不能被贮存的，如果现时的劳动力不能被有效地运用，那么它将随着人的代谢而消失。最后，劳动力的生命周期和生理间歇期使得劳动力不可能像物质商品一样一直运作，它的所有者需要通过饮食和休息来进行体内劳动力的恢复与再生。

其三，劳动力资源决定了其他资源的开发利用。社会中除劳动力资源外的其他资源能否有效的开发利用，取决于劳动力资源是否能够被更加合理有效的利用。

在没有外部干预的条件下，劳动力市场运行机制是一种自发且一直相互作用、最终趋向均衡的过程。在这个过程中，劳动力的供给方和需求方经过不断的讨价还价，最终形成一个使供给与需求相等的工资水平，达到一种供求平衡的充分就业状态，如图 11-2 所示。

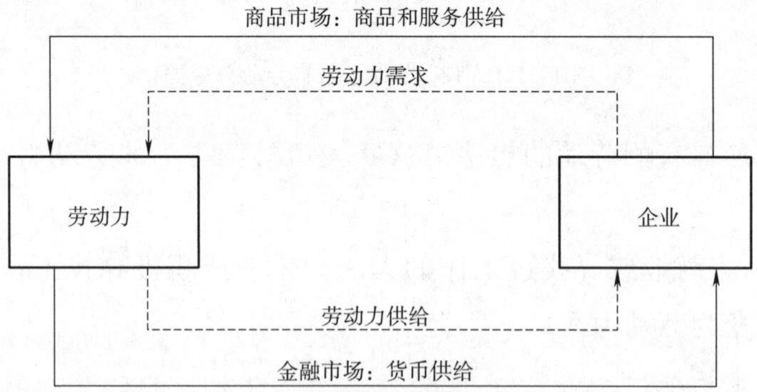

图 11-2　劳动力市场运行

从劳动力来源的角度对劳动力市场的影响因素进行分类，可以把它们归类为内生因素和外生因素。内生因素指劳动力市场中自发性的调节因素；外生因素是指政府对劳动力市场进行的干预政策措施，包括最低工资政策、户籍政策等。

（三）高铁发展对中国劳动力市场的影响

高铁作为重大基础设施建设项目，具有投资大、工期长等特点，物料需求大，带动相关产业的发展，因此，产生了巨大的劳动力需求，创造了大量的就业机会。劳动力通过为相关企业供给劳动，从而获取相应报酬，最终实现劳动力供给与劳动力需求的平衡。

首先，改善各个地区间的可达性进而影响劳动力的流动是高铁推动中国劳动力市场更加有效运行的重要方式，大量的劳动者会选择收入更高的地区，使得人力资本和物质资本的生产率大大提高，各种资源得到更加优化的配置。

其次，高铁及其相关产业的发展对就业产生巨大的促进作用。无论是从高铁产业相关投资建设所需劳动力来讲，还是高铁促进区域经济发展进而对劳动力产生需求来讲，都大大增加了就业机会。

最后，随着高铁的建设发展劳动力市场界限逐渐拓宽。高铁缩短了两个城市之间的出行时间，带来了城市间更多的人员、物质、信息交流，推动了区域经济一体化。在这一过程中，高铁的开通有利于大量劳动力从此地向彼地的快速流动，有效地拓宽了某一地区劳动力市场的边界。

二、高铁劳动力供给

(一)劳动力供给

在劳动经济理论中,劳动力供给是指在一定的市场工资率的条件下,劳动力供给的决策主体(家庭或个人)愿意并且能够提供的劳动时间。如果一段时间内人口没有大幅度变动,那么影响劳动力供给的因素有两个:第一,正在市场上进行有酬工作或积极找寻工作的人口数量,是劳动年龄人口的组成部分;第二,正在从事有酬工作或正在找寻有酬工作的劳动者愿意并且能够提供的劳动小时数。

劳动力参与率是研究劳动就业状态的重要统计指标,反映一定范围内的人口参与市场性劳动的程度,描述了在一定区域内有多少的工作年龄人口正在从事经济活动,对区域内的人口进行分组,如依据性别和年龄组来计算相应组别的劳动力参与率,从而对不同组别的人口进行分析与评价。通常以加入劳动力的人口数量除以劳动年龄人口来计算劳动力参与率。其中,劳动力由就业人口和失业人口构成,劳动年龄人口是指在特定的年龄线之上的人口数量,该年龄线是各国根据具体国情由法律加以规定的。

$$\text{劳动年龄人口的劳动力参与率}=\text{劳动力}/\text{劳动年龄人口}\times 100\% \qquad (11\text{-}1)$$

对劳动力参与率产生影响的因素在于以下几方面:

1. 基础教育的普及与发展情况。根据劳动力的定义,在校学生即使年长于最低就业年龄也不被纳入劳动力人口的统计范围。所以,一国教育事业发展的越好在校学习的青年人口越多就降低了该国的劳动力参与率。

2. 社会保障等制度的完善程度。在养老保险优厚的国家中,老年人口的经济来源比较丰富,不会继续从事有酬工作而选择享受生活,使该国的劳动参与率降低。

3. 人口结构的影响。一般而言,由于生育和生理期等因素对女性的劳动力参与率产生影响,青壮年人口因生活压力会选择参与有酬劳动,一个国家老龄化现象严重时,劳动力参与率降低。

4. 宏观经济状况。经济长期低迷时,恶劣就业形势使长期找不到工作的劳动者因丧失信心而放弃找寻工作,则一国的劳动力参与率降低。

(二)劳动力供给曲线

劳动者的劳动供给决策并不是工资越高,便提供更长时间的劳动(在一天 24 h 的限度内)的简单选择。其最终一天能够供给的劳动时间取决于工资率变化引起的收入效应和替代效应的大小,如图 11-3 所示。横轴代表了劳动者一天享受闲暇的小时数,用 h 表示,其最大值为 24 h,最小值为零,所以在横轴上越靠近原点表示劳动者选择闲暇越少,提供劳动越多。纵轴代表了劳动者的劳动能够换回的报酬,用 Y 表示。

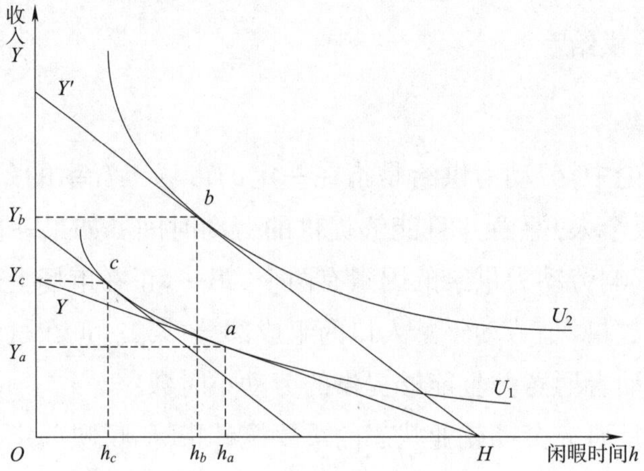

图 11-3　替代效应与收入效应

在介绍个人劳动力供给曲线之前，有必要先对闲暇—收入无差异曲线进行介绍：能够带来相同水平效用的收入与闲暇的各种不同组合的点连接形成的曲线，如 U_1 和 U_2。

考察此种情况下工资率增长的总效应(注意，此处仅是两种情况中的一种，下文会做解释)。最初时，工资率为 W_1，均衡决策点是 a 点，收入约束线为 HY，劳动者享受 h_a 的闲暇并获取 Y_a 的收入。当工资率由 W_1 上升至 W_2 时，收入约束线也围绕 H 点顺时针旋转为 HY'，此时，均衡决策点变为 b 点，劳动者决定享受 h_b 的闲暇并获得 Y_b 的收入。由此，我们可以得出整个工资率提升带来的总效应为劳动供给的 h_ah_b 的增加量。总效应实际上是由替代效应和收入效应的共同作用形成的。

替代效应指的是收入和闲暇的相对价值的变化带来的劳动者劳动供给的变化量。这可以通过 a 点向 c 点的变化来考察。a 点和 c 点都位于无差异曲线 U_1，说明这两组收入—闲暇的组合所带来的效用水平是相同的。那么，在更高的工资水平 W_2 的条件下，闲暇的机会成本更大，单位劳动时间所能换取的报酬更多，所以劳动者选择了供给更多的劳动以获取更多的收入，劳动供给的增量 h_ah_c 便代表了替代效应。

收入效应指的是在收入和闲暇的相对价值不变的条件下，由非劳动收入提高而引起的劳动供给的变化量。这可以通过 c 点向 b 点的变化来考察。c 点和 b 点位于的收入约束线的斜率相同，说明这两种情况下的工资率相同，收入和闲暇的相对价值并未发生变化。那么，当非劳动收入提高时，劳动者可以减少劳动供给的同时拥有更高的效用水平，其便倾向于享受更多的闲暇。由此带来的劳动供给的减少 h_bh_c 便代表了收入效应。

所以，在这种替代效应大于收入效应的情况下，工资率的上升最终会引起劳动者劳动供给的增加。此外，如果工资率上升所带来的替代效应小于收入效应，那么最终劳动者的劳动供给将会减少。并且,根据经验、事实和相关研究我们得出:一般情况下在工资率较低时,替代效应大于收入效应,总效应为正向;在工资率较高时,替代效应小于收入效应,总效应为负向。最终便形成了向后弯曲的个人劳动力供给曲线,如图11-4 所示。

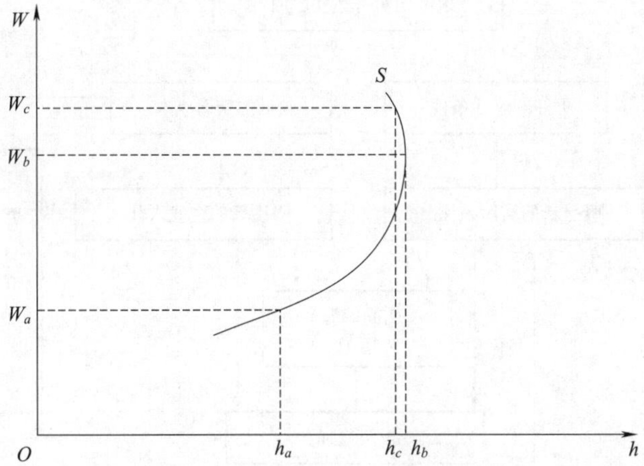

图 11-4　向后弯曲的个人劳动力供给曲线

(三)高铁对劳动力供给的影响

从宏观层面看,一个区域的劳动力市场供给的多少主要取决于市场规模的大小、适龄劳动人口的多少和劳动参与率的高低。高铁拓宽了相关城市的劳动力市场边界,增大了劳动力市场的规模,沿线城市人口流动规模显著提高。人口流动规模的提高带来相关经济活动交流的日趋紧密和对商品与服务更加庞大的需求,刺激更多资本与劳动投入以提高供给满足需求。这一供给水平提高的过程中,大量的企业和资本投入运营,而起着能动性作用的劳动力将会因供不应求,而从区域内的其他地区迁徙至有大量需求的地区,最终形成良性循环,区域内的劳动力市场规模逐渐扩大。可见,随着高铁的快速发展,市场规模、劳动分工和劳动参与率会发生巨大的变化。

总的来说,高铁的发展对劳动力市场的供给产生影响如图 11-5 所示。

高铁通过影响一定范围内人口的数量对劳动力供给产生极大的影响。对于地区的主要行政中心或铁路枢纽城市,因其具有第三产业发展良好、拥有较好的教育和居住体制、便捷的交通系统尤其是高铁的开通运营等典型特点吸引众多劳动力的进入。同时,高铁的开通改变城市间的劳动分工,各个城市联系更加紧密,人员、物资、信息等方面的交流日益频繁。随着经济的发展和技术的进步,经济发达城市的劳动力成本高,使劳动密集型产业迁至人力成本较低的中小城市。更低的出行成本使劳动者在找寻工作时更加便捷和有效,提高劳动者找到合适工作的可能性,最终提高区域内人口的劳动力参与率。

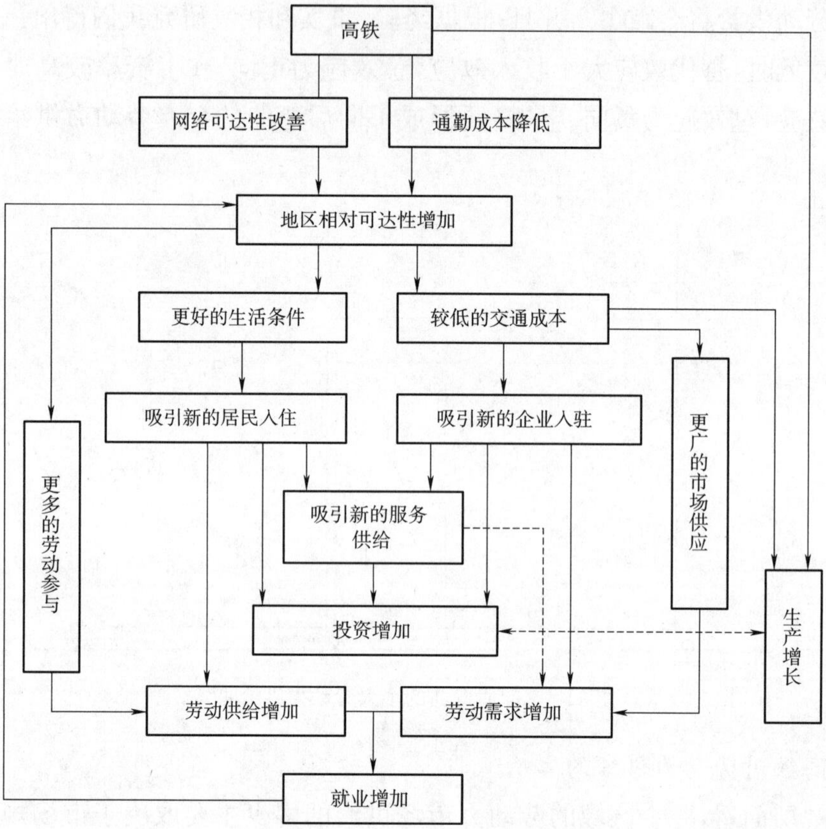

图 11-5　高铁影响劳动力供给的机理①

三、高铁劳动力需求

(一)劳动力需求相关理论

劳动经济理论中,劳动力需求是指需要利用劳动力的企业或组织在某段时间内,面对某一工资率水平所愿意并且有能力雇佣的劳动力数量。劳动力需求的两个自发条件即雇佣意愿和有支付工资的能力是同样重要的,两者缺一不可。

产品的制造生产不仅需要劳动力,还需要资本、机器和土地等生产要素。社会对各种生产要素的需求是相互影响的,在分析劳动力需求时要考虑产品需求和非劳动力要素需求带来的影响。

人类对产品和服务产生的需求是一种绝对需求,用人单位雇佣劳动力的目的在于将劳动力与资本、厂房等要素结合生产商品或提供服务。由此可见,劳动力需求是在商品和服务的需求基础上产生的派生性需求。

① 董艳梅,朱英明. 高铁建设的就业效应研究——基于中国 285 个城市倾向匹配倍差法的证据[J]. 经济管理,2016(11):26-44.

(二)劳动力需求的工资弹性及其影响因素

在经济学中,弹性是一个非常重要的概念,其描述了两个变量间的相互关系,它通常用下述公式表达:

$$弹性系数=因变量的变动比例/自变量的变动比例 \tag{11-2}$$

在考察劳动力需求时,需要结合弹性的概念进行分析,如劳动力需求的工资弹性(下述公式中以 E_d 表示)描述了在工资率(下述公式中以 W 表示)每变动一个百分比所导致的对劳动力需求(下述公式中以 L 表示)变动的百分比。用以下公式表述:

$$E_d=-(\Delta L/L)/(\Delta W/W)=-(\Delta L/\Delta W)/(W/L) \tag{11-3}$$

影响劳动力需求的工资弹性的因素可以归结为"希克斯—马歇尔派生需求定理"。具体如下:

(1)其他生产要素替代劳动力的可能性。其他生产要素替代劳动力的可能性越大,需求弹性就越大,反之则小。其他生产要素替代劳动力的可能性包含两层含义:其一为技术方面的,当资本很容易替代劳动时,企业就会决定用资本替代劳动;其二为成本方面的,如果工资率提高了,需要以越来越大的资本数量替代同量的劳动力,那么替代的可能性就小,从而弹性就小。

(2)产品的需求弹性。由劳动力需求的性质可知,劳动力需求是由市场对产品的需求派生的。当工资率提高时,企业的最初反应并不是马上简单地减少劳动的投入,从而降低产出水平。通常的反应是,提高产品的价格,看看是否能减少劳动的投入。由此,如果产品的需求弹性越大,企业面对工资的提高而提高产品价格后,市场对产品需求的下降越多,最终引致企业对劳动力的需求下降越多,劳动力需求的工资弹性越大。

(3)劳动成本占总成本的比率。当劳动成本占总成本的份额越高时,工资率的提高会使得企业面临更大的成本压力,因此企业倾向于用更多的资本替代劳动或提高产品价格,最终会使得劳动力需求下降的更多,劳动力需求的工资弹性更大。

(4)资本的供给弹性。如果资本的供给弹性很小,对资本的需求稍有增加就导致其供给价格大幅上升,这必将阻碍企业用资本替代劳动力。因此,生产要素相互替代的技术可能性给定的情况下,资本的供给弹性越大,劳动力需求的工资弹性也越大。

(三)高铁对劳动力需求的影响

高铁及其相关产业的发展主要从以下三个方面影响劳动力需求:

第一,高铁的建设对劳动力产生直接和间接需求。直接需求方面,与高铁线路、站点等相关的大型投资建设项目对一定区域内就业数量的增加起到了巨大的推动作用。间接需求方面,高铁的建设拉动上下游关联产业发展,从而产生大量的劳动力需求。

第二,高铁的建设与发展推动沿线各地区经济的增长,进而提高区域内的劳动力需求。高铁的通车降低城市间的出行时间，消费者可以在更大范围内选择商品和服务而生产者可以向更多的消费者提供产品，促进了社会对产品的需求进而引致对劳动力需求的提高。高铁建成通车后使沿线原本相互独立的游览景点连成一片，提高了游客旅行效率，带动相关旅游产业的蓬勃发展，从而提高区域经济的活力与动力，最终引致劳动力需求的大幅提高。

第三，高铁通过改变区域内产业结构进而影响劳动力的需求结构。随着高铁的建成通车，各城市之间的出行时间显著降低，加快各种要素在区域内流动，促进高铁沿线一定区域内相关产业的聚集和集约化发展，形成各种产业园和工业园区等，区域内劳动力需求结构逐渐改变。资本和各种企业向着具有更多优质资源和发展潜力的大城市集聚，这一过程中尤以智能化与资本化的高端服务业为主，大城市对高端劳动力的需求也将提高。同时，中小城市拥有土地资源丰富、人力成本较低等优势，吸引更多的劳动密集型产业聚集，产生大量的劳动力需求。

第二节　高铁劳动就业

高铁的发展对中国区域经济、第二产业、第三产业的发展以及劳动者就业都产生了积极影响。

一、高铁劳动力就业特点

由于铁路运输行业的高度集中性，要求安全正点、方便快捷、高速高效，各工作环节必须紧密联系、协同配合。铁路劳动力就业具有区别于其他行业的特殊性，其工作时间、工作地点以及工作方式与“坐班式”的职业相比有着明显的区别。高铁劳动力就业的工作岗位主要以高铁的建设和运营为中心，需要设计、施工、制造、运营、维护、管理等多个相关工作岗位类型。

（一）工作时间

工作时间，又称法定工作时间，是指劳动者为履行劳动义务，法定限度内在用人单位从事工作或者生产的时间。工作时间包括劳动者完成本职工作的实际时间和某些非实际工作时间。非实际工作时间包括为从事生产或本职工作需要进行准备或结束所消耗的时间、工作过程中自然中断的时间、因工艺流程而中断的时间、参加本职工作有直接联系并有法定义务性质的职业培训和教育时间以及按照法律法规或用人单位安排离岗从事其他活动的时间等。

《中华人民共和国劳动法》第三十六条规定：国家实行劳动者每日工作时间不超过八小时、平均每周工作时间不超过四十四小时的工时制度；第三十九条规定：企业因生产特点不能实行本法第三十六条、第三十八条规定的，经劳动行政部门批准，可以实行其他工作和休息办法。

以高铁运营环节为例，铁路相关部门可采取特殊工时制度。目前铁路部门采取的是综合计算工时制。综合计算工时制是指以周、月、季等为周期，集中安排劳动者工作和休息的工时制度，通常适用于从事受自然条件和技术条件影响或限制的季节性或特殊性的工种。其平均日工作时间和平均周工作时间应当与标准工作时间基本相同，在综合计算周期内的总实际工作时间不应超过总法定标准工作时间，超过部分应视为延长工作时间并按劳动法支付报酬。根据《关于企业实行不定时工作制和综合计算工时工作制的审批办法》规定，铁路工作需要连续作业，符合规定要求。在工作时间方面，高铁按照工种、岗位的不同，有序安排工作时间，例如高铁乘务人员的工作时间是以相应车次来进行动态调整的。

（二）工作内容

高铁作为一个产业链，涵盖了规划设计、施工建设、装备制造，及运营维护等多个环节。

在规划研究阶段，研究人员基于既有交通运输网和铁路网的发展现状，研究分析高铁面临的经济社会发展环境，提出建设高铁的必要性和可行性，通过对高铁运量进行预测分析，设计高铁线路规划方案，需要研究、设计、咨询人员，以及资料文整等人员；在勘察设计阶段，需要设计、咨询、工程测量、地质勘察、资料文整等人员。

施工建设是解决就业的重要环节，该环节建设周期长，工种工序多，带动直接或间接就业效应明显。高铁施工建设过程中，涉及拆迁工程、路基工程、桥梁工程、隧道工程、轨道工程、电力工程、接触网工程、通信工程、信号工程等多方面，需要大量的建设管理、工程技术、施工作业人员。

高铁装备制造环节，融合了资本、劳动以及技术三大要素，是一个庞大的系统工程，包括研发、制造、试验、改进升级、运用等环节，需要大量的技术研发、试验检测、加工制造等人员。

在运营维护环节，主要由车、机、工、电、辆等系统组成，主要负责铁路调度指挥管理、客货运输业务，以及线路和设备的保养与维修等工作，需要大量的作业、检修、维护人员。以高铁客运乘务人员为例，工作内容可以分为出乘作业、接车作业、开车前作业、开车后作业、途中作业、站停作业、终到前作业、终到(折返)作业、退乘作业一共九类；而按照工作内容可以将高铁运行的工作内容分为有关高铁运行的乘务工作、高铁站站点的站务管理、高铁旅客的餐饮管理以及高铁车厢的保洁管理等方面；按岗位不同可分为列车长作业、列车员作业、客运质检员作业、餐饮乘务员作业、随车保洁员作业等具体作业内容。以高铁客运乘务组要承担服务旅客、处理票务、检查列车保洁、餐饮工作质量等工作。发生影响旅客安全或客车运行安全的问题时，客运乘务组应当立即采取有效措施，保护旅客和客车行车安全，高速列车就是该列车所有工作人员的工作地点，在运行过程中，列车乘务人员需要在列车长的领导下各司其职，确保行车安全。

在出乘前，该客运高铁所有乘务人员组织出乘会，接受列车长的命令指示，整理仪容仪表。所有工作人员要在列车开车前 35 min 在站台接车，根据出行规定，在列车长的安排下，对车厢进行全面巡视，巡视内容包括检查车内保洁和物品配置等情况。列车必须确保能够准时准点发车，在乘客候车时段内，乘务人员需要在站点组织旅客按秩序凭票上车。在列车运行过程中，乘务员要巡视车厢，检查行李物品摆放情况，车门关闭情况，排查车内重点部位，保持通道畅通。同时，核对空余座位、查验车票，对不符合乘车规定人员按客运规定处理。及时更新旅客使用的清洁袋，保持旅客座位清洁。同时还要准时进行到站广播提醒，保持经常性巡逻，及时掌握车内旅客动态，随机应变处理服务过程中面临的各种问题。同时，乘务员对重点旅客、老弱病残旅客进行协助服务，还要满足部分乘客提出的不同服务需求。在与旅客交流的过程中，保持和蔼，细心耐心，特殊情况还应及时上报列车长。列车到达终点后，还应对车厢进行详细巡视，检查有无旅客遗失物品，防火安全以及设备状态，做好卫生全面清理等工作。随后与车站客运值班人员或接班列车长办理各种业务的交接工作，组织退乘会，汇报当日乘务工作情况，进行备案登记。

高铁产业链所有环节的工作内容，层层推进、环环相扣，对资本、技术和劳动力都有着极高的要求。在相关环节的就业方面，不同的环节对不同的技能或人力资源有着不同的要求。在研发设计环节，涉及专家学者和管理人员；在装备制造环节，对工程师和车间生产工人的专业技能有着极高的要求，同时也需要较好的创新能力；在施工建设环节，技能需求种类繁多，还要面临野外作业的考验；在运营阶段，则对服务人员的需求较大，从售票到最后的列车服务人员，有着不同的服务标准要求；在维护阶段，则以技术工人为主，同时也以夜间作业为主，对工人的技术和应急反应有着较高的要求。高铁在自身产业链中创造无数岗位的同时，对社会就业也产生着很大的就业效应。

二、高铁就业效应

高铁是典型的资金密集型、技术密集型和劳动密集型产业，无论是在项目建设前期、建设中期还是运营后，都对高铁沿线区域的就业产生较大的影响。高铁行业是一个大产业链，从高铁的建设到运营管理涉及多方面的工作，产生大量的就业岗位。随着中国高铁的快速发展，在整个铁路工程领域和服务领域急需大量的人才，继续创造大量的就业岗位。高铁对就业带来的影响主要分为直接效应、间接效应和引致效应三部分。

(一)直接效应

基础设施投资建设是扩大就业的有效方式之一,高铁建设投资是刺激就业重要因素之一。高铁建设规模大、施工工序复杂,建设过程中包括路基工程、桥梁工程、涵洞工程以及轨道工程等,需要管道工、隧道工、信号工、电钳工、起重工等工种;此外还需要设计人员、监理人员、后勤服务人员等。同时,高铁运营过程中,也需要劳动力对线路、站点进行维护与安全检查。因此,高铁在建设运营过程中产生大量的就业机会。

(二)间接效应

高铁线路、机车车辆和车站等相关项目建设将会消耗大量建筑材料及相关物料,使用机械设备,拉动制造业、信息、电力、服务业等上下游相关产业发展,大幅度促进劳动力需求和就业岗位的增加。如生产水泥、钢筋、砂石等建筑材料过程中,需要大量的劳动力投入。中国高铁较多采用隧道和高架桥,隧道掘进机涉及专业广,对液压、机械、电子、电器等相关产品的制造也有很大的推动作用,对制造的装备如数控机床(NC)、柔性制造单元(FMC)、柔性制造系统(FMS)、计算机集成制造系统(CIMS)、工业机器人、大规模集成电路及电子制造设备等提出更精密的要求,推动重要的机械、电子基础件不断升级改进及创新,这都需要大量的研发、设计、制造等劳动力。

(三)引致效应

高铁促进了沿线城市生产要素的流动,同时加快了沿线城市的发展步伐,极大地促进了沿线城市的经济增长。高铁提高了站点城市的区域可达性,改善了沿线站点城市的投资环境,能够吸引更多的资金创造更多的就业机会。

高铁带动沿线城市站点周边的经济发展,以及相关配套基础设施的建设,如高铁站点周边的交通运输以及配套的餐饮住宿服务等基础设施建设,公交运营线路的增加,大量个体工商户和各类自雇职业者的存在,无形中增加了大量的就业岗位。高铁站建设带来的大量人流还会促进新城区建设,构建新的商业圈,拉动房地产行业、服务业以及其他配套产业的发展,吸引外来企业入驻为高铁站区域带来更多的就业机会。

随着中国高铁的快速发展,对相关专业的劳动技能人才需求也越来越旺盛。因此,为开设交通运输、土木工程等与高铁相关专业的大中专院校毕业生提供了大量就业岗位,提高全社会的劳动参与率。

三、高铁劳动力流动

劳动力流动是指劳动者因职业特点和个人需求偏好的变化而发生的工作变换,从而产生劳动者在空间上的变动,也就是劳动力以工作为目的、从一份工作转换到另外一份工作、或者从一个区域转换到另一个区域的行为。人力资本模型将劳动者自愿流动看成一种投资，即劳动者为了长期获得收益而在早些时候承担的一些成本。

劳动者在工作地和居住地位置上的变化是一种正常的社会经济现象。劳动力流动会产生直接成本（流动过程中产生的货币成本以及搜寻工作过程中产生的货币成本）和间接成本（包括劳动者离开熟悉的环境和朋友所带来的心理成本以及放弃已经拥有的社会关系和便利产生的成本）。劳动力进行流动的前提是劳动力市场之间存在着能够满足劳动者的差异性效用需求，进行流动的收益现值超过了当前与之有关的货币成本和心理成本的总和。

一般来说，劳动者对所在区域的劳动和生活条件越不满意、区域间劳动收入差别越大，劳动者进行空间流动的可能性就越大。同时劳动力市场的不同工作供给和岗位需求也对劳动力流动产生巨大的影响。劳动者基于对改善现有生活和工作环境、收入水平、职业发展空间等目的进行跨区域流动。区域间的劳动力流动有两种基本的形式：第一种是伴随着居住地变化的人口迁移，第二种是居住地不变而工作地变化的职住分离式就业。

可达性的改善可以带来就业的增长，通达高铁的城市对人才的吸引力也会上升。在劳动力流动的过程中，空间距离是重要的影响因素。高铁的开通以及相应交通网络的逐步完善使不同城市劳动力市场间的时空距离缩短、空间可达性增强，从而促进劳动力快捷流动到经济发达的地区，同时在一定程度上引导着劳动力的择业取向，使劳动力在三次产业之间合理配置，提高了劳动力配置的效率。

(一)人口迁移式的劳动力跨区域流动

中国地域广阔，各地区经济发展水平不同，劳动力市场发展也不平衡，城乡之间、地区之间的就业机会、工资水平、社会保障存在着较大差别。

高铁在带动区域经济发展的同时，对区域间劳动力的自由流动发挥了促进作用。高铁沿线城市的劳动力在高铁的作用下实现了市场配置，有效地缓解了区域城市内的劳动力供给和需求的不匹配问题，同时也提高了区域内的劳动就业水平。高铁能够极大地缩短城市之间的通勤时间，使劳动力在时间和空间的转换上更加高效，提高了劳动力在区域内和城市间的流动效率。例如，京津城际从北京到天津仅需要半个小时，而直接连接京津冀和长三角两大经济区域的京沪高铁从北京到上海也仅仅需要 4 h 18 min。

高铁的开通使沿线劳动力流动并在区域内重新分布。沪杭高铁开通后，城市间可达性增强，在浙江省域内的嘉兴、嘉善、桐乡、海宁等沿线站点城市的劳动力都有着不同程度的外流，而杭州则有着较为明显的劳动力流入。高铁的便利使劳动力从经济相对不发达的区域向高铁沿线的发达区域流动。

雄安新区将构建“四纵两横”区域高铁交通网络，实现新区高效融入“轨道上的京津冀”。随着北京到雄安新区高铁的开通运营，加速首都与雄安新区之间的人口流动，促进劳动就业，雄安新区将承接北京高等院校、科研院所等功能，建设高教新城，有序疏解北京非首都功能。

(二)职住分离式的劳动力流动

职住分离是指在一定的地域范围内，居民中的劳动者数量和就业岗位数量出现极大的差异，大部分劳动者在此地工作但居住地在附近或更远的区域，反映出一种就业—居住失衡的空间不匹配(Spatial Mismatch Hypothesis)。

中国土地有偿使用制度、城市人口集聚效应、房价过高及交通设施完善等因素共同推动了职住分离、空间错位等现象在北京、上海等大城市出现。以北京为例，北京的就业岗位呈现城中心密集度较高的现象，特别是在金融街和中关村高科技园区等人口密集区域，这些地区住房空间有限，住房或租房成本太高，大量劳动者选择在相对经济的回龙观、天通苑，甚至天津、河北等地居住，工作日入城上班，下班后返回居住地休息，被冠之以“都市候鸟群”或“钟摆族”的称谓。

职住分离能够降低劳动者甚至其家庭进行跨区域迁移所带来的直接和间接成本，但最大的难题是劳动力流动的通勤时间和交通问题，个人收入以及交通方式的进步使人们愿意为更好的居住条件而承担更大的通勤成本。高铁的开通能够影响劳动者对空间距离的直接感应，有利于劳动者在生活和工作之间寻求平衡。

高铁的开通，使劳动力的流动更为便捷，打破了原有单一城市生活工作的固定模式。车次密集、准点率高、安全快捷的高铁使工作生活双城化成为当前大都市劳动者在应对城市拥堵和高房价下的新选择。以京津城际为例，北京南站到天津站的通勤时间 30 min 左右，且实行公交化开行，通勤时间甚至比从北京中心城区到达周边居住地还要短，实现了北京和天津的同城化。越来越多的在京工作者选择在天津或河北购房居住，而借用高铁的便利上下班，实现了生活品质和工作追求的平衡。高铁网络的形成，缩短了城市间的时空距离，使越来越多的劳动者选择突破城市界限，选择职住分离的方式解决就业居住难题。同时，职住分离模式也给周边城市带来了新的活力和发展潜力。

第三节　高铁收入分配

就业与收入分配的相关问题是劳动经济领域的重要议题，有必要分析研究铁路行业劳动者的工资结构、影响因素，以及高铁带来的收入分配效应。

一、工资理论

(一)工资的概念

工资的本质是雇佣劳动的报酬，是用人单位根据国家法律规定和与劳动者签订劳动合同的约定而支付的报酬。用人单位根据国家有关规定或劳动合同的约定,以货币形式直接支付给本单位劳动者的劳动报酬就是工资。一般地,工资包括基本工资、津贴、补贴、奖金、加班费等。工资能够反映劳动力市场的运行情况、出清情况等,是劳动力市场价格发挥的重要信号。一方面,劳动力市场的供给与需求以及其他多种因素会对工资产生影响;另一方面,工资也在一定程度上对劳动力市场的资源进行整合与优化配置,并在这个过程中对企业的产品生产、资源交换与分配产生引导和调整作用,同时对劳动者的职业选择、职业规划以及人力资本投入和劳动力的流动产生影响。

(二)均衡价格工资理论

均衡价格工资理论创始人阿尔弗雷德·马歇尔(Alfred Marshall)在《经济学原理》一书中以均衡价格理论为基础,从劳动力供给与需求两个方面说明了劳动力市场中工资水平的决定机制。他认为,工资是劳动要素的供需达到均衡时的价格,是供给与需求两方共同作用的结果。从需求方面来看,工资取决于劳动的边际生产率。从供给方面来看,工资取决于两个因素:一个是劳动力的生产成本,包括劳动者养活自己和家庭的费用;另一个是劳动负效用或闲暇效用。均衡价格模型中的工资是劳动力的需求和供给达到均衡,即供给曲线和需求曲线相交时所决定的,如图 11-6 所示。

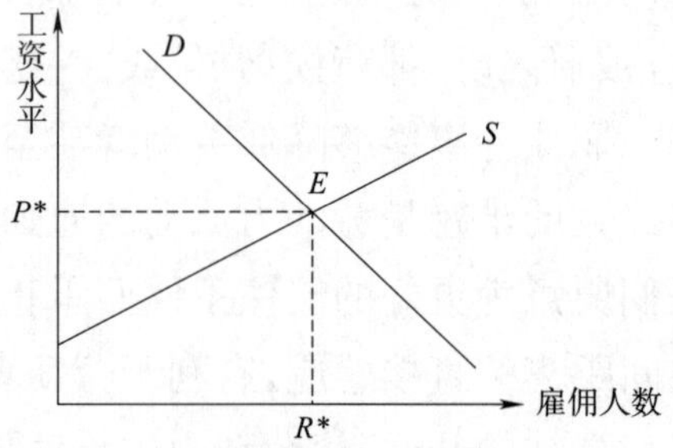

图 11-6　均衡工资理论

直线 D 代表劳动力需求,直线 S 代表劳动力供给,点 E 是供需的均衡点,此时的均衡工资水平为 P^*,雇佣人数为 R^*。当劳动者的生活费用、教育培训费用发生改变,或边际产出变化时,均衡工资也会随之变动。

(三)补偿性工资理论

1. 补偿性工资的内涵

现代劳动力市场的一个重要作用是为劳动者与雇主提供及时、有效的市场信号,降低搜寻成本,提高劳资双方的匹配效率与匹配度。劳动者作为追求效用最大化的市场主体,在追求工作的货币收入时也十分重视工作中非货币方面的因素。如果劳动力市场上所有雇主提供的非货币性条件都相同,那么劳动者只需挑选货币报酬高的工作即可。在这种情况下,若劳动力流动没有障碍,那么市场的力量最终会促使所有的雇主都支付相同的工资水平,因为只有这样才能既吸引劳动者同时又将人力成本最小化。

然而,现实并非如此,现存的各种工作往往在非货币性条件上大相径庭。有的工作噪声大,环境差,有的工作可能会面临人身健康的威胁,还有的工作自由度低等,可以说有多少种工作,就会有多少种不同的工作条件。工作特性的差异会影响劳动者的选择以及他们所获得的工资水平。假设雇主A与雇主B提供的工作每小时15元人民币,其他条件相同,唯一不同的是雇主A提供的工作环境脏乱差,那么毫无疑问,劳动者会选择相同工资水平但工作条件更好的雇主B,此时雇主B在劳动力市场上就更有竞争力。如果雇主A想要在不改变工作条件的情况下保持在市场上的竞争力,就必须支付高于15元/h的工资。这种为了吸引劳动者而必须支付的额外工资,就称为补偿性工资,即用较高的补偿性工资来对工作条件不理想的劳动者进行补偿。

2. 补偿性工资理论假设

补偿性工资理论建立在一个合理的假设之上:当劳动者在面对工资水平相同、只有工作条件不同的两个工作时,他将会选择工作条件相对较好的工作。该理论的一个重要推论是:假设两个劳动者在个人体力、智力、能力等特征上表现相同,而两人所从事工作的工作条件不同,则在较差的工作条件下从事工作的劳动者能够比在较好的工作条件下工作的劳动者拿到更多工资。这个推论建立在以下三个假设的基础之上。

(1)效用最大化

效用最大化假设是说劳动者追求的并不单单只是物质条件与收入的最大化,同时也包括自身满足程度的最大化。在这个假设条件下,劳动者并不一定会选择最高收入的工作,他会愿意为了某些更好的工作条件接受较低工资水平的工作,从而产生补偿性工资差别。

(2)劳动者的信息获得

劳动者信息获得假设是说劳动者对所从事工作的工作特性有充分的了解,即不管是在找工作前还是开始工作后,劳动者都有足够的信息来对该工作岗位的劳动条件、工作特性做出估计和判断。

(3)劳动者的流动性

劳动者流动性假设是指劳动者可以在多个工作机会中进行选择。在面对危险、有害健康的工作环境或者不喜欢的工作特征时,劳动者有拒绝的权利而不是全盘接受。即使在某一时点上,劳动者获得的工作机会较少,但从较长的时间维度来看,劳动者仍然能够在更多的工作机会中做出选择,从而实现效用最大化。

3. 补偿性工资的作用

(1)均衡工资差别

假设上文例子中的雇主A为获得市场竞争力而将工资提高到16元,雇主B的工资水平仍是15元。此时最有可能出现的情况是雇主A吸引到了一部分劳动者,他们为了获得更高的工资而愿意忍受较差的工作环境,但同时雇主B也因为良好的工作环境留住了一部分劳动者。如果这两家企业都得到了他们所期望的数量和质量的劳动者,那么这1元的工资差别就是一种均衡工资差别。

(2)对劳动力进行配置

许多工作都不可避免地要在脏乱、危险的环境中完成,大多数现代企业都选择补偿性工资这样一种激励手段,通过支付更高的工资吸引那些愿意为了更高报酬而从事劳动条件差、环境艰苦的工作的劳动者。

(3)对劳动者进行补偿

补偿性工资差别相当于向那些接受了较差或艰苦工作条件的劳动者提供了一种奖励,即支付给他们的工资高于其从事其他工作可以获得的工资。而那些在优良环境下工作的劳动者则用较低的工资换取了他们喜欢的环境。因此,补偿性工资就成为能购买好工作条件的价格,或者将较差工作条件出售给劳动者的价格。

(四)激励性工资理论

1. 效率工资理论

效率工资理论认为,员工的工作效率是生产率的关键,而提高工资能够激励劳动者自觉提高工作效率,从而有效促进劳动成本的降低。出现这种情况主要有以下几个原因:

(1)工资提升刺激效应和惩罚机制

如果某企业支付的工资高于其他企业,那么当员工因为偷懒而被发现并解雇后,他将不能从其他企业获得相同高的工资水平,因而他的被解雇代价很高。所以,为了避免被解雇,劳动者将会减少偷懒的程度,从而提高效率。

(2)逆向选择效应和筛选机制

一般来说,劳动者所愿意接受的最低工资常常与他们的工作能力呈正相关的关系。因此,企业的工资水平决定了企业能吸引和招募到的劳动者质量。那些个人生产率高于所在企业现行发放工资水平的员工,将会更倾向于离职并向能提供更高工资的企业求职。对于低工资的企业来说,其平均生产率随着工资下降而降低,因为工资的降低将会导致高生产率的劳动者退出这一企业的求职者行列。

(3)流动效应和效率机制

从企业的人工成本核算来看,总劳动成本比工资成本更重要。总劳动成本是可变成本(工资)和准固定成本(如培训和雇佣成本)之和。辞退率提高对可变成本影响不大,但会提高准固定成本,因为需要更多的招聘成本和新员工的培训成本。因此,企业提高工资,表面上是增加了工资成本,但实际上却能起到留住员工降低流动率的作用,从而降低了准固定成本。

(4)社会伦理效应和认可机制

劳动者在签订劳动合同、正式参加劳动以及与其他人比较工资时都会产生相应的心理感受。当感到自己没有受到公正对待时，劳动者会相应采取一系列行为使得自己的付出与报酬相对等，这些行为包括消极怠工甚至辞职离开企业。相反，当劳动者相信自己得到了公正待遇时，他会更愿意留在企业并愿意为企业付出更多努力，以此来回报企业提供的高工资。因而高工资能够吸引优秀人才并提高他们的工作效率。

2. 锦标赛理论

锦标赛理论的核心是个人与同事或某些标准比较而产生的激励。该理论的基本思想是当监督成本比较高时，雇主支付给劳动者的工资是提前确定的，该工资根据员工公司中的相对位置进行发放，业绩好、职位高即排名比较靠前的员工会比努力程度低、职位较低的员工拿到更多的工资。排在靠前位置和排在靠后位置员工之间的工资差距越大，激励效果越强。

二、铁路行业工资结构及社保福利

（一）工资结构

2015 年，改制后的中国铁路总公司为适应经济新常态的发展要求，印发了《中国铁路总公司关于建立铁路局盈亏与工资挂钩机制的通知》，该通知对铁路企业职工的工资与企业经济效益挂钩的办法做了进一步的设计与优化，完善后的工资机制以“集中管理债务，取消考核基数，分配与利润挂钩”为核心内容。与以往工资制度相比，该机制的变化主要体现在两个方面：一是对工资挂钩对应的指标做出了调整，实行企业经营盈亏与员工工资挂钩。即自 2015 年起，铁路局工资总额发放与盈亏总额相挂钩，而不再与铁路局运输总收入、总换算周转量等指标挂钩；二是改变了调控方式，取消了工资增长的托底政策，即铁路企业员工的工资总额与当年企业完成业绩目标与否进行挂钩，形成动态的上下浮动。若当年结算的工资总额没有满足政策性正常增长要求的，铁路局将会从内部予以调整与分配。在各铁路局落实新政策后，员工工资构成情况也发生了一系列变化，原有的岗位技能工资制也有相应的改进。2015 年以来，中国铁路企业员工的工资主要分为岗位技能工资和绩效工资。

1. 岗位技能工资

岗位技能工资由岗位工资、技能工资、工龄工资、特种工资和效益工资五个单元构成。其中岗位工资和技能工资是员工的基本工资，工龄工资、特种工资和效益工资是辅助工资。

(1)岗位工资

岗位工资是由岗位权力大小、责任轻重、劳动强度大小、劳动技能要求高低、对产品的重要性程度、安全系数大小等因素而设置的工资，岗位不同则工资水平不同。同时，每一个岗位会设立不同的档序层级，不同档位对应不同工资水平。因此，岗位与岗位档序层级成为发放工资的主要标准，这对于处在不同岗位与不同档位的员工有着激励作用。由于其相对公平、可操作性强、易于考核、成本较低且可控等优点，岗位工资是目前铁路行业中应用最为广泛的一种工资形式。

(2)技能工资

技能工资是以员工个人掌握的理论知识、实际操作技术以及相关工作能力为基础而设置的工资。技能工资是相对于岗位工资而言的，其水平是根据员工技能等级的不同以及技术评定的高低来确定的。相比较为传统的岗位工资而言，技能工资在很多方面更具有优势。例如，技能工资拓宽了员工技术提高和知识水平提高获得奖励的渠道，促使员工主动提升技能水平，加深其对业务的理解，提高了员工生产率，帮助企业提升人才队伍质量，促进企业发展战略的完成。

(3)工龄工资

工龄工资是对员工在劳动力市场上所做贡献进行补偿而设置的工资单元。员工总工龄等于社会工龄加企业工龄。铁路企业实行的工龄工资是根据职工在企业的年限长短给予不同的工资水平。各铁路局可以根据自身的实际经济实力来制定工龄工资的发放标准，并遵循服务年限越长工龄工资越多的原则逐年递增。虽然工龄工资在工资总额中的占比不是很大，但是其对员工工作经验和贡献积累的经济补偿能够增加员工对企业的忠诚度与归属感，使企业更稳定地发展，也是铁路企业工资制度中不可缺少的一部分。

(4)特种工资

特种工资是一种工资的辅助形式，它对劳动者付出的额外努力或劳动进行补偿，包括对员工在特殊工作环境、艰苦劳动条件下进行工作的补偿，或是员工为企业做出了特殊贡献而进行的奖励。铁路企业特种工资主要表现为津贴和补贴，例如高温津贴、交通补贴等。其中补贴是对员工日常生活费用开支的补贴，侧重于生活性。津贴是对额外和特殊劳动消耗所进行的补偿，侧重于生产性。不同层级的单位有不同标准，具体补偿水平由中国铁路总公司以及各铁路局决定，在工资总额中列支的由劳资部门管理，在成本费用中列支的由财务部门管理。津贴和补贴的水平会向劳动条件差、位置偏远、工作艰苦、环境危险等岗位的员工倾斜。

(5)效益工资

效益工资指的是企业按照自身经济效益状况支付给员工的工资，个人效益工资与效益水平挂钩上下浮动。效益工资主要表现为企业发放的各类奖金及奖励。奖金的数额、分配的人员以及奖励的项目、内容都根据铁路局各自实际条件来决定，采取分类奖励的方式发放。目前，铁路局奖金分为及时性和周期性两大类，及时性奖励指的是对于集体、个人在立功和有重要表现时给予的奖励；周期性奖励指的是对某一周期内被授予先进工作者、先进工作集体等称号的个人和集体给予的奖励。具体可以分类为：生产奖、安全奖、节约奖、堵漏保收奖、计件超额工资、其他奖(包括劳动竞赛奖、质量奖、提前竣工奖、经营业绩考核奖、年终奖等一次性奖励)。奖金分配向能够直接为企业创造效益和收入的人员以及工作在运输生产一线的员工倾斜。效益工资的分配以激发员工工作积极性、主动性和创造性为目的，考核的可操作性较强，有利于产生正向传导效益，从而提高企业经济效益。

2. 绩效工资

绩效工资能够发挥激励员工提升努力程度的重要作用。从2015年新颁布的中国铁路总公司盈亏与工资挂钩的政策中可以看出，铁路职工工资收入的增长主要来源于铁路局经营目标的完成情况与整体效益情况。当盈亏任务目标完成时，工资总额能够按照规定的增幅增长；当铁路局虽然实现利润，但盈亏任务目标没有完成，工资总额只能根据任务完成的情况在确定的范围内增长；当不能完成盈亏任务目标时，工资总额参照上年数额发放，没有增长；当盈亏任务超额完成时，员工工资可以在现有岗位工资正常增长速度的基础上继续增长。可见，铁路企业的绩效工资并不是简单意义上的工资与产量挂钩，而是建立在科学的工资标准和合理的管理制度基础上的工资形式。绩效工资制度的实施能够将企业目标和劳动者个人目标结合起来，提高企业员工的团队凝聚力，更好发挥激励作用。同时，绩效工资在实施过程中向优秀员工的倾斜能够提高员工积极性，促进企业经济效益的提升。

(二)社保福利

按照中国现行社会保险的保障办法，铁路企业各职工有如下社会保险和社会福利制度：

1. 养老保险。养老保险为解决员工在达到国家解除劳动义务的劳动年龄界限，或因年老丧失劳动能力退出劳动岗位后的基本生活而建立的一种社会保险制度。养老保险由国家、铁路企业和员工三方各自负担相应部分，并统一使用和支付。

2. 疾病，非因公负伤、残疾的医疗保险。铁路企业员工参加职工基本医疗保险，由企业和员工按照国家规定共同缴纳保险费，并在员工因疾病就诊发生医疗费用后由医疗保险机构对其给予一定的补偿。

3. 因工负伤、残疾的工伤保险。当企业员工因工遭受意外伤害、患职业病、永久失去劳动能力或死亡时，劳动者或其家属能够获得医疗救治或经济补偿。工伤保险的参保费用全部由企业负担。

4. 生育保险。参加生育保险的妇女因怀孕和分娩而中断劳动时，国家和社会为其提供医疗服务、生育津贴和产假，以便帮助她们恢复劳动能力，重返工作岗位。

5. 高铁劳动合同制的工人可享受有关失业保险。参加失业保险的员工能够在因失业而中断生活来源的情况下获得国家提供的物质帮助。失业保险费用由企业和员工共同承担。

6. 住房公积金。住房公积金是企业为员工缴纳的长期住房储金,可供员工在购、建、大修自住房或租房时提取使用。住房公积金由单位和员工共同缴存。

7. 职工企业年金。企业年金是企业在依法缴存基本养老保险的基础上,自愿建立的补充养老保险。

8. 铁路职工的供养直系亲属可享受劳保医疗、统筹医疗等方面的保障。

9. 获得劳动模范、有特殊贡献的高铁职工,有重大科研创新和研究成果的高铁职工,可享受额外津贴、奖金等福利。

三、高铁收入分配效应

(一)高铁从业人员工资水平的影响因素

与普速铁路相比,高铁列车标准更高、速度更快、安全性与舒适度更好。因而相对于普速铁路职工来说,高铁的工作环境是全新的、复杂的和多样的。在劳动经济学理论中,某些特定的工作环境和工作条件因素会影响到从业人员的工资水平,对于高铁职工来说也是如此。下面以高铁乘务人员与工务维修人员为例,分析其所在岗位的工作条件、工作环境等因素对工资水平的影响。

1. 技术和训练水平

一般来说,劳动者能做到技术娴熟与训练有素,说明他在人力资本上投入了比一般人更多的成本,这些成本包括有形的资金成本,也包括无形的时间成本,工资数额应体现这一部分投入。因此,当工资制度中体现技能要素时,能够激励员工自觉学习技能,更新知识,以获得更高的工资。

相对于普速列车来说,高铁列车采用了更多的新技术、新工艺和新标准,有着更高的速度要求和安全性要求。对从业者来说,他们必须具备更高的专业技能与知识。铁路企业需要联合相关的技术专家、设备厂商等对员工进行全面详细的培训,以便让他们了解高铁的设备结构、运行原理、具体操作、检修维修等,也帮助其熟练掌握有关安全行车、安全作业的规章制度。同时,高铁列车采用先进的设备,推行科学的管理,追求文明的服务与舒适的环境,对于高铁乘务员也就提出了更高的作业标准与要求。可见,相比普速铁路员工,高铁从业人员工作难度相对较大,素质要求相对较高,因而工资水平也应相对较高。

2. 工作时间的特殊性

根据原国家劳动和社会保障部《关于职工全年月平均工作时间和工资折算问题的通知》(劳社部发〔2008〕3 号),职工每月平均需工作 20.83 天,平均每天工作 8 h。高铁因其运输特点、工作性质或特殊需要等原因,从业人员需要在一趟运输路途中连续上班,难以按正常时间上下班,因而铁路企业对这部分员工采取集中工作、集中休息、轮休调休或弹性工作时间等适当方式,保障高铁职工的休息、休假的权利和生产、工作任务的完成。这种较为特殊的工作时间不同于一般八小时工作制的工作,加班加点工资的计算也不同于普通的工作,因而会对工资水平产生一定的影响。

3. 劳动条件

当岗位、职务在工作环境、劳动条件、任务难易等方面存在差异时,任务繁重、困难、承担责任大、环境艰苦的工作工资应该比一般工作更高,这符合上述所分析的补偿性工资理论。

相对于普速列车,高铁的劳动条件、作业环境更加复杂,某些条件和环境可能会对高铁乘务人员的身体健康、工作状态产生一定的影响。例如,随着高铁动车组使用年限的增加,工作环境噪声可能逐渐增大,对于常年处于驾驶室工作的司机来说,这种噪声条件可能对其听力、睡眠和免疫系统产生一定影响。另外,驾驶室存在低剂量的电磁辐射和工频辐射,相关研究表明长期处在这种工作环境会影响职工的身体健康。对于高铁工作人员来说,安全是交通运输的第一要务。高铁列车上的乘务人员在提供服务的同时也肩负着负责旅客安全的重要责任。在高铁列车高速运行过程中以及短暂的停站期间,乘务员都需要时刻保持神经高度集中,在面对突发事件时能够保持敏捷的思维和快速的反应能力和判断力,因此,他们承受的心理压力要比普速列车员更大。随着高铁的快速发展,新设备不断投入运行,高铁的维修工作任务也更加繁重。为了避免对运输的影响,日常维修工作一般在夜间进行。由于天黑、照明设备分布和光照不均等原因,容易引起作业人员反应变慢、视线变差、瞭望不便等情况,在客观上会对作业人员的人身安全构成一定的危险。

从以上分析可以看出,高铁职工工作岗位要求高、任务重、工作时间不定、工作环境复杂且有危险性,根据工资理论,可以适当提高高铁从业人员的待遇,并配合一次性奖励等方式对其进行激励。

(二)高铁促进沿线城市居民收入水平提高

1. 宏观层面分析

第一,因为社会财富的一部分会通过各种方式分配给居民,因而一个地区居民收入水平的高低在一定程度上与当地经济水平是正相关的关系。目前,中国高铁主要满足客运需求,与普通货运进行了分线管理。客货分离大大提高了铁路运输能力以及运输的时效性和服务质量,拓展了产品和服务市场半径。高铁的建设,增强了沿线地区的区位优势,吸引了其他资源与生产要素向站点城市及沿线地区不断聚拢,生产资料与要素的快速流通与交换促使产品成本的降低和经济效益的提高,消费、服务和其他产业得到更进一步的集聚，进而促进区域经济的增长。同时，产业的集聚会加强企业之间相互竞争和合作，优化资源配置，完善市场结构，使产业布局更加合理。不仅针对集聚地区，产业集聚作用带来的好处还会辐射相当半径内的周边地区，给周边地区带来新的发展机会与发展活力。因而，高铁的建设促进城市经济发展水平的提高，进而带来居民收入水平的提高。

第二，居民收入水平受到区域开放程度的影响。区域贸易理论认为，自由贸易可以提高参与地区的福利水平和收入水平。首先，高铁开通后带来的大量人流、物流、信息流和资金流等，在一定程度上打破了地区原有的贸易状态，扩大了区域内生产和消费的空间范围，提高了物流的速度与效率；其次，新的投资机会和资本来源会通过高铁的带动不断进入，区域内的企业能够在更广阔的市场竞争中占有一席之地，进而拉动区域更好的发展。再次，高铁使得人才的流动更加频繁，信息的传递速度也更加高效，极大的节约了贸易实现所需要的运输时间，同时缩减了搜寻费用，有利于区域贸易的展开和区域经济的快速发展。

第三，投资水平与居民收入水平有相关关系。宏观经济学的基础理论认为，投资具有乘数效应，即提高投资水平会促使经济增长进而引起经济总量变化的连锁反应。经济增长与居民收入水平存在正相关性，投资水平的高低与居民收入水平有着动态的相互影响关系。高铁带来的不仅是自身建设的大量投资，更多的是带动了沿线各地的基础设施与配套产业的建设和投资，广泛地推动了区域整体的投资规模，进而带动了区域经济发展水平，提升居民生活水平。

2. 微观层面分析

工资性收入和非工资性收入是中国城镇居民收入的主要来源，而中国大多数工薪阶层人员的主要收入来源是工资性收入。工资性收入不仅取决于职工的个人能力、职位、工龄等因素还取决于职工所在企业的实际支付能力与企业效益。企业的根本目的是追求利润最大化，因而企业会为了缩减成本而逐渐向更具有区域优势的高铁沿线城市聚拢，形成集聚经济。一方面，聚集在一起的企业在发展过程中能够成为彼此的新市场，相互提供原材料、生产设备和产品，建立起固定的贸易伙伴关系，形成并促进企业间的协同发展，同时，集聚后的企业在本区域内的贸易距离缩短，减少交通运输费用和产品销售费用，降低企业成本提高沿线企业的经济效益。另一方面，企业集聚会带来人才的集聚，大量熟练工人与优秀管理人才集中后的结果是能够提升企业搜寻人才的效率，促进沿线城市人才的合理配置与有效利用。另外，相关企业集聚后能够促进企业人才的相互交流与相互学习，促进知识与经验的互通有无；人才间的相互竞争也能够刺激企业不断更新技术与产品，优化产品与服务，获得更大的利润。因此，在高铁沿线聚集的企业能够获得更低的成本、更多的机会和更丰厚的利润，企业员工的工资会随之产生溢出效应，而比其他地区或企业的员工工资更高。

（三）劳动力流动促进劳动力市场工资趋同

高铁的收入分配效应主要是由其可达效应所引起的。一个区域的可达性越高，区位状况越好，凭借区位优势，可以更好地发展经济。高铁降低了劳动者在地区之间的流动成本，尤其是时间成本，有利于促进地区间劳动力的自由流动。劳动者为了追求更高的收入而主动流动，当收入的增加能够弥补交通成本增加带来的损失时，劳动者就会从收入低的地区向收入高的地区流动。劳动力不断流动的过程就是劳动力市场重新选择均衡点的过程。在劳动力同质的情况下，提供低工资的企业将面临招不到人的情况，而提供高工资的企业则会有更充足的后备人选。在劳动力供给和需求保持不变的情况下，当高铁连接城市之间的工资水平不同时，劳动力的自然流动会促使低工资的市场提高工资水平，而高工资的市场降低工资，直到劳动力市场达到均衡，形成统一的工资水平，这一过程就是高铁带来的劳动力市场工资的趋同。

第十二章　高铁数量经济

"高铁数量经济"主要着眼于研究高铁数量经济的构成要因和高铁与数量经济的内在关系及其影响机理。本章研究的主要内容包括高铁规划项目决策分析、高铁运营绩效评估、高铁运营外部性效益分析、高铁项目后评价等。按照高铁规划—建设—运营—后评价的项目实施过程，应用数量经济的理论方法，对高铁数量经济问题进行深入研究尤为必要。

第一节　高铁规划项目决策分析

随着现代经济和社会的发展，建设项目尤其是工业项目的技术经济特点越来越复杂，必须在科学的理论和方法指导下，进行深入调查和科学论证后作出决策。一般情况下，项目规划决策遵循的原则包括先论证后决策、微观效益与宏观效益并重、技术与环境同步性、决策合法性等原则。高铁的项目规划与一般交通运输项目相比，具有一次性投入成本高、运营边际成本较低的特点，这就使得高铁线路的规划在一定程度上依赖于未来客运需求的大小。铁路作为国家重要基础设施、国民经济大动脉和大众化交通工具，承担着大量公益性运输任务的同时，在保障和改善民生中起着不可替代的作用。高铁安全、快捷、舒适的优点，满足了居民出行的大量需求，也成为众多旅客出行的首选。

一、高铁规划项目决策关键问题

交通规划理论发展至今，方法逐渐成熟，体系日趋完善，应用非常广泛。高铁网络规划是在一般交通规划理论的基础上，针对高铁的交通运输特征进行了改进，与一般交通规划相似，首先高铁的规划应符合国家战略要求，国民经济和社会发展规划纲要、综合交通运输体系发展规划、中长期铁路网规划等也对高铁发展规划提出了明确的要求，高铁规划与相应的规划保持一致。其次，高铁规划是铁路网完善、补强的重要路径，是在既有铁路网基础上，进行的网络整体性优化。再次，高铁网络规划应该建立在政府部门与铁路企业共识的基础上，既能够保障线路建设的顺利进行，又能够获得企业等市场主体的资金支持，使整个项目在高效、协调的条件下运行。

从数量化分析角度，无论是企业主体效益分析，还是政府主体公共管理角度分析，都是建立在居民出行需求与运输需求基础之上，两者的数量化基础是在相应的分析框架中引入数量化的运输需求分析，对项目建成前后运输需求的变化进行度量，获得可能的出行需求数量。在此基础上，进一步结合相应的经济成本、施工工程难度等约束条件对高铁线路进行规划。具体到高铁需求相关问题中，数量化研究主要集中在两个方面，第一是面向高铁特征的运输需求分析，从宏观上分析高铁线路建设与运营的必要性；第二是在选择线路的基础上对高铁运输网络的旅客出行选择行为进行决策研究，对高铁的运营作出理论支撑，通过相关研究工作，为高铁行业的发展打下坚实基础。具体来讲主要包括以下内容。

(一)面向高铁特征的运输需求分析

需求分析与客流预测在一般交通项目规划的研究中一直以来是比较关注的问题，从 Anthony D. May 的交通流量预测到 Petri Tapio 的道路交通流量分析，其核心都是基于现有的或预测的外部环境条件，对实际交通流量进行分析，从而对交通政策或者交通设施的使用性进行评价分析或规划设计。在多样化的公路规划中，交通需求分析是规划交通投资的基础，从广义上讲，交通系统对国民经济发展影响的程度或比重、各种交通基础设施投资的比例等都是规划在宏观层面上的研究主题，在综合交通枢纽规划中就轨道交通而言，需求分析在规划研究中扮演着重要的数量化评估作用。

高铁与其他交通方式的属性差异所引起的需求分析不同。在公路建成后，社会经济参与者可以根据需求，使用公路基础设施。作为准公共产品，社会经济参与者可以选择地使用高铁运营者所提供的运输产品，这就造成了高铁规划在客运需求预测的过程中，其所使用的方法更加接近于城市轨道交通的预测方法。虽然从运输基础设施公共性方面与城市轨道交通类似，但是具体来讲，高铁或城际轨道交通所提供的运输服务又显著不同于地铁等城市轨道交通基础设施。高铁的运输距离、运输速度、出行人群组成、出行目的等交通运输产品特征都有着独特的属性，所以从量化目的与量化手段上，高铁规划所需要的客运需求预测及量化模型也将区别于一般意义的城市轨道交通预测模型。

(二)旅客出行选择行为的决策方法研究

在高铁快速发展的背景下，旅客对出行方式选择出现了新的变化。票价已不再是旅客交通方式选择行为的唯一决定性因素，出行者的时间价值、运输产品的舒适性、便捷性、安全性等也成为影响旅客出行方式选择行为的重要因素，旅客的出行需求也日益增多且呈现出多样化、个性化特点。在具有丰富客运产品的市场化竞争条件下，旅客作为客运组织服务的对象，其角色已经发生了转变，由原来对运输服务的被动接受者转变为了在市场条件下的主动选择者。在微观层面来看，旅客群体出行需求的形成，越来越多的融入了个体属性、个体感知、效应及偏好的影响。这些微观影响，使旅客群体的需求逐渐具有了异质、有限理性等特点；而旅客群体的出行选择是典型的群决策行为，微观层面的异质性及由此带来的复杂性经过涌现作用，在宏观上表现为整体出行需求的不可预测性、动态性及波动性。因此，传统的单纯依靠票价或出行时间来决定出行方式的旅客出行行为研究方法，已经不再适用于当前这种新的决策环境。

二、高铁规划理论发展路径

(一)高铁客运需求研究发展

交通系统是一个复杂体系，其中的运输需求是许多社会活动的衍生行为，在进行运输需求预测的过程中，基于不同的研究需求与数据基础构建客运需求变化的量化预测方法。

客运需求预测方法主要分为两个大类，一类为基于历史数据的模型预测方法，通过分析铁路客运在全国客运市场中的地位，并结合铁路客运量的内外部影响因素，使用灰色预测、BP 神经网络模型、多元线性回归、自回归预测、基于指数平滑法和马尔科夫模型方法等构建客运量预测模型。另一类基于仿真的客运需求预测方法，以区域基本特征为基础，依据仿真模拟、参数模型等方法对不同地区间的客运需求进行量化预测，选用 BP 人工神经网络、灰色模型、重力模型等建立高铁影响下的铁路客流量预测模型，为预测模拟交通流量变化构建动态仿真模型，或者引入分担率和匹配因子，从客流属性的角度，分析竞争条件下旅客运输需求的规律，对客运分担率进行预测，不断完善高铁客运需求预测理论体系，逐渐形成了一套适合中国高铁客运量预测的方法理论。

(二)面向高铁的旅客出行选择研究

旅客出行方式选择行为研究的基础是旅客出行方式选择影响因素的研究。旅客出行行为与决策系统是一个开放的复杂系统，影响旅客出行选择与出行决策的因素是复杂、多方面的，影响旅客出行方式选择的因素可分为宏观因素和微观因素。宏观因素包括社会经济发展水平、城市化水平、交通政策等，决定着出行方式的总结构；微观因素包括出行目的和出行时间，决定了交通方式的选择。具体来说，影响居民出行方式选择的因素分为 3 大类：社会经济、交通运输系统和出行属性。社会经济因素主要包括社会经济发展水平与产业结构、政策、信息技术及历史所形成的文化环境等。交通运输系统因素主要包括运输供给（服务质量）、运输价格及交通流特性等因素。出行属性因素包括出行特征（出行目的、距离、时间等）和出行者个体因素（性别、年龄、学历、职业、收入和学习能力等）。

三、高铁规划主要模型及方法

(一)客运需求预测模型

根据基本预测方式的不同，客运需求空间模型在预测 OD 分布的过程中，将客运需求量预测分为两个大类，一类为基于已有数据的趋势预测，其中包括增长率法、灰色关联度法、GM 模型、主成分分析法等多种方法，这些方法一般情况下使用已有交通流量的数据。另一类客运需求预测方法是基于社会经济属性特征，设定参数建立数值模型，对客运需求进行估计，其中数值模型包括解析模型与仿真模型。解析模型中比较有代表性的是中立模型，由于模型含义比较直观，一般具有较强的解释力，同时能够有效利用社会经济数据在没有出行数据或交通出行参与者发生变化时，往往能够获得较好的预测效果。重力模型的一般形式如下：

$$T_{ij}=KP_i^{\alpha}A_j^{\beta}C_{ij}^{-\gamma} \tag{12-1}$$

其中，T_{ij} 为 i 城市和 j 城市的客运分布量；P_i 为 i 城市的客运发生量；A_j 为 j 城市的客运吸引量；C_{ij} 为 i 城市和 j 城市间的广义费用：K、α、β、γ 为待标定参数，可由最小二乘法估计得到。

（二）基于随机效用理论的理性假设旅客出行方式选择模型

随机效用理论作为非集计行为模型的理论基石，是以概率论为基础，解决多方案选择问题。随机效用理论模型通过把效用表达为确定效用和随机效用两部分，并且假定随机效用服从一定的概率分布，得出旅客选择各交通方式的概率。为模拟人们的心里活动，该模型为每个方案确定一个吸引度或效用值，假设决策者总是选择效用最大的方案。根据此理论，假设某出行者 n 的选择方案集合为 A_n，选择其中某一方案 j 的效用为 U_{jn}，则该出行者从 A_n 中选择方案 i 的条件为：

$$U_{in}>U_{jn}, i\neq j, j\in A_n \tag{12-2}$$

出行者 n 选择方案 i 的效用 U_{in} 可表示为：

$$U_{in}=V_{in}+\varepsilon_{in} \tag{12-3}$$

式中：V_{in} 为出行者 n 选择方案 i 的效用函数中的固定项，为可直接观测的特性变量（如乘车时间、票价、旅客月收入等）所产生的效应；ε_{in} 为出行者 n 选择方案 i 的效用函数中的随机项，代表未被考虑的选择方案特性、出行者特性。其中，$V_{in}=\sum_k \beta_{in}^k x_{in}^k$。$\beta_{in}^k$ 是与个体旅客 n 和列车 i 的第 k 个特性变量相对应的待定参数；x_{in}^k 是个体旅客 n 和可选择列车 i 的第 k 个特性变量。

根据效用最大化理论，出行者 n 选择方案 i 的概率 P_{in} 可以写为：

$$\begin{aligned} P_{in} &= Prob(U_{in}>U_{jn}, i\neq j, j\in A_n) \\ &= Prob(V_{in}+\varepsilon_{in}>V_{jn}+\varepsilon_{jn}, i\neq j, j\in A_n) \quad \text{且有 } 0\leqslant P_{in}\leqslant 1, \sum_{i\in A_n} P_{in}=1 \end{aligned} \tag{12-4}$$

当 ε_{in} 服从独立 Gumbel 分布时，根据上述理论基础和概率论的基础知识能推导出 Logit 模型的基本公式：

$$P_{in}=\frac{\exp V_{in}}{\sum_{j\in A_n}\exp V_{jn}}=\frac{\exp \beta_{jn} x_{jn}^k}{\sum_{j\in A_n}\exp \beta_{jn} x_{jn}^k} \tag{12-5}$$

1. 旅客时间价值定义

旅客出行决策行为受多种因素影响。为了综合衡量旅客出行决策过程中产生的综合效用,需要将各因素指标转化为统一标准单位下,进行综合衡量。转化的方法一般分两种,一种是将所有因素统一转化为时间单位下的衡量值,另一种是将所有因素转化为价格单位下的衡量值。而时间价值是将时间和价格两个因素联系在一起的纽带。

时间对人而言是一种非再生资源。价值的创造不仅要消耗人的劳动时间,而且以消耗人的劳动时间的多少来度量价值,因此时间是有价值的。时间价值,就是指由于时间的推移而产生效益增值量和由于时间的非生产性消耗,造成的效益损失量的货币表现。时间价值的概念最初来源于交通经济学,它在交通经济学领域中具有重要的研究价值。在出行者的交通出行活动中,出行者所消耗的时间同样具有一定的价值。旅客的时间价值可以客观地反映旅客旅行中所耗费时间的机会成本,或旅客对旅行时间节省的支付意愿,它实质上反映了人类社会经济活动中的时间效率。旅客时间价值是影响旅客出行决策的重要因素。

2. 不同类型旅客时间价值差异化分析

出行者出行节约的时间可以用于其他活动的创造,该时间具有一定的机会成本。由于每个人的价值取向、性格特征、判断标准各有不同(如消费倾向、对舒适度的要求、个人经济承受能力等),以及相关的客观因素(如时间费用比等)决定了不同类型旅客时间价值具有差异性。

同一种出行方式随出行者收入的不同,出行者时间价值会有所不同。收入越高的旅客,时间价值越大,对价格不敏感,具有较高的支付意愿;收入越低的旅客,旅行时间价值越小,对价格越敏感,愿意选择票价较低、速度较慢的交通工具出行,因为这类旅客不愿意以较高的经济支出换取旅行时间的节省。不同出行目的对单位时间价值的影响不一样。居民在工作、商务出行时愿意选择票价较高、速度较快的交通工具,因为旅客在工作时间能创造较高的经济价值,他们愿意以较高的经济支出去换取乘车时间的节省,此时旅客的时间价值较高。而在返乡探亲时,旅客则更愿意选择票价较低、速度较慢的交通工具,这是因为旅行不创造经济价值,旅客不愿意以较高的经济支出去换取旅行时间的节省,故时间价值较低。

3. 旅客时间价值计算方法

传统旅客时间价值计算方法主要包括:生产法、收入法、支出法、机会成本法等。

4. 多类型旅客时间价值计算

可以基于“生产法”的出行时间价值计算方法,计算旅客平均时间价值 I_{vot},并在此基础上从月收入和旅客出行目的双重属性角度构建多类型旅客的时间价值 vot_{ij},其计算公式如下：

$$vot_{ij}=\beta_{ij}\cdot I_{vot} \tag{12-6}$$

$$I_{vot}=GDP/(P\cdot T) \tag{12-7}$$

$$\beta_{ij}=p_i\cdot m_j \tag{12-8}$$

式中 vot_{ij}——出行目的为 i，月收入为 j 的旅客时间价值(元/h)；

β_{ij}——基于属性划分的旅客时间价值影响系数；

p_i——基于旅客出行目的时间价值影响系数；

m_j——基于旅客月收入的时间价值影响系数；

I_{vot}——旅客平均时间价值(元/h)；

GDP——国内生产总值(元)；

P——年均就业人数(人/年)；

T——人年均工作小时数[h/(人·年)]。

第二节 高铁运营绩效评估

高铁绩效依赖于高铁的运营情况，运营效率的高低直接决定了高铁的内部经济可持续性。通过分析基础数据和参数测定，量化分析高铁项目的内部经济性及其运营特征，从高铁运营主体的角度分析高铁的主要经济属性。

一、高铁运营绩效评估关键问题

高铁如何影响沿线社会经济的发展，这是高铁运营的主要经济技术问题，能够在很大程度上影响高铁的投资决策。

(一)高铁运营成本分析问题

高铁运营成本是高铁在运输过程中产生的生产经营耗费及其补偿尺度的一种反映，是高铁运营企业间清算价格制定以及运价制定和调整的依据，也是企业制定经营决策以及进行盈亏平衡分析的重要内容，主要指的是在运输生产过程中，高铁运营企业展开高速运输工作的费用支出，并且该费用支出以货币形式来表现。高铁项目经济评价的重要基础是运输成本，对运输成本进行准确合理的分析，对高铁建设有着非常重要的意义。随着人们出行频率的提高，对交通运输工具的要求也不断提高，不同交通运输方式之间产生了激烈的竞争，基本的竞争趋势是“低成本，高质量”。尤其是在高铁实施多元化融资和市场化运作的今天，运营成本是衡量一个交通运输企业发展状况以及竞争力的重要指标。因此，对运营成本问题的分析是非常重要的。

(二)高铁运营效率分析问题

迄今为止，绝大多数国内外研究者是通过以下途径来对铁路运输效率进行研究：

首先分析铁路运输效率指标的影响因素，然后再分析对运输效率的影响机理。由于不同模型的应用范围不同，因此，在研究关于高铁运营效率评价问题时，指标定义、构建指标体系和数学模型非常重要，这关系到最后的效率评估结果以及政策建议的准确性。

高铁运营企业是一种多投入多产出类型的企业，高铁运营效率是衡量高铁运营企业运行发展状态的一个重要指标。国外的学者已经对影响运输效率的因素、运输效率评价计算模型，以及评价指标体系进行了很多研究。研究高铁运营效率的主流方法主要有两类：一是经济计量法，二是指数分析法，主要包括数据包络分析法(DEA)和全要素生产率(TFP)法。其中，数据包络分析法是一种解决有效性评价问题的方法，特别是对多输入、多输出的同类决策单元问题非常有效。

在高铁运营效率的研究中，决策对象是中国铁路总公司和组成整个铁路系统的地方城际铁路公司。这些铁路公司虽然处在一个相同的大环境中，但是由于各自的资源状况、经济条件、环境等的不同，这就使得他们具有不同的发展和经营模式。所以，不是任意两个铁路公司之间都有比较的必要。事实上，比较的标准有很多，如可以设置"特殊标准"，还可以设置"相似单元""较差单元""一般单元"等。不同参考集的选取是由不同铁路公司运营系统的发展潜力和运行状况所决定的。广义参考集数据包络分析方法可以避免传统分析方法存在的弊端。决策者可以自主确定参考集，既提供更有效的改进方法和目标，还解决存在的效率问题。用不同的"样本单元"作为参照，总结出现不同结果的原因和意义，使得结论更具有实际价值。

二、高铁运营绩效评估理论发展路径

（一）高铁成本方法演进

高铁的运输成本是衡量高铁运营过程中所消耗成本的一个综合性经济指标。为实现对高铁成本的精确计算，一般采用两种方法：一种是利用工程分析数据，主流的方法是"作业成本法"；另一种是利用会计数据，对高铁运营过程中生产经营产生的各种费用进行直接核算。此外，还可以借鉴生命周期理论的思想，通过对高铁运输成本项目的分析，构建高铁综合成本分析框架。也可以在论述工作分解结构的作用和优点的基础上，给出项目成本 WBS 设计方法设计步骤工作包分拆原则和结构设计，以及成本 WBS 的编码设计铁路项目成本管理分解结构。

（二）高铁运营效率分析理论

在早期的研究中，国外的研究者在铁路效率研究中应用了数据包络分析法，近几年在国内得到很好应用。数据包络分析方法在铁路运输效率、企业经济效益和区域经济发展等方面发挥着重要的作用，该方法很大程度上拓展了数据包络分析方法的深度和使用范围，构成了一个完整的体系。比如，可以利用全要素生产率法分析中国铁路运输行业发展情况，运用数据包络分析法对中国1991～2000年的铁路投入产出效率进行评价，并对评价结果的效率进行分类和细化。通过两阶段的DEA模型计算和评价不同铁路运输企业的生产经营过程的效率。通过一个DEA—模糊物元—Tobit模型的三阶段方法，研究各个铁路运输企业的生产效率。此外，利用模糊综合评价法可以评价铁路运营状况的模型，基于资源节约的高铁经济价值，从优化布局、降低列车作业时间、完善管理制度和提高人员培训效果等方面着手改进运营水平。

三、高铁运营绩效评估主要模型及方法

（一）基于作业成本法的高铁企业财务成本核算方法

与传统铁路相比，高铁运营成本具有固定资产折旧占比高、高铁自动化水平高、用电量大、维修费用占有很大的比重、资金成本高的特点。作业成本法在精确成本信息，改善经营过程，为资源决策、产品定价及组合决策提供完善的信息等方面，都受到了广泛的赞誉。自20世纪90年代以来，世界上许多先进的公司已经实施作业成本分析法以改善原有的会计系统，增强企业的竞争力。作业成本分析法主要是运用数理统计的方法进行定量管理的方法，它与成本管理的有机结合，具有广泛的用途。作业成本分析法以资源耗用为基础，依据资源耗用的情况进行成本分配，首先根据资源的耗用情况分配给不同的作业，然后根据成本对象消耗作业的情况，将作业成本分配给不同的成本对象。

1. 资源

广义的资源是人、财、物等各种物资要素的总和，这里的资源指的是企业所控制或拥有的要素总称，分为可交易程度和专门程度两个维度。企业活动系统中包含有形资源和无形资源，财物资源、实物资源等属于有形资源，信息、技术、文化、品牌等方面的资源属于无形资源。

2. 作业

作业是需要进行操作并在操作过程中产生的资源消耗的流程和程序，是作业成本核算系统中的最小单元。作业存在于产品的全生命周期，从产品设计到原材料采购、生产加工、发货销售等一系列过程中的每个环节都是一项作业。

3. 成本动因

成本动因又称为成本驱动因素，是作业成本分析法的核心内容。按照成本归属的角度可以将成本动因分为执行动因、均衡动因和强度动因三种类型。影响成本动因的因素主要有：计算成本；成本动因的数量；成本动因与实际作业消耗之间的相关性选择；采用成本动因所产生的行为。

4. 作业中心

作业中心又称成本库，是相同或相似的作业职能合并后的集合总称。作业中心是一个共享的中心，它包含的工作都具有核心的职能，各项作业都与核心职能紧密相关，此外，作业中心不能单独的工作，需要多项作业中心相互协同作用，才能形成完整的产品。资源共享是形成作业中心的驱动因素，作业中心有利于企业进行作业管理，完善组织机构的设计与考核。

使用作业成本法计量高铁运营成本步骤为：

首先，需要将整个高铁涉及的运输产品生产过程，基于活动分成若干个生产作业类别，也就是识别与确定运营作业。

其次，将各项支出的科目按照发生环节对应到作业中，明确并建立作业与作业资源耗费之间的关系。

然后，按照运营工资、动力、材料、折旧、资本成本和其他费用六项经济要素将项目的支出科目进行分解，并将分类的作业进行归类合并。

其中，单位作业支出计算公式如下：

$$U = c \cdot u = \sum_{i} \frac{u_i}{v} \tag{12-9}$$

式中，U 为作业成本，c 为作业量，u 为单位作业成本，u_i 为科目 i 的支出定额，v 为一年的作业量。

最后，计算运营成本。根据作业驱动因素确定完成某项运输产品需要消耗的各项运营作业量，根据资源动因确定与该项运营作业相应的单位作业支出，从而计算出作业成本。高铁运输各项作业成本的有机结合，形成了高铁运营成本。

(二)高铁运营效率分析的 DEA 方法

第 1 个 DEA 模型是 1978 年由 Charnes 和 Cooper 等人为评价带有公益性质的非盈利单位定义的一种新的效率计量方法，将评价对象定义为决策单元（Decision-making Units，DMUs），它是资源投入转化为商品服务产出的载体，DEA 效率是衡量某一个决策单元相对于其他决策单元生产转化能力的强弱。在决策单元的界定中，要求每个决策单元具有同质性，并且有相同的输入输出。

1. 模型构建

在最早的模型中，假定：N 种投入、M 种产出、I 个 DMUs，Q 是 $M \times I$ 的产出矩阵，由 I 个 DMUs 的产出向量组成，X 是 $N \times I$ 的投入矩阵，由 I 个 DMUs 的投入向量组成，DMUi 的效率值不能大于 1，各向量的权重不得为负值，则第 i 个决策单元即 DMUi 的效率最大化问题为：

$$\max h = \frac{uY_0}{vX_0} \tag{12-10}$$

$$\text{s. t. } \frac{uY_r}{vX_r} \leqslant 1 \tag{12-11}$$

$$u, v \geqslant 0 \tag{12-12}$$

其中，Y_r 为第 r 个 DMU 产出指标向量，X_r 为第 r 个 DMU 投入指标向量，u、v 为权重系数，X_0、Y_0 分别为评价对象单元 DMU_0 的投入与产出向量，与在本文中定义的高铁运营效率具有相同的表达方式，借鉴 CCR 模型的解决方式，利用 Charnes-Cooper 变换将原分式规划转化为线性规划：

$$\max h_0 = \mu^\tau Y_0 \tag{12-13}$$

$$\text{s. t. } \omega^\tau X_j - \mu^\tau Y_j \geqslant 0, j = 1, 2, 3, \cdots, n \tag{12-14}$$

$$\omega^\tau X_0 = 1 \tag{12-15}$$

$$\omega \geqslant 0, \mu \geqslant 0 \tag{12-16}$$

其中，ω、μ 为规划变换后的系数，该规划的对偶问题，可以表达为两种形式，即投入导向型与产出导向型。在研究高铁运营效率问题中，核心为在一定量的投入基础上如何将高铁所带来的外部经济效益最大化，从而实现将高铁的发展反馈到经济发展当中，为高铁与区域经济的长远规划提出建议。因此，需要主要研究产出导向形式的规划模型：

$$\max \theta \tag{12-17}$$

$$\text{s. t. } \sum_{j=1}^{n} \lambda_j X_j \geqslant X_0 \tag{12-18}$$

$$\sum_{j=1}^{n} \lambda_j Y_j \leqslant \theta Y_0 \tag{12-19}$$

$$\lambda_j \geqslant 0, j = 1, 2, \cdots, n \tag{12-20}$$

其中，λ 为变换后的权重系数，θ 为原高铁运营效率 ρ 的倒数，即 $\theta = 1/\rho$。通过使用此模型可以计算出高铁运营效率的综合值，但是在后续分析中发现，以上的效率定义仅仅关注了高铁系统的综合效率评估，评价出的效率值中并没有包含数据中所有的信息，从效率评价中可能得到的排名信息，不能为进一步优化系统提供足够的理论支持，因此需要按照经济学理论将模型进一步完善。

一个系统的增长需要从这两方面衡量，同样上文中高铁运营效率 ρ 也可以进一步分解为两种效率值，规模效率 ρ_1 与因经济系统自身结构先进产生的效率 ρ_2。

其一，规模效率的经济学定义为在铁路整体规模增加的同时区域经济所受影响也在增加，其二，因经济系统自身现代化发展产生的效率为合理的经济发展结构对经济社会的进一步发展的促进作用，而在铁路的影响下经济发展结构向合理方向的变化，称之为经济结构效率。铁路的综合影响效率为规模效率与经济结构效率之积，即 $\rho = \rho_1 \cdot \rho_2$。

在原有产出导向的规划当中，存在规模效率不变的假设条件，移除该条件后的模型为：

$$\max\theta \tag{12-21}$$

$$\text{s. t. } \sum_{j=1}^{n}\lambda_j X_j \geqslant X_0 \tag{12-22}$$

$$\sum_{j=1}^{n}\lambda_j Y_j \leqslant \theta Y_0 \tag{12-23}$$

$$\sum_{j=1}^{n}\lambda_j = 1 \tag{12-24}$$

$$\lambda_j \geqslant 0, j=1,2,\cdots,n \tag{12-25}$$

该规划计算出的效率值 θ，表示系统已经分离出规模效率的情况下的效率值，即纯技术效率，进一步利用已经求出的综合效率，可以求出系统的规模效率值，从而得到系统效率比较完整的描述。在获得效率的描述后为了方便对系统进一步改进提供所需的信息，引入松弛变量 s^+、s^-，给出具有非 Archimedes 无穷小量 ε 的形式：

$$\max[\theta-\varepsilon(e^T s^+ + \hat{e}^T s^-)] \tag{12-26}$$

$$\text{s. t. } \sum_{j=1}^{n}\lambda_j X_j + s^- = X_0 \tag{12-27}$$

$$\sum_{j=1}^{n}\lambda_j Y_j = \theta Y_0 + s^+ \tag{12-28}$$

$$\sum_{j=1}^{n}\lambda_j = 1 \tag{12-29}$$

$$\lambda_j \geqslant 0, j=1,2,\cdots,n \tag{12-30}$$

其中 e、$\hat{e}$，在模型的结果中 θ 依然为纯技术效率值，而两个松弛变量分别代表着系统可改进的方向，当 $\theta=1$ 且两个松弛变量都为 0 时，铁路的区域经济效率为相对最有效的，而当松弛变量不为 0 时，松弛变量的大小就代表了输入输出指标可改进的空间与改进方向。

2. 高铁运输效率评价指标

高铁运输的效率评价指标是财务指标和非财务指标的有机结合，在上文的效率定义中，已经确定了高铁运输的选择原则，综合考虑了产业特性和不同指标对经济的影响因素。

现代高铁运输系统运输效率评价指标可以分为经济类评价指标、运营管理类评价指标、人力资源类评价指标等，具体指标体系如下：

(1)经济类。包括静态评价指标和动态评价指标，如主营业务利润运输收入、运输支出等。

(2)运营管理类。包括旅客周转量、旅客运输量等生产指标；动车数目、走行公里等动车运用;运输站段数、营业里程等基建类指标。

(3)人力资源类。包括人岗匹配度、专业技术干部人数、劳动生产率、员工满意度、员工工资、绩效津贴等评价指标。根据高铁运输行业运营特点,从业人员数、平均工资、试用期离职率、方案和理性、绩效提升、核算准确率、及时率、成本控制、劳动争议处理等指标也是人力资源方面的重要评价指标。

3. 高铁运营评价指标

综上所述,可以确定适用于高铁运输行业运营过程中的指标有:

(1)投入指标 X

专业技术干部数:拥有特定的专业技术且具有初级以上技术职称的人员数。

职工数:中国高铁职工的人数总和。

运输站段数:指各个专业段的总和,包括车站、机务、工务、电务、车辆等与高铁运输相关的职能系统及辅助系统等。

线路延展长度:亦称为延长公里,是指各种线路的建筑长度之和,包括正线、站线、段管线、岔线、安全线和避难线等。

营业里程:高铁能办理运输业务的正线总长度。全部或部分建成双线及以上的线路,以第一线的实际长度计算;站线、段管线、岔线、安全线、避难线及联络线都不计算营业里程。

动车数目:标准动车组数量之和。

(2)产出指标 Y

旅客发送量:一定时间内由高铁客站始发的旅客人数。

客运周转量:一定时间内高铁运送旅客的周转总量,指高铁实际运送的每位旅客与该旅客运送距离的乘积之和。

客运总收入:一定时间高铁客运总收入之和。

全日均发车:一定时间内高铁平均每天发车数。

第三节　高铁运营外部性效益分析

高铁是交通运输体系的重要组成部分。因此,高铁与社会经济相互作用机理是社会经济研究的重要方面。近年来,随着中国经济的快速发展,交通运输与经济社会相互促进,共同发展。交通运输对社会经济影响的研究涉及区域经济学、产业经济学、发展经济学等学科领域,不同研究得出了不同的相关特性与规律。

高铁是一种技术密集、投资量大的交通基础设施,在其建设、运营的过程中巨大的成本难以由内部财务收益完全覆盖。但是高铁的运营正在逐渐改变居民出行方式与社会活动规律。在高铁发展过程中，相关行业均受到了直接或间接的影响并提高了行业与企业效益。由于中国铁路的公共产品与福利属性，这部分增加的收益无法体现在铁路行业的内部投资收益中计算。随着高铁网络的逐渐完善，高铁外部性效益的总量将会超过其直接财务收益。高铁运输服务作为一种准公共产品，在对高铁项目进行整体投资收益分析时，应采用合理方法将高铁外部性效益进行货币化计量，再结合直接财务收益，分析整体项目的可行性，并且作为后期财政补贴的货币化度量依据。

一、高铁运营外部性分析关键问题

（一）高铁运营相关区域经济社会影响渠道分析——基于可达性的解释

随着高铁网络的完善与发展，其对区域经济的影响逐渐深入到人们生产、生活中。高铁对居民出行方式产生了深远影响，将通过区域经济发展过程中的主要经济要素的分布变化表现出来。高铁的建成，缩小了时空距离、增进了城市间的交流与合作，加速了人力资本、信息、技术、物质资料等经济要素的流动，从而有助于沿线城市整体性的人口与产业的增长。高铁能够对区域经济产生影响的基本原因是区域经济发展过程中对出行的依赖，而高铁对居民出行的影响是直接的，但影响的程度与路径却是复杂的，不同的人群、不同的出行目的、不同出行特征的出行选择所受到的高铁的影响也不同，需要构建一个高度鲁棒性的影响过程估计体系，对高铁的特征进行量化描述，在此基础上给予高铁空间效应规范化阐述。

由于现代互联网背景下，人群非正式的交流与转移成为技术溢出主要的发生机会，而面对面交流成为这种非正式交流的重要渠道。人们由于地理障碍、出行成本等原因只能够实现较小范围内的面对面交流，而高铁的出现打破了原有的空间障碍，人们交流的机会得到大幅度的增加，在此基础上知识溢出的结构发生改变，过去依赖于空间距离的知识溢出转而依赖于高铁的线路结构，各高铁联通区域的生产率随之发生变化，进而影响整个经济社会要素的分布规律与结构，如图 12-1 所示。

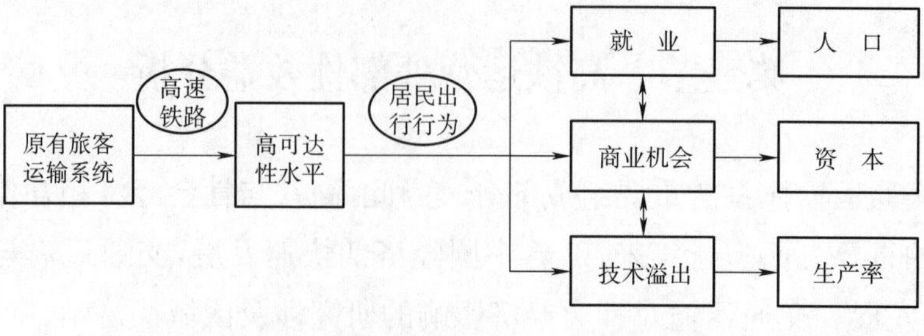

图 12-1　高铁的区域经济社会影响路径图

（二）高铁对知识流动与创新影响分析

在高铁对区域可达性影响的分析中发现，高铁对区域经济社会不同方面的影响存在较大差异，居民或其他经济要素在流动过程中需要面临的阻尼将随着高铁的出现产生变化，要素流动变化的影响下区域间生产创新活动也随之变化。知识溢出一般是指知识的接受者或需求者通过消化吸收所导致的知识创新以及所带动的经济增长等其他影响。知识溢出是一种自发的、非计划性的自组织行为，是外部环境与区域生产主体共同作用的结果。为了研究高铁对区域间知识溢出的影响，可以结合区域可达性分析结论，从知识溢出的形成机理角度研究区域间的知识创新与全要素生产选择行为，分析高铁出现后，对原有生产均衡的影响，基于知识溢出的三种路径分析高铁对区域间知识溢出的影响机理。

二、高铁运营外部性分析理论发展路径

一般认为交通运输具有外部性，按照交通基础设施影响的作用效应可以分为交通运输外部成本与外部收益，其在交通基础设施的评价中作为重要的解释工具对交通运输的社会经济学影响进行描述。在中国交通基础设施大量建设的背景下，为了能够对其未来的经济社会影响进行量化估计，交通基础设施外部收益的界定与估计逐渐成为近些年研究的重点。

在国外的高铁经济影响研究方面，例如以日本新干线为例分析了城际铁路对沿线地区的影响。将日本分为 9 个行政板块，分别分析了城际铁路对各地区的投资、总产值和人口密度的影响，并在此基础上分析城际铁路对地区的极化和分散效应。

实证研究可以发现，目前国内外的研究大多只是从宏观上计算出了高铁站点对整个区域经济的影响效率，而并没有对高铁站点对区域经济影响的辐射与传导机理进行深入分析。

高铁作为一种新型交通工具，其普及与大量使用将从很大程度上改善原有的交通面貌，进而影响社会与经济，因而研究高铁对社会经济的影响，本质上是研究交通对区域经济的影响。

三、高铁运营外部性分析主要模型及方法

(一)基于空间面板数据回归的高铁区域影响分析

对于分地区的知识产出数据而言，由于 n 个观察值或地区之间存在依赖关系，对这种依赖关系可以用一种简化的参数对地区间的依赖关系进行描述，并进一步构建空间自回归数据生成过程，将这种关系表达为变量 y 的观察值之间就可以表达为：

$$y_i = \rho \sum_{j=1}^{n} W_{ij} y_j + \varepsilon_i, \varepsilon_i \sim N(0, \sigma^2) i = 1, \cdots, n \tag{12-31}$$

其中，ρ 为空间因素对知识创新 Y 的影响程度，假设变量 y 的观察值向量是用偏

离平均值的形式剔除截距项，式中的 $W_{ij}y_j$ 被称为空间滞后项，代表变量 y 观察值的一个线性组合，变量 y 是由于观察值 i 相邻的观察值或地区构成，W_{ij} 为一个 $n\times n$ 的空间权重矩阵 W 中的元素，由 $W_{ij}y_j$ 生成的是一个标量，代表来自临近或相关地区的观察值的一个线性组合，其描述了知识产出的空间依赖。由此可得，一阶空间自回归模型的向量形式，可以表达为：

$$\vec{Y}=\rho W\vec{Y}+\vec{\varepsilon} \tag{12-32}$$

其中，$\vec{Y}$ 为各个地区知识产出的向量化表达，在该模型中假设了区域 i 的知识产出仅受到其他区该观察值的影响，与现实中知识产出的影响因素间存在一定的差距。由知识生产函数理论可得，一个地区内的知识产出是由区域内知识投入因素决定的，对于传统的截面数据非空间数据样本，假设其有 n 个独立的知识产出变量观察值 y_i，他们分别与知识投入因素矩阵 X 中的解释变量相关，基于线性回归模型的经典假设，知识生产函数的数据生成过程(DGP)为 $y_i=X_i\vec{\beta}+\varepsilon_i$，知识生产函数线性回归模型可以表示为：

$$\vec{Y}=\alpha I_n+X\vec{\beta}+\vec{\varepsilon} \tag{12-33}$$

其中，X 为解释变量，$\vec{Y}$ 为被解释变量，$\vec{\varepsilon}$ 为误差项，αI_n 为截距项，I_n 为元素为 1 的 n 元向量。由于区域 i 的观测值 y_i，不仅仅依赖于区域 i 的投入因素解释变量 X，同时由于知识产出的空间相关性，区域 i 的知识产出观测值 y_i 与其他区域解释变量 y_j 间也存在相互影响，由于区域 i 还可能具有其他未纳入模型的遗漏变量或者与空间依赖相同形式的外在影响，所以不同区域的误差项之间也存在相关性。也就是说，位于特定区位的一个观测值与另一个区位的观测值存在依赖关系，可以解释为三种交互效应，分别为内生交互效应、外生交互效应、误差项交互效应。第一种是内生交互效应，其中特定单位 i 的被解释变量依赖于其他单位的被解释变量，通常内生交互效应作为空间或者社会交互过程均衡结果的一种正式设定形式，在交互过程中，一个主体的被解释变量的取值共同取决于相邻主体的被解释变量的取值，其模型的表达形式为：

$$\vec{Y}=\delta W\vec{Y}+\alpha I_n+X\vec{\beta}+\vec{\varepsilon} \tag{12-34}$$

其中在外生交互效应中，特定单位的被解释变量取决于其他单位的独立解释变量，其模型的表达形式为：

$$\vec{Y}=\alpha I_n+X\vec{\beta}+WX\vec{\theta}+\vec{\varepsilon} \tag{12-35}$$

误差项之间的交互效应并不要求有一个针对空间或社会交互过程的理论模型，模型中被遗漏的被解释变量的决定因素是空间相关的，或者不可观测的冲击服从空间交互的形式，误差项之间存在交互效应也可以解释为一种校正机制，如具有侵权行为的企业对不可预测的科技政策变化的校正机制，误差项交互效应模型的表达形式为

$$Y=\alpha I_n+X\vec{\beta}+\vec{u} \tag{12-36}$$

$$\vec{u}=\lambda W\vec{u}+\vec{\varepsilon} \tag{12-37}$$

具有所有类型的交互效应的完整模型形式如下：

$$\vec{Y}=\delta W\vec{Y}+\alpha I_n+X\vec{\beta}+WX\vec{\theta}+\vec{u} \tag{12-38}$$

$$\vec{u}=\lambda W\vec{u}+\vec{\varepsilon} \tag{12-39}$$

其中 $W\vec{Y}$ 是被解释变量之间存在的内生交互效应，WX 是解释变量之间存在的外生交互效应，且 $W\vec{u}$ 是不同单位的干扰项之间存在的交互效应。该模型一般被称为广义嵌套空间模型，它包含所有类型的交互效应，δ 为空间自回归系数，λ 是空间自相关系数，$\vec{\beta}$ 与 $\vec{\theta}$ 为需要估计的参数向量。如图 12-2 所示，空间计量经济中常用的空间误差模型(SEM)、空间 Durbin 模型(SDM)、空间滞后模型(SLM)等都是广义嵌套空间模型的特殊情况，在研究观察样本随空间变化的规律不同时，根据样本与变量间关系的特征选择合理的计量模型对知识溢出的空间效应进行度量。

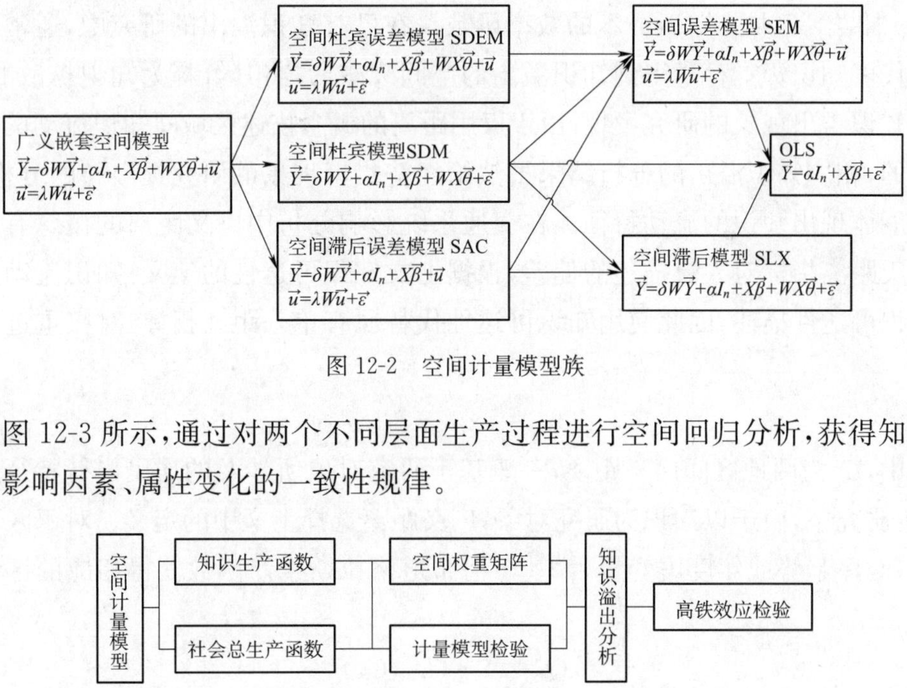

图 12-2 空间计量模型族

如图 12-3 所示，通过对两个不同层面生产过程进行空间回归分析，获得知识溢出随不同影响因素、属性变化的一致性规律。

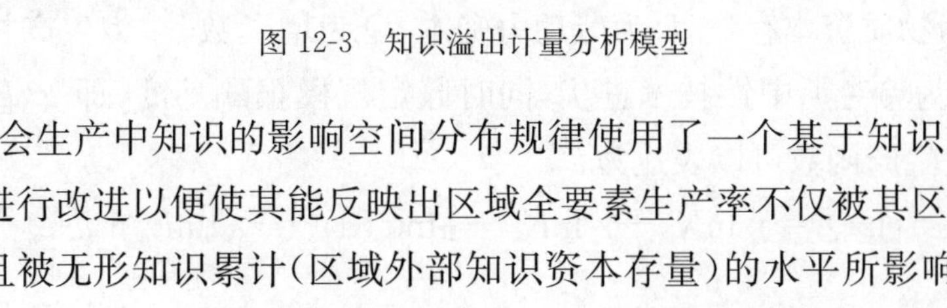

图 12-3 知识溢出计量分析模型

在分析社会生产中知识的影响空间分布规律使用了一个基于知识资本函数的模型，对原模型进行改进以便使其能反映出区域全要素生产率不仅被其区域内知识资本存量影响，而且被无形知识累计(区域外部知识资本存量)的水平所影响。$i=1,\cdots,N$ 表示不同区域，$t=1,\cdots,T$ 表示不同时期。假设 A 为生产技术指数，可以表达为：

$$A_{it}=K_{it}^{\gamma_1}\cdot K_{it}^{*\gamma_2} \tag{12-40}$$

其中,K 与 K^* 分别为区域内部知识资本存量与区域外知识资本存量。下标 j 表示第 j 个区域,知识资本 K_{jt} 被假设为由知识创新活动与折旧率 r_K 计算得到,因而其可以表达为:

$$K_{jt}=(1-r_K)K_{jt-1}+S_{jt-1}=K_{jt-1}\left(1-r_K+\frac{S_{jt-1}}{K_{jt-1}}\right) \tag{12-41}$$

在本定义中暗含了在 $t-1$ 时期中知识创新活动 S_{jt-1} 将变为 t 时期知识产出。在区域 i 中,K_{it} 代表在时期 t 内其自身的知识资本存量,K_{it}^* 代表其相关的外部知识溢出存量。因为并不是所有的知识资本都会从一个区域溢出到另外的区域,其 K_{it}^* 可以相应定义为:

$$K_{it}^*=\sum_{j\neq i}^{N}w_{ij}K_{jt-m} \tag{12-42}$$

其中,w_{ij} 代表在生产方面区域 i 对区域 j 知识资本的内化能力(知识可达性),K_{jt-m} 代表在时期 $t-m$ 中区域 j 的知识资本存量(m 为正整数)。$w_{ij}K_{jt-m}$ 可以被解释为区域 j"借给"区域 i 知识资本的效率函数。在已有知识溢出的研究中,通常使用专利数量代表知识资本存量得到知识溢出的空间衰减,并将其解释为知识扩散的衰减。经过对知识溢出现象的研究发现,由于仅用距离的概念描述区域间知识流动的阻碍是不准确的,相应知识溢出的分析结果虽然给经济集聚现象的研究提出新的分析渠道,但是不能体现出知识的流动特征。在交通系统影响分析中广义距离的概念有效地弥补了欧氏距离指标对人流描述的偏差,根据上文知识可达性的定义,知识流动的障碍可由知识可达性描述,因此使用知识可达性代替原有单一距离指标,对权重进行重新定义:

$$w_{ij}=\exp(-\delta L_{ij}) \tag{12-43}$$

其中,L_{ij} 为两地区间广义距离,一般基于研究对象所涉及的居民出行特征进行设置,在本研究中,由于以知识为研究对象,广义距离选择上文中的定义。对于区域 i,忽略常数、时序趋势或年度虚变量后,基于柯布道格拉斯生产函数获得相应的区域生产函数为:

$$Q_{it}=A_{it}g(L_{it},C_{it}) \tag{12-44}$$

其中,C 为物质资本存量,L 为劳动力资本,Q 为增函数,A 为生产技术效率指数,生产技术进步为希克斯中性技术进步,同时假定规模报酬不变,即 $g(L_{it},C_{it})=L_{it}^{\alpha}\cdot C_{it}^{\beta}$ 中 $\alpha+\beta=1$,生产函数可以表达为:

$$\ln Q_{it}=\gamma_1\ln K_{it}+\gamma_2\ln K_{it}^*+\alpha\ln C_{it}+(1-\alpha)\ln L_{it}+u_{it} \tag{12-45}$$

$$\ln\frac{Q_{it}}{L_{it}}=\gamma_1\ln K_{it}+\gamma_2\ln K_{it}^*+\alpha\ln\frac{C_{it}}{L_{it}}+u_{it} \tag{12-46}$$

其中，α、γ_1、γ_2 分别代表劳均资本、区域内与区域间的知识资本的产出弹性，区域 i 的全要素生产率可以表示为：

$$\frac{Q_{it}}{C_{it}^{1-\alpha} \cdot L_{it}^{\alpha}} \tag{12-47}$$

由上文中知识溢出的空间相关性动因可以得出知识创新模型中的误差可能不满足随机正态分布而是依赖于空间分布，此时误差 u 选取空间滞后误差项，即 $u=\lambda Wu+\varepsilon$，$W=(w_{ij})$ 为知识可达性权重矩阵，ε 为反映所有未计量因素的产出以及近似误差，服从零均值正态分布。需要注意的是，γ_1、γ_2 必须由估计获得。同时时滞的准确长度是没有定论的，由于没有足够的数据确定时滞结构中 m 的数值，因此合理假设知识溢出对区域生产力影响的时间滞后为 1 年。通过分析高铁建成后，对不同区域知识可达性造成的影响不同，并依此为基础，结合知识可达性与区域知识溢出的相关关系，根据模型所得结果，获得高铁对区域知识溢出的影响，进而预测高铁建成后知识溢出会发生的可能变化。

在区域创新的研究中，一类学者将区域创新表达为知识创新，通过使用知识生产函数模型，将知识创新过程中的资本、人力等要素投入与知识产出纳入到同一个模型框架中并以一种简化的表达式形式予以表示，在不同的生产函数模型中，知识产出与投入要素间的依赖性假设是存在差异的，因此基于相应模型所提出的经济与知识创新长期均衡关系也存在差异。知识生产函数最早由 Griliches 在测度 R&D 和知识溢出在促进生产率增长关系时提出，经过 30 多年的发展，知识生产函数理论为局部知识流动特征属性以及对区域创新的影响提供了有效的分析框架，同时在分析从企业层面到国家层面的不同范畴的知识创新及与经济互动关系的过程中，知识生产函数模型提供了一种有效的定量分析工具。

Griliches 在构建知识生产函数模型时，假设创新产出可以被视为研发资本或人员投入的函数，知识创新过程与一般产品的生产过程具有同样的内涵，其基本等式可以表达为：

$$Q_{output}=aR_{input}^{b} \tag{12-48}$$

上式中，Q_{output} 表示知识产出，R_{input} 表示知识创新要素投入，a、b 分别为知识创新系统的系统效率与产出弹性参数，Jaffe 将新经济知识作为企业生产过程的最重要产出，投入变量可以分为人力投入与资本投入，其知识生产函数可以表达为：

$$Q=AK^{\alpha}L^{\beta}\varepsilon \tag{12-49}$$

式中，原有的要素投入 R_{input} 被分解为人力要素 L 与资本要素 K，α、β 分别为资本与人力的知识产出弹性，而 A 为知识创新系统效率，Michael Fritsch 认为知识生产函数提供了一个评价创新活动效率的简单而实用的方法，并完全可以运用于不同区域创新系统间质量的比较。知识创新模型也需要如CD生产函数中将方程两边同时取对数，使得方程中自变量的系数是弹性概念，能够较为直观地对系数回归结果进行解释，同时，由于自变量所用指标来自于不同统计维度，取对数能够避免各变量异方差的问题，将知识创新模型表达为对数形式为：

$$\ln P=\ln pa+\alpha\ln K+\beta\ln hum+\varepsilon \tag{12-50}$$

式中：P为知识产出，使用专利授权量代替，$\ln pa$为常数项，K代表区域知识创新过程中的知识存量水平，选用历年专利授权数的加权累计作为代理变量，hum为知识创新过程中的人力投入，为了能够准确反映区域R&D活动的过程与效率，该指标选用区域R&D活动投入的人员h当量作为知识创新活动的人员投入，模型中的误差项ε，其分布为正态分布。专利作为知识创新活动的产出，与其投入相比，具有非竞争性，同时其积累性也很显著。

(二)高铁影响力离散仿真模型

高铁出现后，区域间知识溢出效应的变化主要存在三个方面的表现，结合生产主体的界定可以描述为：

第一，高铁促进了知识创新的区域集聚，区域形成星形分层的知识溢出结构；

第二，知识溢出结构的溢出中心由资本依赖向人力依赖转移；

第三，知识溢出对空间距离的依赖随着高铁的出现减弱，知识溢出的参与主体总量与溢出总量增加。

高铁的空间效应边界可以分为具体的地理边界与抽象的生产主体行为影响阈值两个方面，前者通过知识可达性进行描述，而后者则定义了受高铁影响的生产主体行为主要包括的属性及其阈值。

为了抽象化表达高铁对可达性影响的元胞空间，首先分析高铁与社会经济系统的接口性质，由于高铁网络属于大跨度稀疏节点的交通网络，其通过连接少量的中心城市将整个空间连接起来，高铁对区域知识可达性结构的改变过程中，主要特征组成要件包括高铁站点、高铁网络拓扑、城市群结构，在元胞抽象化过程中，分别用中心元胞群、元胞群间空间阻尼、元胞空间分割三种方式进行表示，如图12-4所示。

假设在高铁出现前区域之间元胞的空间知识阻尼较大，要比较区域间的知识阻尼的界定需要划定区域的中心元胞群，在原有元胞空间中整个空间被划分为4×4个小区域，区域间的互动通过每个区域中心元胞的公共知识池共享实现，中心元胞群设定为4×4的中心元胞集合。

1. 区域间的元胞空间知识阻尼简化表达

各区域的中心元胞之间可以在一定程度感知到区域外的公共知识池，对其他区域公共知识池的感知程度依赖于该区域与其他区域的广义距离水平，区域r与区域h间

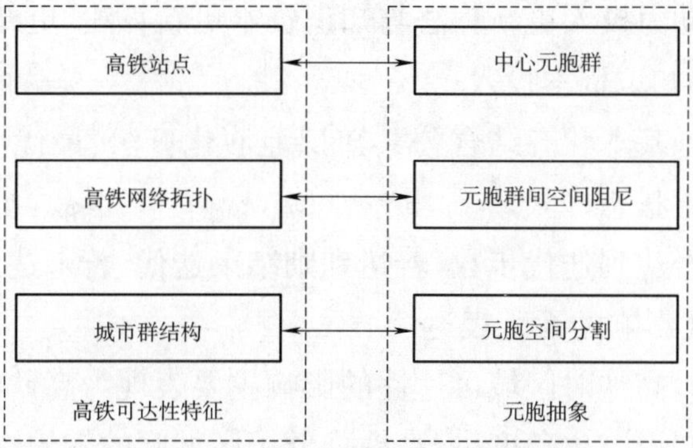

图 12-4 高铁可达性的抽象描述

的空间知识阻尼 T_{rh} 可以表达为：

$$T_{rh}=\frac{S_{rh}}{v_{rh}} \tag{12-51}$$

其中，S_{rh} 为区域间欧式距离，v_{rh} 为区域间单位出行成本，单位出行成本依赖于区域间存在的交通方式种类，基于上文中对各种交通方式单位广义出行成本的分析，不妨设有高铁时 $v'=10$，无高铁时，$v''=12$。各区域中心元胞群中的元胞之间的空间知识阻尼为元胞所属区域间空间知识阻尼，即 $T_{ij}=T_{rh}(i\in r,j\in h)$。在建立元胞自动机的过程中，假设区域间的欧式距离为区域中间点间的直线距离，假设元胞的边长为 1，则具有邻边的区域间距离为 50。

2. 基于区域可达性的知识创新元胞自动机模型算法

与一般元胞自动机模型相比，引入元胞区域差异的知识创新元胞自动机模型，在表达元胞位置的过程中使用三维数组代替原来的二维数组，每个元胞之间的关系增加了区域属性维度，元胞位置可以表达为(x,y,z)，x、y 为元胞位置，z 为元胞所属区域。

知识创新元胞自动机的演化算法主要包括两个部分，即元胞状态初始化与元胞状态迭代演化，其具体过程如下所示：

步骤一：空间中元胞状态初始化，设元胞空间中总劳动力 L 为 100，总知识投入 K 为 100，知识私有化率一致为 0.8，知识价格弹性系数为 1，每个元胞生成一个随机数 $\xi_i\in(0,1)$，元胞的初始劳动力投入 L_{i0} 为 $\dfrac{L\cdot\xi_i}{\sum\limits_i\xi_i}=\dfrac{100\xi_i}{\sum\limits_i\xi_i}$，初始私有知识投入 k_{i0} 为 $\dfrac{0.8K\cdot\xi_i}{\sum\limits_i\xi_i}$，设置迭代时间步 t；

步骤二：根据生产函数关系与公共知识存量初始化算法，计算元胞的各衍生变量，获得元胞的完整状态，即$(x_i,y_i,z_i)\wedge(L_{i0},k_{i0})\Rightarrow(k_{i0}^*,\phi_{i0},p_{i0},\Delta k_{i0})$；

步骤三：迭代时间步 $t+1$；

步骤四：基于劳动力投入更新算法与知识资本更新算法，更新各元胞基本状态，即 $t+1$ 期劳动力投入与知识资本投入；

步骤五：根据元胞基本状态结合公共知识池演化算法、最优生产规则与知识生产函数，更新各元胞衍生状态，即 $(x_i, y_i, z_i) \wedge (L_{i0}, k_{i0}) \Rightarrow (k_{i0}^*, \phi_{i0}, p_{i0}, \Delta k_{i0})$；

步骤六：检验是否达到迭代步数，若达到则结束迭代，若未达到则返回步骤四。

3. 高铁对可达性影响的元胞表达

由上文分析可得，高铁对区域可达性的影响主要表现为高铁的运营降低了区域间的广义出行成本，从知识溢出角度讲，高铁降低了区域间的知识空间阻尼，区域知识共享的程度提高。知识的空间阻尼降低是不平均的，为了模型的仿真需求，采用简化的假设，选择空间阻尼降低的平均值作为高铁对区域间知识空间的影响。

经过简化假设后，高铁对两区域间知识空间阻尼的影响，可以抽象表达为有高铁连接区域间的知识空间阻尼的线性降低，其可以表达为：

$$T'_{ij} = T_{ij} / \varpi \tag{12-52}$$

其中，T'_{ij} 为高铁建成后区域 i 与区域 j 间的知识空间阻尼，T_{ij} 为无高铁时的知识空间阻尼，ϖ 为高铁的空间压缩系数。通过计算不同知识空间阻尼下知识创新的空间演化，分析高铁对知识溢出效应的影响。

（三）高铁运营外部性效益分析模型

高铁运输服务具有一定的“公共产品”属性。分析高铁投资行为的经济效益，将高铁作为核算的主体，高铁建设与运营的效益可以分为高铁运营的直接运营收益与高铁直接或间接影响下形成的社会经济效益两个部分，而且由于铁路运输市场的特殊性，使得高铁的直接运营收入在整体经济效益中所占的比重显著低于预期，其可以表达为：

$$E = I + \Delta E \tag{12-53}$$

其中，E 为高铁整体社会经济效益，I 为高铁的直接运营收入，包括客票收入、增加值服务收入、广告收入等铁路企业直接运营收入，ΔE 为高铁运营后在其影响下，各个行业增加值的总和，即高铁外部性效益的量化总值。假设存在 n 个产业受到高铁的影响，受影响行业 i 投入的边际产出增加，在现有投入水平下，产出增加的部分就是高铁对 i 行业的外部性效益 ΔE_i，所有受影响行业的外部性效益累计为高铁的综合社会经济效益，即：

$$\Delta E = \sum_i \Delta E_i \tag{12-54}$$

由于不同行业的生产过程存在着显著的差异，投入产出要素与高铁的关系复杂，行业的不同造成了高铁对行业影响路径及影响力水平需要使用不同的量化范式进行衡量。从微观角度分析，高铁对企业运营产生影响，主要可以分为三个方面，从生产端来讲为对成本与效率的影响,从产出端来讲,是对企业产品产出的影响。不同行业中企业的投入产出的类别不同,其受到高铁影响需要使用不同范式进行分析。使用CD生产函数对企业生产过程表述如下:

$$G_i = A_i \cdot K_i^{\alpha} L_i^{\beta} \tag{12-55}$$

其中,G_i 为行业 i 产出总值,投入要素向量包括资本 K_i、劳动力 L_i 等,α、β 为资本与劳动力的产出弹性,A_i 代表全要素生产率,根据高铁影响企业总产出 G_i 的路径,假设行业的其他要素的投入不变,高铁的外部性效益可以表达为:

$$\Delta E_i = G_i - G_i' \tag{12-56}$$

G_i'为建成高铁后行业 i 产出总值,G_i 为无高铁环境下行业 i 产出总值。在不同的行业中高铁的影响是存在差异的,三种影响路径中,首先,在旅游等行业中,高铁对于出行成本的改变直接降低了行业投入要素的价格,在原有投入不变的情况下相当于资本投入增加,使得行业的总产出增加,即:

$$G_i' = A_i \cdot K_i^{\alpha'} L_i^{\beta} > G_i, \alpha' > \alpha \tag{12-57}$$

其次在制造业等行业中,高铁对于居民出行方式的改变,使得劳动力等要素能够在更大的范围内进行配置,行业在相同的条件下,能够获得更为优质的劳动力,相当于单位劳动力价格的下降,提高了劳动力的产出弹性,即:

$$G_i' = A_i \cdot K_i^{\alpha} L_i^{\beta'} > G_i, \beta' > \beta \tag{12-58}$$

另外,在房地产等行业中,高铁的建成直接改变了其行业产出产品的单位价值,在产出总数量不变的情况下,行业的总产值增加,即:

$$G_i' = A_i' \cdot K_i^{\alpha} L_i^{\beta} > G_i, A_i' > A_i \tag{12-59}$$

总的来讲,不同行业在高铁建成前后生产与运营方式受到高铁影响的模式不同,在总结归纳各个行业受影响范式的过程中将量化模型进行统一,在选择行业时考虑行业间的相关关系,使得各行业的投入产出要素相对独立,保持各个行业所受影响计量的可比性,通过不同范式计算出各个行业在高铁运营中获得的外部性效益,将多个行业所受到的外部性效益进行累计,就可以获得高铁社会经济影响综合外部性效益量化值。

第四节　高铁项目后评价

一、高铁项目后评价关键问题

项目后评价是指对已经完成的项目或规划的目的、执行过程、效益、作用和影响进行系统地客观分析。通过对投资活动实践的检查总结,确定投资预期的目标是否达到,项目或规划是否合理有效,项目主要效益指标是否实现,通过分析评价找出成败的原因,总结经验教训,并通过及时有效的信息反馈,为未来项目的决策和提高完善投资决策管理水平提出建议,同时也为被评项目实施运营中出现的问题提出改进建议,从而达到提高投资效益的目的。高铁建设项目往往投资大、涉及方面广,关系到国家的发展和人民的生活,因此有必要在项目完成竣工验收、开始运营以后,对于项目建设的目的、经济效益、执行过程、各种作用和影响,开展系统、客观的后评价工作。

高铁的项目后评价涉及了从建设到运营的整个阶段,其后评价的对象也有所不同。在高铁公司层面,其后评价主要包括高铁客运量预测的评价、高铁建设过程的成本分析以及高铁运营中的设施效果评价,系统边界相对比较清晰,评价的目的与对象也比较明确,属于微观决策型后评价。由于高铁投资不仅仅是企业行为,也是公共交通政策的延伸,从政府角度对高铁开通运营后的社会经济效益进行综合评估是交通基础设施投资决策的重要组成部分,属于宏观决策型后评价。另外,高铁建成后还会对周围环境产生影响,评价高铁的自然环境影响也是高铁后评价的组成部分,作为高铁负外部性的一种,噪声影响在很多国家的高铁项目实施中是一项重要的评价内容。

在微观决策型后评价中,需要对前期的高铁客运需求预测、高铁成本预算、高铁建设过程、高铁运营企业效率等多个方面的计算结果,结合高铁建设运营过程中产生的实际数据构建评价框架,从企业层面评价高铁项目的实际效益,以此作为高铁后期规划与设计的企业投入依据。在宏观决策后评价中,重点评价高铁的外部性实际发生与之前预期是否存在较大的差异,以及主要的差异发生在什么方面。结合随着高铁的发展新产生的高铁及社会经济数据,在高铁负外部性方面,高铁后评价中还有一部分比较特殊的就是基于调研与观测的环境数据,包括周边居民的主观数据与自然环境变化的客观数据,通过对于环境数据的收集量化高铁对环境的实际影响,其也是对高铁项目建设的重要宏观决策依据之一。

二、高铁项目后评价主要模型及方法

构建高铁后评价的量化模型,首先要明确高铁项目后评价的主要目标,后评价作为一种决策辅助手段,其核心在于为决策提供有效反馈,因此不同决策层面与决策主体其所需要的后评价是不同的。按照宏观与微观进行大致分类,高铁宏观后评价中,涉及的模型主要是社会经济计量模型、效率综合评价模型、高铁影响指标体系等,在高铁微观后评价中,主要是针对高铁运营企业的成本收益评价高铁在建设与运营中的优化目标与总体项目决策建立指标体系与数据分析框架,形成面向企业收益的高铁项目决策支持后评价集合。高铁项目后评价如图 12-5 所示。

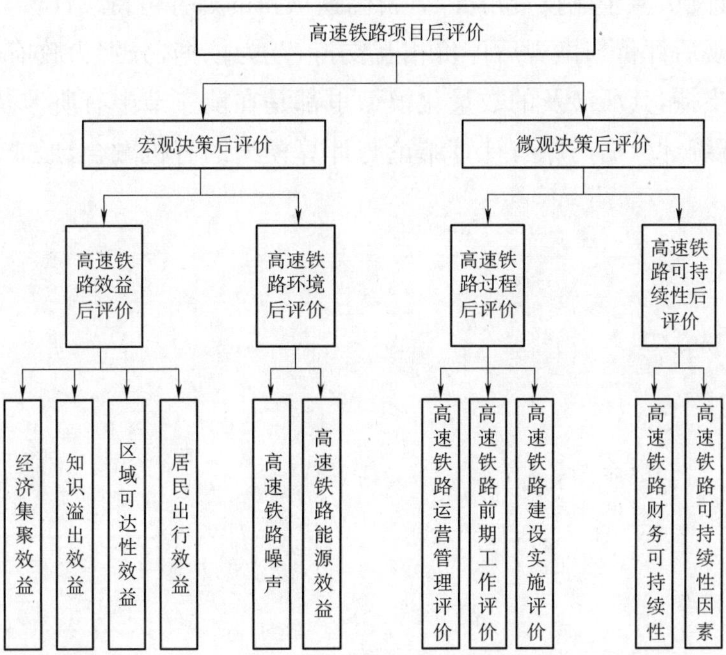

图 12-5　高铁项目后评价框架

高铁宏观决策后评价包括高铁效益后评价、高铁环境后评价，其中高铁效益后评价包括经济集聚效益、知识溢出效益、区域可达性效益、居民出行效益，高铁环境后评价包括高铁噪声、高铁能源效益，高铁过程后评价包括高铁运营管理评价、高铁前期工作后评价、高铁建设实施评价，高铁可持续性后评价包括高铁企业的财务可持续性与高铁相关因素可持续性。

具体来讲，高铁经济集聚效益的评价其方法主要包括建立在区域社会经济数据基础上的高铁建设与运营过程中的主要社会经济指标的相应变化，识别这种变化的数量化方法很多，包括但不限于上文中所用到的空间计量模型方法、面板数据模型方法、时序数据模型方法等经济计量模型，通过对其模型参数的测定，定量分析高铁的建成对区域经济集聚效益所带来的变化，知识溢出效益与经济集聚效益类似，其也是在该类方法的基础上，将分析视角从经济转化为创新活动视角，在不同的理论指导下，分析获得高铁对区域的影响。而区域可达性效益与居民出行效益类似，分别以区域和居民为主体，结合 GIS 建模、重力模型等，分别从两个角度量化高铁对流动性造成的影响进行评价。

在微观决策后评价中，以企业为研究主体，在建设与运营中，面向效率问题，使用 AHP、DEA 等效率综合评价模型，评价高铁建设与运营效率。通过对比预测数据与实际统计数据，分析高铁项目前期工作的结论可靠性，对企业的投资决策模型进行修正。

高铁可持续性评价，从企业投资角度，分析高铁项目的财务可持续性。

高铁的宏观后评价与微观后评价相互支持，互为依据，分别为政府与企业的未来决策提供数据支持，其所涉及的数量化模型也都是在前三节中有所涉及，核心是在建成于运营后，新统计数据与原有计算结论与计算模型的有机融合，形成一体化的高铁量化反馈模型。

第十三章　高铁运输经济

“高铁运输经济”主要着眼于研究高铁运输经济的构成要因和高铁与运输经济的内在关系及其影响机理。本章研究的主要内容包括高铁运输市场供求、高铁运输成本及运输价格、高铁运输服务质量、高铁运输政策等。要充分发挥高铁技术经济特点和比较优势，加快构建安全、便捷、高效、绿色的现代综合交通运输体系，满足旅客和货物运输服务需求，实现“人畅其行、货畅其流”。

第一节　高铁运输市场供求

一、高铁运输市场

（一）高铁运输市场的组成

1. 高铁运输市场的含义

高铁运输市场作为运输市场的一部分，是指在一定时间和空间条件下高铁运输产品供求关系的总和，它不仅是高铁运输需求方、高铁运输供给方及中介方进行劳务交换的场所和空间，也是高铁运输活动参与各方在交易中所产生的经济活动和经济关系的总和。

2. 高铁运输市场的构成

高铁运输市场由市场主体和客体组成，主体是高铁运输市场活动的参与者，客体是高铁运输服务交易的对象。高铁运输市场因素主要包括：

(1)运输需求方

高铁运输需求方属于运输市场的买方，是由具有现实或潜在需求的单位、组织和个人组成，是构成高铁运输市场的重要因素。高铁运输需求方的总体数量及单个运输需求者的需求状况决定了高铁运输市场的总体需求规模。

(2)运输供给方

高铁运输供给方属于运输市场的卖方，是指提供各种高铁运输服务的运输行为供给者，为运输需求方的空间位移提供服务。由于中国铁路运输市场的特殊性，高铁运输供给方主要包括中国铁路总公司、各高铁线路公司，及其运营受托方各铁路局集团公司。

(3)运输中介方

高铁运输中介方是指在高铁运输需求和供给双方之间,以中间人的身份为运输需求与供给提供中介服务,包括各种与运输相关服务的企业或个人,如各类互联网票务网站和实体网点等。

(4)政府部门

政府部门是代表国家即一般公众利益对高铁运输市场进行监督、管理、调控的部门,包括政府有关部门和各级交通运输管理部门。如国家发展和改革委员会、交通运输部、国家铁路局等。

(二)高铁运输市场的特征

高铁运输市场作为整个运输市场的组成部分,是以运输产品交换为主要内容的经济联系方式,其主要特征包括以下几个方面:

1. 自然垄断性

高铁建设投资巨大,投资后形成的固定资产有很强的专用性,高铁运输市场进入和退出壁垒比较明显,决定了高铁运输具备自然垄断的属性。

2. 外部性

高铁运输的外部性表现为运输经营活动对外部环境,包括沿线覆盖地区社会、经济、环境发展的影响,分为正负两种外部性影响。一方面高铁促进了地区之间经济文化的交流,促进了社会经济的发展,具有重要的政治、经济和社会意义。另一方面高铁在满足人们生产和生活需要的同时,也给经济和社会发展带来负面影响,如噪声、震动、辐射等污染。

3. 规制性

(1)建设规制

高铁建设成本巨大,对沿线经济社会带动作用显著。高铁建设主要考虑的因素包括成本、效益、安全、沿线地区的人口、经济、路网密度等,需要反复论证、多方讨论。

(2)价格规制

2015 年之前,中国高铁运输价格采用的是以政府指导价为主,在规定范围内根据市场进行调节,即由中国铁路总公司根据高铁运输成本变化、铁路运输企业盈利水平变化等情况,研究提出调价的幅度、范围、方案,上报国家发展和改革委员会,作为价格调整审批的依据。

2015 年,国家发展和改革委员会出台《国家发展改革委关于改革完善高铁动车组旅客票价政策的通知》(发改价格〔2015〕3070 号),将高铁票价定价权移交至铁路总公司,采用政府监督价的形式对高铁票价进行规制,并采取如下具体规制措施:铁路运输企业要依据《中华人民共和国价格法》《中华人民共和国铁路法》等法律法规规定,按照

“合法、公平、诚信”原则，明确制定、调整公布票价、执行票价的办法。铁路运输企业制定与公布票价应当在售票前对外公告，调整公布票价应当提前 30 天对外公告，公布票价和实际执行票价要按照明码标价制度规定，并及时通过网络和售票窗口等渠道告知旅客。各级价格主管部门也要加强对铁路运输企业价格行为的监督检查，依法查处价格欺诈、标价外另行收费、不执行优惠票价政策、不执行明码标价规定等各类价格违法行为，维护市场正常价格秩序。加强对所属铁路运输企业、客票销售代理单位的信用管理，研究推动建立企业信用信息共享平台，及时主动公开信用记录。发挥 12358 价格举报系统作用，鼓励社会共同参与高铁价格监督，认真及时查处群众举报，接受社会监督。

(3)安全规制

高铁是一种安全、便捷、舒适的交通工具，其安全性在所有运输方式中相对较高。从硬件方面看，中国高铁在桥路轨道、机车车辆、牵引供电、通信信号、远程调度等专业技术领域处于先进水平，为高铁运行安全提供较为充分的保障。从软件方面看，中国铁路部门对整个高铁建设、运营过程都进行了全方位的监督与管制，并建立起了一整套安全保障体系，形成了系统管理模式。

二、高铁运输需求

(一)高铁运输需求的概念

高铁运输需求是指在一定的时期内，一定价格水平下，具有支付能力的旅客选择高铁运输实现空间位移的需要，高铁运输需求由 5 个要素构成，即流量、流向、流速、流程、流时。

流量，即高铁运输需求量，是指高铁运输需求的数量多少。通常用两个指标来表示：①高铁旅客发送量(简称客运量，人、人次)；②高铁运输周转量，高铁发送量与出行距离的乘积，以高铁旅客周转量(人公里)表示。

流向，指运输需求方或高铁列车发生空间位移的地理走向，即从“何处来到何处去”。流向能够反映出地域间社会经济和居民的运输联系。

流速，即运输需求方对实现位移过程中运输速度的要求。

流程，即高铁运输需求的距离，是指运输需求方或高铁列车进行空间位移的起止点之间的空间长度，是反映高铁运输工作量的一个重要指标，一般用运距(km)来表示。

流时，即高铁运输提供服务的时间要求，包括运输服务开始时间和完成时间。一般用出发时间和达到时间表示满足运输需求所需的时间。

(二)高铁运输需求的特征

1. 派生性

运输需求是社会经济活动的需求派生出来的，完成空间位移只是其为实现真正目的一个必不可少的环节。高铁运输需求既有私人消费性派生需求，如旅游、探亲访友等所引发的需求；也有公务活动性派生需求，如公务出差等引发的需求。

2. 异质性

在高铁运输方面，由于旅客收入水平、旅行目的，以及对出行的不同需求，其在速度、安全、准时、便捷、舒适等服务质量方面的要求多种多样，体现了高铁运输个别需求的异质性。

3. 时间不均衡性

高铁运输需求在时间上存在不均衡性，主要由贸易活动的淡季和旺季、居民的生活节奏与节假日（周末和重要节日前后的客运需求明显高于其他时间）、旅游的季节性等因素引起，甚至一天内的不同时间段，运输需求都有所不同。

4. 空间特定性和规律性

高铁运输需求是对位移的要求，这种位移是运输需求方指定的起讫点之间带有方向性的位移，具有空间特定性。高铁运输需求的空间规律性也非常明显，如中国东部地区的客运量明显高于其他地区。

5. 部分可替代性

高铁运输替代是指高铁运输需求可以被非运输需求或其他几种运输方式替代。随着现代信息技术的发展，部分旅客流动被非运输需求替代。另外，高铁运输的替代服务方式有高速公路、航空运输等。

（三）高铁运输需求的影响因素

1. 社会经济发展水平

社会经济的发展能够明显促进社会交流与人员流动，经济景气时，生产性运输需求上升。反之，经济不景气时，社会活动和人员交流也将逐渐趋弱，生产性运输需求也随之下降。

2. 居民收入水平

居民收入水平的高低影响其消费水平，而消费水平又直接影响消费性运输需求。收入水平不仅是人们达到一定程度后便可以满足外出旅行的经济条件，而且是超过这一临界水平后，每增加一定比例的收入，出行消费便会以更大的比例增加。

3. 人口数量、分布与构成

由于旅客职业、收入水平等的不同，其对高铁运输需求也有明显的差异。出行人数越多，高铁运输需求也会越大；城市人口消费性运输需求会高于农村；越来越多的农村剩余劳动力外出务工，也衍生了对高铁的一定需求。

4. 时间价值

高铁一方面可以大幅节约中短途旅客运输时间，降低机会成本；另一方面对于出行目的不同，时间段不同，收入不同的旅客，高铁增加了运输方式的选择。

5. 运输服务价格

一般情况下，价格越高，高铁运输需求越低。然而，由于高铁运输产品的不可储存性和不可转移性，价格对旅客运输的影响程度及内在规律与一般产品存在差异。一些特殊时期(如中国春运期间)，价格对高铁需求的影响程度明显降低。

6. 运输服务质量

服务质量对运输需求的影响更多的是决定运量在不同运输方式间的分配。衡量运输服务质量的指标有很多，如安全、迅速、准时、舒适、便捷等，由于高铁基本能满足以上要求，在与其他运输方式的竞争中处于优势地位。

三、高铁运输供给

(一)高铁运输供给概念

高铁运输供给是指在一定时期内，一定价格水平下，铁路运输企业愿意并有能力提供的高铁运输产品的数量。有效的高铁运输供给必须满足两个条件，即铁路运输企业有出售运输服务的意愿和具备生产高铁运输服务的能力。

1. 高铁运输供给的内容

(1)运输供给量

高铁运输供给量通常是高铁能够承运的旅客数量，由固定设备和移动设备两部分构成。固定设备主要包括高铁线路和高铁客站两部分，线路与车站的能力是相互匹配的。其中：高铁线路的供给能力是指一年中该线路上运行的旅客列车数与其平均载客量的乘积。整个路网的供给能力是构成路网的各条线路供给能力的总和。移动设备主要指动车组列车。

(2)运输布局

运输布局指高铁固定设备的空间分布和移动设备的合理配备及其发展变化情况。

(3)运输管理体制

运输管理体制是高铁运输的制度供给，包括企业制度、资源配置方式以及相应的宏观调控机构、政策和法规等。

2. 中国高铁供给能力现状

(1)基础网络

随着高铁的发展，高铁网络规模持续快速扩大，骨干高铁网络已经形成。截至2017年底，全国铁路运营总里程达到12.7万km，其中高铁2.5万km，“四纵四横”骨干高铁成网，网络客运能力和效率显著提升，为旅客出行带来更多便利，在区际运输中发挥着重要作用。

(2)运输供给现状

为了提高客运供给能力,更好满足旅客出行需求,2017 年全国铁路累计 7 次调图,统筹规划新增能力和既有运力资源,优化列车开行方案,增加产品供给,2017 年 9 月全路新运行图铺排旅客列车 7 638 列,其中高铁动车 5 252 列,占 68.8%,进一步提升了铁路服务质量和运输能力。2017 年全国高铁旅客发送量完成 17.13 亿人次,占总旅客发送量的 56.4%。高铁动车组累计发送旅客已突破 70 亿人次,单日最高发送突破 760 万人次,日均运送旅客 400 万人次。

3. 未来高铁运输发展取向

(1)扩大高铁客运服务

①研发推广时速 350 km 卧铺动车组。以往中国高铁列车主要是以昼间开行为主,由于夜间需要对线路进行检修维修,夜间基本不开行高铁列车。中国地域辽阔,大城市间距离较长,白天开行的动车组对超过 2 000 km 的长途客流吸引力相对较弱,如北京至广州、北京至成都等城市间的铁路客流远小于民航客流。近些年随着长途客流的需求不断增加,运输企业和装备制造企业研发出了高速卧铺动车组,高速卧铺动车组采用全新空间布局,能够大大提高运力及舒适度,创造了高铁新的运输市场,2017 年已在部分线路运营,收到了良好的效果,未来可在全国主要省会之间(3 000 km 以内)全部实现夕发朝至。因此未来时速 350 km 卧铺动车组适用范围将会越来越广泛。

②研制时速 160 km 动力集中长编动车组。通过改造升级既有大马力机车及 25T 客车,采取双向行驶,减少列车车站作业时间,提升运输能力,可大大缓解省会城市普速客运站到发能力紧张局面。

③研制灵活可变编动车组。研发小编组可变编动车组,采取 4-16 灵活编组形式,每列额定载客人数 260～1 200 人,运行速度 160～250 km/h,可变编动车组适用于不同需求的城际、市郊等支线铁路运输需求,能够达到降低运输成本,提高运输企业效益的目的。

(2)开辟高铁快货运输服务

①研发时速 250/350 km 整列货运动车组。近年来中国快递业发展迅速,快递业务量从 2010 年的 23.4 亿件增加到 2017 年的 400 亿件以上,年均递增 50%,日均超过 1 亿件;全国人均件数从 2010 年的 1.75 件增加到 2017 年的近 29 件,增速迅猛。根据国家邮政局发布的《快递业发展"十三五"规划》,到 2020 年,中国快递业务量预计将达到 700 亿件,相较于 2015 年提高 3.4 倍,日均近 2 亿件;人均件数约 50 件。因此研发时速 250/350 km 整列货运动车组对于融合物流技术、延伸铁路服务链条、提高中国物流总体效率等方面具有重要作用,意义重大。高速整列货运动车组研发的关键技术是:货物装载、快速分拣、物流驳接以及新型车体等。

②改造现有餐吧车。通过改造现有高铁餐吧车，实现快运货仓容积 30 m^3，载重 6 t以上，可开辟冷藏储备 4 m^3，实现高附加值的冷藏货物高速运输。

（二）高铁运输供给特征

1. 运输产品的不可储存性

高铁运输产品为旅客提供空间位移，是不具有实物形态、不能储存、不能调拨的运输服务，在生产过程中，并不产生新的物质产品。高铁运输服务供给过程和运输服务消费过程同步进行，运输服务的供给只能够以提高运输效率或新增运输能力来适应不断增长的运输市场需求。

2. 整体性

高铁运输供给的整体性主要体现在两方面，一是高铁运输基础设施与动车组列车能力相互匹配，才能提供高铁运输供给；二是高铁运输基础设施具有整体性。

3. 部分可替代性

旅客的位移是具体的，只有旅客在相同的出发、到达地点的运输才是相同的运输产品。同一种运输产品可以部分由不同的运输方式替代，但由于不同运输方式在运输速度、便捷性、舒适度等方面差异性的存在，使得不同运输方式之间的替代受到限制。

4. 成本转移性

高铁运输成本的转移体现在运输生产过程中带来的环境污染等转移到运输企业外部性的成本中。

（三）高铁运输供给的影响因素

1. 经济因素

经济因素主要是指一个国家或地区的宏观经济状况，主要包括经济发展、社会生产方式、工业基础、经济能力、经济结构、居民收入、消费者结构等方面的情况。经济总水平是影响运输供给的决定性因素，国家或地区的经济状况是运输供给发展的基本条件。

2. 政治因素

政治因素的影响表现在国家整体对高铁运输的要求。高铁运输可以展示国家形象，提升中国在全球政治经济秩序中的地位，同时为国防战略运输提供保障。

3. 技术因素

技术对运输供给的影响主要表现在固定设备和移动设备的技术水平上，中国高铁在工程建设、客站设计、装备制造、牵引供电、列车控制、系统集成等领域形成了一批具有自主知识产权的技术标准。

4. 市场价格因素

市场价格因素的影响体现在运输服务价格、运输服务成本、运输的相关市场价格等方面，运输产品价格是影响高铁运输供给量的重要因素。

第二节　高铁运输成本及运输价格

一、高铁运输成本概述

从事运输活动的企业在完成一定运输量后发生的总支出称为运输总成本。而运输单位产品所分摊的运输支出，称为单位运输成本，简称运输成本。中国通过成立高速铁路股份有限公司对高铁进行管理。高铁范围内的运输组织及相关管理工作(含运输收入的日常管理)由高速铁路股份有限公司委托沿线各铁路局集团有限公司分段负责，因此高铁运输产生的一部分成本费用仍由站段归集，再上报铁路局集团有限公司；另一部分成本的核算直接在高速铁路股份有限公司进行。

(一)成本分类

高铁运输总成本按照经济用途划分为主营业务成本、期间费用、资产减值损失和营业外支出。

1. 主营业务成本包括：直接从事运输生产工作的员工工资、职工福利费、生产经营过程中消耗的材料费、设备维修消耗的燃料费、事故损失、折旧等。

2. 期间费用包括：管理费用、销售费用、财务费用。其中，管理费用包括人员工资、差旅费、物料消耗、无形资产摊销、存货损毁等；销售费用包括营销人员工资及福利费、营销机构办公发生的相关费用、广告宣传费等；财务费用包括利息支出、外汇手续费等。

3. 资产减值损失包括：各类资产的减值准备等。

4. 营业外支出包括：非常损失、固定资产盘亏及违约金等。

高铁运输总成本除了可以根据上述经济用途角度进行划分，还可从其他角度进行分类。比如，按照支出的经济性质或要素可分为工资、材料、电力、折旧、其他等五要素；按照支出列入运输产品成本的方法可分为直接列入支出和分配列入支出；按照支出与运量的关系可分为与运量有关的变动支出和与运量无关的固定支出；按照支出发生的业务部门可分为运输、电务、工务、车辆等部门支出和其他部门支出。

(二)主营业务成本内容

铁路运输企业核算成本按站段划归，在“主营业务成本”下“直接生产费”明细科目列支，见表 13-1。

表 13-1　高铁主营业务成本部分明细科目列示①

主营业务成本支出项目	部门划分	明细科目
工资支出	运输、工务、电务通信、车辆、供水供电等	运输人员工资
		工务人员工资
		动车组人员工资
		⋮
		其他人员工资
折旧支出	运输、工务、电务通信、车辆、供水供电等	动车组折旧
		通信设备折旧
		其他折旧
大修支出	运输、工务、电务通信、车辆、供水供电等	动车组四级修
		动车组五级修
		房屋建筑物大修
		其他大修
直接生产费	运输	车站旅客服务
		动车组列车服务
		⋮
		其他
	工务	补充道床
		线路其他维修
		⋮
		其他
	电务通信	自动闭塞设备运用维修
		信号设备用电
		⋮
		GSM-R 系统运用维修
	车辆	动车组维修
		动车组互换配件修理
		其他
	供水供电	电气化供电系统运用维修
		电力设备运用维修
		其他
间接生产费	运输、工务、电务通信、车辆、供水供电等	工资附加费
		行车公寓费用
		⋮
		其他业务应摊费
其他支出	…	…

① 中国铁路总公司. 运输成本费用管理核算规程[M]. 北京：中国铁道出版社，2015.

与普速铁路列车不同,高速动车组列车的维修不区分机车与车列,两者作为一个编组统一在动车段进行维修和维护。因此,在上表列示的"直接生产费"中没有机务部门的支出,相关维修费用列示在了"车辆部门支出"和"大修支出"科目下;同时,机务人员的工资归在"动车组人员工资"中进行核算。另外,机车与线路折旧、机车运行用电以及财务费用等是由高速铁路股份有限公司直接核算,因此这些费用并未包括在上表中。

二、高铁运输成本计算

(一)高铁运输定期成本计算

各基层站段可以利用归集的成本资料进行如下两项工作:

第一,计算本单位的营运工作单位成本。

虽然并不是所有的基层单位都可以计算单位成本,但是像工作量比较稳定的动车段、统一工作量指标的电务段、通信段等是可以计算的。其计算公式为:

$$基层站段运营工作单位成本=运营支出总额/工作量 \tag{13-1}$$

第二,将基层站段的运输总成本上报给所属集团公司,集团公司汇总这些资料,进一步计算集团公司的单位营运成本。

在不区分高速铁路和普速铁路的情况下,集团公司单位营运成本按如下公式进行计算:

$$\begin{aligned}单位运营成本&=运营成本/换算吨公里\\&=运营成本/(旅客人公里+货物吨公里)\end{aligned} \tag{13-2}$$

这里需要说明两点问题:

1. 换算吨公里是反映客、货运输周转量的综合性指标,将人公里总数按一定比率换算为吨公里,然后再与吨公里相加而得。目前规定的换算比率为1∶1,即一个人公里换算为一个吨公里。

2. 中国目前铁路货运列车主要是时速200 km以下的普速列车,高铁动车组列车现阶段承担的主要为旅客运输任务。因此,在计算高铁单位营运成本时,不包含"货物吨公里"项目。

(二)高铁运输非定期成本计算

1. 非定期成本计算方法的介绍

铁路部门最常用的非定期成本计算方法是支出率法。正确使用支出率法有两个关键点:一是准确提取变动成本并进行计算;二是建立支出率指标体系。

2. 变动成本的计算

采用支出率法计算总成本的前提是要区分变动成本和固定成本。变动成本是指与运输有关的支出，固定成本则是指与运输无关的支出。在高铁运输成本核算中，变动成本的计算公式为：

$$VC=A_1X_1+A_2X_2+\cdots+A_nX_n \tag{13-3}$$

其中：A_i指的是“支出率”，X_i是各种资源消耗数，$i=\{1,2,\cdots,n\}$。

3. 支出率指标体系的建立

高速铁路与普速铁路在生产运营过程中消耗资源的种类与数量有所不同，因此其支出率指标体系也有差别，见表 13-2。

表 13-2　高铁营运工作指标体系①

指　　标	与指标有关的支出项目
旅客发送人	车站旅客服务、专运费
列车公里	车站运转
列车小时	列车运用及修理费，折旧费
机车乘务组小时	客运列车机务人员工资
列车乘务组小时	客运列车运转乘务人员工资
机车运行消耗电力千瓦时	机车运行用电
列车总重吨公里	工务部门全部支出、线路折旧费

支出率指标体系建立后，就可以根据下述公式计算支出率。

旅客发送人支出率＝与旅客发送人有关支出总额/旅客发送人数　(13-4)

列车公里支出率＝与列车公里有关支出总额/客车公里总数　(13-5)

列车小时支出率＝与列车小时有关支出总额/客车小时总数　(13-6)

机车乘务组小时＝机务组人员月平均工资×机务组每组人数×(1＋预备率)/每组每月平均机务小时数　(13-7)

列车乘务组小时＝列车乘务人员月平均工资×乘务组每组人数×(1＋预备率)/每组每月平均乘务小时数　(13-8)

其中，预备率是指备用和替班乘务人员数占全部乘务人员数的百分比，一般为5％～10％。

机车运行消耗电力千瓦时＝机车运行用电支出总额/消耗千瓦时总数　(13-9)

列车总重吨公里＝与列车总重吨公里有关支出总额/总重吨公里总数　(13-10)

在计算出支出率，并掌握相关指标消耗数后，即可根据变动成本的计算公式计算变动成本，变动成本加上固定成本即可得总成本。

① 中国铁路总公司. 运输成本费用管理核算规程[M]. 北京：中国铁道出版社，2015.

(三)高铁分线成本计算

1. 分线成本计算的意义

分线成本计算是一种要求对管辖范围内涉及多条线路的支出按线划分归集而进行的核算。分线成本的用途很广,如用于评价线路的经济效益,考核个别线路的财务盈亏状况,调整和制定运价等。计算分线成本对加强高铁经营管理,完善经济责任制具有重要意义。

2. 分线成本计算的原则

高铁分线成本计算的基本原则主要有以下几点:

(1)凡某线发生的与该线运输直接有关的支出,直接列入该线支出;

(2)难以划分的多线混合支出采用适当的指标进行分配;

(3)固定资产特别是线路及桥隧建筑物,其基本折旧费、大修费对分线运输成本影响甚大。要按各线实际的固定资产价值计提折旧,并按固定资产的用途采用分类、分线别的折旧率,为多线服务的固定资产折旧费、大修费采用适当的指标分配。

3. 分线成本计算的步骤及公式

计算高铁分线成本的步骤为:

(1)根据有关财务信息,将一定时期内发生的直接用于高铁线路的支出通过相关工作量指标直接列为各线成本;

(2)对于其他应摊费用,按该线周转量所占总周转量比重等相关比例进行分摊。

计算公式如下:

$$\text{分线成本}=\text{本线直接支出}+\text{应分摊到本线的支出} \tag{13-11}$$

$$\text{单位客运支出}=\text{本线客运支出总额}/\text{本线旅客人公里总数} \tag{13-12}$$

三、高铁运输价格机制

高铁运输价格水平的影响范围十分广泛。如果高铁运价定的偏低,将会直接影响高铁的经济效益,甚至难以偿还高铁的日常运营开销与建设投资;而如果高铁运价定的偏高,超过居民承受能力,则会失去大量的客流而难以获得正常收益。因此,高铁运输价格的制定与调整无论是对运输企业来说还是对个人来说都有着重要的影响。

(一)影响高铁运价制定与调整的因素

1. 运营成本和固定成本

高铁运价的首要影响因素是高铁的运营成本和固定成本。在无外部补贴的前提下,只有满足运输企业运营成本的支出,补偿高铁运输活动中产生的耗费,才能保证高铁运输生产活动的可持续进行。此外,由于高铁投资的固定成本占比很大,列车单次运行需要分摊的折旧和维护费用很高,因此高铁运价制定与调整应当将边际运输成本的影响考虑在内。

2. 运输市场供求

在市场经济条件下,商品的价格受到供求关系的影响,根据市场供需关系来确定价格是市场经济的一般规律,高铁也不例外。在高铁运输定价过程中,车站密度、线路数量、列车开行方案、动车组定员等指标能够反映出高铁运输的供给能力,而客运量及客运周转量等能够反映运输市场需求水平,两者结合一方面决定了单位运营成本,另一方面也决定了运营收入,成本与收入相结合,即可得出高铁运输的赢利与亏损程度,从而为高铁运价的制定与调整提供有效的依据。

3. 居民支付能力

居民的支付能力也是影响票价制定的重要因素之一。收入水平高的出行者对票价的敏感度低,更多追求舒适、便捷等服务。收入水平相对较低的出行者票价是其选择交通方式第一考虑因素,因此,高速动车组列车票价的制订要考虑居民的实际收入水平。

4. 竞争因素

客运市场的竞争是影响高铁价格制定的另一重要因素,高速动车组列车的票价制定需要考虑来自其他运输方式的竞争。短途运输面临着与公路的竞争,长途运输面临着与民航的竞争,如果高速动车组列车票价不合理,旅客就会选择其他替代性交通工具。

5. 其他因素

高铁的运价制定还受到包括经济和社会的发展状况、物价水平、政府的宏观调控政策等其他因素的影响。

(二)高速动车组列车票价调整机制

为了在客运市场中占据优势,高铁需要制定更加灵活的运价调整机制。

1. 根据消费者群体差异实行价格浮动

针对不同目标群体的旅行行为灵活制订高铁运价非常重要,一方面可以更好地满足旅客需求,另一方面也会使企业的收益最大化。法国 TGV 高铁就对经常乘坐 TGV 列车的乘客,按照年龄划分为四个层次,根据支付能力与需求向他们提供不同折扣优惠卡,见表 13-3。

2. 根据列车的上座率实行价格浮动

铁路运输企业可以制定不同的价格来平衡高峰时期和非高峰期的客流,平衡长、短途旅客,如巴黎至里昂的高速列车票价(表 13-4)。

表 13-3 法国 TGV 高铁常客优惠卡①

类　型	类型细分	年费(EUR)	折　扣	额外服务
儿童卡	由 1～4 人陪伴的 12 岁以下儿童	65	根据可提供的数量给予 25%～50%的折扣	酒店折扣 租车折扣 奖金积分
12～25 岁卡	12～25 岁的年轻人	49	根据可提供的数量给予 25%～50%的折扣	酒店折扣 租车折扣 奖金积分
EscapadeS 卡	25～59 岁的中青年	85	根据可提供的数量给予 25%～40%的折扣	酒店折扣 租车折扣 奖金积分
老年旅客卡	60 岁以上的老年人	50	根据可提供的数量给予 25%～50%的折扣	酒店折扣 租车折扣 奖金积分

表 13-4 巴黎—里昂高速列车票价(欧元)②

工作日(周一至周五)		周末(周六、周日)	
运行时间	票　价	运行时间	票　价
6:00—7:30	76.3	7:00—15:30	58.7
8:00—16:00	58.7	16:00—20:00	76.3
16:30—20:00	76.3	20:30—22:00	58.7
21:00—22:00	58.7		

3. 根据不同的服务实行价格浮动

铁路运输企业可以通过针对特定服务制定特定价格来实现收益最大化。比如针对商务座、一等座、二等座不同等级坐席制定不同价格,对服务周期较长的长短途票价、单程和往返票价给予价格折扣,同时高铁运营企业还可以提供酒店住宿、出租车换乘等增值服务。

4. 制定常客计划

高铁运输企业可以学习航空公司的票价策略,采用"建立常客计划"的营销方法和手段。一是建立会员制,充值即可享受会员折扣;二是对满足一定旅程距离、时间的旅客实行价格优惠,鼓励既有客户更频繁地乘坐高速列车。这样既能留住老客户,又能吸引新客户。

四、高铁运输定价方法

(一)成本加成定价法

成本加成定价法是铁路客运普遍采取的定价方法。国外高铁运输价格的制定还

① 数据来源:www.voyages-sncf.com
② 数据来源:www.voyages-sncf.com

考虑了缩短旅行时间、提高舒适度等方面的影响，其具体的运价形成与调整机制见表13-5。中国高铁运价的制定应统筹考虑公益性、成本、市场竞争、居民承受能力等因素，选择更加灵活的定价方法。

表 13-5 国外高铁运价形成与调整机制比较

国 家	价格形成机制	价格监督模式	价格调整机制
法国	基本票价＋加成票价	政府指导价	同一类型车票的价格浮动上限和价格浮动下限的最大差价须控制在50%以内
德国	综合票价	政府监督价	车票价格自由浮动，但受到监管
日本	基础票价＋额外票价	政府指导价	对车票价格的上限进行规制，票价调整需要进行上报
韩国	基本票价＋浮动比例	政府指导价	对车票价格的上下限进行规制，价格上限由听证会决定，下限不超过政府指导价的40%
西班牙	基本票价＋浮动比例	政府指导价	票价必须在政府制定的上下限之间调整
意大利	竞争票价	政府定价＋市场调节价	国铁政府定价，私人铁路市场定价

(二)政府指导定价法

政府指导定价法是指政府根据他的权限和市场现状，给出的强制性的价格范围。政府指导价是由县级以上各级人民政府物价部门、业务主管部门按照国家规定权限，通过规定基准价和浮动幅度、最高限度和最低保护价等，指导企业制定的商品价格和收费标准。从品种范围上讲，政府指导价适用于比较重要的，同时花色品种多、供求变化快、季节性强的商品。

按现行价格管理办法大体分以下几种类型：一是由国家规定基准价和上下浮动幅度，允许性强、市场供求变化快的商品等。二是最高限价。由国家规定商品买卖的最高价格，允许企业向下浮动。三是最低保护价。由国家规定商品买卖的最低价格，允许企业或购销双方向上浮动。通常用于防止发生由于一时供大于求造成的价格暴跌对生产的打击。它是保护农业生产的重要手段。四是按差价率管理的价格。由国家规定经营差率(进销差率、批零差率)，允许企业在进价的基础上按规定的差率制定和调整具体价格。通常适用于商品流通环节某些商品的价格管理。五是按利润率管理的价格。由国家规定企业生产、经营某产品的最高利润率水平，允许企业在规定的利润水平以内自主制定和调整具体价格。

(三)平均成本定价法

平均成本定价法是指在运量一定的前提下，使运输总成本等于总收入，即单位价格等于单位成本，此时成本得到了全部的补偿。对于运输企业来说，运价决定了收入，收入必须弥补生产成本，并能够提供一定的利润以吸引投资，因此可以说平均运输成本是运输价格的最低限额。从动态的角度，平均成本定价法是根据单位运量平均成本的变化，确定在不同运输量条件下运输价格的方法。在成本构成中，单位运量可变成本(C_V)、固定成本(F),在一定时间、一定运输组织条件下,不随运量(Q)变化,但是随着运量的增加,单位运量平均固定成本(F/Q)会呈下降趋势,也就是平均成本递减规律,如图13-1所示。根据平均成本曲线,可求出计划期一定运量条件下的平均成本。在此基础上加上预计利润即可确定运价。用公式表示为:

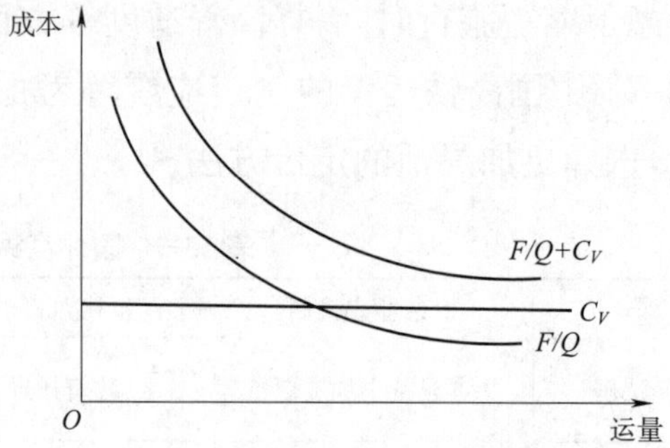

图13-1　平均成本定价示意图

$$P_S = F/Q + C_V + r \tag{13-13}$$

式中:P_S 为单位运价,F 为总固定成本,Q 为运量,C_V 为单位运量可变成本,r 为单位运量合理利润。

(四)竞争环境下的定价方法

由于高铁受到航空、高速公路以及普速铁路的竞争,因此在制定高速动车组列车票价时,需要将其他交通方式的票价因素考虑在内。常用的动态竞争环境下的定价方法主要是对各种交通方式的比价关系进行研究和分析,将不同运输方式的票价同出行成本、消费者效用等因素考虑在内,运用Logit模型、博弈模型、系统动力学模型等,研究不同交通运输方式之间的动态竞争过程,制定合理的高速动车组列车票价。

第三节　高铁运输服务质量

一、高铁运输服务质量内涵

(一)提升铁路在客运市场竞争力

美国质量学会对“质量”定义:“质量是一个产品或服务的特色和品质的总和,这些品质特色将影响产品去满足各种明显或隐含的需要能力。”质量反映一个国家的综合实力,是企业和产业核心竞争力的体现,也是国家文明程度的体现。质量发展是兴国之道、强国之策。国务院颁布的《质量发展纲要(2011—2020年)》明确指出,到2020年,全面实现服务质量的标准化、规范化和品牌化,服务业质量水平显著提升,建成一批国家级综合服务业标准化试点,骨干服务企业和重点服务项目的服务质量接近或达到国际先进水平,服务业品牌价值和效益大幅提升,推动实现服务业大发展。作为重要生活性服务领域,铁路旅客运输服务质量不仅成为铁路运输业的生存与发展基础,也是铁路运输业在全国旅客运输市场竞争的依据。因而,只有全面提高铁路旅客运输服务质量,创造铁路旅客运输服务品牌价值,才能使铁路运输业在竞争日益加剧的国内旅客运输市场上保持有利地位,才能参与国际高端旅客运输市场竞争。

（二）创新高铁客运服务质量评价模式

在铁路深化体制改革，实行政企分开的大背景下，国家铁路局承担监督铁路运输服务质量的职责，铁路运输企业则由"运输组织型单位"向"经营服务型企业"转变，双方均需适应经济社会发展和人民群众对铁路旅客运输服务的新需求，塑造现代铁路旅客运输服务的新形象。

（三）推进新型铁路监管部门建设

高铁客运服务质量是公共服务质量的重要组成部分。开展高铁客运服务质量监测，是提高高铁客运服务质量的有效手段，不仅关系民生幸福、关系公平正义，还是促进服务型政府监管职能创新的重要举措。开展高铁客运服务质量调查与评价，加强事中事后监管，准确掌握第一手翔实数据，通过数据统计分析，判断发展趋势、查找薄弱环节，有利于引导政府监管部门精准发力，制定提升高铁客运服务质量的规范。

（四）促进高铁客运业可持续发展

开展高铁客运服务质量调查与评价工作，可以有效提升高铁客运服务的透明度，不仅体现了质量管理中"顾客满意"的终极质量标准，也体现了监管部门的服务理念。社会主义市场经济是法治经济，铁路旅客运输服务质量的评价，需依法依规开展，做到有法可依、有法必依。开展高铁客运服务质量监测工作，可以促进铁路旅客运输业的可持续发展，紧紧围绕"运力充足、安全正点、方便快捷、设备良好、环境舒适、饮食卫生、服务文明"的目标，满足广大旅客对铁路的服务方式、服务态度、设备设施、环境卫生以及出行的便捷度、舒适度等方面的更高要求，提升旅客乘坐高铁的体验感和满意度。

二、高铁运输服务质量监测

（一）国外客运服务质量监测经验

1. 国外铁路运输业

欧盟、美国、日本、韩国等国家和地区的铁路运输业，均实施了旅客运输服务质量监测与评价。对比国外铁路运输业的旅客运输服务质量监测模式（表 13-6）可以看出：

(1)除了欧盟标准委员会，其他各国均由代表国家的政府部门及其下属机构负责监管；

(2)除了欧盟与日本的铁路旅客运输服务质量由企业自测以外，其他各国均由第三方机构承担具体监测与评价工作；

(3)在铁路旅客运输服务质量的监测评价过程中，各国根据国情实际，均建立了服务质量监测指标体系。

表 13-6　国外铁路旅客运输服务质量监测模式对比表

国　家	欧　盟	美　国		英　国	日　本	韩　国	澳大利亚
监管主体	欧盟委员会	运输部US(DOT)		运输部(DOT)	国土交通省	国土交通部	政府
主管部门	欧盟标准委员	联邦铁路局(FRA)，运输部下属公共关系办公室		铁路管理办公室(ORR)、铁路客运特许权经营办公室(OPRAF)	铁道局	韩国铁道厅	交通局
监测实施主体	第三方机构(盖洛普咨询公司)、运输运营商(自测)	第三方机构		第三方机构	运输运营商(自测)	第三方机构	运输客户服务部
行业协会组织	欧洲公铁联运企业国际联合会(UIRR)，欧洲铁路工业企业联盟(UNIFE)	地面运输委员会(STB)、北美铁道协会(AAR)、美国公共运输协会(APTA)、美国铁路小运输公司协会(ASRRA)、美国铁道协会(USRA)		铁路行业协会(RIA)，铁路工业协会和客运协会、国家铁路战略管理局(NSRA)	国际高速铁道协会(日本四大铁路公司(东日本、东海、西日本、九州))	韩国铁路协会(KORASS)、韩国铁路车辆行业协会(KORSIA)	澳大利亚铁路研究与发展组织(ARRDO)、澳大利亚铁路协会(ARA)
监测指标体系	有	有		有	有	有	有
监测评价手段	五点式电话、问卷调查	问卷调查		—	问卷调查	—	七点式问卷调查
监测评价成果	—	质量标准履行情况报告	运输顾客调查报告	调查分析报告	服务质量监测报告	顾客服务质量报告	客户满意度指数报告
监测频次	—	每季度	每年	定期	每两年一次	每年	每年两次(NSW)

2. 国外航空运输业模式借鉴

美国、澳大利亚、欧盟等国家和地区的航空运输业，均实施了旅客运输服务质量监测与评价。由于监管主体、监测频次不同，监测指标不尽相同。对比国外航空运输业的旅客运输服务质量监测模式(表 13-7)可以看出：

(1)除了欧盟标准委员会，其他各国均由代表国家的政府部门及其下属机构负责监管；

(2)除了欧盟的旅客运输服务质量实行自测以外，其他各国均由第三方机构承担具体监测与评价工作；

(3)在旅客运输服务质量的监测评价过程中，各国根据国情实际，大都建立了服务质量监测指标体系。

表 13-7 国外航空运输业监测模式对比表

国　家	美　国	澳大利亚	欧　盟
监管主体	运输部 US(DOT)	澳大利亚联邦政府运输部	欧盟标准委员会
主管部门	联邦航空局(FAA)、各州运输部以及运输安全监管局	民用航空安全局(CASA)	欧洲航空安全局(EASA)
监测实施主体	第三方机构	第三方机构	航空公司联合
监测指标体系	有		有
监测评价成果	航空公司质量等级报告 顾客满意度调查 航空旅游消费者报告	运输顾客满意度指数报告	
监测频次	每月度	每半年度	

(二)中国铁路客运服务质量监测模式

1. 法律、行政法规及有关标准

2012 年,原铁道部颁布了《高速铁路车站服务质量暂行规范》(铁运〔2012〕47 号)等专门针对高铁客运服务质量的相关规范。2014 年,中国铁路总公司进一步制定了含高铁专项的《铁路旅客运输服务质量规范》。目前,有关高铁客运服务质量的主要法律法规与标准规范,见表 13-8。

表 13-8 中国有关旅客运输服务质量的主要法律法规与标准规范

类型	名　称	相　关　内　容	备　注
法律	中华人民共和国铁路法(2015 年修订)	第五条　铁路运输企业必须坚持社会主义经营方向和为人民服务的宗旨,改善经营管理,切实改进路风,提高运输服务质量。 第十三条　铁路运输企业应当采取有效措施做好旅客运输服务工作,做到文明礼貌、热情周到,保持车站和车厢内的清洁卫生,提供饮用开水,做好列车上的饮食供应工作	全国人大常委会通过,2015 年 4 月 24 日
规范性文件	铁路旅客车票实名制管理办法	第九条　铁路运输企业应当为车票实名制管理提供必要的场地、作业条件和身份证件识读等设备,积极推进管理和技术创新,采取互联网、电话等新型售票方式,逐步配备自助售票、取票和自动检票、查验等设备,为旅客实名购票、乘车提供便利	
	铁路运输企业准入许可实施细则	第七条　申请企业应当具备下列条件: (五)具有铁路运输相关的组织管理办法、服务质量标准、生产作业规范	国家铁路局,国铁运输监〔2015〕18 号
标准	铁路旅客运输服务质量 第 1 部分:车站	规定了铁路车站运输旅客和行李、包裹(简称"行包")服务质量的要求。适用于国家铁路、地方铁路、合资铁路	GB/T 25341.1—2010
	铁路旅客运输服务质量 第 2 部分:列车	规定了旅客列车运输旅客和行李、包裹(简称"行包")服务质量的要求。适用于国家铁路、地方铁路、合资铁路	GB/T 25341.2—2010
	铁路旅客运输词汇	规定了铁路旅客运输的常用术语和定义。适用于铁路旅客运输的生产、管理、设计、科研、教学、文献资料出版等	GB/T 13317—2010

2. 服务质量监管方——国家铁路局

2013年3月14日，第十二届全国人民代表大会第一次会议通过关于国务院机构改革和职能转变方案的决定，组建国家铁路局，由交通运输部管理，负责组织拟订铁路技术标准并监督实施，负责拟订规范铁路运输和工程建设市场秩序政策措施并组织实施，监督铁路运输服务质量和铁路企业承担国家规定的公益性运输任务情况等。

国家铁路局内设运输监督管理司，专门负责组织监督铁路运输安全、铁路运输服务质量、铁路企业承担国家规定的公益性运输任务情况，严格按照法律法规规定的条件和程序办理铁路运输有关行政许可并承担相应责任，组织拟订规范铁路运输市场秩序政策措施并监督实施。

国家铁路局所属事业单位——"市场监测评价中心"，承担铁路运输服务质量标准和监管研究工作；调查与评价铁路客货运输服务质量，编制铁路运输服务质量调查与评价报告；承担铁路运输市场和运输服务质量方面投诉受理相关工作。

3. 服务质量提供方——铁路运输企业

中国铁路总公司以铁路客货运输服务为主业，实行多元化经营；负责铁路运输统一调度指挥，负责国家铁路客货运输经营管理，承担国家规定的公益性运输，保证关系国计民生的重点运输和特运、专运、抢险救灾运输等任务；负责拟订铁路投资建设计划，提出国家铁路网建设和筹资方案建议；负责建设项目前期工作，管理建设项目；负责国家铁路运输安全，承担铁路安全生产主体责任。近年来，随着高铁的不断发展，越来越多的旅客选择采用高铁的出行方式，铁路客运服务企业不断升级服务质量，为旅客提供更多更好地服务。

4. 服务质量体验方——旅客与公众

旅客与公众是铁路客运服务质量调查与评价过程中的主体。其中旅客一般通过对整个服务过程和结果的感知与期望的服务进行比较来对客运服务质量进行评价；社会公众通常根据旅客投诉、媒体曝光，或者收到表扬信等对企业某一方面作出评价。这两个主体的评价都具有传播效应，影响公众对铁路旅客运输服务的选择，铁路运输企业应给予高度重视。

5. 存在的主要问题

(1)国家层面专项监管政策尚不完善

高铁客运服务规模的快速发展，要求铁路客运监管部门特别重视高铁客运服务质量的专项监管政策制定，尤其是国家层面的监管政策与法规。现阶段，虽然国家铁路局批准了使用原铁道部的若干铁路客运服务质量标准与规范，中国铁路总公司也实施了《铁路旅客运输服务质量规范》，但从"国家名片"的视角，高铁客运服务质量监管需要加快专项政策创新，实现监管政策国际先进性的目标。

(2)服务质量专项国家标准有待建立

高铁的快速发展带来服务需求和服务手段的多样性变化,而现阶段的铁路客运服务质量标准已经不能适应高铁旅客的新需求。例如旅客强烈要求在高速列车和车站配备 WiFi 等设备,旅客更偏爱高速列车和车站的安静、卫生和舒适等。

(3)制度化的监测评价体系不够合理

国家铁路局虽然开展了全国铁路旅客运输服务质量调查与评价,但在评价理论、评价方法、评价手段、评价工具等方面亟需完善,实践中,评价工作尚未制度化、常态化。

三、高铁运输服务质量评价

(一)评价目标

以旅客和社会公众评价为主体,以旅客运输市场需求为导向,通过构建公开、公平、公正、透明的,具有独立性、专业性特征的高铁客运服务质量调查与评价体系,实现科学地、客观地、合理地评价高铁客运服务质量,起到提升高铁旅客运输服务质量的导向性作用,促进高铁客运服务的技术创新、管理创新。

(二)评价原则

1. 科学性原则

科学性原则是指高铁客运服务质量调查与评价体系不仅要有高铁运输管理、服务供应链、质量管理等理论的支撑,还应客观地反映调查与评价对象的服务质量实际,系统而准确地把握高铁客运服务质量的本质。

2. 系统优化原则

系统优化原则是指高铁客运服务质量调查与评价体系注重体系结构的系统平衡和各要素自身的优化。一方面,抓住高铁客运服务质量调查与评价的主要问题,系统地反映高铁客运服务质量调查与评价整体状况;另一方面,通过调查与评价,分析高铁客运服务质量问题原因,提出提升高铁客运服务质量及改善调查与评价工作质量建议。

3. 实用性原则

实用性原则是指高铁客运服务质量调查与评价体系具有可行性和可操作性。可行性指高铁客运服务质量调查与评价体系必须以高铁客运服务的现行管理组织和运营模式为依据,否则构建的调查与评价体系只能停留在理论层面。可操作性则表现在调查与评价指标的简化、调查与评价方法的简易、调查与评价数据的可测、整体操作的规范及调查与评价结果的准确等方面。

4. 可控性原则

可控性原则是指高铁客运服务质量调查与评价体系的运行是安全可控的。在高铁客运服务质量较低时，通过采取相应措施，有效提高高铁客运服务质量，使高铁客运服务质量保持在可控状态。

(三)评价指标体系

基于流程和活动的方法建立评价指标体系。按铁路客运服务流程(环节)建立高铁客运服务质量一级指标；针对每个流程从服务现状和旅客投诉热点问题出发，对一级指标进行细化，确定指标体系的二级指标；在每个二级指标中，按照铁路客运服务环节的现状及客运投诉热点问题，又可以继续细化，进而确定三级指标体系，如图 13-2 所示。

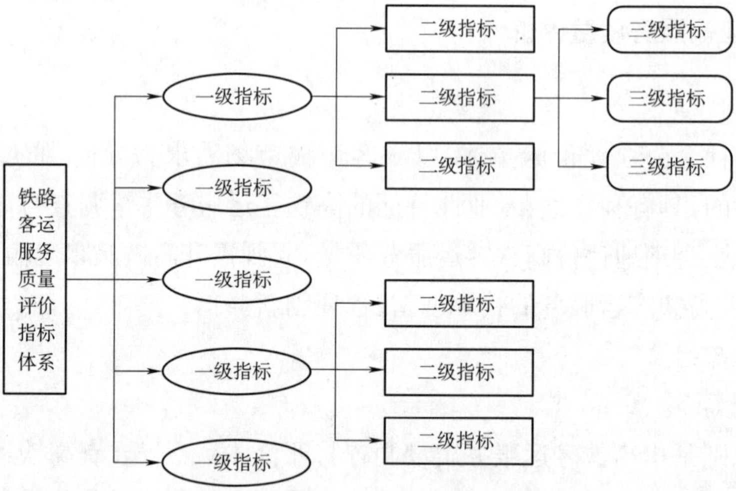

图 13-2　高铁客运服务质量评价指标体系框架图

1. 一级指标

根据目前高铁客运服务流程，可知在高铁旅客运输中有购票、进站、候车、乘车、出站等服务环节，故而将购票、进站、候车、乘车、出站作为高铁客运服务质量评价体系的一级指标，见表 13-9。

表 13-9　高铁客运服务质量评价一级指标

序　号	一级指标
1	购　票
2	进　站
3	候　车
4	乘　车
5	出　站

2. 二级指标

在高铁客运五大流程中，每个流程都涉及具体的流程和环节，按照铁路客运服务环节的现状及客运的投诉热点问题，对客运服务一级指标细化，确定二级指标，且每个一级指标定义若干个二级指标。其中购票环节有线上购票、线下购票、票据打印三个小环节；进站环节有进站效率、信息指示两个环节；候车环节有站内候车、验票效率、站台候车三个小环节；乘车环节有列车硬件设施、车内服务、车内信息提示、列车运行质量、车内安全、服务态度等小环节；出站环节有出站速度、信息指示等小环节。据此得出高铁客运服务评价体系的二级指标，见表13-10。

表13-10 高铁客运服务质量评价二级指标

一级指标	二级指标
购　票	线上购票
	线下购票
	票据打印
进　站	进站效率
	信息指示
候　车	站内候车
	验票效率
	站台候车
乘　车	列车硬件设施
	车内服务
	车内信息提示
	列车运行质量
	车内安全
	服务态度
出　站	出站速度
	信息指示

3. 三级指标

通过对铁路客运流程和具体环节的进一步细化，确定了一级、二级、三级指标，进一步调整后确定最终的服务质量三级指标体系，见表13-11。

表13-11 高铁客运服务质量评价指标体系

一级指标(按流程划分)	二级指标(按属性划分)	三级指标
购票 (指标中的购票区域分为车站购票和代售点购票)	购票便捷	网络购票的付款方式
		自助购票机操作流程
		自助购票机数量
		购票区域秩序
		票据类型

续上表

一级指标(按流程划分)	二级指标(按属性划分)	三级指标
购票 (指标中的购票区域分为车站购票和代售点购票)	购票服务	售票人员服务态度
	购票时间	网络购票流程
		购票速度
	购票卫生	购票区域卫生情况
	购票信息	票务信息
		票面信息
安检进站	安检服务	进站工作人员服务态度
		安检人员服务态度
	安检时间	安检流程
		进站验票速度
		安检速度
	安检信息	安全信息提示
候车	候车安全	站内候车区安全与秩序
	候车服务	车站餐饮设施
		车站售货服务
		候车区工作人员服务态度
		候车区卫生间设施
		硬件设施舒适度
		站内候车区服务
		站内候车区硬件设施
	候车时间	候车区检票速度
	候车卫生	候车区卫生
	候车信息	站内候车区信息
		站台候车区列车时刻信息
		站台候车区列车位置信息
旅客上车	上车服务	行李存放空间
车辆运行	车内安全	车内安全保障设施
	车内服务	车内售货服务
		车内餐饮服务
		车内报纸期刊杂志
		车内座椅和空间
		车内饮水设施
		车内卫生间设施
		车内舒适性
		车内娱乐设施
		车内工作人员态度

续上表

一级指标(按流程划分)	二级指标(按属性划分)	三级指标
车辆运行	车内服务	列车运行平稳性
		列车运行噪声
		列车运行准时性
	车内卫生	车内卫生
	车内信息	车内信息服务
旅客出站	出站时间	出站验票速度
	出站信息	出站口信息
	站内换乘	站内换乘便捷度

(四)评价数据获取方式

通过科学合理的制定调查问卷,并将各指标分为好、较好、一般、较差和差5个级别后向旅客发放,问卷的调查结果将作为服务质量评价的基础数据。问卷调查有实地问卷调查、电话问卷调查、网络问卷调查等。实地问卷调查是调查人到现场与被调查人面对面交流并填写问卷,是最直接的调查方式。电话问卷调查是调查人通过电话向被访者提问,笔录答案。电话调查具有速度快、范围广、费用低、回答率高、误差小等特点,同时也存在时间短、答案简单、难以深入等问题。网络问卷调查是以互联网为载体进行方便快捷的信息交流和问卷调查获取数据。

(五)评价数学模型

1. 模型机理

基于感知建立的SERVQUAL评价方法是以旅客的主观意识为重点的评估,先对旅客的服务期望进行评估,后对旅客的服务感知进行评估,从而可以获得二者间的差距,并把它当作衡量服务质量水平高低好坏的依据,即服务质量=服务感知-服务期望($SQ=P-E$)。当$P>E$时,说明旅客对服务的感知高于其对服务的期望,服务质量高;当$P=E$时,说明旅客对服务的感知等于其对服务的期望,服务质量能得到旅客的认可;当$P<E$时,则说明旅客对服务的感知要低于其对服务的期望,旅客对服务质量不认可。SERVQUAL模型所使用的问卷通常采用5分或者7分制,分值表示不同的程度。

2. 计算公式

SERVQUAL模型的基础就是量表的设计,首先要根据具体状况设计出所需的SERVQUAL量表,对量表进行分级设计,再确定相关指标的权重,最后发放问卷进行实际调查,将旅客打分后的问卷收回,通过综合计算获得服务质量感知评价分数,详细的计算公式如下:

$$SQ = \sum_{i=1}^{n}(P_i - E_i) \tag{13-14}$$

其中，SQ 表示感知服务质量；P_i 表示对第 i 个因素旅客感受的分值；E_i 表示对第 i 个因素旅客期望的分值。

由上式计算得到的 SQ 是在各个属性同等重要的条件下得到的旅客的总感知质量水平，但是在实际的情况中，各个因素重要性不同。因此，在确定问卷之后就应该确定相关指标的权重比，然后通过加权平均的方法得到更为合理的 SERVQUAL 分数，即：

$$SQ=\sum_{j=1}^{n}W_j\sum_{i=1}^{n}(P_i-E_i) \tag{13-15}$$

大多数情况下，评价指标体系还分解成多级指标，如一级指标、二级指标，且实际操作过程中每一级指标之间也存在重要性的差异，因此需要对每一层的权重进行设计，层层计算，得到最后的 SQ 值，计算公式如下：

$$SQ=\sum_{k=1}^{n}W_k\sum_{j=1}^{n}X_j\sum_{i=1}^{n}(P_i-E_i) \tag{13-16}$$

上式中，X_j 是二级权重，W_k 是一级权重，n 根据三级指标的具体情况而定，最后统筹所有问卷数据，得出 SQ 的分值。

四、高铁客运服务质量评价实证

根据《国家铁路局关于开展铁路旅客运输服务质量问卷调查的通知》(国铁运输监函〔2017〕11 号)要求，国家铁路局有关行政执法人员每月进站上车，与广大旅客一对一、面对面地开展了较大范围的铁路客运服务质量问卷调查，以期科学、客观、合理地评价中国铁路客运服务质量情况。

(一)基本情况

2017 年，国家铁路局机关和 7 个地区监管局、7 个事业单位，共投入调查人员 4 052人次(表 13-12)，全年累计完成问卷 133 578 份，各单位调查人员具体完成问卷情况见表 13-13。

表 13-12　各单位调查人员投入情况(人次)

单位 / 时间	沈阳	上海	广州	成都	武汉	西安	兰州	机关及事业单位	合计
2017 年 1 月	40	27	11	32	40	40	40	160	390
2017 年 2 月	41	19	13	43	40	40	20	147	363
2017 年 3 月	38	36	13	42	38	36	24	149	376
2017 年 4 月	38	34	18	38	32	38	26	149	373
2017 年 5 月	39	21	17	35	38	36	21	122	329
2017 年 6 月	38	31	9	36	36	35	15	121	321
2017 年 7 月	38	34	7	33	39	35	14	118	318
2017 年 8 月	38	35	11	31	37	36	12	117	317

续上表

时间\单位	沈阳	上海	广州	成都	武汉	西安	兰州	机关及事业单位	合计
2017 年 9 月	37	32	17	32	34	38	16	113	319
2017 年 10 月	38	32	12	36	35	32	21	111	317
2017 年 11 月	37	28	13	34	36	32	18	119	317
2017 年 12 月	35	33	9	33	31	33	15	123	312
总计(人次)	457	362	150	425	436	431	242	1 549	4 052

表 13-13 各单位完成问卷情况(份)

时间\单位	沈阳	上海	广州	成都	武汉	西安	兰州	机关及事业单位	合计
2017 年 1 月	1 225	1 040	1 017	1 028	1 227	1 195	1 546	5 991	14 269
2017 年 2 月	1 383	1 022	1 054	1 202	1 135	955	1 000	3 730	11 481
2017 年 3 月	1 341	1 006	1 050	1 145	1 144	1 034	1 089	3 513	11 322
2017 年 4 月	1 345	1 051	1 077	1 076	1 083	1 160	1 185	3 528	11 505
2017 年 5 月	1 426	1 004	1 050	1 157	1 171	1 081	1 142	2 817	10 848
2017 年 6 月	1 331	1 022	1 053	1 156	1 159	1 038	1 085	2 834	10 678
2017 年 7 月	1 337	1 012	1 089	1 106	1 135	1 044	1 008	2 875	10 606
2017 年 8 月	1 333	1 099	1 083	1 077	1 123	1 098	1 091	2 730	10 634
2017 年 9 月	1 265	1 026	1 095	1 067	1 054	1 148	1 064	2 666	10 385
2017 年 10 月	1 329	1 089	1 080	1 033	1 074	1 002	1 274	2 895	10 776
2017 年 11 月	1 280	1 003	1 055	1 029	1 077	1 012	1 108	2 907	10 471
2017 年 12 月	1 327	1 279	1 056	1 033	1 010	1 005	1 015	2 878	10 603
总计	15 922	12 653	12 759	13 109	13 392	12 772	13 607	39 364	133 578

全年共调查列车 3 297 列次,完成问卷 121 046 份;调查车站 222 个次,完成问卷 12 532 份。受访旅客的地点、乘车类型与年龄分布见表 13-14。在车站内接受问卷调查的旅客占 8.4%,在列车上接受问卷调查的旅客占 91.6%,其中 1 月份在车站内的受访旅客的比例较高,占 44.3%,共调查车站 93 个,基本覆盖各直辖市、省会城市车站和客流较大车站;2 月份开始逐渐增加在列车上受访旅客的比例,3 月份以后绝大多数选择在列车上对旅客进行问卷调查。乘坐高速列车(含动车,下同)出行受访旅客的占 62.3%,乘坐普速列车出行的占 37.7%,样本比较均衡。受访旅客中青年的比例为 54.9%、中年为 37.5%、老年为 7.6%,各月份基本保持稳定。

表 13-14 受访旅客分布情况

时间\分布	地点分布		车型分布		年龄分布		
	车站内	列车上	高铁	普速	青年	中年	老年
2017 年 1 月	44.3%	55.7%	64.3%	35.7%	61.8%	32.5%	5.7%

续上表

时间＼分布	地点分布		车型分布		年龄分布		
	车站内	列车上	高铁	普速	青年	中年	老年
2017年2月	27.6%	72.4%	61.1%	38.9%	60.9%	33.6%	5.5%
2017年3月	1.4%	98.6%	53.7%	46.3%	57.1%	36.0%	6.9%
2017年4月	0.9%	99.1%	51.1%	48.9%	52.3%	39.0%	8.7%
2017年5月	1.6%	98.4%	60.4%	39.6%	51.1%	41.2%	7.7%
2017年6月	4.6%	95.4%	54.1%	45.9%	55.2%	36.5%	8.3%
2017年7月	3.1%	96.9%	64.4%	35.6%	56.9%	35.8%	7.3%
2017年8月	4.7%	95.3%	64.8%	35.2%	54.7%	37.4%	7.9%
2017年9月	4.6%	95.4%	61.3%	38.7%	51.8%	39.7%	8.5%
2017年10月	1.6%	98.4%	63.0%	37.0%	52.6%	39.1%	8.3%
2017年11月	2.1%	97.9%	73.3%	26.7%	52.6%	39.5%	7.9%
2017年12月	3.8%	96.2%	76.5%	23.5%	51.3%	40.1%	8.6%
平　均	8.4%	91.6%	62.3%	37.7%	54.9%	37.5%	7.6%

（二）客运服务质量总体情况

按照100分为满意、60分为及格的标准，全年受访旅客对中国铁路客运服务质量的评分平均为87.9分，总体处于较高水平，各月份保持基本稳定（图13-3）。

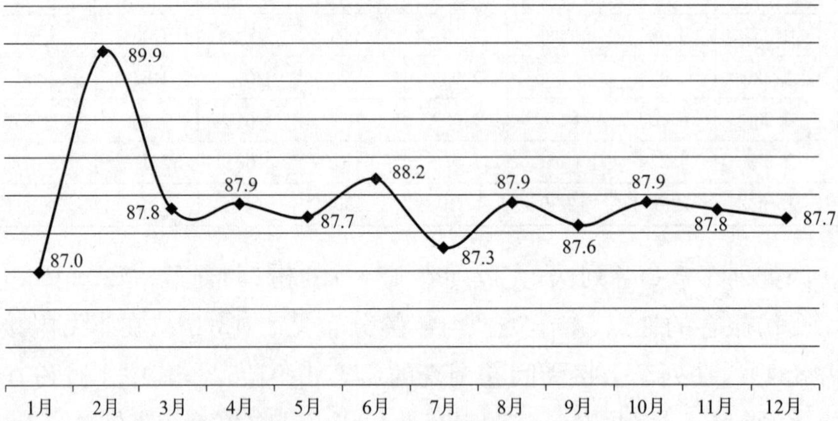

图13-3　全年受访旅客的总体评分

总体上，61.2%的受访旅客评分高于90分，对铁路客运服务质量接近满意；29.3%的受访旅客评分介于80分至90分之间，属于基本满意；9.1%的受访旅客评分介于60分至80分之间，感受一般；只有0.4%的受访旅客评分不足60分，表示不满意。满意和基本满意的旅客占比高达90.5%（图13-4）。具体到各月，2月份“满意”的旅客占比最高，达68.1%，其余各月比例基本一致（图13-5）。

分车型看，高铁旅客对服务质量的平均评分为88.0分，普速旅客平均评分为87.6分，满意度结构分布差别不大（图13-6）。

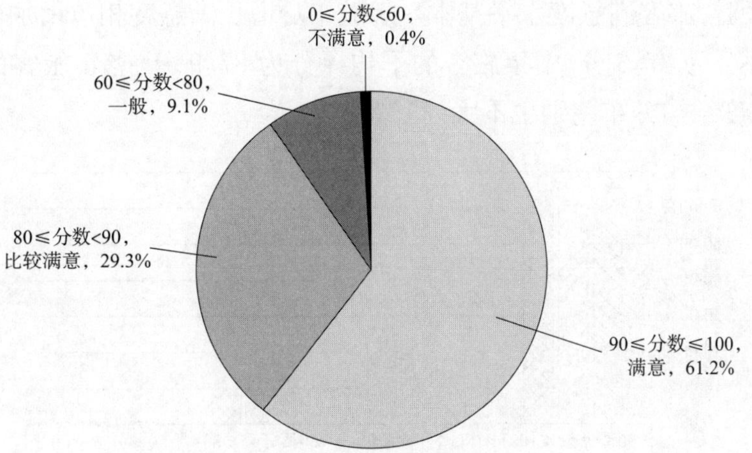

图 13-4 全年受访旅客满意度分布

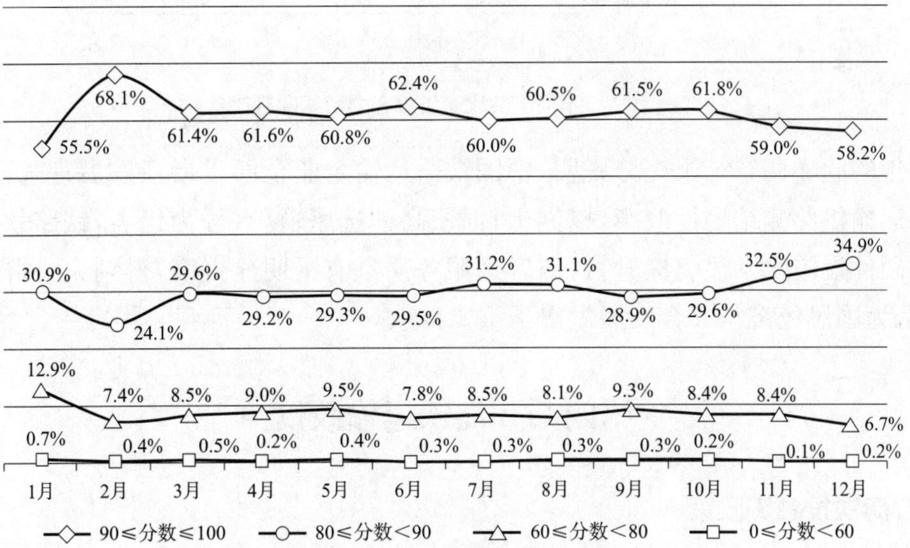

图 13-5 受访旅客满意度按月分布

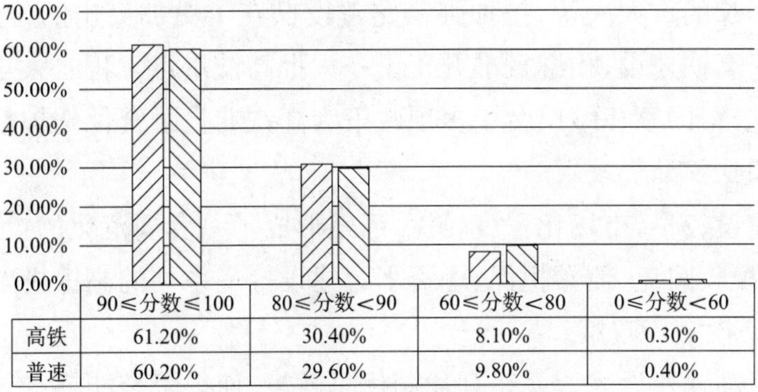

	90≤分数≤100	80≤分数<90	60≤分数<80	0≤分数<60
高铁	61.20%	30.40%	8.10%	0.30%
普速	60.20%	29.60%	9.80%	0.40%

高铁 普速

图 13-6 高铁与普速旅客满意度分布

分年龄段看，旅客满意度水平基本呈现随年龄增长满意度相应增加的特点。青年旅客的平均评分为 87.8 分，中年旅客的平均评分为 87.9 分，老年旅客的平均评分为 88.6 分，满意度结构分布差别也不大(图 13-7)。

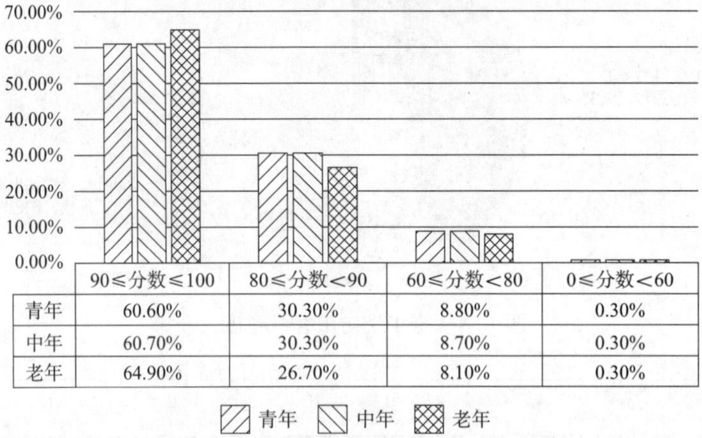

	90≤分数≤100	80≤分数<90	60≤分数<80	0≤分数<60
青年	60.60%	30.30%	8.80%	0.30%
中年	60.70%	30.30%	8.70%	0.30%
老年	64.90%	26.70%	8.10%	0.30%

图 13-7 不同年龄段受访旅客的满意度对比

一年的问卷调查结果充分说明，中国铁路运输企业全面贯彻新发展理念，认真推动铁路运输供给侧结构性改革，以网上订餐、高铁选座、复兴号为代表，铁路软件服务能力和硬件设施水平显著提升，铁路客运服务质量有了明显提高，得到人民群众的普遍认同，为国民经济与社会发展做出了重要贡献。

第四节 高铁运输政策

一、高铁投融资政策

2008 年，为了应对国际金融危机，遏制中国经济下滑，党中央国务院作出了扩大内需保持经济增长的重大决策，把加强铁路建设摆在了更加突出的位置，并投入大量预算内资金用于高铁建设，相继批准开工了一大批高铁重点工程。大规模的高铁建设离不开资金的支持，国家相继出台了多项政策为高铁的投融资保驾护航。

(一)国外高铁投融资政策

国外高铁建设较早，市场化程度较深，已经形成了一套规范化的投融资政策，主要包括政府补贴、税收减免、债券担保、融资平台建设等一系列的高铁投融资保障措施。

1. 日本高铁投融资政策

日本政府对高铁建设采取一系列税制优惠政策，使得资金能够有效地用于高铁建设。日本 1962 年的税制改革把大城市地下隧道、道岔和保安措施列入免税对象，并减少立交设施税收、铁道用地的评估价格和各种铁道设施的固定资产税。1967 年的税制改革又确立了工程费特别偿还制度和特定铁道工程偿还准备金制度。另外,日本对铁路各公司、特殊地方交通线、铁道固资转让等都采取了详细的有针对性的税制优惠措施。

日本政府还将高铁建设投融资进行法制化和规范化。日本为了推动整备新干线、主要干线铁道和城市铁道等的建设,达到铁道建设综合有效的目的,制定了铁道整备基金法。1970 年制定的"全国新干线铁道整备法"主要明确了建设基金的筹措方式;1989 年制定的"关于大城市宅地开发及铁道整备一体化推进的特殊措施法"解决了如何确保铁道开通后的运送需求和如何筹备铁道整备资金及用地等问题;1991 年创立特殊法人铁道整备基金,该基金 1997 年与船舶建设公团合并,更名为运输设施整备事业团;2000 年,通过了"城市铁路整备促进特别对策法",建立了城市铁路特定整备积金制度。

2. 法国高铁投融资政策

法国政府对本国高铁的建设提供巨大的资金支持,给予一系列的财政补贴政策支持高铁融资。法国国家铁路公司(SNCF)是国内唯一的铁路经营者,其经营理念是按照公用事业性质来管理铁路,政府颁布了一系列法令促进铁路基础设施建设和发展,增加投资并提供财政补贴。2002 年法国铁路客运全面地区化改革后,地方政府也承担了一部分地区客运组织和财政支持责任。2002～2006 年,法国国家铁路公司共从中央政府和地方政府获得合同性收入和补贴性收入 314.7 亿欧元。法国财政每年为铁路建设项目投资约 100 亿法郎,2007 年通车的 TGV 东欧线一期工程和莱茵河—纳河东线一期工程,中央政府投资比例均在 30%以上。

法国政府还建立了高铁融资平台,扩大了高铁建设的融资渠道。2006 年,法国政府授权法国铁路基础设施管理机构(RFF)可以采用 PPP 模式作为新的融资工具进行融资。法国 PPP 项目的主要形式是合伙契约或特许经营协议,在合伙契约形式下,根据铁路运输需求的特定范围及标准进行融资。特许经营协议是指 RFF 授权私人部门投资者对铁路项目进行建设和运营,铁路运营商通过支付有关费用使用铁路网。私人资本等融资新渠道为法国高铁建设提供了强有力的资金保障。

3. 韩国高铁投融资政策

韩国政府采取拓宽资金来源的措施主要包括:一是改革税金制度和采用受益者负担的原则;二是扩大国债发行规模,韩国政府以建设实际资金需求量和国民的实际承受能力为出发点,发行债券,并提供担保;三是利用国际金融市场,利用扩大国外商业资金的办法为铁路建设筹集资金;四是吸引更多的民间资本,通过发行股票和债券吸引民间资本用于铁路建设。例如,京釜高铁一期作为韩国历史上最大的投资项目,工程投资 12.737 7 万亿韩元,45%由政府承担,其中 35%为政府财政补贴,10%为政府贷款;55%由韩国高铁建设公团(KHRC)承担。由 KHRC 承担的部分中,24%来自于向国外借款,29%来自于发行国内债券,2%来自于私人投资。

(二)中国高铁投融资政策

1949～1985 年,中国实行计划经济,铁路建设资金主要靠国家财政拨款。自 1998 年后,随着铁路建设成本的增加与运输市场化程度的加深,铁路建设的资金问题成了制约铁路发展的主要问题。中国政府针对这一问题,出台了一系列鼓励铁路建设的投融资政策,主要包括加大财政补贴、扩宽融资渠道、增加投融资主体等。

1. 加大财政补贴

财政补贴一直是中国铁路建设资金的最基本来源,历年的政府财政支出中都会拨出专门的款项用于铁路建设。2004 年 1 月,国务院常务会议通过《中长期铁路网规划》,规划指出要充分用好国家支持铁路建设的财政补贴等政策,在资金上予以保证。在"十二五"规划中又将高铁作为优先发展的新兴产业,在财政投入、建设用地、技术创新、经营环境等方面加大支持力度。在"十二五"期间,全国铁路固定资产投资完成 3.58 万亿元,其中高铁的总投资约为 1.8 万亿元。在"十三五"规划中,铁路投资有望继续保持增长势头,全国新建铁路不低于 2.3 万 km,高铁营业里程将达到 3 万 km,覆盖 80%以上的大城市,总投资预计将超过 2.8 万亿元。

2. 扩宽融资渠道

1991 年,国务院批准设立铁路建设基金,按照铁路货运价格的一定比例提取铁路建设基金。铁路建设基金由原铁道部(后改为财政部)统一管理,中国近些年铁路运价不断提高,铁路建设基金也在不断累积。收取的铁路建设基金实行专款专用,用于购置机车车辆和其他铁路基本建设费用,以及投资和偿还铁路建设贷款。

2005 年,中国开始大规模建设高铁,根据中央各部委研究,高铁建设采取省部合作的模式,由原铁道部和高铁沿线省市共同投资建设,并根据公司法设立铁路客运专线有限责任公司,实行公司化运作模式。铁路客运专线公司以法人的身份从国家开发银行取得政策性贷款,以及从工、农、中、建、交五大国有银行取得中长期商业贷款,这成为高铁建设资金的重要补充。从目前各高铁线路公司的负债情况来看,贷款金额达到铁路建设融资总额的 39%～56%。

2005 年,原铁道部出台的《关于鼓励支持和引导非公有制经济参与铁路建设经营的实施意见》中将建立市场化融资机制作为首要任务。为吸引非公有资本对铁路建设项目参股以及鼓励合资铁路建设项目,积极探索发行企业债券、可转换债券、设备融资租赁等多样化融资方式。"十一五"和"十二五"期间,铁路建设债券仅作为铁路建设资金的有限补充,2006 年铁路建设债券仅发行了 300 亿元,2016 年国家发展和改革委员会批复了中国铁路总公司分期发行中国铁路建设债券 3 000 亿元,债券已经成为铁路建设融资的主要方式。

2013年,国务院发布《关于改革铁路投融资体制加快推进铁路建设的意见》,提出按照"统筹规划、多元投资、市场运作、政策配套"的基本思路,完善铁路发展规划,全面开放铁路建设市场,对新建铁路实行分类投资建设。具体措施包括:向地方政府和社会资本放开城际铁路、市域(郊)铁路、资源开发性铁路和支线铁路的所有权、经营权,鼓励社会资本投资建设铁路。意见中还提出研究设立铁路发展基金,主要投资国家规定的项目,以中央财政性资金为引导,吸引社会法人投资,社会法人不直接参与铁路建设、经营,但保证其获取稳定合理回报。

3. 增加投融资主体

2005年原铁道部出台的《关于鼓励支持和引导非公有制经济参与铁路建设经营的实施意见》提到在装备制造、铁路建设等领域按照公平平等原则,在允许外资进入的同时,国内非公有资本也享有同样的权力。国家为了给非公有资本参与铁路建设经营提供有力的政策法规保障,也相应出台了政策给予支持。

2010年5月,国务院发布的《关于鼓励和引导民间投资健康发展的若干意见》中提到,在铁路干线、铁路支线、铁路轮渡及站场设施的建设上,鼓励民营企业积极参与投资。通过国家积极的铁路投融资体制改革促使许多民间资本参与投资铁路项目,如朔黄铁路、衢常铁路、彭白铁路、平南铁路等。

2016年初,国家发展和改革委员会下发通知,在涵盖高铁、城际铁路和地方铁路等的铁路领域推出8个社会资本投资示范项目,重点是社会资本以合资、独资或政府和社会资本合作(PPP)等方式参与铁路建设及营运。具备一定工作基础条件的干线铁路、城际铁路、市郊(域)铁路等项目,在铁路干线、铁路支线、铁路轮渡及站场设施的建设上应当积极鼓励民营企业参与投资。

二、高铁运价政策

价格是调节市场资源配置的重要因素,合理的高铁定价对优化旅客运输资源配置具有重要作用,有利于高铁经济社会效益的充分发挥。德国、法国和日本等国都为资本主义国家,倡导市场经济,在引导高铁产业发展时,也尽可能采取放任自由的运价政策,定价机制以市场供求为前提,票价构成参考多种价格影响因素,价格体系丰富灵活、及时调整。自2007年以来,中国高铁动车也逐步实行了企业自主制定票价,市场运行总体平稳,对促进旅客运输市场竞争、提升铁路客运服务水平、方便群众快捷舒适出行、吸引社会资本投入铁路建设等发挥了重要作用。

(一)国外高铁运价政策

1. 德国高铁运营商根据市场条件自由定价

德国铁路的客运票价由客运公司营销部门负责,在客票的定价政策上以市场需求为导向采用灵活机制。高铁运营商可以根据市场条件自由制定价格,无需政府部门审批,但高铁价格受国家调控,德国法律规定票价上调的最高幅度。

德国高铁票价的制定也不同于按运营里程计价的传统方式,而是结合各种高速列车的运营特点,充分考虑节省旅行时间、改善乘坐舒适程度,以及其他运输方式的竞争等多种因素后,综合加以确定的。德国铁路的售价系统还会根据相关单位、媒体、乘客的意见和建议进行修改,并不定期进行相关修改。

2. 法国高铁票价由基本价和加价部分组成

在法国,铁路票价由国家制定,包括对铁路票价的变更和一些特殊价格的制定。在制定价格时,政府制订一个基本价格,这个价格每年随着价格指数的变化进行上下调整。铁路部门在执行价格时,在不突破基本价格的前提下,可以依据市场供求状况,采取灵活的方式,制定具体的优惠价格。

法国高铁的客票定价主要分为两种,一种是社会公益价格,另一种是法国高铁的商业优惠价格,为不同人群提供优惠价格。法国高铁的票价是由基本票价和加价部分组成的,其中基本票价是由基本票价率和运输里程计算得到的,并且基本票价随着物价指数的变化,进行相应的调整。加价部分则与运行距离无关,是根据运行时间、服务质量、旅客流量、竞争价格(航空、公路)、沿线客流情况等因素确定的。

3. 日本票价制定权归铁路运营企业所有并自负盈亏

与大多数国家由国家来承担高铁运营可能出现的亏损不同,日本等完全私有化的铁路运营企业不会因为运营高速列车而得到任何补贴,因此票价自行制定要满足利润最大化目标。只有路网设施的建设和维护以及为某些特殊人群提供的特殊客票,如残疾人、低收入人群、军人等优惠票会得到国家的补贴。因此,日本一般不提供价格折扣票,但会提供5种有期限限制的地区交通卡,也会根据客运繁忙程度制定相应的降价措施,但是一般降价幅度较低,约为1%左右。

日本新干线旅客票价由两部分组成,基本票价和加价。其中,基本票价是日本既有铁路按运营里程计算的普通旅客票价,加价则是对新干线的额外收费,加价部分也是按照运营里程计费的。加价部分主要是考虑了新干线缩短的旅行时间以及服务质量的提高等方面,包括新干线附加费、订位费及绿色车厢费(头等舱附加费)等费用。

(二)中国高铁运价政策

整体而言,中国高铁运价政策的发展可以分为两个阶段:2007～2015年之间的试行运价阶段和2016年以后的自主定价阶段。

1. 试行运价阶段(2007～2015年)

(1)时速200 km动车组票价

2007年4月18日提速调图起,铁路部门客运新产品,开行部分高档次动车组旅客列车。动车组列车运行速度200 km/h以上，票价政策沿用了1997年制定的时速110 km以上高等级软座快速列车票价政策，即《国家计委关于高等级软座快速列车票价问题的复函》(计价管〔1997〕1068)号的规定。而动车组票价则根据原铁道部《关于动车组票价有关事项的通知》(铁运电〔2007〕75号)执行，即：

一等座车 公布票价＝0.336 6×(1＋10%)×运价里程；

二等座车 公布票价＝0.280 5×(1＋10%)×运价里程。

票价外加收硬座基准价的2%计算的强制保险费(铁路强制保险已于2013年1月1日起取消)。

其中，广深线上开行的动车组列车票价由企业在规定水平内自行确定。

《关于动车组票价有关事项的通知》(铁运电〔2007〕75号)明确规定了动车组公布票价计算方法以及动车组票价的折扣范围：

①动车组票价可根据区域、季节和时段的不同，按公布票价实行打折优惠；二等座公布票价打折后不得低于相同运价里程的新空软座票价，否则按公布票价执行；70 km及以下运价里程的动车组票价按公布票价执行；

②不同车次运输径路、站间和时段相同时，应执行同一票价。里程相同时，且同一车次不能出现票价倒挂；

③一、二等座的比价在1∶(1.2～1.25)之间，当折扣率低于6折时，需报原铁道部备案。

(2)时速300～350 km动车组票价

2008年7月，国家发展和改革委员会和原铁道部联合发布了《关于京津城际轨道交通运价有关问题的通知》，明确自开通运营起，新开行时速300～350 km的动车组列车实行试行运价，京津城际铁路有限公司应充分考虑社会承受能力、适当体现优质优价的原则，根据市场供求状况自主确定试行运价水平，试行运价实行时间为一年，一年后将正式定价，但京津城际目前仍实行试行运价。

2009年9月，国家发展和改革委员会联合原铁道部下发了《关于武广、郑西铁路客运专线高速动车组列车运价有关问题的通知》，武广、郑西高铁客专上运行的时速300～350 km的高铁动车组列车实行试行运价。

2. 自主定价阶段(2016年之后)

2015年12月23日，国家发展和改革委员会依据《中华人民共和国价格法》《中华人民共和国铁路法》《中共中央国务院关于推进价格机制改革的若干意见》(中发〔2015〕28号)和《中央定价目录》等规定，改革完善高铁动车组旅客票价政策、同步加强价格行为监管，并下发了《关于改革完善高铁动车组旅客票价政策的通知》(发改价格〔2015〕3070号)，通知规定：对在中央管理企业全资及控股铁路上开行的设计时速

200 km以上的高铁动车组列车一、二等座旅客票价，由铁路运输企业依据价格法律法规自主制定；商务座、特等座、动卧等票价，以及社会资本投资控股新建铁路客运专线旅客票价继续实行市场调节，由铁路运输企业根据市场供求和竞争状况等因素自主制定。

铁路运输企业制定高铁动车组一、二等座旅客票价时，应当制定无折扣的公布票价（以下简称公布票价），同时，可根据运输市场竞争状况、服务设施条件差异、客流分布变化规律、旅客承受能力和需求特点等实行一定折扣，确定实际执行票价。公布票价和实际执行票价要按照明码标价制度规定，及时通过网络和售票窗口等渠道告知旅客。制定公布票价应当在售票前对外公告，调整公布票价应当提前30天对外公告。

对符合《中华人民共和国警察法》《军人抚恤优待条例》规定条件的伤残军人、人民警察及符合《铁路旅客运输规程》规定条件的学生，继续分别按照现行规定幅度实行票价优惠。

监管方面，提出铁路运输企业要依据《中华人民共和国价格法》《中华人民共和国铁路法》等法律法规规定，按照“合法、公平、诚信”原则，建立健全高铁动车组票价内部管理制度，明确制定、调整公布票价、执行票价的办法；要建立健全高铁动车组运输成本核算制度，强化内部成本管理，自觉规范定价行为。中国铁路总公司要加强对高铁动车组票价和运输市场供求变化的监测分析，建立统计分析制度和评估体系，按季度将高铁动车组公布票价、执行票价、各区段旅客运量、旅客运输周转量和票价收入变动情况书面报告国家发展和改革委员会。要加强对所属铁路运输企业、客票销售代理单位的信用管理，研究推动建立企业信用信息共享平台，及时主动公开信用记录，接受社会监督。

国家发展和改革委员会发布的《关于改革完善高铁动车组旅客票价政策的通知》（发改价格〔2015〕3070号），意味着自2016年1月1日起，中国高铁运价由政府定价向政府指导价、市场定价转变。根据市场因素决定价格是市场经济国家通行的做法，该政策的发布实行，打破了高铁票价的一成不变，给中国铁路总公司一定的自主权，而铁路总公司作为铁路运输企业是最了解市场状况的企业，可以自主制定更科学的票价，提高上座率，减少资源浪费，提高整个铁路行业的市场竞争力。

三、高铁运输安全监管政策

（一）国外高铁运输安全监管政策

1. 高铁安全法律

随着各国高铁的大量建设和不断投入运营，规范高铁运营，特别是立法规范高铁安全运行已成为多数国家的共识。目前，日本颁布实施了高铁安全专项法律、韩国的《铁路安全法》涵盖了高铁内容，其他国家均尚未颁布实施高铁客运安全专项法律。

(1)日本的高铁安全专项法律

为了加强新干线的建设管理，1960 年，日本政府专门制定了《全国新干线铁道整备法》及《全国新干线铁道整备法施行规则》，确立了行政、建设、业务运行三位一体的管理体制。作为中央政府的代表，国土交通省(2001 年以前为运输省)履行制定运输安全政策和新干线发展规划等行政管理权限，指定建设主体和运营主体，但不参加建设和实际运营业务。此外，日本还颁布了规范铁路企业的《铁道事业法》、规范运输业的《交通安全对策基本法》和规范高铁安全管理方面的《关于对妨碍新十线铁道列车运行安全行为处罚的特例法》，构建了全方位、多层次、系统化的高铁安全法律体系，以保证高铁客运安全。

(2)韩国的铁路安全法(含高铁)

2013 年，韩国修正了《铁路安全法》实施法令及实施细则。该法案与高铁有关的内容如下：

①建立和运营一个专门职能的、独立的铁路安全认证中心；铁路安全认证中心将指定的职能委托给韩国交通安全局(安全管理体系的认可检查、综合驾驶操作结果的复审)以及韩国铁路研究院(铁路车辆和组成部件型式批准和制造商批准、铁路车辆的产品验证)。

②在“铁路车辆的技术规范”条款中，定义了用于铁路车辆型式批准、制造商认可，以及产品验证的与高铁、常规铁路和城市轨道系统相关的机车车辆设计的详细要求和 QMS。

其中，基本要求包括安全要求(机车车辆仪表、驾驶安全、碰撞安全、消防安全、用电安全、风险分析、铁路软件)、性能要求、接口要求、操作和维护要求，以及在本技术规范中的操作限制(运行安全性、可靠性和可用性、健康状况、噪声、救援行动、空气动力特性)。

(3)部分国家的铁路法(含高铁)

德国高铁建设启动之初，即从立法入手，修改了《铁路基本法》并制定了《铁路新秩序法》。《铁路新秩序法》是实现铁路改革所需一系列法律的总称，主要包括《联邦铁路合并与重组法》《德国铁路股份公司组建法》《通用铁路法》《联邦对铁路交通运输管制法》等。这些法律、法规的颁布实施，不仅为德国高铁的发展规定了目标、任务和实施步骤，也为高铁安全等一系列问题做出原则规定，为高铁的快速发展奠定了坚实的法律基础。

西班牙高铁立法主要以2005年生效的《西班牙铁路法》为核心，以《2002—2007年国家交通运输基础设施规划》和《2005—2020年运输基础设施发展战略规划》为指导，辅以各地纷纷出台的适合当地高铁发展情况的高铁立法。其中比较完善的有《加泰罗尼亚地区铁路法》等。

2. 高铁安全监管模式

日本、韩国等国家大多建立了高铁安全管理体系，但由于监管主体、管理目的不同，高铁客运安全监管模式不尽相同。

(1)除了欧盟标准委员会和国际铁路联盟，其他各国均由代表国家的政府部门负责高铁客运安全监管；

(2)各国均由第三方机构承担具体高铁安全监测与评价工作；

(3)各国根据国情实际，均建立了高铁安全管理体系。

(二)中国高铁运输安全监管模式

1. 现行法规与标准

现行客运服务有关法律、行政法规和标准规范见表13-15，它是铁路客运服务质量监管的政策依据。

表13-15　铁路客运服务质量有关的法律、行政法规和标准规范

类型	名　称	相关内容	备　注
法律	中华人民共和国铁路法（2015年修订）	第十条　铁路运输企业应当保证旅客和货物运输的安全，做到列车正点到达	全国人大常委会通过，2015年4月24日
	中华人民共和国安全生产法	第二条　在中华人民共和国领域内从事生产经营活动的单位（以下统称生产经营单位）的安全生产，适用本法；有关法律、行政法规对消防安全和道路交通安全、铁路交通安全、水上交通安全、民用航空安全以及核与辐射安全、特种设备安全另有规定的，适用其规定。 第三条　安全生产工作应当以人为本，坚持安全发展，坚持安全第一、预防为主、综合治理的方针，强化和落实生产经营单位的主体责任，建立生产经营单位负责、职工参与、政府监管、行业自律和社会监督的机制	全国人大常委会通过，2014年8月31日
条例	铁路安全管理条例	第二条　铁路安全管理坚持安全第一、预防为主、综合治理的方针。 第三条　国务院铁路行业监督管理部门负责全国铁路安全监督管理工作，国务院铁路行业监督管理部门设立的铁路监督管理机构负责辖区内的铁路安全监督管理工作。国务院铁路行业监督管理部门和铁路监督管理机构统称铁路监管部门	国务院令第639号，2013年8月17日
	铁路交通事故应急救援和调查处理条例（2012年11月9日最新修订）	第三条　国务院铁路主管部门应当加强铁路运输安全监督管理，建立健全事故应急救援和调查处理的各项制度，按照国家规定的权限和程序，负责组织、指挥、协调事故的应急救援和调查处理工作。	国务院令第501号（2007年7月11日）

续上表

类型	名　称	相关内容	备　注
条例	铁路旅客运输安全检查管理办法	第一条　为了保障铁路运输安全和旅客生命财产安全，加强和规范铁路旅客运输安全检查工作，根据《中华人民共和国铁路法》《铁路安全管理条例》等法律、行政法规和国家有关规定，制定本办法。 第二条　本办法所称铁路旅客运输安全检查是指铁路运输企业在车站、列车对旅客及其随身携带、托运的行李物品进行危险物品检查的活动。 第三条　铁路运输企业应当在车站和列车等服务场所内，通过多种方式公告禁止或者限制携带物品种类及其数量。 第四条　铁路运输企业是铁路旅客运输安全检查的责任主体，应当按照法律、行政法规、规章和国家铁路局有关规定，组织实施铁路旅客运输安全检查工作，制定安全检查管理制度，完善作业程序，落实作业标准，保障旅客运输安全	交通运输部令(2014 年第 21 号)
	铁路旅客车票实名制管理办法	第一条　为了保障铁路旅客生命财产安全，维护旅客运输秩序，根据《铁路安全管理条例》，制定本办法。 第二条　在中华人民共和国境内实施铁路旅客车票(以下简称车票)实名购买、查验活动适用本办法	
标准	铁路旅客运输服务质量　第 1 部分：车站	规定了铁路车站运输旅客和行李、包裹(简称"行包")服务质量的要求。适用于国家铁路、地方铁路、合资铁路，有安全方面的内容	GB/T 25341.1—2010
	铁路旅客运输服务质量　第 2 部分：列车	规定了旅客列车运输旅客和行李、包裹(简称"行包")服务质量的要求。适用于国家铁路、地方铁路、合资铁路，有安全方面的内容	GB/T 25341.2—2010

2. 安全管理监管部门——国家铁路局

国家铁路局作为铁路行业政府监管部门，负责铁路安全生产监督管理，制定铁路运输安全监督管理办法并组织实施，组织实施依法设定的行政许可。组织或参与铁路生产安全事故调查处理。安全监管的方式与手段如下：

(1)企业安全生产主体责任制。督促铁路运输企业深刻吸取事故教训，狠抓安全生产责任制和各项安全管理制度的落实，切实加强旅客密集场所、冬季防火和高铁运营安全管理，开展各类安全隐患排查整治，将安全生产责任逐级落实到基层、落实到岗位、落实到人头，提高铁路运输安全监管水平。

(2)铁路安全质量监督检查。对从事铁路建设、运输、设备制造维修的企业执行《铁路安全管理条例》的情况进行监督检查，依法查处违反条例规定的行为，督促有关单位整改落实，对严重问题依法实施行政处罚。

3. 安全管理责任主体——铁路客运服务企业

一是健全安全管理职责和安全管理规章制度，做到全面覆盖、科学严谨、操作性强。二是加强设备质量管控，强化设计、制造、采购、检修等各个环节的质量控制，确保设备质量安全可靠。三是加强职工队伍建设，强化技术业务、安全培训工作，保证职工素质适应安全生产需要。四是完善现场作业自控、互控、他控机制，落实现场作业标准。五是按照各级管理部门的安全职责，强化责任体系的落实。充分发挥专业部门的检查帮促作用、综合部门的综合保障作用和安监部门的监督管理作用。对发生的事故和重大安全隐患，逐级倒查安全管理责任。对涉及高铁和客车安全的事故和隐患，严格“红线”管理，从严考核追责。六是通过推广应用先进适用的安全技术设备，发挥其在事故预防、预测、预警中的作用。大力宣传鼓励职工在安全生产中的技术革新和小发明、小创造，抓好成果的推广和应用。

此外，还需围绕高铁的建设和运营，开展高铁法规体系、路网规划、安全监管、技术标准、科技创新、运输统计信息化等相关政策研究工作，健全高铁建设及运输政策体系，确保高铁的建设和运营更好地服务于人民。

第十四章　高铁旅游经济

“高铁旅游经济”主要着眼于研究高铁旅游经济的构成要因和高铁与旅游经济的内在关系及其影响机理。本章研究的主要内容包括高铁促进旅游经济发展、高铁提高旅游目的地可达性、高铁拓展区域旅游合作、高铁优化旅游产业结构、高铁打造旅游服务产品等。交通条件是影响旅游业发展的重要因素。高铁网络的日益完善发达，缩短了时空距离，提升了旅游品质，提高了旅游客源地与目的地之间的可达性，增强了旅游景区的吸引力和辐射力，促进了旅游经济的快速发展。

第一节　高铁旅游经济发展

旅游业一直被誉为“朝阳经济”“无烟工业”，它作为一个具有巨大发展潜力的产业，在国民经济中的地位日显重要，其经济影响越来越被各国政府所重视，成为推动经济社会发展的重要因素。

一、现代旅游消费的意义

旅游经济活动是一种空间移动的经济现象。旅游者从居住地前往目的地的移动过程中所发生的种种消费行为，必然会对这一行为连接的两个地区产生不同的经济影响。在讨论旅游经济活动对客源地和接待目的地两个地区的经济影响之前，有必要对现代旅游消费行为本身的特点进行分析。

（一）现代旅游消费特征

衣食住行是人类生存需求的基本体现，它们在人类群体生存过程中的主导作用构成了不同的经济结构特征。当某一地区的大多数人以解决温饱问题为主时，农业生产成为产业发展的主导；当温饱问题得到解决后，居住和出行需求就会成为主导社会的生产结构，使得社会呈现出以建筑业、钢铁业和汽车业等为主要支撑的重工业结构；当人们的物质享受达到一定水平，对生活质量的追求就会日益成为生活的主导，服务业的发展就是这种生活需求引致的结果。而旅游业就是顺应这种生活方式而产生的一种新兴产业群体。20世纪中叶以来，随着全球经济发展的腾飞，社会生产力获得了极大发展，居民生活水平不断提高，人们拥有更多的收入和余暇时间，大众旅游由此产生，特别是在交通运输技术日新月异发展的今天，旅游消费日益成为人们生活中不可分割的一部分，是人们享受生活的一种选择形式。

从消费者需要的角度来看，个人消费需要分为基本生存需要、发展需要及享受需要三个层次。享受需要是人们体验生活质量的需要，是一种人们在休闲状态下的高层次的消费活动。旅游则是这种高层次消费活动的一种形式。通过旅游消费，旅游者既完成了身心的放松与调整，又达到怡情养性、扩大视野、增长见识的效果，在旅游活动中实现人与自然、人与历史、不同群体之间信息的沟通与交换。正因如此，包括旅游消费在内的休闲活动日益成为衡量一个国家社会生活质量的重要指标。

旅游消费，一般是指人们在旅游过程中，通过购买旅游产品来满足个人发展和享受需要的行为和活动。总体来看，有如下三个特点：

第一，综合性。旅游消费的综合性主要表现在旅游消费活动的供求关系双方。从旅游需求角度来看，国内学者将旅游活动概括为食、住、行、游、购、娱“六大元素”。旅游者从居住地到目的地的过程中，面临着乘坐交通工具实现空间位移、住宿和购物（包括购买游览娱乐产品和旅游纪念品）等多方面需求。

旅游消费获得的是一种综合性的效用，其中既有保健性和文化性的效用，又有享乐性和纪念性的效用；它不仅满足旅游过程中的基本生存需要，同时也满足了精神享受和智力发展的需要。从旅游供给的角度看，旅游供给的产品包括旅游资源、旅游设施和旅游服务等，这些产品的供应商有直接提供服务的旅馆业、餐饮业、交通业、游览业、文化娱乐场所等，也有间接提供服务的工农业、商业、建筑业、轻工业、食品业、金融、海关、邮电、文化、教育、园林、科技、卫生、公共安全等方面。

第二，敏感性与波动性。一方面，旅游消费受收入和时间的规划波动影响明显。旅游消费属于异地进行的非常规生活方式，是一种奢侈消费行为，其需求受收入影响较大。同时，旅游消费受制于消费者休闲度假安排的时间约束。因此，休闲度假的时间分布特征会造成旅游消费的周期性波动。另一方面，旅游消费受外界环境变动的影响很大，一旦外界环境发生不稳定的变化，消费者就会放弃这种风险性的非常规消费，回归到安全常态的常规生活方式。因此，旅游消费又会呈现一种不规则的波动性。这种波动在发生政治形势剧变、重大自然灾害、传染性疾病、重大旅游安全事故时，表现得尤为明显。

第三，跨区域性。旅游消费是一种流动性消费。从旅游客源地到目的地的整个旅游过程，游客会发生一系列消费行为。这种消费既不同于当地居民的日常生活消费，也不同于异地贸易产品的消费（境外旅游相当于进出口贸易），而是沿着旅游线路的延伸在不同地点进行的散点式消费。

（二）旅游消费对目的地经济发展的积极影响

旅游的经济效应及其影响是最早引起学者关注并进行研究的旅游现象。旅游者从一个地区进入另一个地区的过程中，旅游消费行为不仅能够给旅游目的地带来收益，而且也对游客所居住的客源地产生多方面深刻的经济影响。

一般意义上来说，旅游对目的地的经济影响主要体现为两个方面：一是促进当地经济发展、产业结构改善、增加外汇收入、增加就业机会等积极方面。二是通货膨胀、物价上涨、增加对外部经济的依赖性等消极方面。

首先，旅游消费对国民收入的影响体现在它具有增值功能。旅游业最大限度地整合了自然、人力、文化和技术资源的生产力，对提高 GDP、鼓励民间投资和增加财政收入等方面有直接影响。

其次，旅游消费在国民经济中占有越来越重要的地位，许多国家和地区都确定了旅游业的支柱产业地位。旅游产业群体的内涵广泛，几乎涉及国民经济消费领域的大多数产业，它对相关产业有较强的带动作用。例如，旅游消费直接影响的产业包括食、住、行、游、购、娱等 6 个部门，间接影响的产业包括金融、保险、通信、医疗、农业、环保、印刷等 58 个部门。据世界旅游组织测算，旅游收入每增加 1 元，可带动相关行业增收 4.3 元；每增加 1 个就业岗位，可间接带动 7 个人就业。世界旅行与旅游理事会提出，全球旅游收入为旅游业增加乘数 0.50，为相关行业增加 0.517，诱导其他部门 0.48。

再次，由于旅游涉及产业的广泛性、丰富性以及属于最终消费的特点，决定了旅游产业是高度劳动密集型的行业，可吸纳较多的劳动力，能够创造丰富的就业空间。旅游经济的就业功能，在经济转型发展时期表现得尤为明显。在城市功能的转型发展过程中，第一、第二产业的升级改造，都将推动旅游就业容量有效扩展。此外，旅游产业分工体系的深化，旅游教育培训体系的完善也都会在不同程度上促进旅游就业容量的扩展。当然，旅游相关企业利用新技术可能导致劳动替代，减少旅游经济的劳动吸纳，但同时新技术的使用可以提高生产率，带动旅游价格下行，刺激产生更多的旅游需求，并进一步创造更多的旅游就业。

二、高铁推动旅游业快速发展

(一)中国旅游业快速增长

近年来，中国经济发展进入新常态，旅游、文化、体育等相关产业发展受到重视，各类区域发展战略将旅游置于重要位置；旅游管理部门积极推进旅游供给侧结构性改革、全域旅游、“旅游+”等相关工作；旅游投资呈现“两涨一缩”态势，“两涨”指旅游投资总规模和实体投资继续增长，“一缩”指以互联网为代表的新兴投资相对回缩；中国旅游企业通过“走出去”和将世界资源“请进来”方式加速全球化布局；旅游兼并收购成为热点；国内旅游需求增长旺盛，出境旅游增速放缓，入境旅游稳步回升。在中国各类旅游景区中，截至 2017 年底共有 5A 级旅游景区 249 处。从旅游收入和游客接待量来看，2017年全年国内游客达到50.01亿人次，比上年增长12.8%，国内旅游收入4.57万亿元，增长15.9%；入境游客13 948万人次，增长0.8%。国际旅游收入1 234亿美元，增长2.9%；国内居民出境13 051万人次，增长7.0%。全年实现旅游总收入5.40万亿元，增长15.1%。这一连串数字背后，显现的是旅游经济的高速发展，旅游现已成为中国"稳增长、调结构、惠民生"的重要力量。随着全面建成小康社会持续推进，旅游已经成为人民群众日常生活的重要组成部分，中国旅游业进入大众旅游时代。图14-1、图14-2分别为中国国内旅游总收入与国内游客人数统计情况和中国国内旅游总收入与GDP对比统计情况。

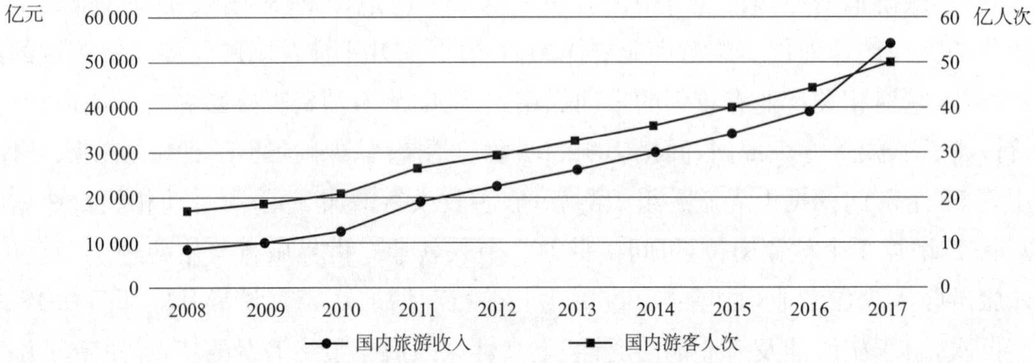

图 14-1　中国国内旅游总收入与国内游客人数统计情况

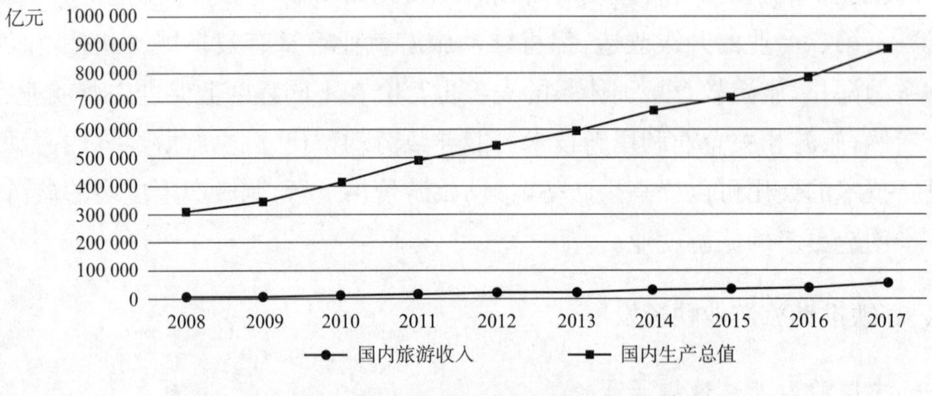

图 14-2　中国国内旅游总收入与GDP对比统计情况

（二）高铁对旅游经济的影响

交通是旅游六要素中的重要环节之一，决定了经济社会空间相互作用的强度与广度，是改变经济社会活动的重要因素之一，充分把握交通要素对经济活动的影响，对于理解与认识经济现象的空间布局规律意义重大。交通的改善对旅游经济发展带来重大影响，高铁的运营，区域之间的通达性和沟通效率将进一步提升，必然对城市旅游的发展和区域旅游空间格局的演变产生深刻的影响。

在旅游经济活动中，交通对新兴旅游地开发和现有旅游地健康发展都起着至关重要的作用，由此，交通成为旅游系统不可或缺的组成部分，是连接旅游客源地与目的地的桥梁和纽带。每一次交通技术突破和交通方式革新，均深刻地影响着区域旅游发展和旅游空间格局演变。

集快速、安全、舒适和高效于一体的高铁，“时空压缩”效应明显，有效地解决了大通道上大量旅客快速输送问题，成为当今世界“交通革命”的一个重要标志。一般地，空间距离和交通可达性是影响游客选择出游目的地的首要因素，且空间距离起着阻碍作用。因高铁产生“时空压缩”效应，客源地与目的地的空间距离阻碍作用大大降低，已不再是游客选择出游地最重要的影响因素。在时间距离不变的情况下，空间距离逐渐增大，游客出游半径会逐渐增大，进而促进旅游目的地的客流量增长。欧洲佩皮尼昂—巴塞罗那高铁开通大幅度缩短旅行时间，增加了两地间短途游客量。京沪高铁和武广高铁开通后，济南和武汉等城市旅游客源市场半径与高铁开通前相比，分别向外拓展了 265.84 km 和 325.39 km，拓展率分别为 56.79％和 60.48％。郑西高铁开通使西安的旅游市场规模进一步扩大，市场结构得到优化。可见，高铁“时空压缩”效应对旅游目的地客源市场吸引力提高具有明显促进作用，促使旅游市场需求显著增长，进而产生高铁客流的集聚效应。

高铁作为建立在现代化综合科学技术基础上的新型客运铁路系统，在大大缩短旅游者和目的地之间距离的同时，节约了旅游者的旅行时间，对沿线旅游业及相关产业带动作用明显，高铁的发展带来了大量的人流、资金流、信息流向高铁沿线地区聚集，为沿线地区旅游产业结构优化升级提供了丰富的生产要素资源，推动了旅游经济快速发展。

第二节　高铁旅游可达性

可达性（Accessibility）是区域经济学、运输经济学和地理经济学等学科的热点研究问题，用以反映某地去往另一地的难易程度，可用来研究区域经济来往的便捷性。目前，可达性的概念仍未有统一的解释，研究领域和主体涉及范围也较广，因此存在多种度量方法。

一、可达性理论

（一）可达性内涵

可达性（Accessibility）研究最早起源于古典区位论，旨在对空间上某一要素实体（点、线或区域）的位置优劣程度进行度量，也被称之为通达性、易达性，用来反映空间实体之间克服距离障碍进行交流的难易程度。

不同学者对可达性的内涵和概念提出了不同看法(表 14-1)。Hansen 在 1959 年最早提出可达性这一概念,将其定义为交通网络中各节点相互作用的机会大小。在人文地理学词典中,将可达性解释为从一个地方到另一个地方的难易程度,其基本含义是研究区域间社会经济交往的便利程度。随着可达性涵义被不断引申、发展,现已成为评价交通网络运行效率和区域联系便利程度的一项有效指标,被广泛应用于交通地理学的相关研究中。对于可达性的测度方法,Geurs & Wee 进行了总结,认为可达性包含土地利用、交通、时间和个人四个部分。各种对可达性概念的解读均是对这四个组成部分中的一个或多个进行定义。可达性表征的是人或物借助一定的交通方式到达目的地或参与活动的难易程度,从更深层次上讲,可达性表征了不同性质土地之间通过交通系统相互影响的潜力。

表 14-1 国内外学者有关可达性理论的代表性观点

研究者	代表性观点
Hansen	可达性是指交通网络中的各节点相互作用机会的大小
Vickerman	可达性是指在社会中产生的包括直接来源于个体作用与来源于整个社会如交通拥堵、环境污染等副产品作用的必然花费
Weibull	可达性是指个人参与活动的自由度
Geertman	可达性是指在合适的时间选择某种交通设施到达目的地的能力
Dalvi & Martin	可达性是利用交通系统从一个地方到达任一土地利用活动的便利程度
钮心毅	可达性为城市用地在时空上可接近的方便程度

不同空间尺度下可达性所度量的对象有所不同。区域范围内,可达性反映了某一城市或区域与其他城市或区域之间发生空间相互作用的难易程度;城市内部范围内,可达性通常以微观的商业区位或者个体来衡量。因可达性可以全面地反映区域交通状况和组合情况,经常被用以研究区域空间结构优化问题,评价区域获得发展的机会和对市场的控制力。

高铁作为解决大通道上大量旅客快速输送问题的最有效途径,大大节约了交通时间,使旅游者可在高铁沿线城市间往来,城市区域一体化趋势明显,有效整合了旅游资源,便利了城市间联系,提高了可达性。可达性作为区域空间结构演变的内在驱动力之一,其水平的高低是区域交通运输条件、组合状况的综合反映,也是评价区域获取发展机会和控制市场能力的有效指标。因此,可以借助区域可达性来分析研究区域间结构的演变问题。区域或地点可达性的提高意味着该地区的易于接近性和易于联系性变好,使运行时间减少、运费降低、方便程度提高,可以用空间距离、旅行时间、运输成本来衡量。

高铁可达性，即在特定的研究空间内，利用高铁从给定的某一区域或某一节点，到达目的地的机会大小、耗费成本以及便利程度。

(二)可达性计算方法

1. 距离度量法

空间可达性最基本的计算方法是距离度量法，其中的距离可以是经济距离（交通成本）、时间距离或空间距离等，通常采用节点间时间、交通成本的平均值和对节点加权后的平均时间等方法。其优点是容易理解且计算简便，缺点是仅考虑了节点与经济中心之间的一种关系，多中心的大都市区或者大规模区域用它来分析空间可达性显得过于简单。

游客能快速地从出发节点到达目的节点，则两点间的可达性高。旅游者的交通价值主要取决于时间因素，旅行时间是交通网络用户进行线路选择时考虑的重要因素之一，也是系统从可持续发展角度进行交通网络布局评价的指标之一。可达性的计算公式可表示为：

$$A_i = \frac{\sum_{j=1}^{n}(T_{ij} \times M_j)}{\sum_{j=1}^{n} M_j} \tag{14-1}$$

$$T_{ij} = \sum_{k=1}^{n}(T_{ij}^{k} \times W_k) \tag{14-2}$$

式中：A_i为节点i在交通网络中的加权平均旅行时间，即交通网络内各节点到节点i的各种交通方式所需旅行时间的加权平均值，表征节点连通性时间优劣，其值越低，可达性相对越好；T_{ij}为节点i到节点j的加权旅行时间，反映了节点间的旅行成本；M_j为节点j的质量，比如人口、地区生产总值(GDP)或其他设定的权重等，反映了节点j的吸引力。T_{ij}^{k}为节点j到节点i的第k类交通方式所需时间（k取值为1～5，分别代表普速铁路、公路、航空、水运、高速铁路5类交通方式），W_k为该类交通方式在综合交通网络中的权重。此模型是对节点间通行时间的一种简单易行的计算方法，通过计算交通设施建设前后通行时间的差异，能够得到区域可达性值的变化。通行时间变小，则可达性提高。

2. 拓扑度量法

拓扑度量法是常用的评价网络中各节点或整个网络的可达性水平的方法。拓扑度量法将现实中的路网抽象成点与线来考虑节点与节点之间的连通性。拓扑距离是指两节点间以最少线段互相连接所包含的线段数。总体可达性则是某节点到其他所有节点拓扑距离总和或平均值。其优点是概念容易理解、便于计算，缺点是忽略了两节点之间的实际距离。

3. 累积机会法

累积机会法是用在已经设定的出行时间或距离内，从某点出发能够到达的机会的多少来评判可达性好坏。这种机会主要包括产生购物、就业和贸易等经济活动的机会以及就学、娱乐和就医等其他非经济活动的机会，其优点是能清楚的表示出节点在特定时间或距离内能够到达的区域内就业和人口数量，缺点是没有反映出时间半径之外的可达性，没有考虑在特定时间内的距离衰减，也没有考虑节点与所有经济中心之间的联系。

4. 潜能度量法

潜能度量法即吸引力指数法，是指一个节点的可达性取决于它在交通网络中的地理位置和该交通网络中其他不同规模节点的分布方式。以往使用的潜能模型中，被研究城市自身的规模大小对研究结果影响太大，因此有必要进行修正，将这种影响降低。

（三）可达性与区域旅游发展

旅游经济与一般经济活动的区别在于，一般经济活动是商品或服务向市场和消费地流动，形成各种商品流、服务流，而旅游经济则反之，要发生旅游行为，必须游客（也就是市场或需求）向旅游目的地流动，如图 14-3 所示。

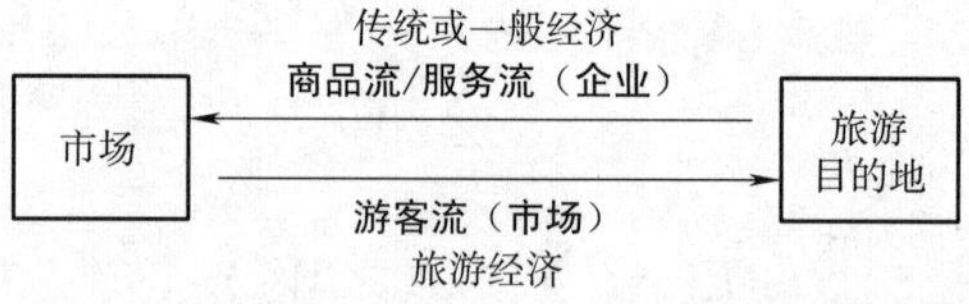

图 14-3　旅游经济与一般经济的区别

游客在区域内的旅游行为模式有五种：一是单一目的地旅游，二是线形旅游，三是基营式旅游，四是环形旅游，五是链式旅游，如图 14-4 所示。

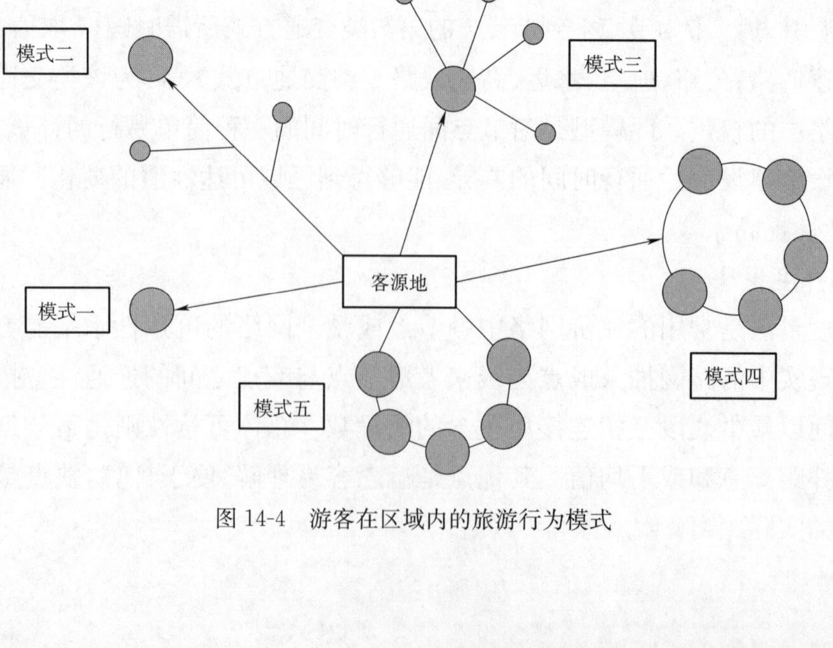

图 14-4　游客在区域内的旅游行为模式

游客向目的地移动的难易程度称为可达性，也称可进入性。游客到目的地的难度越高，则可达性越低，反之可达性越高。有时候，人们用可达性来表示某目的地与外界联系的便捷程度，包括地理可进入性、经济可进入性、制度可进入性、社会可进入性等。地理可进入性取决于位置和距离；经济可进入性由费用决定；制度可进入性即由制度因素决定的场所对外生产要素和商品交往的方便程度；社会可进入性是由社会因素（语言文化等）所决定的场所对外交往的便利程度。不过，在消费者各种约束条件和旅行距离给定的情况下，某一目的地可达性最终可以归结为旅行费用、旅行速度（所用旅行时间）两个主要变量。

$$A=A(AC,AT) \tag{14-3}$$

其中，AC 表示旅行费用或成本，AT 表示旅行时间。

对于不同的游客来说，某一目的地的可达性是相对的。对于某些游客来说，受时间和收入约束较小，可以选择更易到达目的地的旅行方式，因此可达性较高；而对于其他游客来说，受时间和收入约束较大，因此可达性较低。

上式中，在理论条件下，当 $A=0$ 时，意味着进入成本为 0，旅游者可以无障碍进入目的地，旅游行为将会发生。当 $A=+\infty$ 时，意味着进入成本无穷大，该目的地不可达，旅游行为不会发生；在实际条件下，A 在 $(0,+\infty)$ 之间，值越高，旅游行为越不易发生。

在现代旅游经济发展过程中，旅游者到目的地的距离对旅游开发与规划有着重要的影响。城际交通基础设施建设水平的提高，提升了城市的可达性，促进了城市的旅游发展。在现代服务业中，旅游与休闲活动都需要有较好的可达性。旅游产业称之为可达性敏感产业，其发展强烈依赖高度的可达性。另外，地区旅游产业结构调整能否获得提升，也在一定程度上取决于地区可达性的提高。区域空间可达性的提升对旅游发展所带来的益处有以下两个方面：

1. 提高区域战略地位

可达性可以准确地反映两地区或一个区域与其他所有相关区域相互作用的势能。在城市旅游开发与发展实践中，这种势能就表现为城市间旅游经济联系强度和一个区域对其他区域旅游经济的影响力（带动、促进或竞争、抑制）的大小。高铁改变了沿线城市交通闭塞、可达性差的状况，打开了其对外交往和联系的通道，使交通区位条件发生变化，增加了对外联系，使其在区域中的战略地位相对提高。由于可达性对许多社会经济主体（企业等）极为重要，使这些主体集中在区域内可达性较高的交通枢纽、通信中心附近。因此，一个区域内部可达性在一定程度上决定了区域内社会旅游经济的空间结构。

2. 提升旅游发展速度和潜力

基础设施（如铁路、公路、机场、水运航道、能源电力、邮电通信等）的发展，使旅游地综合可达性提高,投资环境发生重大改观。区域发生的交通线、通信线越多,等级越高,则表明它在交通及通信联系中的地位越高,参与大范围旅游经济活动越容易,使节点城市更容易参加大范围的经济社会活动,缩短了与其他地区的自然距离及经济距离,更有助于快速发展。

二、高铁旅游可达性特征及影响因素

(一)高铁旅游可达性特征

高铁旅游可达性有以下几个明显特征:高铁旅游可达性必须具备出发地、目的地和高铁系统三个基本要素;高铁旅游可达性是一个时空概念,反映了旅游者克服时空障碍从出发地抵达目的地的难易程度,它与区位、空间相互作用和时空尺度等概念紧密相关;高铁旅游可达性具有社会和经济价值,是形成区域旅游经济发展差异的原因之一,也是各区域在新的空间经济格局中进行角色调整、重新组织的重要依据,如图14-5 所示。

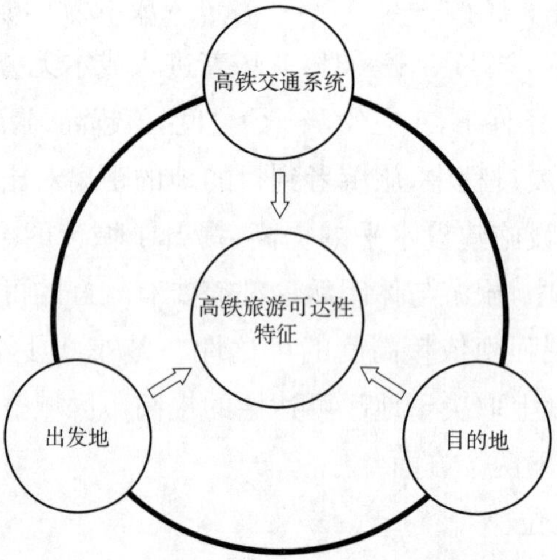

图 14-5　高铁旅游可达性特征示意图

(二)高铁旅游可达性影响因素

高铁旅游可达性主要决定于土地利用和高铁交通系统,但由于个体属性的差异、活动点与个体时间安排的关系,可达性也受时间、个人因素的影响。旅游城市可达性影响因素如图 14-6 所示。

1. 高铁交通系统

可达性的高铁交通影响因素主要包括 3 个方面:交通需求;高铁系统设施的供给,如位置、速度、时刻安排等;供给与需求的相互作用,表现在出行费用、旅途时间等。

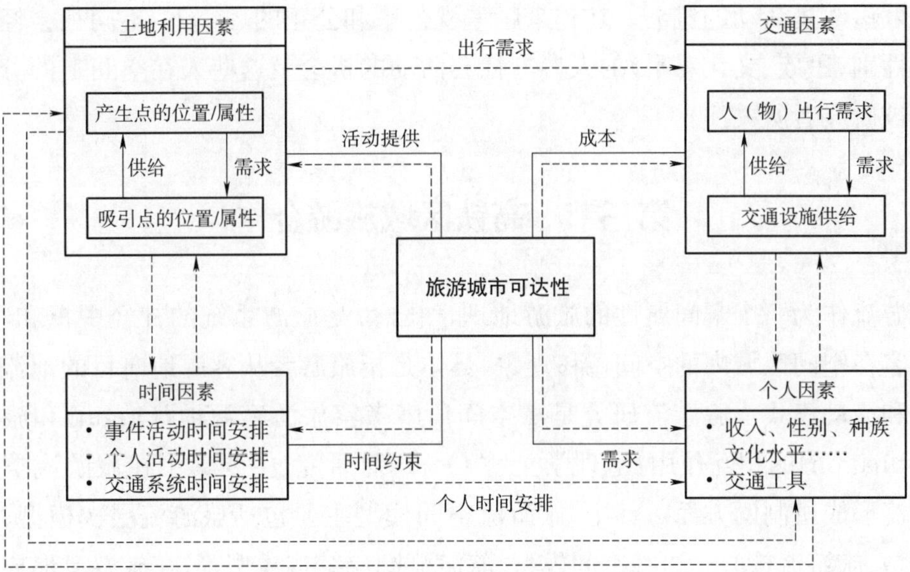

图 14-6　旅游城市可达性影响因素

2. 土地利用

各种活动及机会在空间上的分布与属性影响着高铁旅游可达性的水平。各种活动的分布常常简化为点状分布，而且在相同条件下距离活动点近的可达性就高，远的可达性就低。可达性的土地利用影响因素主要包括 3 方面：出行吸引点即高铁客站的位置及吸引力大小（如规模）等；出行产生点的空间分布及属性，如居住点的位置、规模等；需求之间的交互影响和供给之间的交互影响，即供给和需求间的竞争关系。

3. 时间因素

时间因素与交通因素中谈到的时耗概念不一样，交通因素中的时耗是表征人们出行所花费的时间，是人、交通系统和目的地（土地利用）所决定的。此处的时间因素定义为人、交通系统、目的地三者的时间安排。可达性的时间影响因素包括：个人参与旅游活动的可能时间段，如上下班时间、餐饮娱乐时间安排等；每一天（周、季度、年）旅游活动的时间安排，如商业娱乐场所营业时间，学校上学、放学时间等；高铁交通系统运行的时间安排，如时刻表、发车间隔时间等。

4. 个人因素

在参与经济社会活动的过程中，个人因素对可达性的影响很大，主要有个人需求、个人能力、机会三方面。个人需求与年龄、收入、受教育程度、家庭情况等因素有关，比如有小孩的家庭需要距离学校近一些，受教育程度较高的对高薪工作有较多需求，老年人往往更多地考虑医院等。个人能力与自身条件（如认知、感觉、智力和是否残疾）和所采用的交通方式有关，如驾驶小汽车还是乘坐公交车，用轮椅还是步行等。机会与个人的收入、出行时间安排有关，如高收入者大部分有小汽车，也就有更多地参与远距离和奢侈娱乐活动的机会。在越来越重视公平和公正的环境下，不同社会经济背景（年龄、性别、民族、文化水平）的人参与社会活动的机会及这些人在空间上的分布状况越来越被研究者所关注。

第三节　高铁区域旅游合作

旅游流作为一个空间属性的旅游地理学概念，是旅游系统的神经中枢和纽带，表现为游客在空间区域内的空间位移现象，具体是指旅游者从客源地向目的地流动的人群数量和流动模式。旅游流研究是从空间角度考察旅游客源地（Origin）和旅游目的地（Destination）的相互作用，地理学上称 O—D 对研究，主要集中在旅游流空间模型和旅游流形成机制两方面。其中，旅游流空间模型主要包括旅游流层次模型、城市旅游流模型、旅游流核心—边缘空间模型、旅游流圈层结构模型等；在旅游流形成机制方面，影响旅游流的主要因素包括区域经济发展水平、区域旅游服务设施、区域交通、区位和距离等。在这些因素中，空间距离和交通可达性是影响旅游流空间结构的首要因素，而空间距离可通过交通便捷程度转换为时间距离，时间距离是指在现有交通技术条件下通过单位空间距离所用的时间，或单位时间内在现有的交通技术条件下所达到的最大空间距离。可见，空间距离是客观的，而时间距离随交通技术条件变化而发生变化。当交通技术革新产生“时空压缩”效应时，旅游者出游的时间距离不变而空间距离将增大，或空间距离不变而时间距离将变小。高铁产生的“时空压缩”效应对游客出游距离产生明显作用，影响着旅游者选择出游目的地，进而对区域旅游空间格局变化产生深远影响。目前，通常应用旅游场理论和社会网络分析法来研究高铁开通对主要高铁站点的旅游流的时空分布影响，进而优化以高铁为核心的区域旅游空间结构。

一、旅游流研究方法

（一）旅游场理论

旅游场的场强表征旅游场源点对相应区域旅游发展的作用力，是旅游场效应的基本度量，包括旅游辐射场强与旅游集聚场强，前者表明某旅游场源点对周围旅游区域的辐射带动力大小，后者表明某旅游场源点对周围旅游区域客流的集聚能力的强弱。具体公式为：

$$E_T = E_C + E_D \tag{14-4}$$

$$E_C = \sum_{ij} Q_{ij} + D_{ij} \tag{14-5}$$

$$E_D = \sum_{ji} Q_{ji} + D_{ij} \tag{14-6}$$

式中，E_T为旅游场的总强度，E_C和E_D分别为节点 i 的集聚场强和扩散场强，Q_{ij}为旅游场源点 i 辐射到源点 j 的客流量($j=1,2,3,\cdots$)，Q_{ji}为旅游场源点 j 集聚到源点 i 的客流量($i=1,2,3,\cdots$)，D_{ij}为源点 i 和 j 间的距离。E_T值越大，说明场强越大，其作用力也越大。其中，源点 i 和 j 既可为旅游客源地，也可为旅游目的地。

根据旅游场强计算公式，可以计算高铁沿线主要旅游城市的旅游场强。由于统计的时间跨度不一致，无法用绝对值比较高铁开通前后各地旅游场强的变化情况，故采用相对场强的指标：

$$E'_T = \frac{E_C + E_D}{\sum E_T} \times 100\% \tag{14-7}$$

$$E'_C = \frac{\sum\limits_{ij} Q_{ij} + D_{ij}}{\sum E_C} \times 100\% \tag{14-8}$$

$$E'_D = \frac{\sum\limits_{ji} Q_{ji} + D_{ji}}{\sum E_D} \times 100\ \% \tag{14-9}$$

(二)社会网络分析法

社会网络分析法是目前分析区域旅游流网络空间特征的一种科学研究方法。其中，中心性分析是社会网络分析的重点之一，是衡量网络中一个行动者重要与否、评价其地位优越性或特权性的重要因素。对旅游流网络进行多种中心性指标测度可以量化旅游地在区域中的功能、地位、作用及重要性。常用的测度模型有程度中心性、接近中心性、中介性三类，一般采用程度中心性和中介性进行分析。程度中心性的测度指标为程度中心度，是衡量各旅游地间旅游流的交换能力，可用一个旅游地与其他旅游地之间直接联系多少来表示。有向旅游网络分为内向程度中心度和外向程度中心度，旅游者从某旅游地流向其他旅游地为外向程度中心度，它代表了该旅游地在区域内的旅游流扩散作用的大小；反之为内向程度中心度，反映旅游流在此地的内聚性的强弱。具体表达方式为：

$$C_{D,\mathrm{out}}(n_i) = \sum X_{ij} \tag{14-10}$$

$$C_{D,\mathrm{in}}(n_i) = \sum X_{ji} \tag{14-11}$$

式中，$C_{D,\mathrm{out}}(n_i)$表示外向程度中心度 X_{ij}，i 代表节点 i 与节点 j 之间的连接关系；$C_{D,\mathrm{in}}(n_i)$表示内向程度中心度，X_{ji}代表节点 j 与节点 i 之间的连接关系，存在连接关系其值为 1，不存在连接关系其值为 0。

中介性是衡量个体节点在整个旅游流网络中作为媒介者能力的指标，从宏观角度衡量某旅游地在有向旅游网络中对其他旅游地控制或依赖程度，通过测度一个旅游地出现在另外两个旅游地测地线之间次数的多少表示其重要性，类似于旅游流“桥”的作用，次数越多，中介性越大，对旅游流控制力越大，其他旅游地对它的依赖程度越强，具体公式为：

$$C_B(n_i) = \sum_{j}^{n}\sum_{k}^{n}\frac{g_{jk(n_i)}}{g_{jk}}, j < k \tag{14-12}$$

式中，$C_B(n_i)$为某旅游地的中介性，g_{jk}表示旅游地j和k间测地线数量，$g_{jk}(n_i)$表示一定要经过旅游地i的测地线数量，n为旅游地个数。

二、高铁对区域旅游流空间影响

（一）高铁区域旅游流空间结构效应

高铁开通后，对区域旅游流空间结构产生很大影响，具体表现为马太效应、过滤效应、扩散效应、叠加效应，各方面主要内容见表14-2。

表14-2　高铁区域旅游流空间结构效应

类别	内　容
马太效应	一些具有一定竞争力优势的旅游节点在高铁开通后旅游吸引力变得更强，高铁开通后端点型、中转型和资源型旅游地均有可能产生马太效应。端点型旅游地在区位条件、旅游资源禀赋、旅游接待能力、交通网络密度以及时空压缩程度等5个影响因素共同作用下，将产生明显马太效应；中转型旅游地的区位条件非常优越或资源型旅游地的旅游资源禀赋非常高，其他4个因素作用较强情况下，这两类节点也具有一定马太效应
过滤效应	旅游资源禀赋、旅游接待能力、交通网络密度均不强，同时区位条件因高铁开通由优势转变为劣势、时空压缩程度不显著的旅游节点，高铁开通使其在区域旅游竞争格局中处于劣势，大部分客源市场被中远程旅游资源禀赋高、接待服务能力强、交通网络密度高的旅游节点所替代，产生明显高铁过滤效应
扩散效应	高铁开通后一些主要旅游节点旅游流量呈现明显集聚性，进而向周边具有一定吸引力的旅游节点扩散，表现出较明显的“核心—边缘”型旅游流空间形态
叠加效应	随着高铁的开通，旅游流将进一步转向旅游基础设施完善的地区。高铁使大尺度空间的不同客源地居民出游空间范围出现叠加现象，但只有区位条件、旅游资源禀赋、旅游接待能力、交通网络密度优势较强且时空压缩程度明显的旅游节点产生叠加效应

区位条件、旅游资源禀赋、旅游接待能力和交通网络密度等要素优势明显的旅游节点成为扩散源，对客源地的吸引力大，具有极强的旅游流集聚作用，然后向周边边缘旅游地扩散，呈现为“集聚—扩散”模式。高铁开通后，扩散地与扩散源的交通通达性更高，如果旅游资源禀赋、旅游接待能力、交通网络密度也有一定优势，就吸引扩散源的客流向扩散地流动。

（二）高铁区域旅游流空间格局分布

1. 激活旅游市场

高铁的时空压缩效应使得短线旅游市场消费特征进一步分化，从而影响短线旅游的分流。时空距离的缩短，使旅游者在周末闲暇到邻近城市短途旅游，激发短途旅游市场，并不断开拓中远程旅游市场。近年来随着中国“东北振兴”“中部崛起”“西部大开发”等战略的实施，东北和中西部地区的经济发展较快，人民生活水平明显提高，对旅游的需求也不断增长，高铁的开通将有利于拓展这些地区的旅游市场，增加旅游流总量。

2. 直接流向景区

随着以“八纵八横”为主骨架的高铁网的逐步完善，交通可达性及便捷性将会明显提高，增加旅游城市的客流量，出现旅游流直接流向旅游景区的现象，游客“用脚投票”的趋势更加明显。市场竞争的结果是那些资源禀赋性好、项目吸引人的景区会越做越强，而档次较低的景区会面临被淘汰的挑战，生存压力较大。这促使各城市改造旅游景点，完善旅游设施，实行整体旅游。同时高铁对“只依靠景区发展”的旅游目的地提出了挑战，单纯依靠门票收入的旅游目的地将极有可能成为高铁旅游经济的中转站，游客停留“片刻”即离开，以至于无法分享高铁速度下城市旅游客源增加所带来的更大效益，从而成为单纯的“人气城市”。只有加强高铁沿线旅游城市的战略应对研究，创新旅游开发模式和旅游管理模式，才能应对高铁带来的旅游流的多种变化。

3. 旅游流动性加强

高铁推动了区域旅游资源的整合，实现区域旅游一体化，增强旅游的吸引力。高铁使得城市之间的空间感知距离缩短，有助于加强区域内旅游的流动性，同时随着旅游城市间的竞争与合作关系发生变化，有助于区域整体旅游资源吸引力范围的扩张，旅游产业要素也将发生集聚或者分散。在要素空间配置和区域分工与合作共同作用下，区域旅游空间结构发生演化，通过高铁串珠，促使高铁沿线景区转变传统的独自发展理念，使区域旅游资源得到有效整合，优势互补，大大增强本区域整体旅游吸引力。

第四节　高铁旅游产业结构

随着中国高铁逐渐成网，高铁对加快中国旅游业发展、优化旅游产业结构具有巨大的促进作用。

一、旅游产业结构

旅游产业结构(Tourism Industry Structure)是指旅游经济产业内部各部门、各地区，以及各种经济活动的各环节构成及其经济技术比例关系。它是旅游经济的构成要素在社会供求关系及旅游经济运行中形成的相互联系。旅游产业结构是一个动态的概念，旅游产业的不断发展使得旅游产业结构不断变化，旅游产业结构的合理化推动旅游产业的进一步发展。旅游产业结构包括以下四个特征。

一是旅游产业结构反映的是旅游经济各个产业之间的生产、技术、经济联系。从旅游产业生产联系来说，在旅游经济内部，每一个产业的经济活动都是以其他产业的经济活动为基础，经济规模的变化也都是与其他相关产业经济的变化相联系的。

二是旅游产业结构也是一种产业间的数量比例关系。从旅游投入来说，旅游产业结构反映了各类经济资源和要素在旅游经济的各个产业之间的配置状态，如资金、劳动力在各个产业的分布。从旅游产出来说，旅游产业结构反映的是旅游经济总产出在各个产业之间的分布，如某个特定时期内旅游总收入、旅游总利税在各个产业中的分布情况。

三是旅游产业结构是旅游产业实际运行的结果，是旅游产业运动的静态反映。通过对旅游产业结构的研究，可以进一步分析和研究旅游产业运行过程中的问题，建立合理的旅游产业结构体系为旅游产业运行提供科学的发展方向。

四是旅游产业结构也是一国国情在旅游产业运动中的具体表现。旅游产业结构是一个国家政治、经济、自然、社会等条件共同影响的结果，什么样的国情创造什么样的旅游产业结构。从这个意义上讲，对特定阶段的旅游产业结构进行研究，可以寻求一条最符合国情的旅游产业发展道路。

二、高铁对旅游产业结构的影响

(一)旅游资源深度开发，城市旅游持续升温

1. 高铁促进旅游资源开发

交通工具服务属于旅行范畴，高铁为旅客提供了快速、便捷、舒适、人性化的服务，这也是一种重要的旅游资源。从经济角度来看，高铁开通后旅游受益最为直接，也最为明显。高铁巨大的运输能力，为旅游目的地提供了大量的诱发游客，促进了潜在旅游资源的开发与利用。例如，石太客运专线的开通，拉近了山西与京津唐地区的时空距离，让旅游业急剧“升温”；而武广高铁开通后的2011年，衡阳接待游客760.09万人次，实现旅游收入37.25亿元，同比分别增长27.1%和38.4%。在一定程度上，高铁的发展也迅速及时疏散了部分拥堵客流，有效减轻景区压力，有利于资源深度开发，促进景区之间的协同合作，为实现区域旅游业的可持续发展提供保障。

2. 高铁促使沿线城市成为旅游“新宠”

城市旅游是指以现代化的城市设施为依托，以该城市丰富的自然和人文景观以及周到的服务为吸引要素而发展起来的一种独特的旅游方式。与传统的景区旅游模式相比，城市旅游在空间分布、资源组合、功能发挥、活动类型和要素集合等方面具有不同的特征，并非仅仅是城市的几个旅游点，而是城市整体、城市旅游景观的多样性和景观吸引的综合性，使城市自身也具有了整体性的吸引力。随着“高铁时代”的到来，愈来愈多的人们把城市作为主要的旅游目的地，城市日益成为旅游目的地与客源地的统

一体,旅游也开始“城市化”。而一个城市文明程度越高,对游客越有吸引力,城市特点越发达越明显,城市旅游地就会越繁荣。

(二)旅游交通工具升级,散客队伍逐渐壮大

1. 高铁对交通运输市场造成冲击

旅游交通是为旅游者由客源地到旅游目的地的往返,以及在旅游目的地各处旅游活动而提供的交通设施及服务。交通业为旅游业的发展产生了供给推动力,旅游业则为交通业的发展提供了需求拉动力。在高铁出现之前,中远程国内旅游模式是基于“飞机+大巴+景区+酒店+购物商品等”的“点线景区观光”模式;而随着高铁运营网络的完善,中远程国内旅游模式发展为基于“高铁+城市公共交通+酒店+城市游览项目等”的“线面城市体验”模式。高铁的建设运营,不仅有利于促进旅游交通方式向低碳目标迈进,还为更多的旅客出行提供了更大的便利,选择自主和随意的散客游、自助游、假日游等出游方式的比重越来越高。

2. 高铁促使游客出行方式改变

高铁投入运营后,从客源地到目的地速度更快,时间距离的拉近使游客的心理距离不再遥远,散客游在很大程度上代替了团队游。而与自驾车相比,高铁具有经济、高效、安全的特点,在1 000 km以内的旅游选择中,高铁更具有竞争力,未来高铁游将从很大程度上取代自驾游。同时,随着线上旅游服务网站的发展,高铁沿线城市接待的游客类型发生巨大改变,开始由团队型游客向自由行游客转变,从观光型游客向城市休闲度假型游客转变。随着高铁的发展及智能化旅游,旅游市场“散客时代”即将来临,而散客旅游市场开发是一项复杂的系统工程,旅游企业应与社会各相关部门密切合作,充分重视散客信息服务平台建设,以做大散客旅游市场。

(三)旅游空间不断扩大,客源市场重新洗牌

1. 高铁扩大了旅游目的地的吸引力空间范围

地理距离既是旅游吸引力产生的积极因素,同时也是实现旅游活动的制约因素。高铁的运营,极大地缩短了客源地与旅游目的地之间的时空距离,扩大了人们的出游半径。尤其是高铁开通后,中距离城市的同城效应逐渐显现,高铁沿线城市的不同旅游资源在更大空间范围内吸引着不同城市人群,诱发了大量的游客出行,交通的便利也使旅游淡旺季逐渐模糊,让游客的出游和旅游消费更趋理性,部分景区、重点时段的结构性供需矛盾会得到一定的缓解,客流的空间、时间分布将趋于均衡。在一定程度上,高铁的成功运营,加快形成了中国若干“N小时旅游圈”。

2. 高铁使传统的客源市场格局发生显著变化

高铁时代旅游业发展有三大效应:“黄金周”拉动效应、“高铁游”推动效应和“同城化”集聚效应。在此影响下,京津冀城市圈、长三角城市圈、珠三角城市圈等大城市群

的联系进一步强化。基于旅游者行为的改变和旅游空间的扩大，旅游客源市场的重组也出现了新局面。近年来，高铁沿线城市的旅游市场规模大幅扩大，区域客源快速增加，消费结构持续升级。在高铁的驱动下，区域旅游发展不均衡的格局将长期存在，对高铁连接区域的旅游来说，是一种锦上添花的效应。高铁提高了中国主要旅游城市通达性，促使中国入境游趋于"均衡化"与"合理化"，国内游趋于"同城化"和"区域化"。

(四)旅游模式发生改变，管理改革迫在眉睫

1. 高铁催生"高铁＋汽车"的旅游新模式

高铁给旅游业的发展带来新的契机，同时也催生一种新的旅游模式：高铁＋汽车(即乘坐高铁出游到目的地站点，然后再换乘汽车或者租车完成相关旅游行程)。这种模式不同于美国典型的"飞机＋汽车"旅游模式，很有可能成为中国旅游未来的主流模式。随着高铁的发展，越来越多的游客将不再依赖旅行社而选择自助游，以家庭游、个人游为主。从出游方式上看，散客化、自由行、短线游逐渐成为潮流。从出游时间上看，周末游将成为未来一个时期重要的出游形态。此外，高铁正在催生出"快旅慢游"这种新的旅游模式。

2. 高铁要求旅游管理体制的改革势在必行

改革开放以来，中国旅游行业建立了系统的旅游局管理机构体系，该管理机构总体分为国家旅游局、省或直辖市旅游局、地(州市)旅游局、县旅游局四级，中国目前的旅游管理体制存在着一些不容忽视的问题，在一定程度上阻碍了旅游行业的健康、快速发展。在传统的"点线景区观光"模式下，通过"景区＋星级酒店＋旅游大巴＋旅行社"的小行业管理体制下，旅游局可以统筹整个旅游行业的发展。但在高铁及新媒体的大背景下，游客是基于城市休闲度假的自由行，这在客观上要求旅游管理体制进行革新。政府部门应在旅游行业机构的管理目标、价值取向、机构主体、绩效考核等方面进行改变，建立综合性、权威性的"大旅游"管理机构，保障旅游业可持续发展。旅游局只有参与到城市整体规划中，才能更好地对旅游的整个过程进行有效的监控和管理。

三、旅游产业结构与高铁沿线城市旅游经济

现有旅游资源大部分都在高铁覆盖范围内，高铁的开通运营对沿线旅游业及相关产业将产生很大影响，具体表现在以下五个方面。

(一)改变旅游客源市场的空间格局

多条高铁的修建改变了地区交通格局。如以南宁为中心的"1、2、3 h 城市经济圈"，即北部湾经济区内(南宁、北海、钦州、防城港)"1 h 城市经济圈"，到区内主要城市"2 h 城市经济圈"，到长沙、昆明、广州、海口等相邻省会城市"3 h 城市经济圈"，大幅减少高铁所经地区的感知距离，改变交通运输格局。无论是东南亚各国的入境旅游，还

是广东、湖南、贵州等地的跨省旅游，旅游时间都大幅缩短。由于区内旅游景点的可达性提高，加上丰厚的旅游资源，一定程度上转移周边湖南、厦门、海南、丽江等地的游客，又吸引了更多的客源来到该地区。

（二）游客消费习惯变革

由于高铁大大缩短了出行时间，旅客在短时间内就能实现长距离位移。高铁带来的旅游时间降低促进了一日游、两日游游客数量的增加，周末游市场明显扩大。另一方面，旅游目的地有所偏移，游客倾向于那些规模大、知名度高、特色鲜明且通达性好的旅游区，而逐渐抛弃那些档次较低的小旅游区，旅游区之间两极分化的速度明显加快，交通条件对于这种分化作用的重要性逐步提升。如京津城际铁路通车以后，天津的旅游收入增长了35%。

（三）推动旅游业投资

高铁网建成以后，商务投资活动变得越来越频繁，这为发达地区的旅游、酒店、餐饮等企业投资创造了条件。例如旅游业较发达地区的旅游市场日益饱和，而桂西的百色、凭祥、河池等地的旅游资源丰富，民族风情浓厚，受资金投入不够、开发不足，旅游服务设施落后的制约，旅游产品不成体系。高铁的建成为投资方带来更多的旅游投资机会，从而可以增加欠发达地区的旅游基础设施投资，促进旅游业进一步发展。

（四）实现旅游资源的优势互补

旅游资源互补是指旅游资源之间由于种类、规模、区位等自身要素的差异而形成的相互补充、相互依存的关系。区域间各旅游经济体的合作可以有效整合旅游资源，从而产生更大的经济效益。“十二五”期间，广西壮族自治区重点建设了东西、南北两条旅游发展带，即沿西江黄金水道旅游带和“桂林—柳州—来宾—南宁—北海（钦州、防城港）”南北黄金旅游带。高铁的建设有助于区内以及与周边省区的区域旅游合作，如柳州—南宁高铁和南宁—钦州高铁等的开通，实现了南北对接；南宁—昆明高铁和南宁—广州高铁则实现了东西呼应，构建了区域旅游协调发展的格局。南广高铁和南昆高铁还联通了云南和广东，经过桂西、桂南、桂东以及粤西地区，充分整合了三地的旅游资源，形成一条黄金旅游线。

（五）将旅游区位优势转化为经济优势

高铁以其高速度改善了沿线城市旅游联动发展的战略格局，优化了沿线各城市的旅游区位优势，将旅游区位优势转变为现实的旅游经济优势。抓住“高铁时代”这个难得的机遇，旅游业将取得明显的经济效益。

第五节 高铁旅游服务产品

高铁在运行速度、运输能力、适应环境和节能环保等方面具有非常大的优势，但要把这些技术优势真正转化为社会经济优势，还需要积极推动高铁衍生服务产品的开发和经营。只有在继续深耕运输主业的同时，不断开发和丰富高铁衍生服务产品，高铁才能跳出传统的“票务经济”限制，取得更大发展。

一、建设高铁旅游服务体系

（一）高铁旅游服务体系的主要内容

从高铁自身的发展潜力和未来模式的认识上，要摒弃原有铁路运输经济的单一思维，将高铁站域经济放在与临空、临港经济同样高度来认识，才能在海陆空运输体系中给高铁找到合适的、应有的定位。

《铁路旅客运输管理规则》中强调“旅行服务管理”，明确指出旅行服务要向多元化、多功能、多层次的一条龙服务发展。而旅游服务体系的建设是最合适的发展方向之一。目前的旅行服务主要还是餐饮供应服务，“高铁购物”也应是整个旅游服务体系中的重要一环。除此以外，高铁旅游服务体系至少包括高铁旅游咨询、高铁旅游接驳、高铁旅游品牌、“高铁＋酒店”等方面，如图 14-7 所示。

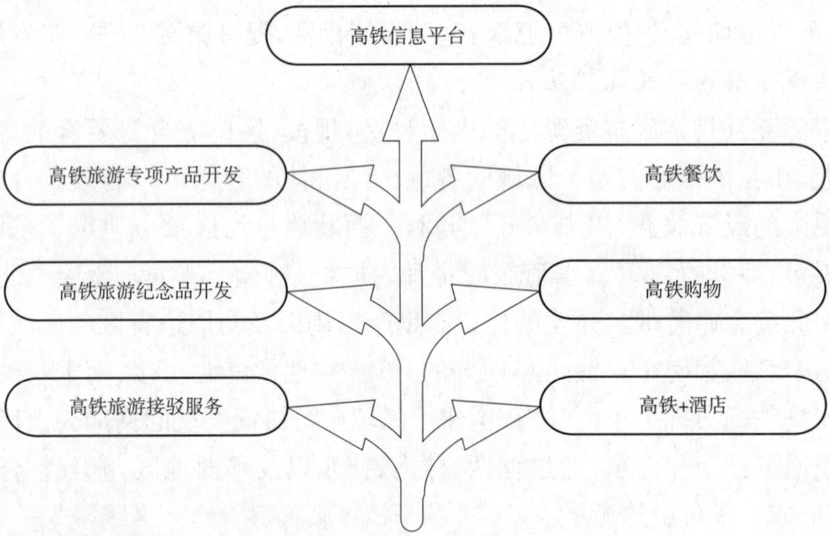

图 14-7　高铁旅游服务体系

1. 高铁旅游信息服务

高铁不仅在技术上有优势，而且相对于纯粹点对点的航空运输而言，乘坐高铁出行还可以更多地欣赏到沿途的风景，“一路风景一路行”是一种别样的享受。从国内旅游情况来看，散客化、自由行、区域游已经渐趋潮流，随着散客化、自由行比例的不断提高，游客对终端信息的需求会增加，以前由旅行社集成信息的工作必须由游客自己承担，而且游客未必会在出行前搜集所有的信息，很多旅行的信息需要在旅途中补充和完善。如何帮助游客更便利地获得出行有关信息以及旅游目的地相关信息，是各个旅游目的地政府和旅游企业必须高度重视和积极应对的问题。

高铁逐渐成为游客优先选择的交通工具，高铁客站成为居民旅游出行最重要的集散中心之一，成为游客进入旅游目的地的最重要门户窗口；国内游散客化的趋势及其对信息的多样化需求，使得高铁客站在承载客流集散功能之外，还需要承担旅游信息中心、旅游问询中心的功能。庞大的市场需求要求目的地政府将高铁客站及车站附近区域打造成目的地旅游公共服务体系的重要平台，同时要求铁路系统打造高铁旅游问询品牌(以下简称“高铁问询”)。为此，在高铁客站规划建设标准时，应充分考虑“高铁旅游信息服务”发展的需要，预留出相应的位置和空间，对高铁旅游问询中心进行专业规划设计，向高铁旅客呈现出鲜明的形象和专业服务。此外，还需要通过培训，提高列车乘务人员的旅游知识和服务技能，在高铁列车上为乘客提供旅游相关咨询服务，并结合实际情况在高铁客站设立专门的高铁旅游问询服务台。例如，武汉在武广高铁开通之后，深刻感受到了高铁开通对武汉旅游业发展的深远影响，在汉阳和武昌站设立了旅游咨询服务中心；郑西高铁开通后，西安市旅游局在西安北站设立旅游集散中心，方便服务游客出行需求。

“高铁问询”不仅要备有充足的纸介质旅游信息，还应该有动态性的电子实时信息，包括酒店、机票、休闲度假等全方位旅游信息。因此，“高铁问询”的发展不能闭门造车，要善于利用外部资源，通过建立战略伙伴关系，与前沿性旅游电子商务企业合作，线下共同发展实体性质的旅游问询体系；线上共同开发虚拟性质的旅游信息服务，打造“高铁旅游网”网站。

在国外，铁路车站的旅游问询中心功能更为完善。比如，法国铁路车站不仅出售火车票，还向旅客提供周密的旅游方案。法国国营铁路公司与旅馆、租车公司及各大旅游景点建立了伙伴关系，多数铁路车站不仅可为旅客预订旅店、租赁汽车，还可提供著名景点的旅游线路及开放时间等信息，旅客可在购买车票的同时将行住游规划妥当。英国铁路路网公司运营管理着17个较大车站，每个车站都设有咨询台，为旅客提供问讯、免费列车时刻表等服务，通过提供优质的服务，方便旅客出行。在瑞士，很多开放式铁路车站站台附近也都设有旅游问询服务点，同时销售旅游纪念品。

2. 高铁旅游集散接驳服务

打造高铁旅游集散体系，不仅要做好“集”的工作，更要做好“散”的工作，游客在高铁客站的“集”是为了最终能够“散”到各旅游景点、“散”到最终目的地。可以预见，如果能够很好地解决目前高铁客站到市中心以及高铁客站到主要旅游景点的交通接驳问题，高铁在游客出行选择交通工具时更具有明显优势。

(1)构建铁路、民航、公路有效接驳系统

通过高铁与汽车进行有效接驳，乘客下了高铁列车就能非常便利地通过高铁客站旅游集散中心的大巴直接到达旅游景区或旅游目的地，这种旅游集散体系在上海、杭州等地已经做得比较成功。

高铁与民航之间可以从合作共赢的角度加强空铁联运模式的探索，协调好高铁、机场、航空公司三者之间的关系，推出无缝对接的空铁联运服务，使旅客在铁路客站即可办理值机手续并托运行李，到机场便可直接登机，将大大提高高铁的市场吸引力。比如，郑州没有直飞四川九寨沟的飞机，那么可以吸引郑州游客乘坐郑西高铁到西安，通过无缝对接服务，将游客从高铁客站转运至西安咸阳机场，再从机场飞往九寨沟。上海虹桥站已经具备了空铁联运的基础，并在积极探索通过高铁集聚长三角客源，通过东航国际航班出境的模式；东方航空公司则将在南京、镇江、常州、无锡、苏州、昆山、嘉兴、杭州等8个城市的铁路车站开通“空铁联运”远程值机服务。这样一来，无论是铁路还是航空都开拓了各自的市场，实现互利共赢。因此，铁路运输企业需要加强与航空公司票务合作，在列车到发时刻方面与航班时间相配合。

(2)与自驾车租赁系统(企业)的衔接

一方面，中国汽车租赁行业经过20多年的发展，本土租车业尽管商业模式不同，但都得到了投资者的青睐，迎来最好的发展机遇。另一方面，有关调查数据显示，自驾游已经成为重要的旅游方式，中国自驾游市场发展迅速，且以中短途自驾游尤其是周末郊区自驾游为主。租车网络的不断完善，国内自驾游市场的蓬勃发展，使得“高铁＋租车”的新型旅游方式深受欢迎。为此，高铁系统需要考虑与这些租车企业之间的接驳，如在高铁客站附近布局租车点。

(3)与市区之间的集散衔接

高铁与吃住游购等其他要素供应商之间的集散接驳，可以研究开通“高铁巴士”的可行性，通过“高铁巴士”方便乘客前往吃住游购等消费集中区域(如各地的中央休闲区)，也有助于消费者从这些区域前往高铁车站乘车。在台湾地区，高铁从北到南共设了台北、板桥、桃园、新竹、台中、嘉义、台南、高雄左营8个站，只有台北、板桥和高雄左营3个站设在市区内，其他5个站都开通了免费的接驳巴士到市区，让乘客很方便进入市区。

(4)客票代售点转型为高铁旅行中心

将现有若干有条件的火车客票代售点转型为“高铁问询”网络的节点，承担售票、咨询任务外，还要扮演高铁旅行中心的角色，承担高铁旅游销售任务。

(二)加快高铁旅游服务建设

1. 打造高铁旅游品牌

目前，国内大型航空公司多数已经开始积极涉足“机票＋酒店”的旅行产品销售。

在国外不仅航空公司这样做，铁路系统也在积极推进“列车＋旅行”产品的融合发展。比如，德国联邦铁路局于2010年5月在北京设立了中国销售中心，除销售火车票外，还为乘客提供包括机票、住宿在内的全方位旅游支持；除满足个人旅行需求外，德国联邦铁路局还根据商务人士的特殊需求开发了多种商旅套餐，并可按客户需求订制“个性化”商旅方案。

“高铁假期”品牌需要有经典的、有生命力的高铁旅游产品作为支撑。铁路系统的旅行社、旅行服务公司等自有旅游接待体系要创新发展，争取在高铁站点、车厢等地对“高铁假期”品牌以及高铁旅游线路进行宣传。既要积极与路外旅行服务机构合作推出高铁旅游创新产品，也要积极与地方旅游部门合作举办围绕高铁旅游的旅游产品设计大赛，邀请旅游者主动体验主题设计。甚至可以考虑充分利用高铁自身和外部的媒体资源，将高铁旅游产品设计大赛办成开放性、展示性的媒体节目，将大赛本身策划成高铁旅游的营销活动事件。

围绕高铁运输开发旅游产品，打造自身品牌的事例在国外并不鲜见。比如，德国联邦铁路在中国销售火车票的同时也销售八个短程旅游产品(柏林、德累斯顿、法兰克福、汉堡、科隆、莱比锡、慕尼黑、斯图加特)。其中，围绕柏林就有三个产品：一是209欧元(起)的柏林自行车行产品，含两晚四星酒店住宿和早餐，以及德国铁路自行车使用权和德国铁路任意城市抵达柏林并从柏林返回德国任意城市的高铁普通舱火车票；二是价格109欧元(起)的柏林自游行，含一晚三星酒店住宿和早餐，和德国铁路任意城市抵达柏林并从柏林返回德国任意城市的高铁普通舱火车票；三是149欧元(起)春季特价游，含三晚住宿和早餐，以及德国任意城市抵达柏林并从柏林返回德国任意城市的高铁普通舱火车票。

打造“高铁假期”品牌，其特色不仅在交通工具上，也体现在价格和服务上。为此，需要在高铁旅游票务上创新，吸收国外先进经验和做法，同时突出“高铁服务”品质，在高端旅游团队和要客服务方面引入饭店金钥匙服务、航空头等舱服务、豪华经济舱服务等服务理念和标准，与地方旅游部门和企业共同建立高铁旅游应急处理机制和投诉处理机制。在条件允许的情况下，面向铁路旅行社组织的团队提供一些独特的服务，以帮助路内旅行社提高竞争优势。在重点旅游地区要协调好旅游团队停车落客等相关事宜，开通高铁旅游团队绿色通道，在落客、进站、候车、上车等方面提供“优先服务”，安排旅游团队专门落客点、专门进站通道、候车专区，并由专人为旅游团队提供候车引导服务。

2. 培育高铁旅游合作商

高铁企业可以与旅行社或旅行服务公司合作，并研究自身“统一品牌、集团发展”的可行性。在北京、上海、广东等主要客源输出地打造大型高铁旅游产品批发商，推动高铁旅游产品的研发。如武汉局集团公司计划与地方旅行社合作，打造高铁旅游的经营平台，专门面向高铁沿线的客源市场，策划包括旅游专列、旅游专线等在内的高铁旅游产品。这是高铁旅游发展的重要方向，对做大高铁旅游市场、推动高铁旅游发展大有裨益。对于这样的大型高铁旅游合作商，铁路企业可以在客票保障、专列安排及领队导游的票务减免或客票销售奖励等方面给予积极支持，执行《铁路旅客运输规程》相关规定，落实旅行团票价优惠，并根据旅行社组团规模趋势灵活调整优惠门槛，提高旅行社对高铁交通方式的采购倾向性。如 2010 年 1 月 4 日起，武广高铁推出的团体购票优惠举措，在非春运期间，团购满 20 人可免收 1 人票款，20 人以上每增加 10 人再免收 1 人票款，以此类推，满 100 人即可免收 9 人票款，相当于 9.1 折。在中国台湾地区，为了服务团体乘客，人数在 11 人(含)以上，只要起点、终点、车次和车厢种类相同，即可以买团体票，统一打折优惠，折扣由铁路运输企业自主决定。

3. 与地方旅游部门合作推动高铁旅游产品开发

积极与地方旅游管理部门合作开发高铁专项旅游线路。西安、武汉、上海等地的旅游管理部门都非常看好高铁旅游市场，希望与铁路企业合作，充分利用高铁资源，开发好旅游市场。尤其是武汉市深切地感受到高铁开通对自身旅游发展的积极影响，已经开发了诸如“动车千里行一日江城游”“广东双休一日游”“长隆野生动物园二日游”“乘高铁游长韶二日游”“乘高铁泡温泉”等高铁旅游线路。有些旅行社还专门开发“航空＋高铁”“游轮＋高铁”“特快＋高铁”等多种交通方式组合的旅游线路。比如武汉有旅行社开发了乘长江三峡游轮到上海看世博、乘高铁从上海回武汉的旅游线路；上海则有旅行社开发了从上海乘特快列车去西安，由郑西高铁到郑州，最后由郑州乘坐动车组返回上海的“郑汴洛西”四大古都畅游线路。

通过与当地旅游部门的合作，可以争取在景区票务、酒店入住等方面获得相应折扣。比如，乘坐动车到厦门旅游的游客持动车车票进入厦门 4A 级以上景区(点)游玩，门票一律八折优惠(有期限要求)；凭当日动车车票入住厦门 36 家三星级以上酒店，享有酒店标准房门市价 4.5 折优惠(另加收 2%价格调节基金)，并赠送双早服务(有期限要求，不含节假日)。再比如，郑西高铁开通后，西安市宣布乘坐郑西高铁到西安旅游的游客可凭高铁车票在西安各主要景点享受最低五折的优惠；郑州市也相应推出了针对西安游客的持高铁车票享受门票优惠的措施，范围包括了少林寺在内的 15 个景点。2010 年 5 月 1 日至 2010 年 12 月 31 日，面向散客市场的持高铁票优惠政策包括了西安的 18 个景区、郑州的 11 个景区、洛阳的 12 个景区、三门峡的 11 个景区。

通过与当地旅游部门的合作，可以争取让铁路企业成为各地旅游消费券的发放载体，高铁车票视同旅游消费券。这样既节约了当地旅游部门旅游消费券的印制和发放成本，同时也可以增强高铁对潜在乘客的吸引力，还可以通过与当地旅游部门联合发放旅游幸运卡、旅游优惠卡、高铁旅游一卡通等其他相关卡或券，为高铁乘客旅行游览提供优惠。

4. 打造“高铁＋酒店”自由行产品

“机（票）＋酒（店）”模式是目前最流行的旅游自由行模式。从高铁与民航的竞争关系来看，力推“高铁＋酒店”的高铁自由行产品是可行的。台湾地区的长荣航空公司就曾与日本近铁集团共同开发了类似产品，如近畿铁道之旅，从名古屋进、大阪出，行程共5天，以铁路干线作为串联旅游的主轴，以铁路为主要运输工具，产品包括“近铁电车交通券”、机票、住宿、早餐和晚餐。

此外，为了大力推行“高铁＋酒店”自由行产品，还需从提升“高铁＋酒店”之外的产品及其价格的吸引力和围绕旅游开展高铁票务创新两个方面下功夫。

对于提升“高铁＋酒店”之外的产品及其价格吸引力方面，可以充分利用高铁在旅客流向上的渠道作用和集成价值，开发面向旅游景区、酒店、餐饮、休闲娱乐企业的“高铁旅游・景点优惠计划”“高铁旅游・酒店优惠计划”等多个优惠计划申请平台，推出“高铁＋住宿”“高铁＋景点”等双向优惠套餐，既为高铁乘客争取了优惠，又为旅游相关企业开拓了市场，也增加了高铁对乘客的吸引力。同时还可以利用铁路系统淘汰的车厢，进行适当改造，联合有关景区或投资方共同开发“车厢露营地”，打造高铁特色的户外休闲地。

对于围绕旅游开展高铁票务创新方面，要从高铁综合效益角度出发，保证运能释放后高铁上座率的稳定性，为打造“高铁旅游”品牌提供良好条件。关于便利游客、吸引游客的票务设计方面，JR（日本铁道）集团的“日本铁路周游券”、欧洲的旅行通票和美国的旅游套票（包括全线通用、西部通用、东部通用以及西海岸通用等）可资借鉴。

“日本铁路周游券”是JR（日本铁道）集团向在日本的外国人销售的车票类型。有了“日本铁路周游券”，游客就可以几乎毫无限制地（新干线的新型特快列车“希望号”除外）接连乘坐与JR新干线以及与JR有关的巴士和轮渡了。游客需要事先在海外的日本旅行社代理店买好“周游兑换票”，到日本后再去指定的换票处换取“日本铁路周游券”。7天有效的周游券的票价分别是普通车28 300日元、绿色列车（即特等车辆）37 800日元，14天有效的则分别是45 100日元和61 200日元，21天有效的分别为57 700日元和79 600日元，6～11岁的儿童享受半价优惠。除了“日本铁路周游券”之外，JR各公司还发行能在北海道全区使用的“北海道铁路周游券（Hokkaido Rail Pass）”、能在东京以北除北海道之外的区域使用的“JR东日本铁路周游券（JR-East Rail Pass）”、能在关西区域或山阳区域使用的“JR西日本铁路周游券”，以及能在北九州区域或九州全区使用的“九州铁路周游券（Kyushu Rail Pass）”。

二、实现高铁与旅游深度融合发展

(一)打造"高铁旅游"文创产品

不论是国内游客还是国际游客,高铁本身就是重要的旅游吸引物。正是因为认识到高铁作为旅游吸引物的价值,开发高铁旅游具有很大的市场需求,很多地方旅游局才有兴趣与铁路企业一起合作进行旅游促销。对此,铁路企业可以积极响应在促销经费等方面给予适当支持,这对于高铁开拓客源市场大有裨益,而且也有助于推动高铁旅游品牌的发展。

(二)完善高铁旅游产品

1. 与旅游行政主管部门合作打造高铁旅游品牌

与旅游行政主管部门建立合作关系,联合开展有关高铁旅游专题调研,共同推进高铁旅游集散中心建设,鼓励高铁旅游商品参加国际旅游商品博览会,支持高铁旅游品牌化、集团化发展,联合举办"高铁建设与旅游发展研讨会",适时共同举办全国性高铁旅游交易会;同时高铁方面应积极参与并支持地方旅游发展,优先围绕国家5A级景点、优秀旅游城市、全国旅游强县等国家旅游局评定的目的地开行旅游专列,合作推进青藏铁路沿线区域旅游发展,充分利用高铁运能资源协助国家旅游局开展有关的旅游公益性宣传、公益性游客消费行为调研,发挥高铁在旅游营销中的突出作用。另外,也要围绕旅游企业的需求,帮助旅游企业尤其是旅行社解决开发高铁旅游过程中面临的实际问题,解决旅行社团队乘坐高铁的票价优惠和票源保障等问题外,关注旅行社团队乘坐高铁时行李运输与现行车厢的行李架设计不协调问题以及旅行社团队乘车专用通道、旅游团队专门车厢等相关问题。如果能够很好地解决这些问题,相信旅游流将成为高铁客源构成中最重要的组成部分之一,而旅游业也可以借助高铁的发展更上一层楼,谋得更大的发展。

2. 与气象部门合作开展高铁旅游出行天气服务

由于越来越多的旅游者根据天气来安排自己的出游计划,气象信息已成为旅游者出游所必需的公共服务信息之一。因此要加强与气象部门合作,为高铁乘客提供针对性更强的气象服务,尤其是高铁沿线旅游景区的气象服务。重点在高铁旅游问询中心、高铁旅游集散中心等场所提供更加精细化的旅游气象服务,针对高铁沿线旅游景区,提供高质量的气象预报。

3. 与邮政部门开展旅游邮政商品开发

与邮政部门合作,探讨通过邮政网点销售火车票和高铁旅游产品的可行性,在高铁购物、高铁问询等服务品牌方面提供银行和邮政服务。例如,运输企业与枢纽站所在地旅游局和邮政进行战略合作,合作内容可以包括:利用邮政系统名址库资源,面向全国寄发介绍高铁枢纽站及其所在地旅游资源的明信片式信函，提高该地旅游的知名度和影响力；利用邮票、明信片资源，制作展示该地民俗文化的旅游纪念邮册、风光系列明信片，作为铁路系统及该地旅游活动的特色旅游纪念品；围绕"八纵八横"高铁网络制作沿途特色景点的系列旅游明信片，作为高铁特色旅游纪念品之一；指定邮政为高铁旅游商品核心提供商和服务商，合作建立"邮政高铁特色纪念品商店"；邮政可利用其网点代理高铁车票、该地旅游年票等，充分发挥邮政网络优势；利用邮政网点开展高铁旅游宣传、旅游报名、票务预订等业务，联手打造邮政高铁旅游超市；开发明信片式高铁旅游调查反馈函、明信片式景点门票、明信片式高铁车票等。

第三篇　高铁效应评价

随着高铁的建设发展，高铁效应越来越成为社会各界人士广为关切的热点焦点。高铁效应究竟有哪些、如何评价、怎么考量已成为人们当前广为热议的重点论题。本篇承接第二篇，围绕高铁经济研究范畴中涉及的各方面，阐述高铁产生的效应及其评价，共分 3 章。首先，概述高铁效应的影响及分类，并列举几个主要高铁效应，以供各界人士参览；其次从高铁效应评价的内涵、作用、原则等入手，对高铁效应评价理论进行概念性阐述；最后，从点、线、面、体四个维度，着重对高铁效应评价体系及相应指标进行深度论述。

第十五章　高铁效应概述

“高铁效应概述”主要阐述高铁效应的影响及分类，并集合几种典型高铁效应及相关案例，为认知高铁效应、研究高铁效应、发挥高铁效应提供参鉴指南。

第一节　高铁效应影响及分类

一、高铁效应影响

作为国家重要基础设施和现代化交通工具，高铁对经济社会各方面产生着广泛而深刻的影响。

高铁拉动了投资，优化了经济结构，促进了经济增长。

高铁推动了国土空间开发，减少了环境污染，促进了节能减排。

高铁优化了运输结构，完善了运输体系，加快了资源和要素流动。

高铁促进了产业结构优化，催生了高铁经济带和城市群，推动了区域经济和产业经济的发展。

高铁提升了公共服务水平，促进了就业分配，推动了城镇化建设和脱贫攻坚。

高铁维护了国家安全和社会稳定，增强了国家实力和国际竞争力影响力，提高了人民群众的获得感、安全感、幸福感。

二、高铁效应分类

高铁效应涉及的方面多、范围广，按照不同的分类标准，高铁效应可进行不同的划分。

从高铁效应的影响领域看，对应本书第二篇高铁经济学的研究范畴，高铁效应主要涵盖高铁对政治经济、国民经济、社会经济、生态经济、地理经济、区域经济、产业经济、劳动经济、数量经济、运输经济、旅游经济等方面的影响。

从高铁效应的影响方式看，高铁效应包含直接效应和间接效应。其中，直接效应是指高铁建设运营对经济社会产生的直接影响，如高铁建设对相关产业的拉动、增加就业等。间接效应是指高铁建设运营对经济社会产生的间接影响，如高铁促进人口合理分布与流动，促进城市化等。

从高铁效应的影响性质看，高铁效应包含正面效应和负面效应。其中，正面效应是指高铁对经济社会产生的积极有益的影响，如高铁对经济的拉动效应、对产业的聚集效应等。负面效应是指高铁对经济社会产生的消极有害的影响，如高铁建设对环境的破坏等。高铁的正面效应和负面效应是相对的概念，具体划分时应综合、客观考虑。

从高铁效应的影响范围看，高铁效应包含内部效应和外部效应。其中，内部效应是指高铁项目自身的经济效益或高铁对铁路、交通运输的影响，如高铁建设对铁路网络结构的影响等。外部效应是指高铁对其他产业或行业的影响，如高铁对旅游行业的影响等。

从高铁效应的影响阶段看，高铁效应包含高铁建设效应和高铁运营效应。

从高铁效应的影响要素看，高铁效应包含高铁站效应、高铁线效应、高铁网效应、高铁业效应等，其中高铁站效应、高铁线效应属于微观要素效应，高铁网效应、高铁业效应属于宏观要素效应。

从高铁效应的影响形态看，高铁效应包含乘数效应、集聚效应、扩散效应、同城效应、辐射效应、虹吸效应、替代效应、过道效应等。这些效应已成为高铁效应的代名词和人们研究关注的重点和焦点，将在下一节中进行简要介绍，并举例说明。

第二节　高铁效应概览

一、高铁乘数效应

（一）内涵

1. 乘数效应

乘数效应是指经济活动中某一变量的增减所引起的经济总量变化的连锁反应程度，它是一种宏观的经济效应，也是一种宏观经济控制手段。

区域经济发展中乘数效应的概念是指通过产业关联和区域关联对周围地区发生示范、组织、带动作用，通过循环和因果积累，这种作用不断强化放大、不断扩大影响。

2. 高铁乘数效应

高铁与物流、运输、服务、商贸等产业相关联，高铁沿线的城镇也会与其他城市联系到一起，使得不同区域之间的产业相互学习、相互促进，大城市对小城镇的产业产生带动作用，并通过不断地循环、积累强化和放大这种作用，最终产生巨大的乘数效应。

（二）案例——高铁对中原经济区产业发展的乘数效应①

中原经济区是以全国主体功能区规划明确的重点开发区域为基础、中原城市群为

① 叶亚丽. 高铁对中原经济区产业发展的溢出效应[J]. 当代经济，2014.

支撑、涵盖河南全省、延及周边地区的经济区域，地理位置重要，粮食优势突出，市场潜力巨大，文化底蕴深厚，在全国改革发展大局中具有重要战略地位。规划范围包括河南省全境，河北省邢台市、邯郸市，山西省长治市、晋城市、运城市，安徽省宿州市、淮北市、阜阳市、亳州市、蚌埠市和淮南市凤台县、潘集区，山东省聊城市、菏泽市和泰安市东平县，区域面积 28.9 万 km^2。

高铁对中原经济区产业发展的乘数效应着重表现在对中原经济区产业结构的转型升级。以京广高铁和郑西高铁的开通对中原经济区核心城市郑州商贸业的影响为例。郑州自古就是商贸云集的聚散中心，流通渠道畅通，市场货源丰富，商品交易繁荣，建有农产品、服装、纺织品、汽车、建材、小商品等全国性的专业批发市场。京广高铁和郑西高铁的开通运营，进一步促成郑州大交通、大物流、大流通局面，产生强大商贸经济流。具体表现在：一是高铁的开通对商贸业的招商引资产生了推力。高铁开通后，沿线城市利用自身的区位优势、资源优势和产业优势加大招商引资力度，特别是在承接沿海地区产业转移方面做了不懈努力。截至 2013 年 11 月底，郑西高铁沿线城市荥阳（郑州所辖县级市）就引进域外境内资金 98.58 亿元，同比增长 42%，其中引进省外资金 62.57 亿元，同比增长 57.6%，实际利用外资 1.11 亿美元。二是对市场构架产生了引力。郑州东站开通后，郑东新区高铁站商圈已经强烈吸引着人们的视线，改变了车站周边的投资环境，还给周边地区的酒店、商业、餐饮等行业带来更多商机，尤其是对房地产业，产生了比较深远的影响。三是对商贸服务产生了张力。高铁运行后，来河南旅游观光的人数与日俱增，郑州商贸服务行业的经营管理人员前往广州、深圳、武汉等地考察学习的也不在少数。各种方式的交流沟通为郑州商贸服务业的发展带来了新思维，加快了郑州商贸服务业提质升级的步伐，有力提升了郑州商贸服务业参与区域市场竞争的能力，同时高铁强大的人流量也对郑州传统的餐饮、住宿、娱乐等服务业带来直接经济效益。

二、高铁集聚效应

（一）内涵

1. 集聚效应

集聚效应，是一种正溢出效应，指各种产业和经济活动在空间上集中产生的经济效果以及吸引经济活动向一定地区靠近的向心力，是导致城市形成和不断扩大的基本因素，是一种常见的经济现象。

2. 高铁集聚效应

高铁集聚效应主要包括产业集聚和空间集聚，以及相伴的人员集聚、知识集聚等。高铁产业集聚是在高铁建设过程中，通过本身的投资需求带动具有前向关联和后向关联作用的产业的生产量，进而提升产业效益。高铁空间集聚是由于高铁“高速度、大运量、高性能、公交化”等优势，加速了人才、信息、技术、知识、资金等各种资源的流通与传播效率，引致形成围绕高铁客站的卫星城、围绕高铁沿线经济发达地区的城市圈和高铁沿线经济带等。

(二)案例——郑西高铁建设对沿线产业集聚效应①

在高铁的建设阶段，主要进行高铁的线路、场站、桥隧等基础设施的建设，以投资需求拉动区域经济增长为主。沿线各相关产业处于投资需求的高峰期，对钢材、煤炭、水泥及相关轨道交通设备等产品的消耗量巨大。郑西高铁的投资建设除对建筑业造成影响外，还涉及水、电的消耗、制造业(如轨道交通设备制造业、通用和专用设备制造业、电气机械及器材制造业、计算机控制系统设备制造业等相关制造业)以及零部件的生产等相关产业。通过将研究对象设定为国民经济投入产出表中的 42 个产业门类，按照 42 个产业门类所属的第一产业、第二产业和第三产业进行归类整理，进行集聚效应的变化分析。郑西高铁从 2005 年开始建设到 2010 年开通运营的 5 年建设期内，创造的总效益达到了 269.172 亿元，其中对河南省和陕西省各产业部门创造的经济效益值分别为 65.811 亿元和 203.361 亿元，郑西高铁的投资建设创造的产业集聚效应的经济效益见表 15-1。

表 15-1 产业集聚效应产生的经济效益 (单位:亿元)

地　区	陕西省	河南省	总效益
经济效益	203.361	65.811	269.172

具体到三类产业经济效益及在河南省和陕西省总经济效益中的贡献率统计，见表 15-2 所示。

表 15-2 郑西高铁建设创造的经济效益

产业门类		河南省经济效益(亿元)	省内占比	陕西省经济效益(亿元)	省内占比
第一产业		6.738	10.24%	6.824	3.36%
第二产业	建筑业	0.307	0.47%	0.254	0.12%
	制造业	3.578	5.44%	20.171	9.92%
	其他工业	33.949	54.59%	135.976	66.86%
第三产业		21.239	32.27%	40.136	19.74%
合计		65.811	100%	203.361	100%

高铁建设所创造的经济效益的总量与产业经济效益的贡献率是产业集聚效应的

① 张晓建. 高速铁路对沿线产业集聚与扩散的效益影响分析——以郑西高速铁路为例[D]. 西南交通大学，2016.

直接结果，高铁建设对地区产业集聚效应明显。通过对不同产业在同一区域的集聚效应对比分析，第二产业的集聚效应最强，第一产业和第三产业的集聚效应较弱。通过对相同产业在不同区域的集聚效应对比分析，第一产业在河南省的集聚效应较强，第二产业在陕西省的集聚效应较强；而第二产业中建筑业在河南省的集聚效应较强，制造业和其他工业在陕西省的集聚效应较强；第三产业在陕西省的集聚效应较强。高铁建设对沿线产业的集聚效应，使得物资、人力资源、技术及资金得到合理分配，不仅能够扩大区域产业的市场范围和经营规模，而且能够提供便利的区位优势，为沿线城市产业的发展提供基础设施。

三、高铁扩散效应

（一）内涵

1. 扩散效应

扩散效应是指随着经济的发展，经济中心地区会逐步向周边地区辐射、扩散，从而带动周边地区的发展，缩小两者之间的差异。扩散效应以资源要素的流动为基础，要素流动的深度、广度决定了扩散效应的影响程度。

2. 高铁扩散效应

高铁的开通运营最直接影响就是加快生产要素的快速转移，提高了客运量，而生产要素的快速流动与第三产业不仅存在直接联系，还存在间接联系。客运量的增加会带来所在区域的旅客增加，旅客必然会在当地消费，这种消费行为会刺激当地的旅游业、餐饮住宿等服务型行业的发展。对某一地区房地产业、交通运输业、旅游业及住宿餐饮业等产业来说，其发展状况的好坏则间接影响着该区域的高铁客运量的变化，服务型行业发展状况越完善，对该区域内外的出行人群的吸引力越强，从而进一步带动客运量的增加，形成高铁开通运营—客运量增加—第三产业发展—客运量继续增加的正向循环，这一循环过程是高铁对沿线产业扩散效应的直接体现。

高铁运营还对第一产业及第二产业产生间接的扩散作用，这种影响主要是通过生产要素的快速流动实现的，但对第一产业的扩散作用较弱。

（二）案例——高铁开通对武汉旅游业产生显著扩散效应①

高铁开通，一定程度上对武汉旅游业产生了显著扩散效应，首先表现为武汉旅游业旅游总收入及旅游总人次的增加，见表 15-3。

---

① 马勇，满晓宇. 高铁对武汉旅游业发展的溢出效应研究[J]. 旅游管理研究，2013(12)下半月刊.

表 15-3　2007～2012 年武汉市春节黄金周旅游接待情况

经济指标＼年度	2007	2008	2009	2010	2011	2012
旅游总收入(亿元)	6.6	4.14	5.51	6.36	7.81	12.66
同比增长(%)	48.4	−37.22	32.97	15.5	22.74	62.12
景区接待人数(万人)	240.98	126.08	170.96	181.9	221.18	336.88
同比增长(%)	118	−47.68	35.6	6.4	21.59	52.31
旅游住宿出租率(%)	45.1	34.41	39.06	43.24	42.79	—
同比增长(%)	2	−23.7	13.51	10.7	−1.04	—

从上表可见,武汉市春节黄金周旅游总收入从 2008 年的 4.14 亿元增长至 2012 年的 12.66 亿元,5 年间增幅超 200%。2008 年旅游业受到金融危机影响发展疲软,2009 年旅游总收入及接待人数增幅最大。2010 年,武广高铁开通的首个春节黄金周旅游总收入实现 6.36 亿元,同比增长 15.5%,全市景区接待人数 181.9 万人次,同比增长 6.4%。其旅游住宿入住率达到 43.24%,达到同期最高水平。武广高铁的开通在拓展武汉的旅游客源市场的基础上,不仅引发武汉短途旅游产品需求的增加,还带动旅游住宿需求的急剧增长。

四、高铁同城效应

(一)内涵

1. 同城效应

同城效应是指对在相邻地区或更大范围内发生重要的作用和联动效应,是城市现代化发展的新趋势,也是经济全球化发展局势下城市间互相交流合作发展的必然产物。

2. 高铁同城效应

高铁的快速公交化,缩短了人们的出行耗时,缩短了城市与城市之间的时空距离,消除了区际障碍,实现了人员、资本、信息和技术等在不同城市间的快速流动,引致了同城效应。

高铁同城效应改变了人们的工作、生活、消费和休闲活动空间,推动了城市功能在城市内部以及城市之间的重新布局,使得中心城市的部分城市功能向外转移,促进了外围卫星城以及城市连绵带的发展。

(二)案例——“长株潭都市圈”同城化发展[①]

湖南的“长株潭都市圈”处于广州和武汉两地中间地段,过去被戏称为“夹缝中求

① 林晓言等.高速铁路与经济社会发展新格局[M].北京:社会科学文献出版社,2017(3).

生存”。武广高铁、长株潭城际铁路开通后，成为连接长沙、株洲、湘潭三市最重要的交通走廊，长沙至株洲 24 min 即可达到，长沙至湘潭 25 min 到达。快速便捷的交通大大加强了三市间的联系，“同城效应”再次放大。长沙市民可以很方便地到株洲购买物美价廉的服饰，株洲百姓也可以舒适地到长沙享受百年不衰的美味佳肴；长沙市民还可以居住在生态宜居的株洲，前往湘潭、常德等地投资置业。湖南省进一步加快建设城市群外围城市间的铁路线和支线，将“长株潭城市圈”扩大到周边的岳阳、益阳、常德、衡阳和娄底 5 市，充分发挥“长株潭”的辐射和带动作用，形成“长株潭 3＋5”的城市群发展格局，实现真正意义上的一体化。

五、高铁辐射效应

(一)内涵

1. 辐射效应

辐射是一个物理学的概念，指热、光、声、电磁波等物质向四周传播的一种状态，也可以指从中心向各个方向沿直线延伸的特性。

辐射概念在 20 世纪 60 年代被引入人文社会科学领域，后被区域经济学理论所融合，形成了经济辐射理论。

经济辐射是指经济发展水平和现代化程度相对发达地区与经济发展水平和现代化程度较落后的地区之间进行资本、人才、技术、市场等要素的流动和转移，还有思想观念、思维方式、生活习惯等方面的传播，以现代化的思想观念、思维方式、生活习惯替代与现代化相悖的旧习惯势力，从而进一步提高经济资源配置的效率。

2. 高铁辐射效应

高铁辐射效应是以高铁所在城市为经济发展的基点，通过其较强的经济、文化、科技、教育、人才等资源优势，带动周边地区经济、文化、教育、科技的发展。

从国内外城市发展实践看，高铁对辐射区域内各城市的影响存在较大差异，成功借助高铁加快发展的城市往往具有大致相似的特征，这些特征主要是具有更有利于城市发展的软环境、市内公共服务设施与基础设施较完善、拥有合理的定位和适宜的发展战略。

(二)案例——合肥借力高铁辐射效应新发展①

合肥市距上海市 457 km，距杭州市 405 km，距南京市 156 km。过去，乘列车单程分别需要 6～10 h、5～7 h、3～4 h。由于缺乏大能力、快速度、高效率的铁路运输纽带，一方面合肥周边大城市超负荷承载，另一方面合肥自身发展相对落后，人口流出大于

① 林晓言等. 高速铁路与经济社会发展新格局[M]. 北京：社会科学文献出版社，2017(3).

流入。合宁、合武等高铁开通后，合肥到南京的运行时间缩短为 1 h，到上海仅需 3 h 左右，与沪宁杭等长三角主要城市间形成了“1～3 h 交通圈”，长三角发达城市对合肥的辐射和带动效应迅速体现出来，凸显合肥在“皖江城市带”发展中的示范作用；另外，合宁、合武等高铁开通，也将合肥到武汉由过去的七八个小时缩短到两小时，大大增强了与周边地区的经济联系强度，其“连南接北，承东启西”的区位优势得以充分显现。人口更多向合肥流入，企业更多在合肥落户。合肥与南京形成“1 h 商圈”，南京中央商场、新百、金鹰百货等商贸企业纷纷到合肥投资，安徽本土的优秀商贸企业则“走出去”拓展新的市场。

六、高铁虹吸效应

(一)内涵

1. 虹吸效应

虹吸效应，物理上指由于液态分子间存在引力与位能差能，液体会由压力大的一边流向压力小的一边。由于管口水面承受不同的大气压力，水会由压力大的一边流向压力小的一边，直到两边的大气压力相等，容器内的水面变成相同的高度，水就会停止流动。

经济学的虹吸效应是指中等城市的资源和人才被大城市吸走，城市被吸引的要素流出多于吸入的要素，出现要素的净流出。

2. 高铁虹吸效应

大城市对于中等城市的高铁虹吸作用与物理虹吸现象有着较大的契合性，其作用原理和内部机制基本相同。

如图 15-1 所示，虹吸效应的作用过程可以简单概括为：作用主体通过作用媒介，所产生的作用过程。在物理虹吸效应中，作用主体为不同高差的盛水容器，作用媒介是 U 形连通器，作用过程为水等物理液体的流动；在高铁虹吸效应中，作用主体为城

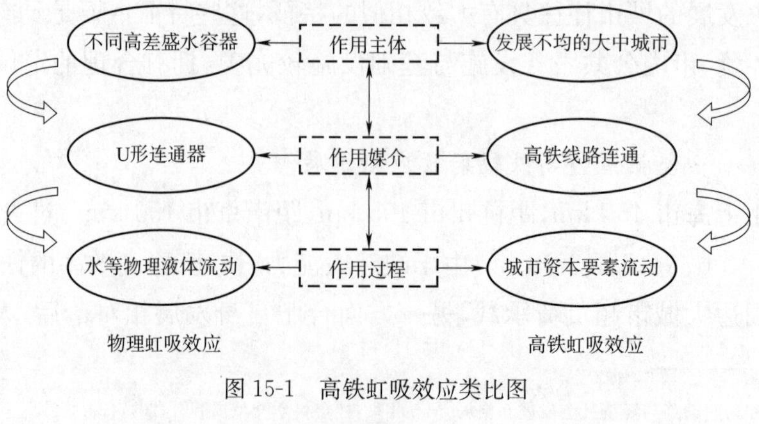

图 15-1　高铁虹吸效应类比图

市发展不均的大城市和中等城市，作用媒介是高铁线路的连通，作用过程为人流、物流等资本要素的流动。高铁不是产生城市间资源流动的本质和原因，而是一种城市催化剂和城市触媒，加速了城市间的作用过程。

高铁缩短了城市、区域间的时空距离，同时也意味着人才、资本会向发展更成熟的大城市汇聚，而沿线中小城市就会面临着人才流失，企业减少的窘境。虹吸效应有可能对非高铁沿线和非车站周边地区的发展带来极为不利的影响，会打破原有的区域发展平衡状态，形成区域间、城市间新的区位优势落差、发展机会落差。

(二)案例——长三角地区大城市对中等城市虹吸作用①

大城市的城市综合实力越强，对周边中等城市的吸引力越大，高铁的连通，更是强化了这种吸引作用。城市综合实力是指一个城市在经济、社会、环境、基础设施、科技、文教等各个领域的综合发展状况、发展水平和发展能力，一般包含综合经济能力、综合服务能力、综合发展环境、综合创新能力、综合管理水平和市民综合素质等六大要素。据统计，长三角城市综合实力排名：上海＞南京＞苏州＞宁波＞杭州＞无锡＞嘉兴。根据2013年长三角地区外来人口分布，除南京个案外，外来人口的数量与城市的综合实力成正比，城市综合实力越强，对于外来资源的吸引力也相应越强。根据第五次全国人口普查资料显示，2000年上海外来常住人口为305.74万人；2005年达438万人。2010年上海成功举办了2010年世界博览会、中国上海国际艺术节、上海国际电影节等大型文化交流活动，城市吸引力增强。根据第六次人口普查，上海外来常住人口总量已猛增至897.7万人，比“五普”增加591.96万人，增长193.6%。根据2013年上海市外来人口统计，在上海市960万外来人口中，人口最多的是安徽，其次是江苏、河南、四川、江西、浙江、湖北、山东、福建和湖南。安徽、江苏、河南人口多，与上海联系便利，在高铁3 h经济圈内，上海对其资本要素的虹吸作用也越强。

七、高铁替代效应

(一)内涵

1. 替代效应

经济学中的替代效应是指当工资率上涨时，单位时间所获得的收入增加，劳动者为获得更多的收入，宁愿牺牲闲暇，增加劳动量以多获得工资收入，是当价格的变化使得消费者沿着无差异曲线移动到不同的边际替代率的某一点时所产生的消费变化。

2. 高铁替代效应

高铁替代效应主要表现在时间替代和空间替代两个方面。一方面，高铁所产生的

---

① 王洁，薛华琳，张小远，李智伟. 高铁经济下的大中城市虹吸作用机制研究[J]. 新常态：传承与变革——2015中国城市规划年会论文集. 2015.

物理上的缩进效果会使时空格局发生收缩，可能会出现人流、物流、资金流、信息流在高铁沿线停靠站点区域以及其他区域范围内的“滞空”时间的缩短；另一方面，高铁运输与航运、公路以及普速铁路运输等其他运输基础设施之间，存在一定的相互替代性，甚至对其造成一定的冲击，产生高铁替代效应。

（二）案例——高铁对公路、航空的替代效应[①]

高铁对区域内其他交通方式产生影响，尤其是在高铁 3 h 行程的国内，与其平行的城际公路客运大巴和航空公司客流下降幅度较大，出现了缩减班次、降低票价，甚至停运、停飞等现象。如北京—天津高速公路客运大巴行程约 2 h，而京津城际铁路仅需 0.5 h，使得铁路客运量比高铁开通前增长了 77%，公路客运大巴班次减少了 70%，乘大巴的旅客减少了 75%。郑州—西安公路客运大巴行程 6～8 h，而郑西高铁仅需 2 h，使得西安—郑州间的飞机航班和公路客运大巴基本停运。合武、合宁客运专线开通后，南京—武汉公路客运班线由原来的每日 30 多个班次降至 2～3 个班次，合肥—南京公路客运量下降 58%，合肥—上海公路客运量下降 80%。武广高铁开通后，海航停飞了长沙—广州航班，南航的武汉—广州航班由原来的每日 8 个班次减少到 5 个班次，长沙—广州的航班由每日 9 个班次减少到 4 个班次。石太客运专线开通后，太原—北京高速公路客运大巴运量下降 60%～70%，太原—北京往返航班从每日 20 多个班次降到 16 个班次，客座率下降 10%，部分航班客座率不足 50%。

八、高铁过道效应

（一）内涵

1. 过道效应

过道效应，又称过路效应，是指运输载体对其所在运输平台沿线的周边环境没有产生任何实质性影响，人流、物流、资金流、信息流仅在当地经过，未对当地产生任何效应。这种类型的效应现象几乎发生在任何一种长距离运输体系中，在不同情况下会对该运输体系沿途环境产生多种影响和效果。过道效应强调的是运输系统内部没有或较少对运输系统外部环境产生影响，不是强调外部环境对运输系统是否产生影响。

2. 高铁过道效应

高铁过道效应是高铁从沿线经过，没有促进相关地区的发展，反而加重它们的边缘化趋势的现象。高铁“以桥代路”，使得新建铁路只充当过道，降低了对沿线环境的不利干扰，但与此同时也加重了很多地区经济发展上的过道效应，导致不少高铁线路开通后沿途地带被疏远漠视的现象。

---

① 林晓言等. 高速铁路与经济社会发展新格局[M]. 北京：社会科学文献出版社，2017.

（二）案例——京广高铁、石太客专对河北的过道效应①

高铁的快速、便捷使人流、物流、资金流仅仅在沿途经过一下，而没有留在当地，对当地经济的发展起不到任何作用。这就像别人在自己身旁路过，没有留下来购物、吃饭、住宿，对自己的贫富没有任何影响。京广高铁把沿线近20座城市带入“2小时经济圈”，河北拥有的优势不再独有。而邻省河南凭借其资源、环境、政策等优势，承接产业转移的决心和力度非常大。同时，随着京广高铁与石太客运专线相连，太原与北京的时空距离同样大大缩短。这就使得大量人才、资金、物资虽然天天在河北经过，但却不能留在河北，对河北经济的发展产生作用不大。河北承接产业转移、吸纳高端要素的“蛋糕”，面临被分割摊薄和截流的风险。

① 李想，杨英法．高铁经济效应的两面性及对策[J]．云南科技，2014(2)．

第十六章　高铁效应评价理论

“高铁效应评价理论”主要阐述高铁效应评价的内涵、作用、原则、基本理论及方法，旨在为进行高铁效应评价提供理论支撑。本章的主要内容包括高铁效应评价概要、高铁效应评价基本理论、高铁效应评价方法等。

第一节　高铁效应评价概要

一、高铁效应评价内涵

（一）高铁效应评价的概念

高铁效应评价是借助一定的评价理论，采用一定的评价方法，对高铁产生的各种效应进行测度、分析并提供相关建议措施的活动。

高铁建设项目是国家重大基础性投资项目。高铁运输市场由以运输产品交换为主要内容的经济联系方式构成，作为整个运输市场的组成部分，具有一般运输市场的自然垄断、公益和规制等特征和属性。高铁建设运营具有强大的外部效应，对国民经济和社会发展的影响显著。因此，高铁效应评价除应考虑高铁自身效益外，还应重视高铁外部性的评价，将外部性分析和高铁线路本身的效益相结合，反映高铁产生的真实效应。

高铁效应评价聚焦于本书第二篇涉及的高铁经济学研究范畴的多个方面，针对第十五章概述的各类高铁效应。

（二）高铁效应评价与高铁项目评价的关系

高铁项目评价具有一般建设项目评价的特点，遵循一般建设性项目评价的目的、原则、方法、程序，包含高铁项目的经济评价、社会评价、环境影响评价等内容。

高铁效应评价既关注单个高铁项目产生的影响，也关注整个高铁网络或高铁产业产生的影响；既关注高铁自身的效益，也关注高铁对经济社会方方面面产生的影响。因此，高铁效应评价涵盖了高铁项目评价的主要内容，同时包含了更大范围、更多视角的评价内容。

二、高铁效应评价作用

高铁效应评价的主要目的是准确测度和判断高铁对经济社会各方面产生的各种

影响，为高铁建设发展提供决策建议和政策措施，促进高铁持续科学高质量发展，服务经济社会发展。高铁效应评价的作用主要体现在以下三个方面。

（一）为高铁规划建设提供决策依据

高铁项目规划建设是一项复杂工程，需要科学的决策依据。开展高铁效应评价能够预测和评估高铁规划建设对经济社会产生的影响，分析和判断高铁规划建设的必要性、可行性、合理性，引导高铁规划建设服务于经济社会发展全局，促进经济发展目标与社会发展目标协调一致，追求综合效益、长期效益最大化，防止片面追求经济效益、短期效益而造成高铁规划建设与经济社会发展不相适应的情况发生。

（二）为高铁效能发挥提供基础支撑

高铁建设发展既有正面效应也有负面效应。准确衡量和分析高铁正面效应和负面效应的大小，判断高铁正面效应和负面效应的影响范围，提供高铁建设发展相关建议，从而针对性地利用高铁的正面效应，有效抑制和消除高铁的负面效应，实现高铁效能的最大程度发挥，是高铁效应评价的一项重要任务。

（三）为政府政策制定提供有益参考

高铁与国家经济社会发展关系密切。通过对高铁效应进行评价，能够总结高铁建设发展的经验教训和对策建议，为政府进行宏观经济管理提供借鉴。国家有关部门参考有关对策建议，可以合理调整高铁建设发展的政策措施，修正某些不适合经济发展要求的经济政策、产业政策、指标参数、技术标准等。

三、高铁效应评价原则

由于高铁自身的特殊性，高铁效应评价的原则，既具有项目评价的一般性原则，又具有特殊性原则，主要有以下四点。

（一）系统全面原则

高铁效应评价是一项综合性、复杂性、系统性工程，要从系统、全局的角度，进行全方位考察，要综合考虑所有的利益相关者，从财务、经济、社会、环境等多个方面、多个角度构建评价指标体系，运用多种方法系统全面地对高铁效应进行评价。

（二）科学规范原则

高铁效应评价需要科学规范的效应评价理论体系作为支撑，需要科学规范的评价方法保证实施，即高铁效应评价工作中所采用的评价理论和分析方法必须符合客观实际，反映客观规律，体现出事物的内在联系，从而保证评价结果的科学规范。

（三）准确可靠原则

资料数据准确可靠是一切评价工作的基础，否则后续进行的评价都失去了意义。只有保证基础数据的准确可靠，才能保证高铁效应结果准确合理、反映客观情况，才能用于指导实践。

（四）量性结合原则

高铁对经济社会的影响既包括实实在在的有形影响，也包括大量的无形影响。对于能够量化的，应以定量分析为主；对于不能直接量化的指标，须进行定性分析或进行比较描述，或者用其他类型指标或指标体系进行描述或数量分析。高铁效应评价应遵循定量分析与定性分析相结合、以定量分析为主的原则，力求准确反映高铁各方面效应。

第二节　高铁效应评价基本理论

高铁效应评价主要涉及经济评价、社会评价、环境评价等方面的基本理论。

一、经济评价基本理论

（一）费用—效益分析理论

费用—效益分析（CBA）是指基于折现的效益和费用的量值大小来判断评价项目资源配置效率性的一种方法，经济学研究的基本问题是资源配置，即研究在资源稀缺的条件下，如何解决生产什么、生产多少、如何生产和为谁生产的问题。追求高效率的资源配置是经济学研究的目的。

费用—效益分析法是一种经济决策方法，它主要运用经济学、数学、系统科学等方面的知识，按照一定的程序和准则，分析决策将会给社会带来的影响，以期为决策者提供科学的决策依据。具体地讲，费用—效益分析法是一种在项目或方案选优中使用的经济决策方法，即根据政府确定的行动目标，提出实现各项目标的各种方案，分析比较各种方案的全部预期效益和费用，选择最优的方案，如果行动目标只有一个，费用—效益分析法就是一种方案取舍的经济决策方法。如果是在若干行动目标中确定一个或数个行动目标，费用—效益分析法就是一种项目选优的经济决策方法。

（二）影子价格理论

影子价格理论的雏形是苏联著名经济学家列·维·康托洛维奇为解决资源最优利用问题而提出的客观制约估价理论。它主要用于国民经济计划工作中的集中决策研究，也称为最优计划价格理论。随后荷兰经济学家詹恩·丁伯根将其进一步完善，用于自由经济中的分散决策，于是影子价格又被称为预测价格。美国著名经济学家萨缪尔森发展了丁伯根的影子价格理论，使其成为主要反映资源是否得到合理配置和利用的预测价格的概念，并从三个方面作出了比较具体的阐述和补充：①影子价格是以线性规划为计算方法的计算价格；②影子价格是一种资源价格；③影子价格是以边际生产力为基础。此外他还把商品的边际成本也称为影子价格。

影子价格实际上是运筹学中线性规划理论对偶问题的经济学解释。影子价格表示对某种资源一个单位的估价，它不是资源的市场价格，因为资源的市场价格是个已知数，而且相对稳定，而它的影子价格则有赖若干资源的利用情况，是个未知数，由于企业生产任务、产品结构等情况发生变化，资源的影子价格也随之改变，影子价格是根据资源在生产中所做出的贡献所作的估价。

资源的影子价格实际上是一种机会成本。它表示各种资源在最优产出水平时所具有的社会价值。资源的拥有者在完全市场经济条件下，可以通过比较资源的影子价格与市场价格的大小关系，决定买进或卖出该种资源。当资源的市场价格低于影子价格时，应买进该资源用于扩大生产；而当某种资源的市场价格高于影子价格时，则应把已有资源卖掉，随着资源的买进卖出，它的影子价格也随之发生变化，一直到影子价格与市场价格保持同等水平，才处于平衡状态，影子价格对市场有调节作用。

影子价格的确定涉及国民经济各部门相互制约和影响的各因素。即使仅估计该项目的产出与投入对国民经济的影响，也需要实际掌握其与国民经济有关各部门相互联系的各种信息，如社会需求资源的可供应量，社会匹配效益等变量因素。

二、社会评价基本理论

(一)利益相关者理论

利益相关者理论产生于20世纪60年代，经过了弗里曼、布莱尔、多纳德逊、米切尔和克拉克森等学者的不断发展和完善，逐渐形成了如今的利益相关者理论框架体系。大型工程项目具有投资大、风险高、建设周期长、涉及专业多、影响面广等特点，包含多个利益诉求各异的利益相关者，呈现明显的“碎片特质”①。而凝聚这些碎片的力量，来自如何均衡各利益相关者差异化的需求。由于不同类型的利益相关者对于项目成功的影响程度存在差异、对项目的诉求也存在差异，因而，需要对众多利益相关者进行合理的分类。

高铁各利益相关者各自的关注点和涉及的评价内容见表16-1。

表16-1　各利益相关者关注点及涉及的评价内容

主　体	类　别	关注点	涉及的评价内容
运输管理部门	决定型	国家整体路网规划与建设	整个评价体系
投资企业	决定型	投资规模、利润、风险等	企业经营业绩
国有银行	决定型	偿债能力、风险	企业经营业绩

① 王进，许玉洁. 大型工程项目利益相关者分类[J]. 铁道科学与工程学报，2009(10).

续上表

主　体	类　别	关注点	涉及的评价内容
地方政府	决定型	对经济总量、布局的影响,社会发展	区域经济、社会效应等
军　方	支配型	高运能、安全性	可达性、安全性
中央政府	支配型	提高铁路运力、削减开支	宏观经济、开放经济效应等
铁路员工	依存型	更高的工资、更好的福利	企业经营业绩
农民工	依存型	支付得起的票价	社会效应
地方居民	依存型	合理的土地赔偿金,更多的商业机会	区域经济、社会效应
国内厂商	依存型	更多的商业机会	企业经营业绩、社会效应
国际厂商	危险型	更多的商业机会	企业经营业绩、社会效应
航空/高速公路	裁量型	市场份额和盈利能力	企业经营业绩、时空竞争力
学术界	裁量型	更多的研究经费,意见被采纳	社会效应、技术创新能力
乘　客	裁量型	更快的速度,便捷舒适的服务	时空效应
普通民众	裁量型	公共产品与税收的平衡	社会效应

(二)社会风险理论

现代化带来了科技的进步,但人类又不得不面对科技带来的副产品——社会风险。现代社会风险不断涌现和普遍化,已经超越了人为的控制,社会风险蔓延到社会的各个领域。在20世纪后半期,社会风险逐渐被社会学界所关注,西方许多著名的社会学家如贝克、吉登斯、卢曼、拉什等都对风险进行了比较深入的研究,形成了有关风险的社会学理论。

人类社会从传统社会向现代社会转变的过程中,高风险性已经成为现代社会的典型特征。与传统社会中的风险相比,现代社会中风险的复杂性、破坏性、不确定性、不可预见性以及迅速扩散性等都日益增强。当社会风险超出人类控制的范围并蕴积到一定程度时,这种可能性就转变为现实性,社会风险就会演变成社会危机,导致社会失序、社会动荡。中国正处在社会转型期,从整体上看,中国社会经济持续快速增长,政治体系平稳有序的运行,社会整体发展保持着良好态势,各项社会事业良性运行,但整体平稳的同时存在着严重的社会风险。社会转型发端于对传统社会体制、制度和社会结构的根本性变革,它把现代性注入社会的同时,也引发了种种社会问题和社会矛盾。在社会转型过程中,社会分化加剧、贫富差距拉大、社会矛盾集聚、社会问题丛生,中国面临诸多社会风险。现代风险的表现形式多种多样,如环境和自然风险、经济风险、社会风险、政治风险等,它几乎影响到人类社会生活的各个方面。

三、环境评价基本理论

(一)可持续发展理论

可持续发展理论是人类在面对资源危机、环境恶化的情势下,提出的新的发展模式。最早提出可持续发展思想的是1980年世界自然保护同盟等组织发起并制定的《世界自然保护大纲》。之后可持续思想得到来自世界各方的广泛讨论，人们从不同角度诠释可持续思想，最通俗且有代表性的是1987年在《我们共同的未来》一书中提出的"可持续发展是既满足当代人的需要，又不损害后代人满足他们需要的能力"的定义，1985年联合国环境与发展大会上，对可持续发展作为人类发展战略模式达成了全球性的广泛共识。之后通过的《里约环境与发展宣言》《森林问题声明》《21世纪议程》等文件以及《生物多样性公约》《气候变化框架公约》等公约都体现了可持续发展的思想。时至今日，实现可持续发展已经成为世界各国理想的发展模式，成为制定发展战略的基本原则。可持续发展内涵具有以下特征：

1. 可持续发展鼓励经济增长。可持续发展不仅重视经济增长的数量，更是强调经济增长的质量，即增长的方式。改变传统的以"高投入、高消耗、高污染"为特征的生产模式和消费模式，节约资源能源、减少污染排放，减少单位经济活动造成的环境压力。

2. 可持续发展强调资源的永续利用和良好的生态环境。经济和社会发展不能超过环境和资源的承载能力，在发展的同时要保护环境，保护生命支持系统，保护生物多样性。发展要以自然资源为基础，同生态环境相协调。

3. 可持续发展重视社会进步。发展不仅是经济发展，根本的是要改善人类生活质量，提高人类健康水平，促进社会进步。可持续发展是追求"以人为本"的自然—经济—社会的持续、稳定、健康的发展。

（二）生态学理论

1866年德国博物学家E. Haeckel首次提出了生态学这一科学概念，自此，各国科学家不断丰富生态学的研究，促使生态学成为一门拥有特定研究对象、研究内容和研究方法的科学。1936年英国生态学家A. G. Tansley又将生态学推进了一步，提出了生态系统概念，1971年美国生态学家E. P. Odum在研究了地球上自然界的生物系统后提出了自然界可分为六种生态系统的观点。到目前为止，生态学研究范围已扩展到社会科学和自然科学的诸多领域，产生了众多分支学科。生态环境关系到人类的生存和发展，生态学科正成为举世瞩目的科学。"生态学是研究生物及其生存环境之间的相互关系的科学"，其基本观点主要有：

1. 环境是所有生物生长和发育的条件，在环境中，存在直接或间接影响生物生长和发育的生态因子，生态因子包括生物因子和非生物因子；决定生物生存的不是单个生态因子，而是多个生态因子的综合的共同作用。

2. 生物在自然界中以生物群落形式存在，在一定空间中共同栖息着的所有生物（即生物群落）与其环境之间形成统一的综合整体，即生态系统。

3. 生态系统是一个开放的系统，在系统内外，不断地进行着物质循环和能量流动，处于相对的平衡状态，生态系统中生产者、消费者和分解者之间形成生物链。

4. 生物界一个显著特征是它的多样性，生物多样性包括：物种多样性、遗传与变异多样性、生态系统多样性。生物多样性关系到人类需要的所有生物资源，对人类的生存和发展十分重要。

5. 生态系统具有保持或恢复自身结构和功能相对稳定的能力，这种能力源于生态系统自我调节的能力，外界（主要是人为因素）干扰一旦超出了其自我调节能力，就会破坏生态系统的结构，进而影响生态系统的功能发挥。

生态完整性是一定区域生态系统维持区域生态因子相互关系，并达到最佳状态的自然特性。生态系统完整性良好的标志是在压力干扰下维持它的组织结构、稳定状态、抵抗力、恢复力以及自组织能力。生态环境承载力是指在一定的时期和一定的区域范围内，在维持区域资源结构符合可持续发展的需要、区域环境功能维持其稳态效应能力的条件下，区域资源环境系统所能承受人类各种社会经济活动影响的能力。生态环境承载力是一个包含了资源、环境质量和自然生态要素承载力的综合概念。

由于生物世界是复杂的、呈等级组织存在的，生态学的研究对象也异常复杂，生态学已发展成一个庞大的学科体系。现代生态学已从物种、种群、群落为研究对象，扩展到以生态系统、景观与全球为研究对象。同时，生态学原理应用于实践，产生了应用生态学，如道路生态学、保育生态学、恢复生态学等指导环境保护的应用学科。

生态环境由人类以外的所有生命物体和非生命物质组成，它包括了人类赖以生存和发展的所有自然资源。对于人类，生态环境既有巨大的经济价值，更有着不可或缺的生态价值。然而，这些经济和生态价值的实现取决于人类对生态环境的认识和行为。在经济与生态的协调发展方面，要注重自然资源的开发与补偿、开发与节约之间的均衡；经济的发展要建立在资源可持续利用的基础上。在社会与生态的协调发展方面，要特别注重人口发展与自然资源和环境之间的均衡。环境影响评价要确立生态价值准则的重要地位。

（三）环境经济学理论

环境经济学的形成和发展，为人类知识的发展做出了贡献：一是扩展了环境科学的内容，使人们对于环境问题的认识增添了经济分析的视角；二是增强了经济学对于生态环境和人类行为的解释力，它为人类克服环境危机的现实行动提供了极大的理论支持。环境经济学中宏观经济分析的主要目标，是把环境资本的消耗和增值，定量地纳入国民收入均衡分析之中。

1. 效率理论。高铁规划建设要考虑资源消耗的效率问题，也面临资源优化配置等问题。效率理论在高铁规划建设中的应用即是要考虑如何发挥铁路网规划的正面环境作用,减少环境损失,尤其是生态系统破坏。

2. 环境资源价值理论。环境资源具有存在价值、使用价值、选择价值和遗传价值,在高铁规划建设中,对于占用的环境资源,依据相关理论充分考虑其环境价值,评估带给生态环境的损失,同时对失去的生态服务功能的资源进行货币化的核算,以便同高铁的经济效益作同层面的比较,客观评价高铁带来的效益。

3. 环境费用效益分析理论。即应用费用效益分析对环境减缓措施投资进行效益和费用的评估,得出环保措施的费效比。高铁规划建设的环境费用效益分析主要是通过估算建设总投资,以及环境保护措施的费用,估算其所占比例,论证高铁规划建设的可行性。

第三节 高铁效应评价方法

根据评价对象和目标的不同,高铁效应的评价方法可分为宏观评价方法、微观评价方法、综合评价方法三种。

一、宏观评价方法

宏观评价方法以整个国民经济活动作为考察对象,研究国民经济的各个有关总量及其变动情况。宏观经济分析是一种立足于现有历史数据的事后分析,即考察项目对宏观经济的影响。宏观评价方法主要包括以下几种:用于判定宏观经济影响的大小和好坏宏观经济计量模型;用于分析项目对国民经济各部门增长和结构的影响的投入产出模型;用于寻求有利影响和合理途径的宏观经济递推优化模型;用于分析判定国家财力对重大项目的承受能力的系统动力学模型;用于模拟长远发展态势动态系统计量模型等。

(一)宏观经济计量模型

宏观经济计量模型是在一定经济假设前提下,运用经济学和统计学相关理论,建立众多经济变量之间的关系方程式,运用变量的时间序列数据,对关系方程式组成的联立方程组进行回归运算分析,度量自变量与因变量之间的关系,模拟和评价方程式中的相关参数,评价和预测宏观经济效应,并对其进行经验检验的过程和一整套模型方法体系。该模型主要是判定项目对宏观经济影响的大小和好坏,涉及的指标一般包括潜在生产能力、生产、消费、投资、对外贸易、劳动力、投资、收入、物价、金融、财政、能源、区域经济等,能够全面地反映现实经济结构及其数量关系。利用宏观经济计量模型分析高铁项目对宏观经济的影响,主要是考察在有无高铁两种情况下对宏观经济的影响。

(二)投入产出模型

投入产出模型是19世纪30年代诺贝尔经济学奖获得者列昂惕夫(Leontief)[①]提出的,该模型利用大量实际经济数据,构造反映国民经济各部门之间生产联系的投入产出表,计算获得投入系数、完全消耗系数以及各部门的影响力系数和感应度系数,分析和评价各部门的宏观经济效应,从而反映社会经济系统内部的相互关联关系。投入产出模型还可以用于对未来情景的预测。投入产出模型可以分为静态模型和动态模型。其中静态模型采用一年的横断面资料,反映某一年度的再生产过程,不能反映时间因素的变化。动态模型引入时间因素,可以从时间上反映国民经济在某一个时期的发展轨迹,表述国民经济各部门之间实物上的平衡和结构上的协调。应用动态投入产出模型可以分析特大型建设项目对国民经济各部门的增长和结构的影响。在时间上可以考虑从准备期、建设期到建成期后这一较长时间跨度。运用投入产出模型可以描述农村居民、城镇居民"收入—消费"内生关系,评价高铁建设投资对经济、就业和能源环境的效应。

(三)经济递推优化模型

经济递推优化模型是将国家长远战略目标和短期平衡目标有机结合,在国力约束和供求平衡下,以年度国民收入最大化为目标函数的宏观经济评价方法。具体约束条件包括产业间投入产出均衡、年度产业产出能力、消费基金年增长水平、积累率上下限、非生产性和更新改造投资比例、外资平衡、必要性进口等。模型通过调整投资、消费结构和状态转移方程,使产业结构趋于合理化,在国力影响因素的约束下寻找高铁效应对宏观经济的有利影响和国民经济发展的合理途径。

(四)系统动力学模型

系统动力学(System Dynamics)是由美国麻省工学院福雷斯特(J. W. Forrester)教授于1956年首创的,该模型强化系统、整体的观点和联系、发展、运动的观点,是以现实世界的存在为前提,不追求"最佳解",从整体出发寻求改善系统行为的机会和途径,为处理非线性、大规模社会经济复杂系统的难题提供了有效的思想、方法和手段。而经济系统的动力学模型可以动态地模拟经济发展趋势,分析判定国家财力对重大项目的承受能力。在评价高铁效应时,以不同的集资方式和投资时机,动态模拟国民经济发展情况,对比有无高铁国民经济的状态,从而分析判断国家财力对高铁项目的承受能力。

(五)动态系统计量模型

动态系统计量模型是专门用于模拟长远发展态势的一种模型。它按照一定的规

① 列昂剔夫提出的投入产出方法主要体现在他1936年发表的《美国经济体系中的投入产出的数量关系》、1941年出版的《美国经济结构1919—1929》和1953年出版的《美国经济结构研究》中。

则，把经济计量模型及系统动力学模型的构模思想和方法，以及优化搜索技术和控制思想组合为一体，使模型能够更加合理地反映系统的长期理性行为，描述系统的长期变化。模型由主导结构、时变参数和决策结构的方程及控制结构组成，可用来分析评价重大项目对国民经济的影响。

二、微观评价方法

微观评价方法主要是指项目评价方法，即在项目建设前或建成后投资运营一段时间后，对项目进行的系统的、客观的分析，以及对项目运行后产生的财务、经济、社会和环境等方面的效益和影响进行客观全面的评价。常见的评价方法有对比分析法、逻辑框架法和成功度评价法等。

（一）对比分析法

对比分析法可分为前后对比法和有无对比法两种。

前后对比法是将项目的预期目标与实际结果进行比较，判断预期目的是否达到，以及分析总结没有达到的原因的一种方法。运用该方法可发现前后变化的数量以及原因，并揭示计划、决策和实施的质量。需要指出的是对超额完成的预期目标也要进行分析研究，找出超额完成的原因，因为可能是原目标定得过低或者项目运营后的现实环境发生了变化，分析其中原因可为以后类似项目决策提供经验。

有无对比法是指将项目实际运营后的情况与假设没有项目时可能发生的情况进行对比，以衡量项目的效益和影响的一种方法。该方法的难点在于对"无"项目时的情况难以准确描述，只能近似地进行度量。因为即便是"无"项目，也可能由于技术改进、外部环境变化等与没有实施项目相比发生变化。可分为以下四种方式。

1. 直接将项目实施前后的情况进行对比

该方法的优点是简单易行，工作量相对较少，当项目重要性程度低，对评价投入不能过大的情况下可以使用这种简化的方法。其缺点是直接使用项目实施前的状况作为"无"项目的状况，不符合事物总是在不断发展变化的规律。该方法适合于外部影响因素较少，项目的实施与产生的结果之间关系较强的情况。

2. 以项目实施前的数据进行的预测结果和实际结果进行对比

该方法的优点是考虑到了外部环境变化对项目的影响，能较好地剔除外部因素对结果的影响，较为真实地反映项目对结果的影响，其缺点是需要较为详细的历史数据资料，并且数据要具有很好的平顺性，并选择科学合理的趋势预测方法。

3. 将实施和未实施项目的个体对象进行对比

该方法的优点是能较为准确地得出项目对结果的影响，缺点是需要各方面情况比较类似的个体对象，而这在现实情况下比较难以做到，特别是重大项目，往往是独一无二的。

4. 随机选取实施项目的结果和随机选取的未实施项目的结果进行对比

该方法的优点是能较为准确衡量各个因素对结果的影响,其缺点是需要较多的实验对象,该方法适合于项目的社会评价研究。

(二)逻辑框架法

逻辑框架法是由美国国际开发署在1970年开发并使用的一种设计、计划和评价的工具,是目前被比较广泛应用的一种评价方法。该方法以核心问题为切入点,以综合、系统的思维方式,将相关联的问题以及相互影响的各种因素结合起来,使用框图的形式来分析一个项目的复杂内涵关系,分析其内部之间的联系,垂直层层展开,得到进一步的结果,水平演绎推断,找出达到目的充分必要条件。其基本模式见表16-2。

表16-2 逻辑框架法基本模式

目标层次	客观验证指标	客观验证方法	重要假设条件
目标/影响	目标验证指标	监测及评价手段和方法	实现宏观目标的条件
目的/作用	目的验证指标	监测及评价手段和方法	实现直接目标的条件
产出/结果	产出物定量指标	监测及评价手段和方法	实现产出结果的条件
投入/措施	投入物定量指标	监测及评价手段和方法	落实投入的条件

项目评价往往通过应用逻辑框架法来分析项目原定的预期目标、各种目标的层次、目标实现的程度和原因,用以评价其效果、作用和影响。逻辑框架基本格式见表16-3。

表16-3 项目评价的逻辑框架表

目标层次	验证对比指标			原因分析		项目可持续能力
	项目原定指标	实际实现指标	差别或变化	主要内部原因	主要外部条件	
宏观目标(影响)						
项目目的(作用)						
项目产出(实施结果)						
项目投入(建设条件)						

逻辑框架法的优点是可以明确总体思路,对关键因素进行详尽分析,能明确阐述项目设计者的意图,利于分析各评价层次之间的因果关系,将复杂的问题以较为直观、简明的方式展现出来,其缺点是工作量较大,需要比较详细全面的资料和数据。

(三)成功度评价法

成功度评价法是根据项目各部分的实际结果通过系统的标准来评价项目总体的成功度的一种方法。依靠专家对建立的指标体系进行打分,然后通过指标的权重综合得到项目的得分或评级，对项目的成功度作出定性结论。在进行具体建设项目的评判时，一般把成功度分为五个等级。

表 16-4 成功度等级标准表

等级	内容	标准
A	成功	项目的各项目标都已全面实现或超过，相对成本而言，项目取得巨大的效益和影响
B	基本成功	项目的大部分目标已经实现，相对成本而言，项目达到了预期的效益和影响
C	部分成功	项目实现了原定的部分目标，相对成本而言，项目只取得了一定的效益和影响
D	不成功	项目实现的目标非常有限，相对成本而言，项目几乎没有产生什么正的效益和影响
E	失败	项目的目标没有实现或无法实现；相对成本而言，项目不得不终止

该方法的优点是成功与否一目了然，比较容易对项目的整体结论进行把握，其缺点是较大程度地依赖于专家的专业判断，在实际的操作过程中，难免由于专家个人的知识背景、态度和标准的不同，得出的结论往往带有个人主观色彩，可能会使结果产生一定偏差，解决的方法是合理选择专家以及评价前加强与专家的沟通。

三、综合评价方法

在现实生活中，对一个事物的评价常常要涉及多个因素和多个指标，评价是在多因素相互作用下的综合判断。综合评价方法是对评价对象的社会、经济、技术以及环境等因素的综合价值进行权衡、比较、优选和决策的活动，涵盖微观到宏观两个层次。目前常用的综合评价方法主要有层次分析法、模糊物元分析法、模糊综合评价法、数据包络分析法及主成分分析法等。

（一）层次分析法

层次分析法（Analytic Hierarchy Process）是美国匹兹堡大学教授、运筹学家萨蒂（T. L. Saaty）于20世纪70年代初提出的一种层次权重决策分析方法。该方法将与决策有关的元素分解成目标、准则、方案等层次，在此基础上自上而下进行定性和定量分析的决策方法。运用该方法可以得到诸系统方案的优劣顺序，供决策者参考。该方法的优点是具有系统性，不割断各个因素对结果的影响。同时，该方法简洁实用，所需定量数据较少，所得结果容易被决策者和投资者了解和掌握。其缺点是不能给决策者提供新的方案，在评价过程中定量数据较少，定性成分多，说服力有限。在定量分析时，指标过多时数据处理量较大，且权重难以确定，特征值和特征向量的精确求法较为复杂。

（二）模糊物元分析法

模糊物元分析法（Fuzzy Matter Element Analysis Method）的主要思想是用“事物、特征、量值”三个要素来描述事物，并组成有序三元组的基本元，即物元。模糊物元分析法通过对物元的要素变换及物元变换，可有效避免评价指标的不确定性和模糊性对评价结果带来的影响。该方法的优点是将模糊数学与物元分析法有机结合，较好地解决了定量指标和定性指标的综合评价，从而可以更加全面、客观地反映项目建设过程后评价效果。其缺点是对各级指标赋权比较复杂。

(三)模糊综合评价法

模糊综合评价法(Fuzzy Comprehensive Evaluation Method)是1965年由美国自动控制专家查德(L. A. Zadeh)教授提出的一种综合评价方法。该方法根据模糊数学的隶属度理论把定性评价转化为定量评价，其主要思想是对于无法精确计量而具有模糊性和不确定性的因素进行优劣模糊划分。模糊综合评价法具有结果清晰、系统性强的特点，能较好地解决模糊的、难以量化的不确定问题，适合各种非确定性问题的解决。其缺点是由于评价因素的复杂性、评价对象的层次性、评价标准中存在的模糊性以及评价影响因素的不确定性、定性指标难以定量化等一系列问题，使得该方法难以准确地描述客观现实。

(四)数据包络分析法

数据包络分析法(Data Envelopment Analysis)是1978年由美国著名运筹学家A. Charnes和W. W. Cooper提出的一种数量分析方法，是涉及运筹学、管理科学与数理经济学交叉研究的一个新领域，自提出以来，已广泛应用于不同行业及部门。数据包络分析法根据多项投入指标和多项产出指标，利用线性规划的方法，对具有可比性的同类型单位进行相对有效性的评价。该方法在处理多指标投入和多指标产出方面，体现了其独到、不可替代的优势。但是该方法通常只适合做宏观分析，并且往往难以给决策者和投资者具体的建议。

(五)主成分分析法

主成分分析法(Principal Component Analysis)也称主分量分析法，旨在利用降维的思想，把多指标转化为少数几个综合指标(即主成分)，其中每个主成分都能够反映原始变量的大部分信息，且所含信息互不交叉重复。这种方法在引进多方面变量的同时将复杂因素归结为几个主成分，使问题简单化，同时得到的结果更加科学有效。但是该方法没有明确和判断该数据降维的条件是否成立，是否适合作单独的主成分分析，其选取的主成分对原始变量可能没有代表性。

第十七章　高铁效应评价体系

“高铁效应评价体系”主要论述构成高铁效应评价的“点、线、面、体”四个维度的各类指标及其内在关系，旨在对高铁效应进行全面性、系统性、科学性、综合性评价。本章的主要内容包括高铁效应“点维度”评价、高铁效应“线维度”评价、高铁效应“面维度”评价、高铁效应“体维度”评价等。

高铁效应通过高铁站点体现，多个高铁站点串联成线，再由线发展成高铁经济带或多条高铁线路对区域经济发展产生巨大影响，最终通过高铁强大的外部影响，产生多层面的立体、整体效应。高铁效应点维度评价、线维度评价、面维度评价和体维度评价，横向涵盖高铁客站、高铁线路、高铁网络、高铁产业等高铁各要素的效应评价，纵向覆盖高铁在政治、国民经济、社会、生态环境、劳动就业、国土开发、区域经济、产业经济、旅游等各方面效应的评价，实现高铁效应的全要素全视角评价。

高铁效应点维度评价、线维度评价、面维度评价和体维度评价是由点及线及面再成体层层递进，并相互关联、相互影响的关系。高铁效应点维度评价不仅直接影响线维度评价，而且直接或间接影响面维度评价和体维度评价；体维度评价一定程度上不仅仅决定于面维度评价，而且也直接或间接取决于线维度评价和点维度评价。高铁效应点维度评价和高铁效应线维度评价是相对较为微观的评价，高铁效应面维度评价和高铁效应体维度评价则是相对较为宏观的评价。高铁效应点维度评价、线维度评价、面维度评价和体维度评价的相互关系如图 17-1 所示。

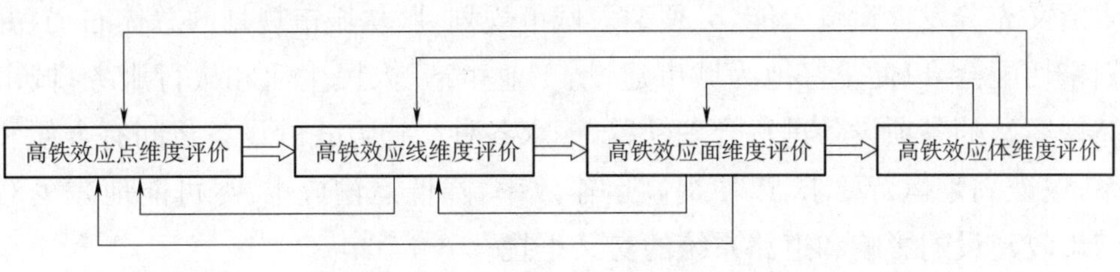

图 17-1　高铁效应点、线、面、体四个维度评价的相互关系

第一节　高铁效应点维度评价

一、高铁效应点维度评价内涵

高铁效应点维度评价是以点的视角对高铁建设发展产生的各种效应进行评价。

高铁客站是集现代化、人性化、美观化和地域特征、人文特征、时代特征、交通建筑特征于一体综合性建筑，是高铁网络上的亮点和明珠，是区域和城市的重要窗口，对站点所在地的经济、社会、环境等产生多方面影响。高铁客站的设计充分体现“以人为本、方便旅客”的宗旨，按照“系统集成、整体最优”的原则，提倡旅客流程立体化、进出站自由化和多样化的设计，并与城市规划相配合，考虑总体布局与城市融为一体、与城市轨道交通、道路交通有效衔接，缩小换乘距离，方便旅客贯穿于城市—进出站—上下车整个流程，为旅客提供舒适的候车服务、便捷的乘降服务、方便的信息服务、周到的商业服务。

高铁效应点维度评价重点是高铁客站对当地经济社会等诸方面产生的影响。

二、高铁效应点维度评价内容

（一）高铁客站规模的适应情况

从交通运输投资角度看，交通基础设施投资可分为“追随型投资”和“开发型投资”，如果交通基础设施建设滞后于经济发展会阻碍经济的进一步持续稳定发展，如果过分超前则会降低投资效益造成投资成本的损失。高铁客站是城市的先行，在建设时间上不能滞后于交通需求，也不能过度超前，要做到适度超前，在规模和能力上有一定的储备，为远景发展留有余地。充分考虑高铁客站与城市发展前景，近远期相结合，规划远景发展与预留用地，是城市规划的一项重要原则，要做到“新旧兼容、节省投资”，适应发展阶段需要，最大限度降低建设成本，前瞻性地确定规模、布局与标准。

（二）高铁客站与城市规划的匹配程度

交通运输是城市建设和发展的基本条件，交通运输条件的变化必然影响到城市的兴衰。高铁客站承担着城市的内外联系，是城市整体的一部分。高铁客站既方便城市生产生活又充分发挥运输效能，必须纳入城市规划，服从城市规划的总体布局，并与城市规划密切配合，以便更好地为城市建设、工业生产、人民生活和旅行服务；城市规划应对高铁客站的各项设备进行合理配置，务求各种交通方式的设备之间有方便和经济的联系，保证满足运营要求，以便提高运输效率，降低运输成本，尽可能地减少对城市环境与市政建设的影响和道路系统的交叉干扰。

（三）高铁客站与城市内外交通的协调性

高铁客站与城市内外交通相互协调、相互依托，从而可以保证整个运输过程的连续性，提高运输效率。高铁客站应与城市交通融为一体，结合各种交通方式在整个交通运输系统中的分担比例，能够合理诱导乘客的交通行为选择，从而实现各种交通方式的相互协调和整个规划区域的规划目标，使之符合交通运输系统社会效益最大化。

（四）高铁客站对城市居民的影响

高铁客站为附近居民提供高效、便捷的交通运输服务，满足人们日益增长的出行需要。由于高铁压缩城市间的时空距离，提高了城市的交通可达性和居民的出行效率，也提供了交通方式的多选性，加快了城市间的交流强度，推动城市经济的发展，促进城市间人员的流动，带动就业，促进社会的稳定与发展。高铁客站在对周边居民带来各种出行便利、购物便利的同时，也带来各种负面影响。高铁客站有通勤人群、商务人群、旅游人群，高铁客站还以商业商务功能为主高密度开发，人流高度集中，带来社会治安问题。大量的外来人口通过高铁客站转入城市中，产生生活垃圾给高铁客站和城市的生态环境带来很大压力。高铁客站建在市区，对于市区内的交通条件提出更高的要求，堵车的概率更大。高铁效应点维度评价，就是针对高铁客站可能的不利因素，提出改进措施，降低对居民的负面影响。

(五)高铁客站管理服务水平

高铁客站必须做到建设与管理并重，既要重视发展“硬件”，建设必要的运输服务设施，又要注重“软件”的开发设计，建立科学合理的组织管理系统，提高管理水平和服务质量，使高铁客站的硬、软件系统结合为一个有机整体，真正实现融管理于服务之中的科学有效的运行机制。通过高铁效应点维度评价，可以了解高铁客站技术领先和管理手段的现代化水平、技术创新能力及市场开拓能力等，有助于高铁客站识别自身市场化现状，促进资源的合理配置，进一步推进市场化发展。

三、高铁效应点维度评价指标

高铁效应点维度评价虽然只针对高铁车站，但也是一个多目标、多因素、多变量的复杂系统问题，涉及城市总体规划、城市内外交通、管理水平、服务质量等多个方面。高铁效应点维度评价指标可分适应性、协调性、社会性、经济性、运作性五个层次：

(一)适应性指标

1. 高铁客站规模适应性

高铁客站规模适应性反映高铁客站的规划能力对实际需求的适应程度，其量化值等于高铁客站的实际发送量与其设计能力之比，即：

高铁客站规模适应性＝高铁客站实际发送量/高铁客站设计能力

2. 高铁客站服务范围

高铁客站的设置必须结合城市公交系统，不致使居民到高铁客站的出行距离过大。在高铁客站运量预测时，把城市内部划分成若干交通发生小区与吸引小区。对这些小区进行汇总，可以得到高铁客站的发生、吸引范围，即高铁客站的服务范围，可以用高铁客站服务范围的当量半径作为衡量其服务范围的指标。

(二)协调性指标

1. 高铁客站与城市总体规划的协调程度

高铁客站应符合城市总体规划及其他相关规划，在土地利用与城市用地功能方面应保持一致，并留有发展余地。高铁客站应方便居民出行，可用高铁客站用地与城市规划居住用地协调程度来衡量。此外，高铁客站的规划建设还要与城市远期规划进行协调，避免出现近期互相协调，而远期有干扰的现象。

2. 各种交通方式的协调程度

该指标反映高铁客站中各种交通方式的衔接状况。高铁客站布局规划以促进综合交通运输体系发展为总体目标，必须考虑各种交通方式的协调，以实现多种交通方式的有效快捷联运。

衡量各种交通方式的协调程度，主要从乘客的换乘环节、换乘时间、市内交通集散时间考虑。一般来说，高铁客站各种交通方式的换乘环节越少、换乘时间越短，其相互协调程度越好。同时，还要使不同交通方式的能力相互匹配，才能实现有机协调。出行者从出发地到高铁客站以及从高铁客站到目的地的便利、快捷程度，可通过从出发地到高铁客站的汇集时间以及从高铁客站到城市出入口的疏散时间来衡量。

（三）社会性指标

1. 高铁客站对城市居民的影响

该指标主要用来评价高铁客站规划建设对城市居民生活的便利性等方面的影响。

2. 高铁客站对城市环境的影响

该指标主要用来评价高铁客站规划建设对客站周边产生的噪声污染、环境污染以及安全等方面的影响。

（四）经济性指标

1. 投入产出比

该指标用于描述各套方案的投资与收益情况。

投入产出比＝实际方案的总投资额/总收益

2. 高铁客站对城市经济的影响

该指标主要评价高铁客站对城市经济总量、经济结构等方面产生的影响。

（五）运作性指标

运作性指标主要包括高铁客站建设运营状况、发展能力、经营管理水平、服务质量等。

1. 高铁客站建设运营状况

通过该指标可以了解高铁客站建设运营的实际状况。

2. 高铁客站发展能力

高铁客站发展能力是从运输收入增长率、非运输收入增长率、固定资产增长率三个方面考核其业务发展与规模发展。其中：

运输收入增长率考察高铁客站运输收入增长水平，与客运发送量相比，运输收入增长率直接排除了因铁路公益性而造成的某些路段或对某些特殊旅客票价打折所造成的发送量与收入不匹配情况。

非运输收入增长率反映高铁客站参与市场竞争，不断开拓市场、培育新市场，发展新业务的能力。

固定资产增长率考察高铁客站的投资，反映出高铁客站更新技术、完善服务、扩大服务规模的能力。

3. 高铁客站经营管理水平

该指标主要包括高铁客站动车始发正点率、网络化程度和信息化程度等。

4. 高铁客站服务质量

高铁客站的服务质量可以通过高铁乘客满意度水平体现。主要影响因素包括：硬件设施方面有高铁客站设施设备的配备情况、候车室的容量、引导标志及进出站口流量大小、进出站通道设计、自动检票系统、自助售票系统、自助查询系统等；方便性方面有购票、退票、签转的方便性、能否方便“对门上车、对号入座”、站内导向直观明确带来的方便性、是否设置进站至站台全程醒目清晰的旅客导引电子设备和多处一定时间段内各次列车电子信息牌以及进出站换乘的方便性等；舒适性方面有候车室是否整洁干净、宽敞明亮等；问询服务方面有高铁客站问询人员服务态度和服务水平，宾馆预定、旅游等延伸服务等；快速性方面有高铁客站购票排队时间、进出站排队时间等。

综上，高铁效应点维度评价主要参考指标见表 17-1。

表 17-1　高铁效应点维度评价参考指标

准　则　层	指　标　层
适应性	高铁客站规模适应性
	高铁客站服务范围
协调性	高铁客站与城市总体规划的协调程度
	各种交通方式的协调程度
社会性	高铁客站对城市居民的影响
	高铁客站对城市环境的影响
经济性	投入产出比
	高铁客站对城市经济的影响
运作性	高铁客站建设运营状况
	高铁客站发展能力
	高铁客站经营管理水平
	高铁客站服务质量

第二节　高铁效应线维度评价

一、高铁效应线维度评价内涵

高铁效应线维度评价是以线的视角对高铁建设发展产生的各种效应进行评价。

高铁建设项目投资大、建设期长、技术复杂、涵盖内容多、影响范围广，具有基础性和战略性。高铁建设运营，能够拉动相关产业发展，增加投资、扩大消费，有利于促进经济结构调整，保持经济平稳增长。高铁连点成线，使得资本、技术、人力等生产要素以及消费群体、消费资料等消费要素在高铁站点实现资源优化配置和聚集发展，推动经济和产业发展。同时高铁建设运营也可能带来土地占用、环境保护、社会安定等问题。

高铁效应线维度评价重点是高铁建设项目对经济社会等诸方面产生的影响。

二、高铁效应线维度评价内容

（一）高铁建设项目的经济影响

高铁作为国家与社会发展的重要基础设施，在经济社会活动中起着非常重要的作用。高铁建设项目评价，一方面从项目的财务角度出发，计算项目的财务盈利和贷款偿还能力，据以判断项目财务效益的高低，从财务主体和投资者的角度考察项目的盈利能力，以企业净利润为目标需要；另一方面从项目对社会资源增加所做贡献和项目引起社会资源耗费增加的角度进行项目的国民经济评价，以便正确反映项目对国家经济发展和对社会福利的净贡献。高铁效应线维度评价，对高铁项目进行财务评价和国民经济评价，对项目投入产出的各种经济因素进行调查研究，根据直接发生的财务收支计算项目的费用和收益，并考虑项目的直接经济效果和间接效果即项目对全社会的全面的费用和收益状况，通过多项指标的计算，对项目的经济合理性、财务可行性及抗风险能力做出全面分析与评价。

（二）高铁建设项目的社会影响

高铁建设项目通过为社会提供运输服务创造价值，以取得社会效益为主，对沿线经济发展带来巨大的影响；对于未开发区域、交通路网发展滞后区域，高铁建设还有国家开发促进作用。高铁项目投资建设，不仅需要考虑高铁建设的必要性、可行性，同时需要考虑项目建设对社会产生的各种影响。要考察分析与高铁项目有关的社会发展目标取向、潜在的社会负面影响和其他社会因素，如受益人的参与、贫困、社会性别平等等。要收集有关项目地区的社会经济数据、利益相关者的人口统计特征，以及在当地社会中对项目具有潜在影响的传统文化、风俗习惯、宗教信仰、社会组织和社会网络等方面的信息，分析影响项目实施效果的社会因素，以及项目实施可能带来的社会风险和社会后果，并提出优化项目设计方案，减少或避免负面社会影响、降低社会风险，提高项目实施效果的措施和建议。

（三）高铁建设项目的环境影响

高铁效应线维度评价不仅要针对高铁建设项目进行经济评价、社会评价，还要进行环境影响评价。环境影响评价是对项目实施后可能造成的环境影响进行分析、预测和评估，提出预防或者减轻不良环境影响的对策和措施，进行跟踪监测的方法与制度。环境影响评价在贯彻“预防为主”的环境政策方针时，分析高铁项目建成投产后可能对环境产生的影响，并从工程措施、管理措施、替代方案等方面提出污染防治对策和措施，不仅可以保证高铁线路走向、高铁客站选址和布局的合理性，还能指导环境保护措施的设计，为沿线社会经济发展提供导向。

（四）高铁建设项目的资源节约利用情况

推进资源节约集约利用，是经济发展的永恒主题。在高铁建设项目决策分析与评价过程中，应树立和弘扬新资源观，深刻认识资源现状，牢固树立节约集约、循环利用资源的观念，大力发展循环经济，全面推动能源、土地资源等的节约集约利用。高铁建设运营，需要占用沿线土地资源、耗用大量能源。高铁建设项目，除了在经济、技术、政策上可行，在资源利用、能源节约方面也应可行。贯彻协调、绿色的发展理念，通过必要的程序和方法，对高铁建设项目资源节约利用情况进行评价，提出资源能源节约的措施和建议，能够促进资源的开发和保护环境的协调发展，优化项目建设条件，提高资源综合利用效率，全面推进资源节约型、环境友好型社会建设。

二、高铁效应线维度评价指标

高铁效应线维度评价包括高铁建设项目经济评价、社会影响评价、环境影响评价、资源节约评价四个方面。因此，高铁效应线维度评价从四个方面分别构建评价指标。

（一）经济评价指标

经济评价是指为了确定一个项目的价值、质量和可取性所做的研究，其核心是评价和确定一个项目的成本与效益之间的净值，或者说一个项目的效果得失之差值。经济评价分为财务评价和国民经济评价两个层次。

1. 财务评价

(1)财务内部收益率(FIRR)，系指能使项目计算期内净现金流量现值累计等于零时的折现率，它表示项目占用资金的盈利率，是考察项目盈利能力的主要动态指标。财务内部收益率按项目投资和资本金分别计算，必要时可计算项目投资各方财务内部收益率。财务内部收益率使以下公式成立并通过其进行计算：

$$\sum_{t=1}^{n}(CI-CO)_t(1+FIRR)^{-t}=0 \tag{17-1}$$

式中　CI——现金流入；

CO——现金流出；

$(CI-CO)_t$——第 t 年的净现金流量；

n——项目计算期。

财务内部收益率大于或等于基准收益率时，项目方案在财务上是可接受的，财务内部收益率越高，项目的盈利能力越大。项目投资财务内部收益率、项目资本金财务内部收益率和投资各方财务内部收益率可以设定不同判别基准。

(2)财务净现值($FNPV$)，系指按设定的折现率(一般采用基准收益率 i_c)计算的项目计算期内净现金流量的现值之和，可用下式计算：

$$FNPV=\sum_{t=1}^{n}(CI-CO)_t(1+i_c)^{-t} \tag{17-2}$$

式中　CI——现金流入；

CO——现金流出；

$(CI-CO)_t$——第 t 年的净现金流量；

n——计算期年数；

i_c——基准收益率。

一般情况下，财务盈利能力分析只计算项目投资财务净现值，可根据需要选择计算所得税前净现值或所得税后净现值。

(3)项目投资回收期(P_t)，系指以项目净收益回收项目投资所需要的时间，一般以年为单位，是考察项目在财务上投资回收能力的主要静态指标。投资回收期从建设开始年起算，如由运营开始年算起应予以说明。项目投资回收期可采用下式计算：

$$\sum_{t=1}^{P_t}(CI-CO)_t=0 \tag{17-3}$$

项目投资回收期也可借助项目投资现金流量表计算，项目投资现金流量表中累计净现金流量由负变为零时的时点，即为项目投资回收期，并可按下式计算：

$$P_t=T-1+\frac{\left|\sum_{i=1}^{T-1}(CI-CO)_i\right|}{(CI-CO)_T} \tag{17-4}$$

式中，T 为各年累计净现金流量首次为正值或零时的年数。投资回收期短，表明项目投资回收快，抗风险能力强。

(4)投资收益率，有总投资收益率(ROI)和项目资本金净利润率(ROE)之分。总投资收益率表示项目总投资的盈利水平，是指项目达到设计能力后正常年份的年息税前利润或运营期内年平均息税前利润($EBIT$)与项目总投资(TI)的比率；项目资本金净利润率表示项目资本金的盈利水平，是指项目达到设计能力后正常年份的净利润或运营期内年平均净利润（NP）与项目资本金（EC）的比率。总投资收益率的计算公式为：

$$ROI=\frac{EBIT}{TI}\times 100\% \tag{17-5}$$

式中 $EBIT$——正常年份的年息税前利润或运营期内年平均息税前利润；

TI——项目总投资。

项目总投资收益率高于同行业收益率参考值，表明用总投资收益率表示的盈利能力满足要求。

项目资本金净利润率的计算公式为：

$$ROE=\frac{NP}{EC}\times 100\% \tag{17-6}$$

式中 NP——正常年份的年净利润或运营期内年平均净利润；

EC——项目资本金。

项目资本金净利润高于同行业净利润率参考值，表明用项目资本金净利润表示的盈利能力满足要求。

(5)资产负债率（$LOAR$），系指年末负债总额（TL）与资产总额（TA）的比值，其计算式为：

$$LOAR=\frac{TL}{TA}\times 100\% \tag{17-7}$$

式中 TL——年末负债总额；

TA——年末资产总额。

(6)利息备付率（$IPCR$），系指在借款偿还期内的息税前利润（$EBIT$）与应付利息（PI）的比值，它从付息资金来源的充裕性角度反映项目偿付债务利息的保障程度，计算公式为：

$$IPCR=\frac{EBIT}{PI} \tag{17-8}$$

式中 $EBIT$——息税前利润；

PI——计入总成本费用的全部利息。

(7)偿债备付率（$DSCR$），系指在借款偿还期内，用于计算可还本付息的资金（$EBITDA-T_{AX}$）与应还本付息金额（PD）的比值，它表示可用于还本付息的资金偿还借款本息的保障程度，计算公式为：

$$DSCR=\frac{EBITDA-T_{AX}}{PD} \tag{17-9}$$

式中 $EBITDA$——息税前利润加折旧和摊销费；

T_{AX}——企业所得税；

PD——应还本付息金额，包括还本金额和计入总成本费用的全部利息。

(8)借款偿还期，是指项目运营后可用于还款的资金偿还投资借款本金和建设期利息(用资本金支付的建设期利息除外)所需要的年限。当计算借款偿还期能满足贷款机构要求还款期限时，可认为项目具有清偿能力。

$$I_d = \sum_{t=1}^{P_d} R_t \tag{17-10}$$

式中 R_t——第 t 年可用于还款的资金；

P_d——借款偿还期；

I_d——借款本金和建设期利息。

2. 国民经济评价

(1)经济内部收益率($EIRR$)是反映项目对经济贡献的相对指标，它表示项目占用资金所能获得的动态收益率，是项目在计算期内各年经济净效益流量的现值累计和等于零时的折现率。其表达式为：

$$\sum_{t=1}^{n} (B-C)_t \times (1+EIRR)^{-t} = 0 \tag{17-11}$$

式中 B——经济效益流量；

C——经济费用流量；

$(B-C)_t$——第 t 年净效益流量；

n——计算期。

当项目的经济内部收益率大于或等于社会折现率时，表示项目的经济贡献超过或达到了要求的水平，项目有利于社会资源的优化设置，项目经济上是合理的。

(2)经济净现值(ENPV)是反映项目经济贡献的绝对指标，它表示项目占用资源所能获得的动态收益，是用社会折现率将项目计算期内各年净效益流量折现到建设期初的现值之和。其表达式为：

$$ENPV = \sum_{t=1}^{n} (B-C)_t \times (1+i_s)^{-t} \tag{17-12}$$

式中 i_s——社会折现率；

B——经济效益流量；

C——经济费用流量；

$(B-C)_t$——第 t 年净效益流量；

n——计算期。

3. 时间节约价值

时间节约价值系指居民出行整个过程中由于时间节约所创造的价值。时间节约价值最早是根据机会成本法进行估算，即使用工资率作为衡量时间节约价值的标准，而时间节约价值则可以用工资率和时间节约的乘积表示。高铁作为一种快速、便捷的交通运输方式，其快速发展势必会导致旅行时间的节约和运输成本的变化。同时，由于旅行时间价值受到出行者收入、目的等多种因素的影响，高铁对不同地区、不同个体的时间节约价值影响差异较大。

(二)社会影响评价指标

高铁建设项目的社会影响评价可分为三个层次，从国家、地区、社区三个层面展开，包括经济层面的社会影响评价和社会层面的社会影响评价。经济层面的社会影响评价主要评价高铁项目在收入及分配、支出及支付意愿、就业、消费、服务替代效应等经济方面可能产生的正面影响和负面影响；社会层面的社会影响评价重点关注高铁项目对于文化、教育、卫生、文化遗产、城市风貌等方面的影响。主要评价指标有以下11项。

1. 高铁建设项目对所在地居民收入的影响

评价项目实施可能造成的当地居民收入增加或减少的范围、程度，收入分配情况。

2. 高铁建设项目对所在地区居民生活水平和生活质量的影响

评价项目实施后居民居住水平、消费水平、消费结构、人均寿命等。

3. 高铁建设项目对所在地区居民就业的影响

评价项目的建设运营对当地就业结构、就业机会的正面与负面影响。

4. 高铁建设项目对所在地区不同利益相关者的影响

评价项目的建设和运营使哪些人收益或受损，以及对受损群体的补偿措施及途径。

5. 高铁建设项目对当地基础设施、社会服务容量和城市化进程的影响

评价项目建设和运营期间，是否增加当地的基础设施负担以及产生的影响。

6. 高铁建设项目对所在地区文化、教育、卫生的影响

评价项目的建设和运营对当地文化教育水平、卫生健康程度的变化以及对人文环境的影响。

7. 高铁建设项目对所在地区少数民族风俗习惯和宗教的影响

评价项目建设运营是否符合国家的民族和宗教政策，是否充分考虑了当地民族的风俗习惯、生活方式或当地居民的宗教信仰，是否引发民族矛盾、宗教纠纷，影响当地社会安定。

8. 高铁建设项目对所在地区文化遗产的影响

评价项目对文化遗产的影响。

9. 不同利益相关者的态度

评价与项目直接相关的不同利益相关者对项目建设和运营的态度和参与程度。

10. 当地社会组织的态度

评价项目所在地区的社会组织对项目建设和运营的态度，可能在哪些方面、在多大程度上对项目予以支持和配合。

11. 当地社会环境条件

评价项目所在地区社会环境、文化状况是否能够适应项目建设和发展需要。

（三）环境影响评价指标

高铁建设项目通过自然界的各种地形、地貌，以及永久性占用土地，对沿线自然资源和生态环境造成了影响。环境影响评价重点是评价高铁建设项目对自然环境、生态环境和美学环境的影响。主要指标有以下三项。

1. 自然环境影响

高铁建设项目对自然环境的影响，包括对大气、水、噪声、电磁、振动和固体废物六个要素的影响。主要评价指标有主要大气污染物的污染指数、主要污水污染物的污染指数、等效声级、电磁干扰线路长度和程度、铅重向总振级、固体废弃物排放量等。

2. 生态环境影响

高铁建设项目是大规模的线型工程，穿越地的水文、地质、气候条件各不相同，其建设与运营必然会对沿线生态环境造成影响。一般来说，线路越长，通过地段的生态系统越复杂，植被覆盖率越高，其影响和破坏的程度就越大。另外线路经过地区的地理环境和生态环境不同，其影响程度亦不相同。高铁项目对生态环境的影响主要体现在动植物种类的分布和丰度、土地平衡系统、地表水地下水平衡系统等方面，主要评价指标有线路穿过和绕经生态敏感区的长度、单位换算周转量占用耕地面积、植被破坏恢复率、地表水流向变化、地下水流向变化及下降幅度等。

3. 美观环境影响

高铁建设项目对美观环境的影响是指铁路建设项目对与美感有关事物的作用，主要体现为高铁项目对土地、空气、人造景物的影响，评价指标有山脉溪流的能见度、大气的能见度、高铁项目造型与原有景观是否谐调等。

（四）资源节约利用评价指标

1. 节约用地

合理利用土地和切实保护耕地是中国的基本国策。高铁建设项目土地资源综合利用评价重在分析项目是否采取了先进、可行、合理的技术，以及环境和社会上可以承受的措施来减少土地资源的滥用，提高土地资源的利用效率；分析评价项目的土地资源利用水平和指标是否符合有关要求，提出改进优化的意见建议等。评价指标主要有土地建设利用率、土地闲置率、单位投资占地等。

2. 节约用水

评价高铁建设项目水资源的节约利用情况，可用单位产值或产品耗水量来反映。

3. 节能

节能评价主要对建设项目主要能耗点的分布及数量、能耗构成及能量平衡、能源消耗(单项能耗指标、综合能耗指标)、节能措施进行分析。高铁运输采用电力驱动方式，其能耗评价指标包括每车公里牵引电耗，每万人公里牵引电耗。在能源消耗的计算过程中必须换算成某一种标准燃料，折算标准燃料系数是指某种能源的实际热值与标准燃料热值之比，能源系数可采用当量系数法进行折算，由此选择每人公里能耗指标，即能源消耗量与旅客输送量(人公里)的比值。

综上，高铁效应线维度评价主要参考指标见表 17-2。

表 17-2　高铁效应线维度评价参考指标

准　则　层	指　标　层
经济评价	财务内部收益率
	财务净现值
	项目投资回收期
	投资收益率
	资产负债率
	利息备付率
	偿债备付率
	借款偿还期
	经济内部收益率
	经济净现值
	时间节约价值
社会影响评价	对所在地居民收入的影响
	对所在地区居民生活水平和生活质量的影响
	对所在地区居民就业的影响
	对所在地区不同利益相关者的影响
	当地基础设施、社会服务容量和城市化进程的影响
	对所在地区文化、教育、卫生的影响
	对所在地区少数民族风俗习惯和宗教的影响
	对所在地区文化遗产的影响
	不同利益相关者的态度
	当地社会组织的态度
	当地社会环境条件

续上表

准 则 层	指 标 层
环境影响评价	对自然环境影响
	对生态环境的影响
	对美观环境的影响
资源节约利用	节约用地
	节约用水
	节能

第三节　高铁效应面维度评价

一、高铁效应面维度评价内涵

高铁效应面维度评价是以面的视角对高铁建设发展产生的各种效应进行评价。

高铁不仅仅加强了高铁站点间的相互联系，同时对站点和沿线地区产生辐射，促进了高铁经济带、高铁城市群、高铁产业链的形成和发展，推动了区域经济增长，优化了区域经济结构，完善了区域交通布局，促进了区域国土开发和资源利用，推动了城镇化进程，影响了高铁周边区域经济社会发展的多个方面。

高铁效应面维度评价重点是高铁站点和线路辐射成带或连线成网对相关区域经济社会等诸方面产生的影响。

二、高铁效应面维度评价内容

(一)高铁对区域经济增长的影响

高铁是区域经济的有力助推剂。区域经济增长是区域经济发展的核心问题。区域经济增长是指一个区域内社会总财富的增加，用货币形式表示就是国内生产总值的增加。交通运输设施建设需要投入大量的人力、物力、财力，对区域经济的直接拉动效应大。与其他交通运输方式相比，高铁投资数额巨大，对区域经济增长拉动效应更加明显。高铁的建设直接消耗了大量的水泥、钢材、电力、能源等物质生产资料，促进了这些物质生产资料的增加；物质资料生产部门生产的增加导致从业人员的增加，带动了就业市场和消费市场的繁荣；同时，物质资料生产部门、消费部门生产和收入的增加会引起投资的进一步增加，促进经济发展。

(二)高铁对区域产业发展的影响

区域产业结构是指区域经济各产业部门在整个区域经济体系中相互比例关系以及它们内部构成的比例关系。产业结构布局合理与否是衡量生产效率和资源配置效率的重要标志。交通运输条件是影响产业布局和产业结构的重要因素。随着高铁的发展,高铁对沿线地区区域产业发展的影响力逐渐增强,特别是对沿线产业地区结构调整的作用更加明显。高铁系统中每一个零部件的生产和系统日常的运营维护检修都需要大量的高科技企业做支撑,能够带动一大批企业发展,促进钢铁、机械、材料等产业的发展。高铁缩短了地区间的时空距离,加强了不同地区间的经济联系,带动了要素流动,有助于资源和要素在更广范围内实现分配和整合,促进了产业结构优化和布局调整。

(三)高铁对区域社会空间格局的影响

高铁建设运营能够改变经济社会空间格局。具体表现在:一是高铁建设促进创新型驱动发展战略的实施,拓展了相关产业链条及发展空间;二是高铁改变了既有的交通运输结构,降低了全社会的物流成本,全面激发了资源要素流动的活力;三是高铁的建设拓展了核心城市交通圈范围,加强了沿线城市之间的要素流动和经济联系,影响地域空间组织模式。通过高铁效应面维度评价,可以正确认识高铁对经济社会空间格局的影响,有利于促进国家战略和空间开发战略的实施。

(四)高铁对区域综合交通运输的影响

高铁是一种新型交通运输方式,其引入地区通常都具有相对成熟完善的交通运输体系。交通运输行业的网络经济属性,决定其顺利运营必须与既有网络有效嵌入。这决定了新进入的高铁不仅要与既有交通网络形成竞争,更要有合作。高铁是综合交通运输的重要组成部分,兼具交通的基础性、先行性、引领性、独立性、网络性、经营性、社会性及其与其他行业的渗透性、融合性等特征,要求城市交通及其他交通方式与之一体化的紧密衔接、协调配合。

(五)高铁对区域城镇化建设的影响

国内外高铁运营的实际情况表明,高铁建成运营后,对沿线地区城镇化进程带来深刻影响。从京沪、京广高铁建成运营后前三年既有线和高速线客运量的变化对比来看,高铁建成后,既有铁路客运量没有显著变化,高铁的客运量却显著增加,其中京沪高铁年均增长85%,京广高铁年均增长50%,使原先鲜为人知或知名度高但交通不便的中小城市(镇),因人流涌动和宜居环境,成为吸纳人口的热点。加快高铁建设,形成高铁网,不仅对促进沿线地区人口流动速度提升和人口聚集,催生出新城市群、城市带、新城镇具有巨大作用,而且可降低城镇化成本,拓展城镇的发展空间,增强已有城镇的竞争力,对城镇化产生强大的推动作用,助推中国新型城镇化进程。

(六)高铁对区域劳动就业和收入分配的影响

高铁改变了空间可达性,可达性的改善可以带来就业的增长,通达高铁的城市对人才的吸引力也会上升。在劳动力流动的过程中,空间距离是重要的影响因素。高铁的开通以及相应交通网络的逐步完善使不同城市劳动力市场间的时空距离缩短、空间可达性增强，从而促进劳动力快捷流动到经济发达的地区，同时在一定程度上引导着劳动力的择业取向，使劳动力在三次产业之间合理配置，提高了劳动力配置的效率。高铁建设对沿线地区就业分布格局和就业人口流动的影响，主要包括两个方面：一是高铁建设对高铁延伸产业链就业人口的影响；二是高铁建设对高铁衍生、产业链就业人口总量和空间布局的影响。

此外，高铁效应面维度评价还包含高铁对区域生态环境、资源利用等方面的影响，与高铁效应线维度评价的相关内容涵义和评价指标类似，本节不再赘述。

三、高铁效应面维度评价指标

高铁效应面维度评价应充分考虑高铁建设和运营中直接效应和间接效应，科学分析和评价高铁的区域经济效应。高铁对区域经济的直接贡献表现在促进经济增长、优化经济结构、提高居民收入等方面，高铁对经济的间接贡献表现在促进城镇化、带动相关产业发展、加速人口流动和合理布局、促进土地开发利用，等等。因此，高铁效应面维度评价主要从经济总量、经济结构、产业发展、运输结构、城镇建设、土地开发利用、空间结构、劳动就业等方面构建指标。

（一）经济总量指标

高铁建设对经济发展最直接的影响是通过增加高铁投资，诱发关联产业和经济发展。同时，高铁发展引致的城市交通区位变化包括交通可达性、便捷性和连接性的变化均改变了既有经济社会系统的稳定性，导致经济活动和人流在空间上的重新配置，进而实现空间上的集聚状态，影响沿线经济总量。经济总量泛指所有能够用货币计算的国民经济总量，包括有效经济总量和无效经济总量，而狭义的经济总量不包括无效经济总量。经济总量可以用国民生产总值和国内生产总值来衡量，反映一个国家宏观经济形势的好坏。分析和评价高铁建设对国民经济的贡献，包括增加值、净产值、纯收入、财政收入等经济指标。

（二）经济结构指标

高铁发展最直接的影响是拉动与高铁建设和运营相关行业的发展，尤其是装备制造业、水泥、钢铁等产业发展。高铁所引致的人流、物流、信息流和资金流的集聚和区位特征的变化促进旅游业、商贸流通业、会议展览和物流业等现代服务业的发展，并诱发形成高铁经济新业态。根据国内外经验表明，高铁发展对现代服务业影响较为明显，其次是第二产业和第一产业，即高铁发展导致产业结构调整和促进产业发展。整体上，高铁发展对不同产业发展影响不同，进而影响区域或城市经济结构特征。分析和评价高铁建设对经济结构的影响，主要包括三次产业结构、影响力系数。

（三）产业发展指标

高铁效应面维度评价需要分析和评价高铁对于产业增长、产业结构和产业集聚的影响，尤其是高铁对于相关行业发展的影响。高铁对产业发展的影响主要表现在两个方面：一是高铁建设对于产业规模影响，二是高铁发展导致的人流、物流、资金流和信息流在空间上的集聚，进而影响产业空间格局。其中产业增长指标可以采用各行业增加值、总产值、主营业务收入、就业人数以及人均产值规模等，如旅游业就业人数、旅游业增加值、旅游业总产值等。产业集聚的评价指标主要包括行业集中度、赫芬达尔指数、区位熵和空间基尼系数等。

（四）运输结构指标

运输结构可用于分析和评价高铁在综合交通运输市场中的地位和作用，常用高铁客运市场占有率、分担率和与其他交通方式间换乘便捷性等指标进行衡量。影响高铁与其他交通方式竞争与合作的关键因素包括总旅行时间（市内交通旅行时间、候车时间和旅行时间）、联系频次、费用、准点率、舒适性以及旅客的社会经济特征等，其中，旅行时间和费用是关键影响因素。为此，应综合考虑城市间总旅行时间和费用构建城市间广义交通成本模型，分析和评价高铁运营对运输结构的影响。广义交通成本是指乘客在乘车的过程中所付出的总成本，包括实际支付的票价水平、所花费的时间成本（包括到车站的时间、乘车等车的时间、乘客乘车的时间）以及由于交通服务质量所带来的额外成本。

（五）城镇建设指标

高铁对城镇建设的影响主要表现在加快沿线城镇化进程、改变沿线城镇等级结构和改变城镇空间格局等。其中，城镇化体现了人口从乡村向城市的流动和就业、财富在城市的集中，而当城镇化发展到一定阶段与水平后，城市向外扩张及人口向外疏散。城镇化不仅仅包括人口城镇化，也包括经济城镇化和土地城镇化，即土地利用方式由粗放农业利用转变为集约化的工业用地或城市建设用地等。城镇等级结构常采用位序规模指数进行评价。

（六）国土开发指标

高铁建设对周边土地综合开发的影响主要表现在土地开发强度、土地开发性质和结构、土地利用综合效益等方面。

1. 土地开发强度

土地开发强度是指一个区域建设用地面积与区域总面积的比重，包括容积率、建筑密度、建筑高度、绿地率等指标。通常情况下，土地开发强度与土地利用效益存在正相关关系，即土地开发强度高，则土地利用效益较高，反之亦然。

2. 土地开发性质和结构

根据城市总体规划和土地规划相关要求，土地性质主要包括居住用地、公共管理与公共服务设施用地、商业服务业设施用地、工业用地、物流仓储用地、道路与交通设施用地、公用设施用地、绿地与广场用地等8个类型，可用不同利用性质的土地占比反映土地开发性质和结构特征。

3. 土地利用综合效益

土地利用综合效益是指包含土地开发所产生的社会效益、经济效益的总和。

（七）空间结构指标

高铁对不同地理空间（尤其是全国、城市群和城市尺度）的影响存在较大的差异。在全国尺度，高铁促使沿线地区可达性、城市等级和经济发展水平明显提升，产生明显的“廊道效应”，进而影响交通经济带、交通圈的形成和发展；在城市群尺度，高铁通过改变核心城市空间范围和城市间相互作用机制来影响城市等级结构和空间结构，进而对不同城市群的地域空间组织产生影响；在城市尺度，高铁车站作为影响周边地区经济发展和土地开发的重要触媒，引致人口和经济活动空间集聚，进而对城市空间结构产生影响。

高铁对交通经济带、交通圈、城市群空间结构的影响主要表现在空间可达性上。空间可达性是指从一个地方到另一个地方的容易程度，也就是从给定地点到其他地方工作、购物、娱乐或就医的方便程度。高铁对区域可达性的影响主要是由于速度提高引致的时间节约，常见的评价指标包括加权平均旅行时间、日可达性和经济潜力等。

（八）就业分配指标

1. 就业机会

就业机会是以城市能够提供的就业岗位数量为基础的，城市能够提供的就业数量越多，劳动力获得就业的机会越大。作为大型基础设施建设项目，高铁的建设提供大量的就业机会，为当地就业规模的扩大起到积极作用。其中高铁投资和建设本身就提供大量的就业岗位（建筑工人、安装工人等），带动相关产业（建筑材料、机械设备等）的发展，促进当地就业。同时，高铁的发展能够产生引致效应，带动沿线经济发展和配套设施建设，形成新城区、新商圈，无形中增加大量就业机会。从就业机会增加的角度来说，主要涉及的指标有：从业人口（从业人口数量、从业人口增长率），新增城镇就业人数（新增就业、失业人员再就业、就业困难人员再就业）等几个方面。

2. 就业密度分布

高铁的发展带动就业人口流动，使得就业分布发生变化，并对不同性质的企业产生不同的就业效应。从消费空间布局看，高铁开通后，城际可达性与文化娱乐、珠宝首饰、美容等高档消费的关联性最强，与食品、鞋箱、家电等普通消费的关联性较小。从产业布局看，高端产业更容易向聚集程度较高的城市转移，制造业则容易向周边中小城市转移。消费空间和产业布局空间的行业差异必然引致高铁城市对劳动力需求的差异。评价就业密度分布的指标主要有区域内三次产业就业人口比重、知识密集型企业就业人口比重、劳动密集型企业就业人口比重。

3. 收入水平

收入水平是劳动力迁移的最主要的影响因素。收入水平决定着消费水平和消费质量,是提高生活水平的重要物质基础。评价收入水平的指标有在岗职工平均工资、城镇居民人均可支配收入。

通过以上八个方面的指标分析,综合考虑其他可能的主要指标,高铁效应面维度评价主要参考指标见表 17-3。

表 17-3 高铁效应面维度评价参考指标

准 则 层	指 标 层
经济总量	国民生产总值
	国内生产总值
	财政收入
经济结构	三次产业结构
	影响力系数
产业发展	高铁对产业增长、产业结构和产业集聚的影响
	高铁对产业布局、产业链的影响
	高铁对旅游产业的影响
	高铁对建筑业、房地产业的影响
	高铁对工业生产结构及能力的影响
	高铁对住宿和餐饮业经营的影响
	高铁对新闻出版、广告传媒业的影响
运输结构	高铁客运市场占有率、分担率、与其他交通方式间换乘便捷性
	高铁对铁路运输结构的影响
	高铁对交通运输结构的影响
城镇建设	高铁加快沿线城镇化进程
	高铁改变沿线城镇等级结构
	高铁改变城镇空间格局
国土开发	高铁客站土地开发强度
	居民人均收入
	城镇化水平
	人口密度
	交通用地比例
	地均生产总值
	地均公共财政收入
	地均固定资产投资

续上表

准则层	指标层
空间结构	空间可达性
就业分配	就业机会
	就业密度分布
	收入水平
其他	高铁对固定资产投资规模和速度的影响
	高铁对固定资产投资结构和比例的影响
	高铁对固定资产投资资金来源的影响
	高铁对固定资产投资效果的影响
	高铁对区域、城市竞争力的影响

第四节　高铁效应体维度评价

一、高铁效应体维度评价内涵

高铁效应体维度评价是以体的视角对高铁建设发展产生的各种效应进行评价。

作为国民经济大动脉和国家重要基础设施，高铁的影响是多方位的、立体化的。随着高铁网络规模的不断扩大，高铁产业链的不断壮大，高铁技术水平的不断提高，高铁的国内外影响不断增强，高铁已经成为中国装备制造业的代表、中国外交的靓丽名片，经济社会和国际影响日益突出。

高铁效应体维度评价重点评价高铁产生的多方位立体效应，以及高铁网络或产业整体对经济社会等诸方面产生的影响。

二、高铁效应体维度评价内容

高铁效应体维度评价涵盖了高铁效应面维度评价的主要内容，但二者视角和层面不同，高铁效应面维度评价站在区域经济层面，高铁效应体维度评价则站在国家、世界等更加宏观的层面。高铁效应体维度评价除涉及高铁效应面维度评价相关评价内容外，还包括以下五个方面。

（一）高铁对安全发展的影响

安全在铁路行业整个发展历史中备受重视，也是当今铁路技术研究、建设、运营的基本保障。高铁的高速特性势必带来更多的社会影响，既关乎高铁自身的运营，也事关各地区经济安全和国家层面的国防部署。高铁作为重要的公众交通工具之一，其运营安全及效率，直接影响公众人身、财产安全以及人口周转效率等社会安全因素。高铁作为铁路运输行业的重要分支之一，建设投资规模大、资金收益期长，高铁产业建设与运营效益影响中国经济可持续发展。高铁逐渐承担起国防军运的重大任务，高铁建设需要保障国防资源及兵力的快速输送，保证国防安全。通过高铁效应体维度评价，可以多层面分析高铁发展对运营安全、经济安全以及国防安全的效应，促使中国高铁建设与安全需求相互协调。

（二）高铁对科技创新的影响

中国高铁经过引进吸收再创新，形成国际领先的技术体系，对高铁和相关产业科技创新和技术进步发挥了重要推动作用，代表和引领着科技创新的方向。高铁是一项高新技术的集成系统，大量高科技技术在高铁的各个环节得到应用，高铁技术标准对相关生产资料的性能、质量的要求提高，促进了物质资料生产部门通过技术研发、技术创新等手段提高产品质量，加快创新能力建设，提高产品的技术水平和竞争力，带动了相关产业的技术进步。高铁技术的研发和创新，催生了新的研究方向和学科方向，带动了新型科技人才的锻炼和培养，推动了新的科研体系和平台的创建。高铁效应体维度评价关注高铁对科技创新和技术进步的推动作用和具体影响。

（三）高铁对区域协调的影响

高铁能够显著提高沿线地区的空间可达性，改善区域投资环境，为沿线地区经济发展和生产要素集聚创造条件，积极推动区域经济协调发展。高铁的建设影响人们对出行方式的选择，也影响企业的区位选择和沿线城市经济发展。在时空压缩机制作用之下，城市可达性通过时间、空间和心理三个维度，改变经济活动的流量流向，推动人流、物流、资金流、信息流在高铁沿线流动，对中国区域间服务均等化产生影响。在中国高铁快速扩展的新时期，以高铁连接发达地区与欠发达地区，有利于消除区域壁垒，将欠发达地区的资源优势转变为现实经济效益，统筹区域协调发展，进而实现区域大开放格局。高铁效应体维度评价有利于明确高铁对区域经济协调发展的重要作用。

（四）高铁对脱贫攻坚的影响

中国社会主要矛盾已经转化为人民日益增长的美好生活需要和不平衡不充分的发展之间的矛盾。打赢脱贫攻坚战是全面建成小康社会必须完成的任务。高铁建设能够极大提升贫困地区的基础设施建设，把贫困地区与经济发达地区连接起来，使偏僻城乡与中心城市实现互通互联，方便人民群众出行，推进贫困地区人员、物资、产业、技术等方面的流动与发展，拉动当地经济发展，改善这些地区发展环境和条件。高铁项目创造精准扶贫的新路径，项目建设及其开发性促使救济性扶贫向开发性扶贫转变，把先进地区的发展理念和发展经验带到贫困地区，改变贫困地区的经济发展、思维模式、管理理念以及思维方式等，为贫困地区发展注入新的活力。

（五）高铁对开放经济的影响

高铁发展不仅能够促进国内经济发展，促进各区域间要素的空间流动，也能够推进国际间的资本流动，带动“一带一路”沿线国家经济的发展，给各国经济带来有利影响。中国高铁先后经历了“引进来”和“走出去”，中国作为世界上拥有高铁系统技术最全、集成能力最强、运营速度最高、规模运营和规划网络规模最大的国家，自 2014 年第一条对外输出高铁项目雅加达—万隆顺利推进，标志着中国高铁“走出去”的开端。随着中国具有完全自主知识产权、达到世界先进水平的“复兴号”动车组正式运营，进一步推进中国高铁“走出去”。高铁的发展不仅体现在提高高铁行业的竞争力，促使中国高铁竞争国际市场，其相关产业的竞争力也相应增强。高铁成为中国外交的靓丽名片，提升了中国国际形象，助推了国际经济文化交流，扩大了中国国家整体影响力，提高了中国在国际上的经济和政治地位。

二、高铁效应体维度评价指标

高铁效应体维度评价目的是全面评价高铁效应，除高铁效应点维度评价、线维度评价、面维度评价涉及的类似指标外，还包含以下五个方面的评价指标。

(一)安全发展指标

高铁安全效应从运营安全、国土安全、经济安全三个方面进行评价。

1. 运营安全

中国地理气候环境复杂，高铁发展应在安全的前提下进行。高铁的安全性评价指标主要从事故发生和人员死亡角度进行考量，包括交通事故率，即交通事故次数或伤亡人数与其人口数、运行里程等的相对关系；每亿人公里死亡率和每亿吨公里死亡率。

2. 国土安全

高铁作为社会重要的交通运输工具，除了提高公众出行效率外，也是中国国防军运的重要保障，能够实现兵力的快速投送，对中国国防建设产生深远的影响。中国高铁已经成功实现了整建制兵力的远程投送，高铁的快速机动性，能够实现大规模兵力在全国范围内高速运输，以应对各种突发情形，大幅提升军队的远程投送能力。高铁国土安全评价的指标为单位时间运兵量和单位时间运输武器重量。

3. 经济安全

高铁项目属于特大型建设项目，需要耗费大量的人力、物力、财力和自然资源等。如果耗费和投入品过多，或挤占资源过多，则势必对国民经济其他地区、其他部门的建设和发展产生影响。高铁项目建设如果能够适应社会经济发展的需要，则会极大地带动国民经济的发展，实现综合国力的提升；反之，则会成为经济发展的瓶颈。因此从人力、财力、物力三个维度设计指标体系，评价指标选取高铁专业人才需求占高铁专业人才数量比例、财政资金投入占财政收入比例、建设物资年度需要量占同期产量比例。

(二)科技创新指标

1. 产业创新

高铁产业同上下游相关产业共同构成高铁产业链,产业链上相关产业和辅助产业互相支撑,共同促进产业结构转型升级,推进产业链创新发展。因此,技术创新科研通过产业链输送到其他相关产业,产生溢出效应。评价产业链发展的指标有专利申请授权量、产业链市场规模(亿元)、产业链总营业收入(亿元)、技术市场申请成交合同总金额(亿元)、高新技术进出口贸易额(亿元)等。

2. 科研基础

指标主要包括事业单位专业人员数量、事业单位 R&D[①] 经费中政府支出总额、规模以上工业企业 R&D 人员数量、规模以上工业企业 R&D 经费内部支出总额、高校 R&D 人员数量、高校 R&D 支出总额、研发机构 R&D 人员数量、研发机构 R&D 支出总额等指标。创新内容层面包括总体 R&D 经费投入强度、主要检索工具收录论文量、国家级产业计划项目量、R&D 课题量等指标。

3. 技术进步

技术引进可以用引进技术消化吸收经费支出和引进国外技术经费支出来衡量。技术创新可以用技术改造经费支出、研发投入强度和国外申请专利数来衡量,其中研发投入强度在国家或地区层面上表示国家或地区研发投入总量与国内或地区生产总值之比,在企业层面上表示企业研发投入总量与产品销售收入之比;国外申请专利数表示中国高铁在国外申请专利数目。

(三)区域协调指标

主要从信息服务、科技服务、金融服务、教育服务、医疗服务等五个方面构建评价指标。

1. 信息服务

信息服务是传播信息、交流信息,实现信息增值的一项活动。高铁加快城市之间信息流动的速度,促进高铁沿线信息服务业的发展。可选取的评价指标包括信息服务规模(企业数、资产总值)、信息服务经济效益(营业收入、营业利润)、信息服务的社会贡献(职工工资和福利费、本年应交增值税、从业人数)。

2. 科技服务

科技服务是指为了增加知识(包括有关自然、工程、人类、文化和社会的知识),以及运用这些知识创造新的应用所进行的系统的、创造性的活动,包括基础研究、应用研究和试验发展。高铁改变人们的出行方式,推动沿线城市发展,促进人才流动,有助于

① Research and Development,研究与开发。

当地科技服务业的发展。衡量高铁沿线科技服务业发展水平主要可以从科技服务业发展环境、科技服务业投入、科技服务业产出三个角度①出发，涵盖的指标包括全社会R&D支出占GDP的比重、从业人员比重、机构数量、科技服务业产值、专利授权量、专利申请受理数、科技成果转化率等指标。

3. 金融服务

金融服务是指金融机构通过开展业务活动为客户提供包括投融资、储蓄、信贷、结算、证券买卖、商业保险和金融信息咨询等多方面的服务。高铁的建设推进资金流向高铁沿线城市流入，促进区域内金融服务发展。金融服务业综合发展水平衡量主要从金融产业规模、市场规模、发展环境三个角度②展开，金融产业发展规模包括金融机构总资产、上市公司总市值、保费收入等指标，市场规模包括金融机构存贷款余额、证券交易总额、票据业务余额、保险密度、保险深度、金融市场筹资额等指标，发展环境包括国民生产总值、财政收支情况、社会消费品零售总额、全社会固定资产投资总额、外商合同投资额等指标。

4. 教育服务

教育公平是社会公平的重要基础，是首要的、根本性的民生工程。高铁建设改善城市可达性，使优势教育资源得到共享，分校、分院、教育讲座等的设立，推进教育服务实现区域均等化。针对高铁开通对教育的影响，选取的指标包括教育基尼系数(人均受教育年限、各学历程度的人口存量)、学校数量、优秀教师、学者数量、班容量、优秀课程时长、师生比等指标。

5. 医疗服务

医疗卫生服务是指为了满足人类必不可少的求医、预防、保健目的提供的一系列医疗基础设施、医疗产品和医务人员。基于投入、产出和效果三个角度衡量各地区医疗均等化水平可以选取的指标包括人均医疗卫生支出、人均卫生技术人员数、人均医疗机构床位数、医师人均每日担负诊疗人次、卫生人员平均负担住院人数、医师人均每日担负住院床日、甲乙类法定报告传染病病死率、设卫生室的村数占行政村数的比重等。

(四)脱贫攻坚指标

高铁扶贫效应从减贫程度、经济发展、社会发展三个层面进行评价。

1. 减贫程度

收入差距是用来衡量不平等的指标之一，也是中国小康社会监测与贫困监测使用

---

① 周梅华，徐杰，王晓珍. 地区科技服务业竞争力水平综合评价及实证研究——以江苏省13个城市为例[J]. 科技进步与对策，2010，27(8)：137-140.

② 仲深，王春宇. 地区金融发展水平综合评价及比较分析[J]. 技术经济，2011，30(11)：93-98.

的指标之一。扶贫的目标既要实现贫困群体脱贫，又要缩小收入差距，通常用基尼系数表示。在收入差距分析领域中，还有一个广泛应用的衡量收入分配差距的指标，即Shorrocks 提出的熵指数（也称 GE 指数）。生活水平的改善是扶贫效果评价的重点之一。从目前的贫困衡量标准和理论发展看，除了绝对贫困的衡量指标外，生活质量、收入分配等也是衡量扶贫效果的重要指标。绝对水平的衡量指标包括当地的人均收入水平、贫困发生率等。生活水平的改善可以用恩格尔系数、人均衣着消费支出比重、人均教育文化娱乐支出比重、人均医疗卫生支出比重、年末人均住房建筑面积来体现。

2. 经济发展

高铁在扶贫过程中对经济发展的作用主要体现在由于可达性的改善和产业转移带动当地产业结构变化和发展，实现开发性扶贫。衡量贫困地区经济发展的传统指标包括当地 GDP、GDP 增长率、劳动力转移率等。高铁促进经济发展体现在新增项目数量、投资额增长等指标。

3. 社会发展

由于经济基础薄弱、地理环境恶劣等原因，贫困地区的基础设施、教育、医疗卫生等公用事业的发展水平无法满足生活需要。因此，以人均通信设备拥有率、用电户比重、人均拥有道路长度、享用安全饮水比重衡量基础设施建设水平；以青壮年人均受教育年限、适龄儿童入学率、学籍儿童在校率、生均校舍建筑面积衡量教育文化水平；以参加农村合作医疗人口比重、5 岁以下儿童的免疫率来衡量医疗卫生水平。

（五）开放经济指标

高铁开放经济效应从国际间经济联系强度、产业竞争力和国家影响力三个方面构建指标。

1. 国际间经济联系强度

经济联系强度表示两个城市之间的空间相互作用，空间相互作用是指为了保持生产和生活的正常进行，城市之间、城市与区域之间存在物质、能源、人员、资金、信息的交换和联系。高铁建设使城市的交通可达性得到大幅度的改善。从国际层面上来看，高铁在时空上对生产要素进行重新配置，具体可以用对外经济联系总量和双边贸易总额两个指标来反映。

2. 产业竞争力

产业竞争力可以理解为一国或一个区域在国际市场或区域市场所具有的竞争能力。高铁产业竞争力可以用显示性比较优势指数、贸易竞争力指数、国际市场占有率、出口增长优势指数和出口贡献率五个指标衡量。

3. 国家影响力

国家影响力是指一个国家的政治、经济、文化、科技等领域，影响其他国家甚至世界的能力，是综合性指标。国家影响力的衡量可以从两个角度出发，一是代表成本、技术、禀赋、经济规模等国家"硬实力"，二是文化、制度、政治等国家"软实力"。对国家"硬实力"的衡量采用中国高铁制定标准数、海外高铁项目数和经济规模三个三级指标来衡量，其中中国高铁制定标准数和海外高铁项目数表示中国高铁"走出去"的技术水平，经济规模指标用国民生产总值来表示，表明一国的经济实力；对国家"软实力"的衡量本书采用在华居住人数、国外学汉语人口数和国家形象三个三级指标来衡量。

综合考虑以上五个方面和其他可能的主要指标，高铁效应体维度评价主要参考指标见表17-4。

表17-4　高铁效应体维度评价参考指标

准则层	指标层	
安全发展	运营安全	交通事故率
		每亿人公里死亡率
		每亿吨公里死亡率
	国土安全	单位时间运兵量
		单位时间运输武器重量
	经济安全	高铁专业人才需求占高铁专业人才数量比例
		高铁项目财政资金投入占财政收入比例
		建设年度物资需要量占同期产量比例
科技创新	产业创新	产业链市场规模
		产业链总营业收入
		技术市场申请成交合同总金额
		高新技术进出口贸易额
	科研基础	事业单位专业人员数量
		事业单位R&D经费中政府支出总额
		规模以上工业企业R&D人员数量
		规模以上工业企业R&D经费内部支出总额
		高校R&D人员数量
		高校R&D支出总额
		研发机构R&D人员数量
		研发机构R&D支出总额
		总体R&D经费投入强度
		主要检索工具收录论文量
		国家级产业计划项目量
		R&D课题量
	技术进步	引进技术消化吸收经费支出
		引进国外技术经费支出

续上表

准则层	指标层	
科技创新	技术进步	技术改造经费支出
		研发投入强度
		国外申请专利数
区域协调	信息服务	信息服务机构数
		信息服务业产值及其GDP和第三产业占比
		信息服务营业收入
		从业人数
	科技服务	科技服务机构数
		科技服务机构从业人员比重
		专利申请受理数
		专利授权量
		科技成果转化率
		科技服务业产值比
		全社会R&D支出占GDP的比重
	金融服务	金融机构总资产
		上市公司总市值
		保费收入
		金融机构存贷款余额
		保险密度
		保险深度
		金融市场筹资额
	教育服务	学校数量
		人均受教育年限
		班容量
		师生比
		优秀课程时长
		教师、学者数量
	医疗服务	人均医疗卫生支出
		人均卫生技术人员数
		医师人均每日担负诊疗人次
		卫生人员平均负担住院人数
		人均医疗机构床位数
脱贫攻坚	减贫程度	基尼系数
		人均收入水平
		贫困发生率

续上表

准则层	指标层	
脱贫攻坚	减贫程度	恩格尔系数
		人均教育文化娱乐支出比重
		人均衣着消费支出比重
		人均医疗卫生支出比重
		年末人均住房建筑面积
	经济发展	新增项目数量
		投资额增长率
		GDP 总量
		GDP 增长率
		人均 GDP
		劳动力转移率
	社会发展	人均通信设备拥有率
		用电户比重
		人均拥有道路长度
		享用安全饮水比重
		青壮年人均受教育年限
		适龄儿童入学率
		学籍儿童在校率
		生均校舍建筑面积
		参加农村合作医疗人口比重
		5 岁以下儿童的免疫率
开放经济	国际间经济联系强度	对外经济联系总量
		双边贸易总额
	产业竞争力	显示性比较优势指数
		贸易竞争力指数
		国际市场占有率
		出口增长优势指数
		出口贡献率
	国家影响力	中国高铁制定标准数
		海外高铁项目数
		经济规模
		在华居住人数
		国外学汉语人口数
		国家形象
其他	高铁对国民经济和社会发展总量和速度的影响	
	高铁对国民经济和社会发展结构的影响	

续上表

准 则 层	指 标 层
其他	高铁对国民经济和社会发展比例和效益的影响
	高铁对国家财政收支总额及构成的影响
	高铁对“三农”的影响
	高铁对京津冀及长江经济带国民经济和社会发展的影响
	高铁对“四大板块”国民经济和社会发展的影响
	高铁对“一带一路”建设的影响
	高铁外交作用

参考文献

[1] Aguilera A. Business travel and mobile workers[J]. Transportation Research Part A Policy & Practice, 2008,42(8):1109-1116.

[2] Branstetter L. Is foreign direct investment achannel of knowledge spillovers? Evidence from Japan's FDI in the United States[J]. Journal of International Economics,2000,68(2):324-344.

[3] Doraszelski U,Jaumandreu J. R&D and productivity:Estimating production functions when productivity is endogenous[J]. Harvard Institute of Economic Research,2007,2147(1):1-55.

[4] D Pearce. Tourism Development[M]. New York:Longman Group Limited,1981. 67-75.

[5] Fritsch M. Cooperation and the efficiency of regional R&D activities[J]. Cambridge Journal of Economics, 2004,28(6):829-846.

[6] Garmendia M,Romero V,Urea J M D,etal. High-Speed Rail Opportunities around Metropolitan Regions: Madrid and London. Journal of Infrastructure Systems,2012,18(4):305-313.

[7] Gutierrez J. Location,Economic Potential And Daily Accessibility:An Analysis of The Accessibility Impact Of The High-Speed Line Madrid-Barcelona-French Border. Journal of Transport Geography,2001,9(1): 229-242.

[8] Jameel K,Boopen S. Transport infrastructure and tourism development [J]. Annals of Tourism Research, 2007,34(4):1021-1032.

[9] Jorritsma P. Sub stitution opportunities of high speed train for airt ransport. Transport Business,2009,7: 121-128.

[10] Jos M U rea, Menerault P, Garmendia M. The high-speed rail challenge for big intermediate cities: Anational,regional and local perspective. Cities,2009,26(5):266-279.

[11] JSLS. Recreation Geography[M]. New York:Longman Group Limited,1983. 149.

[12] Kim K S. High-speed rail developments and spatial restructuring: Acase study of the Capital regionin South Korea1[J]. Cities,2000,17(4):251-262.

[13] Knaap T, Oosterhaven J. Measuring the welfare effects of infrastructure: A simple spatial equilibrium evaluation of Dutch rail way proposals [J]. Research in Transportation Economics,2011,31(1):19-28.

[14] Krugman P. Increasing Returns And Economic Geography[J]. Paul RKrugman,1991,99(3):483-499.

[15] Nakamura H. The economic evaluation of transport infrastructure: needs for international comparisons [J]. Transport Policy,2000,7(1):3-6.

[16] Ozbay K, Ozmen D, Berechman J. Modeling and Analysis of the Link between Accessibility and Employment Growth [J]. Journal of Transportation Engineering,2006,132(132):385-393.

[17] Poldahl A. The Two Faces of R&D: Does Firm Absorptive Capacity Matter? [J]. Journal of Industry Competition & Trade,2012,12(2):221-237.

[18] Preston J. Integrating Transport With Socio-Economic Activity: A Research Agenda For The New Millennium[J]. Journal of Transport Geography, 2001, 9: 13-24.

[19] Prideaux B. The role of the transport system indestination development[J]. Tourism Management. 2000, 21(3): 53-63.

[20] Stiglitz J E. Behavior Towards Risk with Many Commodities[J]. Econometrica, 1969, 37(4): 660-667.

[21] Tapio P. Towards a theory of decoupling: degrees of decoupling in the EU and the case of road traffic in Finland between 1970 and 2001[J]. Transport Policy, 2008, 12(2): 137-151.

[22] Vickerman R. High-speed rail in Europe: experience and issues for future development[J]. Annals of Regional Science, 1997, 31(1): 21-38.

[23] Willigers J, Wee B V. High-speed rail and office location choices. A stated choice experiment for the Netherlands[J]. Journal of Transport Geography, 2011, 19(4): 745-754.

[24] 丁军学,金凤君. 高铁与民航的竞争博弈及其空间效应——以京沪高铁为例[J]. 经济地理, 2013(05): 104-110.

[25] 马卫东. 铁路项目成本管理分解结构[J]. 铁道运输与经济, 2005, 27(7): 36-38.

[26] 马勇,满晓宇. 高铁对武汉旅游业发展的溢出效应研究[J]. 旅游管理研究, 2013(12B).

[27] 王广浩,周坚. 项目后评价方法探析[J]. 科技进步与对策, 2004, 21(1): 97-99.

[28] 王凤学. 中国高速铁路对区域经济发展影响研究[D]. 长春:吉林大学, 2012.

[29] 王生昌,白韶波,张慧. 公路客运量预测方法的比较[J]. 长安大学学报(自然科学版), 2005, 25(5): 83-85.

[30] 王志超. 关于铁路企业工资制度综述研究[J]. 经济师, 2016(05): 61-63.

[31] 王英,刘思峰. 项目后评价中"有无对比法"的正确使用——以连徐高速公路经济影响后评价为例[J]. 南京航空航天大学学报(社会科学版), 2007, 9(3): 15-18.

[32] 王炜炜. 高速铁路影响下铁路客流量预测研究[J]. 铁道运输与经济, 2016, 38(4): 42-46.

[33] 王建军. 公路建设项目后评价主要内容研究[J]. 西安公路交通大学学报, 2001, 21(3): 25-29.

[34] 王洁,刘亚萍. 高速铁路与城市旅游发展研究——以武汉市武广高铁旅游发展为例[J]. 资源开发与市场, 2011, 27(12): 1146-1149.

[35] 王振波,徐建刚,朱传耿,等. 中国县域可达性区域划分及其与人口分布的关系[J]. 地理学报, 2010, 65(4): 416-426.

[36] 王景妍,张飞. 区域运输通道内影响旅客出行方式选择的因素[J]. 交通科技与经济, 2011, 6.

[37] 中国铁路总公司. 中国铁路总公司运输成本费用管理核算规程[S]. 北京:中国铁道出版社, 2015.

[38] 牛志平,朱嫣,何孝贵. 城市轨道交通项目后评价机制研究[J]. 都市快轨交通, 2005, 18(5): 1-4.

[39] 仇智勇. 铁路客运专线的客运量预测[J]. 铁道运输与经济, 2004, 26(4): 37-39.

[40] 文娉,韩旭. 高铁对中国城市可达性和区域经济空间格局的影响[J]. 人文地理, 2017(1): 99-108.

[41] 胡鞍钢,鄢一龙,唐啸. 中国新发展理念[M]. 杭州:浙江人民出版社, 2017.

[42] 方琪根. 高速铁路运营成本的作业成本法测算研究[J]. 铁道科学与工程学报, 2006(10): 87-92.

[43] 邓涛涛,王丹丹,程少勇. 高速铁路对城市服务业集聚的影响[J]. 财经研究, 2017, 43(07): 119-132.

[44] 龙茂乾,孟晓晨,李贵才. 国外高速铁路经济、空间影响研究进展综述[J/OL]. 国际城市规划. http://kns.cnki.net/kcms/detail/11.5583.TU.20170823.0932.003.html.

[45] 卢佩翔. 关于完善铁路企业医疗保险体系的若干思考[J]. 经营管理者, 2015(07): 128.

[46] 卢颖谦. 关于完善铁路企业工资分配的几点思考[J]. 经营管理者,2014(07):161.

[47] 帅斌,黄文成,胡鹏,等. 铁路建设项目经济效益形成机理及计量方法改进研究[J]. 铁道学报,2016,38(11):16-25.

[48] 申金升,徐一飞,雷黎,等. 城市交通可持续发展若干问题的思考[J]. 中国软科学,1997,9(3):114-119.

[49] 冯运卿,李雪梅,李学伟. 基于粗糙集的复合属性铁路旅客出行决策影响因素分析与权重计算[J]. 铁道学报,2014(9):1-9.

[50] 冯运卿. 客运通道异质型旅客出行偏好形成过程及出行方式选择研究[D]. 北京:北京交通大学,2016.

[51] 兰英. 高速铁路对中国经济发展的影响[M]. 北京:经济日报出版社,2012.

[52] 宁泽群. 旅游经济、产业与政策[M]. 北京:中国旅游出版社,2005.

[53] 朱悦. 铁路企业社会保险基金财务管理浅析[J]. 财经界(学术版),2012(02):190+192.

[54] 乔洁,秦萧,沈山. 高速铁路经济效应研究进展与前瞻[J]. 经济问题探索,2012(8):112-118.

[55] 任晓红,张宗益,余元全. 中国省际资本流动影响因素的实证分析[J]. 经济问题,2011(1):31-35.

[56] 全国咨询工程师(投资)职业资格考试参考教材编写委员会. 项目决策分析与评价(2017 年版)[M]. 北京:中国计划出版社,2016.

[57] 刘生龙,胡鞍钢. 交通基础设施与中国区域经济一体化[J]. 经济研究,2011(3):72-82.

[58] 刘传明,曾菊新. 县域综合交通可达性测度及其与经济发展水平的关系——对湖北省 79 个县域的定量分析[J]. 地理研究,2011,30(12):2209-2221.

[59] 刘杰,何世伟. 国外高铁票价体系分析及启示[J]. 综合运输,2010(8):81-84.

[60] 刘秉镰,武鹏,刘玉海. 交通基础设施与中国全要素生产率增长——基于省域数据的空间面板计量分析[J]. 中国工业经济,2010(3):54-64.

[61] 刘育红,王新安. "新丝绸之路"交通基础设施与全要素生产率增长[J]. 西安交通大学学报:社会科学版,2012,32(3):54-59.

[62] 刘法建,张捷,陈冬冬. 中国入境旅游流网络结构特征及动因研究[J]. 地理学报,2010,65(8):1013-1024.

[63] 刘泽华,李海涛,史春云,等. 短期旅游流时间分布对区域旅游空间结构的响应[J]. 地理学报,2012,25(12):1623-1632.

[64] 刘南,周庆明. 交通基础设施建设投资对国民经济拉动作用的定量分析[J]. 公路交通科技,2006(5):150-154.

[65] 刘俊娟,王炜,程琳. 城市公共交通规划后评价研究[J]. 现代城市研究,2007,22(11):25-33.

[66] 刘勇. 交通基础设施投资、区域经济增长及空间溢出作用——基于公路、水运交通的面板数据分析[J]. 中国工业经济,2010,(12):37-46.

[67] 刘常辉. 有关铁路企业工资分配问题的若干思考[J]. 中国外资,2012(08):262+264.

[68] 刘歆. 京沪铁路对沿线劳动力市场的影响[D]. 北京:北京交通大学,2011.

[69] 刘璐. 高速铁路建设项目后评价理论与方法研究[D]. 天津:天津大学,2012.

[70] 许庆斌,荣朝和,马运. 运输经济学导论[M]. 北京:中国铁道出版社,1995.

[71] 孙晓华,原毅军. 产业集聚效应的系统动力学模型研究[J]. 经济与管理,2007,21(5):10-13.

[72] 孙婷. 高速铁路对城市发展的影响[J]. 现代城市研究,2008,23(7):82-87.

[73] 孙煦,陆化普,吴娟. 基于蚁群优化支持向量机模型的公路客运量预测[J]. 合肥工业大学学报(自然科学版),2012,35(1):124-129.

[74] 孙慧,范志清,孙晓鹏. 基于模糊综合评价的 BOT 高速公路建设项目后评价[J]. 统计与决策,2011(4):40-42.

[75] 孙聪,郑思齐,张英杰. 高速铁路对中国城市经济的外部影响[J]. 广东社会科学,2014(05):22-28.

[76] 芮海田,吴群琪,袁华智,等. 基于指数平滑法和马尔科夫模型的公路客运量预测方法[J]. 交通运输工程学报,2013,13(4):87-93.

[77] 严作人,杜豫川,张戎. 运输经济学[M]. 2 版. 北京:人民交通出版社,2009.

[78] 李卫国,杨松林,刘志春. GIS 在交通建设项目环境影响后评价中的应用[J]. 石家庄铁道大学学报(自然科学版),2000,13(s1):1-3.

[79] 李文兴,李金纨. 铁路运输成本费用管理[M]. 北京:中国铁道出版社,1995.

[80] 李文君,符卓. 高速铁路客运需求弹性分析[J]. 铁道科学与工程学报,2016,13(11):2115-2124.

[81] 李晓刚,贾元华,敖谷昌. 基于主成分回归的公路客运量预测模型研究[J]. 交通运输研究,2009(5):77-81.

[82] 李祥妹,刘亚洲,曹丽萍. 高速铁路建设对人口流动空间的影响研究[J]. 中国人口·资源与环境,2014(06):140-147.

[83] 李雪松,孙博文. 高铁开通促进了地区制造业集聚吗?——基于精光高铁的准自然试验研究[J]. 中国软科学,2017(7).

[84] 李涵,黎志刚. 交通基础设施投资对企业库存的影响——基于中国制造业企业面板数据的实证研究[J]. 管理世界,2009,21(8):73-80.

[85] 李瑞,奚世军,吴晓俊,等. 贵广高铁对沿线旅游城市可达性影响测度及其地域结构系统构建[J]. 世界地理研究,2017,26(04):62-72.

[86] 杨正泽. 高速铁路的国民经济属性及投资效益研究[D]. 北京:北京交通大学,2015.

[87] 杨兴柱,顾朝林,王群. 旅游流驱动力系统分析[J]. 地理研究,2011,30(1):23-36.

[88] 杨国良,张捷,刘波,等. 旅游流流量位序——规模分布变化及其机理[J]. 地理研究,2007,26(4):662-672.

[89] 杨维凤. 京沪高速铁路定价问题研究[J]. 中国物价,2009(2):10-12.

[90] 杨瑜,王怀相. 高速铁路运输综合成本测算研究[J]. 铁道工程学报,2009,26(1):102-106.

[91] 吴昊. 京津城际铁路对京津地区经济社会发展的作用[J]. 铁道经济研究,2009,4:15-19.

[92] 吴晋峰,包浩生. 旅游系统的空间结构模式研究[J]. 地理科学,2002,22(1):96-101.

[93] 吴润生. 日本经济发展的经验与教训及对中国的启示[J]. 宏观经济研究,2003(1):117-120.

[94] 吴笛. 高速铁路对城市就业吸引力的影响分析[D]. 北京:北京交通大学,2015.

[95] 吴福象,刘志彪. 城市化群落驱动经济增长的机制研究——来自长三角 16 个城市的经验证据[J]. 经济研究,2008(11):126-136.

[96] 吴群琪,黄智英. 运输行为的本质及其特征分析[J]. 交通运输工程学报,2007,7(3):116-120.

[97] 冷俊峰,陆凤山,王美云. 对中国高速铁路客运量预测的探讨[J]. 西南交通大学学报,2001,36(1):88-91.

[98] 汪宇明,高元衡. 上海与长江流域各省区间的旅游互动[J]. 地理学报,2008,63(6):657-668.

[99] 汪德根,陈田,陆林,等. 区域旅游流空间结构的高铁效应及机理——以中国京沪高铁为例[J]. 地理学报,2015,70(02):214-233.

[100] 汪德根. 高铁网络化时代旅游地理学研究新命题审视[J]. 地理研究,2016,35(03):403-418.

[101] 宋晓满,顾保南.京沪高速铁路速度目标值对工程造价及运营成本的影响[J].同济大学学报(自然科学版),1996(2):85-90.

[102] 张小艳.中国高速铁路客运专线后评价指标体系[J].交通科技与经济,2011,13(5):106-108.

[103] 张汉斌.高速铁路缩小区域差距的传导机制分析[J].综合运输,2011,(03):49-50,87.

[104] 张红梅.加强铁路企业社保管理工作探讨[J].中外企业家,2014,(10):85+91.

[105] 张远.运输港站与枢纽[M].南京:东南大学出版社,2008.

[106] 张丽娟.运输经济学[M].北京:中国人民大学出版社,2015.

[107] 张季风.新干线与日本经济[J].日本学刊,2004(6):19-31.

[108] 张学良.中国交通基础设施促进了区域经济增长吗——兼论交通基础设施的空间溢出效应[J].中国社会科学,2012(3):60-77.

[109] 张晓建.高速铁路对沿线产业集聚与扩散的效益影响分析——以郑西高速铁路为例[D].成都:西南交通大学,2016.

[110] 张楠楠,徐逸伦.高速铁路对沿线区域发展的影响研究[J].地域研究与开发,2005(3).

[111] 陈亚青,韩云祥.基于系统动力学的航空系统客运量预测模型[J].交通信息与安全,2009,27(5):146-148.

[112] 陈团生,毛保华,高利平,等.客运专线旅客出行选择行为分析[J].铁道学报,2007,29(3):8-12.

[113] 陈健昌,保继刚.旅游者的行为研究及其实践意义[J].地理研究,1988,7(3):44-50.

[114] 陈得文,苗建军.空间集聚与区域经济增长内生性研究——基于1995-2008年中国省域面板数据分析[J].数量经济技术经济研究,2010(9):82-93.

[115] 陈淑玲.中外高铁票价与客运量对比分析及相关启示[J].铁道经济研究,2016(8):37-41.

[116] 陈颖雪,刘志钢,薛美根,等.交通引导发展(TOD)模式下城轨车站交通功能后评价研究[J].城市轨道交通研究,2014,17(4):14-17.

[117] 邵长涛.铁路员工薪酬满意度及影响研究[D].济南:山东大学,2016.

[118] 苑志杰,吴瑞丰,李素芬.市政交通基础设施建设项目后评价研究[J].交通运输系统工程与信息,2010,10(3):176-179.

[119] 林晓言.高速铁路与经济社会发展新格局[M].北京:社会科学文献出版社,2015.

[120] 林逢春,王海怀.上海轨道交通3号线景观影响后评价[J].城市轨道交通研究,2004,7(5):70-73.

[121] 杭力,韩直,杜益文.BP神经网络和GM(1,1)灰色模型在公路客运量预测中的应用[J].公路交通技术,2006(2):110-113.

[122] 欧国立.轨道交通运输经济[M].北京:中国铁道出版社,2010.

[123] 国家旅游局网站.2016年中国旅游业统计公报[EB/OL].http://www.cnta.gov.cn/zwgk/lysj/201711/t20171108_846343.shtml,2017-11-08/2017-11-09.

[124] 周平,刘清香.京沪高铁对山东区域经济发展的溢出效应[J].区域经济研究,2012(11).

[125] 宗芳,隽志才,张慧永,等.出行时间价值计算及应用研究[J].交通运输系统工程与信息,2009,9(3):114-119.

[126] 赵长江.长大干线铁路客运量预测方法研究[J].交通运输系统工程与信息,2004,4(3):92-96.

[127] 赵庆国.高速铁路缩小中国区域差的作用机理分析[J].当代财经,2013(04):106-112.

[128] 赵娟,任民.京沪高铁客运市场细分与客票营销策略研究[J].铁道经济研究,2014(6):13-17.

[129] 荣朝和. 如何科学统计高速铁路的载客水平与运营效率[J]. 综合运输,2010(9):66-68.

[130] 胡天军,申金升. 京沪高速铁路对沿线经济发展的影响分析[J]. 经济地理,1999,19(5):101-104.

[131] 胡列格,刘中,杨明. 交通枢纽与港站[M]. 北京:人民交通出版社,2003.

[132] 胡鞍钢,刘生龙. 交通运输、经济增长及溢出效应——基于中国省际数据空间经济计量的结果[J]. 中国工业经济,2009(5):5-14.

[133] 侯志强. 加快福厦高铁旅游发展的对策研究——福厦高铁游客行为特征调查[J]. 福建论坛(人文社会科学版),2016(11):191-195.

[134] 闻克宇,梁婧,周洋帆,等. 武广高速铁路运量后评价研究分析[J]. 铁道运输与经济,2016,38(3):62-66.

[135] 胥兴安,孙凤芝,王立磊. 居民感知公平对社区参与旅游发展的影响研究——基于社区认同的视角[J]. 中国人口·资源与环境,2015,25(12):113-120.

[136] 姚林如,李莉. 劳动力转移、产业集聚与地区差距[J]. 财经研究,2006,32(8):135-143.

[137] 贺灿飞,朱彦刚,朱晟君. 产业特性、区域特征与中国制造业省区集聚[J]. 地理学报,2010,65(10):1218-1228.

[138] 秦四平. 铁路运输经济学[M]. 北京:北京交通大学出版社,2012.

[139] 袁学玲. 高速铁路机车乘务员的工作环境及健康状况的研究[D]. 长沙:湖南师范大学,2014.

[140] 贾俊芳,王莹玉. 基于竞争的高速铁路客运需求量预测[J]. 北京交通大学学报,2013,37(6):72-77.

[141] 钱佳. 基于高铁网络化的中国城市旅游空间格局演变及优化研究[D]. 苏州:苏州大学,2015.

[142] 徐梦秋,许志勇,江颖. 基于熵权模糊综合评价的高速铁路建设项目后评价研究[J]. 黑龙江科技信息,2013(8):77-78.

[143] 高旭敏. 高速铁路客流量预测研究[J]. 系统工程,1994(5):68-72.

[144] 郭文军,曾学贵. 铁路线路环境影响评估及高速铁路线路方案优鑓选择豹秘宠[J]. 铁道工程学报,2002(1):74-77.

[145] 郭建科,王绍博,李博,等. 哈大高铁对东北城市旅游经济联系的空间影响[J]. 地理科学,2016,36(04):521-529.

[146] 唐顺铁,郭来喜. 旅游流体系研究[J]. 旅游学刊,1998,13(3):38-41.

[147] 唐望丁,殷轶晖,孙峻. 城市基础设施项目后评价机制研究[J]. 工程管理学报,2008(2):38-41.

[148] 黄泰,查爱欢,应南茜,等. 高铁对都市圈城市旅游服务力格局演变的影响——以长三都市圈为例[J]. 经济地理,2014,34(11):158-165.

[149] 曹小曙. 特大城市公共交通可达性与小汽车出行决策[M]. 北京:商务印书馆,2015.

[150] 曹端芝,刘淑娟. 城际高铁在短途客运市场中的竞争力分析[J]. 交通科技与经济,2011(06):75-77.

[151] 康悦,路喜青. “70、80、90后”游客高铁旅游行为对比研究[J]. 河南工程学院学报(社会科学版),2016,31(03):22-26.

[152] 章锦河,张捷,刘泽华. 基于旅游场理论的区域旅游空间竞争研究[J]. 地理科学,2005,25(2):248-256.

[153] 章锦河,张捷,李娜,等. 中国国内旅游流空间场效应分析[J]. 地理研究,2005,24(2):293-303.

[154] 彭峥,胡华清. 高速铁路对航空运输市场的影响分析[J]. 综合运输,2009,(7):70-75.

[155] 彭辉,王洁. 运输通道新建高速铁路客运量预测MD模型[J]. 交通运输工程学报,2005,5(3):93-97.

[156] 董艳梅,朱英明. 高铁建设的就业效应研究——基于中国285个城市倾向匹配倍差法的证据[J]. 经济管理,2016(11):26-44.

[157] 蒋作明. 淮北市全域旅游发展对策研究[J/OL]. 宿州学院学报,2017(11):1-6. https://kns-cnki-net/kcms/detail/34.1289.Z.20171130.2149.014.html.

[158] 蒋海兵,张文忠,祁毅,等. 区域交通基础设施可达性研究进展[J]. 地理科学进展,2013,32:807-817.

[159] 韩涛. 高速铁路建设项目建设过程后评价研究[J]. 铁道科学与工程学报,2017,14(5):913-921.

[160] 解先荣,鲍香台. 公路建设项目后评价方法的研究[J]. 公路交通科技,1999,16(4):85-87.

[161] 薛艳冰. 广深客运专线动车组能耗计算与分析[J]. 铁道运输与经济学术论坛学术论坛,2012.

[162] 霍娅敏,陈坚,李啸虎,等. 城市建设项目交通影响后评价模型[J]. 交通运输工程学报,2012,12(1):79-86.

[163] 戴帅,程颖,盛志前. 高铁时代的城市交通规划[M]. 北京:中国建筑工业出版社. 2011.

[164]《国务院关于印发〈中国制造 2025〉的通知》(国发〔2015〕28 号)

[165]《国家铁路局颁布〈铁路标准化"十三五"发展规划〉的调整》(国铁科法〔2017〕15 号)

[166]《铁路"十三五"发展规划》(发改基础〔2017〕1996 号)

[167]《铁路标准化"十三五"发展规划》(国铁科法〔2017〕15 号)

[168]《增强制造业核心竞争力三年行动计划(2018—2020 年)》(发改产业〔2017〕2000 号)

[169] BRIAN SANDS. The Development Effects of High-Speed Rail Stations and Implications for California[J]. Built Environment,1993(3/4):257-284.

[170] Givoni M. The development and impact of the modern High Speed Train[J]. Transport Reviews,2006,26(5):593-612.

[171] UIC. High speed lines in the World[EB/OL]. 2014-09. http://uic.org.

[172] Verma A,Sudhira H S,Rathi S,King R,and Dash N. Sustainable Urbanization Using High Speed Rail in Karnataka[J]. Research in Transportation Economics,2013(1):67-77.

[173] Wang X,Huang S,Zou T,et al. Effects of the high speed rail network on China's regional tourism development[J]. Tourism Management Perspectives,2012(1):34-38.

[174] 丁成日. 城市空间结构和用地模式对城市交通的影响[J]. 城市交通,2010,08(5):28-35.

[175] 王小广. 新旧动能转换:挑战与应对[J]. 人民论坛,2015(35):16-18.

[176] 王凤学. 中国高速铁路对区域经济发展影响研究[D]. 长春:吉林大学,2012.

[177] 王芳. 城际高铁对劳动力市场的影响[C]. //中国铁道学会,北京交通大学. 2010 年京津城际铁路(客运专线)与区域经济社会发展研讨会论文集. 北京:北京交通大学,2010.

[178] 王金波. 从走廊到区域经济一体化:"一带一路"经济走廊的形成机理与功能演进[J]. 国际经济合作,2017,(02):9-15.

[179] 王垚,年猛. 高速铁路带动了区域经济发展吗?[J]. 上海经济研究,2014(2):82-91.

[180] 王姣娥,焦敬娟,金凤君. 高速铁路对中国城市空间相互作用强度的影响[J]. 地理学报,2014,69(12):1833-1846.

[181] 方大春,孙明月. 高速铁路对长三角城市群经济发展影响评估——基于 DID 模型的实证研究[J]. 华东经济管理,2016(2):42-47.

[182] 方创琳,祁巍锋,宋吉涛. 中国城市群紧凑度的综合测度分析[J]. 地理学报,2008,63(10):1011-1021.

[183] 邓洲. 铁路产业"走出去"现状和市场环境分析[J]. 中国铁路,2017(11):46-49.

[184] 艾伯亭. 高速铁路枢纽对天津城市空间发展的影响研究[J]. 城市发展战略,2010(4):12-14.

[185] 石美遐.劳动法与社会保险法[M].北京:清华大学出版社,北京交通大学出版社,2013.

[186] 石海洋,侯爱敏,吉银翔,等.触媒理论视角下高铁枢纽站对城市发展的影响研究[J].苏州科技大学学报(工程技术版),2013,26(3):55-59.

[187] 卢春房.中国高速铁路[M].北京:中国铁道出版社,2015.

[188] 冯长安.高铁建设对城市发展的影响研究[C].//中国城市规划学会.城市规划和科学发展——2009中国城市规划年会论文集.北京:中国城市规划学会,2009(9).

[189] 冯长春,丰学兵,刘思君.高速铁路对中国省际可达性的影响[J].地理科学进展,2013,32(8):1187-1194.

[190] 兰云飞,仝泽柳,石瑛.高速铁路概论[M].北京:北京交通大学出版社,2016.

[191] 兰英.从产业关联性看高速铁路对中国铁路装备制造业的拉动作用[J].管理现代化,2009,(06):15-17.

[192] 延树港,袁伟峰.大城市轨道交通经济带开发模式[J].综合运输,2006(12):43-45.

[193] 刘传江,李雪.西方产业组织理论的形成与发展[J].经济评论,2001(6):104-106.

[194] 刘志林,张艳,柴彦威.中国大城市职住分离现象及其特征——以北京市为例[J].城市发展研究,2009(09):110-117.

[195] 刘琳.城市化过程中的"极化效应"[J].决策探索(上半月),2012(04):36-37.

[196] 刘楚楠."一带一路"背景下高铁出口原因分析[J].北方经贸,2017(1):12-13.

[197] 孙永福等.中国铁路"走出去"发展战略研究[J].中国工程科学,2017(5):001-008.

[198] 孙学军等.中国铁路装备企业"走出去"策略研究[J].中国工程科学,2017(5):033-037.

[199] 杜纯布.推进中国"高铁经济"健康发展的理性思考[J].中州学刊,2011(03):55-57.

[200] 李丹,吴祖宏.产业组织理论渊源、主要流派及新发展[J].河北经贸大学学报,2005,26(3):48-55.

[201] 李亚春.高铁产业的行业关联效应研究[D].昆明:云南大学,2016.

[202] 李廷智,杨晓梦,赵星烁,等.高速铁路对城市和区域空间发展影响研究综述[J].城市发展研究,2013,20(2):71-79.

[203] 李松涛.高铁客运站站区空间形态研究[D].天津:天津大学,2010.

[204] 李欧阳.长株潭城际高铁对区域经济的影响及对策研究[J].科技视界,2016(7):37-38.

[205] 李学伟.高速铁路概论[M].北京:中国铁道出版社,2010.

[206] 李新光,黄安民,张永起.高铁对区域经济发展的影响评估——基于DID模型对福建省的实证分析[J].现代城市研究,2017(4):125-132.

[207] 李霞,周国华,唐凯.武广高速铁路对耒阳市产业转型的影响[J].热带地理,2012,32(05):521-526.

[208] 杨河清.劳动经济学[M].北京:中国人民大学出版社,2014.

[209] 杨春婧.运输线网与哈大齐工业走廊大齐规划区产业布局的耦合研究[D].哈尔滨:东北林业大学,2007.

[210] 杨晓智.交通基础设施的增长效应和溢出效应分析——以京沪高铁为例[J].天津商务职业学院学报,2017(1):3-11.

[211] 杨萌.基于SCP范式的中国公路货物运输业组织结构研究[D].西安:长安大学,2012.

[212] 杨甜娜.试析2016年中国高铁发展适应供给侧改革[J].经济研究导刊,2016(8):59-60.

[213] 来逢波,刘春梅,荣朝和.高速铁路对区域经济发展的影响效应及实证检验[J].东岳论丛,2016(6):120-127.

[214] 肖雁飞，张琼，曹休宁，等. 武广高铁对湖南生产性服务业发展的影响[J]. 经济地理，2013(10)：103-107.
[215] 吴爽. 大型公共投资项目启动动因研究——以城际高速铁路为例[D]. 北京：北京大学，2011.
[216] 何宁，顾保南. 城市轨道交通对土地利用的作用分析[J]. 城市轨道交通研究，1998(4)：32-36.
[217] 何华武. 中国高速铁路创新与发展[J]. 中国铁路，2010(12)：5-8.
[218] 佟立本. 高速铁路概论[M]. 4 版. 北京：中国铁道出版社，2016.
[219] 应夏晖，陈锦生. 高速铁路基本知识[M]. 北京：中国铁道出版社，2015.
[220] 汪建丰. 沪杭高铁经济带城市产业布局研究[J]. 阅江学刊，2015，7(05)：56-61.
[221] 沈陆澄. 厦深高速铁路建设背景下交通枢纽门户建设对区域和城市空间结构的影响——以汕头市为例[J]. 规划师，2011，27(7)：20-25.
[222] 宋敏，王国梁. 中国高铁在"一带一路"战略中的地位与作用[J]. 时代金融，2017(5)：264-265.
[223] 张文尝，金凤君，樊杰. 交通经济带[M]. 北京：科学出版社，2002.
[224] 张纯，宋彦，夏海山. 高铁带动下的京津冀城市群城市形态演变[J]. 北京规划建设，2016(4)：42-46.
[225] 张莉，何宽，朱丽莉. 高速铁路对区域经济发展的影响要素及机理分析[J]. 铁道运输与经济，2012(12)：64-69.
[226] 张晓建. 高速铁路对沿线产业集聚与扩散的效益影响分析[D]. 成都：西南交通大学，2016.
[227] 张梦龙. 基于公共物品属性视角的铁路改革结构特性研究[D]. 北京：北京交通大学，2014.
[228] 张雪，张梅青. 空间视角下京沪高铁对旅游业的影响研究[J]. 消费经济，2017(3)：55-56.
[229] 张博. 高铁对中国区域经济发展影响研究[J]. 东南大学学报(哲学社会科学版)，2017(S1)：132-133.
[230] 张楠楠，徐逸伦. 高速铁路对沿线区域发展的影响研究[J]. 地域研究与开发，2005(3)：32-36.
[231] 陆大道. 关于"点—轴"空间结构系统的形成机理分析[J]. 地理科学，2002(1)：1-6.
[232] 陈东琪. 发挥高铁经济的支撑引领作用[N]. 经济日报，2016-8-18.
[233] 陈昕. 高速铁路站点周边城市建设与发展研究[D]. 天津：天津大学，2009.
[234] 陈春良. 中国高铁投资经济增长效应的实证研究[J]. 经济视角，2013(33)：20-21.
[235] 陈德敏，孟帮燕，林勇. 区域生产力布局模式选择分析[J]. 开发研究，2005(04)：77-80.
[236] 武伟，宋英昌，林寅星. 铁路经济带与点轴开发及其结构系统[J]. 地域研究与开发，1997(2)：5-10.
[237] 欧国立. 运输市场变迁与中国铁路市场化改革[M]. 北京：中国铁道出版社，2001.
[238] 国巍. 武广高速铁路对湖南工业集聚的影响分析[D]. 成都：西南交通大学，2014.
[239] 罗庆中，贾光智，昌晶. 国外铁路改革[M]. 北京：中国铁道出版社，2013.
[240] 罗鹏飞，徐逸伦，张楠楠. 高速铁路对区域可达性的影响研究——以沪宁地区为例[J]. 经济地理，2004(3)：407-411.
[241] 周扬明. 精益物流效益与时空经济相关性研究[J]. 中国流通经济，2011，25(3)：26-29.
[242] 周怡然. 高速铁路对湖北相关产业的影响研究[D]. 武汉：武汉工程大学，2015.
[243] 周浩. 高速铁路对余姚城市建设的影响与对策[J]. 工程与建设，2011，25(4)：454-456.
[244] 周新军. 高铁经济带的内涵外延、发展路径与合作机制[J]. 经济研究参考，2017(11)：70-74，84.
[245] 庞彪. 高铁引发的变局[J]. 中国物流与采购，2012(20)：48-50.
[246] 郑德高，杜宝东. 寻求节点交通价值与城市功能价值的平衡——探讨国内外高铁车站与机场等交通枢纽地区发展的理论与实践[J]. 国际城市规划，2007，22(1)：72，76.
[247] 赵云，李雪梅，韦功鼎. 高速铁路对区域经济系统的影响研究[J]. 铁道运输与经济，2015，37(3)：7-13.

[248] 赵丹丹. 京沪高速铁路建设对沿线产业空间布局的影响[D]. 成都:西南交通大学,2011.
[249] 赵庆国. 高速铁路产业发展政策研究[D]. 南昌:江西财经大学,2013.
[250] 荣朝和,韩舒怡,闫申,等. 关于匹配概念及其时空经济分析框架的思考[J]. 北京交通大学学报(社会科学版),2017,16(2):12-21.
[251] 荣朝和. 交通—物流时间价值及其在经济时空分析中的作用[J]. 经济研究,2011(8):133-146.
[252] 胡叶平,张超. 京沪高速铁路潜在市场的调查与分析[J]. 铁路运输与经济,2002,24(1):21-25.
[253] 胡建国. 高铁机遇下安徽区域经济发展研究[J]. 合作经济与科技,2017(6):12-14.
[254] 胡涛. 高速铁路运营商组织模式、成本效益研究[D]. 北京:北京交通大学,2006.
[255] 段进,高铁时代的空间规划[M]. 南京:东南大学出版社,2016.
[256] 侯雪,刘苏,张文新,等. 高铁影响下的京津城际出行行为研究[J]. 经济地理,2011(09):1573-1579.
[257] 姚士谋,陈振光,朱英明,等. 中国城市群[M]. 2 版. 合肥:中国科学技术大学出版社,2001.
[258] 耿元,王芳,林玳玳. 高速铁路对中国劳动力市场的影响[J]. 中国铁路,2010(10):12-15.
[259] 铁道部经济规划研究院. 加快高速铁路建设的发展政策研究[R]. 2011.
[260] 铁道部经济规划研究院. 瑞典和法国高速铁路经营与管理考察报告[R]. 2006.
[261] 徐飞. 纵横“一带一路”中国高铁全球战略[M]. 上海:上海人民出版社,2017.
[262] 徐玉萍. 高速铁路建设促进长三角区域产业转移和结构调整研究[J]. 铁道运输与经济,2012,34(12):81-87.
[263] 徐刚. 基于产业组织理论的中国铁路货物运输产业的市场绩效研究[D]. 上海:上海师范大学,2009.
[264] 徐海峰等. 京沪高速铁路社会效益与间接经济效益分析评价研究[R]. 2014.
[265] 高铁见闻. 高铁风云录[M]. 长沙:湖南文艺出版社,2015.
[266] 黄少安. 新旧动能转换与山东经济发展[J]. 山东社会科学,2017(9):101-108.
[267] 黄民等. 国外交通运输发展战略及启示[M]. 北京:中国经济出版社. 2007.
[268] 黄泽宇. 京沪高铁对沿线区域经济社会发展促进作用的研究[J]. 创新科技,2015,(02):63-64.
[269] 黄微. 高铁撬动:万亿内需、数十万就业[J]. 沪港经济,2010(4):21-22.
[270] 盛广耀. 高速铁路对城市群发展的社会影响分析[J]. 城市,2014(6):20-23.
[271] 崔保健,张辉,黄雪莹. 高铁背景下城市群旅游空间结构转型研究——以环渤海、长三角为例[J]. 华东经济管理,2014(11):68-72.
[272] 矫阳. 高铁发展的历程及创新成就[N]. 科技日报,2012-12-24(12).
[273] 鲁海燕. 高速铁路对城市区域发展的影响探讨[J]. 中外建筑,2011(01):83-84.
[274] 曾光. 高铁对区域经济发展的影响及应对——以江西为例[J]. 城市,2015(8):21-25.
[275] 曾哲. 高速铁路品牌效应研究[D]. 北京:北京交通大学,2012.
[276] 曾湘泉. 劳动经济学[M]. 3 版. 上海:复旦大学出版社,2017.
[277] 鞠阳,王晓君. 高铁枢纽建设对城市空间发展的影响机制研究[J]. 城市规划学刊,2012(5):1-12.
[278] 黄民. 聚焦新方位 开启新征程 为推动新时代铁路高质量发展作出新贡献——在 2018 年中国铁路总公司发展和改革工作会议上的讲话[J]. 中国铁路,2018(2).
[279] 杨琴,吴卫平. 高铁促进城镇化发展研究[J]. 铁道经济研究,2018(1):39-42.
[280] 骆玲,曹洪. 高速铁路的区域经济效应[M]. 成都:西南交通大学出版社,2012.
[281] 林晶晶,骆玲. 高速铁路对区域经济影响评价[M]. 成都:西南交通大学出版社,2015.

国家铁路局《高铁经济学导论》编写组

国家铁路局：王忠刚　谢晓东　郑宏波　魏　众
刘建军　郝宽胜　张建平　吴壁君
向满丽　王晖军　肖　飞　薛吉岗
黄文勇　田文冕　余　岩　刘　珣
刘　舒　杨　瑛　陈向华　田先彬

北京联合大学：李学伟　杨　鹏　孙　琼　谌　丽
胡艳君　杨艳芳　朱福林

北京交通大学：李红昌　肖　翔　周辉宇　卜　伟
石美遐　李　静　段建强　郑　凯
郭丽华　焦敬娟　赵　云